죽음학 총론

이이정 지

학지사

머리말

인간은 누구나 태어나면 성장하여 자신의 삶을 살다가 병이나 사고 혹은 노화로 인해 죽음을 맞이하게 된다. 개인의 삶은 죽음에 이르러 끝을 맺는다. 이처럼 개인의 일생에서 죽음은 삶의 과정을 마무리 짓고 완성하는 것이다. 삶과 죽음은 동전의 양면처럼, 별개의 것이 아니라 서로 연관된 개념인 것이다. 잘 살아 보지 못한 사람이 잘 죽기란 힘든 일이다. 그러나 대개의 사람들은 삶, 젊음, 성장의 가치만을 추구하고 그 동전의 뒷면인 죽음, 노화, 쇠퇴는 애써 외면하고 있다. 인간으로 태어났으면 누구나 죽는다는 사실을 알지만 그것이 '지금, 현재가 아니라 언젠가 때가 되면' 이고, 모든 사람이 죽는다는 사실을 알지만 그게 나는 아닐 것이라고 믿고 싶어 한다. 삶이 점차 길어지고 죽음은 훨씬 연기된다고 여기고, 죽음을 그저 노인의 일로 생각하고, 가급적이면 죽음을 피하고 되도록이면 오래도록 미루고 싶은 것이 솔직한 심정이다.

현대 과학문명과 의학기술의 눈부신 발전은 인간의 수명을 크게 연장시켜서 이전 세대의 사람들은 꿈도 꾸어 보지 못한 평균수명 80년 시대를 누리게 되었다. 또한 길어진 삶을 건강하고 활기차게 누리기 위해 삶의 질이나 웰빙에 대한 관심이 점차 높아지고 있다. 그러나 장수의 혜택 이면에 현대인의 대부분은 만성질환이나 퇴행성 질환 때문에 병약하고 노쇠해져서 오랜 시간 질질 끄는 고통스러운 죽음의 궤도를 따르기 쉽고, 과학문명과 의학기술의 발전은 이전에는 죽었을 진행성 말기질환을 가진 사람들의 삶의 연장을 가능하게 하였지만 죽음의 과정에서의 고통의 깊이, 길이, 정도를 증가시켰다. 현대인은 오래 살게는 되었지만, 길고 고통스러운 죽음을 맞이할 가능성 또한 높아진 것이다.

고령화 사회가 빠르게 진행되면서 노인층이 차지하는 비율이 높아지고 있다. 이러한 시대에 자신의 죽음을 준비해야 하는 노인뿐만 아니라 그들과의 이별을 준비해야 하는 가족과 이웃, 친구들 그리고 죽어 가는 사람들을 돌보는 직업을 가진 사람들을 모두 포함한다면 우리의 삶에서 죽음을 밀어내기는 쉽지 않다. 이제는 동전의 다른 한 면인 죽음을 우리의 삶 안으로 끌어들여서 건강하고 아름다운 삶뿐만 아니라 행복하고 안락한 죽음이란 어떠한 것인지, 좀 더 평화롭고 존엄하게 죽기 위해서는 어떠한 죽음의 환경이 조성되어야 하고, 죽어 가는 환자를 인간답게 돌보기 위해서 어떠한 관심과 노력을 기울여야 할지 함께 고민해 보아야 할 때다. 왜냐하면 죽음은 삶의 다른 한 면이고, 나와 상관없는 일이 아니라 언젠가는 반드시 겪어야 하는 나의 일이기 때문이다.

내가 연구의 대상으로 죽음에 관심을 갖게 된 것은 지금으로부터 약 10년 전에 있었던 아버지의 죽음이 계기였다. 아버지는 75세에 암으로 돌아가셨다. 암 선고에서 투병 생활까지 아버지의 죽음을 함께 겪으면서 아버지가 인생을 마무리하시는 모습을 곁에서 지켜볼 수 있었고, 죽어 가는 아버지와 우리 가족들이 처한 상황, 남겨진 가족들이 겪게 되는 비탄과 슬픔 등을 몸소 이해하게 되었다. 그때는 개인적으로 박사과정 논문을 준비하는 시기였고, 아버지의 죽음 앞에 경황이 없는 어머니를 위로하기 위해 자연스럽게 죽음과 죽음학, 죽음준비교육 등에 관심을 갖게 되었다.

그런데 죽음학을 연구하면서 느낀 점은 과학 연구서나 관련 저널 등 죽음과 관련된 자료를 국내에서 얻는 것이 너무나 힘들다는 것이었다. 어디에서 어떠한 경로로 자료들에 접근할 수 있는지조차도 알 수 없어서 동분서주하였다. 죽음학이나 죽음준비교육이 과학적 학문으로 성립되기 위해서는 죽음에 대한 철학적 논의와 실무자들을 위해 즉시 사용 가능한 프로그램이나 지침서를 작성하는 것도 중요하지만 우선 실험 연구에 바탕을 둔 이론적인 무장이 필요하다고 생각한다. 그러한 의미에서 이 책은 죽음을 연구하고자 하는 사람들에게 자신의 관심 분야에 대한 연구를 심화시키기 위한 안내서 역할을 했으면 하는 바람에서 쓰였다. 그러나 죽음에 관심이 있는 연구자뿐만 아니라 자신의 삶과 죽음을 생각하고 진지하게 준비하는 사람들이나 죽음을 다루는 현장의 실무자들이 죽음 현상을 바르게 이해하는 데도 도움이 되었으면 하는 바람이다.

이 책은 총 6부 17개 장으로 구성되었다. 제1부는 죽음, 제2부는 죽음의 과정, 제3부는 비탄, 사별, 애도, 제4부는 죽음과 관련된 법적 · 도덕적 쟁점, 제5부는 죽음 그 이후, 마지막으로 제6부는 죽음준비교육과 관련된 내용을 다루었다.

제1부 '죽음' 에서는 죽음과 관련된 정의, 죽음의 의미, 죽음 관련 이론, 죽음 개념과 그 형성 과정, 죽음 불안 등을 다루었는데, 죽음에 대한 태도, 연령별로 다르게 나타나는 죽음에 대한 태도와 경험, 시간과 문화의 영향을 받아서 변화하는 죽음과 만나는 방식 등의 내용을 주로 다루었다.

제2부 '죽음의 과정' 에서는 죽음의 과정을 죽어 가는 사람과 죽음의 과정에 관여된 사람들의 상호작용에 의해 구성되는 독특한 경험으로 보고 이러한 상호작용의 패턴에 영향을 주는 죽음 궤도와 인식 맥락, 죽음 과정의 이론적 모델, 죽음 과정을 경험하는 데 영향을 미치는 요소, 죽음에 대처하는 사람을 돕기 위해 알아두면 좋을 돌봄의 차원과 욕구 구조, 효과적인 의사소통 방법, 임박한 죽음인식 개념, 호스피스를 비롯한 말기환자를 돌보는 프로그램 등을 소개하였다.

제3부 '비탄, 사별, 애도' 에서는 비탄, 사별, 애도의 개념 정의, 정상적인 비탄 반응과 복잡한 비탄반응, 그 진단 기준, 가족구조와 유족 개인에 대한 사별의 영향, 비탄의 문화적인 표현 방식인 애도와 장례의식을 장례의식의 기능, 우리나라의 장례의식, 장례의 방식 등에 초점을 맞추어 살펴보았다.

제4부 '죽음과 관련된 법적 · 도덕적 쟁점' 에서는 사망 전, 죽음의 순간, 사망 후로 나누어 쟁점이 될 수 있는 사항을 다루었다. 사망 전 쟁점으로는 의학적 의사결정 방식, 사전 의료 지시, 안락사 문제를 다루었고, 죽음의 순간의 쟁점으로는 죽음의 정의, 죽음의 결정 및 판정 기준, 뇌사 등의 문제를 다루었으며, 사망 후 쟁점으로는 죽음의 증명, 조직과 장기 이식, 유산과 상속 등의 내용을 주로 다루었다.

제5부 '죽음 그 이후' 에서는 임상적인 죽음이 인간 존재의 끝이 아니라고 가정하고 죽음을 초월하여 지속적으로 존재할 수 있는 다양한 불멸의 개념, 죽은 후의 상태를 설명하는 이론, 그리스의 철학자, 이집트와 그리스의 신화와 신비종교 등에 나타난 내세관, 그리스도교, 이슬람교, 조로아스터교, 힌두교, 불교 등 각 종교에 나타난 내세관과 한국인의 사후세계 등에 대해 살펴보았다. 마지막으로 종교나 형이상학적인 관념이 아닌 사후세계를 경험하고 돌아온 임사체험자를 통해 설명되는 사후세계의 모습을 살펴보았다.

제6부 '죽음준비교육' 에서는 죽음준비교육의 개념, 죽음준비교육의 역사, 효과적인 죽음준비교육 프로그램을 개발하기 위해 고려할 사항을 교육목적, 학습목표, 학습내용 선정과 계열화, 학습방법 및 교수 전략, 프로그램 평가 등을 중심으로 살펴보았다. 또 앞에서 살펴본 죽음준비교육에 대한 일반적 지식을 가지고 실제로 현장의 필요에 맞는 프로그램을 어떤 원리와 절차로 개발하는지에 대해 노인학습자를 위한 죽음준비교육 프로그램이 개발되는 과정을 통해 살펴보았다.

끝으로 이 책이 나오기까지 도움을 주신 분들께 감사의 말씀을 전한다. 대학과 대학원 시절, 많은 가르침과 학문적 영감을 주신 한준상 교수님을 비롯한 연세대학교의 여러 교수님들, 책의 구성에서 내용에 이르기까지 꼼꼼히 살피고 조언을 아끼지 않은 노년교육독회의 식구이자 학문의 동반자인 한정란, 조해경 선생님께 깊은 감사를 올린다. 아직은 대중에게 널리 알려지지 않은 주제인데도 불구하고 선뜻 출판에 응해 주신 학지사의 김진환 사장님, 편집과 교정을 맡아 주신 이하나 님을 비롯한 편집부 여러분들께도 감사드린다. 또 오늘의 내가 있기까지 나의 가치관, 생각, 시간, 경험, 환경 등을 이끌고 만들어 주신 주님과 가족들, 특히 병상에서 생의 마지막을 힘겹게 이어 가고 계신 시어머님과 그 병상을 사랑으로 지키고 계신 시아버님, 타국에 있으면서도 항상 든든한 후원자인 남편, 친구이자 상담자이자 응원군인 딸 슬미에게 사랑과 고마움을 전한다. 마지막으로 항상 내 마음의 기댈 언덕이었지만 작년에 뜻하지 않게 우리 곁을 떠나버린 큰오빠…… 사랑하는 아들을 가슴에 묻고 애써 의연해하시는 어머니, 남편과 아버지가 없는 새로운 세상에 씩씩하게 잘 적응하고 있는 올케와 두 조카들에게 이 작은 결실을 바친다.

2011년

저자 이이정

차 례

제2부 죽음의 과정

제3부 비탄, 사별, 애도

제4부 죽음과 관련된 법적 · 도덕적 쟁점

part 01

죽음

사회적이면서 문화적인 존재인 인간의 죽음이 무엇인지에 대한 대답은 죽음이 일어난 때를 결정하는 것과는 원칙적으로 구별되어야 할 것이다. 우리에게 중요한 것은 죽음이라는 현상에 대한 정의보다는 죽음이 우리에게 주는 의미이기 때문이다.

제1장

죽음이란 무엇인가

죽음이란 무엇인가? 만약 인간의 죽음을 생물학적인 측면에서만 말한다면 호흡과 심장박동이 정지되고 모든 반사활동이 소실되어 유기체의 생명 유지에 필요한 모든 기능이 영구적으로 정지된 것을 의미할 것이다. 그러나 사회적이면서 문화적인 존재인 인간의 죽음이 무엇인지에 대한 대답은 죽음이 일어난 때를 결정하는 것과는 원칙적으로 구별되어야 할 것이다. 우리에게 중요한 것은 죽음이라는 현상에 대한 정의보다는 죽음이 우리에게 주는 의미이기 때문이다.

생명을 가진 우리 모두는 현재 삶을 살고 있고 언젠가 때가 되면 죽는다. 하지만 삶이란 무엇인가, 죽음이란 무엇인가 묻는다면 한마디로 대답하기는 쉽지 않다.

따라서 죽음과 관련된 문제를 탐색하는 이 장에서는 죽음이란 무엇인가에 대한 질문에 다각적으로 답을 모색하고자 한다.

- 우리가 죽음이라고 한마디로 이야기하지만 인간의 어떠한 측면을 본질적으로 보느냐에 따라 지칭하는 죽음의 내용이 달라질 수 있음에 주목하여 죽음에 대한 다양한 정의들을 살펴본다.
- 각기 다른 삶을 산 사람에게 죽음은 다른 의미로 구성된다는 점에 주목하여 죽음의 의미를 몇 가지 범주로 나누어 살펴본다.

- 철학, 심리, 종교, 의학 분야에서 죽음을 이해하고 다루는 방식에 차이가 있음에 주목하여 각 학문 분야에서 죽음을 어떻게 이해하고 해석하고 있는지 살펴본다.
- 인간 행동을 과학적으로 설명할 수 있는 이론적 모델로서 죽음과 삶, 죽음 불안과의 관계를 설명하는 대표적인 심리학적 이론들을 간단히 살펴본다.

1. 죽음의 정의

일상생활에서 죽음에 대한 대화를 하거나 죽음 관련 연구를 할 경우 우리가 한마디로 '죽음'이라고 이야기하지만 서로가 지칭하고 생각하는 '죽음'의 의미나 내용이 다를 수 있다. 인간 존재의 본질을 어디에 두느냐에 따라 죽음과 비슷한 상태를 우리는 한 묶음으로 '죽음'이라고 표현하기 때문이다. 다양한 죽음의 정의를 살펴봄으로써 우리는 사회가 어떤 상태를 죽음과 같은 상태로 간주하는지를 함께 이해할 수 있다.

1 생물학적인 죽음/신체적인 죽음

생물학적인 죽음(biological death)이란 생명체를 구성하고 있는 세포의 원형질이 쉬지 않고 일으키는 연속적인 화학 변화의 중단, 곧 생물체가 활동을 멈춘 상태로 물질과 에너지에 대한 통제력이 상실된 상태를 말한다(배영기, 1992). 즉, 생의 단절, 유기체의 생명 유지에 필요한 모든 기능의 전체적이고 영구적인 정지를 의미하며, 임상적으로는 호흡과 심장박동이 정지되고 모든 반사현상이 소실된 상태를 의미한다.

이러한 생물학적인 죽음을 다른 용어로 정의하고 구분하는 경우도 있다. 칼리시(Kalish, 1985a)는 생물학적인 죽음보다는 신체적인 죽음(physical death)이라는 용어를 사용하고 있고, 신체적인 죽음을 다시 생물학적인 죽음과 임상적인 죽음으로 나누어서 설명하고 있다. 즉, 그는 개별 신체 기관의 삶을 생물학적인 삶(biological life)이라고 하고 전체 유기체로서의 삶을 임상적인 삶(clinical life)이라고 구분하고 있다. 생물학적인 삶과 임상적인 삶은 모두 시작, 존재, 끝이 있고, 비록 서로 밀접히 관련되어 있지만 반드시 동일한 것은 아니다. 예를 들어, 임상적인 삶과 임상적인 죽음은 유기체가 기능하면 임상적으로 산 것이고, 유기체가 기능하지 않고 이러한 기능의 정지가 회복되지 않고 계속될 때 임상적인 죽음으로 간주된다. 우리가 흔히 사람이 죽었다고 할 경우에는 임상적인 죽음을 의미한다. 임상적인 죽음이 일어났을 때 법적으로 죽음이 선포되고, 사망 증명서가 발급될 수 있다. 반면에 생물학적인 죽음은 각 신체기관의 죽음 혹은 장기의 죽음으로, 그 사람 자체가 반드시 죽은 것은 아니다. 즉, 심장은 폐나 간, 신장 등과는 다른 순간에 기능을 멈출 수 있다. 뇌는 기능을 멈추었지만 심장은 여전히 기능할 수 있다. '나'의 일부분은 내가 죽어서도 계속 살아남을 수 있고(장기기증의 경우), 또 다른 일부분은 '나'라는 유기체가 죽기 전에 죽을 수 있다.

2 심리적인 죽음

심리적인 삶이란 자아나 주변 세계를 인식하는 것을 의미하고, 심리적인 죽음(psychological death)이란 이러한 인식의 정지, 즉 정신 작용이 정지되었을 때 일어난다. 심리적인 죽음은 종종 나이 많은 노인, 혹은 사고나 알츠하이머병 등으로 뇌의 기능이 심각하게 손상된 사람에게서 발견된다. 이런 경우에 해당되는 사람들의 대부분은 의식이 오락가락하거나 의식 상태가 희미하게 지속되는 경우가 많기 때문에 심리적인 삶과 죽음의 상태를 구분하는 것이 쉽지 않다. 그래서 완전한 심리적인 죽음은 대부분의 경우 신체적인 죽음의 순간에 오지만, 그 이전에 발생하기도 한다. 심리적으로 죽은 사람은 자신이 누구인지도 알지 못하기 때문에 가족에게 많은 고통을 안겨 준다. 의식이 없어 정신적인 활동이 전혀 불가능한 상태는 인간으로서의 존재 의미가 없기 때문에 인격의 존엄을 지키기 위해 안락사를 선택하는 존엄적 안락사의 경우처럼, 인간의 본질을 인지 능력으로 보고 그것이 정지된 것을 죽음으로 여기는 것은 심리적인 죽음을 설명하는 좋은 예라고 할 수 있다.

신체적인 죽음은 이전의 상태로 되돌릴 수 없는 비가역성을 특징으로 하지만 심리적인 죽음은 반드시 그렇지는 않다. 인지적인 혼란 상태에 있어 요양시설에 수용된 노인이 가족의 방문으로 갑자기 심리적인 삶을 되찾았다가 가족이 모두 떠나 버리면 다시 혼란 상태로 되돌아가는 경우를 그 예로 들 수 있다. 특히 낯설거나 비호의적인 환경 혹은 몽롱한 의식 상태로 만드는 약물 등에 의해 심리적인 죽음에 이르는 속도가 가속화될 수 있다. 이를 반대로 말하면, 심리적인 죽음은 따뜻하고 수용적인 환경, 적절한 감각기관의 자극, 무분별한 안정제의 남용 금지, 심리적인 삶을 유지하고자 하는 강한 의지 등이 있다면 늦추어질 수 있다. 심리적으로 죽은 사람의 처우나 치료에 대한 도덕적인 쟁점은 바로 심리적인 죽음이 변화 가능하고 원래의 상태로 회복 가능한 가역성이 있다는 점에 있다. 만약 심리적으로 죽은 사람을 무시하고, 그들 앞에서 그들이 없는 것처럼 함부로 이야기하고, 그들에게 사회적·감각적 자극을 주지 않는 등, 그들을 존재하지 않는 사람처럼 대우한다면, 이러한 행동은 그들의 인지적 혼란을 더욱 가중시키고 실제로 신체적인 죽음을 재촉하기도 한다.

3 사회적인 죽음

사회적인 죽음(social death)이란 어떤 사람이 다른 사람에 의해 인식되는 방식을 의미하는 말로, 살아 있음에도 불구하고 다른 사람에 의해 죽은 것으로, 존재하지 않는 것으로, 혹은 인간 이하로 인식될 때, 그 사람은 사회적으로 죽은 사람이라고 말한다.

사회적인 죽음은 다음과 같은 경우에 흔히 발견된다(Kastenbaum, 2007).

- 집단 구성원이 그가 속한 집단의 금기 사항을 어겨 집단에서 제외된 경우, 어떤 사람이 가족들과 다른 종교, 다른 인종, 다른 사회계층의 사람과 결혼

했을 경우 그 사람은 그의 가족에게 사회적으로 죽은 것으로 간주된다.

- 집단 구성원이 금기 사항을 어겨서 의례에서 제외되거나 상징적으로 처형되는 경우다. 교회법을 어겨서 교회에서 파문되는 경우가 이에 해당한다.
- 살아 있는 사람이 지위를 잃은 결과, 개인에게 실제적인 변화가 생기는 경우다. 시설에 수용되어 있는 지체부자유한 사람들이나 자립하지 못하는 노인들의 경우, 살아 있는 사람에서 관리되는 물건으로 전락하기 쉽고, AIDS나 신체적 질병, 보기 흉한 상처 자국을 가진 사람은 다른 사람을 불쾌하게 만든다는 이유로 사회적으로 배척당하기 쉽다.
- 죽어 가는 사람은 마치 이미 죽은 사람처럼 취급받기 쉽다. 죽음이 예정된 사람에게는 눈맞춤이나 신체적 접촉을 꺼려 하고 그 사람의 면전에서 마치 없는 사람 취급을 하는 등 기피하고 부정하는 행동 패턴이 존재한다.

4 현상학적인 죽음

사회적인 태도나 행동과는 상관없이, 개인의 내부에 초점을 맞추어 그 사람은 자기 자신에게 살아 있는가 죽었는가를 기준으로 현상학적인 죽음(phenomenological death)을 정의할 수 있다(Kastenbaum, 2007).

현상학적인 죽음은 크게 두 종류로 분류할 수 있다.

먼저 개인의 일부분이 객관적인 자아의 마음속에서 죽은 경우다. 예를 들어, 어떤 젊은이가 목숨을 건지기 위해 수술을 받은 결과 아이를 가질 수 있는 능력을 상실한 경우, 그의 마음속에서 그의 전체 자아의 일부분, 즉 장차 가능할 수 있었던 아버지 역할과 그 역할에서 비롯되는 기쁨의 원천이 죽었다고 볼 수 있다. 현상학적 죽음의 본질은 전체 자아의 구성 요소의 상실을 인식하는 남아 있는 자아의 존재다. 즉, 나는 아직 여기에 있지만, 이전에 존재했던 바로 그 사람은 아닌 것이다.

다음으로 전체 자아가 약하고 둔감한 상태가 되는 경우다. 과거처럼 생생하고 강렬하게 삶을 경험하지 못하며, 즐거움이나 고통도 둔감해진 무관심한 감정을 깨뜨릴 수 없다. 자기 육체가 자기 것이 아닌 것처럼 느껴지는 경우로, 이러한 상태는 알코올이나 다른 약물에 의해서도 경험될 수 있다.

5 법적인 죽음

법적인 죽음(legal death)이란 어떤 사람이 죽었고 그래서 그의 재산이 유족이나 상속자에게 분배된다는 것을 법적 권위에 의해 판단하는 것을 의미한다(Aiken, 1994). 법적인 죽음은 의학적 진술에 의거한 유기체 전체의 죽음을 의미하기도 하지만, 그 밖의 다른 이유로 행방을 찾을 수 없을 경우 선고될 수 있다. 예를 들어, 베트남 전쟁에 참전했던 군인의 생사를 확인할 수 없거나 포로로 사로잡혀 일정 기간 동안 돌아오지 않을 경우에 그는 법적으로 죽은 것으로 선고될 수 있다.

2. 죽음의 의미

객관적 의미에서 죽음은 모든 신체적 · 정신적 기능의 회복될 수 없는 정지를 의미하며, 이것은 보편적으로 받아들여지는 사실이다. 그러나 죽음에는 이러한 객관적인 의미뿐만 아니라 개개인마다 다르게 느끼는 주관적인 의미들이 존재한다. 이러한 죽음의 주관적이고 개인적인 의미는 객관적으로 존재하는 사실과는 다르게 다양한 배경과 맥락을 가진 개인들에 의해 구성되는 것이다. 즉, 죽음이 의미하는 것은 개인의 성격, 자라 온 환경, 개인적으로 경험한 죽음과 관련된 사건, 사물에 대한 인지적 해석 방식 등이 서로 다르기 때문에 개인에 따라 독특하게 구성된다. 또 이렇게 구성된 죽음의 의미는 한 개인의 생각과 감정, 행동에 영향을 미치고 그 개인이 살아가는 방식과 죽음에 반응하는 방식, 죽음에 대한 공포, 죽음의 과정에 대한 개념과 죽음을 준비하는 방식에도 영향을 미치게 된다(Cicirelli, 2001).

여러 선행 연구에서 개인적인 죽음의 의미를 탐색한 결과에 따르면, 죽음은 어두움, 빛, 이동, 내세, 소멸(Wenestam & Wass, 1987), 목표 설정과 삶의 성취에 대한 동기, 미래 세대에 유산을 남기는 기회(Cicirelli, 1998) 등으로 다양하게 나타나고 있다. 여기서는 칼리시(Kalish, 1985a)의 분류를 기초로 하여 죽음의 의미를 몇 가지 범주로 나누어서 좀 더 자세히 살펴본다.

1 의미의 파괴로서의 죽음/의미로서의 죽음

죽음은 삶을 영원한 것이 아닌 일시적인 것으로 만들고 삶의 가능성을 파괴하기 때문에 삶의 의미를 파괴한다. 반대로 죽음은 삶에 끝을 제공하고 삶의 끝은 시간이 유한하다는 것을 의미하기 때문에 사람은 시간 활용에 관련된 결정을 하도록 강요받고, 이러한 결정은 사람들의 삶에 의미를 부여한다.

전자의 경우(의미의 파괴로서의 죽음), 죽음은 그 안에 아무런 의미도 가지고 있지 않고 논리나 영감 없이 일어나는 사건으로, 각 세대가 다음 세대로 이어지게끔 발생학적 프로그램에 의해 인간의 유전자에 계획된 사건이며, 죽음은 인간의 삶에서 모든 가능성과 의미를 빼앗아 간다고 전제한다.

반대로 프랭클(Frankl)이나 퀴블러-로스(Kübler-Ross)는 죽음이 삶에 의미를 부여한다고 주장한다. 자신이 죽을 것이라는 인식이 개인으로 하여금 아직 남아 있는 삶 동안 무언가를 하도록 만들고, 시간의 경과—각 순간의 죽음—는 개인으로 하여금 각 순간에 무언가를 하도록 요구한다(Frankl, 1963). 또한 이렇게 한정된 삶 동안 치열하게 살고자 하는 의식은 창의력으로 작용하며 삶의 가장 높은 정신적 가치는 죽음에 대한 생각과 연구에서 비롯될 수 있으므로, 죽음은 파괴적인 힘뿐만 아니라 건설적인 힘, 의미를 만드는 힘이 있다고 볼 수 있다(Kübler-Ross, 1975).

2 아름답고 평온한 죽음

우리 문화 속의 친근한 이미지 중의 하나로, 노인의 죽음을 조용하고 만족스러운 전원적인 광경, 즉 삶의 고통과 시련 후에 오는 생의 완결, 평온한 안식으로 간주하는 경향이 있다. 실제로 19세기의 서양 사회에서는 죽음을 충만감을 느끼는 순간이며 비로소 삶이 완성되었다는 것을 의식하는 순간으로 보고, 죽은 사람에게 가장 아름다운 옷을 입혀 침대에 안치하였다(Ariès, 1983a). 폭력적인 죽음이 아니라 생물학적인 원인에 의해 야기되는 모든 유기적 생명의 자연적 종말로 이해되는 죽음, 평화스러운 소멸로서의 죽음, 자연스러운 죽음의 개념이 이에 해당된다고 할 수 있다(정동호, 이인석, 김광윤, 1986). 또 삶에 지쳤거나 병들어서 자신이 다른 사람에게 무거운 짐이 되는 무용한 존재라고 생각하는 사람에게 죽음은 고통의 종결, 구원과 해방의 의미로 환영받을 수 있고, 이러한 사람들에게 죽음은 조용하고 평온한 안식으로 느껴질 수도 있다(Kastenbaum & Aisenberg, 1972).

3 소멸로서의 죽음/변화로서의 죽음

죽음은 '나' 라는 존재의 소멸인가, 아니면 한 상태에서 다른 상태로의 변화인가? 죽은 후에도 일정 기간 동안 '내' 가 존재한다고 생각한다면, 죽음은 이 세상에서의 육체적 존재에서 이 세상에서의 또 다른 형태 혹은 다른 세상에서의 다른 존재 형태로의 변화 혹은 여행을 의미한다. 반대로 죽음을 모든 의식 혹은 자기다움의 완전한 정지라고 믿는다면, 죽음은 무(無) 혹은 소멸을 의미한다.

자신의 눈으로 확인할 수 있고 이성적 논리로 합리성을 확보할 수 있는 실증적 가치만을 추구하는 사람은 죽음을 인간의 오관(五官)을 통한 체험에 기초를 둔 일반적 추리가 멈추는, 인간의 인식이 확인할 수 없는 것으로 여긴다. 즉, 인간을 육체적 · 물질적 존재로만 전제하고 죽음을 생물학적인 사실, 즉 신체의 소멸, 육체적 · 물리적 기능의 정지로만 여기기 때문에 인간이 죽은 후에는 아무것도 남지 않는 자아의 소멸, 무의 상태가 되는 것으로 생각한다. 이에 비해 인간 존재를 육체와 영혼의 결합체로 전제하여 육체가 죽음과 더불어 소멸하더라도 영혼은 다른 존재 형태로 불멸하다는 것을 주장하는 견해는 죽음을 존재 형태의 변화로 본다. 이러한 견해를 믿는 사람은 종교에서 말하는 천국이나 지옥, 환생 등 죽은 후에도 내세가 존재한다고 믿는다. 파이펠(Feifel, 1977)은 소멸/변화로서의 죽음을 벽(wall)/문(door)으로 비유하여 상징적으로 설명하고 있다. 죽음을 생각할 때 우리가 보는 것만을 문제 삼고 단순히 생명의 끝으로만 생각한다면 죽음은 우리가 행하고 알 수 있는 모든 것의 끝이고 우리가 뚫고 지나갈 수 없는 벽이다. 그러나 죽음을 삶의 단계, 즉 건너야 할 다리나 통과해야 할 문이라고 생각한다면 죽음은 맞서야 할 삶의 적이 아니라 한 종류(혹은 단계)의 삶에서 다른 종류의 삶으로의 통과 혹은 변화인 것이다. 죽음을 내세의 다른 삶으로 안내하는 통과의례로 생각하는 견해도 이에 해당한다고 볼 수 있다.

4 벌로서의 죽음

벌로서의 죽음이라는 개념은 서구 문화에 깊이 뿌리 박혀 있다. 구약성경에 따르면, 아담과 이브는 죽지 않는 불멸성을 갖고 있었지만 신의 명령을 어긴 죄 때문에 에덴동산에서 추방당하는 벌을 받았고, 원죄로 알려진 그들의 죄 때문에 그들과 그들의 자손들은 하나님이 선물한 불멸성을 잃어버렸다. 이처럼 죽음을 인간 생명의 자연스러운 상태로 보기보다는 '죄' 라고 부르는 어떤 결정적 요인 때문에 인간 생명 속에 들어온 비정상적인 상태, 즉 인간의 죄에 대한 신의 심판으로 보는 것이다. 이러한 인간 종족에게 지워진 원죄로서의 죽음의 개념과는 별도로, 개인이 행한 죄가 그의 생명을 단축할 것이라는 생각, 즉 나쁜 짓을 하면 천벌을 받아 죽을 것이라는 생각은 죽음을 개인적 차원에서의 죄에 대한 벌로 생각한 것이고, 대재난처럼 많은 사람의 죽음은 인간의 악에 대한 천벌, 사회의 죄에 대한 신의 벌로 간주되어 오랜 옛날부터 사람들은 대참사를 피하기 위해서 기도나 공양을 드림으로써 신과 화해하고자 하였다.

5 상실로서의 죽음

우리가 죽으면 우리는 무엇을 잃게 되는가? 죽음과 죽음의 과정에서 우리는 사랑하는 사람, 건강한 외모, 집, 재산, 직장, 미래 등등 우리가 가진 모든 것을 잃게 된다. 모두 빈손으로 왔다가 빈손으로 돌아가는 것이다. 죽음으로써 우리가 잃게 되는 것의 내용을 칼리시(Kalish, 1985a)의 분류에 기초하여 좀 더 살펴보면 다음과 같다.

1 경험의 상실로서의 죽음

죽음을 통해 잃게 될 가치를 묻는 한 연구의 결과에 따르면, 젊고 내향적이며 지적인 사람이 전통적인 종교나 사회적 질서를 믿는 노인들보다 죽음에 의해 야기되는 상실 중에서 경험 능력의 상실에 더 높은 관심을 보였다(Kalish & Reynolds, 1981). 노인은 살 만큼 살았다는 의식과 함께 젊은이보다 더 많이, 더 다양한 경험을 했고 즐거운 경험을 더 이상 계속하기에 불리한 위치에 있다는 것을 의식하기 때문에 젊은이보다 상대적으로 경험 상실로서의 죽음에 적은 관심을 보였다고 볼 수 있다. 실제로 인생의 마지막 단계에 있는 죽어 가는 사람은 병이 깊어져 마지막 단계에 이르면 혼란 상태가 되거나(정확하고 의미 있게 경험할 수 있는 능력의 상실), 의식을 잃는 경향이 있기 때문에 보고, 듣고, 희로애락을 느끼고 경험하는 능력에 큰 의미를 두지 않을 수 있다.

2 사람의 상실로서의 죽음

만약 죽게 된다면 우리는 우리를 사랑하는 사람들 모두와 우리가 사랑하는 사람들 모두를 잃게 될 것이다. 죽음은 사랑하는 사람과 영원히 이별하는 것이다. 이처럼 죽음은 이승의 인연과의 단절이요, 이승에 대한 애착을 끊고 떠나는 과정인 것이다. 일반적으로 나에게 의미 있는 사람이 나를 위해 슬퍼하고 나의 죽음을 애도할 것이라는 예측은 나를 기쁘게 함과 동시에 슬프게 한다. 왜냐하면 나는 다른 사람이 나에게 관심을 갖고 나를 기억하기를 원함과 동시에, 사랑하는 사람을 잃었을 때 얼마나 슬픈지를 잘 알기 때문에 사랑하는 사람이 나를 잃었을 때 얼마나 슬플지를 짐작할 수 있다. 실제로 한 연구에서 죽고 싶지 않은 이유를 조사한 결과, 자신의 죽음이 가족이나 친구에게 슬픔을 유발하게 되기 때문이라는 대답이 가장 높았다(Kalish & Reynolds, 1981).

3 통제력의 상실로서의 죽음

우리는 현재 먹고 싶을 때 먹을 수 있고, 자고 싶을 때 자고 일어나고 싶을 때 일어날 수 있으며, 원할 때 집에 머물거나 떠날 수 있고 무료하면 텔레비전이나 책을 볼 수 있다. 즉, 내가 원한다면 내 몸은 나의 의식적이거나 무의식적인 명령을 따라 움직일 수 있다. 지금 무엇이 일어나고 있고 앞으로 무엇이 일어날지를 아는 것은 통제력의 전제조건이다. 그러나 죽음은 앞으로 자신에게 어떤 일이 일어날지를 알 수 없게 만들고 앞으로 자신에게 일어나는 일을 자신의 의지나 명령에 따라 조절하고 통제할 수 있는 능력을 상실하게 만든다. 특히 인생 말기 단계의 죽어 가는 사람은 에너지의 감소와 신체적 쇠약 등 다양한 이유에 의해 일상생활에 필요한 활동(식사, 수면, 배설, 이동 등)을 모두 다른 사람에게 의존하게 되고, 자신의 치료에 관련된 결정에서도 배제되기 쉽다.

4 과제와 계획을 완성하는 능력의 상실

우리는 현재 많은 일과 계획을 가지고 있다. 자녀가 자라서 독립하는 것을 보고 싶고, 아직 가 보고 싶은 장소가 많이 있으며, 직장에서 주도하고 있는 프로젝트를 아직 완성하지 못했다. 몇 년 전에 싸운 친구와는 아직 화해하지 못했고, 시간이 나면 가기로 했던 가족 여행을 아직도 미루어 둔 채로 있다. 죽음은 이처럼 아직도 완성되지 못한 일들이나 계획들을 완성하는 능력을 영원히 상실하게 만드는 사건이다.

5 물건의 상실

죽음은 물질주의가 제공하는 모든 훌륭한 것을 무효로 만든다. 아끼던 자동차나 보석, 오디오 세트, 평생을 두고 가꾸어 온 집, 외국 여행을 위해 저축해 둔 자금 등이 그것이다. 만약 우리가 영원히 살 수 있다면 우리는 더 많은 물건들을 가질 수 있겠지만 죽을 때 우리는 아무것도 가져갈 수가 없다.

6 육체의 상실

우리가 죽을 때 우리 몸에는 어떤 일이 일어날까? 대부분의 사람들은 육체와 정신의 관계에서 정신의 중요성을 강조한 나머지 육체에 대해서는 관심이 없다고 말할지 모른다. 그러나 죽은 후에 자신의 육체가 벌레들에 의해 훼손되거나 관도 없이 묻히는 것, 그리고 수족이 절단되거나 심하게 부패하는 것 등을 두려워하기도 하고, 죽음의 과정에서 병의 진전이나 치료 때문에 머리카락이 빠지고 체중이 감소하며 외모가 보기 흉하게 변하게 되는 것을 슬퍼하기도 한다. 이처럼 죽음은 육체의 통합과 신체적 전체성의 상실을 의미할 뿐만 아니라 육체와 연결되어 있는 자아개념의 상실을 의미하기도 한다.

7 꿈의 상실

우리가 살아 있는 동안 우리는 많은 꿈들, 즉 성취, 명예, 성공, 부, 아름다운 결혼생활에 대한 소망 등을 가지고 있다. 그러나 우리가 나이 들어 가고 죽음이 가까워짐에 따라 미래의 가능한 삶의 기간은 점점 줄어들기 때문에 이전에 품었던 꿈을 실현할 기회도 점점 줄어들게 된다. 그래서 자신의 죽음이 임박함을 아는 사람은 꿈을 실현 가능하도록 수정하거나 흥정을 통해 죽음을 연기하고자 하기도 한다. 이처럼 죽음은 꿈을 실현할 기회를 빼앗아 가는 사건인 것이다.

6 시간 조직자로서의 죽음

죽음은 우리의 삶에 한계를 제공한다. 이러한 한계가 없다면, 오늘 꼭 무언가를 할 필요 없이 내일 할 수도 있고 그 내일은 끝나지 않고 계속될 수 있다. 죽음은 우리의 삶에 두 가지 한계, 즉 궁극적인 죽음의 확실성과 그 죽음이 오는 시간을 알 수 없는 불확실성을 제공한다(Kalish, 1985a). 우리는 이러한 두 가지 한계의 균형을 맞추는 방법을 찾아야 한다. 만약 나에게 남은 시간이 5년밖에 없다면 나는 이 5년을 어떻게 살까? 혹은 내가 90세까지 살 수 있다면 나는 어떤 삶을 살까? 앞으로 살 날이 얼마 남지 않은 사람은 장기 계획에는 관심이 적어질 것이고, 죽음이 절박하지 않은 사람은 그들의 시간과 에너지를 더 나은 미래를 만드는 데 투자할 수 있을 것이다. 이처럼 죽음은 우리의 삶에 한계를 제공하여 우리가 인생 계획을 통해 남겨진 시간을 조직하여 의미 있는 삶을 살도록 한다.

앞에서 살펴본 죽음의 의미 이외에도 토머(Tomer, 1992)와 같은 학자는 죽음의 의미를 자아의 소멸(무 존재), 급진적 변화와 이별, 삶의 의미에 대한 위협, 삶의 기본 목표 실현에 대한 위협으로 분류하여 해석하고 있다.

또 한국 노인의 죽음의 의미를 탐색한 연구(조명옥, 1997)에 따르면, 노인에게 죽음은 형체가 흩어져 존재가 비존재화되는 사건, 다른 세계로 삶의 장을 이동하는 기점을 의미하며, 그 이동은 사후 저승세계로의 전환, 조상 세계로의 승격, 묘터로의 수평 이동, 전생으로의 회귀, 후생으로의 계승을 의미한다.

3. 죽음에 대한 각 학문 분야의 이해

인간의 삶에 다양한 의미를 갖고 복잡한 영향을 미치는 죽음의 문제는 철학, 심리학, 종교학, 의학 등 인간의 문제를 다루는 각 학문 분야에서 관심을 갖고 다루고자 하는 주제다. 그러나 각 학문 분야에서 다루는 죽음은 각 학문 체계 내에서 통용되는 독특한 사고 유형과 접근 방식에 따라 정의, 해석되고 있다. 따라서 여기서는 철학, 심리학, 종교학, 의학 등의 분야에서 죽음을 어떤 맥락에서 어떻게 다루고 있는지 간단히 소개하고자 한다.

1 죽음에 대한 철학적 이해

서양의 경우, 고대 그리스 시대부터 죽음의 문제가 논의되어 왔고, 주로 영혼이나 내세, 불멸의 개념과 연관되어 다루어져 왔다. 철학 분야에서 죽음에 대해 지금까지 탐구해 온 발자취를 간단히 개괄하면 다음과 같다.

1 에피쿠로스학파

영혼을 물질로 사유하려는 경향을 보이며, 죽을 때 인간의 모든 감지 능력도 소멸하기 때문에 죽음 자체는 깊은 잠과 같이 전적으로 고통 없는 의식의 소멸 상태라고 정의하고 있다. 즉, 사후세계를 무(無)라고 단정하고 이에 대한 형이상학적 사변을 버리고 오직 현재의 생에만 충실할 것을 당부하며, 죽음을 문제 삼는 것조차 회피하고자 하였다.

2 고전 형이상학

소크라테스나 플라톤과 같은 고전 형이상학자들은 물질, 신체와 대비되는 영혼, 정신이라는 개념을 제시하며 죽음 뒤에도 다른 형태의 삶이 계속된다는 불멸성의 개념을 주장하였다. 소크라테스는 죽는다는 것을 육신의 속박과 고통으로부터 정신의 해방과 치유로 보았고, 플라톤은 죽음을 영혼이 신체로부터 불사의 세계로 옮겨 가는 일이라고 보았다. 이처럼 고전 형이상학은 인간을 정신적 존재로 규정하고 영혼은 육체와 달리 영원하다는 인간의 불멸성을 강조하며 죽음의 문제를 대수롭지 않게 취급하는 경향이 있었다.

3 중세철학

아우구스티누스와 토머스 아퀴나스 등이 기독교적 관점에서 죽음에 대해 성찰하였다. 중세철학에서는 영혼이 신과 인간을 이어 주는 중간 매체가 되고, 이 세상의 육체적 삶이 끝난 이후에도 영혼이 지속된다고 믿었다. 죽음은 이 세상에서는 불가능한 다른 존재로의 비약과 영생을 가능하게 하는 것으로, 두렵기보다는 긍정적인 것으로 간주되었고, 죽음을 준비하는 삶이 바람직한 것으로 간주되었다.

4 근대철학

근대에 들어 유신론적 세계관이 붕괴되면서 감각적으로 확인되지 않거나, 이성적이고 논리적으로 납득되지 않는 세계를 거부하는 경향이 나타나기 시작하였다. 따라서 근대철학부터는 내세나 초월계보다는 자신의 현실적 삶이나 내면적 확신에 바탕을 둔 철학적 작업을 중시하게 되었고, 동시에 죽음을 철학적 문제에서 배제하려는 경향을 보이기 시작하였다(김열규, 김석수, 박선경, 허용호, 2001). 죽음의 문제를 철학적 관심 영역에서 배제하고자 하는 이유는 죽음, 특히 '나의 죽음' 이 검증 가능한 경험의 대상이 되지 못하는 데 있다. 우리가 경험하는 것은 다른 사람의 죽음의 외적인 현상, 밖으로부터 이루어진 간접적인 경험일 뿐이며, 이러한 외적이고 간접적인 경험은 확실성과 논리의 필연성을 기반으로 하는 철학적 지식의 원천이 되지 못한다는 것이다. 경험적으로 입증될 수 없는 모든 형이상학적 탐구는 무의미한 것으로 간주되었기 때문에 죽음은 육체적 영역에 한정되는 생물체의 생물학적 종말이라는 개념이 일반적으로 받아들여지게 되었다.

5 실존 철학

19세기 실존 철학과 실존주의의 등장과 더불어 죽음의 문제들은 다시 철학적 관심의 전면에 드러나게 되었다. 특히 제2차 세계대전을 전후한 암울했던 시대적 상황은 삶의 의미와 더불어 죽음의 문제를 부각시켜 놓았다. 구체적인 '삶' 과 '지금, 여기, 이 사람' 으로서의 '현존재' 와 '실존' 에 관심이 있는 실존 철학자들은 죽음이 경험을 통해 얻어지는 과학적 지식의 대상이 아니라 내적 체험의 내용이라고 말하며, 죽음에 대한 주체적이고 내면화된 체험을 강조하였다. 즉, 인간에게 중요한 것은 관찰 가능한 객관적 사실로서의 죽음의 의미가 아니라 삶의 종말로서 죽음이 개인의 현실적인 삶에 어떤 의미를 갖고 있는가에 있다. 그러므로 우리가 추구해야 할 죽음에 대한 철학적 관심의 대상은 외부로부터 관찰되는 죽음이 아니라 우리가 자신의 죽음과 맺게 되는 관계와 그 관계가 우리의 삶에 미치는 영향이라고 할 수 있다. 실존주의 철학자들에 따르면, 죽음은 우리가 도달할 종착역이 아니라 우리가 실존으로서의 자기를 자각하는 적극적 계기로서의 의미를 갖게 되므로 인간은 신의 존재와 내세의 존재를 가정하지 않더라도 죽음을 직시함으로써 삶의 의미를 발견할 수 있다.

2 죽음에 대한 심리학적 이해

행동에 대한 실험적이고 객관적인 연구와 논리적 실증 철학이 심리학의 과학적인 연구들을 주도하여 왔기 때문에 1950년대 이전까지 죽음은 심리학을 비롯한 거의 모든 분야의 연구로부터 사실상 배제되어 있었다(アルフォンス, デーケン, 1986a). 이러한 현실은 1950년대를 전후로 파이펠(Feifel, 1959)을 중심으로 변화되었다. 파이펠을 중심으로 한 일련의 학자들은 죽음이 단순한 생물학적 사건이 아닌 심리적 · 사회적 측면을 가진다는 점에 주목하였고 철학, 생리학, 의학, 정신의학, 정신분석, 종교, 문학 등의 지식을 심리학에 도입하여 다양한 각도에서 죽음을 연구하는 경향을 낳게 되었다(Feifel, 1959).

또 죽음을 내세나 영혼이라는 개념을 가지고 사변적, 관념적으로 다루는 철학 분야와는 달리, 심리학 분야에서는 죽음을 현재를 살아가는 인간의 삶에 대한 중대한 위협, 위기 상황, 스트레스의 원천으로 간주하고 이에 어떻게 적응하고 대처하는가를 중점적으로 다루고 있다. 즉, 특정 연령 집단이 다양한 상황하에서 삶의 위협으로서의 죽음을 어떻게 받아들이고 적응하며, 이에 대해 어떠한 태도와 가치를 갖는가를 연구하며, 주로 죽음 불안, 죽음 공포, 죽음에 대한 태도, 죽어 가는 환자의 심리적 상태와 관리의 문제, 비탄과 사별에 대처하는 문제, 스트레스와 불행한 상황에 대한 적응적 혹은 부적응적 반응을 일으키는 성격의 측면 등을 주요 관심 영역으로 다루고 있다. 이 밖에도 죽음의 심리학에서는 죽음 인식이 전 생애를 통해 어떻게 발전하는지, 죽음에 대한 생각이 우리의 삶을 이끄는 방식에 어떠한 영향을 주는지, 우리의 삶을 이끄는 방식이 죽음의 시기와 방법에 어떠한 영향을 미치는지, 임박한 죽음과 실제적 죽음이 개인을 둘러싼 사회 구조에 어떠한 영향을 미치는지, 죽음의 과정에서 어떠한 심리 구조와 기능이 작동하는지 등을 주요 문제로 다루고 있다(Pearson, 1969).

3 죽음에 대한 종교학적 이해

모든 생명체는 시작이 있으면 언젠가는 끝이 있다. 그러나 모든 생명체 중에서 인간만이 이 보편적인 진리를 극복하고자 노력하는 존재다. 그 극복 방안 중의 하나가 죽음이 끝이 아니라 죽음 이후에 또 다른 세계가 이어진다는 믿음, 즉 영생불멸의 믿음이고, 이러한 믿음은 사후세계에 대한 관념, 즉 내세관을 형성하였다. 이러한 내세관은 죽음의 한계를 벗어날 수 없는 육체와는 다른 속성을 지닌 영혼을 상정함으로써 가능해지고, 대부분의 종교는 종교 체계 내에 이러한 죽음에 대한 관념과 사후세계에 대한 비전을 제시하고 있다.

기독교, 불교, 유교, 힌두교, 한국 무속 등 각 종교에서 죽음을 어떻게 이해하고 있는지를 간단히 살펴보면 다음과 같다(자세한 것은 제14장 참조).

1 기독교

기독교의 죽음에 대한 이해는 히브리 전통을 중시하는 구약성경에서 증언하는 견해와 기독교 복음이 헬레니즘 세계로 전파되면서 형성된 신약성경에서 증언하는 견해가 다르다. 이는 두 견해가 죽음의 반대 개념인 인간의 생명과 그 기원을 다르게 상정하고 있기 때문이라고 볼 수 있다.

히브리 전통을 계승한 구약성경은 인간의 생명을 몸으로서의 생명체로 본다. 물질적인 육체와 육체가 죽어서도 존재하는 영혼을 가정하는 영육 이원론적 인간관이 아니라 혼을 지닌 몸, 몸을 지닌 혼으로서 혼과 육체의 합일체로서의 인간 존재를 상정한다. 따라서 구약적 · 히브리적 전통에서 인간의 육체는 그리스 철학에서 주장하듯 영혼을 가두는 감옥이 아니라 단지 생명의 외면성을 나타내는 것이고, 영혼은 영원히 불멸하는 인간의 신성한 본질이 아니라 인간 생명의 내면성을 나타내는 것에 불과하다. 히브리 전통에서 영혼은 하나님의 영을 말하는 것이고, 인간의 생명은 하나님의 창조의 은총으로 지음받았다고 본다. 따라서 생명의 반대 개념인 죽음이란 하나님의 영, 곧 생명의 원천이 떠남을 의미한다. 하나님의 영이 사람에게서 떠나면 영육합일체로서의 인간은 생기를 잃게 되어 생명을 상실한 상태로 변화되는데 이러한 상태를 죽음으로 본다.

구약성경에서와는 다르게, 신약성경에서는 죽음을 '죄'와 결부시켜서 설명하고 있다. 신약성경에서 인간 죽음의 기원은 창세기의 아담과 하와 이야기에서처럼 인간이 신을 거역한 죄악의 결과로 인간 생명 속에 들어온 비정상적인 상태라고 본다. 따라서 죽음은 인간의 자연스러운 운명이 아니라 죄의 값이고 인간의 죄에 대한 신의 심판으로, 극복되고 물리쳐야 할 적으로 이해된다. 이렇게 인간은 그가 지은 죄에 대한 벌로 죽음을 선고받았으나 신의 아들인 그리스도가 강림하여, 인간의 조건으로서는 극복할 수 없는 죽음을 완전히 경험하여 극복함으로써, 벌을 받은 인간의 죽음을 영원한 생명으로 구원하였고, 그리스도가 죽은 후 3일 만에 부활하였듯이 모든 인류도 이 세상의 종말에는 다 부활하고 영혼과 육신이 결합되어 천국에서 영생을 누리게 된다는 것이다.

2 유교

유교에서는 인간을 기(氣)와 정선된 물질적인 힘이 결합된 결과로 보아 천지음양의 기가 뭉치면 사람이 되고 흩어지면 귀(鬼)가 된다고 보고 있다. 좀 더 자세히 말하면, 인간은 정(精), 기(氣), 신(神)의 결합체인 혼백으로, 일정 기간 존속하다가 그 기운이 다하면 혼은 양(陽)으로 하늘로 돌아가고 백은 음(陰)으로 땅으로 돌아가게 되니 이것이 죽음이다(한국종교학회 편, 2001).

그러나 "아직 삶도 알지 못하는데 죽음을 어찌 알겠는가?"라고 한 공자의 말에서 알 수 있듯이, 유교는 삶을 중요시하고 삶에서의 도리와 윤리를 중요시하는 철학으로 다른 종교에서와 같은 내세관을 가지고 있지 못하고 죽음에 대한 성찰이나 죽음 이후에 대한 비전을 제시하고 있지 못하다. 유교에서는 죽은 조상에 대한 제사의식이 있으나 이것을 자식의 부모에 대한 효도의 개념으로만 상정하고 있을 뿐 죽음을 자연 현상의 일부, 생의 일부로 받아들이고 모든 것이 하늘에 달려 있다는 순종하는 태도를 갖는 것을 중요하게 생각한다.

③ 불교

불교에서는 인간의 심신이 육체, 감수작용, 지각작용, 의지작용, 의식 등 다섯 가지 요소로 구성되었다고 보고 있고, 이를 불교 용어로 오온(五蘊)이라고 부른다. 이 오온은 악업이나 번뇌의 힘에 의해 영향을 받고 그것이 고통의 원인이 된다.

불교에서는 죽음을 인간에게서 수명(혹은 호흡), 체온, 의식 등의 세 요소가 사라져 육체의 기관이 모두 변하여 파괴된 것, 육체와 생명이 분리되는 것이라고 정의하고 있다(한국종교학회 편, 2001). 그러나 죽은 후에 육체는 해체되어 없어지지만 의식은 여러 생에 걸쳐 끊임없이 이어지는, 시작도 끝도 알 수 없는 연속체로서, 의식에서의 죽음은 윤회의 바퀴 속에서 육체의 형태를 바꾸는 환생의 계기가 되는 순간이라고 할 수 있다.

사람이 죽어 의식이 육체를 떠나면 다시 태어나기 전까지 49일 동안 바르도(中陰, 중음)라고 불리는 중간 상태에 머물게 된다. 이때 인간의 의식은 생전에 그를 지배하던 저차원적이고 거친 욕망 쪽으로 달려가려는 카르마(업)의 속성을 드러낸다. 그러나 더 강한 힘을 가진 '바른 지식'의 수련을 쌓으면 붓다의 경지를 성취할 수 있다. 바르도의 체험은 사자에게 영원한 보상이나 징벌을 가져다주는 것이 아니라 다만 새로운 육체의 삶으로 끌고 갈 뿐이다. 즉, 천상계, 인간계, 지옥계, 아귀계, 축생계, 수라계 등의 육도(六道)로 이루어진 윤회계로 환생하여 끝없이 삶을 되풀이하게 되는 것이다. 이 윤회계에서의 방황을 멈추고 탄생, 죽음, 고통으로부터 해방되기 위해서는 해탈, 열반에 이르러야 하고, 이것은 도덕, 헌신, 참다운 지식을 통해 생과 사를 반복하게 만드는 집착을 없앨 때 가능해진다.

이처럼 불교에서 죽음은 영혼과 육체의 결합체가 육체를 벗는 것이고 탄생은 육체를 입는 것으로, 죽음을 마지막이라기보다는 다른 형태의 삶으로 들어가는 입문으로 보고 있다.

④ 힌두교

힌두교는 현존하는 종교 중에서 가장 오래되고 복잡한 종교로 세계 여러 종교에서 찾아볼 수 있는 특성이 거의 다 포함되어 있다고 해도 과언이 아닐 정도로 종교적으로 다양한 요소가 공존한다(오강남, 2003). 따라서 힌두교에서 죽음을 어떻게 이해하는지를 간단히 파악하기는 쉽지 않다. 여기서 언급하는 것도 힌두교에서 설명하는 죽음의 극히 일부분이라고 할 수 있다.

힌두교에서는 인간을 육체와 미세신(微細身)이라고 불리는 미세한 물질적 요소인 의식으로 구성되어 있다고 보고, 노년, 질병, 사고 등 여러 가지 이유로 이 미세신이 육체로부터 벗어나는 현상을 죽음이라고 보고 있다. 또 마치 뱀이 허물을 벗듯이 육체의 소유주도 낡은 몸을 벗어 버리고 새로운 몸으로 옮겨 가는 태어남과 죽음을 순환적으로 반복한다고 본다.

힌두교에서는 변화무쌍하고 어둠과 죽음, 고통이 있는 경험적, 현상학적 차원의 세계를 윤회라고 부르고, 현상계 너머에 감추어져 있는 우주의 제1원리, 궁극적 · 무조건적 존재의 차원을 브라만, 아트만 혹은 열반이라고 부른다. 윤회는 태어남과 죽음의 순환적 반복을 특징으로 하며, 그 근원은 무지 혹은 마야이며 윤회를 지배하는 인과 법칙은 업(카르마)이다. 태어나서 늙고 병들고, 선악의 행위에 따라 즐거워하고 괴로워하는 끊임없이 변화하는 현상계의 가아(假我), 무상(無常)한 몸을 실재의 나로 생각하는 무지가 있는 한 욕망과 카르마가 존재하게 되고, 그로부터 생과 사의 윤회는 지속된다. 윤회의 원인이 무지와 또 거기서 야기되는 욕망인 만큼 무지와 욕망을 소멸시켜서 자신의 본성이 불사의 브라만이라고 깨닫는 것이 해탈이며, 해탈을 이루는 방법과 수련이 바로 요가다. 요가 수행자는 직관적 통찰[三昧, 삼매]을 통해서 현상적 자아의 속박으로부터 벗어나 불사의 진아(眞我), 즉 나의 참다운 본성을 실현할 수 있다.

5 한국 무속

무교(샤머니즘)란 사령과 조상, 저승길 가름, 원령의 한과 죽음에 의한 부정(不淨) 등 죽음 사건과 관련하여 발달한 종교 형태로 사후 영혼의 존재를 본격적으로 다루는 신앙 형태를 말한다(김열규 외, 2001).

다른 기성 종교에서와 마찬가지로, 한국 무속에서도 인간을 육체와 영혼으로 구성된 존재라고 생각하고, 죽음을 영혼이 육체를 떠난 상태로 본다. 그러나 영혼을 좀 더 세분화하여 생령과 사령으로 나누고 있다. 즉, 살아 있는 몸속에 있는 영혼을 생령이라 하고 조상, 원귀, 원령 등 죽은 후에 저승으로 가는 영혼을 사령이라고 부른다. 이 사령은 다시 천수를 다하여 순조롭게 살다가 자손을 보살피는 선령인 조상과 비명횡사하거나 원한이 남아 인간을 괴롭히는 악령인 원귀나 원령으로 구분된다. 한국 무속의 접신, 탈령, 넋대 잡이 초혼, 오구굿에서 볼 수 있듯이, 영혼은 육신이 죽은 후에도 불멸하는 존재로, 저승 혹은 극락으로 천계 상승하거나 이승으로 다시 태어난다고 생각된다. 또 영혼은 죽어서 육체와 분리된 후에도 다시 육체와 만날 수 있고, 살았을 때와 똑같은 기억과 욕망을 가진 존재로 생각된다.

이처럼 한국 무속에서의 죽음은 모든 것의 종말이 아니라 단지 육체가 이승에서 사라짐이며 영혼이 다른 세계로 이동함을 의미한다.

4 죽음에 대한 의학적 이해

의학에서는 죽음을 생물학적 사건으로 이해한다. 즉, 의학에서는 생체액 유동기능의 불가역적 정지(심장과 폐혈관의 기능 정지), 육체로부터 영혼의 불가역적 이탈(호흡 기능의 정지), 신체적 통합 능력의 불가역적 정지(뇌 기능의 정지), 사회적 상호작용 능력의 불가역적 정지(뇌피질사) 등이 나타날 때 한 생물체를 죽었다고 간주한다(황기석, 1984).

종래에는 숨을 쉬지 않는 폐 기능 정지와 심장이 뛰지 않는 심장 기능의 정지를 의학적으로 죽음이라고 정의하여 왔으나, 인공호흡기가 등장하고 심장 이식 등의 소생술의 발달로 절대적인 비가역성이라는 조건이 의문시되어서 사망 판단 기준으로서의 가치가 떨어지게 되었다. 따라서 의학계에서는 뇌 기능의 영구적 정지를 인간 죽음의 최종적 판단 기준으로 보는 뇌사설이 주장되었고, 이에 따라 안락사 문제, 장기 이식 문제, 인간답게 죽을 권리 등이 사회적으로 쟁점이 되고 있으나 일부 종교계와 법률가, 일반인의 반대에 부딪히고 있다. 뇌사에 대해 영어권에서는 'brain death' 혹은 'cerebral death' 라는 용어를 사용하고, '살아 있

는 육체에 죽은 뇌(a dead brain in a living body)' 라는 표현을 사용하기도 한다(アルフォンス, デーケン, 1986c). 생물학적 · 의학적 죽음은 그 판정 기준이나 판정 시기가 문제가 되며, 이것은 종교나 법률 문제와 관련된 분쟁, 여론, 일반 사람의 감정과 연관된 다양한 도덕적 · 사회적 결정 문제를 야기할 수 있다.

4. 죽음과 관련된 이론

죽음 연구를 할 경우, 자신이 생각하는 연구 목적을 달성하기 위해서는 가설을 세우고 이 가설을 증명하는 과정이 필요하다. 가설을 증명하는 과정에서 실험 조사 연구를 제외하고는 죽음을 설명하기 위해 주로 철학과 심리학의 도움을 받을 수밖에 없다. 이때 철학적 분석은 가설 설정에 필요한 주요 변인을 제공할 수 있는 반면, 심리학적 이론은 인간 행동을 과학적으로 설명을 할 수 있는 이론 모델을 만들기 위한 메커니즘과 구체적인 환경 등을 상술하는 과업을 담당할 수 있다(Tomer, 1992). 따라서 죽음 연구에 도움을 줄 수 있는 죽음과 삶, 죽음 불안과의 관계를 설명하는 대표적인 이론들을 주로 심리학적 이론을 중심으로 토머(Tomer, 1992)의 분석에 기초하여 살펴보면 다음과 같다.

1 의미추구 이론

의미추구를 강조하는 이론(Antonowski, 1979; Frankl, 1963; Maddi, 1970; Taylor, 1983; Thompson & Janigian, 1988)은 삶에서 의미를 발견하기 위한 투쟁이 인간 행동의 기본적 동기라고 가정하면서 이러한 '의미를 찾고자 하는 의지' 를 중요시한다. 죽음과 관련하여 이들의 기본 가정은 죽음이란 '인생에서 의미를 빼앗아 가는 위협' 이지만 죽음과 같은 불행한 상황에서도 인식과 삶의 도식, 태도의 재형성 과정을 통하여 인생에서 목적의식을 회복할 수 있다는 것이다.

의미추구 이론(Search-for-meaning theory)을 가장 체계적으로 언급한 사람은 톰슨과 자니지언(Thompson & Janigian, 1988)으로, 이들은 '삶의 도식(life schema)'[1]이라는 개념을 이론적이고 방법론적인 개념으로 주요하게 사용하여 의미추구를 설명하고 있다. 그들은 죽음과 같은 불행한 사건에 직면할지라도 이러한 부정적 사건들을 조절하는 삶의 도식을 변화시키거나 죽음에 대한 인식을 변화시키는 것으로 죽음에 대처 가능하다고 본다. 즉, 죽음을 받아들이고 수용하는 죽음 통합이라는 개념에는 두 가지 요소가 있는데, 하나는 자아, 성취, 과거 등 자아 관련 요소이고, 다른 하나는 죽음 관련 요소다. 과거에 대한 태도를 긍정적으로 변화시키거나 자아의 개념을 의미 있는 다른 사람도 포함하는 더 넓은 개념(extended self)으로 확장시키려는 시도 등 자아 관련 요소를 변화시킴으로써 죽음 통합을 가능하게 하는 것은 전자의 예로 들 수 있고, 죽음을 명백한 악에서 삶에 의미를 주는 사건(하이데거의 견해처럼)으로 변화시키는 등 죽음 자체에 대한 인식을 변화시킴으로써 죽음 불안을 감소시키고 죽음을 받아들이게 하는 것은 후자의 예라고 할 수 있다. 이처럼 의미추구 이론은 죽음을 존재의 의미에 대한 위협으로 보고 있고, 삶과 죽음에 대한 인식이나 태도를 긍정적으로 변화시키는 것에 의해 삶의 의미와 목적을 되찾고 죽음 불안을 완화시킬 수 있다고 가정하고 있다([그림 1-1] 참조).

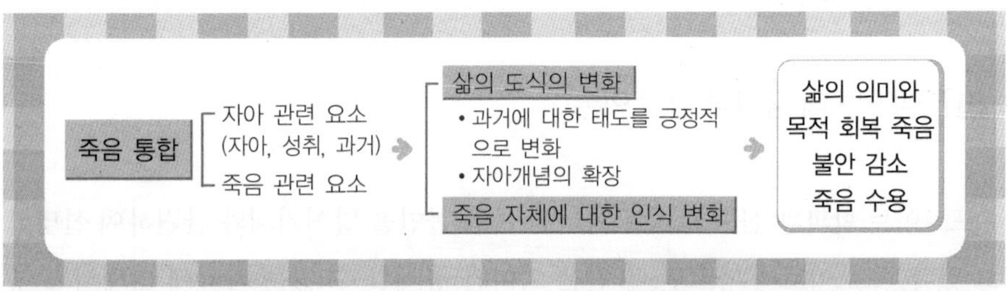

그림 1-1 • 의미추구 이론 •

1. 인지심리학에서 사용되는 용어로, 지각자로 하여금 어떤 유형의 정보를 선택적으로 수용하고 보게 하는, 일종의 행위를 통제하는 기제(메커니즘)를 뜻한다. 주로 무엇이 지각되어야 하는지를 결정하고 통제하여 환경에 대한 개인의 경험을 구축하는 기능을 한다.

❷ 개인적 구성 이론

개인적 구성 이론(personal construct theory)은 켈리(Kelly, 1955)가 주장한 이론으로, 그에 따르면 개인은 미래의 비슷한 사건들을 잘 예측하기 위해 사건들을 짜 맞추어 해석한다. 이와 같이 짜 맞추어지는 구성(construct)을 만들 때, 개인은 요소들(사물, 인간, 사건 등)을 비슷하거나 다른 것을 구분하는 방식으로 추출해 내고, 이런 식으로 계속하여 결국 계층적으로 조직되는 전체 체계로서의 신념 체계를 형성하게 된다. 이렇게 해서 만들어진 구성 중에서 어떤 구성에는 전체 체계를 바꿀 필요 없이 쉽게 바뀔 수 있는 상대적으로 낮은 수준의 것이 있는가 하면 계층적으로 더 높이 있어서 그것을 변경하는 것이 개인의 태도나 전망에 급격한 변화를 야기하는 핵심 구성이 있다. 켈리(1955)는 자신의 이론에서 죽음을 핵심 구조의 급진적 변화를 의미하는 위협으로 간주하였다. 여기서 '위협' 이란 개인이 자신을 둘러싼 환경 안에서 예측적 안전감을 잃었다는 인식, 즉 세상에서 일어나는 사건을 정확하게 예측할 수 없음을 깨닫고 사건을 정확하게 예측하기 위해 체계적 변화를 감행할 필요를 깨닫는 것을 의미한다. 켈리는 이처럼 죽음을 현재 구조와 조화를 이루지 못하는 대안적인 핵심 구조로 상정하고 있고, 이러한 요소가 현재 구조에 포함될 수 없다고 가정할 때 불안이 발생한다고 가정하였다.

❸ 부정 이론과 긍정적 환상 이론

프로이트 학파와 신 프로이트 학파는 죽음 불안을 방어기제와 관련하여 설명하고 있다. 프로이트에 따르면, 불안은 자아가 통제할 수 없는 자극에 의해서 발생하는 것으로 자아가 정상적이고 합리적인 방법으로 불안을 줄이거나 제거하지 못하면 비현실적 · 비합리적 방법으로 불안감을 제거하려고 한다. 이러한 무의식적인 심리 기제를 방어기제라고 하며, 개인은 받아들이기 힘든 개인적 죽음에 대해 자아를 보호하기 위하여 이러한 방어기제를 사용한다. 따라서 높은 수준의 죽음 불안은 심리적 방어기제인 보호 메커니즘, 특히 부정 메커니즘(mechanism of denial)의 붕괴로 해석될 수 있다.

부정 이론(Theories of denial)에서는 전반적으로 죽음을 자기 소멸로 간주하고 그래서 자아를 보호하기 위한 방어기제가 붕괴되었을 때 죽음 불안이 발생한다고 가정한다. 부정은 인간이 생명을 위협하는 질병에 직면하였을 때나 죽어 가는 환자의 경우에 가장 먼저, 또 가장 많이 사용하는 심리적 방어기제로, 불안을 덜 느끼게 하기 위해 현실을 부정하거나 왜곡하는 경향을 말한다(Kübler-Ross, 1969; Taylor & Brown, 1988; Weisman, 1972).

이에 비해 환상 개념은 자신과 세상, 자신의 능력에 대해 긍정적 환상(positive illusions)을 가지는 것이 정신건강과 심리적 적응에 도움이 된다는 것이다. 테일러 등(Taylor & Brown, 1988; Taylor et al., 1989)에 따르면 대부분의 사람들은 자신의 환경과 미래를 통제하기 위해 긍정적 환상을 만들고 유지한다. 그러면 이러한 환상은 죽음과는 어떻게 관련되어 있는가? 인간은 죽음에 대처하기 위해 자신에게 아직도 시간이 많이 남아 있다고 생각하거나 자신과 미래를 스스로 통제할 수 있다는 환상을 갖는다. 즉, 인간은 자신의 죽음을 생각할 때 개인적인 시간 구조와 관련하여 자신이 긴 수명을 가졌다고 생각하거나 죽음이 언제나 안전하게 먼 서리의 미래에 있다는 환상을 강화하고, 자신의 미래를 스스로 통제할 수 있다고 믿고 싶어 한다. 사람이 문화 체계와의 동일시를 통하여 자신의 죽음 공포를 완화하고자 한다는 상징적 불멸의 개념은 이러한 환상 개념을 도입한 대표적인 예라고 할 수 있다. 이에 따르면 사람은 그 자신을 죽음의 공포로부터 보호하기 위하여 억압이나 환상 등을 사용하고, 상징적 체계는 불멸의 환상을 만들고 유지하는 데 가장 효과적인 수단이다(Becker, 1975).

그러면 긍정적 환상과 방어기제 간의 차이는 무엇인가? 이론적으로 보면 죽음 불안과 싸우기 위해 방어기제를 사용하는 사람은 높은 수준의 무의식적인 죽음 불안을 가지고 있지만 긍정적 환상 이론에서는 무의식적인 죽음 불안의 존재를 가정하고 있지 않으며 환상이 오히려 긍정적인 심리적 적응을 촉진하는 것으로 본다(Taylor & Brown, 1988; Taylor et al., 1989).

4 다중 자아 이론과 자아개념 불일치 이론

많은 심리학적 이론은 자아개념에 기초를 두고 있다. 예를 들어, 자아실현 이론은 자신의 가능성을 실현하기 위해 노력하는 자아에 대해 기술하고 있고, 로저스의 성격 이론은 실제적 자아와 이상적 자아 간의 불일치를 가정하고 있으며, 또 에릭슨의 심리사회적 이론은 성장 과정에서 자신을 구성하고 변화시키는 자아를 상정하고 있다. 이러한 역동적인 자아에 대한 개념은 최근 이론들에서 일반적으로 나타나는 경향이고, 지금 설명하고자 하는 다중 자아나 잠재적인 자아개념과 밀접히 연결되어 있다.

다중 자아 이론(multiple selves theory)에 따르면, 개인의 동기는 미래 사건들과 관련된 목적이나 위협에 대한 인지적 표상들의 구조 안에서 해석되거나 구체화되고, 이러한 표상들은 동기로서의 기능을 넘어서 현재의 자아에 대한 평가적이고 해석적인 맥락을 제공한다(Markus & Nurius, 1986). 이를 죽음과 관련하여 적용해 보면, 죽음에 대한 태도는 인간이 '죽어 가는 자아(dying-self)' 혹은 '죽은 자아(dead-self)'로서 미래의 자신을 보는 방식에 의해 결정된다고 본다.

다중 자아개념을 사용하는 대표적인 이론으로는 자아개념 불일치 이론(self-concept discrepancy theory; Higgins, 1987)을 들 수 있다. 이 이론은 세 가지 자아의 영역, 즉 실제적 자아(actual self), 이상적 자아(ideal self) 그리고 당위적 자아(ought self)를 가정하고 있다. 여기서 실제적 자아란 개인이 실제로 가지고 있다고 믿는 속성의 표현이고, 이상적 자아란 자신이 소유하고 싶은 특성의 표현이며, 당위적 자아란 자신이 소유해야 한다고 믿는 특성의 표현이다. 자아개념 불일치 이론에서는 실제적 자아와 이상적 자아가 불일치한다는 인식이 절망과 실패감을 야기하고, 반면에 실제적 자아와 당위적 자아 간의 불일치는 공포, 위협, 불안 등을 야기한다고 가정한다. 즉, 실제적-이상적 자아의 불일치는 우울과 관련된 감정들과 관련되어 있고, 실제적-당위적 자아의 불일치는 불안과 관련된 감정들과 관련되어 있다는 것이다. 이 이론은 죽음 불안 연구 중에서 개인적 죽음과 관련된 불안과 공포감, 죽음과 관련된 절망, 실패감을 구별하는 데 응용될 수 있다. 즉,

죽음과 관련된 절망이나 실패감은 채워지지 못한 바람이나 소망과 관련되어 있고, 죽음 불안이나 공포는 완성되지 못한 의무나 책임과 연결되어 있다. 그러나 죽음 불안 분야에 이 이론을 적용하려면 죽음이 미래의 사건이라는 사실을 고려해야 한다. 죽음 불안은 자아가 죽음에 직면한 미래의 자아를 상상한 결과로 발생한다고 보기 때문이다. 여기서 죽음 불안이 많은지 적은지를 결정하는 것은 바람과 책임의 충족 여부가 아니라 예측된 충족의 양이다.

5 에릭슨의 심리사회적 이론

에릭슨(Erikson, 1976)은 인간의 전 생애를 8단계로 나누어, 각 단계마다 당면하는 발달과제를 제시하고 그것을 어떻게 수행하느냐에 따라 개인의 자아가 양극적으로 발달한다고 가정한다.

에릭슨의 심리사회적 이론(Erikson' s psychosocial theory)은 성인기에서의 죽음 불안의 역할, 죽음 위협과 싸울 수밖에 없는 궁극적인 운명 등 인간 발달에 대한 광범위한 시각을 제공하고 있고, 그의 이론 중 이러한 맥락에서 주로 언급되는 부분은 통합과 절망을 설명하는 마지막 단계(제8단계)라고 할 수 있다. 인간은 노년기에 도달하면 한계, 상실, 죽음의 현실에 직면하게 된다. 그러나 다양한 위기를 성장이나 인간성 확장과 연관하여 극복한 사람은 상실과 죽음을 다루는 데 가장 유리한 위치에 서 있다. 여기서 에릭슨이 말하는 자아통합이란 성공과 실패에 순응하면서 이전의 일곱 단계를 성공적으로 거쳐 온 사람들이 거둘 수 있는 인생의 결실이며, 외부 세계와 자기 내면에 있는 결함들, 고통스러운 감정의 근원들과 화해하고 삶의 의미와 가치를 발견할 수 있을 때만 성취할 수 있다. 삶의 마지막 단계에서 자신의 삶을 의미 있는 전체로 보는 사람은 이 단계의 위기를 긍정적으로 해결할 수 있고 과거에 대한 후회나 미래에 대한 두려움이 적다. 리프톤(Lifton, 1979)은 이러한 사람을 상징적 불멸을 실현한 사람으로 본다. 반대로 자신의 전체 삶을 잘못 살았다고 혹은 낭비했다고 절망하는 사람은 이 단계의 위기를 부정적으로 해결한 사람이고, 이러한 사람은 높은 수준의 죽음에 대한 공포를 나타낸다.

에릭슨은 어떤 단계의 위기의 긍정적 해결은 이전 단계 위기의 긍정적 해결에 의존한다고 주장하고 있기 때문에, 자아통합은 그 이전 단계인 생성감/침체감(자아 탐닉) 단계를 어떻게 해결하였는가에 달려 있다. 이 시기의 주된 관심은 부모됨과 직업에서의 성취, 학문적 · 예술적 업적을 통해 자신의 흔적을 영속적으로 남길 수 있는 무엇인가를 생산하는 것이고, 어떠한 이유로든 이러한 생성감을 제대로 못 이루게 되면 오로지 자신의 이익과 편안, 자기 당대의 쾌락만을 추구하는 자아 탐닉에 빠지고 만다.

자신의 살아온 삶을 받아들일 수 있는 사람은 평온하게 죽음에 직면할 수 있기 때문에, 마지막 위기를 잘 극복해서 마지막 보상(지혜)을 획득하기 위해 자신의 전체 삶을 회고하는 경향이 있다. 이러한 삶의 회고 개념(Butler, 1961; Romaniuk, 1981)과 전기 구성(biography construction) 개념(Marshall, 1980)은 응집력과 통합감을 획득하고자 하는 노력을 표현한 것이다. 에릭슨은 개인의 전기를 구성하는 작업을 통한 통합감 성취를 강조한 반면, 마셜(Marshall)은 과업의 중요성, 즉 자아로 하여금 다가오는 죽음을 깨닫도록 준비시키는 중요성을 강조하고 있다.

6 죽음 본능 이론

프로이트는 인간 유기체를 복잡한 에너지 체계로 생각하였다. 특히 본능을 유기체를 움직이는 원천적인 힘이라고 가정하고, 인간의 생각, 감정, 행동을 설명하는 수많은 본능들을 두 가지로 단순화하였다. 삶과 사랑, 활동을 지향하는 에로스(eros)라는 본능, 그리고 정지와 죽음을 지향하는 타나토스(thanatos)라는 본능이 그것이다.

죽음과 관련하여 프로이트가 제안한 죽음 본능 이론(death-instinct theory)은 다음의 여덟 가지 가정에 기초하고 있다(Freud, 1961).

- 모든 본능은 보존력이 있어서 이전 상태를 되풀이하거나 복원하고자 한다. 프로이트는 손상된 육체의 부분이 재생되거나 철새가 같은 경로를 이동하는

것을 예로 들고 있다.

- 이러한 반복 충동은 인간의 정신 기능과 생장 기능 모두를 지배한다.
- 이전 상태를 반복하거나 복원하고자 하는 충동은 통상적 형태의 욕구 충족보다 우위를 차지한다. 어떤 사람은 쾌락을 위해 행동하는 대신에 반복 충동을 충족시키기 위해 실제로 고통과 상실을 추구하기도 한다.
- 그러면 본능의 반복적 · 복원적 특성이 인간의 자기 파괴성을 이해하는 데 어떤 도움이 되는가? 이 질문에 대해 프로이트는 다음과 같이 대답하였다. "아주 먼 옛날에 그리고 우리가 이해할 수 없는 방식으로 생명이 한때 무생물로부터 생겼다는 것이 사실이라면…… 본능은 무생물적 상태(모든 발달의 출발점)를 회복하기 위해 다시 한 번 생명을 없애고자 할 것이다." (Freud, 1961) 즉, 프로이트는 죽음 본능을 생명이 출현하기 이전에 존재했던 평화로운 무생물적 상태에 대한 일종의 기억으로 보고 있다(Kastenbaum, 2000b).
- 죽음 본능은 모든 생명 과정에서 작동한다. 살아 있는 모든 유기체는 그들이 기능하는 모든 단계에서 자기 파괴적 경향을 나타낸다.
- 모든 유기체에는 죽음 본능을 상쇄하는 에로스라는 강력한 힘이 존재한다. 에로스는 생명체를 이전보다 더 큰 단위로 결합시키고자 한다. 또 에로스는 쾌락을 추구하고 성장과 생존을 촉신한다.
- 에로스와 타나토스는 삶 속에 뒤섞여 있고 그 자신의 목적을 성취하기 위해 서로 경합한다.
- 죽음은 생명체의 기본 목적 중 하나다. 우리는 죽으려는 의도를 가지고 산다. 그러나 삶 또한 생명체의 목적이다. 두 가지 목적은 우리 신체의 모든 세포 안에서 일어나는 과정에서부터 정신 작용의 경향성에 이르기까지 살아 있는 유기체의 본능 안에 짜 넣어져 있다.

프로이트는 이 여덟 가지 가정에 기초하여 인간의 발달을 두 본능 간의 상호작용으로 보고 있다. 즉, 에로스는 우리를 영원히 앞으로 성장하게 하는 반면, 타나토스는 우리를 영원히 무생물 상태와 같은 긴장 상태의 감소로 몰고 간다. 그런데

이 정반대되는 두 가지 충동은 서로 협력적이다. 즉, 발달과 욕구 충족을 향한 유기체의 충동은 왕성한 활동을 필요로 하기 때문에 에로스는 이러한 목적을 위하여 타나토스의 공격적인 에너지를 요구하게 된다. 정상적인 발달에서 자기 파괴성을 향하는 본능적 충동(타나토스)은 다른 사람을 포함한 외부 세계로 향하는 공격적 행동으로 전환되기도 한다.

프로이트는 공격적 성향으로서의 죽음 본능 개념을 가지고 전쟁과 자살, 살인 등을 설명하고 있다. 만약 공격성과 분노를 표현하는 외부적 통로가 차단될 때, 이러한 공격성은 자기 자신에게 향해 자살로 이어진다. 또 이것이 나 자신의 대용물로서 다른 사람의 생명을 빼앗을 경우(다른 사람 안에 있는 나를 죽이는 것) 살인이 되는 것이다. 프로이트는 문명화된 사회가 다른 사회로 공격성을 표출할 때 전쟁을 일으키는 것으로 보고, 대규모 죽음 본능의 표현인 전쟁은 인간 간의 정서적 유대감을 만드는 것으로 방지될 수 있다고 주장하고 있다(Einstein & Freud, 1932). 에로스가 타나토스에 대해 완벽한 대항 세력이 되는 것이다.

프로이트 이외의 다른 의사나 연구자들(Jellife, 1933; Sperling, 1969)은 죽음 본능 이론을 심신증에 적용하고 있다. 스펄링(Sperling, 1969)은 심한 편두통을 가진 우울증 환자를 파괴적 에너지의 신체적 방출을 겪고 있는 것으로 보았다. 즉, 편두통은 죽음 본능이 급격히 증가할 때 그리고 우울증의 억제적이고 방어적인 기능이 환자를 자기 파괴성으로부터 충분히 보호하지 못할 때 발생하는 것으로 보았다. 젤라이프(Jellife, 1933)는 자아에 대한 새디즘(sadism)적 형태를 취하고 있는 죽음 본능이 거세나 기관의 국부적 죽음 혹은 기관의 어떤 기능의 죽음처럼 작용하여 기능의 부조화를 유발한다고 주장하였다.

그러나 프로이트의 죽음 본능 이론은 정신분석학자들이 임상적 상황에 적용하는 데 어려움이 있고 이론 자체가 지나치게 비관적, 결정적, 환원적, 과거 지향적, 이원론적이라는 비판을 받고 있기도 하다(Kastenbaum, 2000b).

우리가 죽음이나 죽음과 관련된 상황을 이해하고자 할 때 그와 관련된 사실이나 개념뿐만 아니라 죽음과 관련된 태도, 믿음, 경험 등 주관적이면서 죽음과 관련된 행동에 영향을 미칠 수 있는 요인을 함께 고려할 필요가 있다.

제2장

죽음 개념과 죽음에 대한 태도

우리가 '죽음' 이라고 알고 있는 개념은 일의적인 개념이기보다는 다양한 하위 개념과 속성으로 구성되어 있다. 따라서 죽음이라는 개념을 포괄적으로 이해하기 위해서는 '죽음' 이라는 용어로 묶어서 설명하고 있는 죽음과 관련된 다양한 속성을 이해할 필요가 있다. 또 죽음이라는 개념은 인지 발달과 관련이 깊다. 어린 아동은 성인과 같은 수준으로 죽음을 인식할 수 없고 충분히 인지가 성숙되어야만 성인이 인식하는 죽음의 다양한 속성들을 이해할 수 있게 된다. 그러면 인지 발달만이 죽음 개념 형성에 영향을 미치는 유일한 변인인가? 인지 발달 외에 개인이 갖는 죽음 개념 형성에 영향을 미칠 수 있는 다른 변인으로는 어떤 것이 있는가? 이렇게 형성된 죽음 개념이 삶의 장면에서 어떻게 재구성되는지를 이해하기 위해서는 죽음을 구성할 때 요구되는 몇 가지 형태의 인지적 조작을 이해할 필요가 있다. 이 장에서는 죽음에 대한 개념을 좀 더 포괄적으로 이해하기 위해 죽음 개념과 그 발달과정, 죽음 개념 형성에 영향을 미치는 변인, 죽음 개념과 관련된 인지적 조작 등에 대해 살펴본다.

또 우리가 죽음이나 죽음과 관련된 상황을 이해하고자 할 때 그와 관련된 사실이나 개념뿐만 아니라 죽음과 관련된 태도, 믿음, 감정, 경험 등 주관적이면서 죽음과 관련된 행동에 영향을 미칠 수 있는 요인들을 함께 고려해야 한다. 특히 죽음은 인간 누구나 경험하게 되는 보편적 · 생물학적 현상이지만, 죽음에 대한 사유나 행동 양상, 태도 등은 전 생애에 걸친 한 개인의 경험과 더불어 그가 속한 집단의 문화적 · 사회적 · 시대적 상황이 총체적으로 어우러져 형성되는 것이다. 따라서 여기서는 죽음과 관련된 태도를 사회적 맥락과 개인적 맥락으로 나누어 살펴보고자 한다. 죽음과 관련된 사회적 태도에서는 현대인이 가진 죽음의 이미지가 역사적으로 어떻게 구성되었는지를 아리에스(Ariès)의 분석에 기초하여 살펴보고, 죽음과 관련된 개인적 태도에서는 죽음 수용, 죽음 부정, 죽음 불안을 개념, 이론, 연구 동향 등을 중심으로 살펴본다.

1. 죽음 개념과 그 발달과정

1 죽음 개념

인간의 생물학적인 죽음이나 죽음 현상에 대하여 많은 학자들은 다양한 하위 개념과 속성을 가지고 설명하고 있다.

1 스피스와 브렌트의 아동의 죽음 개념

스피스와 브렌트(Speece & Brent, 1996)는 아동이 형성하는 죽음 개념에 대한 연구에서 죽음에 대한 개념이 단순하지 않으며 몇 개의 하위 개념으로 구성된다고 주장하였다. 그들이 주장하는 죽음 개념을 구성하는 5개의 하위 개념—보편성, 불가역성, 비기능성, 인과성, 내세관—은 다음과 같다.

① 보편성

모든 생물체가 결국 죽어야 한다는 것을 인식한다는 의미로 이것은 다시 3개의 하위 개념을 포함한다.

• 포함성: 모든 사람이 죽는가? 죽음 개념이 적용되는 생물체의 범위를 의미하는 것으로, 어떤 생물체도 죽음을 면할 수 없다.
• 불가피성: 모든 사람이 꼭 죽어야 하는가? 죽음 개념이 생물체에 적용되는 필연성을 의미하는 것으로, 죽음은 특별한 원인과 상관없이 모든 생물체가 피할 수 없다.
• 비예측성: 언제 죽을지 모르는가? 죽음의 시기와 관련된 것으로, 대부분의 사람들은 이것의 개인적 의미를 인식하기를 회피한다.

② 불가역성: 돌이킬 수 없는 것인가?

죽음의 최종성과 관련된 것으로, 생물체의 물리적인 육체가 일단 죽으면 다시 살아날 수 없다는 것을 의미한다.

③ 비기능성: 모든 기능과 역량이 완전히 끝나는가?

살아 있는 생명체에 전형적으로 귀속되는 모든 기능적 능력의 완전하고 최종적인 정지를 의미한다.

④ 인과성: 왜 죽으며, 무엇이 죽게 만드는가?

나쁜 행동이나 단순한 바람이 누군가를 죽게 만든다는 마술적 사고가 아니라 죽음을 가져오는 내적 · 외적 사건이나 조건에 대한 사실적인 이해에 바탕을 두고 죽음을 이해하게 된다.

⑤ 비육체적 연속성: 죽은 후에 무엇이 일어나는가? 죽은 후 영혼은 어디로 가는가?

죽은 육체와는 별개로 계속되는 생명의 형태를 이해하고자 하는 아동의 노력을 반영한다.

2 하이데거의 실존주의적 죽음 개념

하이데거는 죽음의 실존주의적 개념을 "성실한 삶 속에서만 성실한 삶을 위해서 깨닫게 되는 각자의 가장 고유한 가능성" 이라고 정의하고, 죽음이라는 현상의 기본 특징으로 다음과 같은 다섯 가지 가능성을 제시하고 있다(이호연, 1994).

① 각자의 가장 고유한 존재 가능성

죽음은 각자가 자기 삶 속에서 언제나 스스로 떠맡아야 하는 피할 수 없는 존재 가능성이다. 죽음에는 다른 사람이 대신할 수 있는 길이 절대로 없다.

② 다른 관계가 끊어지는 가능성

죽음은 각자가 인간으로서는 존재할 수 없게 되는 막다른 가능성이다. 자기의 눈앞에 죽음이 다가선 절박한 경지에서는 다른 현존재와의 모든 관계들이 끊어진다. 부모와 형제 및 처자도 그 현존재의 관심 밖으로 밀려날 수밖에 없고 재산이나 타인과의 모든 관계가 소용없게 되는 것이다.

③ 앞지를 수 없는 가능성

현존재의 죽음은 '가장 극단적인 가능성', 곧 그 밖으로 넘어설 수 없는 마지막 한계로서의 가능성이라고 한다. 이 세상의 어떠한 사람도 죽음의 언덕을 앞질러서 그 언덕의 저쪽을 본 적도 없었고 또 앞으로도 볼 수 없다. 만약 이 가능성을 넘어선다면 현존재는 이미 현존재일 수 없다. 현존재인 우리 인간은 각자가 어디까지나 존재 가능성으로서 살아갈 뿐이고 절대로 죽음을 앞지를 수 없다는 것이다.

④ 어김없는 가능성

사람은 '죽음이 온다' 는 것이 어김없다고 말한다. 사람은 다른 사람의 죽음을 경험할 수 있어서 모두가 죽음은 부인할 수 없는 '경험 사실' 이라고 확신한다.

⑤ 언제 올 지 모르는 가능성

사람은 흔히 "죽음은 어김없이 온다. 그러나 앞으로 얼마 동안은 오지 않는다." 라고 말한다. 죽음의 확실성을 인정하지만 죽음의 시기를 규정할 수도 없고 오히려 규정하는 것을 회피하고자 한다. 이렇게 한동안 죽음이 오지 않는다고 규정함으로써 죽음은 언제나 올 수 있다는 삶의 현실을 가리고 숨기려고 한다.

3 카스텐바움의 죽음 개념

카스텐바움(Kastenbaum, 2000b)은 죽음 개념을 다른 사람의 죽음과 자아의 죽음으로 나누어 살펴보았다. 그는 다른 사람의 죽음을 '너는 죽었다.' 라는 표현으로, 자아의 죽음을 '나는 죽을 것이다.' 라는 표현으로 나타낸 후 아동이 이러한 표현에 도달하기 위해 알거나 상상해야 하는 몇 개의 명제를 나열하였다. 특히 그는 '나는 죽을 것이다.' 라는 내적 성찰보다 '너는 죽었다.' 라는 개념을 경험적 사실로 더 쉽게 이해할 수 있어 발달 단계에서 더 일찍 나타난다고 주장하였다. 카스텐바움이 죽음 개념을 습득하기 위해 거칠 수 있는 명제들의 내용을 간단히 살펴보면 다음과 같다.

① 너는 죽었다(You Are Dead)

- 너는 없다: 어린 아동의 참조 틀은 지각에 의존하는 것이어서 부재라는 것은 여기, 지금 없다는 것을 의미한다. 즉, 네가 지금 아동의 지각적 공간에 없다면 너는 존재하지 않는 것이다.
- 나는 버림받았다: 네가 나의 지각적 참조 틀에서 사라진 것은 나의 안전감을 파괴한다. 이처럼 너의 부재와 나의 불안감은 서로 밀접히 관련되어 있다.
- 너의 부재와 버림받았다는 나의 생각이 분리감(separation)의 원인이 된다: 나는 내가 세상에서 안전감을 느끼고 나 자신에게 좋다고 느끼기 위해 필요한 접촉과 지원으로부터 격리되었다. 이러한 분리감은 나로 하여금 단지 너뿐만이 아니라 그러한 환경과의 접촉의 상실을 경험하게 한다. 분리감은 어머니-자신과의 유대가 방해받는다는 아동의 인식에 뿌리를 두고 있다.
- 분리는 한계가 없다: 어린 아동은 자기중심적인 경험의 조직에 한정되는 '현지 시간(local time)' 이라고 불리는 세상에 살고 있다. 그들은 단기적-장기적 분리, 최종적-되돌릴 수 없는 분리 등을 구분할 수 없다.

- 아동의 반복하는 정신생물학적(psychobiological) 리듬은 분리와 죽음에 대한 그들의 관계를 복잡하게 한다: 아동의 시간 경험은 낮-밤의 반복되는 리듬과 함께 배고픔-포만감, 잠-활동과 같은 내적 리듬에 의해 영향을 받는다. 그래서 한계가 없는 분리와 어떤 경험이 끝없이 계속되는 것은 영아나 아동 초기를 특징짓는 반복적 리듬, 주기성과 충돌하게 된다.
- 너는 반응하지 않는다: 이것은 어린 아동이 죽은 사람이나 동물과 가깝게 접촉하는 특수 상황에 적용될 수 있다.

② 나는 죽을 것이다(I Will Die)

- 나는 생명이 있는 개인적 존재다.
- 나는 죽음이라는 속성을 가진 존재의 부류에 속한다.
- 나는 논리적 연역의 지적 과정을 이용하여 나의 죽음이 확실하다는 결론에 도달한다.
- 나의 죽음의 원인은 많이 있을 수 있고, 이러한 원인은 다른 많은 조합으로 작동한다.
- 비록 내가 어느 특정한 죽음의 원인을 극복할지라도, 모든 죽음의 원인을 극복하거나 비켜 갈 수는 없다.
- 나의 죽음은 미래에 일어날 것이다. 그때까지 나는 아직 경과하지 않았고 이전에 경험하지 않은 시간을 산다.
- 그러나 나는 미래의 언제쯤 나의 죽음이 일어날지를 알지 못한다. 그 사건은 확실하다. 그러나 시기는 불확실하다.
- 죽음은 마지막 사건이다. 나의 삶은 정지한다. 이것은 내가 이 지구상에서 인간으로서 다시는 경험하고, 생각하고, 행동하지 못한다는 것을 의미한다.
- 따라서 죽음은 나를 이 세상으로부터 최종적으로 분리하는 것이다.

이처럼 '나는 죽을 것이다' 라는 표현에는 자기 인식, 논리적 사고, 가능성과 필연성, 인과관계, 개인적이고 물리적인 시간, 최종성과 분리라는 개념이 포함되어 있다.

2 죽음 개념의 발달과정

죽음과 같은 추상적인 개념을 이해하기 위해서는 충분한 인지 능력의 발달과 성숙이 선행되어야 한다. 따라서 앞에서 소개한 죽음 개념들이 아동기의 인지 발달적 맥락에서 어떻게 형성되고 발달하는지를 단계 이론을 중심으로 살펴보면 다음과 같다.

1 피아제의 인지 발달 이론

피아제에 따르면 아동, 청소년, 성인을 구별하는 주요한 차이는 그들이 서로 다른 방식으로 현실을 구성한다는 점이다(Piaget, 1954). 즉, 그들 각각은 서로 다른 현실에 살고 있으며, 똑같은 환경, 똑같은 메시지, 똑같은 상황이라도 다양한 인지 발달 단계에 있는 사람들에게는 아주 다르게 지각되고 인지될 수 있다는 것이다. 피아제의 이론에서 구체적으로 죽음 개념에 대해서 언급하고 있지는 않지만 그의 인지 발달 이론은 아동의 죽음 개념 발달을 설명하는 다른 이론들을 이해하는 데 기초가 되기 때문에 여기서 간단히 소개하고자 한다(Piaget, 1954; Piaget & Inhelder, 1958).

① 감각운동기(0-2세)

영아들은 시각, 청각, 촉각, 온도, 냄새, 맛 그리고 내적인 감각들을 통해 그들에게 도달하는 자극을 조직한다. 그들은 미성숙하지만 체계적인 방식으로 경험을 동화하고, 그 자신을 환경에 적응시키며 자신만의 도식(schema)을 구성해 간다. 이러한 도식은 영아가 이 세상을 다루는 자신만의 계획이나 모델이라고 볼 수 있다. 2세 무렵이 되어서야 영아는 신뢰할 수 있는 법칙에 따라 세상이 운용되고 자신은 이 세상 안에서 독립된 개인이라는 것을 깨닫게 된다. 이 시기의 영아는 언어 표현에 한계가 있고 현실 개념이 부족하며 자기중심성이 강하다.

② 전조작기(2-7세)

아동 초기에 해당되는 시기로, 이 시기의 아동은 언어와 다른 상징을 사용하는 데 점점 익숙해져서 더 넓은 의미 세계와 이러한 의미를 다루기 위해 더 융통성 있는 정신적 도구를 다룰 수 있게 된다. 어느 정도 자기중심성에서 벗어나서 다른 사람이 하는 것처럼 세상을 보는 능력을 점차 개발하게 되고, 도덕적 판단력도 점차 개발되어 놀이의 법칙을 이해하게 된다. 다른 사람의 전망을 이해하고 법칙대로 행동하는 능력은 이후의 사회성 발달의 기초가 된다. 그러나 이 시기의 아동은 아직 자기중심적인 경향에서 완전히 벗어나지 못하여 마술적 사고(모든 사건이 사람의 명령이나 의도가 원인이 되어 일어난다는 믿음)나 애니미즘적 사고(모든 사물에 영혼이 깃들어 있다는 믿음)를 하며, 논리적이고 체계적인 방식으로 자신의 경험을 조직할 수 없다. 주로 비가역적이고 주관적인 현실 개념을 가지고 있다.

③ 구체적 조작기(7-11세)

아동 중기에 해당되며, 이 시기의 아동은 일상생활에 유용한 정신적 조작을 할 수 있다. 성인의 사고방식과 과학적 사고방식에 더 근접하게 세상을 이해하게 되지만, 그 이해는 구체적인 것에 한정되고 더 높은 수준의 추상적인 사고 능력이 아직 부족하다. 이 시기의 아동은 다른 사람이 의도와 목적을 가지고 있다는 것과 그들의 말과 행동을 이해하고자 할 때 이러한 것이 고려되어야 한다는 것을 이해하게 된다. 자연적 사고(naturalistic thinking)를 하고 보존성과 가역성의 법칙을 이해한다.

④ 형식적 조작기(11-15세)

이 시기의 아동은 인지 발달이 체계적이고 가장 높은 수준의 사고에 도달하여 인지 구조가 완성되었다고 말할 수 있다. 청소년기가 완성되기 전에 대부분의 사람들은 가능성이나 대안에 대해 생각하는 능력을 갖게 된다. 논리적 관계를 이해하게 되어 명제적 · 연역적 사고가 가능하며, 객관성과 일반성의 개념을 이해한다.

2 안토니의 이론

안토니(Anthony, 1940; 1972)는 아동의 죽음 개념이 형성되는 과정을 가장 처음으로 언급한 사람으로, 117명의 아동들을 인터뷰하여 정서적으로 혼란을 겪고 있는 아동뿐만 아니라 정상적인 아동들도 죽음에 대해서 생각한다는 연구 결과를 내놓았다. 안토니는 아동의 죽음 개념이 연령에 따라 3단계를 거쳐 형성된다고 주장하였다.

① 1단계(3–5세)

이 단계의 아동은 죽음이라는 단어의 의미를 알지 못하거나 알고 있어도 아주 제한적으로 혹은 잘못 알고 있다.

② 2단계(6–8세)

죽음이라는 말을 이해하기 시작한다. 죽음을 인간성과 관련하여 생각하고 있으나 근본적인 정보는 가지고 있지 않다.

③ 3단계(9–10세)

죽음이라는 말과 사건을 이해하고 그것을 생리적 개념과 연관하여 생각하게 된다.

3 나기의 단계 이론

나기(Nagy, 1948; 1959)는 부다페스트에 사는 3~10세의 아동 378명을 대상으로 '무엇이 죽음인가?' '무엇이 인간을 죽게 만드는가?' '죽을 때 인간에게 무슨 일이 일어나는가?' '죽은 사람은 어디로 가나?' 등에 대한 질문을 하고 그들이 생각하고 느끼는 죽음을 언어나 그림으로 나타내도록 하였다. 그녀의 연구 결과에 따르면, 아동은 3단계의 인지적 이해 단계를 거쳐 생물학적인 죽음의 개념을 이해하게 된다.

① 1단계(탄생-5세): 죽음은 최종적인 종결이 아니다

5세 이하의 아동은 일반적으로 죽음을 최종적이고 변할 수 없는 사건으로 이해하지 못한다. 즉, 죽음이 마지막이라는 것을 부정하고 죽음을 떠남이나 잠과 같은 단계적 · 과도기적 과정이나 일시적인 상황으로 생각하여 죽은 사람이 다시 깨어나거나 다시 돌아올 수 있다고 생각한다. 아동은 자기중심적 방식으로 사고하기 때문에 무생물과 죽은 사람도 살아 있는 것으로 상상하고, 이러한 애니미즘적 사고는 죽음에도 적용된다. 죽은 사람은 관이나 무덤 속에서 계속 살아 있어서 숨쉬고 먹고 움직이고 외부 세계에서 무슨 일이 일어나고 있는지 이해할 수 있다고 생각한다. 이 단계의 아동에게 죽음은 차에 치이거나 강도에게 습격받는 것 등과 같이 우연이나 폭력에 의해 일어나는 사건이고, 운이 좋거나 신중하기만 하면 영원히 살 수 있다고 생각한다.

② 2단계(5-9세): 죽음 = 사람

죽음을 사람으로 의인화하여 상상한다. 즉, 죽음은 육체를 떠난 인간(무서운 죽음의 신, 해골, 유령 혹은 죽음의 천사 등)이나 죽은 사람과 동일시된다. 아동은 죽음에 대해 강한 혐오감을 가지고 있기 때문에 죽음을 자신과는 관계없는 먼 현실로 생각한다. 아동들은 죽음의 최종성을 이해하지만, 죽음의 필연성이나 보편성은 이해하지 못하여 죽음을 회피할 수 있는 우리 바깥에 있는 사건으로 이해한다. 즉, 외부의 죽음 인간(death man)이 데려가는 사람은 죽지만 이로부터 벗어나거나 도망간 사람은 죽지 않는다고 생각한다. 이 연령 단계의 아동은 죽음을 부정하지는 않지만 그 불가피성을 받아들이지 못하고 죽음이 다른 사람, 즉 노인에게만 일어난다고 생각한다.

③ 3단계(9-10세): 육체적 삶의 정지

이 단계의 아동은 죽음이 우리 모두의 안에서 내적으로 작동하는 과정이라는 것과 육체적인 삶의 정지라는 것을 이해한다. 아동은 죽음을 실제적 종결로서 현실적으로 보기 시작하고 보편적인 사건, 회피할 수 없는 삶의 양상으로 인식한다.

즉, 죽음은 우발적인 이유 때문이 아니라 늙으면 죽는 자연적인 현상이라는 것을 이해하고 자신을 포함한 모든 사람에게 일어나는 피할 수 없는 경험이라는 것을 이해한다.

지금까지 살펴본 것과 같이 죽음 개념은 인지 발달과 깊은 관련이 있기 때문에 아동은 어른과 같은 방식으로 죽음을 이해하고 생각하지 않는다. 그러나 이것이 아동이 죽음 개념을 가지고 있지 않다는 것을 의미하는 것은 아니다. 인지적으로 충분히 발달되고 성숙한 성인의 기준으로 아동의 죽음 개념을 판단하기보다는 아동이 죽음이라는 주제에 대해 묻는 질문에 주의를 기울이고 죽음을 이해하기 위한 그들의 노력을 지원해 주어야 한다.

3 죽음 개념 형성에 영향을 미치는 변인

죽음 개념은 인지 발달뿐만 아니라 다른 여러 가지 요인의 영향을 받아 형성된다. 카스텐바움(Kastenbaum, 1977)은 아동의 죽음 개념을 이해하기 위해서는 인지 발달 단계를 비롯한 죽음 개념 형성에 영향을 끼치는 주요 변인을 고려해야 한다고 주장하였다.

1 발달 단계

인지 발달이 죽음의 개념을 이해하기 위한 단 하나의 관련 변인은 아니다. 성숙은 아동의 삶의 모든 측면, 즉 신체적 · 심리적 · 사회적 · 영적 측면에 적용되는 다차원적인 과정이다. 성숙도는 다양하게 고려될 수 있지만, 역연령(chronological age)이 성취된 발달적 기능 수준에 대한 근접한 규준이 될 수 있다. 발달 단계는 아동이 어떤 현상을 이해할 수 있는 범위를 설정하기 때문에 중요한 고려 요인이 된다.

2 삶의 경험

아동의 이후의 삶에서 경험하는 문제들의 대부분은 부모의 죽음과 관련되어 있는 경우가 많다. 그 밖에도 양쪽 부모 혹은 한쪽 부모와 분리되어 오랫동안 떨어져 살거나, 가족 문제나 질병 때문에 이사를 자주 다닌 아동은 다양한 방식으로 죽음과 관련된 현상에 민감하다. 이처럼 삶의 경험이 아동의 죽음에 대한 개념을 형성하는 데 중요하므로 같은 연령의 모든 아동이 죽음에 대해 같은 견해를 가지고 있다고 가정하는 것은 위험하다.

3 개인적 성격

발달 단계가 중요하지만, 성인과 마찬가지로 아동도 개인차가 있으므로 각 아동의 개인적 성격은 죽음에 대하여 생각하고 해석하는 방식에 영향을 미치는 강력한 변인이 된다.

4 의사소통과 지원의 방식

아동이 어떻게 죽음을 해석하는지는 부모나 다른 사람과의 일반적인 의사소통 방식과 관련되어 있다. 흥미나 걱정, 그 밖의 다양한 주제에 대해 공개적으로 의견을 나눌 수 있는 가족 분위기에서 자란 아동은 죽음과 관련된 생각이나 감정도 쉽게 공유할 수 있고, 이러한 건전한 방식의 의사소통과 지원은 위기 상황의 극복에 도움이 된다.

이와 같은 4개의 주요 변인 이외에도 아동이 속한 문화/사회계층, 그 당시 그들이 경험하는 심리적 · 사회적 자극과 가족 내에서 경험하는 특수한 경험(애완동물의 죽음 등)이 아동의 죽음에 대한 지식과 감정을 형성하는 데 영향을 미칠 수 있다(Aiken, 1994).

4 죽음 개념과 관련된 인지적 조작

아동은 죽음, 상실, 변화, 분리 등에 관심을 가지고 이를 이해하려고 하고, 죽음과 관련된 현상에 대한 그들의 이해 능력은 자신이 속한 사회문화적 가치, 독특한 개인적 삶의 경험, 성격, 의사소통 방식, 성숙 등의 다양한 요인의 영향을 받으며 성장한다. 그러면 아동기를 지나 어느 정도 성숙한 청소년과 성인은 자신의 사고 능력을 어떻게 죽음과 관련된 문제에 적용하는 것일까? 우리 모두는 삶과 죽음의 원리를 이해한다고 하지만 왜 죽음과 관련된 태도와 행동에서는 그렇게 서로 다른가?

죽음의 개념이 인지적으로 충분히 발달한 청소년과 성인에게서 어떻게 재구성되는지를 이해하기 위해, 죽음 개념을 구성할 때 요구되는 몇 가지 형태의 인지적 조작에 대해 살펴보면 다음과 같다(Kastenbaum, 2000b).

1 인식/습관화 혹은 부정

이것은 복잡한 지각적 · 인지적 조작을 의미하지만, 주로 신호를 받아들이거나 버리는 선택과 관련이 있다. 우리가 아침에 신문을 읽으며 거의 인식하지 못한 채 겪는 갈등을 예로 들 수 있다. 신문을 읽으며 나는 무슨 일이 일어났는지 알고 싶다. 아니다, 나는 더 이상 살인이나 사건, 사고, 자연 재해 등에 관해 읽고 싶지 않다. 나의 정보처리 체계는 모든 것을 읽을 준비가 되어 있다. 동시에 나의 불안감소 체계는 가장 나쁜 뉴스로부터 나를 보호하려고 한다. 만약 지금이 내 인생에서 특별히 스트레스가 많은 시기라면 나는 오늘의 뉴스가 나를 자극하지 않고 지나가도록 불안감소 체계에 더욱 의지하게 된다. 그러나 만약 내가 더욱 안전감을 느끼고 도전에 준비가 되어 있다면 계속해서 현실과 접촉하도록 불안감소 체계를 약화시켜서 죽음과 관련된 신호가 통과하도록 할 것이다.

2 죽음 구성의 활성화/비활성화

만약에 내가 죽음을 감지한다면, 나는 그 신호를 가지고 무언가를 해야 한다.

나는 나의 정보 저장소 안에 있는 다양한 죽음 구성을 활성화할 것인가? 아니면 비활성화된 채로 둘 것인가? 우리는 과거의 다양한 시점에서 개발한 개념을 당장 사용하는 것이 아니라 그러한 개념을 불러오거나 혹은 무시할 수 있도록 우리에게 융통성을 주는 연결 조정 조작(linking mediating operation) 장치를 가지고 있다. 예를 들어 설명하면, 매일 아침 나는 죽음 신호가 통과하도록 허용은 하겠지만 그 의미를 깊이 생각하도록 하지는 않을 것이다. 나는 신문을 다 읽을 때까지 죽음에 대한 강렬하고 순간적인 노출을 조정하고 수선하여 이 신호가 나의 죽음 구성 체계에 영향을 못 미치도록 할 것이고, 그래서 그것이 나에게 지속적으로 영향을 미치도록 허용하지 않을 것이다.

③ 신호의 재구성

이것은 끝없이 다양한 방식으로 사용될 수 있는 기술이다. 재구성이란 죽음과 관련된 신호를 인식하게 되고 그것을 받아들이지만 본래의 의미를 다르게—흔히 덜 위협적으로—바꾸는 효과를 가진 지각적 · 인지적 · 상징적 조정을 의미한다. 재구성은 절박한 것을 일상적인 것으로, 방지할 수 있는 것을 손쓸 수 없는 것으로, 비극적인 것을 색다르고 유머 있는 것으로 만들어서 그 임무를 완수할 수 있다. '부정 혹은 습관화' 와는 다르게 '재구성' 은 죽음 신호의 존재를 인정하지만 덜 위협적이고 더 통제 가능하게 보이는 다른 것으로 변형시키는 것을 의미한다.

④ 죽음 신호를 특별하지만 구분된 현상으로 해석하기

사람은 때때로 죽음 신호를 집중적이고 효율적인 방식으로 다룰 수 있다. 그러나 이러한 효율성은 전체적인 자아와 세계관으로부터 이 사건을 구분하고 배제시킨 결과로 얻어질 수 있다. 예를 들어, 의료 종사자는 이러한 상황에 놓이기 쉽다. 그들은 지역사회에서 삶과 죽음을 넘나드는 응급 상황에 반응하도록 잘 훈련받았고, 생명을 구하는 전쟁의 최전선에 배치된다. 그들은 죽음과 관련된 상황으로부터 피하지 않는다. 그들은 눈으로 보는 것을 부정하지 않는다. 반대로 자세히, 주의 깊게 관찰할 것이다. 그들의 기본적인 죽음 구성(death construct)은 이것이 당연한 상황이라는 인식으로써 활성화될 것이다. 항 불안 보호막을 작동시킬 때가 아니다. 의료 종사자는 독특한 방식으로 삶과 죽음을 넘나드는 응급 상황을 해석하고 구성하지만, 이것은 진실 회피가 아니라 효과적으로 기능하면서 불필요한 노력을 최소화하려는 준비인 것이다. 이때 의료 종사자는 일이 잘 수행되도록 하는 데 모든 관심을 집중한다. 죽음은 존재해야 하지만 그것이 자신의 전체 사고와 가치를 지배하도록 허용하지는 않는 것이다.

이러한 인지적 조작을 통해 이미 형성된 죽음 개념이 재구성되면서 각 개인의 죽음에 대한 태도와 행동의 차이를 낳게 되는 것이다.

2. 죽음에 대한 태도

1 죽음에 대한 사회적 태도

인간은 모두 죽는다. 하지만 언제나 똑같은 방식으로 죽는 건 아니다. 죽음에 대한 사람의 태도도 시대나 사회가 발전하면서 변화한다. 사회의 단계마다 다르고 한 단계 내에서도 집단에 따라 차이가 나기도 한다. 이처럼 죽음에 대한 사회적 태도는 모든 시대에 공통되는 불변의 것이라기보다는 문명화 과정에서 인간이 도달한 특정 단계에 나타나는 경험과 행위이며 공동의 사회적 패턴이라고 할 수 있다(Elias, 1982).

그러면 과거와 현대의 죽음에 대한 태도는 어떻게 다른가? 현대 사회의 죽음에 대한 태도는 어떠한 특성을 가지고 있고 어떤 배경에서 형성된 것인가?

프랑스의 문화 역사학자인 아리에스(Ariès)는 중세부터 20세기까지의 죽음에 대한 태도와 자아 인식과의 관계를 문학, 묘비명, 유언 등의 정밀 고증을 바탕으로 추적하여 서구 사회의 죽음에 대한 태도의 역사를 다섯 가지 패턴, 즉 '길들여진 죽음' '자아의 죽음' '멀고도 가까운 죽음' '다른 사람의 죽음' 그리고 '금지된 죽음'으로 구분하였다.

아리에스는 서양문명과 서구인의 죽음에 대한 태도를 긴 안목에서 조망하면서 문명화 과정에서 현대인이 가진 죽음의 이미지가 역사적으로 어떻게 구성되었는지를 밝혔다. 아리에스의 연구를 통해 우리는 현대 사회의 죽음 부정, 죽음 기피 현상의 기원을 이해할 수 있고, 이러한 죽음에 대한 집합적 · 사회적 태도는 자아 인식, 죽음의 의미나 영육의 관계, 가족의 개념, 위생 의식 등 다양한 요소의 영향으로 형성되었음을 알 수 있게 된다. 아리에스(1974; 1981)나 엘리아스(Elias, 1982) 등의 분석에 기초하여 죽음에 대한 사회적 태도의 역사를 간단히 살펴보면 다음과 같다.

1 고대 및 중세 초기에서 중세 전성기-길들여진 죽음

아리에스(1981)는 '죽음을 야생적인 것, 즉 인간의 통제를 벗어나서 인간의 지배를 받지 않는 것' 의 반대 개념으로 보는 죽음 관련 태도의 패턴을 '길들여진 죽음(tame death)' 이라고 명명하였다. 이러한 태도 속에서 죽음은 익숙하고 단순하며 공공적인 사건으로 간주되었다. 죽어 가는 사람은 자신이 죽는다는 사실을 알고 있었고 삶을 잃는 것을 애석해하였지만 기본적으로 조용히 태연하게 죽음을 받아들였다. 죽어 가는 사람은 자신이 사랑하는 사람들을 돌아보고 자신의 잘못한 일에 대해 용서를 구한 후 조용히 죽음을 기다렸다. 전통 사회에서 죽어 가는 사람의 침실은 자유롭게 출입이 가능한 공적인 장소였고, 죽음은 단순하고 친숙한 것이었다. 우리 현대인이 죽음에 대해 보이는 거의 히스테리에 가까운 공포와 거부감에 비하면 너무나 대조적이다.

이와 같은 태도는 죽음이 무엇인지에 대한 믿음과 깊이 관련되어 있다. 이 시기에 죽음은 인간이라는 종(種)의 집단적인 운명으로 받아들여졌고, 죽은 예수가 십자가에서 부활함으로써 죽음에 승리를 거둔 이후, 죽음은 영생으로 들어가는 문으로 여겨졌다. 죽은 자는 천국으로도, 지옥으로도 가지 않는다. 그저 그리스도가 재림하여 깨울 때까지 기나긴 시간 동안 잠을 자며 기다릴 뿐이었다. 그리스도가 다시 이 땅에 오시는 날, 죽은 자들은 모두 부활하여 무덤에서 걸어 나온다. 이처럼 시대적으로 교회가 지배하던 11세기 중세 유럽인에게서 죽음은 장차 닥쳐올 최후의 심판을 기다리는 휴식이고 일종의 잠과 같은 것이었다. 그래서 죽은 사람은 예수가 재림할 때까지 잠자고 있는 것으로 간주되었고, 죽음은 평화로우며 비위협적인 '길들여진' 것이었다. 그 시대 사람이 두려워했던 것은 정작 죽음 자체가 아니라 죽음의 특정한 방식, 즉 등 뒤에서 갑자기 덮쳐 오는 죽음이었다. 이러한 갑작스러운 죽음은 회개할 시간을 주지 않아서 영생을 얻을 수 없게 만들기 때문이었다.

또 중세는 공동체 사회여서 죽음이 전체 공동체에 영향을 미치고, 죽는 사람 개인뿐만 아니라 공동체 전체가 다루어야 하는 사회적 · 공공적 사건으로 다루어졌다. 그래서 중세 시대 유럽인들은 공동체 밖의 먼 객지에서 죽는 것을 두려워하였고, 공동체의 품 안에서 모두가 지켜보는 가운데 죽는 것을 선호하였다. 기껏해야 가족 몇 명이 지켜보는 가운데 외로이 죽어 가는 현대인보다는 아무래도 죽음을 받아들이기가 한결 수월했을 것이다.

'길들여진 죽음' 은 죽은 사람에 대한 태도에서도 나타난다. 죽음에 대한 친숙성에도 불구하고 고대인은 죽은 자가 산 자를 괴롭힐까 봐 죽은 자의 접근을 두려워하였고, 죽은 자를 불결하다고 생각하여 가까이 가는 것을 꺼려 하였기 때문에 묘지가 마을 안에 위치하는 것을 허용하지 않았고, 그래서 모든 묘지는 마을 밖에 위치하였다. 그러나 이러한 태도는 기독교가 서구인의 사고방식을 지배하는 중세부터 변화하였다. 이 시기에는 죽은 육신에 대해서는 무관심한 반면, 영혼의 구원을 중요시하였고, 예수 재림 때 성인의 유골이 자신을 보호한다고 생각하였다. 그래서 사람들은 교회의 성인이나 순교자들 가까이에 묻히기를 원하였고, 그래서 모든 묘지는 교회 가까이에 위치하게 되었다. 상류 계층을 제외한 대부분의 사람들은 특별한 표시 없이 익명으로 교회 마당에 하나의 구덩이에 뒤죽박죽으로 섞여서 묻혔고, 권력층의 사람들은 교회의 지하실이나 교회 건물의 내부에 개인적으로 묻혔다. 이처럼 당시 사람들이 중요하게 생각했던 것은 개인용으로 결정된 장소를 영원히 확보하는 것이 아니라 교회의 성스러운 영토와 그 보호하에 자신의 육신을 보존하는 것으로, 정확한 토장의 장소를 기억하거나 기념비, 비문으로 그 장소를 지정하는 것에는 관심이 없었다. 교회를 중심으로 위치한 중세의 묘지는 미사 후에 만남의 기회를 갖는 공공장소와 광장의 역할을 하는 사회적 교류의 장소로, 죽은 자와 산 자가 동시에 공유하는 공간이었다. 이러한 환경에서 죽음과 죽은 자는 사람들에게 무섭거나 놀라울 것 없는 익숙한 것이었다.

2 중세 후기–자아의 죽음

아리에스는 중세 후기(12세기부터)를 일반적이고 집합적인 의미에서의 죽음이 아니라 자기 자신의 죽음을 생각하게 되는 '자아의 죽음(death of the self)' 시대, 즉 개체성이 이전보다 최대화된 시기로 보았다. 11세기 이전까지 내세에 대해 언급할 때, 성인에 둘러싸인 예수의 재림으로 이교도를 제외한 그리스도인 모두가 구원받는다는 이미지가 지배적이었으나 12세기부터는 인간 개개인의 선악을 판단하는 최후 심판의 이미지가 더 큰 역할을 담당하게 되었다. 이러한 변화는 사람들로 하여금 더 이상 죽은 후의 심판이나 자신의 구원에 대해 안전하다고 확신할 수 없게 하였고, 개인적 심판과 구원에 대한 불안 때문에 사람들은 강한 자아의식—개인의 중요성에 대한 인식—을 가져야만 하였다. 개인의 삶의 기록, 즉 개인이 사는 동안 행한 것에 대한 기록은 죽음의 순간에 평가되기 때문에 사람들은 죽음의 순간이 오는 것을 특히 두려워하게 되었다. 이 시기에 사람들이 가졌던 죽음의 순간에 대한 이미지로는 개인적 심판의 이미지로서, 죽어 가는 개인은 그의 영혼 때문에 수호성인과 악마가 싸우고 있는 것을 목격하게 되고, 수호성인은 그가 이전에 행한 선행을 지적하고 악마는 악행을 지적하여 마지막에 심판이 내려진다는 것이다. 특히 죽음의 방식이 그 사람의 전체 삶의 의미를 결정하기 때문에 죽는 순간에 어떻게 행동하느냐가 특별히 중시되었고, 죽음의 기술로서 왕생술이 강조되었다. 이러한 죽음에 대한 설명에서 내세는 상당히 위협적으로 느껴졌고, 죽은 후에 지옥에 떨어져 영원한 고통을 겪을 수도 있다는 생각은 죽음을 무섭고 두려운 사건으로 만들었다.

죽은 자에 대한 태도에도 변화가 생겨서 자아의 죽음에 대한 강조는 죽은 후 자신의 영혼의 향방뿐만 아니라 죽은 후 자신의 육체에 대한 관심을 낳게 하였다. 이때부터 죽은 후 자신의 육체가 혐오스럽게 보이는 것을 막기 위해 시체의 얼굴을 가리거나 시체를 관에 넣거나 헝겊으로 가려서 보이지 않게 하였다. 부와 권력을 소유한 상류 계층의 무덤에는 묘비명이나 비석 등이 세워져 누구의 무덤인지를 구별할 수 있게 하였고, 어린이나 빈자는 여전히 익명으로 공동묘지에 묻혔다.

3 르네상스-멀고도 가까운 죽음

16~18세기는 죽음에 대한 태도에 있어서 중요한 전환기로, 이 시기의 대표적인 사건인 르네상스와 종교개혁은 죽음에 대해 생각하고 느끼고 반응하는 방식을 변화시켰다. 고대나 중세 유럽에서는 사람이 무엇을 믿고 어떻게 행동하는지를 통제하여 성(sex)과 죽음이 사회적 공동체에 접근하는 것을 견제하였다. 그러나 르네상스와 종교개혁을 계기로 이러한 통제력은 변화하였고, 길들여진 죽음에서 나타났던 죽음에 대한 문화적 구속력이 점점 느슨해짐에 따라 죽음은 예술이나 문학 작품에서 성과 뒤섞여서 낭만적이거나 섬뜩한 에로티시즘으로 나타나는 등 길들여지지 않고 야생적이며 침략적인 모습을 드러내기 시작하였다. 한마디로 이 시기의 죽음에 대한 태도는 모순적이고 양면 가치적인 특성을 보이게 된 것이다. 한편으로 죽음이란 자연적인 사건이므로 죽음을 조용히 받아들이는 것이 사회적으로 기대되었고 사람들은 아름답고 품위 있는 죽음을 추구하였으며, 다른 한편으로는 죽음이 놀랍고 두려운 사건이므로 죽음으로부터 일정한 거리를 유지하기 위해 죽음의 장면이 주의 깊게 통제되어야 한다고 생각하게 되었다. 그래서 아리에스는 이러한 모순적인 태도를 '멀고도(길들여지지 않은, 위험한, 공포스러운) 가까운(자연스럽고 아름다운) 죽음(remote and imminent death)'이라는 말로 표현한 것이다.

이러한 죽음과 관련된 태도의 유형은 묘지에도 적용되었다. 묘지는 다시 교회로부터 멀리 그리고 도시의 외곽에 위치하게 되었고, 사회생활의 중심이 아닌 매장만을 목적으로 한 특수한 장소가 되었다. 이것은 죽은 자를 산 자로부터 더 멀리 격리하고자 하는 태도로 해석될 수 있다.

4 낭만주의 시대-타인의 죽음

19세기가 시작되면서 죽음에 대한 태도는 또다시 변화된다. 지옥에 떨어지는 추하고 무서운 죽음이라는 이미지가 감소되었고, 죽음은 자기 자신의 죽음보다는 자신이 사랑하는 사람을 자신에게서 빼앗아 가는 '타인의 죽음(death of the other)'을 의미하였다. 즉, 죽음은 자신으로부터 사랑하는 사람들을 떼어 놓는 분리이고 참기 힘든 고통스러운 사건이었고, 그래서 사랑하는 사람이 죽으면 그 사람에 대한 그리움을 마음속에 간직하고 내세에서의 재결합을 갈망하였다. 내세에 대한 언급에서 지옥과 고통이라는 개념이 사라지고 모두 천국에 가는 것으로 생각되었기 때문에 죽음은 무서운 위협이 아니라 평화스러운 잠과 같은 것이고, 내세에서의 생활은 현세와 별로 다를 것이 없는 것으로 생각되었다. 이처럼 이 시기는 죽음과 시신을 모두 아름답게 여긴 '낭만적인 시기'라고 할 수 있다. 또 죽음은 육체에서 영혼이 분리되는 것이라 생각되었지만, 분리된 혼령이 마치 살아 있는 것처럼 현세에 계속 존재하며 시신의 주변이나 생전에 살았던 장소나 사랑하는 사람의 주변을 떠돈다고 생각되었다. 그래서 혼령과 대화를 하고 관을 만지거나 관에 키스를 하고 사랑하는 자의 무덤에 찾아가는 것 등은 참기 힘든 이별을 극복하는 방식으로 생각되었다. 이러한 현상을 사회적인 맥락에서 해석하면 여러 세대가 함께 생활하는 대가족 중심에서 핵가족 제도가 정착되면서 가족 관계를 중심으로 형성된 견고한 애정이 소수의 가족 구성원에게 집중되어서 사랑하는 사람의 죽음은 더 참을 수 없는 슬픔이면서 고통이 되었고, 죽음은 천국에서 사랑하는 사람과의 재회를 가능하게 해 주는 통로로 생각되었다.

위생 개념이 발달하면서 묘지에서 나는 냄새나 전염병의 위험성을 인식하게 되어 묘지는 산 자들이 사는 곳에서 멀리 떨어진 곳으로 이장되었고, 묘지의 관리 기능이 교회에서 국가로 전환됨에 따라 한 웅덩이에 겹쳐서 묻히는 공동묘지보다는 개별적으로 개인의 묘를 만들도록 장려되었다. 묘지는 도시의 외곽, 경치가 좋은 장소에 공공의 녹지 공원으로 조성되었고, 살아 있는 사람들은 죽음으로써 헤어지게 된 사람의 무덤을 정기적으로 방문하는 습관을 지니게 되었다.

5 현대–금지된 죽음

20세기에 들어서면서 죽음은 거부되었고 일어나서는 안 되는 일로 은폐되고 있다. 엘리아스는 이를 비공식화 과정(informalisierungssehub)이라는 용어로 설명하고 있다. 현대 사회에서 죽음은 전통 사회에서처럼 다른 사람과 공유되는 친숙하고 공식적인 것이 아니고, 죽음이나 묘지, 죽은 사람에 대한 세세한 언급은 엄격한 사회적 검열의 대상이 되어서 사회생활로부터 최대한 배제되었고, 죽어 가는 사람들은 다른 이들로부터 철저히 격리되고 있다. 어린 아동이 상처받을지도 모르기 때문에 성인은 아동에게 죽음에 대한 사실을 알려 주기를 꺼려 하고, 따라서 죽음은 다른 사람과 공유할 수 없는 고독하고 개인적인 행동이 되어 버렸다. 죽음의 과정이 일상생활에서 분리되지 않고 아동이 있는 자리에서 일어났던 고대나 중세 초기의 사회와는 대조를 이루고 있다.

현대에 와서 죽음이 이토록 금기시되고 은폐된 원인은 어디에 있는가?

첫 번째 이유로는 근대성 혹은 문명화의 과정을 들 수 있다. 문명화의 과정에서 인간생활의 모든 원초적 · 동물적 측면, 본능적이고 감정적인 충동은 수치, 혐오감, 당혹감 등과 연결되어 공적 사회생활에서 통제되었고, 그 대신에 품위와 위엄, 자제력이 요구되고 있다. 따라서 죽어 가는 자의 절망적인 발작이나 절규, 눈물, 흥분과 소란스러운 일체의 표현과 감정의 표출은 그 가족을 당황하게 하고 병원을 혼란스럽게 하기 때문에 고통에 대한 공적인 표현이 금지되었고, 따라서 죽어 가는 환자에게 죽음을 알리지 않는 관습이 생겨난 것이다. 이처럼 현대 사회에서는 사회적인 관심이나 주도권이 죽는 당사자보다는 살아남은 그 밖의 사람들에게 집중되고 그들이 우선시되고 있다. 만약에 살아남은 자들이 편치 않다면 죽음의 냄새, 광경, 소리, 느낌으로부터 이들을 보호하는 가장 단순한 방법은 그들이 있는 데서 죽음을 신속하게 제거하고 쫓아 버리는 것이다. 죽은 자와 가까운 사람들에게 허용되는 짧은 장례 기간을 제외하고는 누군가가 죽었다고 해서 특별히 사회생활에 표가 나지 않으며, 마치 아무 일도 일어나지 않은 듯 사회는 정상적으로 돌아간다. 죽은 자에게 초점이 맞춰졌던 시절에는 남은 자들은 사랑하는 사람을 잃은 고통을 애도했으며 사회는 그 고통을 함께하고 슬픔을 극복하도록 도왔다. 그러나 문명화된 사회에서는 남은 자들은 슬픈 감정을 감추고 상실에 의한 강한 정서가 노출되는 상황을 피해야 하고, 사회는 이들과 고통을 나누기를 거절하여 죽음이 개인적이고 사적인 사건이 되었듯이 애도도 개인적이고 사적으로 경험되고 있다.

죽음이 거부된 다른 이유는 의술의 발달로 죽음의 장소가 이동되었다는 것이다. 의술의 발달로 죽음을 극복하려는 노력이 시작되면서 죽음은 인간의 일상적인 삶에서 분리되었고, 마치 죽음이 의술의 실패인 양 기피되고 거부되며 두려워하는 대상이 되었다. 의술이 발달하게 되면서 현대인은 죽음이 꼭 불가피한 것이 아니며 미연에 방지할 수 있다고 생각하게 되었고, 따라서 병에 걸리면 치료를 받기 위해 병원을 찾게 되었다. 현대인은 더 이상 가족에게 둘러싸인 채 자신의 집에서 죽지 않고 가족과 분리된 채 병원에서 혼자 고독하게 죽어 간다. 병원에서의 죽음은 전통 사회에서와 같이 부모와 친구들이 모여 있는 가운데 죽어 가는 자가 주도하던 의례적인 의식이 아니라 치료의 중단을 통해서 혹은 의사와 진료 팀의 결정을 통해서 획득된 기술적인 현상이 되어 버렸다.

죽은 자에 대한 태도도 죽음과 비슷한 거부의 패턴을 보인다. 죽은 자에 대한 제사 의식이 축소되고 모든 기념 행사가 고인을 방문하는 데 초점이 맞춰지고 있다. 장의사들은 시체를 방부처리하거나 곱게 화장을 시켜 죽은 자로부터 죽음의 표시를 지우고 마치 죽지 않은 것처럼 꾸미고 있다. 죽어 가는 사람은 삶을 반추하고 죽음을 받아들이는 자기다운 죽음을 박탈당했고 애도가 거부되었으며, 죽음이 마치 일어나지 않은 것처럼 꾸미기 위한 방부 처리와 같은 새로운 장례의식이 만연하게 되었다. 이러한 현대 사회의 죽음 거부 현상을 아리에스(1974)는 '죽음의 반전(reversal of death)' 이라고 부르고 있다.

2 죽음에 대한 개인적 태도

인간은 누구나 죽지만 자기 자신의 죽음을 직접 경험할 수는 없다. 그러나 사람들은 다른 사람의 죽음을 경험하면서 죽음을 그 나름대로 느끼고 생각하고 걱정하고 두려워하고 혹은 회피하고 부정하려 한다. 이와 같은 죽음에 대한 갖가지 생각과 태도는 인간의 삶 속에 구석구석 스며들어 있어서 죽음과 관련된 행동이나 의사결정을 할 때 표출되어 나온다. 따라서 죽음에 대한 태도를 이해하는 것은 많은 죽음과 관련된 행동과 현상을 이해하는 데 도움이 될 수 있다. 여기서는 개인이 죽음에 대해 취하는 태도에는 어떤 것이 있는지 알아보고, 이와 관련된 이론과 측정 방법 등에 대해 살펴본다.

1 태도의 정의, 구성 요소

죽음에 대한 태도를 좀 더 잘 이해하기 위해서 우선 '태도'란 어떤 개념이고 어떤 기능을 담당하고 있는지를 먼저 살펴볼 필요가 있다.

태도란 우리가 찬성 혹은 반대, 긍정적 혹은 부정적으로 어떤 대상에 대해 생각하고 느끼고 행동하는 지속적인 경향성을 의미한다(Kalish, 1985a). 즉, 세상에서 어떤 사건이 우리의 관심을 끌 때, 우리는 이미 특정한 태도를 취하고 있는 것이다. 우리의 믿음, 감정, 사고의 습관이 우리로 하여금 특정한 방식으로 정보를 받아들이고 처리하도록 하고 있기 때문이다.

태도는 이처럼 인지, 감정, 행동이라는 세 가지 구성 요소를 가진 개념이다. 즉, 태도는 어떤 정서(감정)와 관련되어 있는 생각과 믿음(인지)으로 구성되어 있고, 이 두 가지 구성 요소는 태도의 대상과 관련되어 취해지는 행동(행동 요소)과 관련되어 있다(McGuire, 1985). 그러나 개인이 어떤 것에 대하여 긍정적으로 느낀다고 해서 반드시 그러한 느낌대로 행동하는 것은 아니며, 같은 대상에 대한 태도도 복잡하면서 다차원적일 수 있다. 즉, 이론적으로 한 사람이 같은 주제에 대해서 다양하면서 모순적인 태도를 가질 수가 있으므로 태도를 측정할 때에는 다양한 측정 방법을 사용하고 주의 깊게 결과를 해석할 필요가 있다.

2 죽음에 대한 태도의 세 가지 핵심 개념: 수용, 부정, 불안

우리가 살아가면서 슬픔, 기쁨, 고통 등의 다양한 정서와 감정을 체험하듯이 죽음에 대한 감정과 태도도 다양할 수 있다. 그러나 카스텐바움을 비롯한 대부분의 학자들은 수용, 부정, 불안을 죽음에 대한 태도의 핵심 개념으로 기술하고 있다(Kastenbaum, 2007).

죽음에 대한 모든 생각을 차단하는 사람과 죽음에 대해 알고 두려워하는 사람, 죽음과 타협하고 불안 없이 긍정적으로 죽음을 받아들이고자 노력하는 사람 간에는 분명히 차이가 있을 것이다.

'죽음' 하면 통상적으로 떠오르는 것은 두려움이나 불안의 정서 감정이다. 불안은 경감을 추구하는 상황으로, 고통스러운 긴장 상태를 완화시키기 위해 사람들은 약이나 알코올을 마시거나 그 상황으로부터 도망치는 등 다양한 행동을 취하게 된다.

죽음 불안을 회피하는 방어기제의 한 가지 형태로 부정(denial)을 꼽을 수 있다. 부정이란 현실의 중요한 특징을 무시하는 반응이다. 예를 들어, 죽음으로부터 심리적인 거리를 멀리 두기 위해서 내가 죽을 것이라는 기본적인 사실 자체를 받아들이지 않고 무시해 버리는 경우를 말한다.

또 많은 죽음학자들은 우리가 죽음을 두려워하거나 부정하지 않고 수용하고 받아들여야 한다고 제안한다(Klug & Sinha, 1987-1988). 흔히 죽음 불안의 반대 개념으로 죽음 수용을 언급하지만, 우리는 죽음 수용이 정확히 무엇을 의미하는지, 수용과 체념 혹은 우울은 어떻게 다른지 모르고 있다.

죽음에 대한 태도 연구의 대부분은 죽음 불안과 부정, 수용에 집중되어 있지만 이것이 우리가 만나게 되는 죽음 관련 태도의 전부는 아니다. 사람은 죽음이 가까워 오면 우울감과 슬픔, 상실감을 경험하게 된다. 또 암벽 등반이나 스쿠버다이빙 등 생명을 위협하는 행동을 하며 죽음에 도전하기도 하고, 자신의 죽음을 생각나게 하는 장례식이나 죽어 가는 친구를 방문하지 않으려고 하는 등 죽음 회피의 태도를 보이기도 한다.

죽음이 임박했을 때 죽음에 대해 사람이 취하는 반응이나 태도는 개인의 심리적 성숙의 정도, 사용 가능한 대처 기술, 종교적 성향이나 나이, 사회경제적 지위 등과 같은 변인들, 병의 상태, 의사와 다른 의미 있는 사람들의 태도 등 다양한 요소들의 영향을 받아 다르게 나타날 수 있다(Feifel, 1959).

이처럼 다양한 죽음 관련 태도가 있지만, 여기서는 주로 관련 연구 경향과 결과를 중심으로 핵심 개념인 죽음 수용, 죽음 부정, 죽음 불안을 좀 더 자세히 살펴보는 것으로 죽음에 대한 개인적 태도를 개괄하고자 한다. 특히 죽음에 대한 태도 연구의 대부분은 죽음 불안과 죽음 공포에 집중되어 있으므로 대부분의 지면을 이 부분에 할애하여 관련 개념, 이론, 연구 경향, 측정 방법 등을 자세히 살펴보도록 하겠다.

① 죽음 수용

죽음을 받아들이고 수용한다는 것은 무엇을 의미하는가? 일반적으로 말해서 죽음 수용(death acceptance)이란 자기 자신의 죽음을 회피하거나 극복하려고 발버둥치지 않고 순순히 편안한 마음으로 받아들이는 것을 의미한다.

이러한 일반적인 의미와는 다르게 퀴블러-로스(Kübler-Ross, 1969)는 죽음에 직면한 사람이 겪게 되는 심리적 과정으로서 죽음 수용의 개념을 설명하였다. 퀴블러-로스는 죽음에 직면한 사람이 겪게 되는 심리적 과정을 부정-분노-거래-우울-수용의 5단계로 나누었는데, 가장 마지막 단계로서 죽음을 받아들이는 수용에 대해 설명하고 있다. 퀴블러-로스가 말하는 죽음 수용은 모든 것을 초월한 후에 얻게 되는 행복한 단계라기보다는 감정이 결핍되어 있는 상태, '긴 여행을 앞둔 마지막 휴식' 의 때가 찾아온 것처럼 느껴지는 상태를 의미한다. 죽음에 직면한 환자는 평온한 상태에서 가족을 포함한 자기의 세계로부터 서서히 자기 자신을 이탈시켜 가고 주위에 대한 관심도 희박해진다. 혼자 있고 싶어 하고 세상사에 관심이 줄어들어 텔레비전도 보지 않으며 면회객의 방문도 바라지 않고 대화도 줄어든다. 중요한 일은 이미 처리했고 영원한 잠으로 빠져드는 것은 시간문제이기 때문에 굳이 말할 필요가 없는 것이다. 죽음에 이르는 모든 심리적 과정을 통과한 자만이 이렇게 평온한 상태에서 자기 자신을 주위로부터 이탈시킬 수 있는 것이다. 이처럼 퀴블러-로스는 죽음을 앞둔 사람이 자기의 죽음을 수용하는 상태에 대해 죽음을 받아들이기 위해 질투, 분노, 상실감 등 여러 가지 감정들을 거친 후에 감정이 결핍되어 있는 상태이며, 세상으로부터 자신을 이탈시키고 마지막 순간이 다가오기를 조용히 기다리는 것이라고 설명하였다.

이에 비해 클러그와 신하(Klug & Sinha, 1987-1988)는 죽음 수용의 개념을 좀 더 조작적으로 정의하고 있다. 그들에 따르면, 죽음 수용이란 자기 자신의 죽음을 지적으로 침착하게 인정하고 정서적으로 그 결과를 긍정적으로 받아들이고 순응하는 것을 의미한다(Klug & Sinha, 1987-1988). 이것을 좀 더 조작적으로 정의하면, 죽음 수용이란 인지적 요소로서의 죽음 직면(confrontation of death)과 정서적 요소로서의 죽음 통합(integration of death)으로 구성되는 개념이다. 여기서 인지적 요소인 죽음 직면이란 개인이 자기 자신의 죽음에 대해 신중히 생각하는 정도를 의미하고, 이것은 정서적 반응을 촉발한다. 죽음 수용의 두 번째 요소인 죽음 통합이란 정서적 차원으로, 인지적으로 인정한 자기 자신의 죽음을 긍정적인 정서로 받아들이는 것을 말한다. 그들의 정의에 따르면, 죽음을 수용한다는 것은 자기 자신의 죽음을 신중히 생각하고 이것을 긍정적인 정서로 잘 받아들이는 것을 의미한다.

클러그와 신하(1987-1988)는 죽음 수용의 2요소 공식에 기초하여 16항목(죽음 직면 8항목, 죽음 통합 8항목)으로 구성된 죽음 수용 척도를 개발하였다. 이론적으로 죽음 직면 점수와 죽음 통합 점수가 비슷하게 나와야 죽음 수용의 정도가 높은 것으로 간주된다. 직면 점수는 높은데 통합 점수가 낮게 나온다거나 직면 점수는 낮은데 통합 점수는 높게 나올 경우 죽음 수용의 정도가 낮은 것으로 간주된다. 전자의 경우는 죽음에 대해 지적으로 접근한 것이고, 후자는 죽음 부정에 해당된다. 죽음 수용 척도 이외에 템플러(Templer, 1970)의 죽음 불안 척도가 죽음 수용을 간접적으로 측정하는 척도로 사용되기도 한다. 죽음 불안의 정도가 낮을수록 죽음 수용의 정도가 높은 것으로 가정되기 때문이다. 그러나 레이와 나즈만(Ray & Najman, 1974)의 연구에 따르면, 죽음을 받아들이는 사람도 여전히 죽음 불안을 느끼는 것으로 나타나서 죽음 수용이 단순히 죽음 불안의 반대 개념은 아닌 것으로 나타났다.

② 죽음 부정

정신의학적 관점에서 보면 부정(denial)은 자아를 보호하는 방어기제다. 부정은 위협의 존재를 무시하는 것으로, 기간이 짧고 감당할 수 없이 큰 위협이 있는 상황에서는 효과적인 전략이지만 기간이 연장되거나 반복되어 사용될 경우에는 점점 비효율적이 된다. 부정은 정신병을 앓고 있거나 혹은 대재난이나 위기에 처한 사람의 첫 번째 반응으로 가장 많이 나타난다(Kastenbaum, 2007). 퀴블러-로스는 죽음을 앞둔 200명 이상의 환자들을 면담하였는데, 대부분 자기가 불치병에 걸렸다는 사실을 처음 알았을 때 '뭔가 진단이 잘못된 것으로 나에게 이런 일이 일어날 리 없다.' 라고 자신의 죽음을 부정하였다(Kübler-Ross, 1969). 이처럼 일시적인 부정 반응은 극도의 스트레스 상황에서 누구나 경험할 수 있는 것이지만 일상생활에서 흔히 사용되는 대처 전략이라고는 볼 수 없다. 우리가 일상생활에서 '부정' 이라고 말하는 것은 모든 종류의 저항과 회피 행동을 통틀어 일컫는 것으로, 정신의학적 의미에서의 '부정' 을 말하고 있는 것은 아니다. 따라서 죽음 부정을 올바로 이해하기 위해서는 방어기제로서의 부정과 그 상황에서 발견할 수 있는 최선의 방법으로 어려운 상황에 대처하고 있는 부정처럼 보이는 반응을 구별할 필요가 있다.

카스텐바움(2007)은 방어기제로서의 부정과 부정처럼 보이는 반응을 다음과 같이 여섯 가지로 나누어 설명하고 있다.

- 선택적 주의(selective attention): 일상생활에는 우리의 주의를 끄는 많은 자극과 사건들이 있고, 우리는 주위에서 일어나는 모든 일에 똑같이 주의를 기울일 수는 없다. 예를 들어, 병원에 한 번도 입원한 적이 없는 사람은 낯설고 새로운 일들을 많이 발견하게 된다. 이러한 것들은 진단이나 예후와 같은 추상적인 것보다 훨씬 지각적으로 생생하고 현실적으로 보인다. 선택적 주의는 어린 환자에게 주로 나타나는 현상으로, 그는 죽음을 부정하고 있는 것이 아니라 그 상황에서 가장 눈에 띄는 것에 단순히 그의 관심을 돌리고 있는 것이다.

• 선택적 반응(selective response): 선택적 반응을 나타내는 사람은 죽음에 대한 자기 나름의 생각과 느낌을 가지고 있는 사람이다. 그래서 그것을 표현할 시기와 장소를 선택하고 판단한다. 예를 들어, 자신보다 더 겁먹은 것처럼 보이는 젊은 의사에게 자신의 생각을 털어놓지 않으리라고 생각하거나 혹은 이 순간에 이 상황에서 할 수 있는 일이 아무것도 없어 보이므로 죽음 이외의 다른 것에 대해 이야기하거나 침묵을 지키고 있는 것일 수도 있다. 또 죽음을 선고받고도 평소와 다름없이 일에 열중하는 사람은 죽음보다도 완수하지 못한 일에 더 우선순위를 두고, 아직 기회가 있을 때 그에게 중요한 그 일을 완수하고자 결심한 경우일 수도 있다. 죽음을 부정하는 것처럼 보이는 그 사람은 실제로는 자신에게 얼마 남지 않은 시간이 지나가고 있음을 충분히 인식하면서 과업 완수를 위해 분투하고 있는 것일 수 있다.
• 구분하기(compartmentalizing): 구분하기란 어떤 사람이 생명을 위협하는 상황에 처해 있음을 인식하지만 그러한 상황의 어떤 측면에는 반응하면서 어떤 측면은 깨닫지 못하는 것을 의미한다. 예를 들어, 어떤 사람이 자신의 병의 예후가 나쁘다는 것을 알고 있다. 그래서 그 사람은 치료에 적극적으로 협조하고 자신이 처한 상황을 이성적으로 의사와 상의한다. 동시에 그 사람은 마치 몇 년 후에는 건강을 회복할 것처럼 여행이나 등산 갈 계획을 세운다. 이러한 사람은 죽음의 현실을 인정하지만 그 상황을 실감하지는 못하는 것이다. 마치 퍼즐의 모든 조각을 가지고 있지만 전체 그림을 완성하기 위해 그것들을 모으는 것에 저항을 하고 있는 것과 같은 것이다.
• 속임(deception): 사람들은 때때로 다른 사람들에게 일부러 잘못된 정보를 준다. 이것은 죽음과 관련된 장면에서도 일어난다. 사람들은 서로 거짓말을 하고 있을 때 서로 속이고 있다는 것을 인정하고 있다.
• 저항(resistance): 저항이란 스트레스 상황에 있는 사람이 그가 처한 위험은 인정하면서도 그에 굴복하지 않겠다고 결심하는 것이다. 예를 들어, 전쟁으로 파괴된 베트남에서 어떤 사람이 적군에게 저격당할 위험성이 있음에도 불구하고 쇼핑을 하고 친구를 방문하는 일상적인 생활을 계속하기로 결정한

다. 이 사람은 죽음의 위험성을 부정하는 것이 아니라 전쟁을 문제 삼지 않고 공포에 사로잡히지 않도록 정신을 바짝 차리기로 결정한 것일 수 있다. 자신이 위험에 처해 있는 현실을 받아들일 수 없는 사람과 자신의 현실을 이해하지만 가능한 한 오랫동안 삶을 위해 싸우기로 결정한 사람은 서로 다르다.

- 부정(denial): 이것은 앞서 언급한 기본적인 방어 과정이다. 즉, 부정이란 현실에 근거를 둔 인상이나 지각을 정서적으로 의미 있는 것이라고 인정하지 않는 방어기제 혹은 방어 과정을 말한다(Kalish, 1985a). 부정과 회피는 겉으로 나타난 행동만 보았을 때는 비슷해 보이지만, 회피는 어떤 행동을 하지 않기로 결정한 의식적인 행동인 반면에 부정은 무의식적인 행동이다. 부정은 불쾌하고 고통스러운 상황에서 예기치 못한 사실을 알게 되었을 때 심리적 충격에 대한 완충 역할을 하는 초기 대처 전략으로, 부정하는 것에 의해 자기 자신을 안정시키고 시간이 지남에 따라 보다 온화한 자기 방어법을 사용하거나 부분적인 수용으로 이행되어 간다.

부정을 올바로 이해하기 위해서는 부정과 수용의 대인관계적 측면(interpersonal side)을 함께 고려해야 한다. 와이즈만(Weisman, 1972)의 주장에 따르면, '이 사람이 죽음을 부정하고 있는가?' 보다는 '죽음에 대한 어떤 측면이 어떤 상황에서 왜 다른 사람들과 공유되고 있는가?' 를 묻고 이 친구와는 부정하고 다른 친구와는 수용하는 이유를 살펴볼 필요가 있다. 와이즈만은 부정을 하는 목적이 단순히 위험을 피하는 것에 있기보다는 의미 있는 관계의 상실을 막고자 하는 데 있다고 말한다. 앞서 언급한 부정처럼 보이는 반응은 필요한 관계가 유지되기에 충분할 정도로 다른 사람이 편안하게 느끼도록 돕는 역할을 한다. 죽음에 직면한 사람은 그 자신의 죽음에 대한 불안뿐만 아니라 자신의 죽음 때문에 다른 사람이 느끼는 불안과도 싸워야 하는 것이다. 죽어 가는 사람의 이러한 적응적 노력에 '부정' 이라는 꼬리표를 붙이기보다는 그들의 행동에 관심과 이해를 기울이고자 노력해야 할 것이다.

③ 죽음 불안과 죽음 공포

죽음 불안이란 죽은 사람이나 죽음을 생각나게 하는 것과 마주쳤을 때 유발되는 정서적 불안정이나 고통을 말하는 것으로, 죽음에 대한 태도 연구에서 가장 주목을 받고 있다(Kastenbaum, 2007).

많은 연구에서 죽음 불안과 죽음 공포는 거의 동의어로 사용되고 있다. 굳이 구별을 하자면, 공포는 흔히 특정한 공포의 원인을 확인할 수 있을 때 사용되는 반면에 불안이라는 단어는 공포에서 느껴지는 것과 비슷한 감정이지만 확인할 수 있는 원인이 없는 경우에 사용된다. 그러나 우리가 죽음을 생각할 때 공포나 불안의 원인이 알려져 있는지 없는지를 정확히 구별하기 힘들기 때문에 죽음 공포와 죽음 불안은 거의 구별 없이 사용되고 있다.

그러면 죽음 불안이란 구체적으로 어떤 것을 지칭하는 것인가? 한마디로 죽음 불안이라는 용어를 사용하지만 그 지칭하는 내용은 다음과 같이 다양할 수 있다.

- 자신의 죽음에 대한 공포: 자신의 죽음에 대한 공포의 원인은 대부분 그 자신의 죽음에 대한 가상적 예상에서 기인하는 것으로, 죽음의 순간에 자기 자신에게 어떠한 일이 일어날 것인지와 관련된다. 자신의 죽음을 가상하였을 때 앞의 '죽음의 의미' 부분에서 언급하였던 것들, 즉 사랑하는 사람, 그동안 성취한 모든 것, 삶의 목적, 경험할 수 있는 가능성, 자신의 육체, 통제감 등 많은 것을 한꺼번에 잃게 될 것에 불안을 느낄 수 있다. 또 자신의 존재가 소멸되어 모든 사람에게서 망각되는 것 혹은 알려지지 않은 곳에 가서 심판이나 벌을 받게 될 것이 두려울 수 있고, 사랑하는 사람, 정든 장소, 자신이 알고 있는 모든 것을 버리고 떠나야 하는 것이 슬프고 두려울 수 있다. 그 밖에도 자신의 죽음을 생각할 때 자신이 살아서 묻히지나 않을까 혹은 자신이 장차 송장이 될 것이라는 사실에 공포를 느낄 수 있다.
- 다른 사람의 죽음에 대한 공포: 인간은 그 자신의 죽음뿐만 아니라 우리가 사랑하고 정신적, 물질적으로 의존하는 사람의 죽음을 두려워한다. 우리가 다른 사람의 죽음을 두려워하는 것은 우리가 그 사람을 사랑하고 그 사람에

게 최고로 좋은 선은 생명, 즉 삶이기 때문에 그가 살아 있기를 바라고 죽을까 봐 두려워한다. 이러한 이타주의적 동기뿐만 아니라 다른 사람의 죽음은 나의 죽음에 대한 전조나 나의 죽음을 생각나게 하기 때문에 두려워할 수 있다. 또 다른 사람의 죽음이 나의 삶에서 갖는 의미와 관련하여, 나는 사랑하는 사람이 죽을병에 걸려 앓고 있는 것을 보고 어떻게 견딜까, 사랑하는 사람과의 다가오는 이별을 어떻게 감당할까, 그 사람이 가 버린 후에 어떻게 살아갈 수 있을까 등에 대한 걱정과 불안을 의미한다.

- 죽음의 과정에 대한 공포: 일반적으로 우리는 끝까지 건강하다가 자면서 죽는 노인을 부러워한다. 이것은 길고 고통스러운 병이나 죽음에 앞선 단말마의 고통 등 죽음의 과정에 수반되는 고통을 두려워하기 때문이다. 또 집이 아닌 낯선 환경에서 길고도 고통스러우며 존엄성이 상실된 죽음의 과정을 겪는 것이 두려울 수 있고, 말기에 아무것도 할 수 없는 의존적인 상태가 되어 사랑하는 사람에게 짐이 되는 것이 두려울 수 있다.
- 시체나 죽은 사람에 대한 공포: 죽음과 죽은 자에 대한 공포는 인류의 집합적 무의식에 뿌리를 두고 있지만 특히 원시인들 사이에서의 죽음 공포는 대부분 죽은 사람에 대한 공포였다. 죽은 사람은 악이고 적의를 품고 있으며 산 사람에세 해를 끼치고사 한다고 생각되있기 때문에 장례식에서 행해지는 마술적 의식은 죽은 자의 분노를 격퇴시키는 것을 목적으로 하였다(Lepp, 1968). 이처럼 죽은 사람이 되살아나 자신을 공격하지나 않을까 하는 두려움뿐만 아니라 자신이 죽은 후에 자신의 몸이 더럽게 썩거나 구더기가 자신의 몸을 뜯어 먹지나 않을까 두려울 수 있다.
- 집합적 죽음에 대한 공포: 행성 간의 충돌, 지구 냉각화, 핵전쟁 등으로 인류가 멸망하여 모두가 죽지나 않을까 하는 두려움이다. 먼 미래에 일어날 것이기 때문에 즉각적인 위협으로 느껴지지 않고 대부분의 사람들이 이것 때문에 특별히 불안해하지는 않지만, 적어도 무의식적으로는 영향을 받아 핵전쟁 등을 막기 위해 막대한 군사비가 지출되고 있는 실정이다.

앞에서 살펴본 것처럼, 죽음 불안이나 죽음 공포는 무엇을 두려워하느냐는 점에서 다양한 하위 개념을 지닌 다차원적인 개념으로, 연구자들마다 다양한 분류와 설명을 하고 있다. 예를 들어, 베커와 브루너(Becker & Bruner, 1931)는 죽음 공포를 자기 자신의 죽음에 대한 공포, 다른 사람의 죽음에 대한 공포, 죽음이 미치게 될 영향에 대한 공포로 나누어 설명하고 있다. 보야(Boyar, 1964)는 죽어 가는 행동, 죽음의 최종성, 시체나 매장과 관련된 정서와 행동을 죽음 공포를 구성하는 내용으로 보고 있다. 또한 콜레트와 레스터(Collett & Lester, 1969)는 자신의 죽음, 자신의 죽음의 과정, 다른 사람의 죽음, 다른 사람의 죽음의 과정으로 나누어 죽음 불안을 측정하는 척도를 개발하였다. 그 밖에도 호엘터(Hoelter, 1979)는 죽음 공포를 죽음의 과정에 대한 공포, 죽은 자에 대한 공포, 존재가 파괴되는 것에 대한 공포, 의미 있는 다른 사람의 죽음에 대한 공포, 죽음에 대해 알지 못하는 것에 대한 공포, 의식이 없어지는 것에 대한 공포, 죽은 후의 시체에 대한 공포, 때 이른 죽음에 대한 공포 등 여덟 가지 하위 개념으로 나누고 있다.

이와 같은 다양한 연구의 결과에서 공통되는 요소를 추출하는 요인 분석을 통한 연구(Durlak & Kass, 1981-1982; Nehrke et al., 1981; Nelson & Nelson, 1975) 결과에 따르면, 죽음 공포는 다음과 같은 요인들로 구성되는 개념이다.

- 죽음 공포와 불안
- 죽음과 죽음을 생각나게 하는 것의 회피
- 죽음의 현실과 자기 자신의 죽음 가능성의 부정
- 죽어 가는 사람과 상호작용하는 것을 꺼림
- 죽는다는 생각에 몰두
- 고통에 대한 부정적 반응
- 내세에 대한 관심

사람은 다양한 이유로 죽음에 대해 두려워하고 불안해하지만 죽음 불안 및 공포의 강도나 경향은 그 개인이 속해 있는 문화, 연령, 성별, 교육 수준, 가족이나 사회의 지원 체제, 개인이 가지고 있는 삶의 목적이나 의미 등에 영향을 받는다. 이처럼 죽음과 관련된 태도는 그 개인이 성장한 가정 환경과 사회문화적 맥락에서 형성된다고 볼 수 있다(Huyck & Hoyer, 1982).

그러면 인간이 이처럼 죽음을 두려워하는 이유는 어디에 있는가? 죽음 공포의 원인으로 다음의 몇 가지를 생각할 수 있다.

- 죽음 공포의 주요 원인은 삶의 본능 때문이다(Lepp, 1968). 인간에게는 삶이나 생명을 유지하고자 하는 본능이 존재하기 때문에 직감적 · 본능적 죽음 공포는 정상적인 반응이다. 따라서 죽음 공포는 근절되어야 하는 악이 아니며 오히려 우리를 죽음으로부터 보호할 뿐 아니라 우리가 삶을 즐기도록 자극하는 긍정적인 기능이 있다.
- 인간은 무의식중에 자기가 죽음과 아무런 관계가 없다는 불사불멸에 대한 환상을 가지고 있기 때문이다(Kübler-Ross, 1969). 우리의 무의식은 자기의 생명이 이 세상에서 사라진다는 생각을 가지고 있지 않다. 따라서 우리의 무의식에서 죽음은 살해당하는 것일 뿐이며, 그 자체가 보복이나 벌을 초래하는 악행이나 두려운 사건을 연상시킨다('① 초기 정신분석 이론' 참조).
- 과도한 개체주의나 자아정체성이 발달되어 집단 유대감이 희박해졌기 때문이다. 죽음에 대한 공포는 인간의 개체성과 깊이 관련되어 있어서 인간이 그 자신을 집단의 일원으로 보기보다는 개체로 인식할수록 더욱 커진다(Lepp, 1968).
- 죽음에 대한 병적이고 신경증적인 공포는 대부분 일반적 불안의 표현으로, 그것의 진짜 원인은 무의식적이고 태어날 때 혹은 어린 시절, 청소년기의 정신적 외상에 기인한다.

앞서 살펴보았듯이, 우리가 죽음 불안이라는 말로 통틀어 설명하고 있는 개념은 그 내용이 복잡하고 다양하므로 연구 설계를 할 경우에는 자신이 죽음 불안이라는 개념으로 일컫는 행동과 정서가 무엇인지를 확실히 하고, 다양한 척도 중에서 자신이 일컫는 죽음 불안 개념을 측정하기에 적합한 척도를 적용해야 원하는 연구 결과를 얻을 수 있다.

3 죽음 불안과 관련된 이론

인간이 왜 죽음에 대해 불안해하는지, 죽음 불안의 원인이 어디에 있는지를 설명하는 대표적인 이론으로 초기 정신분석 이론, 공포관리 이론, 경계 이론을 들 수 있다.

① 초기 정신분석 이론

프로이트에 따르면, 모든 인간은 무의식적으로 자기 자신의 죽음을 믿지 못하고 자신의 불멸성을 굳게 믿고 있다. 우리의 무의식 체계는 시간의 경과에 반응하지 않아서 죽음에 의해 개인의 시간이 끝나 버리는 것을 기록할 수가 없다. 따라서 우리는 비존재(negation)라는 개념을 가지고 있지 않기 때문에 삶을 없애 버리는 죽음이라는 개념이 우리 내부에 존재하지 않는다. 이처럼 인간은 무의식 중에 자기만큼은 죽음과 아무런 관계가 없다는 기본 인식을 가지고 있어서 죽음에 대해 두려워할 수 없다고 한다(Freud, 1953).

우리가 죽음 자체를 경험할 수 없다면 어떻게 죽음을 두려워할 수 있는가? 정신분석학자들은 죽음 불안을 다른 공포가 투영된 것으로 보고 있고, 죽음 공포증(thanatophobia)이라는 개념으로 부르고 있다. 즉, 정신분석학자들은 죽음 불안을 자기 자신의 죽음에 대한 인식에 뿌리를 두고 있는 것이 아니라 무의식 속의 더 깊은 갈등이 의식 표면에 가장되어서 표현된 것으로 보고 있다.

그들은 죽음 공포증의 기원을 아들이 어머니를 사랑하여 아버지에게 거세당하는 것을 두려워하는 어린 시절의 비정상적인 성 심리 발달에서 경험되는 거세 불안(castration anxiety)에서 찾고 있다. 따라서 죽음 불안으로 괴로워하는 사람은 어린 시절에 풀리지 않은 거세 불안을 나타내고 있다는 것이다. 또 프로이트에 따르면, 죽음 불안은 거세당한 인간처럼 완전한 인간이 되지 못하여 가치, 사랑, 안전감을 잃는 것에 대한 공포에서 비롯된 것으로, 이 세상에서 안전감을 잃었다고 느끼는 사람은 그때 경험되는 모든 혼란과 공포를 죽음 불안으로서 경험하게 된다.

이러한 현상은 실제로 임상적으로도 관찰되며, 자신에게 일어나고 있는 엄청난 일을 통제할 수 없다고 느끼는 사람은 죽음 불안의 증가를 경험하게 된다(Kastenbaum, 2000a).

② 공포관리 이론

우리가 가지고 있는 공포는 다양한 형태를 띠고 있지만, 그 근원을 거슬러 올라가면 죽음에 취약하다는 생각에 기초하고 있다. 죽음 불안을 다른 불안이 투영된 것으로 보는 정신분석학자들과는 달리 베커(Becker)는 죽음 불안이 모든 공포, 불안의 근원이라고 주장하였다.

베커(Becker, 1973)에 따르면, 죽음 불안은 정신분열증과 같은 정신질환의 근본적인 원인으로, 정신분열증이 있는 사람은 죽음의 공포로부터 충분히 격리되지 못하여 고통스러워한다. 인간은 상징적 자아와 물질적 육체라는 두 가지 방식을 이용하여 세상을 경험한다. 정신분열증을 가진 사람은 자신의 육체를 자신의 통제하에 있지 않아 믿을 수 없고 낯선 것으로 느끼고, 사고의 관념 체계에 지나치게 의존한다. 그래서 정신분열증 환자는 우리 육체의 신경 체계 속에 새겨져 있는 시간, 공간, 사물을 인식하는 데 사용되는 문화적 감각이 결핍되어 있고, 상징적 불멸 등과 같은 것을 통한 문화적 안정감을 얻을 수가 없다. 따라서 그들은 육체를 통해 느낄 수 있는 다양한 정서와 분리되어서 생각이나 관념에만 의존하여 경험을 하게 되는 것이다. 정상적인 사람은 다양한 방식으로 무력감, 절망, 죽음 등을 극단적으로 인식하지 못하도록 자기 자신을 보호하지만, 정신분열증이나 우울증을 앓는 사람은 보호적인 문화 구조에 잘 통합되어 있지 못하기 때문에 죽음에 혼자서 직면해야 하는 것이다. 베커는 정상적인 우리도 만약 사회가 우리를 존재론적 직면—우리가 죽는다는 인식—으로부터 보호하기 위해 열심히 작용하지 않는다면 정신분열증적인 공황 상태에 빠질 것이라고 보고 있다.

공포관리 이론(terror management theory)은 우리가 문명이라고 부르는 많은 것들이 죽음 불안을 통제하고자 하는 필사적인 시도로 구성된다는 베커(1962; 1973; 1975)의 연구에 기초하고 있다.

공포관리 이론은 문화 체계가 인간의 취약성과 궁극적인 죽음의 인식에 완충기(buffer) 역할을 한다고 가정한다. 문화 체계는 우리에게 세상이란 응집력과 안정감을 제공하는 장소라고 보도록 하고, 문화 체계와 동일시하는 것을 통해 상징적 불멸을 약속하고 있다. 그러나 이러한 이득을 누리기 위해서 인간은 그 체계의 원칙에 따르고 일반적인 문화적 기준에 따라 생활해야 하고, 그 결과 인간은 문화 체계 내에서 자신이 가치 있는 참가자라는 느낌(자아존중감)을 갖게 된다. 즉, 내가 사회에서 인정받는 인간이 되는 데 성공했다면 나는 개인적 자아존중감과 나보다 더 큰 강력한 전체에 소속되어 있다는 소속감에 의해 죽음 불안으로부터 보호받을 수 있다는 것이다. 이 모델은 자아존중감의 증가가 대중 매체의 죽음 장면과 같은 위협적인 자극에 대하여 불안을 덜 경험하도록 할 수 있다고 예측하고 있다.

자아존중감과 죽음 불안 간의 부정적 상관관계를 나타내는 연구는 공포관리 이론과 일치된 결과를 나타내고 있다. 개인의 자아존중감을 강화하면 죽음 공포가 감소하므로 죽음 공포를 감소시키기 위해서는 자아존중감을 증가시키거나 삶과 죽음에 대한 사회문화적 의미를 강화하여야 한다는 것이다(Harmon-Jones et al., 1997).

③ 경계 이론

경계 이론(edge theory)은 일상생활 속에서의 죽음 불안과 위험에 처했을 때 갖게 되는 민감하고 불안한 상태를 구별하였고, 주로 인간이 위험에 처했을 때 갖는 불안을 설명하고 있다(Kastenbaum, 2000b).

경계 이론에서 말하는 '위험'이란 잘 알고 있고 익숙하고 안전한 것의 경계(edge)에 있다는 느낌을 말하며, 죽음 불안을 이러한 위험에 대한 유기체적 반응으로 간주한다. 즉, 우리가 내적 · 외적으로 존재의 경계에 있을 때 우리는 더 민감해야 하고 주의를 집중해야 한다. 이러한 상태가 바로 불안이고 위험에 대비하는 준비인 것이다.

경계 이론은 우리의 생존과 적응 기능, 즉 불안 반응과 같은 생체 장치와 높은 수준의 인지적 · 정서적 · 도구적 기술의 개발을 통해 해를 끼칠지도 모르는 위험을 발견하는 능력을 강조한다. 항상 불안해할 필요는 없다. 그러나 우리가 위협에 직면했을 때 재빨리 비상 체제로 전환하여야 자신과 다른 사람의 생명을 구할 수 있다. 대부분의 사람들은 위급 재난을 다루는 훈련이나 경험이 없지만, 불안감을 조성하여 주의력을 집중시키고 통제감이나 균형감을 행사하여 사태를 지켜볼 수 있도록 우리의 위험 반응 체계를 작동시킬 수 있다. 즉, 우리의 주의력은 위험 탐지 기능을 되도록 예민하게 유지하도록 하여 진짜 위험이 나타났을 때 불안해하고, 잘못된 경보에는 긴장 상태를 풀도록 도와준다. 이처럼 불안은 우리가 죽지 않고 생존할 수 있도록 도와주는 가장 유용한 자원인 것이다.

4 죽음 불안에 관한 연구 동향

죽음 불안과 관련된 연구들은 나이, 성별, 종교, 성격, 정신건강, 죽음과 관련된 경험 등의 요인과 죽음 불안과의 관계를 주로 설명하고 있다. 그 연구 결과들을 대략 살펴보면 다음과 같다.

① 나이

죽음 불안과 나이와의 상관관계에 대한 연구는 대개 다음과 같은 세 가지 가정에 기초하고 있다(Kastenbaum, 2000b). 첫째, 사람은 나이가 들수록 죽음으로부터의 거리가 줄어들기 때문에 더 불안해한다. 둘째, 나이가 들수록 인생으로부터 많은 것을 배우게 되어 죽음과 타협하게 되기 때문에 죽음 불안이 감소한다. 셋째, 나이 자체는 죽음에 대한 심리적 경향에 강한 영향을 끼치지 않는다.

첫 번째 가정은 개인의 성격이나 삶의 역사 등을 거의 고려하지 않고 나이 든 사람의 죽음 불안 증가를 노화에 따라 신체적으로 쇠약해지고 외모가 변하는 내재적인 생화학적 변화의 산물로 보고 있다. 이에 비해 두 번째 가정은 에릭슨(Erikson, 1976), 버틀러(Butler, 1961)와 같은 발달 이론가들의 주장과 일치하고 있다. 그들의 주장에 따르면, 인생의 마지막 과업은 우리의 삶과 그 삶을 종결하는 죽음을 받아들이는 것으로, 나이가 들고 성공적으로 성숙한 사람은 젊은 시절의 동요와 정체성을 찾기 위한 분투에서 벗어나 성숙한 완성감과 포용력을 획득하게 되어서 죽음 불안을 덜 경험할 것이다. 이미 많은 경험을 했고 원하던 것을 성취한 노인에게 죽음은 젊은이들에게만큼 크게 위협적이지 않고, 노인은 자신이 살 만큼 살아서 노년기에 죽는 것을 공평하게 생각한다. 노인은 자신의 신체가 이미 쇠약해졌고 비슷한 연령의 친구들이 죽은 것을 지켜보며 남아 있는 시간이 얼마 없다는 것을 깨닫게 된다. 이처럼 노인은 나이가 들어감에 따라 자신의 죽음에 직면하는 기회가 많아지게 되고, 이러한 것들이 죽음에 대한 공포를 더 잘 다룰 수 있도록 도와준다는 것이다(Kalish, 1985a).

세 번째 가정은 연령이 죽음 불안을 예측하는 강력한 변인은 아니라는 주장이다. 같은 연령 단계에 있어도 개인차가 크고, 연령 이외에도 현재의 생활환경이 개인의 사고, 행동, 건강에 강력한 영향을 미치고 있기 때문에 이러한 다양한 요인들을 배제하고 연령과 죽음 경향 간에 강력한 관계가 있다고 주장하는 것은 무리가 있다는 주장이다. 특히 연령을 변인으로 하는 연구는 횡단 연구(cross-sectional study)가 대부분이고 그 연구의 결과는 연령보다는 동세대 경험(cohort experience)을 설명하는 것이지 같은 사람이 나이가 들어감에 따라 죽음 불안이 어떻게 변화되어 가는지를 설명하는 것은 아니라는 것이다.

대부분의 연구 결과들은 나이가 많은 노인이 다른 연령 집단에 비해 죽음 불안을 덜 호소한다는 두 번째 가정을 지지하고 있다(Bengston, Cuellar, & Ragan, 1977; Gesser, Wong, & Reker, 1987-1988; Kalish & Reynolds, 1981).

나이가 들수록 죽음에 대한 공포, 불안, 고통을 더 크게 가지고 있다는 첫 번째 가정을 지지하는 연구로는 멀린스와 로페즈(Mullins & Lopez, 1982)의 연구를 들 수 있다. 그들은 요양기관 환자를 대상으로 한 연구에서 나이가 많고 아픈 노인이 더 큰 죽음 불안을 나타냈다고 보고하였다. 이 연구는 노인과 젊은 사람을 비교한 것이 아니라 노인 계층 중에서 노인 전기와 노인 후기를 비교한 것으로, 노인은 건강이 좋을 때보다는 실제로 죽음에 더 가까워졌을 때 더 큰 공포심을 나타냈다.

노인이 강한 죽음 불안을 나타내는 경우는 대개 관계 상실이나 건강에 대한 관심의 증가, 불확실성의 증가 등과 관련된 것으로, 이러한 요인이 해결되어 다시 안전감을 느끼게 되면 죽음 불안이 경감된다는 주장도 있다(Kastenbaum, 2000a).

그러나 노년기의 죽음 불안에는 또 다른 측면이 있을 수 있다. 어떤 노인은 사별이나 사회적 고립, 재정 문제, 신체적 지병 때문에 많은 고통을 겪고 있어서 언제든지 삶을 끝낼 준비가 되어 있다. 이러한 태도는 노인의 높은 자살률에도 반영되어 있다. 노인의 낮은 죽음 불안은 심리적인 성숙이나 통합감뿐만 아니라 삶의 전망이나 질에 대한 불만과 관련될 수 있다(Kastenbaum, 2007).

또 죽음 불안은 각 연령 단계마다 불안해하는 내용이 다르게 나타나기도 한다. 고등학생과 직장인(평균 연령 42세), 은퇴자를 대상으로 하는 연구(Stricherz & Cunnington, 1981-1982) 결과에 따르면, 학생들은 사랑하는 사람의 죽음, 벌로서의 죽음, 죽음의 최종성에 대해 가장 불안해하였고, 중년기의 직장인들은 때 이른 죽음의 가능성과 함께 죽을 때의 고통에 대해 가장 큰 불안을 표시하였다. 반면에 노인들의 관심은 죽음의 과정에서 무력하게 되어 다른 사람에게 의존하게 되는 것에 집중되어 있었고, 특히 품위 없게 반 식물인간 상태에서 길고 고통스럽게 살아남아 있을 가능성을 가장 두려워하였다. 또 노인들은 자신의 죽음이 사랑하는 사람들에게 미칠 영향에 대해서도 걱정하였다.

② 성별

죽음 불안 척도를 이용한 조사 연구의 결과들을 살펴보면, 죽음 불안 점수에서 남녀 간에 차이가 없거나(Dickstein, 1972; Handal, 1969) 여자의 불안 점수가 남성보다 높게 나타났다(Lonetto et al., 1980; Pollack, 1979).

키스(Keith, 1979)와 백(Back, 1971)의 연구에서는 남자 노인에 비해 여자 노인의 죽음에 대한 태도가 더 수용적이고 호의적이었다. 여자 노인은 죽음을 자비로운 어머니나 이해심 많은 의사로 표현한 데 비해, 남자 노인은 싸워서 이겨야 하는 사악한 적, 이를 드러내고 웃는 도살업자, 교수형 집행자로 죽음을 간주하는 경향이 있었다.

이스라엘의 십대 청소년을 대상으로 한 연구(Florian & Har-Even, 1983-1984)에 따르면, 남자는 정체성 상실과 자신의 소멸을 더 두려워한 반면, 여자는 자신의 죽음이 가족들에게 미칠 영향과 내세에서의 그들의 운명에 대해 더 두려워하였다.

죽음 불안이나 죽음에 대한 태도에서의 남녀 차이는 그 연령 단계에 있는 남녀 간의 사회적 역할 차이에서 기인할 수 있고, 여자가 정서적인 주제를 다룰 때 그들의 태도나 감정을 남성들보다 더 개방적으로 표현한다는 사실에 기인할 수 있다.

그러므로 죽음 불안에서의 남녀 간 성차의 주요 경향을 파악하기 위해서는 측정 도구의 특성과 함께 참가자들의 나이와 사회문화적 배경을 주의 깊게 고려하여야 한다.

③ 종교

종교와 죽음 불안과의 관계는 다음의 두 가지 가정에 기초하고 있다(Kübler-Ross, 1974). 첫째, 기성 종교를 믿는 사람은 그 종교의 징벌적 측면, 즉 심판이나 지옥에 대한 두려움 때문에 죽음 불안이 더 강하다는 가정이다. 둘째, 종교가 신의 사랑과 내세에 대해 약속하기 때문에 죽어 가는 사람을 편안하게 해 주고 죽음 공포를 경감시킨다는 가정이다.

이스라엘의 십대 청소년을 대상으로 한 연구(Florian & Har-Even, 1983-1984)에서는 더 종교적인 사람이 죽음 공포를 더 많이 나타내기도 하였지만, 대부분의 연구는 더 종교적인 사람이 죽음 공포를 덜 나타낸다는 두 번째 가정을 지지하고 있다(Jeffers, Nichols, & Eisdorfer, 1961; Martin & Wrightsman, 1965; Templer, 1972). 리그돈과 엡팅(Rigdon & Epting, 1985)의 연구에 따르면, 죽음을 덜 두려워하고 죽음에 의해 덜 위협받는 대학생들은 다른 사람에 비해 교회에 잘 참석하고 성경을 읽고 내세에 대한 믿음을 가지고 있었다. 이것은 신을 믿고 종교를 자신의 삶에 잘 통합시킨 사람이 종교를 확신하지 않는 사람보다 공포에 압도당하지 않고 죽음에 더 잘 직면한다는 두 번째 가정을 지지하는 것이다. 여기서 말하는 종교성이 자기가 주장하는 종교성이든, 본질적으로 독실한 신자든 혹은 신에 대한 믿음, 일상생활에서의 종교의 중요성, 내세에 대한 믿음이든 상관없이 종교적인 사람은 그렇지 않은 사람보다 죽음에 대한 공포를 덜 나타냈다(Feifel & Nagy, 1981).

그러나 단순히 신과 내세에 대한 믿음을 고백하고 교회에 정규적으로 출석하는 것이 인간을 죽음의 공포로부터 보호하는 것은 아니다. 그리고 확고한 무신론자 역시 죽음에 대한 공포를 덜 나타냈다. 죽음에 대한 불안은 종교를 확고히 믿는 사람과 확고히 안 믿는 사람보다 종교를 믿지만 자신의 믿음에 확신이 없는 사람에게서 가장 크게 나타났다(Aday, 1984-1985; McMordie, 1981).

④ 성격

많은 성격 변인이 죽음 불안과 관련되어 있을 것으로 가정된다. 그 가정을 예를 들면 다음과 같다. 성취 욕구가 강한 사람은 평균적인 사람과 비교하여 죽음 불안을 더 많이 느낄 것이다. 자아와 죽음에 대해 더 통합된 개념을 가진 사람은 죽음 불안을 덜 느낄 것이다. 혹은 일반적으로 자신이 유능하다고 느끼는 사람 혹은 자아실현을 성공적으로 달성한 사람은 죽음에 직면하는 것을 덜 두려워할 것이다.

그러나 이러한 가정들은 실험적 데이터에 의해 충분히 증명되지 못하였고, 자아실현, 자아통합과 죽음 불안의 관계를 조사하는 연구가 대부분이다. 위협 목록과 템플러(Templer, 1970)의 죽음 불안 척도, 콜레트와 레스터(Collet & Lester, 1969)의 죽음 공포 척도를 이용하여 자아실현과 죽음 불안과의 관계를 조사한 연구(Neimeyer & Chapman, 1980)에 따르면, 현재의 자아와 이상적인 자아 간에 불일치가 적은 사람이 그렇지 않은 사람에 비해 더 적은 죽음 불안을 보였다. 또 로빈슨과 우드(Robinson & Wood, 1982)는 자아실현과 자아통합이라는 두 가지 변인의 점수가 모두 높은 사람이 두 변인 중 하나만 높은 점수를 얻은 사람이나 둘 다 낮은 점수를 얻은 사람보다 죽음을 덜 두려워한다고 밝혔다.

그 밖에 디고리와 로스먼의 연구(Diggory & Rothman, 1961)에 따르면 자아존중감이 높은 사람일수록 더 죽음을 두려워하였다. 왜냐하면 죽음이 자아존중감을 유지하는 데 중요한 삶의 목적을 추구할 기회를 빼앗아 가기 때문이다.

그러나 죽음 불안과 성격 변인과의 관계를 다루는 많은 연구들은 적합하지 않은 측정 도구를 사용하였거나 잘못된 연구 가설을 세움으로써 일치하지 못한 결과를 나타내거나 통계적으로 유용한 결과를 얻어 내지 못하고 있다(Pollack, 1979; Schulz, 1978). 죽음 불안과 성격 변인과의 관계는 죽음 불안 척도와 같이 자기 보고적 질문지만으로 측정하고 해석하기에는 복잡하고 다차원적인 개념이므로 더 적절한 연구 방법을 개발하는 노력이 필요하다.

⑤ 정신건강

일반적으로 정신병을 진단받은 사람들에게서 죽음 불안이 더 높게 나타났다. 플로리안과 그 동료들(Florian, Mikulincer, & Green, 1993-1994)의 연구에 따르면, 낮은 수준의 죽음 공포를 가진 사람에 비해 높은 수준의 죽음 공포를 가진 사람은 편집증 척도, 강박증 척도, 정신분열증 척도에서 더 높은 점수를 나타냈다.

또 죽음 불안과 정신건강 간의 관계를 조사한 연구(White & Handal, 1990-1991)에 따르면, 높은 수준의 죽음 불안을 갖는 사람은 낮은 수준의 죽음 불안을 갖는 사람보다 통계적 · 임상적으로 괴로움을 더 많이 느끼고 인생에 덜 만족하였고, 이와 같은 관계는 여성들 사이에서 더 현저하게 나타났다.

그 밖에도 높은 죽음 불안을 나타내는 사람에게서 불안이나 우울과 같은 신경증적 증상이 더 일반적으로 나타난다는 연구(Conte, Weiner, & Plutchik, 1982; Gilliland & Templer, 1985-1986), 그리고 죽음의 개념과 죽음 공포가 정신병리, 우울증, 심신증(psychosomatic disorders) 등에서 중요한 역할을 담당한다는 연구(Feifel, 1977)가 있다.

반면에 죽음과 관련된 공포나 불안은 일반적인 반응이고 누구도 여기에서 자유로울 수 없다는 주장도 있다(Caprio, 1950; Rheingold, 1967). 죽음 불안이나 죽음 공포가 정서적으로 문제가 있는 사람에게서만 나타나는 것이 아니고, 누구나 갑작스럽고 예기치 못한 다른 사람의 죽음을 볼 때 죽음 불안이 고조될 수 있다는 것이다(Kastenbaum, 2007). 보호받지 못하고 혼자라고 느끼게 만드는 상황은 분리 불안을 야기하는데, 이것은 죽음 불안과 잘 구별되지 않는 특성이 있다. 건전한 정신 상태를 유지하고 있는 사람은 너무 많이 불안해하거나 불안에 대한 방어기제에 지나치게 의존하는 것을 피할 줄 안다. 그러나 자아 방어기제가 약화되어 평상시에는 억제되어 있던 충동, 공포, 환상들을 더 이상 억제할 수 없게 되었을 때 죽음 불안이 갑자기 의식 표면으로 떠오르게 될 수 있다(Kastenbaum, 2007).

⑥ 죽음 경험

개인적 죽음 경험(death experience)이 죽음 불안과 죽음 공포에 영향을 미치는 것일까? 중년기 · 노년기 성인을 대상으로 한 연구(Wittkowski, 1981)에서는 죽음 경험과 죽음 공포, 죽음에 대한 반응 간에 관계가 없는 것으로 나타났다. 그러나 호엘터와 호엘터(Hoelter & Hoelter, 1980-1981)의 연구에 따르면, 최근 5년 동안에 일반적 죽음 경험에 노출된 사람은 그렇지 않은 사람에 비해 더 높은 죽음 불안을 나타낸 반면, 죽음을 통해 가까운 가족을 잃은 사람은 더 낮은 죽음 불안을 보였다.

이러한 연구 결과를 해석하는 것은 어려운 일이지만, 한 가지 가능성은 가족과 같이 아주 가까운 사람의 죽음에 대처해야만 했던 사람은 그토록 사랑하는 사람의 죽음에도 불구하고 자신이 계속 살아갈 수 있다는 것을 알게 되고, 자신의 죽음에 직면하고 이에 대해 더 깊이 생각하게 되어 자신의 죽음을 더 잘 다룰 수 있게 되었다는 것이다. 이에 비해 죽음에 노출되기는 했으나 밀접하지 않은 방식으로 죽음 경험을 한 사람은 이와 같은 학습과정을 거치지 못하였다고 볼 수 있다(Kalish, 1985a).

5 죽음 불안 및 죽음 공포의 측정

죽음 불안이나 죽음 공포는 앞에서 언급하였듯이 다양한 하위 개념을 가진 다차원적인 개념이고, 의식, 전의식(preconscious), 무의식(unconscious) 수준에서 다르게 나타날 수 있다. 한 사람이 죽음과 관련된 문제에 대하여 부정적이고 긍정적인 감정을 동시에 가질 수 있어서 죽음 불안이 높은 사람이 반드시 죽음에 대해 부정적인 감정을 가지고 있다거나 죽음에 대해 긍정적으로 느끼는 사람이 죽음 불안이나 죽음에 대한 관심이 아주 없다고도 단정할 수 없다(Durlak, 1994). 따라서 질문지를 이용한 간단한 자기 보고식 측정만으로는 죽음에 대한 개인의 반응의 깊이나 복잡성을 측정하기에 충분치 못하므로 다양한 측정 방법을 사용할 필요가 있다. 따라서 여기서는 죽음 불안을 측정할 때 사용할 수 있는 다양한 방법과 도구들을 소개하고자 한다.

① 직접적 방법

직접적 방법은 참가자가 직접 언어나 행동을 통해 나타내는 죽음에 대한 태도를 측정하는 방법이며, 대표적인 것으로 질문지법, 인터뷰, 관찰 등을 들 수 있다.

- 질문지법: 조사 참가자에게 미리 준비되어 있는 직접적이고 구조화된 질문지를 통해 죽음에 대한 경향을 표현하도록 하는 방식이다. 고정된 항목과 반응 형식을 가진 자기 보고 질문지가 가장 일반적인 형태로, 각 항목에 대한 조사 참가자의 동의/동의하지 않음을 나타내는 참/거짓 혹은 5점이나 7점의 리커르트 평정(Likert rating)을 이용하여 대답해야 한다. 이미 개발되어 있는 죽음 공포나 죽음 불안 척도의 대부분은 질문지법에 해당된다.
  질문지법은 연구자에게는 대규모 집단을 대상으로 실행하기 편리하고 자료를 모아서 객관적으로 분석하기 쉬운 방법이고, 연구 참가자에게는 많은 시간이나 지나친 개방성을 요구하지 않기 때문에 환영받는 방법이며, 집단 간 비교를 위해 표준화된 데이터베이스를 구축하기 쉬운 장점도 있다.
  그러나 고정된 내용항목과 참/거짓, 등간 척도와 같이 고정된 반응에 제한되어 죽음 경향의 질적이고 개인적인 측면을 표현할 기회가 한정되기 때문에 참가자들의 대답이 그들이 실제로 생각하는 것을 대표하지 않을 수 있다. 또 질문지법은 조사 참가자가 의식 수준에서 인식하고 기꺼이 인정하는 것만 평가할 수 있기 때문에 복잡하고 다차원적인 죽음 불안, 죽음 공포를 제대로 측정할 수 없다.
- 인터뷰: 질문지법보다 좀 더 자연스럽고 융통성 있고 자발적인 방식으로 참가자들의 죽음 경향을 살펴볼 수 있는 방법이다. 미리 만들어진 분류에 한정되지 않고 자신의 언어로 죽음과 관련된 감정을 표현할 수 있기 때문에 참가자들의 죽음을 생각하는 방식의 전체적 구조나 느낌, 갈등, 모순 등을 발견하기 쉽다. 그러나 인터뷰를 실행하고 해석하는 데 많은 시간과 노력이 필요하고, 비교 가능하고 쉽게 분류 가능한 데이터를 축적하기 힘든 단점이 있다.
  인터뷰는 질문지를 대신하거나 질문지의 대답을 확인하기 위해 사용되기도 한다. 인터뷰를 위한 기초 자료 수집을 위해 질문지가 사용되고, 참가자의 태도를 결정하는 데 필요한 질문들이 부가되기도 한다. 인터뷰는 특히 질문지를 읽거나 해석하는 데 어려움이 있는 아동의 죽음에 대한 태도 연구에 주로 사용될 수 있다(Anthony, 1940; Nagy, 1948).

- 관찰: 관찰법은 참가자가 우리에게 말해 주는 정보에 한정되지 않고, 그들이 죽음과 관련된 상황에서 실제로 어떻게 행동하는지를 기록하는 것으로 객관적인 평가와 수량화도 가능하다.

  관찰은 언어적 진술에만 완전히 의존하는 것이 아니라 실제 상황에서 참가자의 행동을 직접 관찰하여 참가자가 처해 있는 상황을 전체적으로 파악할 수 있으므로 예방과 개입적 노력을 유도하고자 할 때 유리하다.

  그러나 실제 상황에서의 행동 관찰은 관찰자의 역할이나 영향을 완전히 배제하기 힘들고, 개인적 반응과 복잡한 대인관계적 행동을 구분하는 것과 같은 측정의 단위와 수준을 결정하기 힘들다. 또 같은 상황에서의 신뢰성 문제뿐만 아니라 다른 상황에서의 일반화 문제도 해결해야 할 어려운 문제가 될 수 있다.

② 투사적 기술

투사적 기술은 죽음에 대한 판타지 수준, 무의식 수준의 불안과 공포를 측정하는 데 주로 사용되는 방식으로, 주제 통각 검사(thematic apperception test), 자유연상(free association), 은유(image or metaphor), 색깔-단어 간섭 검사(color-word interference test) 등을 들 수 있다.

- 주제 통각 검사(TAT): 루딕과 디브너(Rhudick & Dibner, 1961)가 연구에 사용한 방식이다. 그들은 이야기 속에 죽음 주제를 도입하는 것을 죽음 관심(death concern)으로 정의하고, 예비 조사에서 결정된 12TAT 카드를 참가자들에게 실행하고 각 이야기 속에 죽음 주제를 도입하였을 경우 그 빈도에 따라 1~3점으로 평가하도록 하였다.

- 자유연상: 조사 참가자에게 죽음에 대해 생각할 때 마음속에 떠오르는 것을 자유롭게 이야기로 쓰게 하는 방법이다.
  카프리오(Caprio, 1950)는 자유연상 방식을 이용하여 대상자들에게 그들의 젊은 시절의 죽음에 대한 반응을 상기하도록 하였고, 코리(Corey, 1961)는 조사 참가자에게 누워 있는 사람의 그림을 보여 주고 그 인물이 자고 있는지 죽었는지를 자세히 기술하도록 하였다.
- 은유: 판타지 수준의 죽음 공포를 측정하기 위해 파이펠과 나기(Feifel & Nagy, 1981)가 사용한 방법이다. 조사 참가자는 이미 신뢰성과 내용 타당성이 입증된 12개의 목록으로부터 자신의 죽음에 대한 인식을 가장 잘 설명하는 이미지나 은유를 6개 선택하도록 한다. 각각 긍정적(+) 혹은 부정적(−) 값을 가진 12개의 은유는 다음과 같다. 휴일(+), 버려진 집(−), 도망간 말(−), 부드러운 산들바람(+), 새로 태어난 아기(+), 막다른 길(−), 폭신한 베개(+), 사나운 호랑이(−), 짙은 안개(−), 편안한 엄마(+), 가족 소풍(+), 꿈이 없는 공간(−) 등이다. 각 조사 참가자가 선택한 6개의 은유는 은유 총합 점수를 산출하기 위해 더해진다(부정적 은유를 모두 선택했을 경우는 −6점이고, 긍정적 이미지를 모두 선택했을 경우는 +6점).
- 색깔-단어 간섭 검사: 색깔-단어 간섭 검사(Feifel & Branscomb, 1973; Klein, 1964)는 죽음과 관련된 단어에 대한 무의식 수준의 정서적 영향을 측정하는 방법이다. 조사 참가자들에게 5줄의 단어를 보여 준다. 각 단어들에는 네 가지 색깔(빨강, 파랑, 초록, 노랑) 중 하나가 칠해져 있다. 5줄의 단어에는 각각 죽음을 내용으로 하는 단어(관, 장례식 등), 중성적 내용의 단어(토마토, 책상 등), 폭력적 내용의 단어(싸움, 난파 등)가 섞여 있다. 세 집단의 단어는 색깔, 사용 빈도, 음절 수 등이 같도록 균형을 맞추었다. 각 참가자들에게 각 단어를 제시하고, 단어가 의미하는 내용보다는 각 단어의 색깔을 말하도록 한다. 단어의 내용이 색깔을 말하는 과정을 방해하는지를 보는 것이다. 단어를 제시하고 단어의 색깔을 말할 때까지 걸린 시간을 측정한다. 전체적으로 참가자들은 폭력적 단어나 중성적 단어보다 죽음 단어에 반응하는 데 더 오랜 시

간이 걸렸다(Feifel & Nagy, 1981). 이것은 폭력적 단어나 중성적 단어보다 죽음 단어에 대한 정서적인 반응이 증가되었다는 것을 의미한다.

③ 간접적 방법

우리가 불안이라고 부르는 상태는 심리적 고통뿐만 아니라 신체적 고통으로도 표시된다. 즉, 불안이 고조되는 것을 유기체가 스트레스에 대해 반응하는 것으로 이해하는 것이다(Kastenbaum, 2000b).

단어 연상 검사(word association test)가 대표적인 방법으로, 죽음과 관련된 메시지와 죽음과 관련되지 않는 메시지를 함께 제시하고 이것을 처리하는 동안의 호흡, 심장박동, 혈압, 피부의 전기 전도율(electrical conductivity of the skin), 뇌파 등을 측정하여 분석하는 방법이다.

알렉산더와 동료들(Alexander et al., 1957)은 죽음에 대한 무의식적인 반응을 측정하기 위해 단어 연상 검사를 사용하였다. 31명의 대학생에게 죽음과 관련된 단어와 중성적 단어를 제시하고 그 반응시간과 정신 전류 반응 검사인 PGR(Psychogalvanic Response)을 측정한 결과, 죽음과 관련된 단어에 더 긴 반응시간과 더 큰 PGR을 나타냈다. 즉, 31명의 대학생에게 죽음에 대해 어떻게 생각하느냐고 물었을 때, 학생들은 죽음에 대해 별 관심이 없다고 대답하였다. 이 학생들에게 단어 연상 기술을 사용하여 스크린 위에 네 가지 단어(neutral, sex, school, death)를 잠깐 동안 스치고 지나가도록 보여 준 다음, 제일 먼저 떠오른 단어가 무엇인지를 물었다. 또 단어에 반응하는 시간과 학생들의 피부 전류 반응(손바닥의 땀의 증가에 기초하여 스트레스와 불안을 측정)이 측정되었다. 학생들이 죽음에 대해 무관심하다고 주장했음에도 불구하고 죽음 관련 단어에 대한 반응이 보다 더 높은 정서적 패턴을 보였다.

이와 비슷한 연구로 마이스너(Meissner, 1958)는 로마 가톨릭 신학생 40명에게 죽음 상징 단어(새, 여행, 다리 건너기……)와 통제 단어를 제시하고 이에 대한 PGR을 측정한 결과, 죽음 상징 단어에서 더 정서적인 반응을 보였다.

이러한 심리생리적(Psychophysiological) 측정 방법은 언어적 자기 보고에 의존하지 않는 자료를 모을 수 있고, 죽음 불안과 스트레스 반응, 수면, 꿈 등의 관계를 살펴볼 때 도움이 되지만, 연구를 수행하기 위해서는 특별한 기술과 시간, 비용이 필요하다.

④ 죽음에 대한 태도 척도

죽음에 대한 태도를 조사하는 연구의 대부분은 객관적이고 손쉽게 측정할 수 있다는 장점 때문에 죽음에 대한 태도 척도를 사용하는 경우가 많다. 예비 조사를 통해 신뢰성과 타당성이 통계적으로 입증되어 죽음에 대한 태도 척도로 개발된 것 중에서 죽음 수용 척도(Klug & Sinha, 1987-1988)를 제외하고는 대부분 부정적인 태도를 측정하기 위한 것이고, 각자 중점적으로 다루고 있는 하위 개념들이 조금씩 달라서 불리는 이름도 다양하다.

대표적인 것으로는 보야(Boyar, 1964)의 죽음 공포 척도, 콜레트와 레스터(Collett & Lester, 1969)의 죽음 공포 척도, 딕스테인(Dickstein, 1972)의 죽음 관심 척도, 레스터(Lester, 1991)의 죽음에 대한 태도 척도, 넬슨과 넬슨(Nelson & Nelson, 1975)의 죽음 불안 척도, 템플러(Templer, 1970)의 죽음 불안 척도, 템플러와 동료들(Templer et al., 1990)이 개발한 죽음 우울 척도, 호엘터(Hoelter, 1979)의 다차원적 죽음 공포 척도, 크리거와 엡팅(Krieger & Epting, 1974)이 개발한 위협 목록 등이 있다.

대표적으로 많이 쓰이는 척도들의 특징을 간단히 살펴보면 다음과 같다.

콜레트와 레스터의 죽음 공포 척도는 개념적으로 다른 네 가지 죽음 공포의 차원(자기의 죽음, 자기의 죽음 과정, 다른 사람의 죽음, 다른 사람의 죽음 과정)을 측정하도록 개발된 것이며, 가장 일반적으로 사용되는 척도다.

템플러와 동료들이 개발한 죽음 우울 척도는 자기 자신의 죽음, 다른 사람의 죽음, 일반적인 죽음 등과 관련된 우울, 슬픔, 비애 등을 측정하기 위해 개발된 도구로, 그들은 죽음 우울이라고 통틀어 지칭되고 있는 개념을 죽음 절망, 죽음 고독, 죽음 공포, 죽음 슬픔, 죽음 우울 그리고 죽음의 최종성 등의 여섯 가지 요소로 구분하고 있다. 죽음 우울 척도는 사별이나 말기 질병, 다양한 삶의 사건 때문에 발생하는 부정적 감정들이 시간에 따라 어떻게 변화하는지를 측정하기 위해 주로 사용된다.

레스터의 죽음에 대한 태도 척도는 비슷한 내용의 A형과 B형의 2종으로 개발되어 죽음에 대한 참가자의 태도 내에서의 불일치를 측정할 수 있도록 하였다. 주로 자기 자신의 죽음에 대한 공포를 측정하는 데 적합하다.

딕스테인이 개발한 죽음 관심 척도는 개인이 의식적으로 죽음에 직면하고 불안하게 된 정도의 개인적인 차이를 측정하기 위해 개발되었다. 그는 죽음 관심의 개념을 죽음의 현실에 대한 의식적인 숙고와 이러한 현실에 대한 부정적 평가로 정의하고, 죽음에 대해 의식적으로 관심을 갖는 사람은 죽음의 생각을 회피하는 사람보다 일반적으로 더 불안을 느끼고 위협적인 자극에 더 민감하며 개인의 운명이 내적 요인이 아니라 외적 요인에 좌우된다는 가정에 기초하고 있다.

그 밖에 템플러가 개발한 죽음 불안 척도의 항목은 다양한 삶의 경험을 반영하고 있는 데 반해, 보야의 죽음 공포 척도는 죽어 가는 행동, 죽음의 최종성, 시체와 매장 등을 다룬 항목들이 많다. 크리거와 엡팅이 개발한 위협 목록은 죽음에 대한 개인적 의미와 일반적 행동 패턴 간의 관계를 탐색하는 데 유리하다.

6 죽음 불안 척도 선택을 위한 가이드라인

그러면 이렇게 다양한 측정 척도 중에서 우리는 어떤 것을 선택하는 것이 좋은가? 레스터와 템플러(Lester & Templer, 1992-1993)는 척도 선택의 가이드라인을 다음과 같이 제시하고 있다.

첫째, 가장 일반적으로 많이 인용되는 척도를 선택하는 것이 좋다. 왜냐하면 그러한 척도에는 구인 타당도와 표준적인 정보가 많이 축적되어 있기 때문이다.

둘째, 연구자가 의도하는 용도에 기초하여 선택해야 한다. 죽음에 대한 태도를 측정하는 대부분의 척도들은 이질적인 내용을 가지고 죽음 불안을 측정하고 있다. 만약에 다른 사람의 죽음이나 다른 사람의 죽음 과정에 대한 공포를 측정하고자 한다면 콜레트-레스터의 죽음 공포 척도를 선택하는 것이 좋다. 왜냐하면 그 밖의 다른 척도들은 자기 자신의 죽음이나 죽음의 과정에 대한 공포나 불안을 측정하는 데 더 적합하도록 내용이 구성되어 있기 때문이다. 그러므로 측정 척도가 무엇을 측정하는 데 더 적합한 것인지를 먼저 살펴본 다음 자신의 연구 목적에 맞는 척도를 선택하는 것이 좋다.

셋째, 되도록이면 반응 형식이 참/거짓보다는 시간에 따른 변화에 더 민감한 리커르트 형식을 선택하는 것이 좋다.

넷째, 척도를 이용한 연구 결과를 해석할 때는 총합 점수와 더불어 요인 점수를 산출하여 죽음 불안이나 공포의 어떠한 요인이 처치에 더 효과적이었는지를 언급하는 것이 바람직하다.

다섯째, 죽음 불안은 다차원적인 개념이고 다양한 인식 수준에서 다르게 나타날 수 있는 복잡한 개념이기 때문에 죽음 불안 척도뿐만 아니라 연구 목적에 따라 다른 다양한 척도들을 복합적으로 사용하는 것이 더 효과적이다. 예를 들어, 파이펠과 나기(1981)는 죽음 공포의 정도를 측정하기 위해 콜레트-레스터 척도, 은유, 색깔-단어 간섭 검사를 실시하여 죽음에 대한 반응의 깊이와 복잡성을 측정하고자 하였다.

우리가 속한 문화의 죽음에 대한 태도와 가치가 죽어 가는 사람이나 죽은 사람의 연령에 따라 다양하게 나타나는 것처럼 죽음에 대한 우리 자신의 태도와 경험도 연령에 따라 변화한다.

제3장

죽음에 대한 발달적 전망

우리가 속한 문화의 죽음에 대한 태도와 가치가 죽어 가는 사람이나 죽은 사람의 연령에 따라 다양하게 나타나는 것처럼, 죽음에 대한 우리 자신의 태도와 경험도 연령에 따라 변화한다. 예를 들어, 우리 사회는 살 만큼 산 노인의 죽음보다 앞으로 살 날이 더 많고 미래와 꿈이 있는 청년의 죽음을 더 애통해하고, 아동기나 청년기에는 자신의 죽음을 멀게만 느끼지만 다른 사람의 죽음을 반복적으로 경험하게 되는 노년기에는 자신의 죽음을 그다지 부당하게 생각하지 않는 경향이 있다. 이처럼 인간의 삶과 경험뿐만 아니라 죽음과의 만남, 죽음에 대한 태도, 죽음의 과정과 사별에 대처하는 방식은 연령이나 발달 단계에 따라 다른 모습으로 나타나고 경험된다. 따라서 이 장에서는 발달 단계별로 다르게 나타날 수 있는 죽음과의 만남의 방식, 죽음과 관련된 경험과 태도들에 대해 주로 살펴보고자 한다.

우선 인간의 생애 주기를 아동기, 청년기, 성년기 그리고 노년기로 나누어서 이들 발달 단계가 처한 고유한 심리사회적 상황을 발달과제를 통해 살펴보고, 죽음과 관련된 통계를 통해 발달 단계별로 다르게 경험될 수 있는 죽음과의 만남의 방식을 살펴본다. 다음으로 발달 단계별로 상이하게 경험될 수 있는 죽음에 대한 태도, 죽음의 과정과 사별에 대처하는 방식 등에 대해 주로 알아본다.

1. 아동기

보통은 영유아기와 아동기를 나누어서 설명하지만, 여기서는 편의상 아동기를 태어나서부터 청년기가 되기 전까지의 기간으로 설정하여 살펴본다. 여기서의 아동기는 0세에서 10~12세의 기간을 의미한다. 이 아동기는 인간의 여러 발달 영역에서 급속한 성장이 이루어지는 시기라고 할 수 있다.

1 아동기의 발달과제

아동이 어른의 축소판으로 생각되었던 과거와는 달리 현대 발달심리학자들은 아동기를 인간의 생애 주기 중 다른 단계와 구별되는 중요한 시기로 보고 있다. 아동기는 탄생에서 청년기가 시작되기 이전까지의 기간을 지칭하지만, 에릭슨(Erikson, 1997)은 아동기를 다시 세분하여 영아기, 유아기, 유희기 그리고 학동기로 분류하고 있다. 에릭슨의 심리사회이론을 중심으로 아동기의 발달과제를 살펴보면 다음과 같다.

영아기의 발달과제는 신뢰 대 불신의 발달적 갈등에서 기본적인 신뢰감을 형성하는 것이다. 이러한 신뢰감을 형성한 영아는 자신감과 희망을 갖게 되고 그들의 욕구를 충족시키기 위해 다른 사람과 세상에 의존할 수 있다는 믿음을 갖게 된다.

유아기의 발달과제는 자율성 대 수치심과 의심의 발달적 갈등에서 자율성을 형성하는 것이다. 이러한 자기 나름의 자율성과 독립성을 형성한 유아는 의지나 자기 통제를 통해 자기 규제와 외부의 명령 간에 균형을 맞출 수 있게 된다.

유희기의 발달과제는 주도성 대 죄의식의 발달적 갈등에서 주도성을 계발하거나 행동을 취하고, 목적을 추구하고자 하는 욕망과 도덕적인 제한 간에 균형을 맞추는 것이다. 이러한 자발성과 책임을 조화롭게 결합하게 되면 아동의 삶에 목적과 방향을 갖게 된다.

학동기의 발달과제는 근면성 대 열등감의 발달적 갈등에서 생산적인 일을 하는 능력을 계발하여 능력 있는 사람이 되는 것이다.

표 3-1 • 에릭슨의 아동기 발달과제 •

단계	심리사회적 위기	기본적 강점
영아기	신뢰 대 불신	희망
유아기	자율성 대 수치심	의지
유희기	주도성 대 죄의식	목적
학동기	근면성 대 열등감	유능감

2 아동기의 죽음과의 만남

어른은 아동을 볼 때 그들이 너무나 어려서 죽음에 현명하게 대처할 수 없고, 허약하고 감수성이 예민하여 죽음을 보면 큰 충격을 받게 될 것이라고 생각한다. 그러나 아동은 어른과는 다른 방식으로 죽음을 이해하고 죽음에 대처한다. 여기서는 다른 발달 단계와는 다르게 아동기에 만나게 되는 죽음의 특성을 사망률, 죽음의 원인 등을 중심으로 살펴보고, 아동이 다른 사람의 죽음에 대해 어떻게 인식하고 반응하는지에 대해 살펴본다.

1 아동의 죽음

2009년 현재 우리나라의 사망자 수는 약 24만 7천 명이고, 이 중에서 10세 미만 아동의 사망자 수는 2,200명으로 전체 사망자의 0.9%를 차지하고 있다. 의학기술의 발달과 위생 상태의 개선으로 아동의 죽음이 전체 사망자에서 차지하는 비율은 1% 미만으로 극히 미미함을 알 수 있고, 특히 아동기 사망의 대부분은 1세 미만 영아의 사망이 차지하고 있다.

그러면 아동은 어떤 원인으로 사망하는가? 2009년의 사망 원인을 조사한 통계청의 통계 결과에 따르면, 1세 미만의 영아는 주로 출생 전후기 질환과 선천 기형, 영아돌연사증후군 등으로 사망하는 것으로 나타났다. 즉, 영아는 선천적 결함이나 짧은 임신 기간과 저체중, 호흡 곤란, 원인을 정확히 규명할 수 없는 영아돌

표 3-2 • 연령별 사망자 수와 사망률 •

(단위: 천 명, 인구 천 명당)

연령 \ 연도	사망자 수		2008년 대비	사망률		2008년 대비	사망률
	2008	2009p	증감	2008	2009p	증감	(남/여)
계	246.1	246.7	0.6	5.0	5.0	0.0	1.3
0세	1.6	1.4	-0.2	3.5	3.3	-0.2	1.1
1~9세	0.8	0.8	0.0	0.2	0.2	0.0	1.0
10~19세	1.4	1.5	0.1	0.2	0.2	0.0	1.5
20~29세	4.0	4.0	0.0	0.6	0.6	0.0	1.4
30~39세	7.4	7.7	0.3	0.9	0.9	0.0	1.6
40~49세	18.1	17.9	-0.2	2.1	2.1	0.0	2.6
50~59세	26.8	27.3	0.5	4.5	4.3	-0.2	2.9
60~69세	41.1	40.1	-1.0	10.5	10.0	-0.5	2.6
70~79세	66.2	66.5	0.3	29.2	27.7	-1.5	2.0
80세 이상	78.6	79.3	0.7	100.1	93.9	-6.2	1.4

★ 출처: 통계청(2010b). 2009년 사망통계 잠정결과.

표 3-3 • 연령별 3대 사망 원인 구성비 및 사망률 •

(단위: %, 인구 10만 명당)

연령	1위			2위			3위		
	사망 원인	구성비	사망률	사망 원인	구성비	사망률	사망 원인	구성비	사망률
1~9세	운수사고	17.5	3.0	악성 신생물(암)	16.1	2.8	선천 기형, 변형 및 염색체 이상	7.1	1.2
10~19세	고의적 자해(자살)	29.5	6.5	운수사고	19.7	4.4	악성 신생물(암)	13.5	3.0
20~29세	고의적 자해(자살)	44.6	25.4	운수사고	17.3	9.8	악성 신생물(암)	9.3	5.3
30~39세	고의적 자해(자살)	34.1	31.4	악성 신생물(암)	19.2	17.6	운수사고	8.8	8.1
40~49세	악성 신생물(암)	28.8	59.5	고의적 자해(자살)	15.9	32.8	간 질환	8.9	18.4
50~59세	악성 신생물(암)	38.6	167.0	고의적 자해(자살)	9.5	41.1	심장 질환	7.4	32.2
60~69세	악성 신생물(암)	42.5	425.5	뇌혈관 질환	9.7	97.1	심장 질환	8.1	81.1
70~79세	악성 신생물(암)	33.5	927.4	뇌혈관 질환	13.2	365.0	심장 질환	9.6	265.1
80세 이상	악성 신생물(암)	15.7	1478.1	뇌혈관 질환	12.5	1176.2	심장 질환	11.2	1048.0

★ 출처: 통계청(2010a). 2009년 사망 원인통계결과.

연사증후군 등의 원인으로 죽음을 맞고 있다.

〈표 3-2〉를 보면 1~9세의 아동들은 영아들과 비교할 때 사망자 수가 급격히

줄어든 것을 알 수 있고, 운수사고, 암, 선천 기형 등의 순으로 사망률이 높게 나타나고 있다. 영아들은 선천적 결함 등 내부적인 원인에 의한 사망이 대부분인데 비해, 자율성과 주도성을 추구하여 활동량이 많아진 아동들은 운수사고 등 외부적인 원인에 의한 사망이 증가하였음을 알 수 있다. 선천적 결함이나 사고에 의한 죽음은 죽음 궤도가 짧고 빠른 것이 특징이지만, 1~9세 아동의 사망 원인 중 2위를 차지하고 있는 암(백혈병이 대부분을 차지함)은 다른 원인에 비해 상대적으로 질질 끄는 고통스러운 죽음 궤도를 따르기 쉽다.

2 아동의 죽음에 대한 인식과 태도

아동은 발달 단계에서 조부모, 부모, 형제, 다른 친척, 동급생, 또래 친구, 이웃사람, 교사, 집에서 기르던 애완동물 등의 다양한 죽음을 경험할 수 있는데, 아동은 이들의 죽음을 성인과는 다르게 인식하고 해석한다. 제2장에서 살펴보았듯이, 5세 이하의 아동은 죽음의 개념을 제대로 이해하지 못하여 죽음을 이별이나 잠과 같은 일시적인 상황으로 이해한다. 그래서 죽은 사람은 산 사람에 비해 생기가 없어 보일 뿐 여전히 숨을 쉬고 관이나 무덤 속에서 먹고 마시며 생활한다고 생각한다.

대략 5~9세의 아동은 죽음이란 노인에게 주로 일어나는 사건이고 그렇지 않을 경우에는 나쁜 사람이나 사고를 당한 사람에게만 일어나는 것이라고 생각하는데, 한 번 죽으면 다시 살아날 수 없다는 사실은 이해하지만 죽음이 모든 사람에게 보편적으로 일어나는 사건이라는 사실을 이해하지 못한다. 이들은 먹고 마시는 데 신중하고 병에 걸리거나 다치지 않고 괴물이나 악령에 붙잡히지 않을 정도로 빠르다면 죽음을 피할 수 있다고 생각한다. 적어도 9~10세가 되어야 죽음이 육체적인 삶이 정지되는, 모든 인간에게 일어나는 보편적인 사건이라는 사실을 이해할 수 있게 된다.

아동의 죽음 인식을 편의상 역연령으로 구분하여 살펴보았지만 아동이 죽음을 개념화하는 방식은 역연령보다는 인지적 성숙과 더욱 관련이 있고, 그가 속해 있는 사회문화적 계층, 애완동물의 죽음 등과 같은 심리사회적 자극이 죽음과 관련된 인식과 감정에 중요한 영향을 미칠 수 있다(Bluebond-Langner, 1978). 특히 또래집단의 영향이 강한 아동기에는 같이 살지 않고 많은 시간을 함께 보내지 않은 조부모의 죽음이 중요한 상실로 인식되지 않을 수 있으나 늘 함께 놀고 생활을 함께 한 애완동물이나 절친한 친구의 죽음은 그들의 삶에서 중요한 사건이 될 수 있다.

또 현대의 아동은 대중매체를 비롯하여 자신이 속한 사회의 죽음 체계와 부모, 가족, 그리고 그들이 접촉하는 다른 사람들을 통해서 죽음에 대한 다양한 메시지를 받는다. 특히 텔레비전과 같은 대중매체를 통해 살인이나 폭력 행동 등 죽음과 관련된 사건에 쉽게 노출되어 있다. 미국의 한 연구(Diamant, 1994)에 따르면, 하루에 2~4시간 동안 텔레비전을 보는 아동은 초등학교를 졸업할 때까지 8,000건의 살인과 10만 건의 폭력적 장면을 보게 된다고 한다. 이러한 죽음의 대리 경험은 평균수명이 연장되고 병원에서의 죽음을 선호하게 되어 인간의 자연적인 죽음을 직접적으로 경험할 기회가 적어진 현대 아동의 정서에 심각한 영향을 끼칠 수 있다. 이처럼 아동의 죽음에 대한 태도는 그들이 경험한 죽음의 특성, 죽음 경험의 해석과 반응을 형성하도록 돕는 발달적 · 개인적 · 사회적 요소와 관련되어 있음을 알 수 있다(Wass & Cason, 1984).

아동의 죽음에 대한 태도는 그들이 즐겨 하는 놀이나 동화 등을 통해서 형성되기도 한다. 영유아기에 하는 놀이로서 숨어 있다가 나타나 아이를 놀래 주는 '아웅, 까꿍' 놀이를 통해 세상이 사라졌다가 다시 나타나는 경험을 반복하면서 그들은 삶도 죽음에 의해 변화될 수 있다는 것을 인식하게 된다. 또 아동기에 흔히 접하게 되는 〈빨간 망또 소녀와 할머니〉 〈늑대와 돼지 삼형제〉 〈헨젤과 그레텔〉 〈백설공주〉 〈잠자는 숲 속의 공주〉 등과 같은 동화를 통해 아동은 자연사보다는 외부의 원인에 의해 살해되는 죽음의 방식에 익숙하게 되고, 주인공은 죽지 않고 나쁜 사람만이 진짜로 죽게 되며, 죽음은 영원한 것이 아니라 다시 살아날 수도 있는 것이라는 죽음에 대한 생각과 태도를 형성하게 된다.

이처럼 아동의 죽음에 대한 태도와 감정은 아동의 발달 단계, 인지적 성숙, 죽음이나 분리에 대한 개인적 경험, 부모나 또래집단, 다른 사람으로부터 얻게 된 죽음에 대한 지식 등의 영향을 받아 형성됨을 알 수 있다.

❸ 죽음, 생명을 위협하는 질병에 대처하는 아동

말기 질병을 가진 아동은 통증이나 질병과 관련된 치료 그리고 병원에 입원하게 되어 가족이나 친구들과 이별해야 하는 것 때문에 불안하고 우울해하고 화를 내지만, 이러한 반응은 말기가 아닌 보통 질병을 가진 아동에게서도 흔히 나타나는 반응이다. 그러나 건강하거나 만성 질병을 가진 아동에 비해 죽어 가는 아동이 죽음, 수족절단, 분리, 고독 등과 관련된 불안의 수준이 더 높은 것으로 나타났다(Waechter, 1984).

그러면 아동도 자신이 죽어 가고 있다는 사실을 이해할 수 있는가? 아동이 자신이 죽어 가고 있다는 사실을 이해하기 위해서는 다음과 같은 조건이 갖추어져야 한다(Easson, 1974). 첫째, 자신이 부모의 일부분이 아니라 부모와는 분리된 존재라는 개념, 둘째, 과거, 현재, 미래라는 시간의 계속성에 대한 개념, 그리고 셋째, 신체적인 자아의 변화를 공상하는 능력이다.

8세 이상의 아동은 그들의 신체가 존재를 멈추게 된다는 것을 이해할 수 있게 되고 부모와 의료 종사자들로부터 들은 의학 용어를 이해할 수 있게 되면서 죽음 자체를 두려워하게 된다(Easson, 1974).

죽음 개념이 아동들의 인지적 성숙 단계에 따라 다르게 인식되는 것과 비슷하게, 말기 질병을 가진 아동이 경험하는 불안이나 공포도 아동의 연령 단계에 따라 다르게 나타날 수 있다. 스피네타(Spinetta, 1974)의 연구에 따르면, 3~5세의 죽어 가는 아동이 죽음과 관련하여 가장 무서워하는 것은 입원이나 치료 때문에 그들이 부모나 조부모, 친구들로부터 분리되는 것이다. 이 연령 단계의 아동은 홀로 남겨지거나 버려지는 것을 특히 두려워하여, 어머니나 아버지가 그들을 절대로 떠나지 않을 것이라고 다짐하면 안심하게 된다. 이에 비해 5~9세의 아동은 분리보다는 죽음으로써 삶이 끝나고 육체가 훼손되는 것을 더욱 두려워한다. 죽음에 직면한 아동의 스트레스 원인을 조사한 또 다른 연구(DeSpelder & Strickland, 1992)에 따르면, 5세 이하의 아동은 어머니로부터 분리되는 것에서 가장 많은 스트레스를 받고, 5~9세의 아동은 병이나 치료 때문에 머리가 빠지거나 여위는 등 자신의 신체적 모습이 손상되는 것을 가장 두려워하며, 9세 이상의 아동은 자신과 비슷한 병을 앓고 있던 아동의 죽음을 지켜보아야 하는 것에서 많은 스트레스를 받는 것으로 나타났다. 이처럼 말기 질병을 앓고 있는 아동은 고통스러운 치료와 자신이 죽어 가고 있다는 것을 깨닫게 되면서뿐만 아니라 어머니와 같은 애착 인물과 분리되고 비슷한 진단을 받은 다른 친구들의 죽음에 노출되기 때문에 많은 스트레스와 심리적 고통을 경험하게 된다. 또 말기 질병을 가진 아동 중 취학 전 아동은 주로 질병의 원인, 신체 이미지에 대한 위협, 치료 절차, 죽음 과정에 대한 공포 등에 관심이 많은 반면, 학령기의 아동은 자신의 미래와 공부, 사회적 관계, 신체 이미지, 입원과 치료 절차 등에 관심이 많았다(Waechter, 1984).

아동이 어떤 연령 단계에 있든 그들은 질병과 죽음에서 비롯된 스트레스를 받고 있고, 이러한 스트레스 상황을 자신이 다룰 수 있도록 재구조화하기 위해 부정, 합리화, 퇴행, 승화 등 다양한 방어기제를 사용하게 된다. 그리고 다른 연령의 사람들이 표현하는 것 같이 죄의식, 공포, 불안, 분노 등을 표현한다. 이러한 아동을 돌보는 사람들은 말기 질병을 가진 아동의 관심과 불안, 감정을 이해하려는 노력이 필요하고, 아동의 수준에 맞게 이들의 죽음과 그것이 의미하는 것을 함께 이야기하고 설명하는 시간을 가질 필요가 있다.

이때 아동과 효과적으로 의사소통하기 위해서는 다음과 같은 원칙을 명심할 필요가 있다(Stevens, 1998).

- 아동의 발달 단계와 경험을 고려하여 아동이 자신의 상황을 어느 정도 인식하고 있는지를 사정한다.
- 아동의 상징적 언어를 이해한다.
- 현실을 명료하게 하고 환상을 일소한다.
- 감정을 표현하도록 격려한다.
- 숙달을 통해 자아존중감을 촉진한다.
- 상황이 어떤 결과를 수반하게 될지에 대한 어떤 가정도 하지 않는다. 각 만남이 줄 수 있는 교훈을 개방적으로 받아들인다. 유머와 존엄성을 가지고 창

조적으로 자신의 삶의 도전을 통제할 수 있는 아동의 능력을 과소평가하지 않는다.

4 사별과 비탄에 대처하는 아동

1 사별한 아동의 비탄 경험

비탄을 경험하는 아동은 죽음으로 인해 끝난 관계에서 다음의 세 가지 문제에 관심이 있다고 한다(Worden, 1991).

- 내가 그것(죽음 혹은 다른 형태의 상실)을 일어나도록 했는가?
- 죽음이 나에게도 일어날 것인가?
- 누가 나를 돌보게 되는가?

부모나 혹은 자신을 돌보는 다른 어른이 화가 나서 "내가 너 때문에 죽겠다."라고 말했는데 그들이 우연히 차 사고로 죽게 되면, 아동은 자신 때문에 죽지나 않았을까 죄책감을 갖게 된다. 아동이 자신의 안전과 안녕을 위해 부모나 다른 어른에게 의존적인 때 자신의 삶에서 중요한 사람의 죽음을 지켜보게 된 아동은 자신이 필요로 하는 보호와 보살핌을 누가 제공하게 되는지 걱정하게 된다. 결과적으로 부모의 죽음을 경험한 많은 아동들은 사진이나 유물과 같이 고인과 상징적으로 연결된 물건을 간직하고 고인을 아는 사람과 이야기하는 것을 통해 죽은 부모와 정서적인 연결감을 유지하고자 노력한다(Silverman, Nickman, & Worden, 1992).

형제나 친한 친구는 아동에게 동반자이면서 경쟁자이고 자신의 분신이기 때문에 아동기에 그러한 사람의 죽음을 경험하는 것은 자신도 똑같이 그러한 불행한 일이 일어날 수 있다는 자각을 낳게 되어 공격적인 행동이나 주의를 끌고자 하는 행동을 유발할 수 있고, 장기적으로는 아동기와 그 후의 생활에 영향을 미칠 수 있다(Donnelly, 1988).

2 아동의 비탄 방식

아동도 사랑하는 사람의 죽음에 비탄하고 애도할 수 있는가? 자신의 슬픔을 다루느라 여념이 없는 성인은 아동이 죽음의 비극적 상황을 이해한다고 생각하지 못하고, 이들의 부정, 침묵, 멍한 상태 등을 보면 이들이 죽음이 발생했다는 것을 알지 못하고 그것에 대해 슬퍼하거나 애도하지 않는다고 생각하기 쉽다.

울펀슈타인(Wolfenstein, 1966)은 정체성이 형성되는 사춘기가 될 때까지 아동이 비탄이나 애도를 할 수 없다고 주장한 반면에, 퍼먼(Furman, 1974)은 사물의 불변성이나 항상성을 알게 되는 3세 정도가 되면 애도를 할 수 있다고 하였으며, 보울비(Bowlby, 1960)는 그 연령을 6개월까지 낮추어 주장하였다. 18~24개월의 아동은 물체가 그의 감각적 인식과 조작으로부터 분리되어 존재한다는 사실을 충분히 이해하지 못한다. 2~5세의 아동은 사물의 항상성을 이해하게 되어 불완전하나 죽음을 이해할 수 있게 되지만 죽음의 책임이 자신 혹은 자신의 나쁜 행동에 있다고 생각하는 경향이 있다. 5~7세의 아동은 인지적으로 죽음을 더 잘 이해할 수 있게 되지만 감정의 강도를 처리하는 기술이 부족하다. 7세부터 사춘기 이전까지의 아동은 더 죽음을 충분히 이해하고 더 나은 대처 기술로 성인처럼 비탄을 경험할 수 있게 된다(Worden, 1991). 이처럼 아동이 죽음을 이해하고 비탄을 경험하는 방식은 주로 그들의 인지 발달과 관련되어 있음을 알 수 있다.

또 아동은 성인과 다른 방식으로 비탄을 표현한다. 아동은 성인이 하는 것처럼 공개적으로 그들의 감정을 나타내지 않으며, 성인처럼 다른 활동을 하지 못하고 고인의 생각에만 몰두하기보다는 놀이나 공부와 같은 일상 활동에 열중할 수 있다. 이들은 텔레비전을 보거나 학교에 감으로써 고인이 아직도 살아 있는 것처럼 여김으로써 사랑하는 사람의 죽음을 외면하고 연기하고자 한다. 성인에게 아동의 이러한 행동은 그들이 죽음을 제대로 이해하지 못하고 슬픔을 느끼지 않기 때문인 것으로 보일 수 있으나, 아동의 이러한 행동은 상실과 상실의 의미에 압도되지 않도록 일시적인 방어기제를 작동시키는 것일 수 있다. 또 실제로 5세 이하의 어린 아동에게 죽음은 잠이나 여행과 같은 것으로 이해되어 죽은 고인이 다시 깨어나고 다시 돌아올 수 있다고 생각하기 때문에 주위의 성인들이 슬퍼하는 것을 이해하지 못할 수 있다.

성인은 사랑하는 사람의 죽음을 애도할 때 흔히 자신 안으로 침잠하여 외부와의 소통이 적어지는 반면에, 아동은 다른 사람의 반응을 주시하고 자신이 어떻게 반응해야 하는지 단서를 찾기 위해서 그 주변의 사람들에게 이야기나 질문을 한다. 사별한 아동은 죽은 고인은 언제 집으로 돌아올 수 있는지, 죽은 사람은 어디에 있는지, 죽으면 하늘나라에 간다면서 왜 땅에 묻히는지 등등의 질문을 하면서 죽음의 현실이 정말인지 그것이 바뀔 수 없는지를 확인하고자 한다. 발달적 견지에서 볼 때 이것은 아동이 죽음의 의미를 해석하고자 하는 노력이라고 볼 수 있으므로 아동의 이러한 질문을 쓸데없는 우문으로 치부할 것이 아니라 그들의 개인적인 반응을 존중하고 그들이 비탄 감정을 분출할 수 있도록 허용해야 한다.

③ 사별한 아동의 비탄 과업

비탄은 사랑의 대가이고 모든 연령의 사람들이 느끼는 자연스러운 감정이다. 아동이 즐거움과 행복함을 나타낼 수 있어야 하듯이, 비탄과 슬픔을 느끼고 함께 나누는 것에서 아동이 배제되어서는 안 되고, 그들에게서 슬퍼하고 비탄할 권리를 빼앗아서는 안 된다. 아동이 슬픔을 느끼고 절망하지 못하도록 차단하고 보호하기보다는 상실에 대한 의미를 추구하고 슬프고 가슴 아픈 감정을 느끼고 표현하도록 허용하여야 하며, 이러한 과정은 그들의 건강한 성장과 사별 이후의 적응을 위해 필요하다. 그러면 어떻게 하는 것이 생산적이고 건강하게 비탄하는 것인가?

폭스(Fox, 1988)는 아동의 생산적인 비탄 과업 완수를 위해 필요한 네 가지 과제를 다음과 같이 제시하고 있다.

- 무엇이 일어나고 있는지를 이해하는 것이다: 이 과제를 위해 아동은 죽음의 의미를 해석하고 이해하는 방식뿐만 아니라 죽음과 죽음의 환경에 대한 정보를 추구한다.
- 현재의 혹은 예기된 상실에 대한 반응을 표현하는 것이다: 아동들이 처음으로 경험하고 있는 강한 감정이나 반응들을 확인하고 그것의 정당성을 인정하

며, 아동 자신이나 다른 사람에게 해를 끼치지 않는 방식으로 이러한 반응을 표현하는 적절한 방식을 찾는다.
- 공식적 혹은 비공식적 기억을 통해 상실을 기념하는 것이다.
- 어떻게 삶과 사랑을 계속하는지를 배우는 것이다.

또 베이커와 동료들(Baker & Sedney, 1996; Baker, Sedney, & Gross, 1992)은 아동의 비탄 과제가 시간이 지남에 따라 그 초점과 의미가 변화되는 것에 주목하여 초기, 중기, 후기로 나누어 변화되는 강조점을 제시하고 있다.

- 초기 과제: 누군가가 죽었고 이 죽음이 무엇을 의미하는지를 이해한다. 아동의 신체, 정신, 그리고 가족의 자기 보호.
- 중기 과제: 상실의 현실을 정서적으로 수용함으로써 상실한 모든 것과 그것을 지금 되돌릴 수 없다는 것을 이해한다. 고인과의 긍정적 · 부정적인 기억과 연결감을 재검토함으로써 고인과의 관계를 재평가한다. 천천히, 시험적으로 그리고 간헐적으로 고통스럽고 모순된 감정을 참는 것을 배우는 것에 의해 고통을 견디어 낸다.
- 후기 과제: 상실의 경험과 고인과의 동일시를 통합하는 새로운 정체성을 형성한다. 상실에 대한 과도한 공포 혹은 새로운 사람과 고인을 비교하고자 하는 욕구 없이 새로운 사람과의 관계에 투자한다. 고인의 부재와 고인에 대한 새로운 종류의 애착을 통합하는, 죽은 고인에 대한 지속적인 내적 관계를 구축한다. 나이에 어울리는 발달과업과 활동으로 복귀한다. 종종 발달적 과도기나 특별한 기념일에 주기적으로 부활하는 고통에 대처한다.

5 아동과 죽음에 대해 이야기하는 방법

인간의 자연스러운 죽음을 경험할 기회가 적고 아동과 죽음의 건설적인 상호작용을 억제하는 죽음 부정의 현대 사회에서는 아동이 죽음에 대처하도록 돕는 특별한 노력이 필요하다. 그 노력의 일환으로 의미 있는 사람의 죽음을 경험하기 전에 아동이 슬픔이나 상실과 관련된 문제에 대처할 수 있도록 미리 준비시킬 필요가 있다. 교실에서 기르던 햄스터가 죽었을 때나 숲 속에서 죽은 새를 보았을 때와 같이 지나치게 개인적인 감정을 싣지 않고 비교적 안전하게 죽음과 만났을 때 아동의 발달 수준에 맞게 대화를 시작하는 것이 좋다. 죽음과 관련된 대화를 할 경우에는 '아동이 무엇을 알 필요가 있는가?' '무엇을 알고 싶어 하는가?' '무엇을 이해할 수 있는가?'를 고려하여 아동에게 의미 있는 정보를 줄 수 있도록 노력한다(Doka, 1996).

이러한 죽음교육은 아동과 효과적으로 의사소통이 이루어졌을 때 비로소 가능해진다. 아동은 다양한 방식과 다양한 수준으로 자신의 생각과 감정을 표현하고 전달한다. 퀴블러-로스(Kübler-Ross, 1983)는 아동의 의사소통 방식으로 다음의 세 가지를 제시하고 있다.

- 상징적 · 비언어적 의사소통: 주로 다양한 예술적 제작 활동을 통해 이루어진다.
- 상징적 · 언어적 의사소통: 상상의 친구나 의인화된 인물에 대한 간접적인 언급은 아동 자신의 관심과 관련이 있다.
- 비상징적 · 언어적 의사소통: 성인이 문자로 소통하는 것과 가장 흡사하다.

언어적 기술을 아직 획득하지 못한 어린 아동에게 예술이나 다른 매체를 통한 상징적 의사소통은 아동의 마음 깊은 곳의 정서적 관심을 알기 위해서 특히 중요하므로 아동이 직접적인 언어나 문자가 아닌 다른 방식으로 표현하는 죽음과 관련된 관심과 감정, 불안들에 민감해질 필요가 있다.

가족 중에서 누군가 죽었을 경우에는 아동이 다른 사람으로부터 잘못된 방식으로 소식을 듣지 않도록 부모는 즉시 아동에게 죽음의 사실을 알리는 것이 좋다. 되도록이면 부드럽고 따뜻한 어조로 이야기하여 아동이 불필요한 공포를 갖지 않도록 하고, 한꺼번에 모든 정보를 풀어놓기보다는 아동의 지적 · 정서적 능력에 맞게 점진적으로 이야기를 진행한다. 때때로 이야기를 멈추어 아동이 무엇을 느끼는지 표현하게 하고 그들이 무엇을 알고 싶은지를 점검하여 아동 내부의 깊숙한 곳에 있는 환상이나 공포를 드러낼 수 있도록 한다. 성인도 무서운 위기 상황을 처음으로 경험하였을 때는 "믿을 수가 없어, 아마도 악몽일 거야, 사실일 리가 없어."라고 부정하듯이, 아동의 경우도 마찬가지이므로 죽음에 대해 반복해서 부드럽게 설명한다.

그러나 아동이 정말로 추구하는 것보다 더 많은 정보를 제공할 필요는 없다. "죽음이 무엇인가?"라는 질문에 대한 만족스러운 반응은 철학적이고 신학적인 설명보다는 단순하고 사실적으로 '사람이 숨을 쉬지 않는 것이고, 몸이 움직이지 않고 조용하고 평온해지는 것'이라고 대답하는 것이 좋다(Grollman, 1976). 아동에게 친근한 꽃이나 곤충, 나비, 달팽이 등 덜 위협적인 예로부터 시작해서 아동의 이해 능력에 맞추어 단계적으로 설명해 준다. 아동에게 가족의 죽음을 설명할 때 성인은 "○○가 아파서 죽었다" 혹은 "○○는 몸이 안 좋아져서 병을 고치고 요양하려고 ○○로 갔다"고 이야기하는 경우가 있다. 이런 경우 아동은 죽음을 신체적 질병이나 병원에 입원하는 것과 같은 것으로 생각하여 감기에 걸리기만 해도 죽는 것으로 생각하고 병원에 입원하는 것을 두려워하게 된다. 또 아동은 자신을 보살펴 주는 부모의 건강에도 지나치게 민감해져서 단순한 감기에 걸리기만 해도 울음을 터뜨리고 부모가 괜찮은지를 거듭해서 물어볼 수 있다. 아동에게 부모는 늙고 아픈 것처럼 보이기 때문에 곧 죽게 될지도 모른다고 불안해하는 것이다. 아동에게 감기와 같은 단순한 병과 생명을 위협하는 치명적인 질병을 구별해서 설명해 줄 필요가 있다(Grollman, 1976). 또 병을 고치려고 먼 곳에 갔다고 이야기할 경우 아동은 그가 언젠가는 돌아올 것이라는 기대를 키울 수 있고 고인이 기다려도 돌아오지 않고 연락도 하지 않는 것은 자신을 사랑하지 않기 때문이거나 자신이 무언가 잘못을 해서 벌을 주려고 멀리 떨어져 있는 것이라고 생각할 수 있다. 이처럼 고인이 긴 여행을 떠났다고 말하는 것은 아동에게 일시적인 위안을 주고 고인의 부재에 대한 고통을 완화할 수는 있으나 진실이 아니기 때문에 아동에게 죽음에 대한 잘못된 개념이나 환상을 심어 줄 수 있으므로 완곡어법을 사용하기보다는 죽음이라는 단어를 직접 사용하는 것이 좋다(Grollman, 1976).

아동이나 성인이나 죽음에 대한 반응은 똑같지 않고 개인에 따라 큰 차이를 보이기 때문에 모든 이를 편안하게 해 줄 수 있는 만병통치의 마술적 방법은 존재하지 않는다. 또 아동의 비탄이나 적응은 연령을 기준으로 한 엄격한 시간표에 따라 진행되는 것이 아니고 같은 연령의 아동도 행동이나 성격, 발달 정도, 죽음에 대한 정서적 관심에서 차이가 있으므로 자신의 아이가 어떠한 수준에 있는지를 고려해야 하고, 죽음의 의미는 아동의 삶의 변화, 성숙 과정과 함께 계속 재점검되어야 한다.

2. 청년기

청년기는 아동기를 지나 성인기 이전까지의 기간으로서, 보통 12~13세부터 23~25세까지의 연령기를 말한다(김종서, 김승한, 황종건, 정지웅, 김신일, 1993). 청년기의 시작에 대해서는 사춘기가 시작되는 12~13세로 초등학교를 마치고 중학교에 진학하는 연령이라는 비슷한 견해를 보인다. 그러나 청년기가 끝나는 연령은 언제부터 성년기가 시작되느냐 하는 문제와 관련이 있으므로 남녀 간에 차이가 있고 문화나 제도상의 특성 때문에 빠르게는 18세를, 늦게는 30세를 의미하기도 하는 등 매우 다양한 견해를 보이고 있다. 청년은 어린이도 아니고 어른도 아닌 어중간한 상태에서 불안정과 불균형에서 비롯된 심한 긴장과 혼란을 경험하기 때문에 청년기를 흔히 '질풍노도의 시기'라고 한다. 또 죽음의 과정과 청년기는 둘 다 의미·정체성 추구와 더불어 변화, 상실, 분리 등으로 특징지어지는 과도기적 시기라고 볼 수 있다(Papadatou, 1988).

1 청년기의 발달과제

블로스(Blos, 1979)는 청년기를 전기, 중기, 후기로 나누어 그 발달과제를 제시하고 있다(〈표 3-4〉 참조).

표 3-4 • 블로스의 청년기 발달과제 •

청년 전기 (대략 11~14세)	부모와의 동일시가 줄고 또래집단, 영웅적 인물과의 동일시가 증가되며, 성적인 관심이 증가한다. 이 시기의 발달과제는 새로운 개인적 이상과 인간관계를 추구하기 위해 부모에 대한 의존으로부터 벗어나는 것이다.
청년 중기 (대략 14~17세)	부모로부터의 영향에서 벗어나 자율성을 형성하고, 가능한 자아 혹은 대안적 자아 개념을 시험하며 성숙한 정체성을 형성하는 것이다. 청년은 이렇게 독립적이고 자아 통제적인 기술을 얻고자 노력하는 과정에서 제2의 개별화 과정(second individuation process)을 경험하게 된다. 또한 부모로부터 내면화된 가치를 재조직하고, 청년 전기의 자기중심성을 극복하며, 앞으로 담당하게 될 역할과 책임에 대한 선택을 하는 것에 의해 개인적인 자원을 풍부하게 개발할 수 있게 된다.
청년 후기 (대략 17~21, 22세)	안정적인 성격을 형성하는 시기다. 이 시기의 발달과제는 제2의 개별화 과정을 종결하고 삶의 사건에 성공적으로 대처하여 개인적 역량을 획득하며, 과거를 받아들이고 계속성을 획득하며, 자신의 성적 정체성 문제를 해결하는 것이다.

이처럼 청년기는 급격한 신체적 변화, 성적 성숙과 더불어 인지적·정서적 변화가 일어나는 시기이며, 자아정체성의 확립, 자기 성에 적합한 성역할의 습득, 직업 선택에 대한 의사 결정 등의 발달과제를 수행해야 하는 시기다. 또한 청년기는 동성 또래집단에서 이성 또래집단으로 관심이 옮겨가는 시기로, 이성교제를 통해 정상적인 인격 형성을 도모하고 성인 남녀의 역할을 배움으로써 사회적 기술과 예의를 배우게 되는 시기이기도 하다.

2 청년기의 죽음과의 만남

1 청년의 죽음

통계청에 따르면, 2009년 현재 우리나라의 총 사망자 수는 24만 6,942명인데 그중에서 10~29세의 사망자 수는 5,500명으로 전체 사망자의 2.2%를 차지하고 있다. 청년의 죽음은 아동기에 맞이하는 죽음과 같이 전체 사망자 중에서 차지하는 비율이 2%대에 머물고 있어서 다른 발달 단계에 비해 죽음과의 만남이 극히 적은 연령기임을 알 수 있다. 그 이유는 청년이 출생 시나 영유아기의 사망 위험을 극복하여 살아남았고 성인 후기에나 나타나는 성인병이나 퇴행성 질환이 아직 나타나지 않은 건강한 연령대이기 때문이다.

청년기에 죽음을 맞이하게 되는 원인을 살펴보면 십대와 20대 모두에서 고의적 자해(자살), 운수사고, 악성 신생물(암)이 3대 사망 원인을 차지하고 있다(〈표 3-3〉 참조).

죽음의 원인을 중심으로 청년기에 만나는 죽음의 특성을 살펴보면 청년기의 죽음은 주로 인간이 유발한 죽음이 대부분을 차지하고 있다는 점이다. 암을 제외하고 사고와 자살 등 질병이나 자연적인 원인이 아닌 인간이 원인이 된 죽음이 대부분을 차지하고 있는데, 이처럼 인간에 의해 유발된 죽음은 빠르고 예기치 못하게 발생하기 때문에 주위 사람에게 충격과 정신적 상처를 주기 쉽다.

2 청년이 경험하는 다른 사람의 죽음

청년기에는 조부모, 부모, 교사, 형제, 친구, 애완동물, 그들이 동일시하는 유명인이나 우상의 죽음을 경험할 수 있다. 대개의 경우 조부모의 죽음이 개인적으로 죽음과 직면하는 첫 경험이다. 또 청년기는 죽음 이외에도 친구관계나 사랑하는 관계의 종말과 같은 상실에 관련된 고통스러운 경험을 할 수 있는 시기다.

죽음과 상실에 대한 경험은 청년의 발달과제를 위해서 특별한 의미를 갖는다. 만약 부모(혹은 부모 역할을 대신하는 조부모나 청년과 특별히 가까운 사람)가 갑자기 죽는다면 청년 전기에 해당하는 사람은 부모로부터 정서적으로 분리되고자 하는 발달과제의 달성이 어렵게 되고 오히려 자신이 버려졌다는 느낌을 갖게 되어 그러한 환경에서 안정감을 느낄 수 없게 된다. 또 자율성을 갖게 되어 유능, 성취, 통제감을 추구하는 청년 중기에 해당하는 사람이 만약 자기 또래의 다른 사람의 죽음을 경험하게 되면 새롭게 발견된 독립성에 위협을 경험하게 된다. 즉, 갑작스럽고 예기치 못한, 충격적이고 폭력적인 자기 또래의 죽음은 죽음이 먼 미래의 일이 아니고 자신도 죽을 수 있다는 자각을 하게 하여 살아남은 청년의 가치관과 안전감에 위협을 초래할 수 있다. 자신의 삶에서 중요한 사람에 대한 친밀감과 책임을 재확립하고자 하는 청년 후기에 해당하는 사람이 자기보다 어린 사람—동생, 친구, 혹은 자신의 자식—의 죽음을 경험하게 되었을 때 심한 좌절감과 절망을 느낄 수 있다. 그러한 사람과의 관계에 헌신하여 친밀감을 형성하고자 하는 노력이 그들의 죽음에 의해 좌절되기 때문이다.

3 청년기의 죽음에 대한 태도

일반적으로 아동이 청년으로 성장함에 따라 인지 능력이 증가하고 정서적인 반응도 한층 성숙해지며 이해력이 증진됨에 따라 경험도 축적되어 죽음에 대한 태도나 이해는 한층 성인과 비슷해진다. 그러나 청년기의 죽음에 대한 이해는 청년기 특유의 신체적 · 인지적 · 사회적 · 정서적 요인에 의한 영향을 받기 때문에 다른 발달 단계와는 다른 특성을 가질 수 있다(Noppe & Noppe, 1991; 1996; 1997).

청년의 인지 능력은 피아제가 말하는 가장 높은 수준의 사고인 형식적 조작기에 도달하여서 가설적-연역적 사고나 개념의 일반성, 현실의 객관성 등을 이해할 수 있게 되면서 좀 더 추상적이고 융통성 있게 존재와 비존재의 논리를 이해할 수 있게 된다. 그러나 자신의 죽음에 대한 청년의 인식은 성년기에 비해 현실적이지 못하여 죽음을 자신과 거리가 먼 추상적인 사건으로 생각하고, 낭만적이고 아름다운 것 혹은 어두움, 빛, 과도기적 상태, 무 등으로 생각하기도 한다(Wenestam & Wass, 1987). 청년 초기에는 삶, 죽음, 내세에 대한 단순한 믿음만 가지고 있지만 이후에는 환생, 영혼의 윤회, 지구상의 다른 장소에서의 영적인 생존이 가능하다고 믿기도 한다(Wenestam & Wass, 1987).

이처럼 청년 초기에 죽음은 아주 먼 언젠가 일어날 일, 막연한 미래에 일어날 일로 인식되고 14~15세가 되어야 그 자신의 죽음에 대해 깊이 사색할 수 있게 된다. 이 시기는 미래에 대해 사색하고 공상에 잠기는 시기로, 죽음이 언젠가 자신의 미래를 끝장낼 수 있다는 사실에 동요되기도 한다. 이처럼 앞으로 펼쳐질 미래에 대한 관심이 높은 십대에 죽음 불안이 가장 높게 나타나고, 그중에서도 육체적 모습을 잃게 되어 부패하는 것과 관련된 불안이 가장 높은 것으로 나타나고 있다(Thorson & Powell, 2000). 그러나 죽음 개념을 이해할 수 있는 인지 능력의 발달과 상관없이 청년에게 그 자신의 죽음은 미래의 아주 먼 일로 인식되기 때문에 자신은 죽지 않는다는 개인적 불멸성(personal immortality)의 개념을 동시에 가지고 있다. 즉, 인간은 모두 언젠가는 죽는다는 사실을 이해하지만 그것이 자신은 아니라고 생각하는 것이다. 그래서 어떤 모험에 뛰어들어도 아무 위험이 없다고 생각하는 경향이 있고 자기와 같은 나이 또래의 죽음에 접했을 때 불멸의 환상이 깨지면서 큰 충격을 받게 되기도 한다(McIntire & Angle, 1980).

또 청년기는 신체적 · 인지적 · 심리사회적 발달과 밀접히 관련된 많은 상실을 경험하는 시기다. 2차 성징의 발현 등 신체적 성숙에 따른 사춘기의 변화는 아동기에 가졌던 자아의 상실과 새로운 자아의 형성을 의미한다. 또 청년 중기의 정체성 탐색은 내가 누구인지뿐만 아니라 내가 누가 아닌지를 인식하게 하여 이상적인 자아개념, 가능한 자아개념의 상실을 경험하게 한다. 위험한 행동을 즐기거나 또래 동일시는 청년의 이러한 상실에 대한 반응으로 이러한 행동에 의해 죽음이나 상실에 도전하고 이를 초월하고자 하는 것이다(Weenolsen, 1988).

또 청년기는 가족 구성원이나 또래집단과의 사회적 관계의 변화를 경험하게 되는 시기다. 가족의 범위에서 벗어나 인간관계의 범위가 확장됨에 따라 청년은 사회생활을 발전시키고 '사회적인 죽음'을 피해야 하는 도전에 직면하게 된다(Noppe & Noppe, 1991; 1996). 청년은 주변적인 위치에서 오는 정체성 문제를 극복하기 위하여 자기 자신을 특정 집단에 소속시키고자 하는 경향이 강하며, 이때 또래집단은 개인이 가족으로부터 분리되어 나오는 과정을 도움으로써 정체성 확립에 큰 구실을 한다. 청년 초기에는 또래집단에 의해 인정받고 수용되는 것이 중요하기 때문에 유익하고 바람직한 또래집단에 소속되면 자아를 향상시킬 수 있는 기회를 가질 수 있지만 싸움과 폭력적인 행동을 일삼는 비행 집단에 소속되면 또래집단에서 고립되지 않기 위해 죽음을 초래할 수도 있는 폭력적이고 위험한 행동을 할 수 있고 또래와의 사소한 문제 때문에 분노하고 절망하기도 한다.

이처럼 청년기의 죽음에 대한 태도는 인지 능력의 발달로 죽음의 개념을 이해하는 능력은 향상되었지만 죽음과 관련된 개념의 의미를 자신의 개인적 삶과 관련시키는 방식은 아직 미숙하여 죽음을 자신과 상관없는 먼 미래의 일로 여기고 자신은 죽지 않는다는 개인적 불멸성을 믿거나 죽음을 초월하고 외면하기 위해 무모하고 위험한 행동에 몰두하기도 한다.

4 죽음, 생명을 위협하는 질병에 대처하는 청년

사고, 자살, 타살이 청년의 사망 원인의 대부분을 차지하고 있기 때문에 청년의 경우 대부분 갑작스럽고 예기치 못하게 혹은 짧은 집중치료를 거친 후 죽음에 이르게 되기 쉽다. 그러나 청년의 5대 사망 원인 중에서 사고, 자살, 타살 등 인위적인 원인에 의한 죽음을 제외하고 암이나 심장 질환과 같은 질병에 의해서도 죽음에 이를 수 있는데, 이때 그들의 죽음 궤도는 같은 질병을 겪는 성인의 경우와 같은 양상을 띠게 된다.

일반적으로 청년은 죽음 자체보다는 죽음의 과정을 더욱 두려워한다(Stevens & Dunsmore, 1996). 즉, 말기 질병을 갖는다는 것은 청년에게 자아상, 생활방식, 일상의 학교생활, 독립성, 부모나 형제, 친구와의 관계, 미래에 대한 확실성 등을 잃게 되는 것을 의미한다. 생애 주기 중에서 가장 건강한 시기에 자신의 꿈을 펼치고 충분히 즐기고 살 기회도 아직 갖지 못한 청년에게 죽음은 당연하다고 생각되는 것으로부터 벗어난, 때 이르고 불공평한 것으로 억울하고 분노할 일이다.

말기 질병과 죽음에 대한 청년의 반응을 조사한 연구(Stevens & Dunsmore, 1996)에 따르면, 청년 초기에는 주로 신체적 외모가 손상되고 이동성이 감소되며 권위 있는 사람에게 의존해야 하는 것을 두려워하고 걱정한다. 청년 중기에는 이성에 대한 관심이 증가하는 시기이기 때문에 질병이 여자 친구 혹은 남자 친구에게 매력적으로 보이는 능력에 어떤 의미를 갖게 될지, 질병 때문에 부모나 권위 있는 인물로부터의 간섭이 심해지고 또래로부터 거부되지나 않을지를 걱정한다. 그리고 청년 후기에는 질병이 자신의 삶의 방식과 경력이나 인간관계를 위한 계획에 어떤 영향을 미치게 될지에 가장 관심을 갖게 된다.

5 사별과 비탄에 대처하는 청년

일반적으로 자신과 가까운 사랑하는 사람의 죽음에 대한 청년의 반응은 성인과 크게 다르지 않다. 청년은 상실에 대해 분노하고 죄의식을 느끼고 우울을 경험하고 자기 자신의 미래에 대해 걱정하고 그들의 삶이 어떻게 변화될지 알고 싶어 한다. 그러나 자아개념, 우울감, 나이에 따라 청년의 사별 경험에는 차이가 있을 수 있다.

형제와 사별한 청년의 반응을 조사한 연구(Balk, 1990)에 따르면, 자아개념 점수가 높은 청년은 사별 후 우울감, 공포, 외로움을 덜 경험한 반면, 자아개념 점수가 평균인 사람은 우울감, 외로움, 분노를 더 많이 경험하였고, 자아개념 점수가 낮은 사람은 형제를 사별한 후 더 많은 혼란을 느끼는 반면 분노는 더 적게 경험하는 것으로 나타났다. 형제를 사별한 청년의 반응을 조사한 또 다른 연구(Hogan & Greenfield, 1991)는 비탄의 강도와 자아개념 점수의 역비례 관계를 주장하며, 자아개념이 강한 청년은 비탄을 경험하는 강도가 약함을 보여 주었다. 생애 주기 중에서 아동기에서 성인기로 넘어가는 과도기로서 정서적 기복이 심하고 정체성 혼란을 겪는 시기인 청년기에 자아와 외부 세계에 대한 확고한 개념이 정립된 청년의 경우에는 죽음과 상실에서 비롯된 비탄에 더 성숙하게 내처할 수 있음을 일 수 있다.

또 부모와 사별한 캐나다 고등학생의 반응을 조사한 연구(Gray, 1987)에 따르면, 부모와의 사별을 경험한 학생이 부모와 사별하지 않은 사람, 종교적 믿음이 없는 사람, 사회적 지원을 거의 받지 못하는 사람과 비교할 때 우울 목록(depression inventory)에서 더 높은 점수를 기록한 것으로 나타나 부모와의 사별이 청년기의 정신건강과 정서 발달에 커다란 영향을 미침을 알 수 있다.

나이와 관련하여 형제와 사별한 캐나다 청년들의 비탄 반응을 조사한 연구(Balmer, 1992)에 따르면, 청년 후기에 해당하는 사람은 형제와의 사별에서 심리적 고통을 더 많이 경험하고 이러한 고통을 친구들과 이야기하는 반면에, 청년 초기에 해당하는 사람은 생리적 고통을 더 많이 경험하고 이런 고통을 친구들과 거의 이야기하지 않는 것으로 나타났다.

이와 같이 낮은 자아개념과 우울감은 청년의 사별과 비탄 극복에 어려움으로 작용할 수 있고, 발달적으로 더 성숙한 청년은 심리적 고통을 더 많이 경험할 수 있으나 사별과 관련하여 친구들과 이야기할 수 있는 능력과 그들로부터 받을 수 있는 사회적 지지가 사별 극복에 건설적인 요인이 될 수 있음을 알 수 있다.

청년의 상실과 사별에 대한 비탄 반응은 혼란스러워하고, 울부짖고, 공허함과 외로움을 느끼고 수면과 식이 장애를 겪고 기진맥진하는 등 성인과 비슷한 양상을 나타낸다. 그러나 청년기의 자기중심성을 반영하는 개인적 우화(personal fable) 현상[1] 때문에 사별을 통해 자신이 심오하고 굉장한 감정을 발견하게 되고, 자신의 비탄 감정은 다른 사람이 이해할 수 없는 특별한 것이라고 생각하는 경향이 있고, 개인차가 있지만 일반적으로 청년은 비탄으로 정서적인 통제력을 잃게 될 것이 두려워서 짧고 격렬하게 비탄을 표현하거나 적극적으로 비탄 표현을 억제하는 경향이 있다(Jackson, 1984). 또 청년은 청년기의 정상적인 발달과제에 의한 위기와 함께 사별의 위기에 대처해야 하는 이중의 어려움에 처해 있다(Sugar, 1968). 즉, 사별한 청년에게 있어서 상실에 대한 반응인 항의/찾기, 해체, 재조직의 경험은 정서적 분리, 유능성과 성취감 획득, 친밀감 형성 등의 정상적인 발달과제와 함께 뒤섞여 있어서 한 번에 한 가지 위기에 집중하여 이를 해결하는 방식으로 스트레스의 원인에 대처하는 대부분의 청년에게 힘든 도전이 될 수 있다. 또한 사별한 청년을 돕는 사람은 청년이 겪고 있는 어려움이 발달로부터 오는 것인지 사별에 의한 것인지 결정하는 데 어려움을 겪을 수 있다.

1. 청년기의 자기중심적 사고를 일컫는 용어로, 자신의 감정과 사고는 너무나 독특한 것이어서 다른 사람이 이해할 수 없을 것이라고 생각하는 경향이다. 자신을 주인공으로 생각하고 자신에게만 통용된다는 의미에서의 개인적이고, 현실성이 결여되어 있다는 의미에서의 우화다.

6 청년과 자살

통계청에 따르면, 2009년 현재 우리나라의 자살에 의한 사망자 수는 총 1만 5,413명으로 1일 평균 42.2명이 스스로 목숨을 끊었고, 자살사망률(인구 10만 명당)은 31.0명으로 전년 대비 19.3%가 증가하였다(〈표 3-5〉 참조). 자살률은 1990년대 초반 이후 증가하였고 1998년을 기점으로 감소 후 2000년 이후 다시 증가 추세에 있다([그림 3-1] 참조). 또 한국인의 평균 자살률은 28.4명으로 OECD 평균 자살률(OECD 표준인구 10만 명당)인 11.2명의 2배가 넘으며, OECD 회원국 중에서 가장 높은 수준을 기록하고 있다.

자살률은 연령이 높아질수록 증가하였고, 십대부터 30대까지 사망 원인 순위 1위, 40대와 50대는 사망 원인 순위 2위를 차지하고 있다(〈표 3-3〉 참조). 또 전년 대비 십대 이후 전 연령층에서 자살률이 증가하였고, 십대(40.7%), 30대(26.9%), 50대(24.9%) 순으로 자살률이 증가하여 십대의 자살률이 가장 급격히 증가하고 있는 추세임을 알 수 있다(〈표 3-5〉 참조).

일반적으로 자살자는 크게 정신 병리적 요소(우울증 등의 정신질환), 생물학적 요

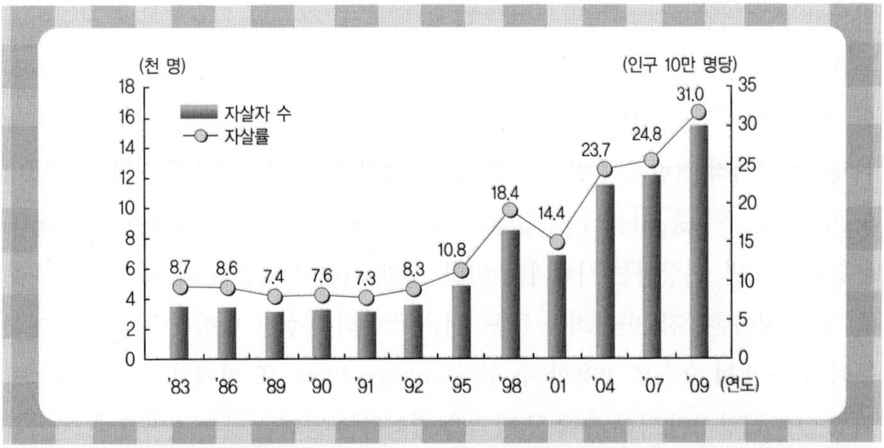

그림 3-1 • 자살자 및 자살률 추이 •

★ 출처: 통계청(2010a). 2009년 사망 원인통계결과.

표 3-5 • 성별 · 연령별 자살률 추이 •

(단위: 인구 10만 명당, %)

연령	남녀 전체				남자				여자				성비
	1999	2008	2009	08년대비 증감률	1999	2008	2009	08년대비 증감률	1999	2008	2009	08년대비 증감률	2009
계	15.0	26.0	31.0	19.3	20.9	33.4	39.9	19.7	9.0	18.7	22.1	18.5	1.81
10~19세	5.1	4.6	6.5	40.7	5.6	4.9	6.9	39.6	4.4	4.4	6.2	42.0	1.11
20~29세	13.1	22.6	25.4	12.2	16.5	22.2	25.3	14.1	9.6	23.0	25.4	10.3	1.00
30~39세	17.3	24.7	31.4	26.9	24.1	28.3	35.6	25.8	10.3	21.0	27.0	28.4	1.32
40~49세	21.3	28.4	32.8	15.5	32.2	38.1	45.4	19.2	9.8	18.4	19.8	7.7	2.30
50~59세	23.2	32.9	41.1	24.9	36.4	50.5	62.0	22.7	10.3	15.2	20.0	31.9	3.09
60~69세	28.9	47.2	51.8	9.7	47.4	74.1	80.8	8.9	14.3	23.3	25.8	10.6	3.13
70~79세	38.8	72.0	79.0	9.7	66.5	115.0	123.9	7.7	22.8	44.0	49.0	11.5	2.53
80세 이상	47.3	112.9	127.7	13.1	81.9	194.4	213.8	10.0	34.1	79.7	92.7	16.3	2.31

★ 출처: 통계청(2010a). 2009년 사망 원인통계결과.

소(뇌의 신경세포), 유전적/가정환경 요소(부모의 별거, 이혼, 폭력 등 유해한 가정환경), 취약성 요소(스트레스 요인), 개인의 상황적 요소(배우자의 죽음, 애인의 변심, 입시 좌절, 대인관계 문제 등) 등의 자살 위험 요소에 노출되어서 죽음을 택한다(박상칠, 조용범, 1999).

자살 위험 요소가 한두 가지가 아니고, 이러한 위험 요소에 대한 내성의 정도를 외부인은 정확하게 파악할 수 없다. 그러나 일반적으로 자살을 기도하는 사람은 외롭고 소외되었으며 따돌림을 받는다고 느끼고, 부모와 친구로부터 사랑받지 못한다고 생각한다. 많은 경우 자살 기도는 정말로 죽기를 원해서가 아니라 자신의 괴로움을 극적인 방법으로 표현하는 것이라고 볼 수 있다. 특히 개인 발달상 신체적 · 정서적 격변기에 있고 사회적으로 주변인이라는 취약점을 지닌 청년기의 자살에는 우울증, 약물남용, 절망감, 자살 시도 경험, 화목하지 못한 가족관계, 부모와의 사별, 사랑하는 사람과의 이별, 오랜 기간의 적응 문제, 문제해결력 부족, 낮은 자아존중감, 반사회적 행동, 젊은 스타의 자살을 미화시키는 대중 매체 등이 모두 위험 요소로 작용할 수 있다(Atwater, 1996). 또 현재의 자아와 자신이 되고 싶은 이상적인 자아 간에 큰 간격을 경험하는 청년은 낮은 자아개념, 자기혐오, 우울증 등을 갖기 쉽고, 자살 행동을 저지를 위험성이 높은 것으로 나타나고 있다(Stillion et al., 1989). 청년기는 원래가 정서적으로 불안정한 시기이므로 청년의 자살 행동에는 비관적인 인지보다는 우울한 기분이나 충동적인 요인이 많이 개입되었을 수 있다. 충동을 조절할 능력이 부족하고 개인적인 문제를 해결할 대처 능력이 부족하며 제한적인 대인관계를 가지고 있어서 필요로 하는 도움을 얻을 수 없는 청년은 자기파괴적인 행동인 자살만이 유일한 해결책인 것처럼 생각하기 쉽다. 자살을 시도하는 대부분의 청년들은 정말로 죽고 싶어서가 아니라 자신이 직면한 스트레스적 삶의 상황으로부터 도피하려는 강한 충동을 느끼는 것으로, 자살한 청소년들 가운데 83%가 자살하기 며칠 전에 대화 과정이나 그 외에 갑작스러운 우울 증상, 태도 변화 혹은 자신이 아끼던 물건을 남에게 주는 것과 같은 행동을 통해서 자살 의도를 표현했다(박상칠, 조용범, 1999). 그럼에도 불구하고 건강한 삶을 사는 다른 사람들은 자살을 기도하는 청년의 절망감과 도움 요청을 알아차리지 못해서 비극적인 사태를 막지 못하는 경우가 많다.

7 죽음과 사별에 대처하는 청년을 돕는 방법

청년은 교육이나 사전 준비를 통해 죽음과 사별에 대처하는 능력을 키울 수 있고 죽음의 순간이나 사별 후에는 사회적 지지나 건설적인 개입을 통해서 필요한 도움을 받을 수 있다.

부모나 다른 성인은 정서적 기반과 환경을 바람직하게 조성하여 청년이 죽음에 대처하도록 영향을 미칠 수 있다. 즉, 가정 내에서의 개방적인 의사소통 방식, 생각과 감정의 공유, 역할 모델, 다른 바람직한 사회화 과정을 통해 청년으로 하여금 상실이나 죽음과 관련된 문제에 당면했을 때 안정감을 느끼고 만족을 찾도록 도울 수 있다.

이 밖에도 청년과 함께 죽음에 관해 소통할 경우 필요한 지침으로 다음과 같은 점들을 생각할 수 있다(McNeil, 1986).

- 청년이 탐색하고 싶어 하는 것을 서로 이야기하기 위해 청년이 죽음에 관한 관심을 인식하도록 이끈다.

- 청년이 말하고 있는 것의 밑에 깔려 있는 감정에 특별히 주의를 기울이면서 적극적이고 통찰력 있게 경청한다.
- 청년의 감정을 실재적인 것, 중요하며 정상적인 것으로 수용한다.
- 청년이 이야기하고자 하는 것을 이해하고 수용하는 지지적인 반응을 보인다.
- 성인 자신이 문제를 해결하고자 하는 유혹을 물리치고 청년이 스스로 해결책을 찾도록 돕는다.
- 청년과 함께 즐기고 함께 이야기할 기회를 자주 갖는다.

청년이 죽음과 사별에 대처하는 능력을 기르기 위해서는 학교교육을 통한 죽음준비교육이 도움이 될 수 있다. 청년을 위한 죽음준비교육을 실시하는 사람은 정보 제공, 자아 인식, 대처 기술 등 세 가지 분야를 중심으로 주제와 목표, 교육 자료, 교육 방법, 평가 절차 등을 계획하는 것이 좋다(Rosenthal, 1986). 즉, 청년이 자신의 죽음에 대한 반응을 확인하고, 안전하고 다룰 수 있는 방식으로 감정을 표현하고, 자기 나름의 대처 방법을 찾고, 장례식에서 적극적인 역할을 하는 등 건설적인 방식으로 상실을 기념하고, 건강하고 생산적인 삶을 시작하는 방식을 찾도록 돕는 프로그램을 구성한다.

또 사별한 청년을 위한 사후 개입 상담을 할 수도 있는데, 이때에는 다음과 같은 두 가지 원칙을 따르는 것이 좋다(Calvin & Smith, 1986).

- 청년이 자신의 어려움을 탐색할 수 있는 안전한 환경을 제공한다.
- 청년기 사별에서 서로 밀접히 관련되어 있는 발달과제와 사별 상황적 과제에 역점을 두어 다루도록 한다. 특히 상담사가 아닌 청년이 자신의 삶에 있어서의 도전들에 대해 수용할 수 있는 해결책을 찾도록 한다.

사별이나 상실을 경험한 청년이 부모나 상담사 혹은 다른 성인에게 이야기하고 싶어 하지 않을 경우에는 비슷한 경험을 가진 또래들로 구성된 지지 집단의 도움을 받을 수 있다. 모든 사별 경험에서 가장 중요한 것은 죽음에 의해 구별되고 다른 사람과는 다른 존재가 되어 버리는 낙인을 없애고 다른 사람으로부터의 고립을 극복하는 것이다. 정체성을 확립하고자 하고 또래로부터 인정받고자 하는 청년기와 같은 발달 단계에 있는 사람은 지지 집단으로부터 많은 도움을 받을 수 있다.

3. 성년기

성년기는 보통 청년기 이후부터 노년기 이전까지, 즉, 23~25세부터 59~64세까지의 시기를 말한다(김종서 외, 1993). 청년기에서 성년기로 이행하는 시점은 사회문화적 상황, 개인에 따라 다르지만 대부분 사회에서 성인으로 간주되는 보편적인 기준은 학업을 마치고 경제적으로 독립하여 결혼을 하고 부모가 되는 시기다. 대부분의 사람들이 성년기에 처음으로 직업을 가지며 부모 곁을 떠나 결혼하고 자녀를 낳아 기르고 부모를 봉양해야 하는 등 중요한 변화를 겪기 때문에 성년기는 스트레스가 가장 많은 시기라고 할 수 있다. 따라서 성년기를 자녀와 노부모 사이에 끼여 과중한 역할을 수행하면서 역할 부담에 따르는 갈등과 스트레스를 경험하는 '샌드위치 세대' 라고 부르기도 한다.

성년기가 거의 40년이나 되는 긴 기간인 점을 고려하여 35세 혹은 45세를 경계로 하여 보통 성년 전기와 중년기로 나누기도 한다. 성년 전기는 일반적으로 신체적으로나 지적 · 사회적으로 최고의 수준에 도달한 인생의 전성기라고 할 수 있다. 이 시기에 직업을 선택하고 친밀한 인간관계를 형성하게 된다. 중년기에는 신체적 능력이나 건강 면에서 감퇴하기 시작하고, 사고력은 실제적인 경험에 기초하여 좀 더 성숙한 양상으로 발달한다. 이 시기에는 자녀가 결혼을 하거나 집을 떠나게 되어 부모 역할의 감소에 따른 빈 둥지 증후군을 경험하기도 하지만, 동시에 비로소 독립적 · 자율적 존재로서의 자아의 욕구 · 필요 · 성장 발달에 관심이 증대되기도 한다. 중년기에는 특히 노화 · 질병 · 사망 등이 비로소 자신의 일로 감지되면서 시간 전망이 변화하고 연령에 대한 현실적 인식을 하게 된다.

1 성년기의 발달과제

발달심리학자들에 따라 성년기를 구분하는 연령이 조금씩 다르고 성년기의 발달과제로 제시하는 내용이 조금씩 다르지만, 여기서는 대표적으로 해비거스트와 에릭슨의 개념을 소개하고자 한다.

해비거스트(Havighurst, 1953)는 성년기를 성년 전기와 중년기로 나누고 발달과제를 구체적으로 제시하고 있다.

표 3-6 • 해비거스트의 성년기 발달과제 •

성년 초기(18~30세)	중년기(30~60세)
배우자 선택하기	성인으로서 시민적 · 사회적 책임 수행하기
결혼 후 배우자와의 동거 배우기	생활의 경제적 표준을 세우고 유지하기
가정생활을 시작하기	십대 청소년이 책임 있고 행복한 성인으로 성장하도록 돕기
자녀를 양육하기	
가정을 관리하기	성인에 필요한 여가활동하기
취업하기	배우자와 인격적인 관계 맺기
시민적 책임을 감당하기	중년기의 생리적 변화를 인정, 적응하기
마음에 드는 사회 집단을 찾기	연로한 부모에 적응하기

에릭슨(Erikson, 1963)은 성년기를 성년 전기(대략 21, 22~45세)와 중년기(45~65세)로 나누고 있다.

표 3-7 • 에릭슨의 성년기 발달과제 •

단계	심리사회적 위기	기본적 강점
성년 전기(21~45세)	친밀감 대 고립	사랑
중년기(45~65세)	생성감 대 침체성	돌봄

에릭슨에 따르면, 성년 전기의 발달과제는 친밀감 대 고립의 발달적 갈등에서 친밀감을 형성하는 것이고, 중년기의 발달과제는 생성감과 침체성 혹은 자기 탐닉의 발달적 갈등에서 생성감을 획득하는 것이다. 성년 전기의 친밀감은 자신의 정체성과 다른 사람의 정체성을 융합시킬 수 있는 능력으로, 청년기의 정체성 형

성에 의해 좌우된다. 즉, 정체성을 확립한 후에라야 다른 사람과의 진정한 친밀감을 형성할 수 있다. 이 단계의 긍정적인 결과는 성적 친밀감이나 진정한 우정, 안정된 사랑, 결혼의 지속을 포함하는 친밀감이다. 부정적인 결과는 고립과 고독으로, 확고한 정체성을 형성하지 못한 성인은 두려워서 대인관계를 기피하거나 무분별한 성행위, 정서적으로 안정되지 못한 관계를 추구할 수 있다.

중년기에는 생성감 대 침체성이라는 위기를 경험한다. 이 시기의 주된 관심은 부모됨과 직업에서의 성취를 통해 자신의 흔적을 영속적으로 남길 수 있는 무언가를 생산하는 것이다. 생산성은 사랑의 확장으로 친밀감 단계보다 덜 이기적인 것으로 단순히 자신과 자기 세대의 이익과 번영에만 관심을 쏟는 것이 아니라 후손 및 미래를 위해 보다 나은 세상을 만드는 데 헌신하는 것이다. 생성감은 일차적으로 다음 세대를 낳고 이들을 지도하는 데 대한 관심을 말하지만 직업 성취나 학문적 · 예술적 업적 등을 통해 생성감이 발휘되기도 한다. 생성감을 제대로 획득하지 못하면 오로지 자신의 이익과 편안, 자기 당대의 쾌락만을 추구하며 자기 탐닉에 빠지고 자녀의 복지 · 교육 등에는 별로 관심을 두지 않은 채 관대함도 결여되어 타인을 돌보는 데 어려움이 있다.

2 성년기의 죽음과의 만남

우리나라를 중심으로 성인의 사망률을 살펴보면, 2009년 현재 총 사망자 수 24만 6,700명 중에서 30~59세 성인 사망자 수는 5만 2,900명으로 전체 사망자의 21.4%를 차지하고 있다(〈표 3-2〉 참조). 특히 40세 이후의 중년기 성인의 사망자 수가 성인 전기의 사망자 수에 비해 현저하게 증가된 것을 알 수 있고, 이 중에서도 성인병과 환경에 의한 스트레스의 영향을 심하게 받을 수 있는 중년기 남자가 여자에 비해 사망자가 현격히 증가되어 50대 남자의 사망자 수가 여자의 거의 3배에 달하는 것으로 나타나고 있다(〈표 3-8〉 참조).

또 성인이 맞게 되는 죽음의 원인을 연령별 3대 사망 원인을 참고로 살펴보면 30대에는 자살, 암, 운수사고 등의 원인으로, 40대는 암, 자살, 간 질환, 50대는

표 3-8 • 성별 · 연령별 사망자 수와 사망률 •

(단위: 천 명, 인구 천 명당)

연령 \ 연도	남자					
	사망자 수		2008년 대비	사망률		2008년 대비
	2008	2009*p*	증감	2008	2009*p*	증감
계	136.9	137.6	0.7	5.5	5.5	0.0
0세	0.8	0.8	0.0	3.6	3.4	-0.2
1~9세	0.5	0.5	0.0	0.2	0.2	0.0
10~19세	0.9	1.0	0.1	0.3	0.3	0.0
20~29세	2.5	2.5	0.0	0.7	0.7	0.0
30~39세	4.8	4.9	0.1	1.1	1.1	0.0
40~49세	13.1	13.0	-0.1	3.0	2.9	-0.1
50~59세	19.9	20.3	0.4	6.6	6.4	-0.2
60~69세	28.7	28.0	-0.7	15.6	14.8	-0.8
70~79세	37.3	37.9	0.6	41.8	39.4	-2.4
80세 이상	28.4	28.8	0.4	125.0	118.0	-7.0
	여자					
연령 \ 연도	사망자 수		2008년 대비	사망률		2008년 대비
	2008	2009*p*	증감	2008	2009*p*	증감
계	109.2	109.2	0.0	4.4	4.4	0.0
0세	0.7	0.7	0.0	3.3	3.2	-0.1
1~9세	0.4	0.3	-0.1	0.2	0.2	0.0
10~19세	0.5	0.5	0.0	0.2	0.2	0.0
20~29세	1.5	1.6	0.1	0.4	0.5	0.1
30~39세	2.6	2.8	0.2	0.6	0.7	0.1
40~49세	5.0	4.9	-0.1	1.2	1.1	-0.1
50~59세	6.9	7.0	0.1	2.3	2.2	-0.1
60~69세	12.5	12.1	-0.4	6.0	5.7	-0.3
70~79세	28.9	28.7	-0.2	21.0	19.9	-1.1
80세 이상	50.2	50.6	0.4	90.0	84.2	-5.8

★ 출처: 통계청(2010b). 2009년 사망통계 잠정결과.[2]

암, 간 질환, 심장 질환 등의 원인으로 사망에 이르는 것으로 나타나고 있다(〈표 3-3〉 참조). 특히 20대에 이어 30대에도 자살이 사망 원인 1위를 차지하고 있고,

2. 2009년 사망통계 잠정결과는 2009년도에 발생한 사망자가 2010년 2월까지 사망신고된 건수 및 이후 4월까지의 지연신고를 추정하여 작성한 것이다. *p*는 잠정치 표시다.

암은 30대, 40대, 50대에서 모두 사망 원인 1, 2위를 차지할 정도로 우리나라 성인 사망 원인의 대부분을 차지하고 있음을 알 수 있다.

특히 주목할 점은 성인의 경우 암, 간 질환, 심장 질환 등 만성 성인병이 주요 사망 원인을 차지하고 있다는 점이다. 만성 성인병은 천천히 진행되어 서서히 죽음에 이르는 죽음 궤도를 따르고 있기 때문에 이러한 질병으로 죽는 성인은 청년기 사망 원인의 대부분을 차지하고 있는 사고나 자살 등을 원인으로 예기치 못하고 갑작스럽게 죽는 청년과 비교할 때 다른 죽음의 과정을 겪게 된다. 이처럼 죽음의 과정에 영향을 미치는 것은 연령 자체가 아니라 죽음의 원인으로, 다른 발달단계의 사람들은 다른 사망 원인으로 다른 죽음의 과정을 경험하게 되는 것이다.

❸ 성인의 죽음에 대한 태도

성년기, 특히 중년기의 죽음과의 만남의 특성은 죽음에 대한 태도 형성에 중요한 영향을 미친다. 20대 후반과 30대 초반은 청년기에 비해 자기 이해가 더욱 성숙되고 안정되어서 자기 자신의 죽음에 대한 불안과 현실에 대한 방어기제가 청년기보다 덜 지배적이다. 성년 전기의 죽음에 관한 걱정과 관심은 대부분 다른 사람의 죽음과 관련된 것이다. 그러나 나이가 들어감에 따라 자기 자신의 죽음에 대해 더 많이 인식하게 된다(Doka, 1988). 이러한 인식은 특히 다음의 두 가지 방식으로 형성된다.

- 생애 주기에서 처음으로, 그것도 자연적 원인으로 부모, 동년배, 형제, 배우자의 죽음을 경험하게 되면서
- 자신이 언제든지 죽을 수 있고 언젠가는 죽을 존재라는 자신에 대한 새로운 인식의 출현으로

이와 같은 인식과 죽음에 대한 태도는 특히 중년기에 들어서면서 강화된다. 중년기에는 신체적 능력의 한계나 노화, 생활방식과 관련된 문제를 인식하기 시작

하는 시기로 개인적 불멸성에 대한 믿음이 감소하게 된다. 또 중년기에는 자신의 일생 전체라는 긴 시간을 보는 관점, 즉 시간 전망에 변화가 오게 되어 이제까지 살아온 시간보다 앞으로 얼마나 더 살 수 있을까에 관심을 두고 시간을 재구성하게 된다(Neugarten, 1968). 레빈슨(Levinson, 1978)이 말하는 '중년의 위기'에 갑자기 직면하면서 시간의 유한성이 자신에게도 해당된다는 것을 인정하게 되고, 이제까지 이룩한 업적과 포기해야만 하는 일, 은퇴와 죽음에 대해 생각하게 되고, 가치와 우선순위를 재평가하여 남은 세월을 어떻게 하면 최대한 뜻있게 살 수 있을까를 생각하게 된다. 이처럼 죽음의 의미가 중년기 성인의 인생과 자아의 재평가에 결정적 역할을 하게 되는 것이다. 또 외모와 건강의 쇠퇴에 대한 인식과 달성하지 못한 꿈이나 목표를 인식하게 되면서 중년기에 죽음에 대한 공포는 노년기에 비해 일반적이면서 강렬하게 나타나는 경향이 있다(Kalish & Reynolds, 1981).

젊은 시절에는 인생이 한없이 길게 느껴지며, 언젠가는 죽음이 찾아오리라는 걸 알면서도 죽음을 남의 일로만 생각하였으나, 중년기에는 죽음이 바로 자신에게 임박한 현실이며, 부모 세대의 노인뿐만 아니라 동세대 자신의 친구가 암이나 심장병 등으로 죽는 것을 경험하면서 자신의 죽음이 추상적, 가설적 사건이 아닌 현실적 가능성임을 인식하게 되고 자신의 죽음에 대한 필연성과 현실에 직면하면서 당혹감과 고통에 빠지게 된다(김명자, 2003).

성인이 이처럼 자기 자신의 죽음에 대해 인식하고 생각하게 될 때, 그들은 자신의 죽음이 오랫동안 시간과 에너지를 투자하여 구축한 직업이나 창조적 작업에 어떤 의미를 가지게 될지뿐만 아니라 자신의 자식, 가족, 친구 등 의미 있는 다른 사람에게 어떤 의미를 가지게 될지에 대해 생각하게 된다.

이러한 개인적인 죽음에 대한 인식뿐만 아니라 21세기를 사는 성인은 죽음과 관련된 새로운 위기에 직면해 있다. 성년기는 핵무기, 환경 문제, 전쟁, 알코올과 약물남용 등에 의한 죽음의 위협이 질병, 노화와 같은 자연적 원인에 의한 죽음과 함께 우리 모두의 삶을 위협하여 죽음을 초래할 수 있다는 사실에 대한 인식이 필요한 시기이기도 하다.

4 죽음, 생명을 위협하는 질병에 대처하는 성인

여기서는 에릭슨의 성년기 발달과제를 중심으로 성인 전기와 중년기로 나누어 죽음과 말기 질병이 이들에게 어떤 의미를 갖게 되는지 살펴본다.

성년 전기의 발달과제는 친밀감을 형성하는 것이다. 말기 질병과 죽음은 성인이 친밀한 관계를 형성하고, 성적 관심을 표현하고, 미래의 계획과 목표 성취를 위한 실질적인 도움을 얻고자 하는 욕구들의 충족을 방해한다(Cook & Oltjenbruns, 1998).

말기 질병으로 죽어 가는 사람도 여전히 친밀감을 추구하고 유지하고자 하며, 친밀한 관계를 형성하지 못했을 경우에는 고립되기 쉽다. 이 시기에 죽음에 대처하는 사람의 제일 중요한 관심과 걱정은 다른 사람으로부터 버림받고 고립되지 않을까 하는 것이다. 생명을 위협하는 질병과 죽음은 죽음의 과정이 갖는 특성 때문에 친밀감 형성을 힘들게 할 수 있다. 죽어 가는 사람 자신은 물론 그 가족이나 친구, 의료 관계자 등은 친밀감을 형성하고 유지하는 데 어려움이 있을 경우 친밀감 형성의 장애물(죽음에 대한 공포 혹은 질병에 대한 정보 부족 등)이 무엇인지 재검토하고 새로운 노력을 통해서 무엇을 얻을 수 있는지 생각할 필요가 있다.

많은 부부들은 친밀감을 성적 관심을 통해 표현한다. 성적 관심의 표현은 말기 질병으로 죽어 가는 성인의 삶 속에서도 촉진되어야 한다. 성적 관심은 직접적인 성적 접촉에만 국한되지 않고 생각과 감정, 행동 등을 모두 포함하는 것으로, 주로 몸단장이나 치장, 부드러운 접촉이나 애무, 신체적 · 심리적 욕구에 대한 개방적 논의 등을 모두 의미한다. 죽어 가고 있는 젊은 성인과 그 상대자는 특히 질병과 치료(예를 들어, 유방절제나 인공항문형성술 등)에 의한 변화로 성적 관심이 감퇴되지 않도록 이에 적응하려는 노력과 비판단적인 태도, 사생활 존중 등이 요구된다.

말기 질병과 죽음은 또한 젊은 성인이 결혼하고 아이를 갖고 직업적 야망을 추구하는 것과 같은 미래의 계획과 목표를 위협하게 된다. 죽어 가는 사람은 그들의 계획을 재조정해야 하고 새로운 상황에 적합한 것이 무엇인지를 결정해야 한다.

에릭슨에 따르면 중년기의 발달과제는 생산성의 추구다. 생산성 추구와 관련하여 말기 질병과 죽음에 직면해 있는 중년기 성인이 갖게 되는 욕구로는 자기 자신의 삶을 재평가하고자 하는 욕구, 역할의 계속성에 대한 욕구, 죽기 전에 신변을 깨끗이 정리하고자 하는 욕구 등을 들 수 있다(Cook & Oltjenbruns, 1998).

중년기 성인에게 있어서 살아온 삶의 재평가는 삶의 의미나 방향과 관련된 것으로, 이것은 질병과 성숙의 이중적 자극하에서 더욱 촉진된다. 어떤 사람은 질병과 죽음에 의해 젊은 시절에 세운 계획과 꿈을 완성하기에 시간이 촉박하다는 것을 인식하고 직업적 · 개인적 계획을 성취하고자 더욱 노력할 것이고, 어떤 사람은 이전의 계획을 변경하고 새로운 방향과 관계를 추구할 것이다. 그러나 지나온 삶과 앞으로 남은 삶을 재평가하는 이러한 과정에서 그들은 질병과 죽음으로 얻지 못하게 된 것에 대한 슬픔을 경험하게 되고 앞으로 잃게 될 것이 무엇인지 어렴풋이 인식하게 된다.

또 말기 질병과 죽음에 대처하는 중년기 성인은 계속성 혹은 미래를 위해 남기고자 하는 유산이라는 관점에서의 지속적인 가치를 고려하게 된다. 그들은 미래에 공헌하고자 하는 이런 목적을 달성하고자 더욱 노력하거나 아니면 더 만족스럽고 더 성취 가능한 방식으로 그 형태를 변화시키거나 혹은 이미 성취한 것을 더욱 공고히 하고자 한다. 죽어 가는 중년기 성인이 계속 의미 있는 역할과 관계에 참여할 수 있도록 하여 그들의 건설적인 생산성 추구 과정을 지원하는 것이 바람직하다.

또 말기 질병과 죽음에 대처하는 중년기 성인은 얼마 남지 않은 미래를 생각할 때 죽기 전에 신변을 깨끗이 정리하고자 한다. 이것은 사랑하는 사람에게 책임을 다하고자 하는 노력과 함께 그 자신이 죽은 후에 그러한 의무가 충족되도록 보장하고자 하는 노력들을 포함한다. 말기 질병과 죽음은 이들이 책임을 수행하는 능력을 위협하게 되므로 신변을 정리하는 행위는 유언장을 작성하고, 재산을 분배하고, 중요한 바람과 메시지를 전달하는 형태를 취할 수 있다. 또 자신의 장례식과 매장 형식을 계획하는 등의 행위는 자신이 죽은 후에 있을 수 있는 혼란과 다른 사람에 대한 부담을 최소화하는 능력을 표현하는 것일 수 있다.

5 사별과 비탄에 대처하는 성인

샌드위치 세대라고 할 수 있는 성인은 부모의 죽음, 조부모의 죽음, 배우자의 죽음, 형제의 죽음, 친구의 죽음, 자녀의 죽음 그리고 그 자신의 죽음 등 모든 측면의 죽음과 관련된 상실을 경험할 수 있다. 대개의 경우 청년은 자기 자녀의 죽음을 경험하지 않고 노년기에 자기 부모의 죽음을 경험할 확률은 낮다. 성년기 사별의 가장 큰 특징은 이처럼 모든 종류의 죽음과 관련된 상실을 경험할 가능성이 가장 높다는 것이다. 그중에서도 성인은 자녀의 죽음으로부터 가장 큰 충격을 받을 수 있고, 그다음으로 배우자의 죽음, 부모의 죽음 순으로 큰 영향을 받는다(Sanders, 1979).

1 자녀의 죽음

자녀의 죽음도 그 자녀를 어떤 발달 단계와 연령에서 상실했는지에 따라 부모에게 주는 의미와 영향이 다르다.

① 태아 단계 자녀의 죽음

성인은 태내에서 혹은 출산 과정에서 자녀의 죽음을 경험할 수 있다. 이런 경우를 '태아 단계의 죽음'이라고 분류하지만 일반적으로는 유산, 사산, 자연유산이 모두 이에 해당되고 또 선택 유산과는 구별된다. 일반적으로 자녀가 태아 단계에서 죽을 경우 부모-자녀와의 유대관계가 실질적으로 형성되지 않았기 때문에 부모에게 미치는 영향이 미미하여 비탄 반응을 일으키지 않을 것이라고 생각하기 쉽다. 그러나 임신 기간 동안 부모는 아이가 태어날 것을 예상하여 자신의 삶과 자아개념을 재형성하기 시작한다(Klaus & Kennell, 1976). 아이의 태동을 느끼고, 새로 태어날 아이의 이름을 생각해 보고, 아이 방을 새로 꾸미며 아이와 함께 시작될 새로운 생활에 대한 꿈을 키우는 등 대부분의 경우 아이가 태어나기 전에 이미 부모-자녀 간의 교감과 유대관계는 형성되어 있다.

태아 단계 자녀의 죽음과 관련된 부모의 비탄은 아이의 생명의 길이가 아니라 애착의 특성과 관련된 현실이므로 우리는 이러한 아이를 잃은 부모의 슬픔과 그들이 비탄에 대처하는 방식을 인정해야 한다(Borg & Lasker, 1989). 따라서 아이를 잃은 부모에게 다른 자녀를 또 가질 수 있다는 위로의 말이나 아이의 존재를 빨리 잊으라는 충고를 하기보다는 부모와 다른 가족들이 죽은 아이의 이름을 짓거나 작별인사를 하고 이름표나 담요 등과 같은 기념물을 간직할 수 있도록 허용하는 것이 좋다. 그렇게 하는 것이 아이가 실제로 존재했음을 인정하고 아이의 상실을 슬퍼하고 부모-자녀 간의 유대과정을 완성할 수 있도록 하기 때문에 부모의 비탄 과업 완성에 도움이 될 수 있다. 첫 임신에서 아이를 자연유산했을 경우 그 부모는 다시 아이를 가질 수 있을지 여부를 걱정하게 되고, 유산을 경험한 여성은 태아를 잃게 된 것에 대해 스스로 자책하거나 남편이 분노의 표적이 될 수 있다. 어떤 다른 상실의 경우와 마찬가지로 유산의 경우에도 자신의 감정에 대해 공개적이고 정직하게 이야기할 수 있는 경우가 비탄 극복에 도움이 된다(Worden, 1991).

부모가 아이를 낳고 싶어 하지 않는 선택 유산의 경우에도 그 부모는 종종 오랫동안 상실감과 비탄을 경험한다(Doane & Quigley, 1981). 낙태에서 오는 죄책감, 분노, 우울감 등은 아이를 잃어서 뿐만 아니라 살인을 저질렀다는 생각에서 비롯되는 것으로 주로 수술 후 6주 이내에 나타나며, 낙태한 사람은 자신의 이러한 감정이 낙태에 의한 것인지 충분히 인식하지 못하는 경우가 대부분이다(Raphael, 1983). 낙태는 다른 사람에게는 쉽게 이야기할 수 없는 상실이기 때문에 상실을 슬퍼하지 못한 사람은 이후에 복잡한 비탄을 경험할 가능성이 높다(Worden, 1991).

② 신생아 혹은 영유아 자녀의 죽음

아이가 영유아기에 죽게 되는 경우는 주로 출생 전후기 질환, 선천 기형, 영아돌연사증후군 등이 원인이다. 신생아 혹은 영유아 자녀의 죽음은 그 죽음의 방식과 유족의 상황 등 다양한 요소에 따라 부모에게 미치는 영향이 다르다. 선천 기형, 조산이나 저체중과 관련된 장애 등을 가진 아이는 죽기 전에 전문적인 특수

기술을 이용한 치료를 받게 되므로 주로 병원과 같은 시설에서 부모가 배제된 채 죽음을 맞기 쉽다. 아이가 신생아 집중치료실에서 죽었을 경우 그 부모는 자기 아이를 상실한 슬픔뿐만 아니라 갓 태어난 아이와 상호작용하는 행복한 부모들을 만나야 하는 고통을 경험하게 된다. 영아돌연사증후군은 건강했던 아이가 집에서 갑자기 원인을 알 수 없게 죽기 때문에 부모는 아이의 죽음에 대해 심한 자책감을 느끼게 된다. 즉, 자신이 그 당시 어떤 일을 하지 않았더라면 혹은 어떤 일을 했더라면 아이가 아직 살아 있을지도 모른다고 스스로를 비난하거나 서로를 비난하게 되는 경우가 많고, 다른 가족이나 친구, 이웃들이 아이의 죽음 원인을 추측하여 부모의 부주의나 학대 때문이라고 비난할 경우 아이를 잃은 부모는 이중의 고통을 경험하게 된다.

신생아 혹은 영유아의 죽음은 유족들에게 아직 죽을 때가 아닌 어린 생명의 때이르고 예상 밖의 불공평한 죽음으로 받아들여진다. 영유아기의 자식을 잃었을 때, 그 부모는 아이가 죽은 책임이 누구에게 있는지 책임문제, 꿈꾸어 왔던 아이의 상실과 함께 자기 자신, 자신의 미래의 상실, 아이에 대한 기억과 애도 의례의 부족, 사회적 혹은 전문적 지원의 부족 등의 문제로 고통을 경험하게 된다(Davis, 1991).

③ 아동기 혹은 청년기 자녀의 죽음

아동이나 청년은 사고나 자살 혹은 살인, 자연적인 원인, 전쟁이나 사회적 갈등 등 다양한 방식으로 죽을 수 있으며 일반적으로 이러한 죽음은 갑자기 그리고 예고나 준비할 기회도 없이 일어난다. 부모에게 있어서 이들의 죽음은 자녀의 삶의 상실, 자신의 일부의 상실, 아이가 있음으로써 가졌던 희망과 꿈의 상실을 의미하기 때문에 그 고통은 오랫동안 지속된다(Davies & Howell, 1998).

자녀의 죽음이 특히 고의적인 행동(자살 혹은 살인 등)이나 부주의(사고 등) 혹은 무책임한 행동(음주 운전 등)으로 초래되었다면 그 부모의 비탄 경험에는 자녀의 죽음에 대한 책임감, 죄의식, 비난 등의 요소가 첨가되어 비탄 극복이 더욱 힘들어질 것으로 예상된다(Chance, 1992). 즉, 자살이나 타살, 자동차 사고에 의한 죽음은 적절한 교육이나 도움으로 예방할 수 있는 것이기 때문에 유족은 그런 결과를 미리 막지 못한 것에서 죄책감과 분노, 절망감, 실패감 등을 경험하게 되고, 특히 자살은 사회적으로 인정되지 않고, 불명예나 오명으로 낙인 찍히기 때문에 유족의 정상적인 비탄이나 애도를 방해할 수 있다.

④ 사별한 부모의 죄책감

죄책감이란 어떤 원칙이나 책임을 위반하여 잘못을 저질렀다는 확신으로, 일반적으로는 저하된 자아존중감, 고양된 자기 비난, 잘못을 징벌해야 한다는 느낌과 관련된 것이다. 자녀를 잃은 부모의 죄책감은 주로 무력감과 책임감으로부터 비롯된 것으로 이러한 감정은 부모로 하여금 자신의 과거, 현재의 행동과 감정이 어떻게 아이의 죽음에 기여하였는지를 묻도록 만든다(Miles & Demi, 1984; 1986).

자녀와 사별한 부모는 적어도 다음과 같은 죄책감을 느낄 수 있다.

- 죽음을 야기시켰다는 죄책감으로, 부모가 아이의 죽음을 초래했거나 혹은 아이를 죽음으로부터 보호하지 못했다는 믿음과 관련된 것이다.
- 질병과 관련된 죄책감으로, 아이가 병을 앓고 있는 동안 혹은 출생 당시에 부모 역할을 잘하지 못했다는 인식과 관련된 것이다.
- 부모 역할과 관련된 죄책감으로, 부모가 전반적인 부모 역할에서 자기 기대나 사회적 기대에 부응하지 못했다는 믿음과 관련된 것이다.
- 도덕적 죄책감으로, 아이의 죽음이 도덕적 혹은 종교적 규범 위반에 대한 벌 혹은 보복이라는 믿음과 관련된 것이다.
- 살아남은 죄책감으로, 자녀가 그 부모보다 더 오래 살아야 된다는 규범을 어긴 것과 관련된 것이다.
- 비탄 죄책감으로, 아이가 죽을 당시 혹은 아이의 죽음 이후의 행동적 · 정서적 반응, 즉 아이의 죽음 당시와 그 이후에 어떻게 행동했는지와 관련된 것이다.

아이를 잃은 부모의 비탄 경험을 제대로 이해하기 위해서는 비탄과 죄책감의 이런 요소들을 확인하고 애도 과정에서 죄책감 문제를 해결할 수 있도록 충분히 다루어야 한다.

2 형제자매, 친구, 배우자의 죽음

부부, 형제자매, 친구, 동료, 애인과 같은 다른 성인과의 특별한 유대관계는 인간의 삶에서 중요하다. 이러한 의미 있는 사람과의 관계를 죽음에 의해 잃게 되는 사별 경험은 관계의 친밀성과 죽은 사람이 담당했던 역할의 중요성에 따라 다르게 나타날 수 있다.

① 형제자매의 죽음

형제자매관계는 가장 길고 가장 오래도록 지속되는 가족관계다. 형제자매관계는 부모-자식관계와 비교할 때 서로에 대한 의무감이 적으며, 관계가 친밀했을 경우에는 일생을 통해 동료애와 정서적 지지를 제공하고 추억을 공유하며, 어려움에 처했을 경우 원조와 직접적인 서비스를 제공해 줄 수 있다. 성년 초기에는 자녀양육이나 바쁜 직장생활로 서로에 대한 상호작용이나 정서적 개입이 약화될 수 있으나 중년기가 되어 자녀가 출가하고 직업 세계에서 은퇴하면 관심의 초점이 보다 의미 있는 정서적 관계인 형제자매들에게 기울어질 수 있다. 그러므로 죽음에 의해 형제자매관계를 상실하게 되었을 경우에 살아남은 형제는 자신의 정체성의 중요한 부분을 상실했을 뿐만 아니라 죽은 형제가 잠재적으로 제공해 줄 수 있는 많은 공헌과 지원을 잃게 되는 것이다.

② 친구의 죽음

친구관계는 서로 정서적 요구를 만족시키고 외부적 활동과 과업을 공유하면서 친밀감과 우정을 쌓아 가는 선택적인 관계다. 성년기에는 결혼이나 육아, 노부모 부양 등으로 친구의 수와 관여가 감소하는 경향이 있지만, 친구는 비교 기준을 제공하여 친구와의 상호작용을 통해 자아 인식이 증가하게 되고 과도기나 인생의 도전을 받을 때 지지와 격려, 신뢰를 제공해 주어서 스트레스를 줄이고 안녕감을 증진시키는 역할을 한다. 성년기 친구의 죽음은 더 이상 이러한 위로와 사랑을 주고받을 수 없다는 것을 의미하게 된다.

③ 배우자의 죽음

성년기 부부는 정서적 지지의 주요 원천이 되는 친밀한 관계이며 사회적 지지망의 큰 부분을 차지할 뿐만 아니라 애정과 존중을 바탕으로 현재의 생활을 함께 하고 미래를 함께 계획한다. 따라서 배우자의 죽음은 배우자의 지위에 의해 형성된 자신의 정체성을 잃게 되는 것이고, 배우자의 생존을 전제로 세웠던 자신의 미래 계획도 실현될 수 없게 되는 것을 의미한다. 누구의 아내나 누구의 남편에서 미망인이나 홀아비로 지위가 변화되면서 전반적인 생활 구조와 역할 구조에도 변화가 생기고 건강 문제나 감정의 황폐화 문제를 겪을 수 있다.

이와 같이 형제자매, 친구, 배우자 등의 죽음은 그들과의 사별을 경험한 성인의 자아와 세상에 대한 개념을 변화시킬 수 있다. 이와 같은 의미 있는 사람의 죽음은 많은 정서적 · 사회적 · 재정적 · 영적 손실을 수반하고 새롭게 형성된 정체성에 적응해야 하는 문제를 수반할 수 있다.

3 부모 혹은 조부모의 죽음

성년기는 부모의 영향력으로부터 독립하는 시기로, 부모와 조부모 그리고 다른 가족 구성원들과 어린 시절의 관계와는 다른 새로운 관계를 재정립하는 시기라고 할 수 있다. 장기 와병 중이거나 자신을 돌볼 경제적 자원이 없는 노부모를 부양해야 할 경우 중년 자녀는 큰 스트레스를 경험할 수 있고, 이제 노인이 된 부모는 더 이상 의지할 수 있는 기둥이 아니며 오히려 이제 그들이 자신에게 의지하기 시작한다는 사실을 깨닫는다. 자녀에 대한 부모로서의 책임이 막 끝났거나 곧 끝날 예정인 중년 자녀는 이제는 자신이 살 날도 얼마 남지 않았음을 절실히 느끼는데, 노부모를 돌보는 일로 말미암아 자신의 꿈을 이룰 기회를 빼앗긴다고 느낄 수 있다(정옥분, 2004). 그러나 일반적으로 부모, 조부모 세대는 그들의 성인 자녀와 손자, 손녀에게 인생의 조언을 해 주고 필요할 때 도움과 지원을 제공하여 성인 자녀가 자신의 에너지를 개인적 성장과 가족 외의 관계에 쏟을 수 있도록 돕는 역할을 한다.

이들의 죽음은 성인 자녀에게 부모-자녀의 정서적 관계의 상실뿐만 아니라 이러한 실질적인 도움과 지원의 상실을 의미하기도 한다. 그 밖에도 부모의 죽음은 성인 자녀에게 심리적 영향을 미치기도 한다. 부모의 사망이나 질병 등을 경험하면서 자신은 죽지 않을 것이라는 개인적 불멸성이나 영속성에 대한 착각에서 깨어나게 되는 것이다. 부모가 생존한 경우에는 사망은 순서 있게 발생하여 부모에 의해 자신은 죽음으로부터 보호받는다는 생각을 갖게 된다. 즉, 부모가 죽음과 자신 사이의 장애물, 방어물인 것처럼 여겨졌으나, 부모가 사망한 후에는 죽음이 자신에게 언제고 찾아올 수 있다는 느낌이 들게 되어 죽음에 대한 공포가 증가하고, 이러한 공포는 자신의 건강에 대해 지나치게 관심을 갖게 하는 계기를 제공하기도 한다. 이처럼 부모의 죽음은 사랑하는 사람의 상실과 더불어 자신을 죽음으로부터 보호해 준 심리적 방어물이 제거됨을 의미하는 것이다(Akner & Whitney, 1993). 또한 부모와 조부모의 죽음은 성인 자녀에게 현재 살아 있는 가장 어른 세대로서의 책임감과 한계를 느끼게 하는 발달적 압박을 가하게 되기도 한다(Osterweis, Solomon, & Green, 1984).

4. 노년기

노년기는 성년기 이후로부터 죽을 때까지의 기간을 일컫는다. 인간 발달의 단계를 명확히 구분하는 것은 어려운 일이지만, 그중에서도 성년기의 끝과 노년기의 시작을 한계 짓기가 갈수록 어려워지고 있다. 오늘날 많은 사람이 50세에 이미 은퇴하는가 하면 어떤 노인은 70대 이후까지 계속해서 일을 하기 때문에 노년기의 전형적인 분류 기준인 은퇴는 더 이상 신뢰할 만한 기준이 되지 못한다. 그러나 대개의 경우 은퇴하여 연금을 수령하는 법적인 연령인 60~65세 이후를 노년기로 구분하는 추세이고, 평균수명이 연장됨에 따라 노년기는 한 개인의 일생에서 1/4 혹은 1/3을 차지하게 되었다. 같은 노년기에 있어도 건강 상태, 교육 수준, 구매력 등에서 큰 차이를 보이기 때문에 노년기를 노년 전기(65~74세), 노년 중기(75~84세), 노년 후기(85세 이상) 등으로 나누기도 한다(Neugarten, 1974).

노년기는 인생의 맨 끝에 위치해 있으면서 전 생애의 의미를 통합하고 평가하는 시기라고 할 수 있다. 그러나 노인문제의 4고(苦)에서 말하고 있듯이, 노년기는 은퇴에 따른 수입 감소로 경제적인 어려움(貧苦)을 겪을 수 있고, 사회나 가정에서의 중심적 역할에서 물러나 시간은 많지만 역할이나 할 일이 없어서 무료하고(無爲苦), 노화로 신체의 각 기관이 쇠퇴하여 질병에 취약해지며(病苦), 은퇴로 사회적 관계의 폭이 좁아지고 배우자나 친구 등 그나마 알고 있던 사람들의 죽음으로 많은 상실을 경험하게 되는 고독한(孤獨苦) 시기라고 할 수 있다.

1 노년기의 발달과제

노년기의 발달과제를 해비거스트와 에릭슨의 이론에 비추어 살펴보면 다음과 같다.

해비거스트는 60세 이후를 노년기로 보고 있고 노년기 발달과제를 〈표 3-9〉와 같이 제시하였다.

표 3-9 • 해비거스트의 노년기 발달과제 •

노년기(60세-)	
• 체력 감소와 건강에 적응하는 일	• 자기 동년배와 친밀한 관계 맺기
• 은퇴와 수입 감소에 적응하는 일	• 사회적 · 시민적 책임의 이행
• 배우자의 사망에 적응하는 일	• 만족스러운 생활 조건의 구비

이에 비해 에릭슨은 생애 주기의 마지막 단계인 노년기의 발달과제로 자아통합 대 절망의 심리적 갈등에서 자아통합감을 성취하는 것이라고 주장하였다.

표 3-10 • 에릭슨의 노년기 발달과제 •

단계	심리사회적 위기	기본적 강점
노년기(65세-)	자아통합 대 절망	지혜

노년기에 도달하면 인생의 유한성을 더욱 인식하게 되어 시간 경험에 근본적인 변화가 생긴다. 미래에 대한 신기루가 사라지고 더 이상 무언가 준비할 필요가 없다는 것을 깨닫게 된다(Moody, 1990). 미래 지향적, 성취 지향적 문화에서 이러한 깨달음은 심리적 갈등과 위기를 초래하게 된다. 이러한 심리적 위기를 극복하기 위해서는 과거의 초월, 이전의 사회적 역할의 초월, 한정된 자아개념의 초월을 통해 자신의 인생을 그래야만 하는 것, 대신할 수 없는 것으로 수용하는 자기 수용이 필요하게 된다.

에릭슨은 이러한 자기 수용을 자아통합이라는 개념을 통해 설명하였다. 노년기에는 죽음의 현실에 자극받아서 과거의 삶을 결산하고 죽음을 준비하기 위해 자신의 삶을 되돌아보는 내적 성찰의 시간을 갖게 된다. 그러한 회상 과정을 통해 오래된 갈등을 해결하고 새로운 의미를 발견하기 위해서다. 자신의 삶을 되돌아보는 이러한 내적 성찰의 과정에서 과거의 경험들을 떠올리고 재평가하고 재해석 혹은 재통합하면서 자신의 삶을 의미 있고 만족스러운 것으로 인식하게 되면 통합감과 지혜를 획득하게 되지만 자신이 바라던 삶을 살 수 없었다는 느낌, 인생을 낭비했다는 느낌을 갖게 되면 인생을 고쳐 살기에는 시간과 에너지가 얼마 남아 있지 않았기 때문에 절망감에 빠지게 된다.

에릭슨에 따르면, 자아통합이라는 마지막 심리적 위기를 성공적으로 극복했을 때 노년기를 동요 없이 평화롭게 보낼 수 있으며 죽음에 대해서도 두려움 없이 대처할 수 있지만, 자아통합을 이루지 못하면 절망감을 경험하며 죽음에 대한 공포와 불안이 심화된다.

여기서 자아통합은 매슬로(Maslow, 1968)의 '자아실현(self-actualization)'이나 비렌(Birren, 1964)의 '화해(reconciliation)'와 일맥상통하는 개념으로, 이전의 발달과제를 성공적으로 해결하고 자신의 과거와 타협함으로써 획득할 수 있다.

2 노년기의 죽음과의 만남

2009년 현재 우리나라 총 사망자 수 약 24만 6,700명 중에서 60세 이상 노인의 사망자 수는 18만 5,900명으로 전체 사망자의 75.4%를 차지하고 있다(〈표 3-2〉 참조). 노인이 전체 사망자의 대부분을 차지하고 있으며, 특히 80세가 지나면서 사망자 수가 급증하여 80세 이상이 노인 전체 사망자의 42.7%를 차지하고 있다. 또 남자와 여자를 비교해 볼 때 80세 이전까지는 남자 노인의 사망이 여자를 능가했으나 80세 이후에는 여자 노인의 사망이 급증함을 알 수 있다(〈표 3-8〉 참조).

노인이 어떤 원인으로 사망하는지를 살펴보면, 60대, 70대, 80세 이상 모두 3대 사망 원인으로 암, 뇌혈관 질환, 심장 질환이 1위, 2위, 3위를 차지하고 있다(〈표 3-3〉 참조). 통계청에 따르면, 2009년 현재 노인의 사망 원인 1위를 차지하고 있는 암은 인생의 어느 단계에서든지 발병할 수 있지만 연령이 증가할수록 발병률이 증가하며, 20대 이하는 백혈병, 30대는 위암, 40~50대는 간암, 60대 이상은 폐암의 사망률이 가장 높게 나타나고 있다.

이처럼 노년기 사망 원인의 대부분은 노화나 퇴행성 변화 등 내부적 요인에 의한 것으로, 대개의 경우 질질 끄는 죽음 궤도를 따르기 때문에 노인 당사자에게는 고통스러운 죽음 과정이 될 뿐만 아니라 주위 가족들에게는 정신적 · 육체적 · 재정적 부담을 주기 쉽다.

3 노인의 죽음에 대한 태도

일반적으로 노인은 젊은이보다 상대적으로 죽음의 공포가 덜하다(Bengston et al., 1977). 칼리시(Kalish, 1985a)의 설명에 따르면, 노인은 살 만큼 오래 살았기 때문에 자신이 죽는 것이 부당하다고 생각하지 않고, 다른 사람의 죽음을 반복적으로 경험하는 예기적 사회화 과정의 결과로 자기 자신의 죽음을 당연하게 받아들이며 자신의 삶을 젊은이의 삶보다 덜 가치 있는 것으로 보기 때문에 그것을 포기하는 데 큰 반감을 가지고 있지 않다. 이러한 이유 때문에 노인에게 죽음은 쇠약,

고립, 의존보다 덜 위협적이다.

특히 85세 이상 노인을 대상으로 한 연구(Johnson & Barer, 1997; Tobin, 1991)에 따르면, 그들은 자신이 삶의 마지막 단계에 있으며 인생의 유한성과 죽음을 삶의 일부로 생각할 필요성, 죽음을 준비할 필요성을 느끼고 죽음을 완수해야 할 과업으로 생각한다. 그들에게 죽음은 더 이상 멀거나 추상적이거나 피할 수 있는 어떤 것이 아니다. 그들은 더 이상 삶에서 끝맺지 못한 일을 남겨 놓고 있지 않고 오히려 더 사는 것을 지루해하고, 많은 신체적 장애를 가진 고령 노인은 자신의 신체 능력이나 정신력이 쇠퇴함으로써 남의 짐이 되는 것을 두려워하여 신이 자신을 빨리 데려가 주기를 원한다. 고령 노인이 두려워하는 것은 죽음 자체나 무 존재의 공포보다는 죽음의 과정에 대한 공포이고 요양원 같은 곳에서 오래 앓다가 죽게 되는 것을 가장 두려워한다(Johnson & Barer, 1997).

85세 이상의 고령 노인이 이처럼 죽음을 두려워하지 않는 것은 그들에게는 잃을 것이 거의 없고, 죽음은 이미 예측할 수 있는 것이어서 그들의 죽음이 그들의 삶과 가족들의 삶을 덜 방해하기 때문이다(Johnson & Barer, 1997).

그러나 노인 요양원의 환자를 대상으로 한 다른 연구(Mullins & Lopez, 1982)에서는 젊고 건강한 노인에 비해 고령이고 병든 노인 집단이 죽음에 대한 공포가 더 큰 것으로 나타나고 있어서 나이가 더 들고 실제적으로 죽음에 더 가까울 때 건강 상태가 좋을 때보다 죽음을 더 두려워한다는 주장도 있다. 그러나 일반적으로 죽음에 대한 공포는 나이와 부정적 상관관계를 가지고 있어서 나이가 들수록 죽음에 대한 공포는 줄어든다(Neimeyer & Van Brunt, 1995).

4 죽음, 생명을 위협하는 질병에 대처하는 노인

개인차와 문화 차이가 존재하지만, 일반적으로 죽음과 말기 질병에 대처하고 있는 노인은 네 가지 욕구, 즉 자아의식을 유지하고자 하는 욕구, 자신의 삶과 관련된 결정에 참여하고자 하는 욕구, 그들의 삶이 아직도 가치 있다는 것을 재확인받고자 하는 욕구, 그리고 적절한 돌봄을 받고자 하는 욕구 등을 가지고 있다(Cook &

Oltjenbruns, 1998). 이 네 가지 욕구를 좀 더 자세히 살펴보면 다음과 같다.

[1] 자아의식 유지 욕구

청년기 혹은 그 이후의 발달과업으로 확립된 자아 정체성을 유지하는 것은 모든 인간의 삶에서 중요하지만 특히 과도기와 노년기에는 더욱 그러하다. 노년기 발달과제인 자아통합감은 이러한 자아의식과 자아존중감을 바탕으로 발전될 수 있는 것이며, 일반적으로 반성, 회고, 재평가 등 인생 회고의 과정을 통해 추구된다(Kaufman, 1986).

죽음과 말기 질병에 직면한 노인은 피로, 에너지와 집중력 부족, 사회적 지지의 부재 그리고 노화와 노인을 평가 절하하는 사회적 경향 때문에 이러한 인생 회고의 과정이 단축되는 경향이 있으므로 가족과 전문적인 돌봄 제공자들이 이러한 활동을 다양한 방식으로 촉진하는 것이 필요하다. 그들이 하는 이야기를 날마다 늘어놓는 과거 이야기로 핀잔을 줄 것이 아니라 인내심을 가지고 경청하고 상담자가 되어 주거나 사진이나 추억이 될 만한 기념물 등을 통해 과거를 회상하고 자신이 어떤 사람이었는지를 생각할 수 있도록 자극할 수 있다. 또 죽어 가는 노인이 병원이나 요양시설에서 일률적으로 취급되는 것이 아니라 그들의 개인성을 유지하고 표현할 수 있도록 배려하는 것은 개인의 가치와 독특성을 인정해 주는 또 다른 방법이라고 할 수 있다.

[2] 자신의 삶과 관련된 결정에 참여하고자 하는 욕구

자율성이나 스스로 자신의 삶에 책임을 지는 능력은 현대를 살아가는 많은 사람들에게 소중한 가치이며, 특히 이미 많은 상실을 경험하였고 일상생활의 대부분을 다른 사람에게 의존해야 하는 노인에게는 더욱 그렇다. 신체적 · 정신적으로 자신의 일을 결정할 수 없을 경우에 자신의 치료나 돌봄에 대한 결정에 참여하고 싶어 하는 욕구는 생전 유언장을 작성하거나 대리인을 세워서 자신의 건강문제를 처리하고자 하는 형태로 표현되기도 한다. 이러한 절차들은 일반적으로 노인들의 정신건강과 삶의 만족감에 긍정적인 영향을 미친다(Rodin & Langer, 1977;

Seligman, 1975). 이처럼 자신의 삶에 대한 결정에 참여하도록 격려하는 것은 통제감 상실과 삶의 질을 침식하는 다른 내적 · 외적 압력들 때문에 무력감에 빠진 노인들이 신체적 · 정신적으로 급속하게 쇠퇴해서 죽음에 이르게 되는 것을 완화하는 작용을 한다(Maizler, Solomon, & Almquist, 1983).

3 자신의 삶이 아직도 가치 있다는 것을 재확인받고자 하는 욕구

젊음 지향적인 현대 사회에서 노화, 은퇴, 신체 기능의 쇠퇴 등은 노인으로 하여금 자신의 가치를 평가 절하하도록 만들고, 말기 질병이나 죽음은 노인의 이러한 자기 비하의 과정을 더욱 심화시킨다. 또 은퇴나 그 밖의 이유에 따른 다른 사람과의 접촉 감소는 고립을 초래하여 신체적 죽음이 임박하지 않을 때조차 노인들로 하여금 사회적 죽음을 걱정하게 만든다.

말기 질병과 죽음에 대처하고 있는 노인에게 그들의 삶이 아직 가치가 있고 그들이 다른 사람들에게 의미 있는 중요한 사람이며 삶에서 여전히 만족감을 찾을 수 있다는 사실을 알게 하는 것은 노인의 자기 가치감과 자아존중감을 신장시키는 데 도움이 된다. 또한 가족들에게 죽어 가는 병든 노인들의 삶과 돌봄에 건설적으로 관여하는 방식을 알려 주는 것은 관여된 모든 사람들의 현재 삶의 질을 향상시키고 좌절감이나 죄의식을 감소시키는 데 기여할 수 있다(Kaufman, 1986).

4 적절한 돌봄을 받고자 하는 욕구

생산성을 중시하고 발전 지향적인 현대 사회에서 위험한 상태에 빠져 병원의 응급실로 실려 온 노인은 젊은이에게 제공되는 만큼의 충분한 치료와 돌봄을 받지 못하는 암묵적인 경향이 있다(Simpson, 1976). 일반적으로 노년기에 죽음을 두려워하지 않는다는 것이 치료와 돌봄을 모두 포기한다는 의미는 아니다. 인간이면 누구나 태어났을 때와 죽을 때 남에게 의존할 수밖에 없는 상황에 처한다. 어린아이는 성장과 발전 가능성이 있기 때문에 그들이 자립할 수 있을 때까지 보살피는 행위는 가치 있는 일이라고 생각하지만 노인이 죽을 때가 되어서 다른 사람에게 의존하는 상황에 처하면 그들을 시중들고 그들이 자신의 삶을 잘 마무리할 수 있도록 도와주는 행위는 보상받을 수 없는 무의미한 낭비로 여기는 사회적 경향이 있다. 인간이 태어나서 성장하고 사회나 가정에 공헌하다가 노년기가 되어 죽을 때는 사회적으로 무가치하다는 편견과 무시 속에서 비참하게 죽게 된다면 인간의 일생은 도대체 무엇인가? 노인도 편안하고 인간다운 환경에서 인생을 마감할 수 있도록 사회적 인식의 개선과 그들의 치료와 돌보는 것에 대한 가족들의 부담을 경감시켜 줄 재정적인 지원이 필요하다.

5 사별과 비탄에 대처하는 노인

노인은 다른 연령층의 사람들보다 더 많고 다양한 상실들을 경험하며 하나의 상실을 겪고 다음 상실을 겪을 때까지의 간격이 짧은 것이 특징이다(Kastenbaum, 1969b). 즉, 노인은 하나의 상실 다음에 다른 상실이 잇달아 발생하는 '상실 과부하(bereavement overload)' 상황에 노출되어 있어서 의미 있는 사람의 상실을 충분히 효과적으로 비탄하고 애도하는 데 필요한 시간이나 다른 자원을 갖지 못하는 상황에 처해 있다. 따라서 노인에게는 비탄과 슬픔이 끊이지 않고 동반되기 쉽다. 여기서는 노년기에 경험하게 되는 이러한 다양한 형태의 상실 경험에 대해서 좀 더 자세히 살펴보고자 한다.

1 질병, 불능, 상실

노인은 일생을 통해 혹은 노년기에 경험하는 다양한 종류의 질병들과 관련된 상실을 경험한다. 모든 노인들이 이러한 상실을 경험하는 것은 아니지만, 많은 사람들이 하나 이상의 질병과 관련된 부담을 안고 살아간다. 나이가 들어갈수록 혈관 직경이 증가하며 순응도가 떨어짐으로써 고령에는 고혈압이 되는 경향이 있으며, 이러한 고혈압은 뇌졸중, 심근경색, 협심증, 관상동맥경화 등의 위험을 증가시킨다(김애순, 2002). 이 밖에도 나이가 들어 감에 따라 감각기능이나 인지기능의 손상, 구강과 치아 문제, 에너지 감소, 근육 강도의 감소, 균형 감각의 저하, 골다공증, 관절염, 성기능 감퇴 등 노인이 효과적으로 기능하는 것을 저해하는 상실과 결손은 노인의 삶의 질을 저하시킬 뿐만 아니라 예전에는 가능했던 것들을 할 수 없게 된 것에 대해 노인 본인과 가족, 돌봄 제공자 모두에게 슬픔과 낙담을 초래할 수 있다.

2 배우자, 형제, 친구나 동료의 죽음

대부분의 사별한 노인들에게 있어서 의미 있는 역할과 관계를 유지하는 일은 중요하다. 이러한 역할과 관계 중에서 가장 중요한 것은 함께 이야기하고 기쁨과 슬픔을 함께 나누고 성적인 만족감을 주며 아플 때는 함께 있어 주고 돌봄을 제공하는 동반자 관계일 것이다. 일반적으로 결혼생활은 성적인 친밀감, 동반자 관계, 정서적 편안함, 경제적 안정을 제공한다. 특히 노년기에는 가족이나 친구, 동료 등의 사망으로 사회적 관계망이 좁아지기 때문에 부부관계가 모든 대인관계에서 가장 중요한 관계가 되기 쉽다. 따라서 아내나 남편을 잃고 홀로 된 노인은 사회적 활동이 감소하는 경향이 있다. 특히 여자는 남편에 의해 맺었던 사회적 관계나 지위를 상실하게 되며 생활 수준이 하락할 수 있다. 홀로 된 남자 노인은 신체 질환과 정신질환의 유병률이 더 높고, 사망률 역시 동년배의 결혼생활 중인 남자보다 더 높다(Helsing & Szklo, 1981). 일반적으로 노년기의 배우자 사망은 분리와 결핍 경험, 그리움, 고통, 분노 등이 섞인 비탄 감정, 고립, 고독감을 경험하게 한다(Clayton, 1979).

나이가 들수록 사회적 관계망이 차츰 줄어들면서 형제자매관계는 사회적 지지망으로서 중요한 기능을 하게 된다. 형제자매는 정서적 지지와 도구적 지지를 모두 해 줄 수 있다. 형제자매는 비교적 세대가 같아서 인생의 전환기적 사건(자녀 출가, 은퇴, 사별 등)을 경험하는 시기가 비슷하기 때문에 서로를 공감적으로 이해하고 정서적 지지를 해 주고, 어려움이 있을 때는 타인보다는 형제자매에 의존하는 것이 보편적이다.

생애 주기에서 친구와의 우정관계가 가장 풍요로워지고 개인의 삶의 질에 중요한 영향을 미치는 시기는 노년기일 것이다. 노년기에는 자녀의 출가, 은퇴에 따른 가정적 · 사회적 역할이 줄어들어 친구를 사귀는 데 투자할 시간적 여유가 많아짐에 따라 동성 간 우정은 유대감, 친밀감, 상호 원조의 원천이 된다. 즉, 노년기의 절친한 친구는 즐거움의 원천일 뿐만 아니라 신체적 질병이나 심리적 스트레스의 완충 역할을 한다. 이들은 외롭거나 걱정거리가 있을 때 공감적 이해와 조언, 위안, 신뢰를 주고받음으로써 서로 정서적 지지를 해 주기 때문에 불안과 긴장을 감소시켜 주고, 자존심과 사기를 높여서 정신건강을 증진시키는 역할을 하기 때문에 이러한 친구관계의 상실은 노인의 심리적 안녕감에 상당한 타격을 줄 수 있다(Crohan & Antonucci, 1989).

3 성인 자녀의 죽음

부모에게 자녀는 그 나이에 상관없이 언제나 어린 자녀로 남아 있다. 중년기에는 자녀의 존재가 갈등의 원천이 될 수 있지만, 노년기에는 성인 자녀의 존재 자체가 정서적 안녕감을 주고 자녀가 있다는 사실이 가장 큰 기쁨의 원천이 되어 자녀나 손자 손녀에 대한 이야기를 나누는 것만으로도 즐거움을 누릴 수 있다(Lang & Carstensen, 1994). 또 노년기는 신체적으로 노화나 질병 등으로 어려움을 경험하여 성인 자녀에게 의존하는 시기이므로 성인 자녀에게 부모에 대한 부양자로서의 역할이 강조되는 시기다. 부모를 심리적 · 경제적으로 도와주고 돌보는 위치에 있던 성인 자녀를 잃게 되었을 때 노인은 노후를 의탁할 사람이 없게 되어 시설에 입소할 가능성에 직면하게 된다.

자녀와 사별한 부모에게 있어서 성인 자녀의 죽음은 젊은 세대보다 나이 든 세대가 먼저 죽어야 하는 자연의 질서를 어긴 것으로 느껴져서 자녀보다 오래 살아남은 죄책감을 경험하게 만든다. 또 성인 자녀와 사별한 노인들은 자녀를 잃은 상실감과 함께 자녀의 배우자와 그 아이들에 대한 안쓰러움과 슬픔이 더해져서 이중의 비탄에 빠지게 되고 많은 경우에 손자 손녀를 돌보는 일을 담당하게 된다.

4 손자, 손녀 혹은 증손자의 죽음

평균수명이 늘어남에 따라 아동이나 청년의 조부모나 증조부모가 생존해 있을 가능성이 높아졌고, 동시에 노인도 손자나 증손자의 죽음을 경험할 가능성이 높아지고 있다. 비록 부모–자녀 관계와 비교할 때 조부모–손자 간의 교차 세대적 관계가 특별히 친근한 유대감을 가질 수 있다고 알려져 있지만, 이들 관계에 대한 사별의 영향은 잘 연구되지 않은 분야다(Wilcoxon, 1986).

일반적으로 손자와 사별한 조부모의 비탄은 그들 자신의 상실에 대한 반응, 그들의 아들과 딸에 의해 경험되는 상실에 대한 반응이며, 다른 손자들에 의해 경험되는 상실에 대한 반응이기도 하다. 손자와 사별한 노인의 비탄은 자신이 먼저 죽어야 하는데 손자를 앞세운 '순서에 어긋난 죽음' 에 대한 고통이고, 손자를 잘 돌보지 못한 그 부모에 대한 분노이며, 손자의 죽음을 막지 못한 자기 자신에 대한 죄책감을 표현하는 것이고, 이러한 비극이 일어나도록 한 신에 대한 분노를 나타내는 것이다(Hamilton, 1978). 이러한 모든 반응들은 자살과 같이 죽음의 원인을 인정하고 싶지 않거나 죽음의 환경을 터놓고 이야기할 수 없는 상황하에서는 더욱 악화되고 복잡해질 수 있다.

5 반려동물의 죽음

애완동물이나 반려동물의 상실은 노인의 삶에 중요한 영향을 미칠 수 있다. 반려동물은 노인의 삶에서 애정과 돌봄의 대상일 뿐만 아니라 무조건적인 사랑과 교감의 공급원이라고 할 수 있다. 반려동물은 노인의 외로움을 달래 주고, 삶의 목적감을 갖도록 공헌하며, 노인의 자아존중감을 증진시킬 수 있다(Rynearson, 1978). 노인은 자신이 죽은 후에 이 사랑스러운 반려동물에게 어떤 일이 일어나게 될지를 걱정한다. 또 자신이 쇠약해져서 더 이상 반려동물을 돌볼 수 없을 때, 반려동물이 필요로 하는 비싼 치료비를 더 이상 지불할 수 없을 때, 시설에 들어가는 등 새로운 곳으로 이동해야 해서 그들을 포기해야 할 때, 혹은 아프고 쇠약한 반려동물을 안락사시켜야만 할 때에 노인은 심한 상실감과 비탄 반응을 경험할 수 있다(Kay et al., 1988). 반려동물의 죽음은 사회적 접촉이 제한되어 있는 노인에게는 중요한 사별 경험이 될 수 있으므로 그들의 죽음을 하찮은 것으로 경시해서는 안 된다.

6 노인의 자살

우리나라의 경우 연령이 증가할수록 자살률이 증가하고 있다. 노년층인 70대와 80세 이상의 자살률은 다른 연령층에 비해 현저히 높게 나타나며, 특히 80세 이상의 고령 노인의 자살은 20대보다 5배 이상이나 높다(〈표 3-3〉 참조).

왜 인생의 마무리 단계에 도달한 노인이 서둘러 스스로의 인생을 의도적으로 마감하는 것일까? 오늘날의 노인은 젊은 층에 비하여 더욱 사회적으로 고립되어 있고 만성적인 질환에 시달리고 있으며, 퇴직과 배우자의 죽음 등 다양한 상실을 경험한다. 또한 퇴직에 따른 소득원의 상실로 경제적인 난관에 봉착하는 등 노년기 이전에는 경험하지 못했던 견디기 힘든 삶의 문제와 부정적인 생활 사건들에 직면하게 된다. 그렇다고 모든 노인이 자살을 생각하고 시도하는 것은 아니다. 자살을 시도하는 노인의 자살 생각을 예언할 수 있는 변인으로는 크게 우울과 스트레스를 들 수 있다(김현순, 2008).

우울증의 증상으로는 자신이 쓸모없고 누군가에게 불필요한 존재라고 느껴지고, 외로움과 희망이 없는 기분을 지속적으로 느끼며, 신체적으로는 체중 감소, 식욕 감퇴, 불면증, 피로감, 변비 등이 나타난다. 우울은 청소년에서 노인에 이르기까지 다양한 연령층에서 보이는 자살 생각 및 자살 시도와 가장 밀접한 상관을 보이는 심리적 장애로, 대부분의 노인 자살 시도자의 경우 정신건강상의 문제를 가지고 있었는데 이 중 우울증이 가장 많은 부분을 차지하고 있었다(김현순, 2008).

노인 자살 생각을 예언하는 두 번째 변인은 스트레스다. 노인은 다음과 같은 스트레스 상황에서 자살을 생각하기 쉽다(Corr, Nabe, & Corr, 2000). 인생 회고 과정의 결과, 그들의 삶에서 어떤 의미도 발견하지 못하여 절망감을 느끼게 되었을 때, 신체적 혹은 정신적 쇠약과 무기력을 경험하게 되었을 때, 배우자나 자신을 돌봐 주고 지원해 주었던 사람의 죽음을 경험하였을 때, 그리고 요양원과 같은 시설 입소가 자신의 삶에 대한 통제력을 침식하게 되었을 때와 같은 상황으로, 이런 만족스럽지 못한 환경에서 더 살아가느니 차라리 자살하는 것이 낫다고 생각하게 된다. 노인의 스트레스는 배우자의 죽음 등과 같이 그 속성이 불가역적인 경우가 많고, 스트레스를 조절할 수 있는 자원이 부족한 것이 현실이다.

이처럼 노인 개인의 성격 특성이 우울 경향이 높고 스트레스에 취약할수록, 그리고 이러한 부정적 생활 사건을 극복할 수 있게 돕는 사회적 지지체계가 빈약한 노인일수록 자살에 노출될 가능성이 높음을 알 수 있다.

각 개인이 죽음과 만나는 방식은 변화하지 않고 고정되어 있는 것이 아니라 시간과 문화의 영향을 받을 수 있다.

제4장

현대 사회와 죽음

각 개인이 죽음과 만나는 방식은 고정되어 있는 것이 아니라 시간과 문화의 영향을 받을 수 있다. 평균수명이 짧고 전염병 등으로 떼죽음을 당했던 중세인과 평균수명 80년 시대를 구가하는 현대인이 죽음을 만나는 방식은 같지 않고, 기아에 허덕이는 방글라데시 사람과 선진국의 유럽인이 겪는 죽음은 동일하지 않다. 이처럼 죽음이나 사별 등을 만나고 겪는 방식은 어느 정도 역사적 · 사회문화적 맥락의 산물이라고 볼 수 있다.

따라서 이 장에서는 죽음에 대한 탈맥락적이고 일반적인 분석과는 별도로 지금 현재의 현대인이 어떠한 방식으로 죽음과 만나고 있고 이것이 시간의 경과에 따라 어떻게 변화되었는지를 한국인의 통계 자료를 이용하여 좀 더 구체적인 방식으로 살펴보고자 한다. 분석 방식은 코어와 동료들(Corr, Nabe, & Corr, 2000)의 분석 틀인 사망률, 평균수명(기대 여명), 사망 원인, 죽음 궤도 그리고 죽음이 일어나는 장소라는 다섯 가지 요소를 중심으로 현대 사회에서의 죽음과 관련된 만남의 기본 특징을 살펴보고, 이것이 과거와 비교하여 어떻게 변화되었는지를 살펴본다.

마지막으로 죽음의 모습이 문화와 사회에 따라 각기 다르게 나타나는 것을 설명해줄 수 있는 분석 틀로서 카스텐바움(Kastenbaum, 1972)이 말하는 죽음 체계란 어떤 것인지에 대해 간략하게 살펴보고자 한다.

1. 현대인과 죽음

1 사망자 수와 사망률

사망률이란 어느 특정 인구에 대한 일정 기간의 사망자 수의 비율로, 보통 인구 천 명당 혹은 10만 명당 연간 사망자 수로 나타낸다. 우리나라 통계청이 발표한 2009년 사망통계 잠정결과에 따르면, 한국인의 총 사망자 수는 24만 6,942명이

표 4-1 • 사망자 수와 조사망률 추이, 1999–2009p • (단위: 천 명, 인구 천 명당, 명, 분·초)

	1999	2000	2001	2002	2003	2004	2005	2006	2007	2008	2009p
총사망자 수	245.4	246.2	241.5	245.3	244.5	244.2	243.9	242.3	244.9	246.1	246.7
조사망률	5.2	5.2	5.0	5.1	5.1	5.0	5.0	5.0	5.0	5.0	5.0
1일 평균 사망자 수	672	673	662	672	670	667	668	664	671	672	676
사망발생간격	2.14	2.14	2.18	2.14	2.15	2.16	2.16	2.17	2.15	2.14	2.13

★ 출처: 통계청(2010b). 2009년 사망통계 잠정결과.

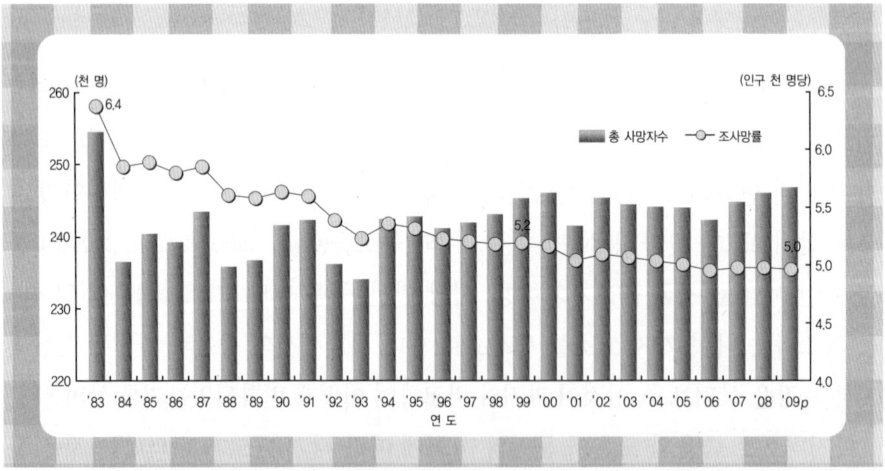

그림 4-1 • 사망자 수와 조사망률 추이, 1983–2009p •

★ 출처: 통계청(2010b). 2009년 사망통계 잠정결과.

고 조사망률(인구 천 명당 사망자 수)은 5.0명이며, 1일 평균 676명이 사망하였다. 그러면 한국인의 사망자 수와 사망률은 어떻게 변화되어 왔는가?

[그림 4-1]을 보면, 10년 전이나 20년 전과 비교해 볼 때 사망자 수와 사망률 모두 완만한 감소 추세를 유지하고 있음을 알 수 있다.

이를 다시 연령 계층별로 나누어 살펴보면, 인구 고령화의 진행에 따라 2009년 현재 고령(65세 이상) 사망자 수는 16만 9,600명(총사망자의 68.8%)으로 1999년에 비해 15.7% 증가하였고, 생산연령인구(15~64세) 사망자 수는 7만 4,200명(30.1%)으로 1999년에 비해 20.2% 감소하였으며, 아동(0~14세) 사망자 수는 2,700명(1.1%)으로 1999년 대비 51.8% 감소하였다. 10년 전과 비교할 때 아동의 사망자 수와 사망률이 가장 많이 감소하였음을 알 수 있고, 우리나라 사망률 감소의 주요 원인은 주로 이들 아동층의 사망률 개선에 기인함을 알 수 있다.

표 4-2 • 연령 계층별 사망자 수, 구성비, 사망률, 1999-2009p •

(단위: 천 명, %, 인구 천 명당)

연도 / 연령	사망자 수					사망자 수 구성비				사망률				
	1999	2008	2009p	1999년 대비 증감	1999년 대비 증감율	1999	2008	2009p	1999년 대비 증감	1999	2008	2009p	1999년 대비 증감	1999년 대비 증감율
0~14세	5.6	2.9	2.7	−2.9	−51.8	2.3	1.2	1.1	−1.2	0.6	0.3	0.3	−0.3	−50.0
15~64세	93.0	73.1	74.2	−18.8	−20.2	37.9	29.7	30.1	−7.8	2.7	2.0	2.1	−0.6	−22.2
65세 이상	146.8	170.1	169.9	23.1	15.7	59.8	69.1	68.8	9.0	47.3	34.3	32.9	−14.4	−30.4

★ 출처: 통계청(2010b). 2009년 사망통계 잠정결과.

비록 편의상 10년 전과 비교하였지만, 앞에서 살펴본 전체 사망률 저하와 아동의 사망률 저하 추세는 죽음과 만나는 우리의 방식에 중요한 영향을 미친다. 즉, 사망률이 저하됨으로써 지금 살아 있는 사람들은 이전에 우리 부모, 조부모 세대보다 자연적인 죽음을 만날 기회가 줄어들었다. 현대를 살아가는 우리는 삶의 같은 시기에 있던 우리 조상보다 가족이나 친구, 이웃의 죽음을 덜 경험하게 되었고, 따라서 죽음을 인간의 일생에서 맞게 되는 자연스러운 사건이라기보다는 낯설고 이질적인 것으로 간주하기 쉽다.

또 아동층의 사망률 저하도 죽음과의 만남의 방식에 영향을 미친다. 즉, 이전의 부모들은 현재의 부모들보다 자녀의 죽음에 직면할 기회가 더 많았고, 이전의 청소년들은 현재의 청소년들보다 그들의 형제나 자매의 죽음과 만날 가능성이 더 많았다고 볼 수 있다.

2 평균수명

평균수명(Life expectancy at birth)이란 0세 출생자가 향후 생존할 것으로 기대되는 평균 생존 연수, 즉 올해 태어난 출생아가 향후 몇 세까지 살 것인지를 의미하는 것으로 '0세의 기대수명' 이라고 할 수 있다. 평균수명과 비슷한 의미로 연령별 기대여명이 있는데, 이것은 어느 연령에 도달한 사람이 그 이후 몇 년 동안이나 생존할 수 있는가를 평균적으로 계산한 연수를 말한다.

통계청의 2008년 생명표 작성결과에 따르면, 2008년 현재 출생아(남녀 전체)의 기대수명, 즉 평균수명은 80.1년으로 1998년 대비 5.3년, 1970년 대비 18.1년 증가하였다. 이를 성별로 나누어 살펴보면 2008년 출생한 남자의 기대수명은 76.5년, 여자는 83.3년으로, 1970년 대비 남자는 17.9세, 여자는 17.7세 증가하였다. 또 2008년의 남녀 간 기대수명 차이는 6.7년으로, 남녀 간 차이는 1985년을 정점(8.4년)으로 감소 추세이지만, 전년에 비해서는 0.2년이 증가하였다(〈표 4-3〉 참

표 4-3 • 기대수명 추이, 1970-2008 •

(단위: 년)

연도		남녀 전체	남자(A)	여자(B)	남녀 차이(B-A)
1970		61.9	58.7	65.6	6.9
1980		65.7	61.8	70.0	8.3
1985		68.4	64.4	72.8	8.4
1988		70.3	66.3	74.6	8.3
1998		74.8	71.1	78.5	7.4
2005		78.6	75.1	81.9	6.8
2007		79.6	76.1	82.7	6.6
2008		80.1	76.5	83.3	6.7
증감	(2008~2007)	0.5	0.4	0.6	0.2
	(2008~1998)	5.3	5.4	4.8	-0.6
	(2008~1970)	18.1	17.9	17.7	-0.2

★ 출처: 통계청(2009b). 2008년 생명표 작성결과.

조). 이처럼 한국인의 평균수명은 꾸준히 증가 추세를 유지하고 있고, OECD 30개국과 비교할 때 우리나라 남자의 평균수명은 OECD 국가 평균(76.2)보다 0.3년이 높고 여자는 평균(81.8년)보다 1.5년이 높아 터키를 제외하고 가장 빠른 속도로 증가하고 있다(통계청, 2009b).

또 특정 연령까지 생존한 사람이 앞으로 더 살 것으로 예상되는 연수를 나타내는 연령별 기대여명도 전 연령층에서 꾸준히 증가하였다. 2008년 현재 30세인 남자는 앞으로 47.5년, 여자는 54.1년을, 45세 남자는 앞으로 33.3년, 여자는 39.9년을, 65세 남자는 앞으로 16.6년, 여자는 21.0년을 더 살 것으로 예상된다(통계청, 2009b). 실제로는 훨씬 낮지만 정년을 65세라고 가정할 때 남자의 경우 퇴직 후에 약 17년을, 여자는 21년을 더 살 것이 예상된다([그림 4-3] 참조).

이와 같은 평균수명의 연장은 탄생에서 사망까지의 생존 기간 연장을 의미하고, 이것은 이전보다 노인이 될 때까지 생존할 확률이 높다는 것을 의미하기도 한다. 삶은 점차 길어지고 죽음은 훨씬 더 연기된 것이다. 또 평균수명의 연장은 죽음과의 만남의 방식에도 영향을 끼쳐 정상적인 삶의 도정에 있다면 죽음을 망각하고 살기 쉽다. 사람들이 죽어 가는 사람으로 인식하는 것은 주로 노인층이고, 우리 사회에서 죽음은 많은 사람의 마음속에 노인에게만 관계되는 것으로 인식

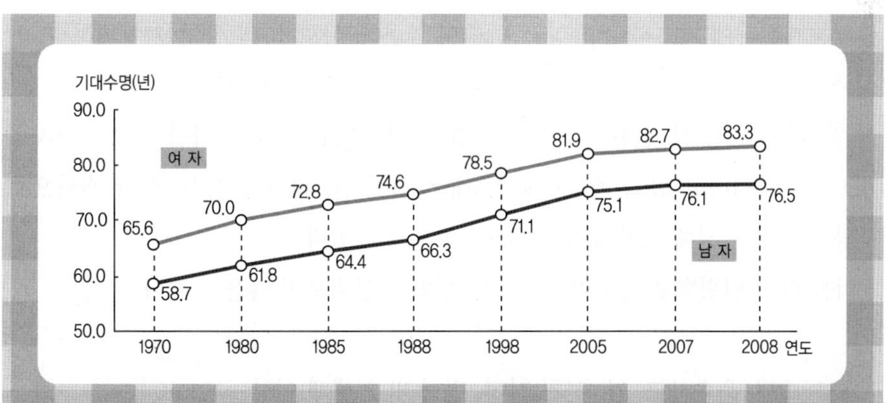

그림 4-2 • 성별 기대수명 추이, 1970-2008 •

★ 출처: 통계청(2009b). 2008년 생명표 작성결과.

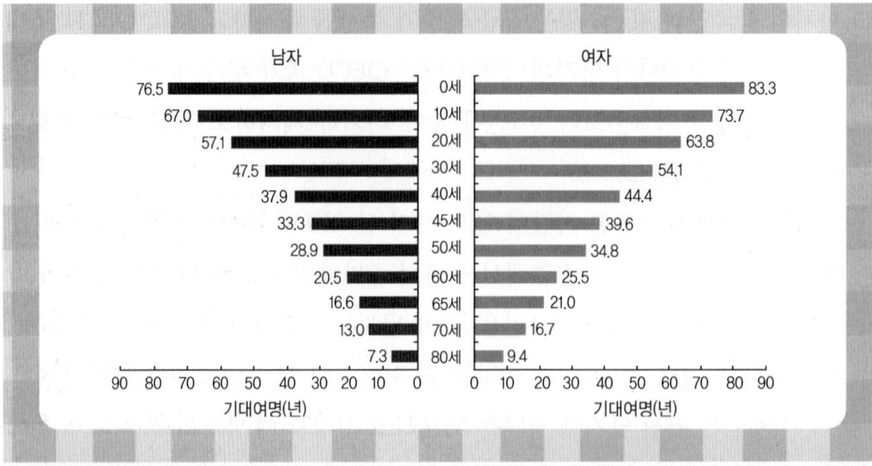

그림 4-3 • 성 · 연령별 기대여명, 2008 •

★ 출처 : 통계청(2009b). 2008년 생명표 작성결과.

될 가능성이 높다.

❸ 죽음의 원인

현재 한국인은 주로 어떤 원인으로 사망하는가? 통계청이 발표한 2009년 사망원인통계결과에 기초하여 가장 사망률이 높은 순서로 10대 사인을 살펴보면, 악성 신생물(암), 뇌혈관 질환, 심장 질환, 고의적 자해(자살), 당뇨병, 운수사고, 만성 하기도 질환, 간 질환, 폐렴, 고혈압성 질환으로 사망한 사람이 총사망자의 70.9%를 차지하고 있고, 이 중에서 3대 사인인 암, 뇌혈관 질환, 심장 질환으로 사망한 사람은 전체 사망자의 47.8%를 차지하고 있다.

이를 다시 연령별로 나누어 3대 사망 원인을 살펴보면 다음과 같다.

- 1~9세: 운수사고, 암, 선천 기형, 변형 및 염색체 이상
- 10~20대: 자살, 운수사고, 암
- 30대: 자살, 암, 운수사고

- 40대: 암, 자살, 간 질환
- 50대: 암, 자살, 심장 질환
- 60대 이상: 암, 뇌혈관 질환, 심장 질환 등

특히 암은 전 연령층에서 3대 사망 원인에 들고 있다.

사망 원인 순위를 다시 전년도인 2008년, 10년 전인 1999년과 비교하여 살펴보면 다음과 같다.

표 4-4 • 사망 원인 순위 추이, 1999-2009 •

(단위: 인구 10만 명당, 명, %)

순위	1999		2008		2009			
	사망 원인	사망률	사망 원인	사망률	사망 원인	사망자 수	구성비	사망률
1	악성 신생물(암)	114.2	악성 신생물(암)	139.5	악성 신생물(암)	69,780	28.3	140.5
2	뇌혈관 질환	72.9	뇌혈관 질환	56.5	뇌혈관 질환	25,838	10.5	52.0
3	심장 질환	38.9	심장 질환	43.4	심장 질환	22,347	9.0	45.0
4	운수사고	26.2	고의적 자해 (자살)	26.0	고의적 자해 (자살)	15,413	6.2	31.0
5	간 질환	23.4	당뇨병	20.7	당뇨병	9,757	4.0	19.6
6	당뇨병	21.8	만성하기도 질환	14.9	운수사고	7,147	2.9	14.4
7	고의적 자해 (자살)	15.0	운수사고	14.7	만성 하기도 질환	6,914	2.8	13.9
8	만성 하기도 질환	13.7	간 질환	14.5	간 질환	6,868	2.8	13.8
9	고혈압성 질환	7.5	폐렴	11.1	폐렴	6,324	2.6	12.7
10	폐렴	6.7	고혈압성 질환	9.6	고혈압성 질환	4,749	1.9	9.6

★ 출처: 통계청(2010a). 2009년 사망 원인통계결과.

1999년과 비교했을 때 3대 사인에는 변화가 없으며, 10대 사인도 내용에는 변화가 없고 다만 순위에 변화가 있을 뿐이다. 전년 대비 사망 원인 순위가 상승한 사인은 운수사고(7위→6위), 순위가 하락한 사인은 만성 하기도 질환(6위→7위)이고, 10년 전인 1999년에 비해 사망 원인 순위가 상승한 사인은 자살(7위→4위)과 당뇨병(6위→5위), 순위가 하락한 사인은 간 질환(5위→8위)과 운수사고(4위→6위)다. 2009년 현재 10대 사망 원인을 살펴본 결과, 자살이나 운수사고를 제외하고는 뇌혈관 질환, 심장 질환 등 퇴행성 질환이 대부분을 차지하고 있음을 알 수 있다.

즉, 현대 사회에서 죽음은 신체기관을 너무 오래 쓴 결과로, 혹은 생활방식이나 환경에 의한 노화의 결과로 발생하는 것이며, 현대 사회에서 죽는 사람의 대부분은 주로 만성 질환이나 퇴행성 질환 때문에 병약하고 노쇠해져서 천천히 죽게 된다고 볼 수 있다.

4 죽음의 궤도

앞에서 살펴본 죽음의 원인은 죽음의 궤도라고 불리는 죽음의 양상과 연관되어 있다(Glaser & Strauss, 1968). 즉, 죽음의 원인이 무엇이냐에 따라 죽어 가는 양상은 다양하게 나타난다. 여기서 죽음의 궤도(dying trajectories)란 환자가 죽는다고 선고된 시점에서 마지막 숨이 끊어지기까지의 지속 기간과 죽음이 진행되는 과정의 양상을 말한다. 어떤 죽음 궤도는 지속 기간이 매우 짧고 죽음의 시점을 예기할 수 없으나, 어떤 죽음 궤도는 그 지속 기간이 매우 길고 죽음의 시점을 예기할 수 있다(Corr et al., 2000).

전염병은 많은 경우에 비교적 짧은 죽음 궤도가 특징이다. 즉, 전염의 시작에서 그 해결까지의 기간이 비교적 짧아 며칠이나 몇 주 안에 치료되거나 혹은 죽음에 이르게 된다. 그러나 퇴행성 질환의 죽음 궤도는 전염병의 죽음 궤도와는 상당히 다르다. 퇴행성 질환의 죽음 궤도는 전염병의 죽음 궤도보다 더 길고 예측이 불가능하다. 이것은 장기간의 통증과 고통, 자신의 육체에 대한 통제력 상실, 정신적 능력의 상실과 연결되기 쉽다. 이와 같은 형태의 죽음 궤도와 관련된 질병으로는 루게릭병, 알츠하이머병, 파킨슨병, 근위축증, 다발성 경화증 등을 예로 들 수 있다.

또 다른 퇴행성 질환인 혈관계 질환(심장 발작, 뇌졸중, 색전증, 동맥류)은 때때로 빠르고 예기치 못한 죽음의 원인이 된다. 그러나 이 병과 관련된 발작은 갑작스럽게 오지만, 이 병들 자체는 오랜 시간에 걸쳐 천천히 진행되고 병이 진전됨에 따라 점진적으로 쇠약해진다. 만약 갑자기 발작이 오게 되면 거의 순식간에 전혀 예기치 못한 죽음을 맞게 되기도 하지만, 일반적으로 퇴행성 질환에 의한 죽음은 다른 질병에 비해 더 천천히 그리고 더욱 고통스럽게 온다.

과거에 비해 퇴행성 질환이 주요한 사망 원인이 된 것은 현대인의 죽음에 대한 경험에 영향을 미친다. 사망률의 저하로 현대 사회에서 죽음을 경험하는 기회는 적어졌지만 일단 죽게 되는 상황에 처하면 과거의 전염병에 의한 사망보다 더 오래 끌면서 죽음의 시기를 예측할 수 없는 애매한 죽음 궤도를 따르게 된다. 이것은 죽는 사람 개인에게는 죽음을 준비할 충분한 시간이 있음을 의미하기도 하지만 오랫동안 남에게 의지하면서 고통스럽게 죽는다는 것을 의미한다. 또한 그들을 돌보는 가족들의 경우는 환자를 장기간 돌보아야 하기 때문에 육체적 · 정서적 · 재정적 자원이 고갈되는 힘든 과정이라는 것을 의미하기도 한다.

5 죽음의 장소

과거와 비교할 때 인간이 죽을 때의 광경은 많이 변화하였다. 퀴블러-로스(Kübler-Ross, 1969)가 경험한 어느 농부의 죽음의 광경은 다음과 같았다.

> ……그 농부는 나무에서 떨어졌는데 생명을 건질 가능성이 없었다. 그는 집에서 죽고 싶다는 의견을 제시했고, 아무도 그의 의견에 반대하지 않았다. 그는 침실로 딸들을 불러 각각 단둘이서 몇 분씩 대화를 나누었다. 당시 나는 아직 어린아이였지만 그 농부는 나와 내 여동생들을 밖으로 내보내지 않았다. 우리는 그가 숨을 거둘 때까지 그의 가족과 슬픔을 공유해도 좋다는 허락을 받았고, 함께 마음의 준비를 했다. 그는 죽었다. 하지만 자기가 직접 지은 사랑하는 집에 그대로 안치되었고, 그를 아는 모든 사람들이 그의 얼굴을 마지막으로 한 번 더 보기 위해 모여들었다. 그는 지금까지 생활해 온 자기의 집에서 수많은 꽃에 둘러싸여 있었다…….

과거에 죽음의 광경은 이렇게 자신에게 익숙한 환경과 친숙한 사람들에게서 분리되지 않고 편안한 집에서 자신의 친구와 가족들에게 둘러싸여서 생의 마지막 순간을 외롭지 않게 보낼 수 있었다. 집에서 죽을 경우 그들을 돌보는 사람은 기본적으로 가족이나 친족이었고, 대부분 치료보다는 고통스러운 증상을 완화하는 데 주력하였다. 환자의 이전 입맛을 아는 사람이 환자에게 익숙한 음식을 제공하였고, 그를 아는 사람들이 찾아와 함께 앉아 있고 위로의 말을 전하고 사랑을 나누었으며, 죽음이 가까워졌을 때는 가족들이 가까이서 임종을 지켜보았다.

현대의 죽음의 광경은 과거와는 많이 다르다. 오늘날에는 많은 노인들이 혼자서 살거나 요양원으로 들어가기 때문에 가정에서 죽음을 맞이할 가능성이 적어지고 병원에서 죽음을 맞는 사람의 비중이 갈수록 커지는 것이 현실이다(Fenwick & Fenwick, 2008).

우리나라의 전통 사상 중 집 밖에서 죽은 사람은 객사(客死)라고 하여 집 안으로 들여다 놓지 않을 정도로 집에서 죽는 것을 바람직한 죽음이라고 생각해 왔다. 그러나 최근에는 도시화에 따른 주거 공간의 협소화, 핵가족 이념의 확산, 가족 기능의 분절화 등의 이유로 대부분 병원이나 요양기관 등에서 죽음을 맞게 되기 쉽다(김상우, 2005).

실제로 우리나라 2008년 사망통계 잠정결과(통계청, 2009a)에 따르면, 의료기관 내(병의원 · 요양병원 등)에서 사망한 사람은 2008년 63.7%로 1998년 28.5%에서 35.2% 증가한 반면, 주택에서 사망한 사람은 2008년 22.4%로 1998년 60.5%에서 38.1% 감소하였고, 기타(병원이송 중 사망 등)는 2008년 13.9%로 1998년 11.0%에서 2.9% 증가한 것으로 나타나고 있어 의료기관에서의 죽음을 선호하고 있음을

표 4-5 • 사망 장소별 사망자 구성비, 1998-2008*p* •

(단위: %)

	1998	1999	2000	2001	2002	2003	2004	2005	2006	2007	2008*p*	증감 (08~98)
계	100.0	100.0	100.0	100.0	100.0	100.0	100.0	100.0	100.0	100.0	100.0	–
주택 내	60.5	57.8	53.3	49.2	45.4	42.7	38.8	35.3	30.5	26.0	22.4	–38.1
의료기관	28.5	32.1	35.9	39.8	43.4	45.0	46.6	49.8	54.7	60.0	63.7	35.2
기타	11.0	10.1	10.9	11.0	11.2	12.3	14.7	15.0	14.9	14.1	13.9	2.9

★ 출처: 통계청(2009a). 2008년 사망통계 잠정결과.[1]

1. 2008년 사망통계 잠정결과는 2008년 1월 1일부터 2009년 1월 31일까지의 사망신고 중 2008년에 국내에서 발생한 내국인 사망자료를 기초로 하고, 2월부터 4월까지의 지연신고분은 추정하여 집계한 것이다. *p*는 잠정치 표시다.

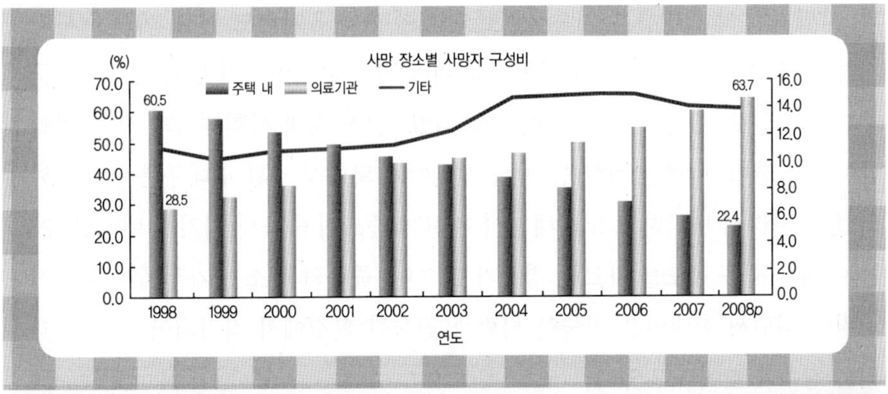

그림 4-4 • 사망 장소별 사망자 구성비 추이, 1998-2008*p* •

★ 출처: 통계청(2009a). 2008년 사망통계 잠정결과.

알 수 있다(〈표 4-5〉 [그림 4-4] 참조).

이럴 경우 죽어 가는 사람은 익숙한 환경이나 익숙한 사람들로부터 격리되고, 그들을 돌보는 사람은 병원의 의사나 간호사, 전문 간병인들이고, 가족은 방관자가 되기 쉽다. 죽어 가는 환자를 돌보는 사람은 개인적으로 그를 잘 알지 못하기 때문에 환자가 무엇을 좋아하고 무엇을 필요로 하고 무엇을 가치 있게 여기는지 잘 알지 못한다. 이렇게 죽음은 낯선 장소에서 이제까지 익숙했던 광경, 소리, 냄새, 친숙한 사람들로부터 격리되어 낯선 사람들에게 둘러싸여 고독하게 다가오기 쉽다.

이처럼 죽음의 장소가 병원이나 요양기관이 되면서 죽음은 일상생활에서 격리되었고, 현대인은 과거처럼 자연스럽게 죽음과 직접적이고 개인적으로 만날 수 있는 기회가 점점 줄어들고 있다.

6 현대인의 죽음 방식에 영향을 끼친 요인

우리나라 사람을 예로 들어 현대인의 사망 패턴을 사망률, 평균수명, 죽음의 원인, 죽음의 궤도 그리고 죽음의 장소라는 다섯 가지 특징을 중심으로 살펴본 결과, 사망자 수와 사망률은 지속적으로 감소 추세를 유지하고 있고, 이러한 사망률 저하는 탄생에서 사망까지의 생존 기간의 연장으로 이어져서 평균수명이 꾸준히 증가하여 인생 80년 시대에 접어들게 되었다. 또 현대 사회에서의 사망 원인은 암이나 심장병, 뇌혈관 질환 등 만성 질환이나 퇴행성 질환이 대부분을 차지하게 되었고, 따라서 병약하고 노쇠해져서 천천히 죽으며 죽음의 시기를 예측할 수 없는 애매한 죽음 궤도를 따르는 경우가 많으며, 죽음의 장소가 가정에서 시설이나 병원이 되면서 현대인은 친숙한 사람과 친숙한 환경에서 격리되어 죽음을 맞게 되는 경우가 늘어나고 있다.

이렇게 과거와는 다른 사망 패턴을 가져온 요인은 어디에 있는가?

코어와 동료들(Corr et al., 2000)은 그 요인을 다음과 같은 다섯 가지로 제시하고 있다.

1 산업화의 진전

산업화의 영향으로 식량 생산이 증가하고 대량 생산이 가능해지면서 의식주가 획기적으로 개선되었으며, 이러한 생활 조건의 향상은 사람에게 더 건강한 삶을 보장해 주게 되었다. 이에 따라 기아나 영양 결핍에 의한 사망률은 현저히 개선되었다.

2 공중위생의 개선

전염병에 대한 인식이 개선되면서 일반인으로부터 전염병 환자의 격리, 식수원으로부터 하수의 분리, 기본적 환경 위생의 개선 등이 사망률 저하에 공헌하였다.

3 예방적 건강 관리의 체계화

예방 백신이 개발되어 개인의 면역체계가 미래 질병의 침입을 방어할 수 있도록 하였고, 이러한 백신의 개발은 영유아를 질병으로부터 보호하게 하여 평균수명의 연장을 가져왔다. 이 밖에도 대중 매체를 이용하여 건강한 식생활과 운동의 중요성을 계몽하였고, 흡연, 음주 등 건강에 해로운 습관과 임신한 여성이 임신 기간 중에 음주나 불법적인 약물을 복용하지 못하도록 경고하는 등 개인이 질병에 걸리기 전에 건강을 관리할 수 있도록 하였고, 이러한 행동들은 사망률 감소와 평균수명 연장에 공헌하였다.

4 현대의 치료 중심적인 의학의 등장

치료 중심적인 의학이 등장함에 따라 예방보다는 적극적인 치료를 강조하게 되었고, 병원이 건강 관리에 중요한 역할을 담당하게 되었다. 항생물질의 도입 이래로 현대 의학은 사망률 개선, 특히 유아 사망률의 개선과 평균수명 연장에 크게 공헌하였다. 현대 의학은 질병의 생의학적 모델(biomedical model of disease)을 강조하여 건강을 관리하는 데 특별한 기술을 가진 의사가 중요한 역할을 담당하게 되었고, 그들은 특정한 장소인 병원에 주로 배치되어 있다. 건강 관리가 아픈 사람이 있는 장소로 찾아가는 것이 아니라 질병을 가진 사람이 치료가 제공되는 장소로 가야 하는 것이다.

5 가족제도의 변화

과거 가족의 규모가 큰 확대가족이었을 경우에는 일반적으로 서로가 가까운 이웃에 살아 빈번히 접촉하며 살았고, 직장에 가지 않고 집에 남아 있는 사람(대부분의 경우 여성)이 있어서 아픈 사람이나 죽어 가는 사람을 돌보거나 사별한 사람을 도울 수 있었다. 그러나 핵가족화된 현대 사회에서는 성인은 대부분 직장에 나가고, 친족들은 전국에 혹은 전 세계에 흩어져 살아서 일반적으로 서로 접촉할 기회가 적다. 현대인에게 죽음은 집과 삶의 주류에서 제거되었고, 과거에 자연적이고 친근한 가족과 다른 사회적 지지망을 통해 얻을 수 있었던 지역 사회의 지원을 받지 못한 채 고독하게 맞이하기 쉽다. 가족이나 가까운 친족이 없거나 가까이 살지 않을 경우, 이처럼 과거와는 다른 방식으로 죽음이나 사별 등을 경험하게 되는 것이다.

앞에서 살펴본 것처럼, 죽음이 우리의 세계에 들어오는 방식은 죽음의 원인, 우리가 겪게 되는 죽음의 궤도, 죽음이 일어나는 장소, 우리의 가족이나 지역 사회가 죽음과 사별을 경험하는 사람을 지원하는 방식 등의 영향을 받아 다양하게 나타날 수 있다.

2. 죽음 체계

죽음 체계(death system)는 카스텐바움이 처음 사용한 개념으로, 이는 죽음과 우리의 관계를 생각하고 표현할 때 사용되는 사회적 · 물리적 네트워크를 의미한다(Kastenbaum, 1972).

살고 죽는 것은 개인적으로 경험되지만, 우리는 언어, 기대, 관습, 욕구 등에 의해 서로서로 연결되어 있다. 즉, 우리는 진공 상태에서 홀로 존재하는 것이 아니라 사회 속에서 살기 때문에 죽음과 만나는 방식은 체계적으로 사회의 영향을 받게 된다. 죽음 체계의 개념은 이처럼 상호 관련성, 관계와 의미의 조직망에 주목하여, 사회의 기대, 법칙, 동기, 상징이 우리의 죽음과의 만남에 끼치는 영향, 사회적 하부 구조와 사회화 과정의 존재와 중요성을 강조하고 있다(Kastenbaum, 1972). 죽음 체계는 시대의 흐름에 따라 변천되어 왔고, 문화와 사회에 따라 각기 다르며, 문화권마다 공식 혹은 비공식 교육을 통해 전승되어 오고 있다.

각 사회의 죽음 체계는 그 자체의 구조적 요소와 특징적 기능을 가지고 있다.

1 죽음 체계의 구성 요소

카스텐바움은 죽음 체계의 다섯 가지 구성 요소로 사람, 장소, 시간, 물건 그리고 상징을 들고 있다.

1 사람

모든 사람이 죽음 체계의 구성 요소가 될 수 있다. 뜻밖에도 친구가 우리에게 자신이 죽을 병에 걸렸다고 털어놓을 수도 있고, 우리는 누군가가 죽는 교통사고의 현장에 있을 수도 있다. 이처럼 우리 모두는 언제라도 죽음 체계 안으로 포함될 수 있다. 특히 죽음과 관련된 직종에 종사하는 사람들, 예를 들어 장의사, 생명보험 설계사, 조화를 파는 꽃가게 주인, 신탁이나 유언장 작성을 돕는 변호사 등은 죽음 체계를 구성하는 핵심 참여자라고 할 수 있다. 그 밖에 건강 관련 전문가, 목사, 살생 무기를 개발하거나 생물 복제 기술을 가지고 삶과 죽음을 좌지우지하는 생명과학자들도 빼놓을 수 없다.

2 장소

어떤 정해진 장소가 죽음과 동일시될 수 있다. 공동묘지나 장례식장이 그 대표적인 예다. 이 밖에도 우리가 가지고 있는 생각이나 경험에 따라 죽음과 연관되어지는 장소들이 있다. 병원이 그 대표적인 장소로, 병원에서는 아이가 태어나고 수술이 행해지고 환자가 치료받는 곳이지만 때로는 사람들이 죽는 장소이기도 하다. 런던탑과 같은 역사적 전쟁터나 링컨이 암살된 워싱턴의 포드 극장, 우리나라의 휴전선 일대는 죽음의 장소로 기억되고 있다.

3 시기

죽음은 시간이나 때와 연관된다. 많은 사회에서는 죽음이 모든 사람의 생각과 감정을 지배하도록 허용하는 주기적인 시기를 설정하고 있다. 우리나라에서는 조상들의 묘를 방문하는 날로 한식을 지내고 있고, 우리나라의 현충일은 해마다 나라를 지키기 위해 죽은 사람들에게 경의를 표하는 날이며, 미국에서는 2001년 9월 11일 세계무역센터가 폭파된 날을 많은 사람의 목숨을 빼앗아 간 날로 기억하고 있다. 또 개인적으로 사랑하는 사람이 죽은 날을 기억하여 추도식이나 제사를 지내고, 어떤 사람은 그러한 시기에 병이 나거나 비이성적인 행동을 하는 등 기일 반응(anniversary reaction)을 나타내기도 한다. 이처럼 개인이나 사회에게 어떤 특정한 시기는 죽음의 전조에 해당하여 그러한 시기를 특별한 방식으로 다루는 경향이 있다.

4 물건

죽음은 사람, 장소, 시간뿐만 아니라 물건과도 연관된다. 영구차나 신문에 나는 사망 기사, 사망증명서가 우리의 죽음 체계에서 가장 대표적인 죽음을 상징하는 물건이라고 할 수 있다. 그 밖에 올가미, 교수대, 전기의자, 상여, 수의 등도 죽음을 떠올리게 하는 물건이다. 죽음과 직접적으로 연관되지는 않지만 사고나 오용으로 치명적인 영향을 미치는 물건도 있다. 자동차나 담배, 알코올, 특수한 약물 등은 오용 여부에 따라 죽음의 도구가 될 수 있다. 이러한 물건이 죽음 체계에 받아들여지면 물건 그 자체는 그대로 남아 있으나 의미는 변용될 수 있다.

5 상징

언어나 다른 상징이 죽음 체계에서 중요한 역할을 담당한다. 특정한 색과 그것에 내포된 상징적 의미의 관계는 사회적 약속에 따라 관습적으로 형성되는 것으로 문화에 따라서 특정한 색깔과 상징들이 죽음과 관련된 메시지를 전달한다. 고대 이집트인의 경우, 대개 흰색은 생명과 부활을 상징하고 검은색은 죽음을 상징한다. 그들은 태양광선을 만물의 생명의 원천으로 생각하여 흰색을 생명력 자체로 본 반면, 검은색을 부활하기 전까지 반드시 지나야 하는 어두운 세계와 연결시켰다. 우리나라, 일본, 중국 등과 같은 동양의 전통적인 상복 색깔은 흰색이고, 이는 검은색을 입는 유럽 등 서양과 뚜렷이 대조된다. 서양인은 죽음을 '생명의 끝'이라고 인식한 반면, 동양인은 저승을 '이승의 연결 세계'로 보기 때문에 죽음을 부정적으로 인식하지 않았고 그러한 이유로 상복도 검은색 대신 흰색을 선호한다(한국외국어대학교 외국학종합연구센터, 2006).

죽음 상징은 죽음에 대한 문화적 태도를 나타낸다. 죽음과 관련된 음악은 대개의 경우 팝송과는 다른, 느리고 엄숙한 오르간 곡이나 조용하고 경건한 위령곡이 선정된다. 그러나 우리나라의 진도 지방에서는 상여가 나가는 전날에 '빈 상여놀이'를 하며 상여 운반을 위한 일종의 예행연습을 하는데, 이때 상두꾼이나 마을 사람들은 흥겨운 놀이판을 벌이기도 한다(임재해, 2004).

또 우리가 사용하는 단어와 사용을 꺼리는 단어는 그 문화의 죽음 체계의 특성을 나타낸다. 사람들은 죽었다는 표현보다는 '돌아가셨다' '저세상으로 갔다' '영면했다' '우리를 떠났다' 등의 완곡어법을 사용한다. 사람들에게 죽음은 아직도 말하기 어렵고 꺼리는 표현으로 간접적이거나 모호한 단어를 사용하여 완곡하게 표현함으로써 자신과 죽음의 현실 간에 거리를 유지하고자 하는 것이다.

이처럼 오늘날 사람들은 이전보다 더 개방적으로 죽음에 대해 이야기하지만 아직도 죽음 주제를 간접적이고 상징적이고 회피적인 언어로 부호화하는 경향이 있다. 사람들이 죽음에 대해 이야기할 때 쓰는 언어적 상징에 주목하면 우리는 그 사회나 문화가 죽음에 대해 갖고 있는 태도를 알 수 있다.

앞에서 살펴본 것처럼 죽음 체계는 다양한 요소로 구성되어 있고, 이러한 요소들의 조합에 따라 그 사회와 문화에 독특한 죽음 체계가 형성되고, 또 죽음 체계는 그 구성원들의 죽음에 대한 생각, 행동, 태도의 형성과 죽음과의 만남에 영향을 미치게 된다.

2 죽음 체계의 기능

이러한 죽음 체계는 각 사회나 문화에서 다음과 같은 기능을 담당한다.

1 경고와 예언

사회의 핵심 기능은 그 구성원을 보호하는 것으로, 많은 사회는 그 구성원들이 생명의 위협을 피하게 하고자 경고나 예언을 발한다. 예보된 위협은 현실에서 진짜로 일어날 수도 있고, 과장되거나 완전히 상상의 산물일 수 있어서, 사회는 그러한 경고에 반응할지 무시할지를 선택해야 한다. 테러리즘이나 공기오염, 수질오염, 지구온난화, 홍수나 눈사태, 황사 등에 대한 경고에 모두 다 주목하는 것은 어려운 일이기 때문이다.

죽음 체계는 사회뿐만 아니라 특정한 개인에게도 경고나 예언을 발한다. 의사는 건강을 위해 금연이나 금주를 권하고, 자동차 정비사는 우리의 차가 사고 위험이 있다고 경고할 수 있다. 우리의 안녕에 위협이 존재한다는 것을 듣는 것으로 그치지 말고 우리는 이러한 경고를 받았을 때 우리 자신을 보호하기 위해 무슨 일을 할 것인지를 결정해야 한다.

2 죽음의 방지

모든 죽음 체계는 죽음을 방지하고자 하는 전략을 가지고 있다. 건강 관련 전문가, 소방대원, 경찰, 치료나 건강 증진을 위해 분투하는 연구자들이 죽음을 방지하기 위해 노력하는 대표적인 사람들이라고 할 수 있다.

특히 현대 사회에서는 과거에 많은 사람의 목숨을 빼앗아 간 전염병들을 통제할 수 있게 되어 많은 영유아나 노약자의 죽음을 방지할 수 있게 되었고, 암이나 심장병 등 주요 사망 원인이 되는 질병을 통제하고 노화와 관련된 어려움을 최소화하기 위한 노력을 계속하고 있다. 이처럼 우리의 죽음 체계는 죽음을 방지하기 위해 죽음이나 질병과의 전쟁을 벌이고 있고, 개개인은 장수나 성인병 예방을 위해 생활 습관이나 삶의 방식 개선을 위해 자신과 전쟁을 벌이고 있다.

3 죽어 가는 환자의 돌봄

현대 죽음 체계는 호스피스 프로그램이나 병원 서비스 등을 통해 죽어 가는 환자를 돌본다. 그러나 끝까지 치료를 계속해서 죽음을 막고자 하는 노력에서 죽어 가는 환자를 편안하게 해 주는 완화 치료로의 이행을 결정하는 것은 어려운 일이다. 죽음을 막는 것이 최후의 순간까지 최우선의 목적이 되어야 하는가 아니면 강조점이 환자를 편안하게 하는 것으로 이동해야만 하는가? 아직 살 가능성이 있는 한 절대로 죽음에 대해 이야기하지 않는 입장을 취하는 의사가 있고, 임박한 죽음의 징후에 자신들의 노력을 조절하는 의사도 있다. 죽음 체계에 따라 죽어 가는 환자를 돌보는 철학과 관습은 다르게 나타나고, 이것은 호스피스 프로그램이나 병원 서비스에도 반영되어 나타난다.

4 죽은 자의 처리

죽은 사람의 유해를 처리하는 것은 모든 사회가 수행해야만 하는 과업이다. 죽은 사람의 유해(주검)를 처리하는 것과 연관된 행동에는 삶과 죽음을 생각하는 방식이 표현되어 있다.

우리나라의 경우를 예로 들면, 현실적으로 죽음은 숨을 거두는 것으로 검증되지만 우리나라의 장례 관습에서 죽음이란 영혼이 몸을 떠나는 것으로 인식된다. 처음 의례들은 산 자인 상주 중심의 의례(임종)가 행해지지만 점차 환자의 의례(천거정침, 속광)로, 숨을 거둔 이후에는 다시 주검의 의례(수시)와 영혼의 의례(고복, 사자상)로 나누어져서 마침내 상주 의례, 주검 의례, 영혼 의례의 세 가지 의례가 복합적으로 행해지게 된다(임재해, 2004). 이처럼 과거 우리나라의 장례의식은 주검에 대한 의례뿐만 아니라 영혼에 대한 의례가 따로 존재하고 이후에 제사의 의례로 이어지는 등 죽은 후의 영혼의 존재를 강조하고 있다. 상주는 부모를 죽게 한 죄인이 되어 차림새와 행위를 죄인처럼 해야 했고, 시신을 주변의 선산이나 미리 봐둔 곳에 매장했다.

이에 비해 일본은 죽은 자를 매장하는 매장 묘와 죽은 자의 영혼을 공양하기 위한 공양 묘로 분리하여 2개의 묘를 쓰고 있는데, 이는 사후에 육체와 영혼을 철저하세 분리하려는 일본인의 의식 세계를 단적으로 보여 주고 있다(한국외국어대학교 외국학종합연구센터, 2006).

이처럼 각 사회나 문화의 죽음 체계에는 죽은 자를 처리하는 독특한 방식이 있고, 이러한 방식에는 그 문화의 삶과 죽음에 대한 태도와 사고방식이 반영되어 있다.

5 죽음 후의 사회적 통합

죽음은 단순히 사회로부터 개인을 제거하는 것이 아니라 사회의 생존 능력 자체를 위협할 수 있다. 특히 상대적으로 규모가 작은 사회에서 모든 죽음은 전체 집단의 통합을 위협할 수 있고, 대중 사회에서는 영향력 있는 지도자가 뜻하지 않게 죽었을 때 사회 통합이 도전을 받게 된다. 영향력 있는 지도자의 갑작스럽고 예기치 못한 죽음은 우리 중에서 제일 힘 있는 사람조차 죽음에 취약하다는 것을 깨닫게 하여 일반 국민을 크게 동요시킨다.

죽음 체계의 중요한 기능 중 하나는 개인이나 집단이 그 구성원의 죽음에 대처하도록 하는 것이다. 각 문화의 장례 의식은 남은 유족을 위로하고 사회 속으로 재통합시키는 역할을 한다(Kastenbaum, 2007).

6 죽음의 이해

죽음 체계의 또 다른 기능으로 서로에게 죽음을 설명하고 해석하려는 노력을 들 수 있다. 이러한 해석은 철학적 명언이나 과거의 영웅, 지도자들이 죽음의 순간에 남긴 마지막 유언, 시, 성경 구절 등의 형태로 전승되기도 하고, 간호사, 의사, 목사, 장의사 등은 직업과 관련된 죽음에 대한 태도와 해석을 표현하도록 사회화된다. 사회에서 쉽게 접할 수 있는 죽음과 관련된 해석들은 피상적인 수준에 머무는 상투적인 문구가 대부분이지만, 죽음에 대해 말해야 하는 순간에 이러한 말들을 교환하면서 긴장되고 어색한 침묵을 피하고 죽음에 대한 불안을 감소시켜 편안함을 줄 수도 있다(Kastenbaum, 2007).

죽음에 대한 해석은 우리의 마음에 떠오르는 의문들과 관련된다. 아동, 성인, 노인은 마음속에 죽음에 대한 다른 질문들이 떠오를 것이고, 다른 방식으로 그 질문에 대한 답을 구할 것이다. 또한 동양의 전통에 뿌리 박고 있는 사람은 서구의 문화권에 사는 사람과 죽음을 이해하는 접근 방식이 다를 수 있다.

7 살해

모든 죽음 체계는 다양한 방식으로 수행되는 '살해 혹은 도살' 이라는 기능이 있다. 많은 경우에 사람의 생명을 보호하고 연장시키는 역할을 하는 바로 그 사회가 어떤 경우에는 죽이기 위해 행동하는 것이다.

사형 제도가 그 대표적인 예다. 사형은 많은 문화권에서 사형 조건에 대한 다양한 기준을 가지고 시행되고 있고, 최근 서구 문화권에서는 사형 제도를 없애는 것이 일반적인 경향이다. 사형 제도는 살해 수행자로서의 죽음 체계의 가장 확실한 예이고, 그 밖에 우리에게 고기를 제공하는 동물을 기르고 도살하고 가공하고 소비하는 사람들이 포함될 때 살해자로서의 죽음 체계는 더욱 확장된다. 식량을 얻기 위한 목적 이외에도 살아 있는 생물들이 모피나 가죽을 얻기 위한 목적 때문에 살해되기도 하고, 정력에 좋다는 이유로, 혹은 단순히 즐기기 위해 살해되기도 한다.

특히 전쟁과 희생 제물은 주목해야만 할 살해의 형식이다. 전쟁은 수세기에 걸쳐 수많은 사람들을 죽음으로 몰고 갔다. 전쟁은 국가의 이익을 위한 정책으로서 일어나기도 하고 사소한 이유 때문에 휘말려 파국에 이르기도 한다. 정신분석학자들은 전쟁이 일어나는 이유를 인간 본성에 뿌리 박고 있는 공격 본능에서 찾고 있고, 물리학자들도 전쟁이 일어나는 이유는 물리적 세계의 본성이 아닌 인간의 폭력적 성향에 있다고 주장한다(Kastenbaum, 2007). 그러나 전쟁에 의해 나타나는 모든 주제, 동기, 사건들을 전부 설명해 줄 수 있는 단순한 답은 없다.

제물을 바치는 것은 풍년을 기원하고 재앙을 막기 위한 의례에서 핵심을 이루는 부분으로 주로 음식, 물건, 동물들이 신에게 바쳐졌고, 그중에서도 인간 제물이 가장 강력한 제물이었다. 피의 희생 제물은 많은 사회에서 공통되게 나타나는 현상으로, 아시아, 유럽, 북아프리카, 남아메리카 등에서 인간을 제물로 바쳤다고 한다(Benson & Cook, 2001; Carrasco, 1999; Davies, 1981).

각 사회는 제물을 바치는 것에 대한 믿음과 조건을 구성하는 독특한 체계를 가지고 있다. 아스텍 문화에서 제물로 바쳐진 희생물의 피를 마시고 고기를 먹는 것은 한 사람에게서 다른 사람으로 생명 에너지가 옮겨간다는 믿음에 바탕을 둔 것이고(Carrasco, 1999), 고대 중국이나 이집트 문화에서는 다음 생에서도 계속해서 왕을 모시기 위해서 가족이나 관리, 시종 등이 왕이 죽을 때 같이 매장되었다고 한다. 이러한 인간 제물은 후에 대부분 동물이나 작은 모형과 같은 상징물들로 대체되었다.

이처럼 각 문화의 죽음 체계에는 그 문화 안에서 인정되고 정당화된 살해 기능이 존재하는 것이다.

part 02

죽음의 과정

죽음의 과정은 흔히 인간의 육체가 죽음에 이르는 생리적 · 생물학적 측면만을 생각하기 쉽지만, 죽음에 처한 사람이 겪게 되는 생각, 느낌, 욕구, 행동 등을 포함하는 심리적인 측면과 함께, 죽어 가는 사람 본인은 물론, 그 가족, 의료인 등의 상호작용과 그들을 둘러싼 사회문화적 환경 등 죽어 가는 사람에 대한 사회적 · 제도적 · 문화적 측면을 포함하는 역동적인 과정이다.

제5장

죽음의 과정

죽음의 과정은 흔히 인간의 육체가 죽음에 이르는 생리적 · 생물학적 측면만을 생각하기 쉽지만, 죽음에 처한 사람이 겪게 되는 생각, 느낌, 욕구, 행동 등을 포함하는 심리적인 측면과 함께, 죽어 가는 사람 본인은 물론, 그 가족, 의료인 등의 상호작용과 그들을 둘러싼 사회문화적 환경 등 죽어 가는 사람에 대한 사회적 · 제도적 · 문화적 측면을 포함하는 역동적인 과정이다. 즉, 죽음의 과정에 있는 사람이 자신이 처한 상황에 의해 발생한 어려움에 전심전력으로 반응하고 적절하게 적응하는 것은 심리적인 측면으로, 죽음에 직면함으로써 발생하는 고통, 불안, 욕구좌절, 불쾌함, 우울함과 맞서서 대처하고 일상생활의 활동을 유지하는 것이 중요한 과제라고 할 수 있다. 이에 비해 죽어 가는 개인에게 부과되는 스트레스를 완화시키는 문제 그리고 죽음을 부정하는 사회의 규범과 제도들을 기꺼이 재조정함으로써 삶을 마무리 짓는 죽음의 과정에 있는 사람이 그가 속한 조직 안에서 인정받고 가치 있는 위치를 갖도록 하는 것은 죽음의 과정에 대한 사회적 · 제도적 · 문화적 측면이라고 할 수 있겠다.

이 장에서는 죽음의 환경을 인간적으로 만들기 위한 노력의 일환으로 죽음의 과정의 심리사회적인 측면에 주목하여 죽어 가는 사람이 죽음의 과정에서 주로 겪게 되는 경험과 상호작용 등에 대하여 살펴보고자 한다.

1. 삶의 마지막 단계를 설명하는 용어들

우선 삶의 마지막에 이르렀을 때의 경험과 행동을 기술하기 위해 가장 많이 사용되는 용어들을 살펴보고자 한다. 삶에서 죽음으로 이행하는 과정을 설명하는 용어로는 주로 죽음의 과정, 말기 질환, 생명을 위협하는 상황, 마지막 단계, 삶을 마무리하는 문제, 중환자 케어 등의 용어가 일반적으로 사용되고 있다.

- 죽음의 과정(dying): 삶에서 죽음으로 이행하는 과정을 의미하는 용어로, 일반적으로 전체 삶의 상황에서 전체 인간과 관련될 때 주로 사용되고, 전달하려는 뜻과 의미가 가장 분명하기 때문에 일반 대중이나 전문가들에게 가장 널리 수용되는 개념이다.
- 말기 질환(terminal ill): 죽어 가는 사람의 정서적 영향보다는 짧은 시간 내에 죽음에 이르는 말기 단계의 치유될 수 없는 질병에 초점을 맞춘 용어다. 주로 질병의 증상, 관리, 예후 등에 대해 언급할 때 많이 사용된다.
- 생명을 위협하는 상황(life-threatening condition): 삶에서 죽음으로 이행하는 과정에서 돌이킬 수 없이 반드시 죽음에 이르는 것이 아니라 치료의 가능성이 있을 경우에 주로 사용된다.
- 생명의 마지막 단계(the end-phase of life): 주로 신체 기관이 쇠약해져서 증상이 악화되고 기능이 약화되었을 경우에 사용된다.
- 삶을 마무리하는 문제(end-of-life issues): 의료, 간호에 대한 사전 지시나 장례식, 재산 분배와 같은 삶의 영역에서의 관심과 결정을 언급할 때 주로 사용된다.
- 중환자 케어(critical care): 죽어 가는 사람이 전면적인 관리와 특별한 관심을 필요로 한다는 인식 때문에 사용되는 용어이지만, 죽음의 과정을 전체 건강관리 체계로부터 분리, 고립시키는 결과를 낳기도 하였다.

이렇게 다양한 용어와 구분에도 불구하고, 어떤 한 용어가 죽음으로 향해 가고 있는 삶의 경계에서 만나게 되는 다양하고 복잡하며 변화하는 현실을 정확하게 기술할 수는 없다. 그러나 여기서는 삶과 죽음의 경계에서 만나게 되는 경험과 현실을 지칭하는 용어로 편의상 일반적으로 널리 수용되고 있는 개념인 죽어 가는 과정 혹은 죽음의 과정(dying)이라는 용어를 주로 사용한다.

2. 죽음의 과정이란 무엇이고 언제부터 시작되는 것인가

죽음의 과정은 우리가 삶에서 경험하는 많은 변화과정 중 하나라고 할 수 있다. 우리는 학교에 입학한 첫날, 직장에 출근한 첫날, 결혼한 첫날, 아이가 태어난 첫날 등 살아오는 동안 한 상태에서 다른 상태로의 기억할 만한 변화를 많이 겪어 왔다.

그러나 삶으로부터 죽음으로의 변화는 한 상태에서 다른 상태로의 분리가 전면적이고 최종적이라는 점에서 다른 변화와는 구별된다. 또 죽음의 과정은 다른 사람과의 상호작용과 의사소통, 자아 평가라는 요소들이 포함되어 있어서 그 과정을 겪는 각 개인에게는 유일하고 독특한 경험이다(Kastenbaum, 2007). 어떤 사람도 같은 생각, 같은 느낌, 같은 질병과 관련된 경험을 가질 수 없고, 어떤 사람도 같은 인간관계를 가질 수 없다. 특히 말기 질환을 앓는 동안의 삶의 질은 다른 사람과의 관계의 질, 편안함과 전폭적인 지원을 아끼지 않는 사람을 얻을 수 있는지 여부에 달려 있다.

이처럼 죽음의 과정은 죽음에 이르게 하는 질환의 특성과 관리, 생명이 위험에 처해 있는 사람 본인, 이용 가능한 사회적 지원 체계에 따라 다양한 형태를 갖게 되는 경험이다. 또 우리나라의 고려장에서 알 수 있듯이, 우리가 언제, 어떻게 죽는가는 신체 질환뿐만 아니라 사회적 관습의 영향을 받고, 개인의 생활방식이 죽음의 시기와 방식에 영향을 끼치기도 한다.

따라서 죽음의 과정을 이해하기 위해서는 좁은 의미의 의학적 규정에만 초점을 둘 것이 아니라 죽음의 과정을 인간의 생애 주기 중 마지막 단계로 위치 매김과 동시에 개인의 삶의 의미와 사회적 · 제도적 · 문화적 양상을 포함하는 전체적인 패턴을 함께 고려해야 한다.

그러면 죽음의 과정은 언제부터 시작되는가? 죽음이 시작되는 시점은 우리가 무엇을 준거 기준으로 하느냐에 따라 다르다. 태어나는 순간부터 죽음으로 향하고 있다는 철학적 견해도 있고, 피부각질의 세포사를 죽음의 시작으로 보는 견해도 있다.

죽음의 과정은 일반적으로 심리사회적인 사건으로서 시작된다(Kastenbaum, 2007). 죽음의 과정은 유기체 체계가 제대로 작동하지 않으면서 시작되지만, 죽음이 일어나는 것은 개인적 · 사회적 삶의 영역 안에서다. 또 죽음의 과정이란 누구나 동의하는 확실하게 일어나는 객관적인 사실이라기보다는 경험과 의사소통, 관련된 개념들로부터 우리가 판단하고 구성하는 개념인 것이다.

죽음의 과정은 다음과 같은 몇 가지 맥락을 통해서 발견되거나 공인될 수 있다(Kastenbaum, 2007).

1 죽음의 과정은 사실들이 인정되었을 때 시작된다

죽음의 과정은 의사가 이 환자는 말기 질병으로 앞으로 살 수 있는 날이 얼마 남지 않았다는 결론에 도달했을 때부터 시작된다는 견해다. 그러나 이것은 공식적으로 죽음의 과정이 시작되는 것은 아니고, 다만 이 사람이 죽어 가는 환자로 간주될 뿐이다. 이 경우를 죽음의 과정을 결정하는 기초가 되지만 공식적으로 죽음의 과정이 시작되는 것으로 보지 않는 이유는 오진의 가능성이나 아직 의사와 상담하지 않은 똑같은 말기 질병을 가진 사람의 경우가 제외되기 때문이다.

2 죽음의 과정은 사실들이 전달되었을 때 시작된다

죽음의 과정은 의사가 환자에게 정보를 전달하는 순간부터 시작된다는 견해인데, 이것은 복잡한 상황이 될 수 있다. 즉, 의사가 질병의 예후를 결정한 순간과 이것을 환자와 공유한 시간 사이에는 간격이 있을 수 있다. 의사는 환자가 죽을 것이라는 결론에 도달한 바로 그 순간에 이 나쁜 소식을 환자에게 전달하지는 않는다. 의사가 환자에게 사실을 이야기하기까지 며칠, 몇 주 혹은 몇 달이 걸릴 수 있고, 환자에게 끝까지 이야기하지 않을 수도 있어서 환자는 이 반갑지 않은 정보를 전혀 듣지 못할 수도 있다.

❸ 죽음의 과정은 환자가 사실을 인식하고 받아들일 때 시작된다

의사가 말기 질병을 가진 환자에게 그가 처한 상황을 명확하게 전달하지 못한 경우와 환자가 의사로부터 정보를 들었지만 들은 상태가 아닌 경우, 즉 환자가 사실을 잊었거나 잘못 해석한 경우 환자의 죽음의 과정은 시작되지 않는다. 의사는 직접적이고 뜻이 명확한 언어로 정보를 전달해야 하고, 기술적인 전문 의학 용어를 사용하여 환자가 이해하기 어렵게 해서는 안 된다. 그러나 환자가 정보를 처리하고 개념을 적절하게 이해하는 능력을 잃었을 때, 즉 정신 능력에 장애가 있을 때 환자가 얼마나 이해하고 있는지를 결정하는 것은 힘든 일이다.

❹ 죽음의 과정은 생명을 유지하기 위해 더 이상 아무것도 할 수 없을 때부터 시작된다

이 견해를 따르는 의사는 환자를 위한 치료의 길이 아직 열려 있을 경우에는 그 환자를 죽어 가는 환자로 분류하지 않는다. 의료진들이 예외적으로 강한 동기를 가지고 환자를 살리고자 한다면 환자에게 기적이 일어날 가능성이 있기 때문이다. 따라서 어떤 의료 팀들은 더 시도할 수 있는 치료가 있는 한 환자를 죽어 가는 사람으로 인정하는 것을 거부한다. 그러나 환자가 죽음의 과정에 있다고 분류하는 것을 너무 오래 지체해서 성공할 가능성이 없는데도 고통스러우면서 환자를 사회적으로 고립시키는 치료를 계속하여 환자의 마지막에 그가 선택한 대로 사는 것을 방해하는 경우도 있다.

앞에서 살펴본 것처럼 죽음의 과정은 언제 치명적인 상황이 발전되었는지, 언제 그 상황이 의사에 의해 발견되었는지, 언제 그 상황에 대한 지식이 환자에게 전달되었는지, 언제 그 사람이 자신의 상황을 깨닫고 받아들였는지, 언제 그러한 상황을 역전시키고 생명을 유지시키기 위해 더 이상 할 수 있는 일이 없다고 판단되었는지 등등의 질문을 통해 관련된 사람들에 의해 구성되고 판단되는 경험인 것이다.

죽음을 방지하기 위한 분투에서 죽어 가는 환자가 편안하게 죽을 수 있도록 하는 돌봄으로 언제 전환하고 이러한 전환이 효과적이고 인간적인 방식으로 어떻게 이동할 수 있는지는 죽음의 과정을 어떻게 정의하느냐에 달린 문제라고도 할 수 있다.

3. 죽음 궤도와 인식 맥락

앞서 살펴보았듯이, 죽음의 과정은 죽어 가는 사람과 죽음의 과정에 관여된 사람들의 상호작용에 의해 구성되는 독특한 경험이다. 또 이러한 죽음의 과정에서의 상호작용 패턴은 죽어 가는 환자가 겪는 죽음 궤도, 그리고 죽어 가는 환자와 관련자들이 갖는 인식 맥락의 영향을 받는다.

글래서와 스트라우스(Glaser & Strauss, 1965; 1968)는 샌프란시스코의 6개 의료 시설에서 죽어 가는 사람과의 상호작용에 대해 관찰한 결과, 죽음의 과정에 대처하는 데에서 중요한 두 가지 변인을 발견하였다. 그것은 '죽음 궤도의 특성'과 '관여된 사람들이 죽음의 과정에 대해 인식하고 정보를 공유하는 정도'였다. 글래서와 스트라우스의 연구 결과를 바탕으로 죽음의 궤도와 인식 맥락에 대해 살펴보면 다음과 같다.

1 죽음의 궤도

죽음의 궤도(dying trajectories)란 환자가 죽는다고 선고된 시점에서 마지막 숨이 끊어지기까지의 지속 기간과 죽음이 진행되는 과정의 양상을 말하는 것으로, 이 지속 기간과 양상은 객관적이고 생리학적인 특성이라기보다는 관계된 사람들에게 인식된 특성이라고 할 수 있다(Glaser & Strauss, 1965; 1968).

죽어 가는 사람은 똑같은 속도나 똑같은 방식으로 죽지 않는다. 따라서 병원 관계자들은 죽어 가는 모든 환자에 대해서 다음의 두 가지 질문을 하게 된다.

- 이 환자는 죽을까?(확실성)
- 만약 그렇다면 언제 죽는가?(시간)

또 이러한 확실성과 시간은 다음의 네 가지 형태로 죽음을 예상할 수 있게 한다.

- 죽음이 알려진 시간에 확실히 일어날 것이 예상된다(예, 환자는 6개월을 살 수 있다.).
- 죽을 것이 확실하지만, 시간은 알지 못한다(예, 환자는 6개월 아니면 6년도 살 수 있을 것이다.).
- 환자가 죽을 것인지 아닌지 불확실하지만, 문제가 언제 풀릴지 시간은 알 수 있다(예, 만약 수술이 잘 됐으면 환자는 낫게 될 것이다.).
- 환자가 죽을 것인지 아닌지 불확실하고, 문제가 언제 풀릴지 시간도 불확실하다(예, 환자는 만성적인 심장 문제를 가지고 있다.).

환자와 의료 관계자들의 상호작용은 그들이 환자의 죽음 시기와 확실성에 대해 갖고 있는 예상과 깊이 관련되어 있다.

죽음의 과정에 동반되는 다양한 상호작용 패턴을 살펴보기 위해 글래서와 스트라우스(Glaser & Strauss, 1968)가 확인한 세 가지 형태의 죽음 궤도를 좀 더 자세히 살펴보면 다음과 같다.

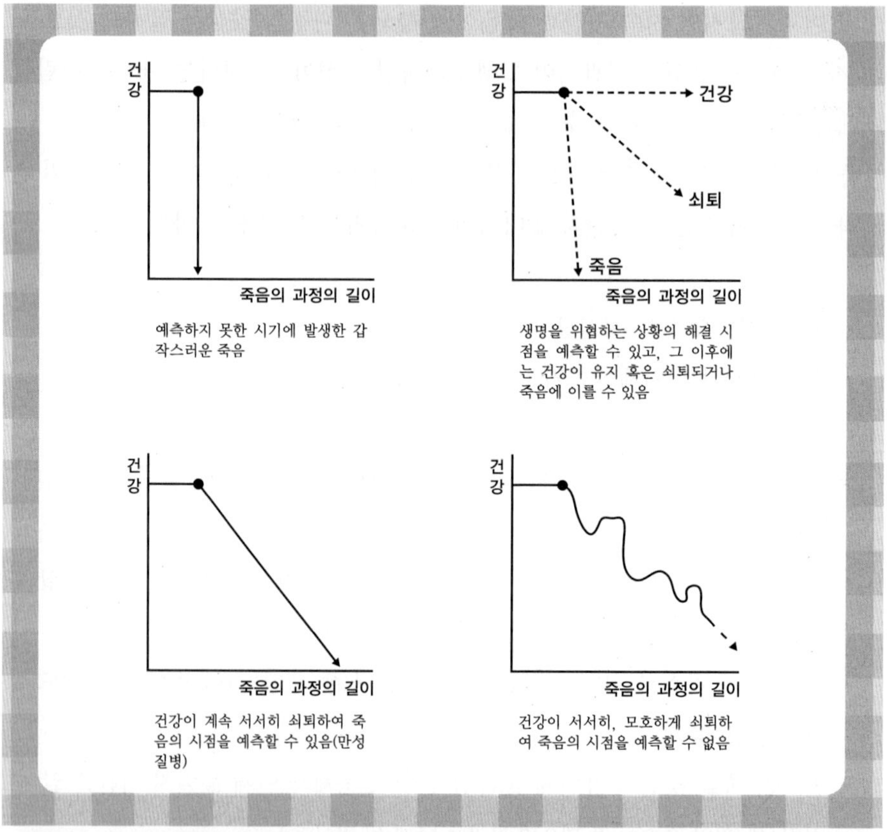

그림 5-1 • 죽음의 궤도 •

★ 출처: Corr, C. A., Nabe, C. M., & Corr, D. M. (2000). *Death and Dying, Life and Living*, p. 39.

1 오래 질질 끄는 죽음 궤도

환자의 삶이 천천히 쇠퇴해 갈 때 돌봄 제공자들은 특징적인 패턴을 나타낸다. 그들은 치료보다는 환자를 편안하게 해 주려는 한편, 그들이 할 수 있는 모든 것을 이미 다했고 환자는 긴 쇠퇴의 과정을 거쳐 죽음에 이르게 될 것이라고 믿게 된다. 조용하게 쇠퇴해 가는 것이 오래 질질 끄는 죽음 궤도(lingering trajectory)의 결론으로서 의사들이 기대하고 받아들이는 것이다. 환자는 이미 사회적으로 죽은 것으로 간주되기 때문에 오래 질질 끄는 궤도를 끝낼 수 있게 하는 죽음은 주위 사람들에게 더욱 받아들여지기 쉽다.

오래 질질 끄는 궤도가 결정되면 가족들의 방문이 급격히 줄어들고 의사들은 환자가 평온하게 죽음으로 다가가고 있다고 생각한다. 그러나 얌전하고 감사하는 좋은 환자의 역할을 거부하는 말기 환자는 일상적인 돌봄 관리에 익숙해져 있는 병원 직원들을 괴롭히기도 한다.

환자가 예상되는 일정에 따라 죽지 않을 때 가족과 의사들의 인내력은 한계에 도달하게 된다. 환자의 임종을 지키기 위해 자신의 계획과 직장의 일을 조정하고 정서적으로 준비를 하고 달려온 가족은 환자가 예상된 시기에 죽지 않을 경우 자신의 일과 생활을 미루어 둔 채 언제까지 계속 환자가 죽기를 기다려야 하는지 초조해하게 된다.

오래 질질 끄는 궤도는 환자나 가족이 죽음을 준비할 수 있도록 충분한 시간을 주는 장점도 있다. 환자가 자신의 죽음에 익숙해질 수 있는 시간이 충분하고 그동안에 오랜 갈등과 오해를 풀고 자기가 살아온 삶을 회고하고 정리할 수 있다. 그러나 이 궤도는 환자를 살아 있지도 죽지도 않은 중간 상태에 있는 존재로 인식시키는 상황을 만들어 내고 인간관계를 약화시키는 단점도 있다.

오래 질질 끄는 궤도는 현대 사회의 요양시설에서 볼 수 있는 가장 전형적인 패턴이다.

2 예상된 빠른 죽음 궤도

현대의 병원은 빠른 죽음 궤도를 다루기 위해 설립되었다. 병원은 응급실, 수술실, 의료 기술, 고도로 훈련된 의료진들이 집결되어 있어서 빠르게 죽어 가는 환자를 구하기 위해 항시 대기 상태에 있다. 예상된 빠른 죽음은 환자가 수시간 혹은 수일 내에 죽을 것이 거의 확실한 경우를 말한다.

예상된 빠른 죽음 궤도(expected quick trajectory)는 병원에 들어올 때의 환자 상태, 죽음 궤도에 남아 있다고 예상되는 시간, 환자의 상태를 역전시키거나 완화시키기 위해 궤도의 단계를 재정의할 때 병원 관계자들이 사용하는 자원들에 따라 다음과 같이 다양하게 발전할 수 있다(Glaser & Strauss, 1968).

- 초기에는 환자의 목숨을 구하고자 분투하지만 일정 기간이 지난 후 그의 죽음 궤도를 더 이상 아무것도 할 것이 없는 단계로 재정의하고, 환자가 죽을 때까지 단순히 돌봐준다.
- 초기의 회복 가능한 궤도라는 정의를 재조정하지 않고, 환자가 죽을 때까지 그의 목숨을 구하고자 열성적으로 노력한다.
- 환자의 상태를 빠른 죽음 궤도를 따를 수도 구할 수도 있는 것으로 정의하고, 결국 환자의 목숨을 구한다. 그의 궤도는 회복하는 환자로 재정의한다.
- 처음부터 환자를 살아날 가능성이 없거나 더 이상 아무것도 할 것이 없는 단계로 정의하고, 목숨을 구하거나 삶을 연장시키려는 노력을 하지 않고 단순히 편안하게 해 주는 돌봄만을 제공한다.
- 환자를 발견했을 때 이미 빈사 상태에 있거나 수분 이내에 죽을 상태에 있어서 환자의 목숨을 구하거나 그의 상태를 편안하게 해 줄 수 있는 시간이나 기회가 없다.

환자가 예상된 빠른 궤도에 있다고 인식될 때, 시간은 가장 핵심적인 요소다. 질질 끄는 궤도에서의 여유 있는 돌봄 패턴과는 대조적으로, 병원 의료진은 삶의 편에 남아 있는 시간을 가장 효율적으로 사용할 수 있도록 자신들의 일을 조직한다. 즉, 예상된 빠른 궤도의 특징은 시간의 긴박성, 치료 노력의 집중, 환자의 상태에 대해 빠르게 변하는 예상, 변하기 쉽고 민감한 의사-가족 상호 관계 등등이라고 할 수 있다. 이러한 압박하에서 종종 실수가 생길 수도 있다. 생명이 위태로운 상태에서 병원에 실려 온 환자를 다루는 의사는 환자의 병원 기록이 없기 때문에 촌각을 다투는 상황에서 확실한 지식보다는 자신이 배운 것에 기초한 추측에 의존해서 일을 진행하기 쉽고, 중요한 순간에 특정 병원에 환자를 치료하기 위해 필요한 장비나 이용 가능한 자원이 없을 경우 환자의 생명을 구할 수 있는 가능성은 희박해진다.

의료 장비나 유능한 일손의 공급이 부족할 때 누가 가장 먼저 응급처치를 받고 생명유지 장치의 혜택을 받을지 의사결정을 해야 할 경우 사회적으로 가치 있는 사람을 우선적으로 선택하는 경향이 있다. 즉, 생명유지를 위한 우선순위와 정도를 빠른 시간에 결정해야 할 때 한 사람이 다른 사람보다 더 중요하다는 사회적 고정관념(나이, 성, 인종, 직업, 경제적 지위 등등에 기초한)이 죽음 체계에서 결정적인 역할을 할 수 있다(Glaser & Strauss, 1968).

3 예상치 못한 빠른 죽음 궤도

예상치 못한 빠른 죽음 궤도(unexpected quick trajectory)는 다시 다음과 같은 두 가지 형태로 구별된다(Glaser & Strauss, 1968).

- 죽는다고 예상되었지만 예상치 못하게 빨리 죽은 경우로, 병원 의료진은 환자가 죽는다고 확신하였지만 악화된 초기 시점을 예측하지 못하여 빠른 죽음이 일어난 경우다.
- 죽는다고 예상되지 않았는데 예상치 못하게 빨리 죽은 경우로, 회복되리라고 예상된 환자가 갑자기 죽어서 의료진이나 가족, 관여자들을 놀라게 만든 경우다.

예상된 빠른 궤도의 많은 특징이 예상치 못한 빠른 궤도에도 적용되지만, 다른 점은 준비가 덜 되어 있는 의료진의 작업과 정서적 질서에 미치는 영향으로, 그 대표적인 반응은 놀라움이다. 노련한 응급실 팀은 위급 상황에 빠르게 대응할 수 있지만, 다른 병동에서의 예상치 못한 빠른 죽음 궤도의 출연은 위기를 유발할 수 있다. 특히 특이한 특징을 나타내는 환자의 죽음이나 정말 살리고자 노력했던 환자의 죽음, 환자 상황의 한 측면에 집중하여 치료를 했는데 죽음이 다른 경로를 통해 왔을 때 의료진은 크게 놀라고 당황하게 된다.

병원 자체가 예상치 못한 빠른 죽음 궤도의 출현을 재촉할 수도 있다. 즉, 부적절한 치료 자원의 운용, 위급 상황을 처리하기 위해 다른 환자에게 소홀하게 되는 경우, 부주의하거나 안전을 고려하지 않은 업무 처리에 의한 사고, 병원에 일손이 모자라서 발생할 수 있는 다양한 문제 등에 의해 환자의 죽음이 예상치 못하게 재촉

될 수 있다. 그 밖에도 제도적인 책임 회피 때문에 환자의 죽음이 재촉될 수 있다. 예를 들면, 환자의 목숨이 촌각을 다툴 때 담당 의사가 당도하기 전에 가까이 있는 간호사가 직접적인 의학적 감독 없이 임시변통으로 치료에 임하거나 대안적인 방법을 사용했을 경우로, 이것은 제도적으로 금지되어 있어서 당사자는 나중에 비난이나 문책을 받을 수 있다. 의료 관계자들은 급박한 상황에서 지연 없이 환자를 위해 최선을 다한다는 신념과 규칙을 엄격히 지키는 것 사이에서 갈등하게 된다.

앞에서 살펴본 것처럼 죽음의 과정은 죽어 가는 사람이 겪는 죽음 궤도에 따라 환자 본인과 관여된 사람들의 다양한 상호작용으로 구성되는 역동적인 과정이라는 것을 알 수 있다.

2 인식 맥락

인식 맥락(awareness contexts)이란 죽음에 대처하는 사람과 이에 관여된 다른 사람들이 죽음의 과정에 대해 인식하고 정보를 공유하는 정도를 의미하는 것으로, 사회적 상호작용과 죽음에 대한 대처는 이 인식 맥락에 의해 영향을 받는다(Glaser & Strauss, 1965).

우리 사회에서 어떤 사람이 일단 죽어 가는 환자로 인식되면 죽어 가는 환자 당사자와 그의 가까운 동료, 그를 돌보는 사람들 간의 관계는 여러 가지 형태를 취할 수 있다(Glaser & Strauss, 1965). 여기서는 글래서와 스트라우스의 네 가지 인식 맥락을 살펴보고, 죽음 인식을 설명하는 또 다른 개념으로 와이즈만(Weisman, 1972)의 중간적 인식 개념을 간단히 소개하고자 한다.

1 폐쇄된 인식

죽어 가는 사람이 자신이 죽는다는 사실을 깨닫지 못한 단계다. 의사와 가족들은 환자가 죽어 가고 있다는 사실을 알지만 이러한 정보를 당사자에게는 전달하지 않은 상태를 폐쇄된 인식(closed awareness)이라고 말한다.

이러한 비밀은 오래 지속되지 못하고, 질병의 진전에 따른 신체의 변화, 다른 사람들의 행동의 변화, 신체적 외모의 변화에 따라 환자는 점차로 무언가 잘못되고 있다는 인식을 갖게 된다.

2 의심스러운 인식

말기 환자가 자신과 관련된 정보를 모두 다 알고 있지 못하다고 의심하기 시작하는 단계다. 잦은 검사, 치료, 주위 사람들의 미심쩍은 행동 등으로 자신이 들은 것 이상으로 무언가 더 진행되고 있지 않나 의심하게 된다.

이러한 의심스러운 인식(suspicion awareness)은 주위 사람들에 대한 신뢰를 깨뜨리고 앞으로의 의사소통을 왜곡할 수 있다.

3 상호 가식

상황에 관련되어 있는 사람들이 관련된 정보를 알고 있으나 서로 공유하지 않는 단계를 말한다. 즉, 죽어 가는 환자도 주위 사람들도 사실을 알고 있고, 상대방이 사실을 알고 있음을 인식하고 있지만 서로 사실을 모르고 있는 것처럼 연기하는 것이다. 상호 가식(mutual pretense)은 관계를 깨뜨릴 수도 있는 직면과 혼란의 순간을 모면하고, 본심을 감추는 전략이 실패했을 때 당혹한 순간을 감추기 위한 행위로, 한 사람의 사소한 실수로 전체 구조가 깨질 수 있기 때문에 많은 주의와 노력이 필요하기도 한다.

4 개방적 인식

죽어 가는 환자와 관계된 모든 사람이 죽음이 가까이 왔음을 깨닫고 그러한 사실에 대해 기꺼이 이야기를 나누는 단계다. 이것은 죽어 가고 있다는 사실을 이야기하는 데 많은 시간을 할애한다기보다는 서로 사실을 모르는 체 가장하지 않고 죽음의 현실을 이야기할 준비가 되었을 때, 이야기하고 싶을 때에 개방적 인식(open awareness)을 할 수 있다는 의미다.

5 중간적 인식

자신이 죽으리라는 것을 완전히 인식하는 것과 완전히 거부하는 것 사이에는 불확실하게 확신하는 인식 상태가 있는데, 와이즈만(1972)은 이것을 '중간적 인식(middle knowledge)'이라는 개념으로 설명하고 있다. 많은 강렬한 감정들처럼 자신이 죽을 것이라는 생각과 감정은 즉각적으로 우리의 자아에 통합되지 않는다. 우리는 자신이 죽는다는 것을 받아들이는 것과 부정하는 것 사이에서, 완전히 인식하는 것과 불가능하다고 믿어 버리는 것 사이에서 망설이게 된다. 그래서 죽어 가는 환자들은 자신의 병명이나 죽음의 사실을 알고 있고 알고 싶지만, 종종 자신이 이러한 사실을 모르고 알고 싶지도 않다고 말한다.

와이즈만에 따르면 인식이란 완전히 알거나 완전히 모르는 흑백 개념만으로는 설명할 수 없는 것이다. 예를 들어, 사랑하는 사람이 치유될 수 없는 불치병에 걸려서 곧 죽게 되리라는 것을 알고 있지만 병세가 조금이라도 호전되면 혹시나 병이 완치되지나 않을까 희망을 갖게 된다. 즉, 그렇다는 확신이 들었다가 아니라는 생각이 드는 것이다. 이러한 중간적 인식은 좌절이나 갑작스러운 능력 상실과 같은 중요한 전환점에서 나타나기 쉽고, 특히 죽어 가는 사람이 자신의 죽음에 직면했을 때의 인식 상태를 설명할 수 있다(Weisman, 1972).

이러한 인식 맥락에는 얻는 이득과 치러야 할 대가가 있다. 사랑하는 사람의 임박한 죽음으로 야기되는 가족의 불안과 슬픔은 그 사건을 터놓고 이야기하는 것을 어렵게 만든다. 현실의 회피는 그런 사람들이 감당하기 어려운 순간을 넘기도록 하므로 어떤 환경에서는 잠시 동안 생산적인 방법일 수도 있다.

일반적으로 개방적 인식은 참여자들이 그러한 상호작용을 할 준비가 되어 있다면 정직한 의사소통을 가능하게 하여 관여된 사람들이 사랑하는 사람의 임박한 죽음에 대한 슬픔을 공유할 수 있도록 한다. 의미 있는 말과 감정을 나눌 수 있고 오래된 상처를 치유할 수 있으며, 죽어 가는 사람은 그의 가족, 친구, 심지어는 신과의 관계에서 끝내지 못한 일들을 처리할 수 있다. 그러나 이것은 분노, 슬픔, 죄의식 등과 같은 강렬한 감정을 인정하고 직면해야 하는 대가를 치러야 한다.

이처럼 죽음에 대처하는 장면에서는 단기적 · 장기적으로 이득과 대가의 균형을 맞추는 상호작용이 이루어지고 있는 것이다.

4. 죽음 과정의 이론적 모델

현대 사회에서 대부분의 사람들은 죽어 가는 사람과 상호작용하는 것을 망설인다. 그 이유는 우리가 죽음에 대한 일관성 있고 유용한 전망을 가지고 있지 않기 때문일 수 있다. 죽음의 과정이란 무엇을 의미하고 무엇이 일어나리라고 기대할 수 있는가? 죽음의 과정을 설명하는 많은 이론들이 이 질문에 대답하고 있다.

여기서는 죽음의 과정을 설명하는 대표적인 이론적 모델로서 단계 모델과 과업 중심적 모델들을 살펴보고, 그 밖에 복수 전망적 접근으로 죽음 과정에 대한 부분적 모델을 살펴본다.

1 단계 모델

단계 모델은 죽음의 과정을 심리적 혹은 영적 단계의 연속으로 보고 있다. 대표적인 단계 모델로 불교적 모델, 퀴블러-로스(Kübler-Ross)의 5단계 이론, 패티슨(Pattison)의 이론 등이 있다.

1 불교적 모델

불교에서는 죽음을 만나는 것이 타고난 수명이 소진된 경우, 쌓아 놓은 공덕이 고갈된 경우, 사고가 난 경우 등 세 가지 경우라고 보고 있고, 육체를 구성하는 요소와 관련하여 일반적으로 죽음의 과정을 8단계로 설명하고 있다(Gyatso & Hopkins, 1989). 그 설명에 따르면, 죽음의 과정에서는 의식의 기반이 되는 지수화풍(地水火風)의 요소들의 능력이 사라지는 과정에 따라 마음에 환영이 연이어 일어난다. 불교적 모델이 설명하는 죽음의 단계는 죽어 가는 사람의 경험적 상태 혹은 현상학적 상태에 초점을 맞춘 것이다.

① 지(地)의 단계

'지' 요소는 뼈나 피부, 손톱, 머리카락 등 육체의 단단한 부분을 가리킨다. 의식의 기반이 되는 '지' 요소의 능력이 사라질 때 외부적으로 나타나는 징후로는 육체가 건조해지고 줄어든다. 마음의 징후로는 신기루를 보는 느낌이 든다.

② 수(水)의 단계

'수' 요소는 오줌이나 혈액, 담즙 등 육체 안의 액체를 가리킨다. 의식의 기반이 되는 '수' 요소의 능력이 사라질 때 혀가 건조해지고 눈이 푹 꺼진다. 마음에 나타나는 징후는 안개가 자욱한 듯한 느낌이 든다.

③ 화(火)의 단계

'화' 요소는 육체의 온기를 가리킨다. '화' 요소의 능력이 사라질 때 육체의 온기가 점점 사라진다. 마음에 나타나는 징후는 반딧불이가 보이는 듯한 느낌이 든다.

④ 풍(風)의 단계

'풍' 요소는 침을 삼킨다든지 하는 육체적 기능을 수행하는 기(氣)의 흐름을 가리킨다. '풍' 요소의 능력이 사라질 때 외부적인 징후는 호흡이 멈추는 것이고, 마음속의 징후는 눈앞의 허공에 등잔불이 타고 있는 듯이 보이는 느낌이다. 이전에는 반딧불이가 보이거나 불빛이 반짝거리는 것처럼 보였지만, 이제는 그것들이 사라지고 붉은빛의 등잔불이 나타난다. 그다음에는 마음을 실어 나르는 역할을 하는 더 미세한 단계의 기가 사라지기 시작한다.

⑤ 명상(明相) 단계

여든 가지 개념을 실어 나르는 역할을 하는 기가 '명상'이라는 마음속으로 사라지는 동안에는 달빛처럼 선명한 흰빛의 모습이 나타난다. 이것이 네 가지 '공

(空)' 이라고 불리는 것 중 첫 번째 상태다. '공' 은 마음의 번뇌가 없어진 상태를 말한다. 번뇌가 없어진 정도에 따라서 마음에 흰빛의 모습이나 붉은빛의 모습, 검은빛의 모습으로 나타나고 미세한 번뇌까지 완전히 사라진 상태는 '빛나고 청정한 마음(광정심)' 의 상태다.

⑥ 증상(增相) 단계

선명한 흰빛으로 가득 차 보이는 마음과 그 마음을 실어 나르는 역할을 하는 기가 '증상' 이라는 마음속으로 사라지는 동안에는 태양 빛처럼 선명한 붉은빛이 나타난다.

⑦ 근득상(近得相) 단계

선명한 붉은빛의 '증상' 의 마음과 그것을 실어 나르는 역할을 하는 기가 '근득상' 이라는 마음속으로 사라지면 선명한 검은빛이 나타난다. 그 순간에 의사가 그 자리에 있다면 이미 사망진단을 내렸을 것이다. 그러나 그 사람은 죽은 것이 아니라 죽고 있는 중이다.

⑧ 광정심 단계

선명한 검은빛의 '근득상' 의 마음 다음에는 의식의 가장 미세한 마음인 '광정심' 이 나타난다. 이것을 '불성' 이라고 하는데, 이것이 모든 의식의 근원이다. 이 미세한 마음의 연속체는 부처님의 경지에 도달한 후에도 지속된다. 광정심이 나타나는 동안에도 의식은 아직 육체 안에 있고, 광정심이 사라짐과 동시에 의식은 육체로부터 분리되고 이제야 정말로 죽은 것이다.

2 퀴블러-로스의 5단계 이론

정신의학자인 퀴블러-로스(Kübler-Ross, 1969)는 200명의 불치병 환자를 대상으로 실시한 심층 면담을 통해서, 죽음에 직면한 사람들이 다음과 같은 5단계의 정서적 반응을 표출하고 있음을 밝히고 있다. 각각의 단계에는 고유의 문제점과 욕구가 동반되어 있고, 말기 환자와 접하는 기회를 갖는 사람은 이 과정을 인식하여 적절히 대응할 필요가 있다. 퀴블러-로스의 연구 대상은 중년기의 사람들이어서 죽음은 그들에게 경력, 관계, 계획된 일의 갑작스러운 중지를 의미한다.

또 퀴블러-로스는 다음에 언급되는 다섯 가지 정서적 반응을 정신의학적 용어로 방어기제라고 부르는데, 각 단계는 계속되는 기간도 각양각색이며, 순서가 바뀌어 나타나거나 동시에 나타나기도 한다(Kübler-Ross, 1969).

① 부정 단계

자신이 죽을 것이라는 소식을 처음 들었을 때 "나에게 이러한 일이 일어날 수 없어, 난 믿을 수 없어." 등의 표현이 가장 먼저 나타난다. 즉, 환자는 자신이 죽어야 한다는 사실을 부정(denial)하고, 잘못된 진단이라고 생각해 버리는 것이다. 이러한 반응은 죽음의 충격에 대한 일시적인 방어기제라고 볼 수 있다.

② 분노 단계

죽음을 부분적으로 수용하면서, 왜 하필 지금 자기 자신에게 이러한 일이 일어나게 되었는지에 대해 분노(anger)를 표현하는 단계다. 이러한 분노는 자기 자신이나 가족, 병원 의료진, 신에게까지 나타날 수 있으며, 누구에게서나 어디에서나 불만을 찾아 쉽게 분노를 터뜨리게 되어 주변 사람들을 힘들게 하는 시기다.

③ 거래, 타협 단계

환자는 의료진, 운명 혹은 신과 기한이 정해진 약속을 하여 불가피한 죽음을 조금이라도 연기하려는 시도를 통해 거래와 타협(bargaining)을 한다. 자녀가 졸업할 때까지, 손자가 태어날 때까지, 금혼식이 지날 때까지 등의 기한을 정하고 그 때까지 살기 위해 갖가지 약속을 하고 그것을 지키기 위해 노력한다. 이 단계는 짧지만 환자가 다른 사람에 대해 가장 개방적이고 협조적인 시기로 이성적인 의사소통이 가능하기 때문에 돌봄 담당자는 환자로 하여금 이 기회에 신변을 정리하고, 미해결의 문제를 처리하도록 원조할 수 있다.

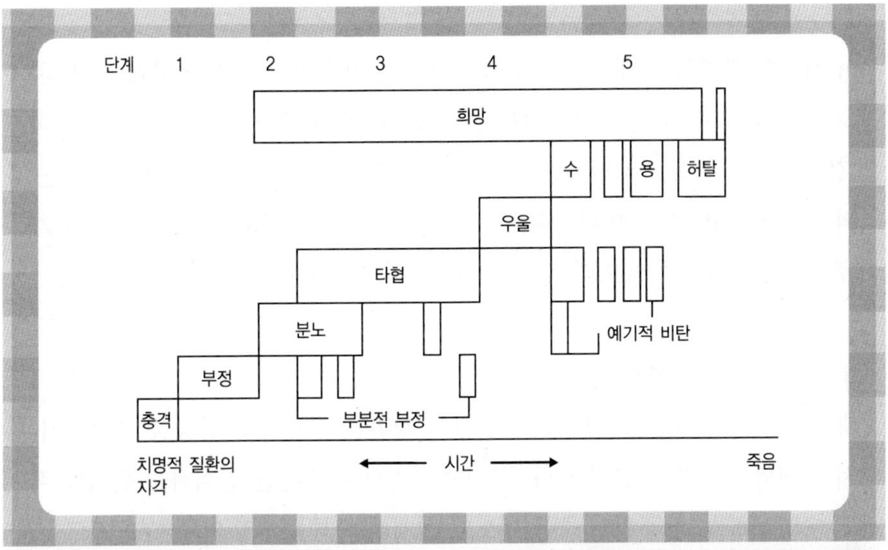

그림 5-2 • 죽음의 5단계 •

★ 출처: Kübler-Ross, E. (1969). *On death and dying*, p. 265.

④ 우울 단계

환자가 자신의 병을 더 부인하지 못하게 되고 증상이 더 악화되어 쇠약해지면 극도의 상실감을 겪게 되면서 심한 우울(depression) 상태에 빠지게 된다. 죽음이 가까워진 환자는 이 세상과의 영원한 이별을 위해 마음의 준비를 해야 하는 깊은 고뇌에 빠진다. 이 단계의 우울은 사랑하는 사람들과 헤어지기 위한 준비 수단이고 그 사실을 수용하기 위한 단계다. 이 경우에 환자에게 사물의 좋은 면을 보라는 식으로, 혹은 슬퍼하지 말라는 식으로 말해서는 안 된다. 그런 말은 이제 곧 죽는다는 생각을 하지 말라는 의미와 같기 때문이다. 사랑하는 사람과 헤어진다는 것은 누구에게나 큰 슬픔이므로 환자의 슬픔을 인정해 주고 허락해 주어야 눈앞으로 다가온 자기의 죽음을 좀 더 편안히 받아들일 수 있다. 환자가 우울 단계에 빠져 있는 동안에는 슬퍼하지 말라는 말보다는 조용히 옆에 있어 주는 것이 더 중요하다.

⑤ 수용 단계

이 시기의 환자들은 대개 지치고 쇠약해지며 감정의 공백기를 갖게 된다. 환자는 자신의 피할 수 없는 죽음이라는 운명을 평온하게 수용(acceptance)한다. 이것은 절망으로부터 오는 체념과는 다른 것으로 해야 할 일을 다 마쳤다고 느끼는 휴식의 시간이라고 할 수 있다. 환자는 주위에 대해 무관심하게 되며, 환자의 가족이 좀 더 많은 원조를 필요로 하는 시기라고 할 수 있다.

3 패티슨의 죽음 경험

패티슨(Pattison, 1977)에 따르면, 인간은 생활을 설계하고 활동을 조절하기 위해서 자신의 수명을 예견해 본다. 이러한 과정에서 죽음을 인식하는 위기에 직면하면 수명 궤도는 잠재적인 죽음 궤도와 실제적인 죽음 궤도의 두 부분으로 나누어진다. '잠재적인 죽음 궤도(potential death trajectory)'를 따르는 시점에는 충분히 인생을 산 이후의 죽음에 대하여 정상적인 예상이 가능하다. 그러나 질병이나 사고 등에 의해 궤도의 수정에 직면하는 경우가 있는데, 이러한 경우에는 생명이 단축되는 것이므로 남아 있는 햇수에 따라 활동이 재조정되지 않으면 안 된다. 위기에 직면한 시점부터 죽음의 시점까지의 기간을 '실제적 죽음 궤도(actual death trajectory)' 혹은 '삶과 죽음의 간격(living-dying interval)'이라고 한다.

실제적 죽음 궤도를 따를 경우에는 3단계, 즉 급성 위기 단계(acute crisis phase), 만성적 생과 사의 단계(chronic living-dying phase), 말기 단계(terminal phase)의 임상적 양상이 나타난다.

① 급성 위기 단계

죽음이 임박해 왔음을 결정적으로 깨달음으로써 두려움과 불안이 극에 달하고 죽음의 인식이 정점에 다다르는 시기로, 불안뿐만 아니라 부정, 분노, 거래 등이 나타나는 시기다.

② 만성적 생과 사의 단계

환자가 점점 아픈 상태에 적응함에 따라 처음의 불안이 감소하고 만성적 생과 사의 단계가 시작된다. 이 시기에 환자는 죽음을 잘 알지 못하는 것에 대한 공포, 고독에 대한 공포를 느끼고, 사랑하는 사람과의 이별, 자신의 육체의 상실, 통제성과 정체성 상실 등에 대한 예기적 비탄을 경험하게 된다. 불안과 슬픔이 희망과 결심, 수용 등과 함께 공존한다.

③ 말기 단계

신체적으로 약화되고 소모의 징후를 나타내며 사람과 사물로부터 사회적 · 정서적 철회를 시작한다.

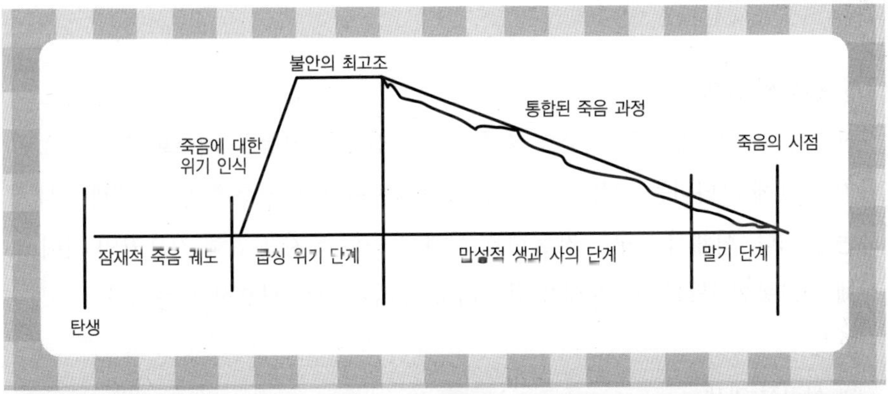

그림 5-3 • 죽음의 경험 •

★ 출처 : Pattison, E. M. (1977). *The Experience of Dying*, p. 44.

2 과업 중심적 모델

죽음의 과정을 과업 중심적 모델로 설명하는 사람들은 죽음에 대한 반응이 병의 종류, 성, 환자의 성격, 문화와 생활환경에 따라 다를 수 있기 때문에, 죽음의 과정에 대한 어떤 보편적인 단계가 존재할 수 없다고 주장한다(Corr, 1992;

Kastenbaum & Thuell, 1995). 과업 중심적 모델은 생명을 위협하는 질환이나 죽음에 대처하는 과정을 이미 정해져 있는 심리적 단계를 따르는 수동적이고 방어적인 반작용이기보다는 문제를 해결하고 거기에 도전해 보려는 능동적인 과정으로 보고, 죽어 가는 사람의 입장에서 그들이 직면하는 과제를 중심으로 죽음의 과정을 이해하려고 한다(Corr et al., 2000). 과업 중심적 모델 중에서 코어(Corr)와 도카(Doka)의 모델을 대표적으로 소개하면 다음과 같다.

1 코어의 죽음 과정의 발달적 대처 모델

코어(Corr, 1992)는 인간 존재의 삶의 네 가지 차원, 즉 신체적 · 심리적 · 사회적 · 영적 차원과 각 차원에 관련된 죽음에 대처할 경우의 기본적인 대처 과제를 다음과 같이 제시하고 있다.

① 신체적 과제

신체적 과제는 신체적 욕구를 충족시키고 신체적 고통을 최소화하는 것으로, 말기 단계에 나타나는 고통, 메스꺼움, 변비, 수분과 영양부족 등의 문제에 대처하는 것이다. 신체적 욕구는 생물학적 삶과 기능의 유지를 위해 기본적인 것이고, 신체적 고통의 완화는 남은 삶을 감사하고 즐기기 위해 필요한 부분이다.

② 심리적 과제

죽음에 대처하는 심리적 과제는 심리적인 안정, 자율성, 심리적인 풍요로움을 유지하는 것과 관련되어 있다. 우리 모든 사람과 마찬가지로 죽음에 대처하는 사람은 안전하지 않은 상황에서조차도 안정감을 추구하고자 한다. 예를 들어, 자력으로 일상생활을 영위할 수 없는 경우에는 돌보아 줄 사람의 유무가 심리적 안정에 영향을 미치고, 다른 사람이 제공하는 서비스에 의존해야 할 경우에도 환자는 자신을 돌보는 사람이 신뢰할 만한 사람인지 확인하고 싶어 한다. 또 죽음에 대처하는 사람들은 되도록 자율성을 유지하고 싶어 한다. 자율성이란 자신의 삶을 통제하고 조정하는 능력으로, 죽음에 대처하는 사람이 자기와 관련된 중요한 결정을 할 때 어느 정도 자기 지배력을 유지하는 것은 중요한 일이다. 자율성이 어떻게 행사되어야 할지를 외부인이 미리 규정할 경우에는 환경이나 상황에 따라 스스로를 조절하는 능력이 약화되기 때문이다. 안정감과 자율성을 획득하는 것은 심리적인 풍요로움을 유지하는 데 도움이 된다. 어떤 말기 환자는 스스로 일상적인 동작을 할 수 없을 때 누군가의 도움으로 정기적으로 면도하고 이발하고 머리 감고 자신의 마음에 드는 편안한 옷을 입을 수 있을 때 심리적인 만족감을 느낀다. 또 어떤 사람에게는 치료에 해롭다는 이유로 금지되었던 자신이 좋아하는 음식을 먹거나 식사 때 와인을 마시는 오랜 습관을 계속하는 것이 심리적인 안녕에 중요할 수 있다.

③ 사회적 과제

죽음에 대처하는 데에서의 사회적 과제는 사회적 삶의 두 가지 측면, 즉 사회에 대한 관계와 개인에 대한 애착 등과 관련되어 있다. 사회적 영역의 과제 중 하나는 죽음에 대처하는 사람이 소중히 여기는 개인 간의 애착을 유지하고 확장시키는 것이다. 죽어 가는 사람은 신체적인 쇠약과 에너지의 고갈 등의 이유로 국제 정지나 직장에서의 의무, 그동안 알고 지냈던 많은 친구들에 대한 관심보다는 자신의 삶에서 지금 중요하다고 생각되는 적은 수의 사람들에 대한 개인적 관심과 애착에 초점을 두게 된다. 이런 방식으로 그들은 이전보다 덜 강제적이고 더 번거롭다고 판단되는 책임으로부터 벗어나고자 한다. 이와 관련하여 죽어 가는 사람은 가족에게 짐이 되고 너무 번거로우며 도움이 될 가능성이 거의 없는 치료를 위한 노력을 줄이기로 결정하고, 가족이나 돌봄 제공자가 그들의 결정을 받아들이도록 하여 언제 죽게 될지에 대한 불안에서 벗어나고자 할 수도 있다. 이때 가족들은 죽어 가는 사람과 함께하고 그에게 안정감을 주는 것이 중요하다.

사회적 영역의 과제 중 다른 하나는 죽음의 사회적 혹은 집단적 영향과 관련되어 있다. 죽어 가는 사람은 아직 죽지 않은 사람이므로 사회의 의무로부터 벗어날 수 없기 때문에 병원비 청구서와 소득세 등을 여전히 지불해야 하는 등 사회와 조직의 요구에 대하여 반응하고, 자선 단체로부터 의료 장비와 이동 수단을 제공받는 등 사회적 자원에 의존할 수 있다. 사회복지사는 이들이 이용할 수 있는 자원이나 사용할 수 있는 편의에 대한 정보나 도움을 제공하여 죽어 가는 사람이 사회적 과제에 대처할 수 있도록 도울 수 있다.

④ 영적 과제

코어는 죽어 가는 사람의 영적 과제로 의미와 연결감, 초월의 문제를 다루고 있다(Corr, 1992). 죽음에 대처하는 사람은 자신의 삶과 죽음, 고통, 인류에 대한 의미를 확인하고자 한다. 생명을 위협하는 질병은 그들의 삶에 응집력을 주는 연결을 깨고자 하기 때문에 그들은 자신의 신체('나는 이렇게 하고 싶은데 내 몸은 왜 이렇게 움직이지 않지?'), 다른 사람('내가 얼마나 아픈지를 왜 다른 사람은 이해하지 못하지?') 그리고 신('신은 도대체 어디에 있는 거지?')으로부터 분리되었다고 느낄 수 있다. 이러한 상황에 있는 사람에게는 깨어진 연결감을 다시 형성하거나 아직 남아 있는 연결감을 유지하는 것이 중요하다. 초월성은 보통 희망의 문제와 연결되어 있다. 종교적인 사람은 신과의 연결성을 높이고 종교적인 희망(죄를 용서받거나 무지를 극복하여 궁극적인 행복을 성취)을 실현하고자 하지만 비종교적인 사람은 초월적인 희망(그들이 죽은 후에도 그들의 작품이나 제자, 후손들을 통하여 사회적인 삶에 계속 공헌)에 초점을 맞춘다.

2 도카의 이론

도카(Doka, 1993)는 죽음과 생명을 위협하는 질병에 대처해 나가는 과정을 5단계로 구분하고 각 단계에서 직면하는 과제들을 상세하게 제시하고 있다.

① 진단 전 단계의 과제

진단 전 단계(prediagnostic phase)는 질병에 대한 초기 지표와 관련된다. 이상한 통증을 느낀다거나 신체적 기능이 쇠퇴한 것을 인식했을 때 우리는 어떻게 행동하는가?

이러한 경험을 무시해 버리거나 혹은 가족이나 친구에게 어떻게 해야 할지 의

논하거나 검사나 진단을 받기 위해 의사를 찾아가는 등의 행동을 취하게 된다. 진단 전 단계의 과제는 가능한 위험을 인식하고 불안과 불확실성을 관리하고자 노력하며 건강을 추구하는 전략을 개발하는 것이다.

② 급성 단계의 과제

만약 심각하지만 치료할 수 있는 상태인 급성 단계(acute phase)라고 진단받으면 다음과 같은 다양한 과제에 직면한다.

자신의 질병이 어떤 것인지 이해한다. 건강과 생활방식을 최대한으로 중요시한다. 대처 능력을 기르고 약점을 줄인다. 질병으로 야기된 문제를 다루는 전략을 개발한다. 병의 진단이 자아개념에 미치는 영향을 탐색한다. 감정과 공포를 표현한다. 진단의 현실을 과거나 미래에 통합한다.

③ 만성 단계의 과제

만성 단계(chronic phase)는 치료와 결과를 주시하는 단계로서, 다음과 같은 과제를 포함한다.

증상과 부작용을 관리한다. 양생법을 지킨다. 건강의 위기를 방지하고 관리한다. 스트레스를 관리한다. 사회적 지원을 최대화하고 고독을 최소화한다. 질병에 직면하여 삶을 정상화한다. 재정적 문제를 처리한다. 자아개념을 유지한다. 질병 기간을 통해 다른 사람과의 관계를 재정의한다. 감정과 공포를 표현한다. 고통, 만성병, 불확실성, 쇠퇴의 의미를 발견한다.

④ 회복 단계의 과제

모든 생명을 위협하는 질병이 죽음으로 이어지는 것은 아니다. 어떤 환경에서는 회복 단계(recovery phase)에 들어설 수 있다. 그러나 다시 위기의 순간이 올 수 있으므로 회복이 단순히 이전의 삶으로 되돌아가는 것을 의미하지는 않는다. 회복 단계의 과제는 다음과 같다.

질병의 후유증과 재발의 불안에 대처한다. 생활방식을 재구성한다. 돌봄 제공자와의 관계를 재정의한다.

⑤ 말기 단계의 과제

치료 지향적인 개입이 신체적 · 심리사회적 · 영적으로 치르는 대가에 비해 이득이 없을 경우 말기 단계(terminal phase)에 들어선다. 말기 단계의 과제는 다음과 같다.

질병, 부작용, 치료로부터 야기되는 계속되는 도전에 대처한다. 치료 지향적 개입을 중지하거나 혹은 불편한 증상의 최소화를 위한 개입으로 전환한다. 죽음을 준비하고 작별인사를 한다. 자아개념과 적절한 사회적 관계를 유지한다. 삶과 죽음에서 의미를 발견한다.

3 카스텐바움의 죽음 과정에 대한 부분적 모델

카스텐바움(Kastenbaum, 2007)은 죽음의 과정이 한 가지 이론으로 다 설명될 수 없는 다양한 측면을 가지고 있기 때문에 이를 복수 전망적으로 접근하고자 하였다. 복수 전망적 접근은 일상생활에서 우리에게 더욱 친숙한 현상들을 확인하고 이것을 한데 합치거나 조합해서 죽어 가는 사람의 상황을 포괄적이고 자세히 이해하고자 하는 시도다. 복수 전망적 접근에서 설명하는 각각의 모델은 죽어 가는 사람의 전체 상황이 아니라 상황의 한 가지 측면을 설명하는 부분적 모델로, 카스텐바움은 죽음의 과정을 설명하는 열일곱 가지 모델을 다음과 같이 제안하고 있다.

1 제한된 활동 모델(restricted activity model)

우리가 보통 할 수 있고 할 필요가 있다고 느끼는 것을 환경이 못하게 방해할 때 우리는 좌절하고 화가 나고 우울하게 된다. 아주 건강한 사람조차도 나쁜 날씨나 관료주의적 지연 혹은 비효율적인 투자 등과 같은 외부 환경에 의해 그들의 활동이 제한받을 때 마음을 졸이고 안달하거나 난감함을 느끼게 된다. 활동 제한과 그 결과 생기는 수동성은 스트레스를 증가시킬 수 있고 동시에 긴장 완화를 위한 배출구를 막아 버릴 수 있다.

죽어 가는 사람이 경험하는 긴장이나 좌절감은 말기 질병에 의한 신체 기능 상실 등의 여러 가지 이유로 자신이 하고자 하는 행동이 제한되는 데서 기인할 수 있다.

2 한정된 에너지 모델(limited energy model)

죽어 가는 사람은 일상생활의 요구를 충족시키고 중요한 도전이나 기회에 반응하기 위한 에너지가 부족함을 경험하고, 자신에게 남아 있는 에너지를 보존하고자 한다. 한정된 에너지는 죽어 가는 사람뿐만 아니라 종종 질병을 앓고 난 후나 임신 기간 중에도 경험되고, 피로한 사람 또한 그들의 에너지 저장고가 바닥이 났음을 경험할 때가 있다.

에너지 고갈에 대한 일반적인 심리적 반응은 자신이 더 이상 활력이 넘치거나 모험을 즐기는 사람이 아니라는 사실에 놀라거나 혹은 다른 사람에 대한 의무를 다하지 못하는 것에 대해 죄책감을 느낄 수 있고, 자신의 상황을 받아들이지 못하면서도 아무것도 하지 않아도 되는 수동성을 즐기는 애매한 감정이 되기 쉽다. 이처럼 강요된 수동성의 자유는 활동적이고 자신만만한 사람을 위협할 수 있다.

에너지 보존 법칙을 따르는 사람과 상호작용하는 사람은 피로나 에너지 부족의 영향을 인식하고 그들의 자아존중감을 손상시키지 않도록 주의해야 한다.

3 손상된 신체 이미지 모델(damaged body image model)

우리는 아침에 거울을 보고 자신이 너무 말라 보일 때, 머리가 한 움큼 빠질 때, 흰머리가 나고 주름이나 검버섯이 늘었을 때 당황하게 된다. 또 우리의 육체가 더 이상 예전과 같아 보이지 않고 이전처럼 말을 잘 듣지 않을 때 불안해진다.

죽어 가는 사람은 점점 뜻대로 기능하지 않고 이전에는 없던 통증과 그 밖의 다른 불쾌한 증상을 경험하며, 자기 이미지를 손상시키는 장기적이면서 나날이 증강하는 피드백을 경험한다. 마음속의 자기 이미지와 실제 자기 모습과의 분열이 점점 심해지는 것이다. 죽어 가는 사람을 돕고자 하는 사람은 이처럼 나날이 왜곡되고 변화하는 신체 이미지에 대처하는 사람의 심정을 이해해야 한다.

4 전염력 모델(contagion model)

죽어 가는 사람은 자신이 다른 사람에게 위험한 존재일 수 있고, 사람들이 자신으로부터 무언가 나쁜 것이 옮은 것처럼 행동한다고 느낄 수 있다. 이처럼 주변 사람들이 죽어 가는 사람과 상호작용하기를 두려워하는 이유로 다음과 같은 두 가지 점을 들 수 있다(Kastenbaum, 1993).

첫째, 과거에 생명을 위협하는 치명적인 질병은 결핵, 특히 악성 인플루엔자와 같은 실제로 전염성이 높은 것이었다. 둘째, 죽음이 인간 상황의 내재적인 부분이라기보다는 외부적이고 전염될 수 있다고 생각하는 마술적 사고 때문이다.

사실 생명이 위험한 대부분의 사람들은 다른 사람들을 위험하게 하지 않는다. 심혈관 질환이나 암, 만성 폐색성 폐질환과 같은 질병을 앓고 있는 우리의 친구들로부터 죽음이 옮지는 않는다. 자기 자신의 죽음에 대처할 준비가 되어 있지 않아서 죽어 가는 사람과 상호작용하는 것을 망설이는 것이 '죽음이 전염된다'는 비합리적인 판단을 촉진시키고 있을 뿐이다.

5 무 권한 모델(disempowerment model)

죽어 가는 사람은 가족과 사회로부터 무시당하고 있고, 의사 결정의 지위를 박탈당했다고 느끼기 쉽다. 다른 사람들이 지금 모든 결정을 하고 있고, 이전에 일의 중심에 있었다면 지금은 문외한으로 모든 권리를 박탈당했다고 느끼게 된다.

한때 유명한 아이돌 가수였던 사람, 최근 회사의 통합으로 그의 권력이 사라져버린 간부, 이전에 누리던 사회적 지위를 남편의 사망과 함께 잃은 미망인 등과 같은 사람들도 많은 상황에서 이러한 권한 상실을 경험할 것이다.

어떤 사람은 가족이나 지역사회, 직장 등에서의 지위를 단념한 것에서 안도감을 느낄 수 있으나, 대부분의 사람은 다른 사람으로부터 거부당하고 버림받았다고 느끼고 자신의 정체성을 의심하고 찾게 된다. 예를 들어, '도대체 지금 나는 누구이고 어디에 쓸모가 있는가?' 하고 생각할 수 있다.

많은 죽어 가는 사람은 다양한 형태로 이러한 권한 상실을 경험하게 되므로 그들을 돕고자 하는 사람은 이러한 상황에 대한 인식을 고양시킬 필요가 있다.

6 귀속적 무능력 모델(attributional incompetency model)

죽어 가는 사람은 그들이 마치 지식, 지성, 기술 등을 갖고 있지 않아서 어떤 것도 제대로 할 수 없는 사람처럼 대우받고 있다고 인식할 수 있다.

죽어 가는 사람이 덜 유능하다는 가정은 그가 말기 질환을 앓는 동안 맑은 의식이나 좋은 판단력의 증거는 무시되고 피로나 의식이 조금이라도 흐려지면 쉽게 강화된다. 죽어 가는 사람의 분노의 많은 부분은 무능하다고 인식되는 것에서 기인할 수 있다.

7 무 효력 모델(ineffectuance model)

죽어 가는 사람은 지금 이전의 삶의 경험과는 너무나 다르고, 그가 이전에 가져본 적이 없는 인지 모델이나 대처 기술을 사용해야 할 상황에 처해 있다. 이러한 점에서 죽음은 무력한 상황인 것이다.

우리는 죽음의 상황 이외에 무력한 상황을 그동안 많이 경험하였다. 유치원에 처음 등원한 날, 직장에 처음 출근한 날, 은퇴 후에 맞이한 첫날, 처음 입원한 날 등. 이러한 경험들은 처음 경험하는 것이라서 어떻게 해야 좋을지 난처한 상황인 것이다. 무력감을 느끼게 하는 상황의 형태나 경우는 다를지라도 우리는 그 상황에 익숙해지고 경험을 쌓게 되면 점점 더 유능해진다.

죽어 가는 사람은 많은 '처음'에 접하게 되고 그것들은 대부분이 극복해야만 할 도전들이다. 그러한 상황에 잘 준비되어 있지 않고 불안정하며 분노에 차 있는 죽어 가는 사람은 자신의 죽음뿐만 아니라 이러한 무력한 상황에도 반응을 한다.

8 스트레스 반응 모델(stress response model)

죽어 가는 사람은 신체적 · 심리적 · 사회적 · 영적 스트레스를 경험하고 있을 것이다. 그래서 그들의 에너지 대부분은 이러한 잔인하고도 강렬한 스트레스에 대처하는 데 소비된다. 죽어 가는 사람의 분노의 많은 부분은 자아를 스트레스의 영향으로부터 보호하고자 하는 노력의 결과로 이해될 수 있다.

신중하고 민감한 돌봄 제공자는 고독, 관계의 위협, 역할 상실, 정체성 위기, 삶의 의미에 대한 도전 등 죽어 가는 사람이 받을 수 있는 다양한 스트레스 원인을 인정하고, 그들의 심리적 · 생물학적 반응에 대한 긴장을 줄여 주는 스트레스 감소 전략을 개발할 필요가 있다.

9 시간 불안 모델(time anxiety model)

대개 사람들의 삶에는 스케줄과 마감 시간이 있다. 개인적 · 가족적 · 사회적 요구 혹은 직장의 요구가 한꺼번에 집중되어서 동시에 여러 개의 마감 시간과 스케줄을 소화해야 할 때도 있다. 이럴 경우 모든 일이 너무 빨리 진행되어서 우리는 긴장감을 느끼고 애가 타게 된다. 주요한 어떤 일을 달성하기에 우리에게 시간이 너무 모자랄 때 이러한 상황은 더욱 강화된다.

죽어 가는 사람은 때때로 자신이 이와 같은 상황에 처해 있다고 생각하게 된다. 그들은 가족을 위해 재산을 분배하고, 그동안 소원했던 관계를 회복하고, 끝내지 못한 직장 일을 인수인계하는 등 마무리해야 할 많은 일들이 있다. 우리가 우리의 삶에서 시간 불안의 역할을 더 잘 이해하면 할수록 우리는 적은 시간에 많은 삶을 밀어 넣고자 하는 확실한 이유를 가진 죽어 가는 사람을 더욱 잘 도와줄 수 있게 될 것이다.

10 연기 모델(performance model)

'연기'라는 말은 배우가 외운 각본을 암송하지만 마치 저절로 말이 떠오르는 것처럼 행동하는 것과 같이 가장이나 인위라는 요소를 가진 일종의 쇼를 의미한다. 실제 상황에서 우리의 많은 행동들은 우리가 누구인지와 우리가 무엇을 믿는지를 연기하고 있는 공연인 것이다. 죽어 가는 사람은 연기할 의도는 없지만 다른 사람이 지켜보고 있고 자신의 행동을 평가하고 있다는 것을 의식하지 않을 수 없다. 그들은 자신이 너무 많이 불평을 해서 혹은 충분히 반응하지 않아서 다른 사람들을 실망시키고 있지 않은지, 다른 사람들을 겁주어서 쫓아 버리고 있지는 않은지, 자신의 성격의 나쁜 측면을 보여서 이제까지 쌓아 온 좋은 평가와 명성을 무너뜨리고 있지는 않은지, 자신의 행동을 주의 깊게 관찰하고 평가한다. 그래서 다른 사람의 기대에 부응하도록 연기해야 한다고 생각하고 그렇게 할 수 없을 때 분노를 경험하게 된다. 죽어 가는 사람을 돌보는 사람은 환자가 잘 '죽는 역할'을 연기하도록 은연중에라도 기대하지 않도록 하여 그들의 심리적 부담을 덜어 주어야 한다. 우리도 죽어 가는 사람이 무엇을 연기하고자 하는지, 또 왜 그런 연기를 하고자 하는지 이해할 필요가 있다.

⑪ 상실과 분리 모델(loss and separation model)

죽어 가는 사람은 이미 많은 것을 잃었고 다시 자신의 모든 것을 잃는 상실에 직면해 있다. 그들은 직장을 잃게 되고 이와 동시에 그들의 능력을 증명할 기회와 즐거운 사회적 상호작용에 참여할 기회를 잃게 된다. 성적 관계를 잃게 됨과 동시에 친밀함을 표현하고 안식을 얻으며 파트너를 만족시키는 모든 것을 함께 잃게 된다. 운전을 할 수 없게 되고 부축 없이 걷는 능력을 잃게 된다. 그중에서도 대부분의 사람들에게 있어서 가장 힘든 것은 관계의 상실이다.

우리는 대학 진학 때문에 집을 떠나거나 외국으로 이민 갈 때 또는 직장을 바꾸거나 졸업, 결혼 등으로 오래된 좋은 친구들과 헤어질 때 등 많은 다른 상실과 분리를 경험해 왔고 이를 통해 익숙했던 관계들을 상실해 왔지만, 죽음에 의한 사랑하는 사람과의 이별은 가장 영속적이면서 슬픈 경험이라고 할 수 있다.

⑫ 이탈 모델(disengagement model)

죽어 가는 사람은 자신이 이미 살 만큼 살았고 지금 죽어도 여한이 없다고 생각할 수 있다. '나는 상호작용과 책임으로부터 벗어날 준비가 되어 있다.'

원래 이탈 이론은 커밍과 헨리(Cumming & Henry 1961)가 중년기에서 노년기로의 이행을 설명하기 위해 소개한 이론이다. 이 이론에 따르면, 사람은 중년기에 가장 많은 책임과 의무를 지면서 사회에 가장 많이 참여하게 된다. 그러나 자신이 영원히 살지 못한다는 것을 문득 깨닫게 되면서 개인적 흥미와 욕구에 더 많은 시간을 할애하기 위해 사회적 의무로부터 벗어나고자 한다. 얼마간의 과도기를 거친 후에 다시 사회와 관련을 갖게 되지만, 그것은 이전보다 덜 적극적이고 덜 강제적인 방식을 취하게 된다.

이탈 이론은 죽음의 과정을 부분적으로 설명할 수 있는 유용한 전망을 제공한다. 말기 질병을 앓기 이전에 이미 사회와의 관계를 철회하여 자신의 진정한 삶이 끝나 버렸다고 느끼는 사람에게 죽음은 강력한 위협으로 경험되지 않을 수 있다. 다양한 상황에서 사람들이 이탈의 압력과 유혹을 어떻게 처리하는지를 이해한다면 우리는 죽어 가는 사람의 성향을 조금이나마 이해할 수 있을 것이다.

⑬ 여행 모델(journey model)

죽어 가는 사람은 자신이 알고 있었던 모든 것을 떠나서 보편적이면서도 개인적인 목적지를 향하여 떠날 것이다. '나는 이전에 가 본 적이 없는 곳으로 갈 것이다.' 죽음은 종착역이 아니라 새롭고 더 빛나는 삶의 형태로 들어가는 입구로 생각될 수 있다.

에릭슨을 비롯한 생애발달심리학자들은 인생 행로를 한 단계에서 다른 단계로의 여정으로 표현하고 있고, 많은 문화권에서 행해지는 제식이나 종교 의식 또한 여행의 개념과 밀접히 연관되어 있다. 현재의 상태에서 벗어나 과감히 다음 단계로 전진하는 데에는 많은 도전과 위험이 있어서 의식이나 제식을 행하여 미지의 단계로 여행을 떠나는 사람들을 보호하고자 하였다. 새로운 관계, 새로운 직업, 새로운 지역으로 이동해 본 적이 있는 사람은 일종의 기대와 불안을 동시에 경험해 보았을 것이다. 죽어 가는 사람은 그들이 알고 있던 세상으로부터 지금 이동하고 있는 것이다. 이전에 가 본 적이 없는 미지의 세계로 가는 것에 대해 불안해하는 것은 당연한 일이다.

이처럼 죽음을 여행으로 생각하는 개념은 죽어 가는 사람에게 찍힌 쓸모없고 무능력하다는 낙인을 새로운 세계로 가는 힘든 여정에 있는 여행자라는 긍정적인 개념으로 대체할 수 있다. 그런 길에 동참하여 무사히 여행을 떠나도록 돕는 것은 가치 있는 일임에 틀림없다.

[14] 종결 모델(closing the book model)

죽어 가는 사람은 삶의 책이 곧 끝나리라는 것을 깨닫게 된다. '나는 마지막을 위해 모든 것을 다할 것이다. 모든 것이 곧 끝날 것이다.'

우리는 대부분 마지막 장을 다 읽은 후 책을 덮는 경험을 해 왔다. 우리는 고등학교와 대학이라는 책을 종결하였고, 수많은 과제와 프로젝트라는 책을 마무리하였다. 우리는 다음 해에 비록 정원 가꾸기라는 책의 다음 장을 열게 되겠지만 이 계절을 위한 정원 가꾸기를 마쳤으면 도구들을 손질하여 치워 버릴 것이다. 우리가 삶의 마지막 장에 다다를 때 우리 삶의 마지막에 반응하는 방식은 우리가 삶을 사는 동안 겪어 온 '책을 덮는' 상황을 해석하는 방식과 관련되어 있다. 생의 마지막 단계에 도달했을 때 그동안 성공적인 완결을 경험했던 사람은 자신감을 느낄 것이고 과거에 종결을 받아들이는 데 어려운 시간을 보냈던 사람은 갈등과 혼란을 느낄 수 있다. 많은 사람들은 인생의 마지막 시기에 적극적으로 자신의 이야기를 들어 주어 인생을 마감한다는 생각과 감정에 전념하도록 도와준 동반자에게 감사하게 될 것이다. 죽어 가는 사람이 후회 없이, 그리고 용기를 증명하기 위해 투쟁을 계속해야 하는 의무감 없이 훌륭한 삶이라는 책을 덮을 권리를 보장받고 싶어 하는 것은 이상한 일이 아니다.

[15] 위태로워진 관계 모델(endangered relationship model)

죽어 가는 사람은 의미 있는 관계의 실제적인 상실뿐만 아니라 그 관계의 상징적 상실을 두려워할지도 모른다. '나는 너의 사랑과 존경을 잃게 될까 봐 두렵다.'

소중한 관계에 대한 위협은 언제나 고통스러운 것이지만 말기 질병의 스트레스에 직면하고 있을 때는 특히 더욱 그렇다. 죽어 가는 사람은 질병의 고통과 기능장애에는 대처할 수 있으나 친구나 가족이 자신을 피할 때 더욱 충격을 받고 슬퍼질 수 있다. 또한 죽어 가는 사람은 이전의 자아와의 관계의 상실을 두려워할 수 있다. '나는 더 이상 내가 아니다. 나는 이런 나의 모습을 원치 않는다.' 그리고 자아와 다른 사람으로부터 거부되고 있다는 인식은 자살의 가능성을 높일 수 있다. '나는 병들고 쓸모없고 받아들이기 어려운 나를 소멸시킬 것이다. 이것이 다른 모든 사람을 편안하게 만들 것이다.'

위태로워진 관계 모델은 관계의 유지, 성장, 상실이라는 개인적 역사와 함께 사람들을 다시 하나가 되게 하기 위해 오래 지속되었던 가족 간 불화를 해결하고 현재의 관계를 확인하고 강화할 수 있는 기억들을 나누는 등 당면한 상황에서 가장 의미 있는 관계 문제에 주목하고 있다.

⑯ 분투하는 두뇌 모델(struggling brain model)

죽어 가는 사람은 정신 기능의 동요와 파동을 경험하고 있을지도 모른다. '나의 정신이 제대로 작동하고 있지 않다. 세상이 나로부터 멀어져 가고 있다.'

앞에서 이미 언급한 다른 모델들은 죽어 가는 사람이 아직 의식이 분명하고 의사소통을 할 수 있다는 것을 전제로 한 것이다. 그러나 사고로 머리를 크게 다쳐서 두뇌 기능이 파손된 사람이나 심장의 기능 부전으로 뇌혈관 순환에 장애가 있는 사람, 진통제 때문에 의식이 흐리고 혼란 상태에 있는 사람들이 있다. 또 말기 질환에 동반되는 강요된 수동성과 감소된 자극은 인지 기능에 부정적인 영향을 끼칠 수 있다. 죽어 가는 사람의 정보처리 능력은 감각 양식의 민감성 감소에 따라 저하될 수도 있다.

이처럼 죽어 가는 사람의 두뇌는 스트레스와 결핍, 상실의 상황 속에서 본래의 모습을 유지하기 위해 필사적으로 분투하고 있을지도 모른다. 다양한 뇌 증후군을 가진 사람의 어려움을 이해하는 것은 비슷한 괴로움을 겪고 있는 죽어 가는 사람의 상황을 이해하는 데 도움이 될 수 있다. 완화 돌봄 전문가는 진정제를 필요로 하는 상황을 감소시키고 의미 있는 의사소통을 가능하게 하여 말기 질환의 분투하는 두뇌 양상을 경감시킬 수 있다.

⑰ 이야기 모델(storying model)

죽어 가는 사람은 질병과 관련된 경험뿐만 아니라 현재 상황이 그의 전체 삶에 통합되는 방식을 이해하기 위해 힘든 시간을 보내고 있을 수 있다. '나는 과거에 일어났었고 현재 일어나고 있고 미래에 일어나게 될 모든 가능한 이야기를 찾아내야 한다.'

이야기하기(storying)는 의미와 기억, 의사소통을 위한 정보를 조직하는 가장 효과적인 방법 중 하나다. 기억할 만한 이야기는 사실적 요소와 가공적 요소가 혼합되어 있다. 가장 중요한 것은 이러한 요소들을 감동적으로 배열하는 이야기 구조의 설득력이다. 상실과 스트레스, 위협 등은 우리 삶의 요소를 통일성 있고 의미 있는 패턴으로 엮을 필요성을 강화한다.

죽어 가는 사람은 그들의 삶의 의미를 요약하고 드러나게 하는 이야기를 찾는 데 관심이 있고, 이러한 탐색이 삶을 마무리하는 가장 어려운 상황에서 수행되고 있는 것이다.

5. 죽음 과정의 경험에 영향을 미치는 요소

앞에서 살펴본 죽음의 과정에 대한 논의들은 죽음의 과정을 죽어 가는 환자와 그 주위 사람들의 심리사회적 상호작용이라는 측면에서 이론적으로 살펴본 것으로, 죽어 가는 사람에게서 발견되는 심리적 상태와 상호작용의 패턴을 일반화하여 정리해 본 것이다. 그러나 죽음의 과정은 또한 다양한 요소들의 영향을 받는 독특하고 특수한 경험이라고 할 수 있다.

여기서는 죽음의 과정의 개인차를 설명하기 위하여 나이, 성, 대인관계, 죽음의 원인이라는 측면에서 죽음 과정의 경험에 영향을 미치는 요소들을 살펴보고자 한다.

1 나이

역연령은 중요한 차이를 만들 수 있는 다양한 요소들을 위한 지표로서의 역할을 할 수 있다. 죽음의 과정도 예외는 아니다.

나이(age)는 죽음의 과정에서 죽음의 이해, 상황에 대한 통제력 행사의 기회, 다른 사람에 의한 인식과 대우라는 측면에서 차이를 만든다(Kastenbaum, 2007).

1 죽음의 이해

죽음에 대한 인지적 이해는 발달 수준, 삶의 경험과 관련되어 있다. 대개 5세 이하의 아동은 부모와의 분리에는 민감하게 반응하지만 죽음의 최종성이나 불가피성은 아직 이해하지 못한다. 노인은 죽음의 사실을 인식할 수 있을 뿐만 아니라 많은 가까운 친척이나 친구들의 죽음을 경험하였다. 죽는다는 똑같은 경험이 다양한 삶의 역사와 인지 구조를 가진 사람들에게 전혀 다르게 경험될 수 있다.

2 상황에 대한 통제력 행사의 기회

아동은 일반적으로 죽음의 과정에서 성인에 비해서 자율성을 행사할 기회가 적다. 미국의 경우 주의 법률로 통과된 「자연사 법(Natural Death Acts)」조차도 의사결정 참여자로서의 아동의 위치를 보장할 수 없었다. 아동에게는 자신의 치료나 생명에 관련된 결정에 대해 통제력을 행사할 기회조차도 주어지지 않는다.

3 다른 사람에 의한 인식과 대우

다른 사람에 의해 인식된 사회적 가치는 나이에 따라 다르다. 일반적으로 사람들은 노인 환자가 죽을 준비가 되어 있고 누구도 그의 죽음을 아쉬워하지 않을 것이라고 생각하고, 이러한 가정에 기초하여 행동한다. 노인 환자는 생명을 위협하는 상황이 아닐지라도 사별, 사회적 고립, 피로, 만성질환 등 때문에 우울증에 빠지기 쉽다. 우울증을 진단하고 치료하는 전문가는 노인이 죽을 준비가 되어 있다는 선입견에서 벗어나 각 사람의 상황을 주의 깊게 살펴야 한다. 유아는 고통을 느끼지 못한다는 가정도 의사들이 흔히 갖는 잘못된 생각이다. 이러한 가정에 기초하여 생명이 위험한 유아는 적절한 무통 처치 없이 고통스러운 처치를 반복해서 받을 수 있다.

2 성

남자와 여자는 서로 다른 방식으로 죽음의 과정을 경험할 수 있다(Kastenbaum, 2007).

여자는 생명을 위협하는 질병에 직면했을 때 가족의 통합과 안녕을 걱정한다. 아이들은 잘 먹을까? 남편이 집안일을 잘할 수 있을까? 이처럼 아내나 엄마로서의 여자를 가장 힘들게 하는 것은 그 자신보다도 가족의 운명이다.

이에 비해 전통적 가정의 남자는 이와는 반대로 자기 자신의 일을 더 걱정한다. 병이 자신의 경력을 망쳐 버리지는 않을까? 만약 회복된다고 해도 직장이나 승진의 기회를 잃게 되지는 않을까? 만약 계속 일할 수 없어서 돈을 못 벌어 와도 '좋은 남자' '진짜 남자'가 될 수 있을까? 남자가 자신의 자아 정체성을 지탱하는 직장으로부터 멀어져 오랫동안 집이나 병원에 있게 되면 자아존중감에 위기가 올 수 있다.

죽어 가는 환자의 성차뿐만 아니라 전문적인 돌봄 제공자의 성차도 중요하다. 죽어 가는 사람을 직접 돌보는 사람은 대개의 경우 자격이 있는 간호사나 간호 보조사와 같은 여자가 대부분이다. 그러나 환자에 대한 전체적인 케어를 계획하는 책임은 대부분 남자 의사의 손에 달려 있다. 의사는 주로 시간을 의식하고 성취 지향적이고 의학적 규칙 준수를 중시한다. 의사는 치료 지향적인 처치를 고집하지만 환자의 죽음이 예상될 때는 더 빨리 치료를 철회한다. 반면에 간호사는 환자와의 관계를 중시하고 환자의 죽음을 자신의 실패로 보지는 않는다(Kastenbaum, 2007).

3 대인관계

수개월 내에 죽을 것이 예상되는 병원 입원 환자 중에서 적극적이고 상호 반응적인 관계를 유지하는 사람이 빈약한 사회적 관계를 가진 사람보다 더 오래 사는 경향이 있다(Weisman & Worden, 1975). 생존의 길이뿐만 아니라 삶의 질도 환자가 경험하는 대인관계(interpersonal relationship)의 종류와 관련되어 있다. 친구가 거의 없고 가족과의 관계가 소원하고 직장 동료와의 관계도 좋지 않은 환자는, 치료가 끝나면 더욱 우울하게 된다. 이런 환자는 죽고 싶다고 자주 이야기하지만 진짜 죽고 싶은 것이 아니라 삶에 대한 좌절감과 실망을 표현하는 것이다. 이처럼 가장 큰 고통을 경험하는 말기 환자는 대인관계에 가장 큰 어려움이 있는 사람일 수 있다.

4 죽음의 원인

죽음의 과정에 대한 논의가 너무 추상적이고 전체적인 특징만을 언급하고 있어서 특정한 의학적 문제를 간과하기 쉽다. 예를 들어, 죽음의 원인이 신장 질환인 사람과 호흡 기능 부전인 사람은 서로 다른 죽음의 과정을 겪게 된다. 신장 질환을 가진 사람은 몸속에 노폐물이 쌓임에 따라 의식이 흐려지게 되고 혼수 상태의 기면 상태에 빠지게 된다. 때때로 상태가 좋아지기도 하지만 생의 마지막 며칠 혹은 몇 시간을 혼수 상태 속에서 보내게 되는 경우가 많다.

이와 대조적으로 악화된 폐기종을 앓는 사람은 시간이 지남에 따라 호흡 상태가 악화되어 더욱 급박한 증상과 경험을 동반하며 숨을 쉬기 위해 사투를 벌이게 된다. 또 말기 암환자의 경우를 예로 들면 일반적으로 생존 기간 1개월 이상인 경우 통증의 출현 빈도가 가장 높고 생존 기간이 약 1개월 남았을 때는 전신권태감, 식욕부진, 변비, 불면 등 증상의 출현 빈도가 증가하며 생존 기간이 2주 남았을 때부터 망상이 증가하고 사망 며칠 전부터 불안이나 사전천명(死前喘鳴) 등이 나타난다(林章敏, 池永昌之, 2002).

이처럼 죽음의 원인이 무엇인지에 따라 죽음의 궤도와 죽음의 과정에서 겪게 되는 경험도 다를 수 있다.

죽어 가는 사람에게 적합한 인간적인 돌봄을 제공하기 위해서는 그들이 느끼는 공포, 불안, 욕구, 과업 등을 제대로 이해해야 한다.

제6장

죽음에 대처하는 사람 돕기

죽음의 과정은 한 인간이 태어나서 살다가 자신의 인생을 마무리할 때 겪게 되는 삶의 과정이다. 그러나 삶에서 죽음으로의 이행에서 거치게 되는 마지막 단계의 경험은 분명 아직 죽지 않은 삶의 일부로서의 경험이지만, 생산성과 성취를 추구하는 발전 지향적인 현대 사회에서 죽어 가는 사람은 이미 죽은 사람이라는 취급을 받기 쉽고 소모적이고 쓸모없는 존재로 가치 절하되기 쉽다. 퀴블러-로스(Kübler-Ross, 1969)가 지적한 것처럼, 현대 사회에서는 인생을 마무리 짓는 행동에서 가치를 발견하는 긍정적인 철학이 부족하고, 치료 중심적인 의료 체계 때문에 죽음의 과정은 이전보다 더 고통스럽고 고독하고 비인간적이 되어서 사람은 죽음 그 자체보다 길고도 고통스러운 죽음의 과정을 더욱 두려워하게 되었다.

그러면 죽어 가는 환자 개개인의 경험과 요구, 반응에 초점을 두고 그들을 효과적으로 도울 수 있는 인간다운 환경이란 어떤 것일까? 이러한 질문에 대답하기 위하여 이 장에서는 죽음에 대처하는 사람을 효과적으로 돕기 위한 돌봄과 의사소통 방식, 말기 환자가 이용 가능한 프로그램, 통증 완화와 증상 관리를 위주로 하는 호스피스 케어, 돌봄 담당자의 소진 방지와 자기 케어 방법 등에 대해 주로 살펴보고자 한다.

1. 돌봄의 차원과 욕구 구조

우리는 흔히 특별하게 훈련받은 사람만이 죽어 가는 환자를 돌볼 수 있다고 생각한다. 물론 죽어 가는 환자는 마약성 진통제를 처방해 주는 의사나 병자 성사를 집전해 줄 사제 등과 같이 특별한 전문지식을 가진 사람만이 충족시킬 수 있는 특별한 욕구를 가진 사람들이기도 하다.

그러나 죽어 가는 사람이 필요로 하는 대부분의 돌봄은 특별한 욕구보다는 모든 사람들에게 공통되는 기본적인 관심들과 관련되어 있다. 수분과 음식을 섭취하고, 몸을 씻고, 심신이 굳지 않도록 적당히 움직여 주고, 손을 잡아 주고, 슬픔과 기쁨을 함께 나누고, 자신의 이야기를 들어 주고 거기에 응답하고 등등 죽어 가는 사람이 필요로 하는 돌봄은 우리 모두가 마음만 있다면 기꺼이 제공할 수 있는 것들이다.

죽어 가는 사람에게 적합한 인간적인 돌봄을 제공하기 위해서는 그들이 느끼는 공포, 불안, 욕구, 과업 등을 제대로 이해해야 한다. 완화 돌봄 분야에서 말기 환자의 욕구를 이해하는 것은 죽음에 적절히 대처하는 능력을 향상시킬 뿐만 아니라 환자에게 적절한 서비스를 제공하기 위한 기초 자료를 제공할 수 있다.

흔히 죽어 가는 사람을 돌볼 경우 신체적인 케어에 집중하는 경향이 있으나 죽어 가는 사람들을 위한 돌봄에는 고려해야 할 네 가지 기본적인 차원이 있다. 이러한 돌봄의 차원은 죽어 가는 사람이 갖는 욕구와 대응되는 것으로 신체적 · 심리적 · 사회적 · 영적 차원이 그것이다(Saunders, 1967; Woodson, 1976).

1 신체적 차원

죽어 가는 사람의 가장 절박한 욕구 중 하나는 신체적 통증과 고통을 통제하는 것이다. 특히 인생의 말기 단계에서 통증은 다음과 같은 이유 때문에 꼭 완화될 필요가 있다(Kastenbaum, 2007).

- 통증은 스트레스를 주는 경험이다.
- 통증은 다른 일에 집중하는 능력을 감소시켜서 환자를 고립시키고 그가 회고하고 상호작용하고 성취할 수 있는 기회를 경감시킨다.
- 통증은 체중 감소, 불면증, 욕창, 메스꺼움과 같은 다른 증상들을 더 심하게 만든다.
- 통증에 대한 공포와 앞으로 올 통증에 대한 예측은 환자를 의기소침하게 한다. 환자는 통증이 언제 또 올지, 그 통증이 점점 더 심해질지, 자신이 그 통증을 견딜 수 있을지 걱정하게 된다.
- 통증은 죽음의 과정에 대한 불안을 가중시킨다. 죽음의 과정은 통증뿐이고 그 통증은 완화될 수 없다고 생각하는 사람들이 있다. 이러한 예측은 정서적 고통과 의사소통의 부재를 가져오고, 때에 따라서는 자살로 이어지기도 한다.

돌연사 등 예기할 수 없는 죽음은 예외이지만, 많은 죽음에는 말기라는 시기가 존재한다. 이 시기는 환자가 인생을 총결산하는 시기로 고통이 충분히 완화되지 않으면 인간다운 생을 다할 수 없고, 또 사랑하는 사람이 극심한 고통 속에 죽어갈 경우 그 가족의 비탄 과정에도 큰 영향을 미치게 된다.

인간이 그 삶을 끝마치는 임종의 순간이 다가오면 통증 이외에도 말기 특유의 증상들이 나타나게 된다. 생의 마지막 48시간에 나타나는 대표적인 증상은 다음과 같다(노유자, 한성숙, 안성희, 김춘길, 1994).

- 체온 저하: 환자의 손과 발부터 시작하여 팔과 다리의 순서로 점차 싸늘해지면서 피부의 색깔도 보랏빛으로 변하게 된다. 이때 더운 물주머니, 양말, 담요를 씌워 주어서 따뜻하게 해 주는 것이 좋지만 전기 기구는 사용하지 말아야 한다.
- 의식 정도의 감소: 환자는 점차 잠자는 시간이 많아지며 의사소통을 하기 어렵고 반응하지 못하게 된다. 환자의 몸을 흔들거나 큰 소리로 말하지 말고 부드럽고 자연스럽게 이야기해야 하며, 환자가 반응하지 못한다 하더라도

정상인에게 말하는 것과 같이 이야기하는 것이 좋다.

- 혼동: 환자는 시간, 장소 그리고 자기 주위에 있는 사람이 누군가에 대해 혼돈을 일으키게 되는데, 이것 역시 신진대사가 변화함으로써 생기는 결과다. 환자에게 말하기 전에 내가 누구냐고 묻기보다는 내가 누구라고 이름을 밝혀 주는 것이 좋다.
- 실금 또는 실변: 환자는 근육이 무력해져서 대소변을 조절하지 못하고 실금 또는 실변하게 된다. 이때는 환자와 침상을 청결하고 편안하게 유지시켜 주는 것이 필요하다.
- 울혈: 환자의 가슴에서 돌 구르는 것과 같은 소리가 들리게 되는데, 이는 수분 섭취가 적어지고 정상적인 분비물을 기침으로 내보내는 능력이 저하되면서 나타나는 정상적인 변화 상태다. 이때는 환자의 고개를 옆으로 돌려 주어 배액이 잘 되도록 해 주고, 젖은 헝겊으로 입 안을 닦아 준다.
- 불안정: 말기 환자는 불안정해지고 같은 동작을 반복하게 된다. 이러한 현상은 자주 일어나는 것으로서 뇌에 산소 공급이 부족해지고 신진대사가 변화함으로써 생기는 현상이다. 억지로 이런 동작을 하지 못하도록 방해하거나 억제하는 것은 좋지 않으며, 그보다는 환자의 이마를 가볍게 문질러 주거나 책을 읽어 주며 혹은 진정시킬 수 있는 음악을 들려주는 것이 환자를 차분하게 만드는 효과가 있다.
- 수분과 음식의 섭취량 감소: 말기 환자는 점차 음식이나 수분 섭취를 거부하는데, 그 이유는 환자의 몸이 소화하는 일보다는 다른 기능을 하는 데 더 많은 에너지를 소모하려고 하기 때문이다. 이때는 억지로 먹이려 하지 말고, 물로 입을 축이거나 구강을 닦아 주고 이마에 찬 물수건을 얹어 주는 것이 도움이 된다.
- 소변량 감소: 수분 섭취가 적어지고 신장을 통해 이루어지는 수분의 순환도 감소되므로 자연히 소변량이 줄어들고 매우 진한 소변을 조금 보게 된다.
- 호흡 양상의 변화: 정상적인 호흡에서 중간 중간 무호흡이나 호흡곤란 상태가 동반되는 전혀 다른 형태의 호흡을 하게 된다. 이는 내부 기관의 순환 감

소로 일어나는 일반적인 증상이다. 머리를 높여 주고 환자의 손을 잡아 주며 부드럽게 이야기하는 것이 환자를 편하게 해 준다.

이처럼 환자에게 말기 증상이 진행되어 심신이 쇠약해지면 전신권태감, 호흡곤란, 불안 상태 등 통증이 나타나게 되고, 이러한 통증은 약물 투여(진통제, 마약성 진통제, 항우울성 제제, 항불안성 제제, 항정신 제제)나 비침습성 치료(열·냉 요법, 말초신경자극요법, 마사지, 부동, 방사선요법), 심리적 중재(이완술, 생체회환, 전환요법) 등으로 조절될 수 있다(노유자 외, 1994).

그러나 어떤 방법을 써도 완화할 수 없는 통증은 환자의 의식 상태를 저하시키는 마약과 같은 약물의 투여가 효과적인 방법이 될 수 있다. 통증에는 급성 통증과 만성 통증이 있다. 급성 통증은 기간 제한이 있고 적당한 시기에 진통제 투여나 다른 물리적 수단에 의해 완화될 수 있다. 그러나 만성 통증은 상황이지 사건이 아니다. 이것은 6개월 이상 계속되는 통증으로 이러한 통증은 환자의 병리적 상태가 되어 버린다(McCaffery & Meinhart, 1983). 만성 통증을 가진 환자는 급성 통증을 가진 환자와 같은 통증 완화 방법에 반응하지 않는다.

급성 통증의 상황에서 간호사는 통증이 올 때에만 마약성 진통제를 투여하고 점차 진통제의 양을 줄여 나가지만, 만성 통증은 환자가 꼭 요구하지 않더라도 제시간에 규칙적으로 마약이나 약물 치료를 하여 신체적 통증이 사전에 관리되도록 해야 한다. 약물 치료가 시행될 때, 말기 암환자를 비롯한 많은 죽어 가는 환자들은 마약에 중독되지 않으면서 다량의 강한 마약 진통제에도 견디는 내성이 있었다(Twycross, 1979; 1982). 진정제를 투약하는 목적은 환자를 완전히 마비 상태로 만드는 것이 아니라 통증을 느끼지 못하는 무통각 상태로 만드는 것이다. 그러나 마약과 같은 진통제(narcotics)는 졸림, 냉담, 무기력증, 신체적 활동의 감소, 변비, 눈의 동공 축소, 사고력 감소, 메스꺼움, 구토, 호흡곤란 등을 유발할 수도 있다. 따라서 바람직한 목적을 달성하기 위해서는 환자의 상황에 맞는 올바른 약물을 선택하고 통증의 특성과 수준에 적정하게 복용량을 조절해야 한다(Storey, 1994; Twycross & Lack, 1989). 만약 통증의 원인과 그것이 전달되는 경로를 통제하도록 올바른 약물이 사용되고 통증을 통제하는 데 필요한 적정 수준으로 복용량이 조절된다면 통증은 잘 관리될 수 있다. 각각의 약물은 환자의 희망, 복용 방법, 복용 시간의 간격, 부작용, 환자가 복용하고 있는 다른 약물과의 상호작용 등을 고려하여 선택해야 하고, 환자의 전신 상태나 고통의 강도, 진정제 투여의 긴급성 등을 검토하여 투여 방법을 결정해야 한다.

약물 치료가 만성 통증을 통제하는 유일한 방법은 아니다. 생체 자기제어(biofeedback), 상상(guided imagery), 명상(meditation), 치료적 접촉(therapeutic touch), 자기 최면술(techniques of self-hypnosis) 등이 통증을 통제하고 관리하는 데 도움이 될 수 있다. 이러한 치료들은 약물 치료를 대체하기보다는 약물 치료나 다른 의료적 개입 등과 병행할 때 효과적일 수 있다.

죽어 가는 사람은 통증만큼 고통스러운 다른 신체적 증상, 즉 변비, 설사, 메스꺼움, 구토, 전신권태, 불면, 에너지 부족, 식욕부진, 호흡곤란 등의 증상을 경험하게 된다(Saunders & Sykes, 1993). 머리가 빠지고 눈 주위에 다크서클이 생기고 피부색이 창백해지는 현상은 자기 이미지를 중시하고 자신이 다른 사람에게 어떻게 보이는지를 중시하는 사람에게는 주요 관심사가 될 수 있다. 오랫동안 침대에 누워 있는 환자에게는 피부 궤양이나 욕창 등이 나타나게 된다.

죽어 가는 사람을 위한 효과적인 돌봄은 환자를 괴롭히는 신체적 증상 모두를 함께 고려해야 하고 환자의 현재 상황에 적합한 방식으로 돌봄이 제공되어야 한다. 이러한 돌봄은 의사나 간호사, 그 밖의 전문적인 돌봄 제공자들의 개입을 필요로 하는 경우도 있지만 가족이나 친구 등도 이러한 상황에서 중요한 역할을 담당할 수 있고, 특히 그들이 어떻게 하는 것이 환자에게 가장 도움이 되는지를 알고 있을 때 더욱 그렇다.

2 심리적 차원

말기 환자는 신체적 고통뿐만 아니라 죽음이 다가옴에 따라 야기되는 분노, 슬픔, 불안, 공포 등 정서적 고통을 경험하게 된다. 죽어 가는 사람의 우울, 걱정, 공포 그리고 다른 풀리지 않은 정서적 관심은 고통을 불러일으키며, 이러한 정서적 관심이 충족되지 않을 때, 신체적이고 심리적인 모든 고통이 악화되거나 강렬하게 될 수 있다(Twycross, 1975). 말기 환자들이 겪기 쉬운 심리적 고통 중에서 몇 가지를 좀 더 자세히 살펴보면 다음과 같다.

1 슬픔

죽어 가는 환자가 느끼는 모든 부정적인 감정은 그 발생을 막아야 하는 바람직하지 않은 정서가 아니라 그들에게 당연히 일어날 수 있는 심리적인 현실이다. 만약 누군가 불행한 소식을 들었다면 슬퍼하는 것이 당연한 반응이다. 죽어 가는 사람은 건강, 가족의 역할, 직업, 독립성 등 질병에 의해 이미 잃은 것 때문에 슬퍼하고, 개인적 관계, 삶 자체 그리고 그들의 미래 등 그들이 죽으면 잃게 될 것 때문에 슬퍼한다. 죽음이 다가온다는 것은 그들의 계획과 꿈을 포기해야 하는 것이기에 슬퍼지는 것이다. 우리는 죽어 가는 사람의 이러한 슬픔과 우울감을 존중해야 하고, '우리 모두는 언젠가는 죽게 된다' 는 말로 그들의 정서적 고통을 희석하려고 하기보다는 그들의 감정을 잘 듣고 이해하려고 노력해야 한다.

2 분노

죽음에 대처하는 사람은 종종 분노를 느낀다. 자신은 지금 경험하고 있는 상실 때문에 화가 나고, 다른 사람은 모두 행복하고 건강하고 만족스러운 삶을 즐기고 있는데 자기 혼자 특별한 이유 없이 죽게 되어서 화가 난다. 분노의 감정은 죽어 가는 환자가 실제로 느끼는 현실이고 이들이 느끼고 있는 감정을 느끼지 못하게 할 수는 없다. 이들이 자신의 분노를 확인하고 인정하고 표현하도록 해야만 분노의 감정은 해소될 수가 있다. 죽어 가는 환자가 돌봄 제공자에게 고함치고 소리지르고 불평하는 것은 돌봄 제공자에게 개인적인 감정이 있기보다는 그들이 느끼는 분노의 감정을 표현하는 것임을 이해해야 한다. 이러한 상황에서 돌봄 제공자는 죽어 가는 사람이 더 이상 이러한 부정적인 감정을 갖지 않도록 만드는 만병통치의 말이나 방법을 찾기보다는 죽어 가는 환자 스스로 왜 그들이 그렇게 느끼는지를 말할 수 있도록 허용하는 것, 진심으로 그들의 말을 들어 주는 것이 가장 도움이 될 수 있다(Nichols, 1995; Zerwekh, 1994). 즉, 그들의 감정을 확인하도록 돕고, 그들의 감정을 그들이 처해 있는 상황에서 정상적이라고 인정하고 그러한 감정을 배출하고 나눌 수 있도록 허용하는 것이다. 또 분노는 절망이나 공포 등 다른 정서로부터 발전한 감정일 수 있으므로 분노의 원인을 살펴보는 것도 도움이 될 수 있다. 절망감은 통제력을 잃게 되어 다른 사람에게 의존하게 되어서 느끼는 무력감으로부터 올 수 있고, 공포는 죽음이 무엇인지 알 수 없는 불확실성에서 기인할 수 있다. 이럴 때는 분노에 반응하기보다는 그가 자신의 일을 결정하고 통제할 수 있도록 도와주어 무력감을 감소시키는 것이 효과적일 수 있다.

3 고독감

말기 환자들이 느낄 수 있는 심리적인 고통으로 고독감을 들 수 있다. 환자의 방과 몸에서 나는 불쾌한 냄새는 사람들로 하여금 환자로부터 멀어지게 하고, 신체적 혹은 심리적으로 완화되지 못한 고통은 고독감을 증폭시킨다. 말기 환자의 죽음이 임박해지면 다른 사람을 불편하게 한다는 이유로 그들은 1인실이나 특수처치실로 격리된다. 혹은 커튼, 칸막이 등을 드리우고 방을 어둡게 하거나 사람들이 대화를 자제하도록 하여 주위 환경을 조용하게 만드는데, 죽어 가는 환자는 이것을 자신이 버려졌다고 느끼거나 완벽한 고독으로 인식할 수 있다.

오히려 한 방에 죽어 가는 환자와 다른 사람들을 함께 두는 것이 대화를 나누고 그가 혼자 죽지 않을 것이라는 안심감과 동료 의식을 나눌 기회를 제공할 수 있다. 소형 라디오와 텔레비전은 외로움을 달래는 도구가 될 수 있고, 방문객들은 낮과 밤 어느 때이건 환자와 함께 있을 수 있어야 한다. 죽어 가는 사람을 보살피는 모든 사람은 죽음의 과정이 가져오는 고립과 고독감을 인식해야 하지만 혼자 있는 것을 선호하는 성격을 가진 환자도 있으므로 이러한 환자에게는 그에게 적합한 형태의 관심과 돌봄을 제공하는 것이 중요하다. 또 고독감과 신체적 고통이 함께 뒤엉켜 있는 특성 때문에, 말기 환자를 돌보는 사람들은 상황에 맞게 신체적·심리적 불편을 따로 혹은 같이 다룰 필요가 있다.

그 밖에 심리적으로 고통받는 사람에게 도움이 될 수 있는 방법으로 환자와의 신체적 접촉을 들 수 있다. 신체적 접촉을 불쾌해하는 사람을 제외하고 대부분의 말기 환자에게 신체적 메시지는 심리적으로 도움이 된다. 친구나 가족들이 환자의 팔을 어루만지거나 손을 잡고 포옹하는 등 부드럽게 접촉하는 것은 심리적인 치료 효과가 있다.

이 밖에도 무비판적인 수용, 주의 깊은 경청, 감정의 반성, 인생 회고, 집단 치료 등 다양한 방법을 통해 죽어 가는 환자가 슬픔과 절망의 감정을 극복하고 갈등을 해결하고 그들의 삶의 의미와 가치를 깨닫도록 도울 수 있다(Kalish, 1977).

3 사회적 차원

죽어 가는 사람의 사회적 욕구는 그들이 겪는 신체적 · 심리적 욕구만큼 절박한 것이다. 이러한 욕구는 환자에게 소중한 소수의 사람들과 형성하는 특별한 관계에서 표현된다. 사람은 동고동락을 함께한 특별한 사람과의 관계 속에서 안정과 안전감을 얻고자 하고, 이러한 보호막 속에서 인생의 계획을 세우고 문제를 해결하고 의미를 발견해 간다. 말기 질병은 죽어 가는 사람과 다른 사람과의 관계를 엉망으로 만들어서 죽어 가는 사람에게 사회적 고통을 야기시킬 수 있다.

죽음에 대처하는 사람은 자신이 소중히 여기는 대인 간 애착이 형성되고 격려될 때 고통이 완화될 수 있다. 그러나 말기 상태에서 에너지 수준이 저하될 때, 그들은 한때 자신에게 중요했던 관계를 모두 유지할 수는 없게 된다. 그들이 참여했던 개인적 관계의 원은 형태와 크기, 성격을 변경한다. 돌봄 제공자는 누가 환자에게 특별한 사람인지, 환자와 어떤 애착 관계를 맺고 있는지, 어떤 방식으로 그런 관계가 형성되고 유지되는지를 이해하는 것이 중요하다.

또한 사회적 욕구는 죽어 가는 사람이 가족, 직장, 지역사회 등에서 담당했던 역할, 위치 등과 관련된다. 죽어 가는 사람은 자신이 가져왔던 수입이 없어지고 치료 비용은 많이 나오는데 그들의 가족들이 앞으로 어떻게 살아가야 할지, 그들이 직장에서 시작한 프로젝트가 완성되었는지, 그들의 사업(학생, 고객, 주주, 고용인 등)은 어떻게 되었는지, 그들의 배우자는 혼자서 어떻게 어린 자녀를 키워 나갈 수 있을지, 늙은 부모는 누가 돌보게 될지 등등을 걱정하게 된다. 돌봄 제공자는 환자가 그들의 걱정을 이야기하도록 들어 주어서, 그들의 특수한 문제에 도움이 될 수 있는 자원을 발견하도록 도울 수 있다. 또 사회사업가, 가족 치료사, 카운슬러, 변호사 등이 죽어 가는 사람의 사회적 욕구를 충족시키도록 도울 수 있다.

4 영적 차원

죽어 가는 사람은 의미를 발견하고 자신이나 다른 사람, 초월자와의 연결성을 정립하고 유지하려는 다양한 영적 과제에 직면해 있다(Corr, 1992). 즉, 죽어 가는 환자는 그의 인생이 가치 있는 것이었는지, 삶이 무엇이고 죽음은 무엇인지, 죽음 뒤에 다시 삶이 있는지 등과 같은 질문을 스스로에게 던지게 된다. 종교를 가진 사람에게 이러한 질문은 신이나 초월자와 관련된다. '신은 어떻게 이런 일이 나와 내 가족에게 일어나게 할 수 있는 것인가?' '신은 왜 이런 시련을 내게 주시는 것일까?'

의미와 연결감, 초월의 경험은 다양한 방식으로 추구될 수 있다. 이것은 일기나 한편의 시, 사진 등과 같은 물건이나 교회, 고향의 오두막집, 자신이 오랫동안 살았던 집 등과 같은 장소에서, 혹은 성경을 읽거나 기도하고 고백 성사를 하는 종교 의식적 행위 속에서 발견될 수 있다. 또 성가대나 취미 집단 등과 같은 특정 집단의 사람이나 크리스마스, 결혼기념일, 사랑하는 사람의 생일 등과 같은 특별한 시간, 자신이 믿는 종교의 가르침이나 철학 개념, 자신의 자식 등과 같은 특정한 사람들 속에서도 발견될 수 있다.

돌봄 제공자는 주의 깊게 듣고 질문하는 것을 통해서 죽어 가는 사람이 무엇을 찾고 있는지를 탐색할 수 있고, 그들을 찾고 있는 것에게로 혹은 찾고 있는 것을 그에게로 가져올 수 있도록 유도할 수 있다. 이처럼 회상이나 삶의 회고는 죽어 가는 사람, 특히 죽어 가는 노인이 영적 여행을 떠나도록 돕는 유용한 방법이 될 수 있다. 회상이나 삶을 회고하는 과정에서 죽어 가는 사람은 자신의 삶에서 가장 만족스러웠던 시간으로 돌아갈 수 있고, 아프기 이전의 건강했던 자신을 기억할 수 있게 되며, 이제까지의 자신의 인생을 연결된 전체로서 의미 있는 것으로 볼 수 있게 된다.

또 영적인 문제를 지원하는 중요한 방법으로 창의성을 발휘할 기회를 늘리는 방법을 들 수 있다. 그들의 에너지 수준이 허용하는 한, 음악, 문학, 드라마, 회화, 수공예 등의 분야에서 창작 활동에 참여할 기회를 제공하고, 돌봄 제공자는 죽음에 대처하고 있는 사람과 함께 의미와 연결감을 깨닫기 위한 작업에 참여할 수 있다.

5 욕구의 위계구조

죽어 가는 사람의 욕구는 한 벌의 옷에서의 실과 같다. 각각의 실은 개별적이지만 옷의 완성을 위해 필요한 부분이다. 만약 하나의 실이 풀어진다면 그것은 다른 실과 인접해 있어서 옷의 모양과 안정성에 영향을 끼치게 된다. 죽어 가는 사람은 신체적 욕구뿐만 아니라 다양한 욕구를 가지고 있고 이러한 욕구들은 서로 연관되어 있기 때문에 특수한 개입과 치료를 확인하고 결정하기 위해 죽어 가는 사람의 심리적 요구와 신체적 요구를 엄격히 분리하기는 힘들다.

말기 환자를 돌보는 사람이 숙지해야 할 중요한 개념은 죽어 가는 사람도 나머지 우리와 똑같이 다양한 욕구를 가지고 있고, 다른 사람과 자연스럽고 좋은 관계를 유지하고 싶어 하는 살아 있는 인간이라는 점이다. 따라서 그들은 살아 있는 한 인간으로 존중받아야 하고 자신이 살아 있을 때의 삶을 살았던 방식대로 혹은 자신이 원하는 방식대로 죽음을 맞이할 수 있어야 한다.

참고로 말기 환자가 가질 수 있는 다양한 욕구와 이 욕구들을 위계적인 체계로 나타내면 [그림 6-1]과 같다.

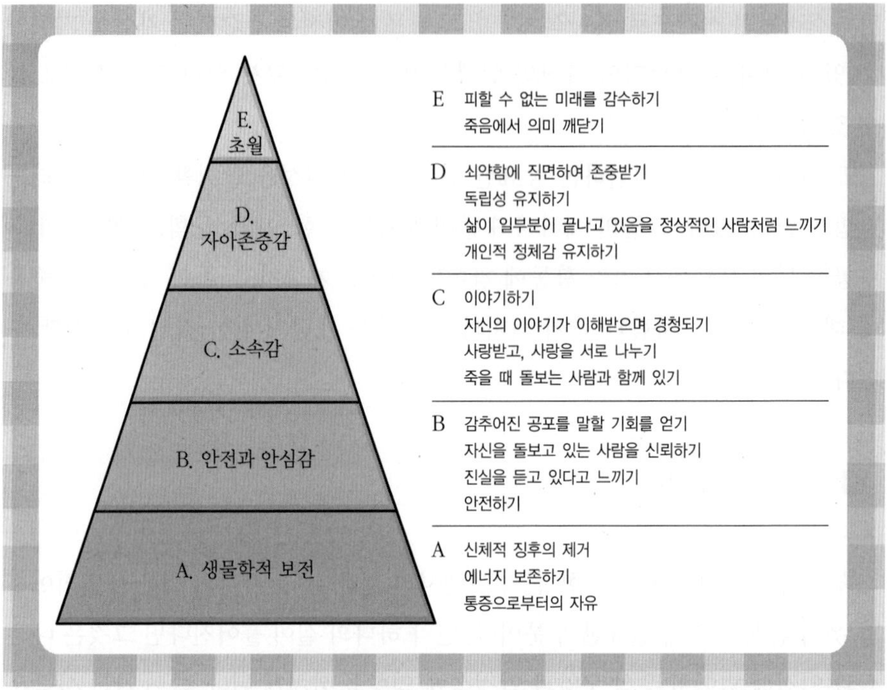

그림 6-1 • 말기 환자의 위계적 욕구체계 •

★ 출처: Ebersole, P., & Hess, P. (1990). *Toward Healthy Aging*, p. 737.

기본적으로 말기 환자들의 욕구는 위계적으로 연결되어 있어서 통증 완화와 같은 가장 기본적인 욕구가 충족되지 않으면 고차원적인 욕구를 충족시킬 수 없게 될 수도 있다. 그러나 환자의 신체적인 고통이 완화되었다고 해서 정서적 · 사회적 · 영적 고통이 저절로 완화되는 것은 아니다. 심리적 · 사회적 · 영적 증상은 환자의 성격과 가족의 생활방식 등에 의해 더 복잡해질 수 있는 것이어서 그것을 정의하고 완화시키는 데 더 많은 노력이 필요하다. 복잡하게 뒤엉켜 있는 환자의 고통과 불안의 미로는 환자의 욕구를 듣고 이해하기 위한 관심과 열린 마음을 필요로 한다.

또 어떤 욕구를 언제 충족시킬지를 결정하는 것은 죽어 가는 환자 본인이라는 점, 그리고 그러한 결정은 시간이 지남에 따라 변경될 수 있다는 점을 명심할 필요가 있다. 이것은 죽어 가는 환자의 자율성을 신장시키고 남에게 의존하게 되어 무력감에 빠진 환자에게 아직도 자신의 의사대로 할 수 있는 일이 남아 있다는 것을 깨닫게 하여 안전감을 증진시킬 수 있다.

2. 죽어 가는 사람과의 의사소통

최근 연구 결과에 따르면, 죽어 가는 사람은 의사나 가족과 자신의 죽음에 대해 터놓고 이야기하고 싶어 한다(Emanuel et al., 2004). 죽음이 다가옴에 따라 적극적인 치료를 계속하고자 하는 환자뿐만 아니라 공격적인 치료를 중단한 사람도 고통 완화의 요구와 함께 의사소통 개선의 필요성을 호소하고 있다(Laakkonen, Pitkala, Strandberg, 2004). 말기 환자와 죽음을 이야기하지 못하게 하는 관습은 잘못된 것이다.

관련된 모든 사람들이 죽음에 대해 터놓고 이야기할 수 있는 개방적인 인식 맥락은 죽어 가는 사람과 그들의 가족, 친구, 돌봄 제공자에게 다음과 같은 이점을 제공할 수 있다(Kalish, 1985a).

- 죽어 가는 사람은 자기가 적절하다고 생각하는 대로 그의 삶을 마감할 기회를 갖게 된다(Glaser & Strauss, 1965).
- 죽어 가는 사람은 끝내지 못한 계획이나 프로젝트를 완성하고 유족을 위한 준비를 하고 장례식이나 매장과 관련된 결정에 참여할 수 있는 기회를 가질 수 있다.
- 죽어 가는 사람은 삶을 회상하고, 자신에게 중요한 사람과 이야기하고, 인생이 무엇인지 생각하면서 삶을 마무리할 기회를 가질 수 있다.
- 죽어 가는 사람이 자신의 신체에서 어떤 변화가 일어나고 있고 의료진이 이에 대응하여 무엇을 하고 있는지를 더 잘 이해할 수 있게 한다.

죽어 가는 사람은 자신의 이야기를 들어 주고 자신의 상황을 이해하고자 하며 죽음에도 불구하고 사랑과 우정을 보여 주는 동반자를 필요로 한다. 비록 서로 이야기하는 동안은 매우 고통스럽고 슬프지만, 또 서로 죽음에 대해 이야기한다고 해서 곧 죽게 된다는 사실 자체에는 변화가 없지만, 죽어 가는 사람이 사랑하는 사람과 함께 무엇이 일어나고 있는지를 자유롭게 이야기할 수 있을 때 감정을 발산하고 건설적인 논의를 할 수 있게 되어서 죽는 것이 더 쉬워질 수 있고, 가족은 공개적으로 슬픔과 사랑을 표현하고 나눌 수 있게 되는 것이다.

여기서는 말기 환자와의 의사소통을 효과적으로 증진시키는 방식으로 죽음의 소식을 전하는 효과적인 방법과 효과적인 의사소통을 위한 제안인 '임박한 죽음의 인식(nearing death awareness)'이라는 개념을 소개하고자 한다.

1 죽음의 소식을 전하는 효과적인 방법

과거에는 죽어 가는 환자의 희망과 삶의 의지를 꺾는다는 이유로 당사자에게 병명이나 예후를 정직하게 이야기하지 않는 것이 바람직하다고 여겨졌다. 그러나 현대의 죽음 체계는 설명 동의(informed consent)와 환자의 권리를 중요시하기 때문에 환자에게 병명과 예후를 솔직하게 이야기하도록 권장하고 있다. 환자의 현재 상황, 제안된 개입의 특성과 그 결과 등을 이해하는 데 필요한 정보를 제공하지 않고 전문적인 개입이나 지지 요법에 대한 환자의 동의를 얻어 내기는 쉽지 않다. 또 환자가 능동적으로 자신의 죽음을 준비하고 자기다운 죽음 방식을 선택하기 위해서는 자신의 병명과 예후를 정확하게 아는 것이 필수적이다.

와이즈만(Weisman, 1972)에 따르면, 죽어 가는 환자가 자신이 죽게 되는지를 물을 때, 그들은 실제로는 담당의(혹은 간호사나 배우자)에게 자신을 버리지 말아 달라고 부탁하고 있는 것이다. 그런 환자들에게 말기라는 진단이 나오자마자 곧바로 모든 정보를 제시할 필요는 없다. 중요한 것은 환자가 부정하지 않고 들을 준비가 되어 있을 때 신중한 방식으로 전달해야 하고, 필요한 동의는 관련된 모든 사람들의 존엄성이 촉진되는 방식으로 얻어져야 한다.

참고로 죽음의 소식을 효과적으로 전하는 방법으로 앤더슨 암센터의 6단계 프로토콜과 퀴블러-로스의 제안을 살펴보고자 한다.

1 앤더슨 암센터의 6단계 프로토콜

앤더슨 암센터에서 나쁜 소식을 전하는 방법을 교육할 때 사용하는 6단계의 프로토콜(일명 SPIKES protocol)은 다음과 같다(Buckman, 1992).

① 단계 1-Setting(장을 조정한다)

다른 사람의 개입이 없어 안심할 수 있고 주의 집중이 될 수 있는 물리적인 환경을 정비하고, 목소리의 어조, 간격을 두는 법에 주의하면서 적당한 눈맞춤을 기다린다.

② 단계 2-Perception(어느 정도 알고 있는가를 확인한다)

환자가 자신의 병에 대하여 어느 정도 이미 알고 있는가를 확인한다. 환자의 이해 정도, 의사소통 방식, 정서적인 내용에 귀를 기울인다.

③ 단계 3 Invitation(어느 정도 알고 싶은가를 묻는다)

의료인의 설명부터 갑자기 시작하는 것이 아니라 환자의 입장 이해를 목적으로 무엇을 알고 싶고 무엇을 알고 싶지 않은가를 묻는다. 알 권리가 있는 한편, 몰라도 될 권리도 있는 것이다. 환자가 무엇이 일어나고 있는지를 어느 정도까지 알고 싶어 하는지를 결정하고 앞으로 어떤 일이 일어날 수 있는지 스스로 탐색할 기회를 준다.

④ 단계 4-Knowledge(정보를 제공한다)

거짓말하지 않는다는 원칙을 지키면서 의사의 개인적 견해부터 시작한다. 의사는 환자에게 어떤 방식으로 전달할지에 대한 바람직한 목표를 가진 알림 일정표를 작성한다. 작은 단계로 나누어 구체적이고 명확한 표현으로 정보를 공유하고 환자가 어느 정도 받아들일 수 있는 상태인가 지켜보면서 받아들이는 반응을 자주 점검한다. 자주 정보를 보강하고 의미를 분명히 한다. 어느 정도 이해되었는지 의사소통의 수준을 점검한다. 환자의 관심을 듣는다. 자신의 일정과 환자의 일정을 조화시킨다.

⑤ 단계 5-Emotions(기분을 묻는다)

환자의 감정에 반응한다. 환자의 기분을 묻고 반응을 인정한다.

⑥ 단계 6-Strategy & Summarize(앞으로의 방침을 세우고 면담을 요약한다)

미래에 대한 계획을 세우고 면담에서 오고 간 내용을 환자가 이해하기 쉽게 다시 한 번 요약하면서 면담을 끝낸다.

2 퀴블러-로스의 제안

퀴블러-로스(Kübler-Ross, 1969)는 악성 종양을 예로 들면서 환자에게 어떻게 진실을 알려야 할지에 대해 다음과 같이 제안하였다.

첫째, 악성 종양이나 죽음에 대한 의사 자신의 태도를 검토한 뒤에 환자에게 지나친 불안감을 주지 않도록 이야기하고, 환자가 보내는 신호에 주의를 기울인다.

둘째, 의사는 환자에게 악성 종양이라는 진단과 죽음을 결부시키지 않으면서 솔직하게 사실을 알리고, 새로운 약이나 새로운 치료법, 새로운 기술이나 연구의 가능성에 대하여 설명하면서 희망의 문을 열어 둔다.

셋째, 진단이 떨어졌다고 해서 의사가 환자를 포기하지 않는다는 것, 그리고 이것은 의사, 가족, 환자가 함께 도전해서 싸워야 한다는 것을 환자에게 분명히 전한다.

넷째, 환자에게 악성 종양일 가능성에 대한 마음의 준비를 시키고, 만약 악성 종양이 발견되면 보다 광범위한 수술이 필요하다는 사실도 미리 알려 준다.

다섯째, 앞으로 얼마나 더 살 수 있느냐는 환자의 질문에는 암환자에 대한 생명연장 기술의 최근 동향과 좋은 결과를 얻고 있는 추가 수술에 대해서 설명해 준다. 앞으로 몇 개월 또는 몇 년이라는 식으로 구체적인 숫자를 제시하는 것은 환자의 치료 의지를 꺾는 최악의 대응이 될 수 있다.

여섯째, 전달하는 장소로는 복잡한 복도가 아닌 조용한 방에서 전달하고, 전하는 방법은 간결하게 한다.

2 효과적인 의사소통을 위한 제안

죽음에 대처하고 있는 사람은 말기 단계에서 스스로 자립할 수 없는 무기력한 상황에 이르고 기본적인 욕구충족을 위해 다른 사람에게 의존할 수밖에 없는 상황에 처하게 된다. 이때 돌봄 제공자가 죽음에 대처하고 있는 사람의 신체적 · 심리적 · 사회적 · 영적 욕구를 확인하고, 이에 효과적으로 대응하는 방식을 알고 있다면 죽어 가는 사람의 삶의 질을 높이고 그가 희망을 가지고 삶을 마무리할 수 있도록 효과적으로 도울 수 있을 것이다.

그러나 말기 단계에 육체적으로 쇠약해지고 정신적으로 혼미해진 죽어 가는 사람과 의사소통하는 것은 쉽지 않은 일이다. 이들이 무엇을 원하고 어떻게 하고 싶은지를 우리는 어떻게 알 수 있고, 그들과 원활하게 의사소통하기 위해 우리는 무엇을 하면 좋은가? 이 질문에 카스텐바움은 다음과 같은 네 가지 제안을 하였다(Kastenbaum, 2007).

1 죽어 가는 사람의 꿈, 상징적 언어, 작별 행위 등 상징적이며 간접적인 의사소통에 주목하라

사람은 꿈을 통해서 자신과 소통하고, 자신의 꿈 이야기를 하면서 다른 사람과 소통한다(Callanan & Kelley, 1992). 사람은 의식적으로 생각하거나 직접적으로 의사소통하기 전에 꿈을 통하여 마지막 이별을 준비한다. 말기 암환자들의 보고에 따르면, 그들은 꿈에서 건강한 노인들의 꿈과는 달리 이미 죽은 누군가를 만난다(Coolidge & Fish, 1983; 1984). 서로의 꿈을 관심 있게 들어 주는 것은 꿈에서 위안을 얻고 있는 사람과의 의사소통을 촉진시키는 귀중한 방식이 될 수 있다. 또 죽어 가는 사람이 꿈에 대해서 이야기한다면 그는 자신이 이해하지 못하는 의문이나 강한 감정과 씨름하고 있는 것이다. 그의 꿈 이야기를 주의 깊게 들어 주고, 그가 자신의 꿈을 어떻게 해석하는지를 물어서 꿈 뒤에 숨어 있는 감정을 스스로 확인하도록 돕는 것이 좋다. 사람을 놀라게 하는 꿈은 질병이나 죽음의 공포와 관련된 것이고, 불안으로 가득 찬 꿈은 가족이나 비용, 장례를 걱정하고 있다는 것을 의미한다(Callanan & Kelley, 1992). 단순히 꿈에 대해 이야기하도록 하는 것만으로도 죽어 가는 사람으로 하여금 자신이 걱정하는 것을 깨닫게 할 수 있다.

많은 상징적 언어와 행동은 꿈속에서뿐만 아니라 일상생활의 대화에서도 나타날 수 있다. 직접적이든 그의 삶의 경험에서 나오는 상징적 언어이든 환자가 죽음을 암시하는 말에 주의를 기울인다면 그의 죽음이 임박했음을 확인할 수 있다.

자신의 삶의 마지막이 가까워진 사람의 욕구나 의도는 말뿐만 아니라 행동으로도 표현될 수 있다. 자신의 소유물을 정리하여 다른 사람에게 주는 행동, 함께 바둑을 두거나 낚시를 가는 등 평소에 좋아하던 사람과 마지막 상호작용을 위한 기회를 만드는 것, 빌린 책이나 물건을 돌려주는 등 상호 의무나 기대를 종결짓는 것 등과 같은 행동은 작별을 준비하는 행동이라고 할 수 있다. 우리에게 근사하게 보이는 작별 장면을 기대하고 강요하기보다는 죽어 가는 사람의 상징적이고 간접적인 행위로부터 임박한 죽음의 단서를 얻는 노력이 필요하다.

2 죽어 가는 사람이 유능하고 효과적으로 행동할 수 있도록 도와라

질병, 피로 그리고 감소된 이동성은 죽어 가는 사람이 계속해서 유능한 사람으로 기능하는 것을 어렵게 만든다. 즉, 말기 질병의 진행적 특성은 다른 사람에 대한 의존성을 증대시키고 스스로 할 수 있는 자발적인 행동의 범위를 제한한다. 그러나 말기 질병에 대처하고 있는 사람은 여전히 유능하고 효율적이고 다른 사람에게 유용한 사람이 되고 싶은 욕구를 가지고 있다. 가족, 친구 그리고 다른 돌봄 제공자는 죽어 가는 사람과 원활히 의사소통하는 능력과 함께, 의존성과 연관된 현실적 욕구를 충족시키는 것과 죽어 가는 사람 자신이 계속해서 주도력과 통제력을 행사할 수 있는 환경을 만드는 것을 균형 있게 잘 조절하여 그들의 자아존중감을 유지할 수 있도록 지원할 필요가 있다. 환자가 유능하고 효율적인 행동을 유지하고 그들의 욕구와 관심을 계속해서 전달할 수 있기 위해서는 환자가 하는 이야기가 무엇이든 주의 깊게 듣고 그들의 행동이나 몸짓, 분위기 등을 면밀히 관찰하는 의사소통 과정이 수반되어야만 하고, 이를 통해서 개개인의 신체적 상황과 심리적 욕구에 맞게 돌봄의 방법, 수준, 강도를 조정할 수 있어야 한다.

3 죽어 가는 사람이 속도와 우선순위를 정하도록 인정하라

죽어 가는 사람이 자신이 따라야 할 시간표나 달성해야 할 과업을 스스로 정하지 않는 한 어떠한 시간표나 과업도 존재하지 않는다. 죽어 가는 사람이 죽음과 관련된 생각을 표현할 경우라도 그 주제를 언제, 어떻게 가져올지에 개인차가 존재한다. 어떤 사람은 장례식이나 재산 분배와 같은 죽음과 관련된 문제에 대해 이야기할 수 있고, 어떤 사람은 감정과 인간관계에 더 중점을 둘 수 있다. 돌봄 제공자가 그 자신의 욕구를 강요하거나 기대되는 바람직한 행동에 따르도록 임의로 조장해서는 안 된다.

4 죽어 가는 사람의 가치와 목적을 자신의 것과 혼돈하지 마라

다른 사람이 죽어 가는 사람에게 자신의 욕구를 투사할 때 그들 간의 소통은 왜곡되거나 단절될 수 있다. 즉, 우리의 욕구와 가치를 환자가 필요로 하고 원하는 것인 양 혼동하여 강요하는 것은 죽어 가는 사람의 의학적 돌봄에서 주된 문제가 될 수 있다. 죽어 가는 사람이 한 단계에서 다른 단계로 발전하도록 요구하는 것은 그 상황에 있는 모든 사람에게 비현실적이고 불필요한 부담을 지울 수 있고, 환자에게 자신의 죽음을 부정하지 말라고 직언하는 것도 비슷한 스트레스를 줄 수 있다.

3 임박한 죽음의 인식

죽음이 임박한 사람이 보내는 메시지를 이해하고 그들과 소통하기 위해서는

'임박한 죽음의 인식' 이라는 개념을 이해할 필요가 있다.

캘러넌과 켈리(Callanan & Kelley, 1992)는 죽음의 과정에 있는 환자가 자신의 죽음이 곧 임박해 있음을 알게 되는 특별한 인식을 '임박한 죽음의 인식(nearing death awareness)' 이라는 용어로 설명하고 있다. 죽어 가는 사람은 죽음이 임박했을 때 죽음의 과정에서 자신이 경험하는 것과 평화롭게 죽기 위해서는 무엇이 필요한지를 알려 준다.

그러나 죽어 가는 사람이 자신이 경험하고 있는 것을 표현하려는 시도는 전달되는 방식이 모호하고 주로 상징적인 언어로 표현되기 때문에 잘못 이해되거나 무시되곤 한다. 삶이 마지막 몇 주, 며칠, 몇 시간 안 남았을 때 죽어 가는 사람은 종종 이해할 수 없는 말이나 몸짓을 한다. 의사나 간호사들은 그들의 이러한 비논리적인 표현을 '혼동' 이나 '환각' 이라고 단정 짓고, 가족이나 친구들은 사랑하는 사람에게서 이러한 현상이 나타나는 것에 좌절하고 곤혹스러워하며 더 이상 그들의 말을 들으려 하지 않는다. 죽어 가는 사람은 이러한 비언어적 방식으로 자신이 겪고 있는 죽음의 경험을 전달하고 있는 것이다. 우리가 마음을 열고 죽어 가는 사람의 이야기를 주의 깊게 들으면 상징이나 제안을 통하여 그들이 전달하고자 하는 메시지를 이해할 수 있게 되고 죽어 가는 사람의 불안과 고통을 완화시킬 수 있게 된다.

캘러넌과 켈리는 죽어 가는 사람과 함께한 다년간의 경험을 바탕으로 죽어 가는 사람이 죽음에 임박해서 보내는 메시지를 두 가지 범주로 나누어 설명하였는데, 이것을 확인하고 이해하고 반응하도록 도울 수 있기 위해 필요한 몇 가지 제안을 하고 있다(Callanan & Kelley, 1992). 이 제안은 죽음이 임박한 사람과 효과적으로 의사소통하기 위한 제안이기도 하다.

1 첫 번째 범주: 죽어 가는 동안에 경험하는 것

죽어 가는 사람은 또 다른 세계를 보았고 거기서 기다리고 있는 누군가를 보았다고 이야기한다. 그들은 구체적으로 자세히 묘사할 수는 없지만 다른 세상에서 그들이 본 평화와 아름다움에 대해 놀라움과 두려움을 가지고 이야기한다. 또 그들은 우리가 볼 수 없는, 아마도 그들이 이전에 알았거나 사랑했던 사람과 함께 이야기하거나 그들의 존재를 알 수 있었다고 이야기한다. 어떤 사람은 영적인 존재나 종교적인 인물을 보고 그들과 함께 이야기했고, 한없이 따뜻하고 평화롭고 사랑받는 느낌을 받았다고 한다. 또 다른 사람은 자신의 지나온 삶을 되돌아보게 되고 삶의 의미를 더 확실히 이해하게 되었다고 이야기한다.

이와 같은 경험들은 임사체험(near-death experience)의 내용과 매우 흡사하다. 그러나 임사체험은 익사나 심장마비, 교통사고와 같이 갑작스럽게 임상적인 죽음이 선고된 경우에 경험되지만, 임박한 죽음 인식은 암이나 폐질환, AIDS처럼 진행성 질병 때문에 천천히 죽는 사람이 경험하는 것이다(Callanan & Kelley, 1992). 천천히 죽으면서 자신의 임박한 죽음을 인식하는 사람은 한 세계에서 다른 세계로 갑자기 전환되는 것이 아니라 두 세계의 사이를 떠돌아다니는 듯 아직 신체 안에 남아 있지만 때때로 다른 차원의 세상을 깨닫게 되는 것과 같다(Callanan & Kelley, 1992).

의사나 가족은 죽어 가는 사람이 들은 것과 본 것을 적절히 평가하지 못하고 그들의 정신이 혼란 상태에 빠졌다고 간주해 버리는데, 정말로 정신이 혼란 상태에 빠진 사람은 치매를 가진 환자나 혹은 고열이나 약물에 대한 반응으로 헛소리를 하는 사람이다. 정신의 혼란 상태는 혈액 중에 칼슘이 너무 많거나 뇌에 산소가 부족한 경우와 같이 생리적인 상태 때문에 나타나는 것으로 이러한 상황은 치료나 통제가 가능하다(Callanan & Kelley, 1992). 우리에게 보이지 않는 사람의 존재를 보았다는 죽어 가는 사람의 메시지를 흔히 진정제에 의한 환각현상으로 잘못 이해하여 환자의 투약 계획을 변경하는 잘못을 저질러서는 안 된다. 또 죽어 가는 사람이 보내는 메시지의 진위에 대해 논쟁하거나 그들이 보고 있는 것이 사실이 아니라고 설득해서는 안 된다.

또 죽어 가는 사람은 상징적인 언어를 사용하여 앞으로 곧 일어나게 될 변화를 알리는 정보를 제공하고자 한다. 흔히 여행이라는 은유를 사용하여 주위 사람들에게 그가 죽을 시간이 되었다는 것을 알리고자 한다. 죽어 가는 사람은 사랑하는 사람의 안녕을 크게 걱정하고 있고 그들이 자신의 죽음을 다룰 준비가 되어 있는지 확인하고 싶어 한다. 죽어도 좋은지 허락받고자 하는 것이다. 가족이 그들이 보내는 메시지를 이해했고 떠나보낼 준비가 되었다고 허락할 때 그들은 안심하고 평화롭게 떠날 수 있고, 가족이 계속 그들의 죽음을 받아들일 준비가 되어 있지 않을 때 죽음의 과정은 지연되고 더욱 고통스러울 수 있다.

이처럼 죽어 가는 환자가 죽음에 임박해서 무엇을 경험하고 있는지를 기술하는 첫 번째 범주의 메시지는 살아 있지 않은 누군가와 함께 있는 것, 변화를 준비하고자 하는 욕구, 그들만이 볼 수 있는 어떤 장소에 대한 언급, 죽음이 일어나는 시기에 대한 인식 등으로 요약될 수 있다. 우리는 죽어 가는 사람의 신체적인 문제를 다루는 것뿐만 아니라 그들의 정신 상태나 정서 상태에서 일어나는 변화를 민감하게 감지할 필요가 있다.

2 두 번째 범주: 평화롭게 죽기 위해 필요한 것

두 번째 범주의 메시지는 자신의 죽음이 임박했을 때 평화로운 죽음을 맞이하기 위해 필요한 사람이나 물건이 어떤 것인지를 알려 주는 것이다. 주로 개인적 · 영적 · 도덕적 관계를 회복하기 위한 욕구와 이러한 평화를 얻기 위해 제거해야만 하는 장벽들, 평화롭게 죽기 위한 특별한 환경 등에 관한 것으로, 죽음의 시기나 죽을 때 함께 있을 사람을 선택하는 것과도 관련된 것이다.

그들이 풀고자 하는 근원적인 문제는 관계 회복과 관련된 것으로, 다른 사람이나 신, 자기 자신과 화해하고 관계를 회복하고자 하는 것이다. '임박한 죽음의 인식' 은 죽음이 임박했을 때 죽어 가는 환자로 하여금 슬프고 죄책감에 시달리게 하는 관계를 확인하도록 하여 평화롭게 죽기 위해서 사과를 하거나 감사를 하는 행위를 통해 화해와 회복을 추구하고자 한다.

죽어 가는 사람들은 죽음이 가까워짐에 따라 이러한 끝내지 못했거나 완성되지 못한 일들이 남아 있음을 깨닫게 되고 이러한 일을 죽기 전에 끝내고자 한다. 그들은 시간이 얼마 남지 않았음을 깨닫고 불안해져서 그러한 욕구를 필사적으로 전달하고자 하지만, 그들의 욕구는 모호하고 간접적이어서 무시되거나 간과되어 죽어 가는 사람은 절망하고 동요하게 된다. 심지어 죽어 가는 사람은 마지막 화해의 기회를 얻거나 문제를 해결하기 위해 죽음의 과정을 지연시키거나 연장시키기도 한다. 이러한 죽어 가는 사람의 갑작스러운 동요, 불안, 연장된 죽음은 관련된 모든 사람을 곤혹스럽게 만들고, 대개의 경우 죽어 가는 사람의 동요를 잠재우기 위해 진정제를 투여하게 된다. 그러나 동요하는 이유를 분석하여 해결하지 않고 약물로 증상을 진정시키려 하는 것은 환자의 고통을 더욱 가중시키는 결과를 낳을 뿐이다.

화해를 위한 욕구를 발견할 수 있도록 돕는 방법으로는 그가 성취한 일은 무엇이고 완성되지 못했던 과업, 놓친 기회, 깨어진 관계 등 실망했던 일이 무엇이었는지를 살펴보도록 하는 것이다. 이러한 작업은 회상의 형태로 가족이나 친구와 함께 구술로 진행되거나 다음 세대에 전해 줄 개인적인 전기(life history), 혹은 어린 자녀들이 자라난 후에 읽을 수 있도록 그들에게 보내는 편지 등의 형태를 띨 수 있다.

때때로 죽어 가는 사람은 어떤 환경에서 더욱 평화롭게 죽을 수 있는지를 알고 있고 이러한 환경이 만들어질 때까지 죽음의 시기를 연장하기도 한다. 이러한 환경은 손자가 태어날 때, 자녀가 졸업할 때, 작별 인사를 해야 할 가족이나 친구가 도착할 때일 수도 있고, 가족의 생활을 침범하지 않기 위해 생일이나 기념일, 공휴일 등 죽기 전에 지나야 할 특별한 날일 수도 있다. 우리는 죽음에 대해 진행된 질병의 결과로 우리의 시간이 다 되어서 겪게 되는 수동적인 것으로만 생각하지만, 실제로 많은 사람들은 자신의 죽음의 시기, 환경, 함께할 사람에 대해 통제력을 행사할 수 있다(Callanan & Kelley, 1992).

3 임박한 죽음 인식에 효과적으로 반응하기 위한 제안

캘러넌과 켈리(Callanan & Kelley, 1992)는 죽어 가는 사람의 '임박한 죽음 인식'에 효과적으로 반응하기 위해 다음과 같이 열세 가지 제안을 하고 있다.

① 죽어 가는 사람이 하는 모든 말에 주의를 기울여라

죽어 가는 사람의 몸짓, 대화 내용, 혹은 그가 말하는 것은 무엇이나 메모할 수 있도록 침대 맡에 펜과 노트를 준비해 두고 메모 내용에 대해 서로 이야기한다.

② 막연하고 혼란스러운 의사소통 속에도 중요한 메시지가 있을 수 있다는 점을 기억하라.

③ 실마리가 되는 신호를 놓치지 마라

누군가를 멍하니 바라보는 듯한 눈길, 보이지 않는 누군가나 어떤 물건을 지적하거나 거기에 도달하고자 하는 몸짓이나 어색한 미소, 알 수 없는 이유로 이불을 들어 올리거나 침대 밖으로 나오려는 행동, 죽어 가는 사람이 말하고자 하는 것을 우리가 이해하지 못해서 고통스러워하거나 동요하는 행동 등이 실마리가 되는 신호(key sign)일 수 있다.

④ 이해할 수 없을 경우에는 부드럽게 질문하라

"무엇이 일어나고 있는지 내게 이야기해 주실 수 있으세요?" 혹은 "오늘은 다르게 보이시네요. 내게 그 이유를 말씀해 주시겠어요?" 등의 질문으로 대화를 시작하라.

⑤ 질문할 경우에는 개방형으로 질문하여 이야기를 이어갈 수 있도록 하라

만약 죽어 가는 사람이 그의 어머니가 오래전에 죽었는데도 불구하고 어머니가 자신을 기다리고 있다고 이야기할 경우 "어머니가 당신을 기다리고 있어요?" 혹은 "어머니가 당신 가까이에 계시다니 참 다행이네요. 그것에 대해서 저에게 좀 더 이야기해 주시겠어요?" 등의 질문으로 죽어 가는 사람이 스스로 이야기를 이어 갈 수 있도록 한다.

⑥ 죽어 가는 사람이 당신에게 이야기하는 것을 받아들이고 인정하라

만약 죽어 가는 사람이 아름다운 장소를 보았다고 말할 경우에는 "그것을 보고 당신이 행복했다니 정말 잘됐군요. 당신에게 어떤 일이 일어났는지 정말 알고 싶

은데 좀 더 이야기해 주시겠어요?"라고 질문을 한다.

⑦ 논쟁하거나 의심하지 마라

만약 당신이 죽어 가는 사람에게 "당신 어머니는 10년 전에 죽었기 때문에 당신이 지금 어머니를 보는 것은 불가능한 일"이라고 말한다면 당신은 죽어 가는 사람에게 실망감과 고독감을 가중시킬 수 있고, 그가 더 이야기하고자 하는 시도를 막아 버릴 위험이 있다.

⑧ 죽어 가는 사람은 자신의 직업이나 취미와 같은 삶의 경험으로부터 나오는 이미지를 사용한다는 점을 기억하라

만약 죽어 가는 사람의 직업이 비행사였다면 죽음에 대해 이야기할 때 비행하러 갈 준비가 되었다고 이야기하거나 혹은 은유법을 사용하여 "비행기가 언제 떠나는지 아느냐?" 혹은 "비행기 위에 당신이 아는 사람이 있느냐?" "당신이 이륙하도록 내가 도울 일이 있느냐?" 등의 표현을 쓸 수 있다.

⑨ 이해하기 힘들다고 정직하게 이야기하라

죽어 가는 사람이 하는 이야기를 이해할 수 없을 때는 "당신이 내게 무언가 중요한 것을 이야기하고자 하는 것 같은데 나는 아직 그게 무언지 알아내지 못했어요. 계속 노력할 터이니 나와 이야기하는 것을 포기하지 말아 주세요."라고 정직하게 이야기한다.

⑩ 강요하지 마라

죽어 가는 사람이 호흡과 대화의 깊이를 조절할 수 있도록 하라. 그들은 자신의 경험을 언어로 다 표현할 수 없기 때문에 더 이야기해 달라고 강요하는 것은 그들을 실망시키고 의기소침하게 만들 수 있다.

⑪ 죽어 가는 사람에게 실패감을 주입시키지 마라

만약에 죽어 가는 사람이 혼돈스러워 정보를 매번 고치거나 전달이 모호하다면 우선 말해 주려는 노력에 감사를 표시하라. "이것은 당신에게 매우 힘든 일이군요. 내게 이것을 이야기해 주셔서 감사드려요" 혹은 "매우 피곤해 보이시군요. 나중에 다시 이야기할까요?" "걱정하지 마세요. 계속 이야기하다 보면 알게 되겠지요." 등의 표현을 쓸 수 있다.

⑫ 당신이 무엇을 이야기해야 할지 모를 때는 아무것도 이야기하지 마라

때때로 죽어 가는 사람의 손을 잡거나 미소 지어 주는 것이 가장 좋은 반응일 수 있다. 신체적 접촉은 '내가 당신과 함께 있다.' 라는 중요한 메시지를 전달해 줄 수 있다.

⑬ 죽어 가는 사람은 때때로 막역한 사이가 아닌 사람을 선택한다는 것을 기억하라

죽어 가는 사람은 때때로 안전하다고 생각되는—친하고 막역한 사이가 아니라서 놀라거나 당황할 것 같지 않은—누군가에게 중요한 정보를 전달하고자 한다. 만약 당신이 그런 사람으로 선택되었다면 죽어 가는 사람의 가족이나 친구에게 되도록 온화하고 완벽한 방식으로 그 정보를 알려 주어라. 그들은 죽어 가는 사람을 더 잘 알고 있기 때문에 메시지의 의미에 더 익숙할 것이다.

3. 말기 환자를 돌보는 프로그램

말기 환자가 자신이 어디에서 죽을지를 결정할 때 무엇을 고려해야 하는가? 칼리시(Kalish, 1985a)는 다음과 같은 요인들을 고려할 것을 제안한다.

첫째, 죽음에 이르는 상황을 고려해야 한다. 어떤 상황은 통증과 불편 혹은 감염을 줄이기 위해 병원 치료를 필요로 할 수 있고, 어떤 상황은 의학적 혹은 전문적 돌봄이 필요치 않거나 너무나 빨리 죽음에 이르러 그러한 돌봄을 제공할 기회

가 없을 수도 있다. 또 어떤 질병은 외모가 심하게 변하거나 냄새가 나기 때문에 훈련받지 못하여 참을성이 부족한 가족은 이러한 불유쾌한 환경을 다루기 힘들 수 있다.

둘째, 말기 환자를 책임지고 돌보아줄 사람이 있는지 여부를 고려해야 한다. 말기 환자의 건강 상태를 관찰하고 돌보는 데 대부분의 시간을 기꺼이 할애할 수 있는 사람의 유무를 확인하고 점검한다.

셋째, 재정이나 자금 조달을 고려해야 한다. 비용 문제를 고려할 때 어떤 경우에는 병원 입원이 홈 케어보다 유리할 경우가 있다. 개인적 보험이나 의료보험이 병원비의 대부분을 지불해 주고, 집에서 치료받을 경우에 이러한 혜택을 받지 못할 경우 막대한 재정 지출을 막기 위해 병원을 선택할 수 있다. 이와는 반대로 가족이 말기 환자를 집에서 돌보는 데 추가 비용을 필요로 하지 않아 집에 남아 있을 경우 막대한 비용을 절약할 수 있다. 그러므로 어떤 비용이 개인적인 보험이나 정부의 보조에 의해 지불될 수 있는지를 꼼꼼히 따져 볼 필요가 있다.

이러한 고려해야 할 요인들과 함께 죽어 가는 환자가 말기 단계에서 도움을 받을 수 있는 다양한 프로그램을 점검해 볼 필요가 있다.

1 급성 케어: 병원

현대 사회의 사람들은 병에 걸리면 병원을 찾는다. 병원은 질병을 낫게 하는 장소로 제대로 움직이지 않는 신체의 부분을 다시 기능하게 하여 삶을 계속 유지할 수 있도록 해 주는 곳이다. 이러한 맥락에서 죽음은 과학적인 의학이 언제나 효력이 있는 것이 아니라는 것을 일깨워 주는 사건이다. 의료 전문가들에게 죽음은 문제가 있는 신체의 부분을 낫게 할 수 없는 개인적인 무능함, 실패에서 기인하는 것으로 여겨진다.

병원은 대개 급성 케어를 하는 단기 시설이고, 그 목적은 특정 질병을 치료하여 환자를 아프기 이전의 기능적 능력으로 회복시켜 사회로 복귀시키는 것이다. 병원은 숙련된 기술을 가진 전문 인력을 이용할 수 있고, 최선의 의학기술과 의학적 장비를 즉시 사용할 수 있다. 그러나 급성 케어는 비용이 비싸다. 청진기보다는 초음파 장비를 이용해 진단할 경우 비용이 비싸고, 맹장 수술에 비해 신장이나 폐 이식 수술은 상대적으로 비용이 더 비싸다. 따라서 더 이상 나을 가망성이 없는 돌봄만을 필요로 하는 환자에게 입원을 허용하는 것은 침상의 낭비일 뿐만 아니라 치료 중심적인 개입 기술을 특별하게 훈련받은 바쁜 전문가들의 시간과 에너지를 낭비하게 하는 것이다. 경제적인 효율성과 병원의 목적을 고려해 볼 때, 병원이 치료를 더 이상 필요로 하지 않는 죽어 가는 환자에게 인간적인 돌봄을 제공하리라 기대하는 것은 무리라고 할 수 있다. 그러나 최후까지 뭔가 치료 수단 또는 연명 처치를 원하는 환자인 경우에는 병원이 적합할 수 있다.

2 만성 케어: 장기 요양 기관

말기 환자들이 이용할 수 있는 또 다른 시설로서 장기 요양 기관이나 너싱 홈을 들 수 있다. 병원이 점점 시급한 수술이나 위중한 환자들을 치료하는 급성 케어 시설이 되어 가고, 도시화됨에 따라 대가족에서 핵가족으로 가족의 특성이 변화되어 만성 질환을 가진 환자들을 돌볼 수 없게 되었고, 따라서 장기간의 케어를 제공해 줄 수 있는 요양시설들에 대한 수요가 급증하게 되었다. 특히 평균 수명이 연장되고 고령화 사회가 되어 만성 질환이나 자기를 스스로 돌볼 수 없는 상황에 처한 노인이 급증함에 따라 노인 장기 요양 시설에 대한 수요가 급증하고 있다.

이러한 시설에서는 생활하는 데 필요한 공간을 제공하고 일상생활을 영위하는 데 필요한 신체 활동을 도와주며, 어느 정도 전문적인 장기 요양 서비스를 제공한다.

우리나라는 일반적으로 케어만을 제공하는 요양원과 케어와 의료 서비스를 함께 제공하는 요양 병원 혹은 재활 병원으로 나누어진다.

특히 우리나라는 2007년에 「노인 장기 요양 보험법」이 통과되어 2008년 7월부터 노인 장기 요양 보험제도가 시행되고 있다. 노인 장기 요양 보험제도는 고령이나 노인성 질병 등으로 일상생활을 혼자 수행하기 어려운 노인에게 신체 활동 또는 가사지원 등의 장기 요양 급여를 사회적 연대 원리에 의해 제공하는 사회보험 제도다. 65세 이상 노인은 거주하는 지역의 건강보험관리공단에 요양 등급을 신청해야 하고, 등급에 따라 1, 2등급은 요양원에 입소할 수 있고 3등급은 재가, 즉 가정에서 서비스를 받을 수 있다. 비용은 급여 부분의 경우 노인 장기 요양 보험에서 80%, 본인 부담이 20%이고, 비급여 부분은 시설에 따라 차이가 있다.

❸ 홈 케어: 가정간호

'home care' 는 가정건강관리, 가정보건관리, 가정 의료, 가정간호, 재택 의료, 재택 진료, 재택 간호, 재택 건강관리 등 다양하게 해석되고 있다. 홈 케어는 만성 퇴행성 질환자의 증가, 의료비의 상승, 노인 인구의 증가, 국민의 건강요구 증가와 다양화, 도시화 · 산업화에 따른 사회 환경의 변화 등 기존의 보건의료 환경의 변화와 함께 그 필요성이 더욱 증가하고 있다.

집은 환자 자신이 생활하던 익숙한 환경이고, 제한적인 규칙이나 규제가 병원보다 적으며, 더 많은 자율성과 개인이 선택할 기회를 허용하고, 가족이나 친구들과 접촉할 기회가 더 많다는 장점이 있다. 그러나 말기 환자를 집에서 돌보는 것이 보는 사람에게 다 적합한 것은 아니다. 환자를 돌보는 데 필요한 물리적 공간이나 의미 있는 가족 관계를 가지고 있지 않을 경우, 혹은 집에 돌보아야 할 어린 아이가 있는 가족은 집중적인 돌봄을 필요로 하는 환자를 돌보는 것이 쉽지 않은 일이다. 또 다른 가족 구성원이 환자를 돌보기 위해 지불해야 할 비용이 지나치게 커져서 분노가 돌봄의 질을 감소시킬 경우, 환자가 정신건강이 악화되어 누가 돌보는지를 알아보지 못하고 서비스를 주는 사람보다는 서비스 자체가 더욱 중요할 경우, 항상 관찰을 해야 하는 심각한 질병을 앓고 있는 경우에는 오히려 안정적으로 병원이나 시설에 있는 경우가 더 도움이 될 수 있다(Morgan, 2001). 이 모든 경우를 고려하여 만약 홈 케어를 결정하였다면 가족, 친구, 자신이 소속되어 있는 종교 조직, 가정 호스피스 등 이용할 수 있는 다양한 자원을 탐색해 본다. 여기서는 말기 환자를 집에서 돌볼 경우 이용할 수 있는 다양한 자원 중에서 가정간호제도에 대해서 간단히 살펴보고자 한다.

우리나라의 경우 가정간호는 퇴원 후에도 지속적인 치료와 간호가 필요한 경우 병원 입원관리의 연장으로서 병원·의원 등 기관이나 시설에서 제공하던 간호를 전문가정간호사에 의해 가정에 있는 환자에게 제공하는 간호를 의미한다(「의료법」 30조 4항, 「의료법 시행규칙」 제22조의 2). 가정간호제도는 거동이 불편하여 병원 방문이 어려운 환자에게 필요한 의료 서비스를 가정에서 받을 수 있게 하여 심리적인 안정감과 정상적인 가정생활을 유지할 수 있도록 돕고, 장기입원이 불필요한 환자의 조기퇴원을 유도하여 국민 의료비 절감 및 의료 이용 편의를 도모하는 것을 목적으로 하여 2001년부터 시행되고 있다. 주로 종양 환자 등 만성 질환자 및 노인 등을 대상으로 간호사가 환자의 가정을 방문하여 튜브 교환 및 드레싱, 수술 후 환자의 상태 관찰, 상처 소독 및 실밥 제거, 욕창 드레싱, 채혈, 수액 주사 등 기본 간호, 투약, 주사 등의 보건의료 서비스를 제공하는 것이다. 가정간호 비용은 기본 방문비 본인 20% 부담, 교통비 전액 본인 부담, 처치료(주사약, 재료비) 본인 20% 부담으로 되어 있다.

우리나라 가정간호제도는 전국의 병원·의원으로 확대 실시될 수 있는 제도적 기반을 갖고 있으나, 병원에 입원한 환자들의 경우에만 이용이 용이하여 의료 이용의 사각지대에 놓여 있는 사람들의 이용 접근도는 매우 취약한 상황이다.

4 말기 케어: 호스피스 프로그램

호스피스 프로그램은 간호사, 의사, 성직자, 사회복지사를 비롯한 전문 인력과 자원봉사자, 환자의 가족을 포함하는 비전문 인력이 팀을 이루어 말기 환자와 가족의 총체적인 고통을 이해, 조절하여 얼마 남지 않은 생이지만 말기 환자의 삶의 질을 높이고 그 유가족을 사별에 의한 해로운 영향으로부터 예방하는 복합적인 활동이다.

호스피스는 다음과 같은 대상자가 이용 가능하다. 대상자의 선정 기준은 호스피스 프로그램마다 조금씩 차이가 있을 수 있지만 거의 비슷한 기준을 가진다(노유자 외, 1994).

- 암으로 진단받은 자로 호스피스 간호가 필요한 자
- 의사로부터 6개월 정도 살 수 있다는 진단을 받은 자
- 의사의 동의가 있거나 의뢰된 환자
- 환자나 가족이 의사의 진단을 받아들이고 예후를 논의하여 통증 및 증상 완화를 위한 비치료적인 간호를 받기로 결정한 자
- 가족이나 친지가 없어 호스피스의 도움이 필요하다고 선정된 자
- 의식이 분명하고 의사소통이 가능한 자
- 수술, 항암요법, 방사선요법을 시행하였으나 더 이상 의학적인 치료 효과를 기대하기 어려운 환자로 증상 완화가 필요한 자

미국의 경우 1982년 호스피스 프로그램의 재원은 노인 의료보장제도(Medicare)의 급부로 승인되었고, 노인 의료보장제도의 혜택을 받을 수 있는 홈 케어를 이용하는 노인이 급부의 대상이 되고 있다(Miller & Mike, 1995). 우리나라의 경우는 아직까지 호스피스 의료수가가 책정되어 있지 않은 형편이다.

우리나라의 호스피스 프로그램은 병원 내 호스피스, 산재형 호스피스, 독립형 호스피스, 가정 호스피스 등 다양한 형태로 운영되고 있다.

1 병원 내 호스피스

병원 부속형 호스피스라고도 하며, 병원 내의 일부 병동에서 호스피스 활동을 하는 것을 의미한다. 기존 의료 인력과 기존 의료 체계를 사용할 수 있는 장점이 있으나, 일반적으로 병원에서는 급성 질환 관리에 초점을 두며 완화적 관리는 별로 중점을 두지 않기 때문에 어려운 문제도 발생할 수 있다. 호스피스 병동의 철학이나 정신을 타 병동에도 적용시켜 직원을 교육시키거나 호스피스 간호사가 타 병동 간호사에게 통증과 증상 관리를 위한 교육을 시켜서 문제를 최소화할 수 있다.

성가 병원, 성가복지병원, 원주 가톨릭병원, 대구 동산병원 등이 병원 내 호스피스 프로그램을 운영하고 있다.

2 산재형 호스피스

호스피스 환자들을 주로 내과 병동이나 암 병동에 산재시켜 돌보는 경우로, 병원에 호스피스 팀이 구성되어 케어를 제공한다. 가톨릭 의과대학 성모병원, 성 바오로 병원, 의정부 성모병원, 부천 성가병원에서는 호스피스 과를 별도로 두고 호스피스 팀을 구성하여 운영하고 있고, 대구 가톨릭 병원, 부산 가톨릭 병원, 목포 골롬반 병원 등에서는 원목실을 중심으로 활동을 전개하고 있다.

3 독립형 호스피스

별도의 건물을 가지고 별도로 호스피스만을 운영한다. 우리나라에서는 강릉의 갈바리 의원이 대표적이지만 현재는 가정 호스피스 활동을 한다.

4 가정 호스피스

가정 호스피스는 가정에서 임종하기를 원하는 환자를 지원하는 프로그램으로, 환자가 자신에게 익숙한 환경에서 개별적인 돌봄을 제공받을 수 있고 의료비를 절약할 수 있는 장점이 있다. 가정 호스피스의 형태는 병원과 연계되어 있는 병원에 기반을 둔 가정 호스피스, 독립형 가정 호스피스, 지역사회에 기반을 둔 가정 호스피스 등 다양하다. 세브란스 병원, 이화여자대학교 부속병원 등에서 호스피스 과를 두고 호스피스 가정간호를 실시하고 있다.

호스피스 프로그램은 말기 환자를 돌보기에 적합한 하나의 프로그램으로 볼 수도 있지만 말기 환자의 환경을 인간답게 만들고 치료보다는 통증 완화를 위주로 하는 돌봄을 제공하는 데 기본이 되는 철학과 원칙, 돌봄의 방식이라고도 할 수 있다.

따라서 호스피스 케어라는 제목으로 죽음에 대처하는 사람을 돕는 방식에 대해 좀 더 자세히 살펴보고자 한다.

4. 호스피스 케어

호스피스라는 용어는 1970년대에 호스피스 운동이 보급되면서 사용되기 시작한 용어이며, 그 이전인 1950년대부터 1960년대에 걸쳐서 현대 의학으로는 어쩔 수 없어 죽음만을 기다리는 환자를 대상으로 하는 임종 간호에 관련된 모든 것을 총칭하여 '터미널 케어(terminal care)' 라는 용어가 주로 사용되었고, 1980년대부터는 캐나다를 중심으로 '완화 케어(palliative care)' 라는 용어가 널리 사용되고 있다. 완화 케어란 회복 가능성이 희박한 말기 환자에게 무의미한 연명치료를 계속하지 않는 대신, 환자의 통증 완화 등 다양한 증상에 대한 치료와 함께 심리적 · 사회적 · 영적 상담을 통해 환자와 그 가족들이 정신적 안정을 취할 수 있도록 도와주는 포괄적 돌봄 행위를 말한다. 이는 임종이 임박한 시점 이전이라도 투병과정에서 발생하는 통증 및 증상 완화가 필요한 모든 환자들을 대상으로 한다는 점에서 죽음을 앞둔 환자가 편안히 임종을 맞도록 도와주는 호스피스보다 좀 더 넓은 의미다. 터미널 케어, 호스피스 케어, 완화 케어 등 사용되는 용어는 조금씩 다르지만 모두 말기 환자를 대상으로 하는 임종 간호를 지칭하는 것으로, 치료가 아닌 돌봄을 중시한다는 데 공통점이 있다.

호스피스 운동은 과학기술의 급격한 발달에서 비롯되는 비인간화 문제, 사회변화에 따른 노인 소외, 임종자의 처우 소홀, 가치관이나 윤리관의 변화에 따른 혼란 등을 배경으로 등장하였고, 인간 존중과 인간 이해, 자기 결정, 인도주의, 인간을 전체로 이해하는 총체주의(holism) 등의 사상과 철학을 기반으로 발전하였다. 호스피스는 죽어 가는 환자의 욕구에 민감한 돌봄 공동체를 제공하여 환자와 가족들이 그들에게 만족스러운 방식으로 죽음을 준비할 수 있도록 돕는 것을 목적으로 한다.

호스피스(hospice)라는 어원은 'hospitality(환대, 후한 대접)' 에서 나온 말로 중세 성지 예루살렘으로 가는 성지 순례자나 여행자가 하룻밤 쉬어 가던 휴식처라는 의미에서 유래되었고, 근대의 호스피스는 1967년 영국의 시실리 손더스

(Cicely Saunders)가 성 크리스토퍼 호스피스를 세움으로 시작되었다. 호스피스는 죽음을 앞둔 말기 환자와 그 가족을 사랑으로 돌보는 행위로, 환자가 여생 동안 인간으로서의 존엄성과 높은 삶의 질을 유지하면서 삶의 마지막 순간을 평안하게 맞이할 수 있도록 신체적 · 정서적 · 사회적 · 영적으로 도우며, 사별 가족의 고통과 슬픔을 경감시키기 위한 총체적인 돌봄이라고 정의할 수 있다(노유자 외, 1994).

1 호스피스의 철학과 원칙

호스피스는 집, 공공시설, 장소, 돌봄, 태도나 프로그램 등으로 다양하게 정의되고 있으나, 현대 호스피스 개념에 공통적으로 적용될 수 있는 호스피스 철학과 원칙은 다음과 같다(Corr et al., 2000).

- 호스피스는 철학이지 시설이 아니다–그 기본적인 초점을 말기 질병에 둔다.
- 호스피스 철학은 죽음이 아니라 삶을 옹호한다.
- 호스피스 철학은 현재의 삶의 질을 극대화하고자 노력한다.
- 호스피스는 환자와 가족을 단위로 하는 돌봄을 제공한다.
- 호스피스는 총체적인 돌봄이다.
- 호스피스는 환자가 죽은 후에도 유족들에게 계속적인 돌봄과 지원을 제공한다.
- 호스피스는 다학제적인 협력(interdisciplinary teamwork)을 통해 전문적인 기술과 인간적인 존재를 결합한다.
- 호스피스는 하루 24시간, 일주일에 7일 이용 가능한 서비스를 제공한다.
- 호스피스 프로그램에 참여하는 사람은 상호 지원에 특별한 관심을 기울인다.
- 호스피스 철학은 생명을 위협하는 질병, 죽음, 죽음의 과정, 사별에 대처하는 사람과 그 가족에게 적용될 수 있다.

2 전통적인 치료와 호스피스의 비교

호스피스는 전통적인 치료가 말기 질환을 앓는 환자를 다루는 데 부적절하다는 인식에 기초하여 이에 대한 대안으로 등장하였다. 따라서 전통적인 치료와 호스피스의 차이점을 이해하는 것은 호스피스 케어가 무엇인지를 이해하는 데 도움이 될 수 있다.

1 전통적인 치료

① 죽음을 부정하고 치료를 적극적으로 지지한다.

② 질병을 다루는 과정에서 삶의 연장을 강조한다.

③ '아무것도 할 수 없는 상태' 라는 결정을 내렸을 때 패배를 강조한다.

④ 반복되는 진단과 임상병리 검사와 체온을 정규적으로 측정하고 규칙적인 식사, 수면, 방문 시간 준수 등 환자는 정해진 규정에 따라야 한다.

⑤ 치료와 생명 유지를 위한 체계를 정상적으로 지속하고, 정맥 주사와 위장관을 이용한다.

⑥ 심리적 의존이나 중독에 대한 두려움 때문에 통증은 제한된 투약으로 필요에 따라서만 제공한다. 목표는 통증 감소이며 통증의 제거가 아니다.

⑦ 환자가 돌봄의 초점이며, 죽음 이후 가족과의 모든 접촉이 끝난다.

⑧ 죽음을 앞둔 환자는 중환자실, 요양원, 부적당한 가정간호 등을 선택하게 된다.

⑨ 죽음을 앞둔 환자는 흔히 소외된다. 의료진은 임종을 앞둔 환자에게 주의를 덜 기울이고, 가족의 방문 시간이나 방문 대상에 제한이 있다.

2 호스피스

① 죽음을 삶의 순환과정으로 보고 삶을 단축하거나 연장시키지 않는다.

② 삶의 연장보다는 삶의 질 향상을 강조한다.

③ '아무것도 할 수 없는 상태' 라는 의학적 결론이 나더라도 통증 완화나 증상 관리 등 '항상 무언가 더 할 수 있음' 을 강조한다. 죽음을 성장의 기회로 본다.

④ 각 환자에게 개별적인 돌봄을 제공한다. 모든 돌봄을 환자의 식사, 수면, 방문 형태에 적응시키고 환자의 개별성, 개성을 존중한다.

⑤ 생명 연장이 아닌 증상 완화를 위해서 적극적인 의학적 수단을 시행한다.

⑥ 통증 조절을 위한 마약 용량은 개인의 요구에 따라 조절하고, 규칙적으로 투약하여 통증과 통증 재발의 두려움을 제거한다. 모르핀의 대량 투여, 진통보조제의 사용 등 적극적인 통증 완화 의료를 시행한다.

⑦ 환자와 가족이 케어의 대상이 되며 환자의 죽음 이후에도 가족들을 위한 사별 관리 프로그램을 제공한다.

⑧ 가능하면 환자의 소망대로 환자의 가정에서 임종할 수 있도록 가정간호를 지지한다.

⑨ 의사소통과 지지를 강조하여 임종 환자에게 평균 시간보다 더 많은 시간을 할애한다. 가족의 방문 시간에 제한을 두지 않으며 아이들의 방문도 허락된다.

3 말기 질병에 대한 케어의 기준

죽음, 죽음의 과정, 사별에 대한 국제 전문위원회(International Work Group on Death, Dying, and Bereavement)는 말기 환자를 다루는 호스피스 케어의 현실을 진단하고 호스피스 케어의 더 나은 발전을 위한 지침을 개발하였다. 먼저 이 전문위원회에서는 현재 말기 질병을 케어하는 현장을 지배하고 있는 암묵적인 가정들을 살펴보았다. 이것은 죽음, 죽음의 과정, 사별에 대해 국제 전문위원회가 권고하고자 하는 표준이 아니라 말기 환자를 대우하는 방식을 지배하고 있는 감추어진 표준을 확인한 것으로, 말기 환자가 그들의 마지막 생을 보내게 되는 시설에서 생각하기에 '좋은' 혹은 '성공적인' 죽음의 전형적인 형태로 간주되는 것들이다. 이제 죽음, 죽음의 과정, 사별에 대한 국제 전문위원회가 환자, 가족, 직원의 관점에서 호스피스 케어의 발전을 위해 필요하다고 권고한 지침들을 살펴보겠다(Corr et al., 1994).

1 암묵적 기준

① 성공적인 죽음은 조용하고 평온 무사한 것이다. 죽음은 누구도 방해받지 않도록 되도록 알아차리지 못하게 지나가 버리는 것이다.

② 소수의 사람만이 죽음의 장면에 함께한다. 스태프들은 습관화된 평정 상태를 엉망으로 만들 수 있는 가족이나 다른 방문객과 상호작용해야 하는 불편함을 덜게 된다.

③ 작별 행위는 최소한으로 한다. 스태프들의 불안 수준을 높이는 거북하고 고통스러운 혹은 지나치게 감정적인 작별 행위는 금한다.

④ 의사는 특히 환자의 죽음이 가까워질 때 말기 케어에 밀접하게 관여해서는 안 된다.

⑤ 스태프들은 말기 케어의 과정에서 거의 기술적인 실수를 하지 않고 예절적인 면에서도 실수를 하지 않는다.

⑥ 돌봄을 제공하는 과정에서 신체적인 면에 주로 주의를 기울인다. 말기 환자 개인의 독특한 개성은 거의 고려하지 않는다.

⑦ 환자는 자신이 받은 훌륭한 케어에 감사를 표시한다.

⑧ 환자는 마침 적당한 때, 즉 충분한 의학적 개입이 있은 후 오래 질질 끄는 시기가 시작되기 전에 죽는다.

⑨ 환자가 죽은 후 가족들은 환자가 받은 훌륭한 케어에 감사한다.

⑩ 스태프들은 '우리가 이 환자를 위해 할 수 있는 모든 것을 다했다.' 라고 결론지을 수 있다.

⑪ 환자의 죽은 유해는 임상적 · 연구적 혹은 행정적 목적(검시 허가나 신체 기증을 통해)을 위해 병원에서 이용될 수 있다.

⑫ 죽은 자의 이름으로 병원에 기념 선물이나 재정적인 증여를 할 수 있다.

⑬ 말기 케어 과정의 비용은 낮게 혹은 적정하게 결정된다. 즉, 생명을 구할 수 없는 사람에게 돈이 낭비되지 않는다.

2 죽음, 죽음의 과정, 사별에 대한 국제 전문위원회의 기준

이 국제 전문위원회는 암묵적 기준과는 전혀 다른 기준을 제시하고 있다. 이러한 기준은 풀 서비스 호스피스를 위한 미국의 의료보장 명세서(Medicare specification)에 통합되었고, 호스피스와 완화 케어 협회(National Hospice and Palliative Care Organization)에 의해 표준으로 채택되었다.

환자, 가족, 직원의 세 가지 관점에서 기준이 제시되고 있지만, 이 모든 기준에 공통되는 전제로 다음의 두 가지를 제시하고 있다.

- 환자, 가족, 직원 모두 정당한 욕구와 흥미를 가지고 있다.
- 모든 의사결정 과정에서 말기 질병을 가진 환자 자신의 선호와 생활방식이 고려되어야 한다.

① 환자를 위한 표준 지침

- 증상의 완화가 치료의 목적이다.
- 통증의 통제가 치료의 목적이다.
- 환자의 의도는 케어의 전체 패턴을 결정하는 것으로서 존중받을 것이다.
- 환자는 환경에서 기본적인 안전감과 보호를 받아야 한다.
- 환자에게 가장 중요한 사람과 작별할 기회가 제공되어야 한다.
- 환자에게 의미 있는 방식으로 마지막 순간을 경험할 기회가 제공되어야 한다.

② 가족을 위한 표준 지침

- 가족은 스태프들과 죽음, 죽음의 과정과 관련된 정서적 욕구를 이야기할 기회를 가져야 한다.
- 가족은 죽어 가는 사람이 살아 있는 동안은 물론, 죽은 후에도 즉시 그와의 사적인 시간을 위한 기회를 가져야 한다.

③ 직원을 위한 표준 지침

- 돌봄 제공자는 환자와 개인적인 관계를 형성하고 유지하기 위해 충분한 시간을 가져야 한다.
- 스태프들 간에 상호 지원 네트워크가 존재해야 한다.

4 돌봄 담당자의 소진 방지와 자기 케어

심각한 질병을 앓고 있는 환자나 임종을 앞둔 환자를 돌본다는 것은 육체적인 피로와 함께 환자를 살리기 위해 아무것도 할 수 없다는 무력감, 환자가 죽을 경우 보상 없는 헌신과 절망감 등 심리적인 고통을 가중시키는 힘든 일이다.

죽어 가는 사람을 돌보는 사람은 욕구와 한계를 가진 인간으로서 자신이 가지고 있는 자원 이상으로 과로할 경우 다른 사람을 위해 더 이상의 도움을 제공할 수 없게 된다.

그러면 돌봄 담당자는 죽어 가는 환자에게 어느 정도 관여하여 인간적이고 세심한 돌봄을 제공해야 하고, 자신의 문제와 스트레스를 해결하고 자신의 욕구를 충족시키는 데 어느 정도 시간을 가져야 하는가?

훌륭한 돌봄 담당자는 이 둘 간의 균형을 맞추고자 노력하는 사람이고, 이러한 바람직한 균형 상태를 '초연한 관심'(Larson, 1993) 혹은 '초연한 동정'(Pattison, 1977)이라고 부르기도 한다. 환자의 상태와 고통에 너무나 공감하여 자신을 돌보지 않고 헌신할 경우 만성적인 피로와 무력감에 빠질 수 있고, 반대로 환자가 죽을 경우 상처받지 않기 위해서 환자에게 정서적으로 관여하지 않고 형식적인 돌봄 활동만을 제공하는 경우도 있다. 환자의 상황에 들어가서 헌신하되 돌봄 제공자로서 계속해서 효율적으로 기능할 수 있는 방식으로 돌봄을 제공하는 것이 바람직하겠고, 그러기 위해서는 돌봄 담당자가 자신의 스트레스를 관리하고 소진을 방지하기 위한 자각과 노력이 필요하다.

라슨(Larson, 1993)이 돌봄 제공자의 스트레스 관리와 자기 케어를 위해 제시한 제안들을 참고로 살펴보면 다음과 같다.

- 스트레스를 받기 전에 사전 대책을 강구하라: 효율적인 개입은 좋은 예방에서 시작된다.
- 상황의 주도권을 잡아라: 스트레스 상황과 원인에 대한 당신의 평가와 그 상황에서 당신이 할 수 있는 일 등과 관련된 적극적인 대처 전략을 세워라.
- 한계를 세워라: 요구와 자원 간의 역동적인 균형을 추구하라. 시간과 환자에 대한 관심에 한계를 갖게 하라.
- 구분하라: 가정생활과 직장생활 간에 얼마간의 물리적이고 심리적인 거리를 두어라.
- 스트레스를 극복할 수 있는 사고방식을 개발하라.
  - 스트레스 상황을 위협이 아니라 성장을 위한 기회나 도전으로 생각하도록 노력하라.
  - 일, 가정, 우정에 대한 의무의 균형을 맞추도록 노력하라.
  - 당신이 삶의 경험을 통제할 수 있다는 확신을 갖도록 노력하라.
- 가능한 것을 행하라: 당신이 할 수 없는 것이 언제나 더 많지만 할 수 있는 것을 다하라. 인내하고 창조적이 되어라.
- 의사소통 기술과 갈등 해결 기술을 개발하라: 스트레스는 당신이 관심을 갖고 동정은 하지만 무엇을 말하고 무엇을 할지 모를 때 발생한다.
- 원기를 회복하라: 말기 환자를 돌보는 상황에서 스트레스는 피할 수 없기 때문에 운동, 이완, 명상 등의 기술을 자기 케어에 활용하라.
- 자신을 이해하라: 자신과 친구가 되어라. 자신의 내적인 괴로움을 어루만져라.
- 자아존중감을 유지하고 확장하라: 당신 자신과 당신의 기술에 대한 긍정적인 시각을 개발하라. 당신의 직업을 의미 있는 것으로 인정하는 것은 당신의 기분을 더 좋게 할 수 있다.
- 사회적인 지원망을 강화하라: 격려, 지원, 피드백은 자아존중감과 자기효능감을 확장시킬 수 있다.

part 03

비탄, 사별, 애도

‘2인칭의 죽음’ 이란 배우자, 부모, 자식, 친한 친구 등 자신에게 의미 있는 다른 사람, 즉 ‘당신’ 의 죽음을 의미한다. 오랫동안 삶을 함께한 세상에 둘도 없는 사람이 죽어 갈 때 혹은 죽었을 때 나는 어떻게 대처해야 할까를 생각하게 하는 슬프고 괴로운 시련에 직면하게 하는 죽음을 말한다.

제7장

사별, 비탄, 애도와 장례의식

우리는 다양한 방식으로 인간의 죽음을 생각할 수 있으나 자신과의 관계에서 1인칭, 2인칭, 3인칭으로 나누어 생각할 수 있다(柳田邦男, 1995).

'1인칭의 죽음' 은 '나' 의 죽음을 말한다. 여기서는 자기 자신의 죽음이란 어떠한 죽음을 의미하는가를 생각하고, 자신은 어떠한 죽음을 원하는지 자기 의사를 결정하는 것이 중요하다. '2인칭의 죽음' 이란 배우자, 부모, 자식, 친한 친구 등 자신에게 의미 있는 다른 사람, 즉, '당신' 의 죽음을 의미한다. 오랫동안 삶을 함께한 세상에 둘도 없는 사람이 죽어 갈 때 혹은 죽었을 때 나는 어떻게 대처해야 할까를 생각하게 하는 슬프고 괴로운 시련에 직면하게 하는 죽음을 말한다. '3인칭의 죽음' 이란 그녀, 그 사람, 인간 등, 제삼자의 입장에서 냉정하게 볼 수 있는 죽음을 말한다. 전쟁에 의한 죽음, 뉴스에서 날마다 접하는 사고사나 살인 등의 보도에 가슴 아플 때가 있어도, 우리의 현재 생활에 커다란 지장을 초래하는 일은 드문 일이다.

이 장에서는 나와의 관계에서 2인칭의 죽음으로 사랑하는 이를 죽음과 함께 떠나보낸 사람이 직면하게 되는 사별과 관련된 경험을 살펴보고자 한다. 사랑하는 사람이 죽음으로써 남아 있는 사람들이 주로 겪게 되는 경험과 그들의 상태, 심정을 이해하기 위해 필요한 비탄, 사별 등과 관련된 용어와 개념, 사별한 사람이 나타내는 비탄 반응, 사별이 유족 개인과 가족구조에 미치는 영향, 사회적인 비탄 표현 방식으로서의 애도와 장례의식 등에 대해서 살펴본다.

1. 용어 및 개념 정의

사랑하는 사람이 죽음으로써 남겨진 사람들이 겪게 되는 경험과 그들의 상태를 지칭하는 다양한 용어가 있겠지만, 죽음학 연구에서 주로 사용되는 대표적인 용어로는 '사별, 비탄, 애도' 등을 들 수 있다. 이들 용어는 연구학자들에 따라 지칭하는 뜻과 범위가 조금씩 달라서 이들의 시각을 다양하게 살펴보고자 한다.

1 사별, 비탄, 애도의 정의

1 사별

사별이란 죽음에 의해 사랑하는 사람이나 사물의 상실을 경험하는 개인의 객관적인 상황을 의미하는 말로서, 사랑하는 사람이나 사물과의 관계, 그 관계의 종말, 그리고 그 상실에 의해 남겨진 사람 등을 구성 요소로 삼는다. 우리말에서 사별은 사랑하는 사람이 죽어서 이별하는 것을 의미하지만, 사별을 의미하는 영어 단어인 'bereavement'는 소중하게 여기는 사람이나 물건을 빼앗기고 박탈당했다는 의미를 가지고 있다. 또한 사별은 죽음에 의한 지위의 변화를 의미하기도 한다. 부모가 죽은 아이는 고아가 되고, 남편이 죽은 여자는 미망인이 된다. 이처럼 사별 자체는 객관적 사실이지만 이에 따라 사회적 고립이나 외로움 등 많은 스트레스와 취약성 증가를 낳게 된다.

사별이라는 용어는 사랑하는 사람을 잃은 가족 구성원과 친구들이 그 사람의 죽음을 예측하는 것에서 시작하여 그 사람의 죽음, 죽음 이후의 적응 등에서 겪게 되는 일련의 경험 전체를 포괄하는 좀 더 넓은 의미로 정의되기도 한다(Christ et al., 2003). 이들의 정의에 따르면, 사별은 남겨진 가족 구성원의 내적이고 심리적인 과정과 적응, 비탄의 경험과 표현, 관계와 생활환경 등 외부 환경의 변화 등을 모두 포함하는 넓은 개념이다.

사별을 비탄을 포함하는 넓은 개념으로 보고 객관적인 사실보다는 사별 과정으로 정의하기도 한다(Romanoff & Terenzio, 1998). 이들은 내적 · 심리적 차원에서 일어나는 상실에 의한 자아개념의 전환, 심리사회적 차원에서 일어나는 사별 전 지위에서 사별 후 지위로의 전이, 공동체 맥락 안에서 고인과의 내적 · 심리적 연결감의 유지 등을 사별 과정에서 필요한 세 가지 차원으로 설명하고 있고, 사별 의례가 이러한 과정을 촉진한다고 주장한다.

2 비탄

비탄이란 상실에 대한 반응으로, 상실이나 사별을 겪을 때 일어날 수 있는 슬픔, 분노, 죄의식, 혼란 등의 감정을 의미한다(Kalish, 1985a). 비탄이란 우리말로는 슬프게 탄식한다는 의미이고, 영어의 'grief'는 분노, 슬픔, 고통, 걱정 등 주로 감정적인 요소를 지칭하는 말이다.

칼리시(Kalish, 1985a)는 비탄을 감정적인 차원에만 한정하여 정의하고 있지만, 엘리이스(Elias, 1991)는 비탄을 단순한 정서적 · 감정적 문제로 국한하지 않고 상실에 대한 신체적 · 행동적 · 감정적 반응을 모두 지칭하는 넓은 의미로 정의하고 있다. 즉, 그는 정서의 개념을 유기체의 신체적 · 감정적 · 행동적 측면을 모두 포함하는 반응 패턴이라고 정의하면서 비탄을 상실에 대한 정서적 반응이라고 정의하고 있다.

이에 비해 크리스트 등(Christ et al., 2003)은 비탄을 사랑하는 사람의 죽음 때문에 겪게 되는 인지적 · 정서적 · 사회적 어려움으로 정의하고, 남겨진 사람들이 경험하는 비탄의 형태, 강도, 지속 기간, 표현방식 등은 개인에 따라 다양하게 나타날 수 있다고 말하고 있다.

비탄 경험은 스트레스 요인으로 작용하여 남겨진 사람들의 신체적 · 정신적 건강, 특히 우울증이나 질병에 걸릴 위험성의 증가, 사망률 증가로 이어질 수 있으므로 비탄을 감정적인 문제로만 국한시키지 말고 상실에 대한 신체적 · 인지적 ·

정서적 · 사회적 · 행동적 반응 등을 다양한 각도에서 이해하고자 하는 시각이 필요하다.

3 애도

애도는 종종 사별에서 비롯된 슬픔의 감정을 기술하는 용어로 사용되지만, 비탄의 동의어이기보다는 비탄을 표현하기 위해 문화적으로 규정된 행동 패턴을 지칭하는 데 사용된다(Aiken, 1994; Kalish, 1985a).

사별은 인간이면 겪을 수 있는 보편적인 경험이지만 그것을 표현하는 방식은 보편적이지 않다. 즉, 사람의 죽음을 슬퍼하는 표현 방식은 사회의 관습과 태도를 반영하고 그러한 관습과 태도는 시간이 지남에 따라 변화할 수 있다.

지금까지 사별, 비탄, 애도의 개념을 편의상 구별하여 살펴보았는데, 실제 죽음학 연구에서는 이 세 가지 개념을 엄격하게 구별하지 않고 혼용하여 사용하고 있는 실정이다(Center for the advancement of health, 2004).

2 비탄의 종류

누구나 사랑하는 사람의 죽음에 반응하지만 모든 사람이 똑같은 방식으로 비탄을 경험하는 것은 아니다. 비탄은 그것을 경험하는 사람의 나이, 발달 단계, 성, 이제까지의 상실 경험, 우울 질환 병력, 죽은 고인과의 관계의 특성과 질, 상실의 유형, 가족관계와 기대, 사회적 네트워크, 종교, 문화 등에 영향을 받아 비탄의 형태, 강도, 지속 기간, 표현 방식 등이 다르게 경험되고 나타날 수 있다(Center for the advancement of health, 2004). 또 비탄은 그것을 정의하는 관점에 따라서 다양한 정의가 존재하기 때문에 여기서는 죽음학 분야에서 주로 언급되는 여러 가지 비탄의 개념을 간략하게 소개하고자 한다.

1 정상적 비탄

사랑하는 사람이 죽었을 때 경험하는 비탄은 몸을 쇠약하게 만들거나 극단적이고 지속 기간이 긴 경우를 제외하고는 일반적으로 상실에 대한 건강하고 정상적이고 적절한 반응이다. 정상적 비탄(normal grief)과 그렇지 않은 경우를 구분하기는 쉽지 않지만 비탄의 강도나 지속 기간 등이 특정한 문화적 전통의 범위 내에 머물러 있을 때 정상적 비탄이라고 말한다(Stroebe, 2001).

2 복잡한 비탄

복잡한 비탄(complicated grief)이란 정상적인 비탄의 범주에서 벗어난 비정상적이고 병적인 비탄을 의미하는 용어다. 복잡한 비탄은 비탄을 경험하는 사람의 정신적·신체적 건강에 악영향을 미치기 때문에 상실에 대한 건강하고 정상적인 반응이라기보다는 의미 있는 사람의 죽음 이후에 발생하는 장애나 질환으로 정의된다(Ott, 2003).

비정상적인 비탄을 일컫는 용어로는 병적인 비탄, 연장된 비탄, 미루어진 비탄, 억제된 비탄, 정신 외상적 비탄 등 다양한 용어들이 있지만, 이러한 용어들이 비탄을 겪는 사람들의 개인적·관계적 상황을 무시하고 그들에게 정신병 환자라는 낙인을 찍을 수 있기 때문에 이러한 용어들 대신에 덜 가치 판단적 용어인 복잡한 비탄이라는 용어를 사용할 것을 제안한다(Stroebe, 2001). 복잡한 비탄의 일반적인 특징은 사별을 경험하는 사람이 충격과 상실의 고통으로부터 활기 있고 충족된 삶으로 이동되지 않는다는 것이다.

3 해결된 비탄/해결되지 못한 비탄

해결된 비탄/해결되지 못한 비탄(resolved grief/unresolved grief)이란 비탄으로부터의 회복에 초점을 둔 용어다. 비탄과 회복과의 관계에서 비탄은 일정 기간 안에 해결될 수 있고 해결되어야 한다는 견해가 있고, 중요한 관계의 상실은 절대로 완전히 해결될 수 없다는 견해가 있다. 비탄을 경험하는 사람의 내적 상황을 고려하지 않고 외부의 시간표에 따라 비탄을 해결하도록 몰고 가는 것에는 문제를 제기하지만, 현장에서 이들을 돌보는 사람의 입장에서 심신을 쇠약하게 만드는 극단적인 비탄의 영향으로부터 회복의 움직임이 있는지 없는지를 관찰할 경우 도움이 되는 개념이라고 할 수 있다.

4 감추어진 비탄

사별한 사람이 자신의 감정을 표현할 기회를 차단 혹은 부정당했을 때 비탄은 강화되고 비탄 해결은 연기될 수 있다. 감추어진 비탄(hidden grief)은 사별한 사람이 상실 혹은 상실에서 비롯된 감정을 비밀로 하고자 하기 때문에 다른 사람에 의해 사별한 사람으로 인정되지 않을 때 나타난다.

5 빼앗긴 비탄

빼앗긴 비탄(disenfranchised grief)이란 사별당한 사람이 비탄할 자격이 없다고 간주되기 때문에 비탄할 기회를 빼앗겨 감추어진 비탄을 의미한다. 즉, 사별당한 사람이 공개적으로 인정되지도 공공연하게 애도하지도 못하는, 사회적으로 지지받지 못하는 상실을 겪었을 때 경험하는 비탄을 의미한다(Doka, 1989).

도카(Doka, 1989)에 따르면, 빼앗긴 비탄은 다음의 세 가지 경우에 발생할 수 있다.

첫째, 관계가 사회적으로 인정받지 못하는 경우로, 결혼 외적 관계나 동성애적 관계는 사회적으로 인정받지 못하기 때문에 사별로 남겨진 파트너는 비탄할 자격을 박탈당한다.

둘째, 상실 자체가 인정받지 못하는 경우로, 유산, 조산, 분만 전후의 죽음(perinatal death), 애완동물의 죽음 등은 상실을 경험하는 사람에게는 엄청난 슬픔으로 작용할 수 있지만 관계 밖에 있는 사람에게는 상실의 의미와 중요성이 간과되고 사회적으로 비탄할 자격이 있는 사람으로 인정받지 못할 수 있다.

셋째, 비탄하는 사람이 인정받지 못하는 경우로, 어린 아동이나 고령의 노인, 정신지체자 등은 비탄을 경험할 자격이 있는 사람으로 인정받지 못할 수 있다.

6 예기적 비탄

생명을 위협하는 상황에서 더 오래 살아남게 된 현대 사회에서 사람은 죽음이 일어나기도 전에 비탄을 시작하기도 한다. 예기적 비탄(anticipatory grief)이란 린드만(Lindemann, 1944)에 의해 처음 소개된 개념으로, 실제적인 상실이 일어나기 전에 미리 시작되는 예상되는 상실에 대한 비탄 반응을 의미한다. 또 랜도(Rando, 1986)는 예기적 비탄을 사랑하는 사람의 죽음이 임박하였음을 깨닫고, 이와 관련된 과거, 현재, 미래의 상실을 인식하면서 시작되는 애도, 대처, 상호작용, 계획, 심리사회적인 재편 과정을 포함하는 현상으로 정의하였다.

예기적 비탄을 경험한 유족은 죽음이 일어나기 전에 이미 정상적 비탄의 단계를 경험해서 고인과의 정서적 유대로부터 자유로워졌기 때문에 죽음이 실제로 일어났을 때는 비탄을 표현하지 않을 수 있다. 그러나 예기적 비탄은 사별 후의 비탄을 없게 하거나 줄이는 것이 아니라 유족에게 죽음 후의 일에 대해 계획을 세우고 비탄에 대처할 시간을 주어서 지나치게 슬픔에 압도되지 않도록 하는 것이다(Rando, 1986).

2. 비탄 반응

가족이나 친구 혹은 사랑하는 누군가의 죽음을 예기하고 실제 그 죽음을 경험하는 일은 남아 있는 사람들에게 상실감과 큰 슬픔을 몰고 온다. 실제로 사별한 사람은 슬픔뿐만 아니라 분노, 죄의식, 수면장애, 한숨, 통곡 등 전인적인 측면에서 사랑하는 사람을 잃은 심정을 나타낸다. '슬픔' 이 감정적 반응만을 지칭한다면, '비탄' 은 상실에 대한 신체적 · 인지적 · 정서적 · 행동적 반응을 모두 포함하는 개념이라고 할 수 있다. 비탄을 정서로 보느냐 아니면 질병으로 보느냐에 대한 논란이 있지만, 기본적으로 사별한 사람이 나타내는 다양한 비탄 반응은 대부분 치료를 필요치 않는 상실에 대한 정상적인 반응이라고 할 수 있다. 즉, 비탄은 인간이 경험하는 보편적인 경험이지 결코 질병이 아니다. 정상적인 비탄은 대부분

장기적인 문제를 일으키지 않고, 대부분의 사람들이 상실과 타협하는 방식은 정서적 건강을 위해 긍정적인 효과를 가질 수 있다. 그러나 이러한 정상적인 비탄 반응과는 달리 비탄의 강도가 압도될 정도로 강하여 부적응적인 행동을 보이거나 비탄 과정이 진전되지 않고 끝없이 비탄 상태에 머물러 있는 복잡한 비탄 반응은 심리적인 장애, 즉 질병의 일종이라고 할 수 있다. 이처럼 정상적인 비탄과 비정상적인 비탄의 구분은 어떤 특정 행동의 유무보다는 비탄 반응의 강도나 지속기간으로 판단된다(Horowitz et al., 1980).

여기서는 비탄 과정을 겪는 사람을 좀 더 깊이 이해하기 위해 그들이 상실 후에 나타낼 수 있는 다양한 정상적인 비탄 반응과 병적인 형태로 나타나는 복잡한 비탄 반응에 대해 좀 더 자세히 살펴본다.

1 정상적인 비탄 반응

사별한 사람이 나타내는 비탄 반응을 최초로 연구한 사람은 린드만(1944)이다. 그는 1942년 미국의 코코넛 그로브 나이트클럽 화재의 희생자 가족 101명을 면담하였고, 그들이 나타내는 비슷한 반응 패턴을 다섯 가지로 분류하였다. 신체적 고통, 고인의 이미지에 몰두, 고인 혹은 죽음의 환경과 관련된 죄의식, 적의적인 반응, 상실 이전에 가능했던 기능의 불능 등이 그것이다.

린드만의 분류를 세분화하여 워든(Worden, 1991)은 사별한 사람의 비탄 반응을 신체적 · 인지적 · 감정적 · 행동적 반응이라는 네 가지 범주로 분류하여 좀 더 자세히 기술하였다. 워든이 설명하는 정상적인 비탄 반응을 간단히 소개하면 다음과 같다.

1 신체적 반응

사랑하는 사람을 죽음으로 상실한 사람은 격심한 비탄 반응에 의하여 신체적인 이상을 지각하지만 혼란과 슬픔의 와중에서 이러한 신체적인 반응은 간과되기 쉽다. 일반적으로 가장 흔하게 보고되는 비탄의 신체적인 반응으로는 위장의 공복감, 가슴이 죄는 느낌, 목구멍이 죄는 느낌, 소음에 지나치게 민감함, 자아감이 없는 느낌("나는 거리를 걸어 다니지만 나를 포함해 아무것도 현실 같지 않다."), 숨참·짧은 호흡, 근육 약화, 에너지 부족, 입 안이 마르는 느낌 등을 들 수 있다 (Worden, 1991).

2 인지적 반응

비탄 경험을 특징짓는 많은 사고 패턴이 존재한다. 어떤 사고 패턴은 비탄의 초기 단계에 공통적으로 나타났다가 잠시 후에 사라지지만, 어떤 사고 패턴은 계속 남아서 불안이나 우울감을 유발하기도 한다.

① 불신

죽음의 소식, 특히 갑작스러운 죽음의 소식을 들은 후 최초로 나타나는 반응으로, "그런 일은 일어나지 않았어. 아마 착오일 거야. 나는 믿을 수 없어. 그런 일이 일어났다고 믿고 싶지 않아." "누가 나를 좀 깨워서 내가 꿈을 꾸고 있다고 말해 줬으면 좋겠어." 등의 반응을 보인다.

② 혼란

최근에 사별한 사람은 사고에 혼란이 일어나 생각을 정리할 수 없고 집중할 수 없으며 깜박 잊는 일이 많다.

③ 몰두

고인에 대한 생각에 사로잡혀 있는 것으로 점유적 사고(intrusive thought)의 형태를 띠거나 고통받고 죽어 가는 고인의 이미지에 몰두하는 것으로 나타나기도 한다.

④ 현존감

고인에 대한 그리움 때문에 고인이 아직도 현재의 시공간에 존재한다고 생각하는 것이다.

⑤ 환각

사별한 사람에게서 빈번히 나타나는 경험으로, 시각적 환각과 청각적 환각 모두 정상적인 반응의 목록에 포함된다. 이러한 환각은 단기적인 환영 경험으로, 종종 상실 후 수주 안에 나타나고, 일반적으로 복잡하고 악화된 애도 경험으로 발전하지는 않는다.

3 감정적 반응

사랑하는 사람의 상실을 경험한 사람은 심리적이고 감정적인 반응을 다양하게 경험한다. 여기서 언급한 감정들은 모두 정상적인 비탄 반응이지만 과도한 강도로 비정상적으로 오랫동안 지속되면 악화된 비탄 반응의 전조일 수 있다.

① 슬픔

사별한 사람에게서 발견되는 가장 공통된 감정으로, 주로 울부짖는 행동으로 나타난다. 울부짖는 행동은 다른 사람으로부터 동정적이고 보호적인 반응을 불러일으키고 다른 행동을 보류시키는 사회적 환경을 조성하는 신호 역할을 한다.

② 분노

상실 후 자주 경험되는 감정이지만, 유족을 가장 당혹하게 하는 감정으로 비탄 과정에서 많은 문제의 원인이 되기도 한다. 분노는 죽음을 막기 위해 할 수 있었던 일이 아무것도 없었다는 좌절감과 가까운 사람의 상실 이후에 발생하는 일종의 퇴행 경험(분리 불안) 때문에 생기는 것이다. 고인이 죽어서 자신을 남기고 떠나버렸다는 것에 대해 고인에게 분노하는 것이다. 그러나 사별한 사람은 죽음에 대한 책임으로 종종 의사, 장의사, 가족, 친구, 심지어는 신을 비난하기도 하고, 자기 자신에게 분노하여 자살을 기도하기도 한다. 사별한 사람이 경험하는 분노는 확인되고, 정상적이라고 인정받아야 하며, 고인을 대상으로 하는 과정을 거쳐 적절히 해결될 수 있다.

③ 죄의식과 자기 비난

죄의식과 자기 비난 역시 유족이 공통적으로 경험하는 감정으로, 고인에게 충분히 잘해 주지 못했다거나 병원에 좀 더 빨리 데려오지 못했다는 등 이미 일어난 어떤 일이나 죽음의 순간에 간과했었던 것에 대한 후회나 자기 비난으로 나타난다.

④ 불안

사별한 사람은 가벼운 불안감에서 강한 공황 발작에 이르기까지 다양한 불안 반응을 보일 수 있고, 불안이 강력하고 지속적일수록 병적인 비탄 반응일 가능성이 높다. 불안은 다음의 두 가지 원인 때문에 나타난다. 첫째, 유족이 종종 "그 사람 없이는 살 수 없을 것"이라고 말하는 것처럼 스스로 자신을 돌볼 수 없을까 봐 두려워한다. 둘째, 유족의 불안은 사랑하는 사람의 죽음에 의해 고양된 자신의 죽음에 대한 인식과 관련되어 있다(Worden, 1976). 이러한 불안은 병적인 공포(phobia)로 발전할 수 있다.

⑤ 외로움

특히 배우자와 같이 매일의 친근한 관계를 가졌던 사람을 잃은 사람이 자주 표현하는 감정이다.

⑥ 피로

유족은 귀찮아서 어떤 일에도 관심이 없고 어떤 일도 하고 싶지 않은 상태로 피로를 경험하는데, 활동적인 사람에게 이러한 높은 수준의 피로는 놀라움과 고통이 될 수 있다.

⑦ 무력감

죽음이 많은 사람들에게 스트레스를 주는 사건인 이유는 그것이 유발하는 무력감 때문이다. 무력감과 불안의 상관 현상은 상실의 초기 단계에 주로 나타나고 남편을 잃은 미망인은 특히 스스로도 어떻게 할 수 없는 극도의 무력감을 느끼게 된다.

⑧ 충격

갑작스러운 죽음의 경우에 가장 자주 나타난다. 그러나 진행성이고 악화된 질병에 의한 예상된 죽음일지라도 사랑하는 사람의 죽음을 알리는 전화는 유족들로 하여금 충격을 경험하도록 할 수 있다.

⑨ 그리움

비탄에 대한 정상적인 반응으로, 고인에 대한 그리움의 감소는 애도 과정이 끝나 가고 있다는 신호다.

⑩ 해방감

고인이 유족에 대해 압제적이고 완고한 독재자였을 경우 유족은 정상적인 비탄 감정과 함께 그의 압제하에서 더 이상 살지 않아도 된다는 해방감을 표현한다.

⑪ 안도감

사랑하는 사람이 고통스럽고 오래 끄는 질병을 앓았다면 유족은 그의 죽음 이후에 그가 더 이상 고통을 겪지 않아도 된다는 안도감을 느낀다. 그러나 이러한 안도감은 종종 죄의식을 동반하기도 한다.

⑫ 무감각

아무 느낌이 없는 무감각은 대개의 경우 죽음의 사실을 안 후 바로 혹은 비탄 과정의 초기에 경험된다. 죽음의 사실을 안 후 다루어야 할 감정이 너무 많기 때문에 유족은 이러한 감정의 홍수로부터 자신을 보호하기 위해 감각이 없는 무감각 상태가 된다. 압도적인 고통에 대한 방어로서 감각을 차단하는 것은 불건전한 반응이 아니라 상실에 대한 지극히 정상적인 반응이다.

4 행동적 반응

다음의 행동은 상실 후에 일반적으로 보고되는 행동으로 대부분 시간이 지나면 저절로 조정된다.

① 수면장애

상실의 초기에 잠들기 힘들거나 이른 아침에 잠이 깨어 버리는 수면장애를 경험하는 것은 이상한 일이 아니다. 때때로 약물 치료가 필요할 때도 있지만 정상적인 비탄 과정에서 수면장애는 저절로 낫는다. 그러나 수면장애가 계속된다면 심각한 우울장애일 수도 있으므로 의사를 찾아서 진단을 받아야 한다. 또 수면장애는 고인의 꿈을 꾸지 않을까 하는 두려움, 침대에 혼자 있는 두려움, 깨어나지 못할까 하는 두려움 등 다양한 두려움을 상징하기도 한다.

② 식사장애

지나치게 많이 먹는 과식과 거의 먹지 못하는 소식으로 나타나는데, 소식이 더 자주 나타나는 행동이다. 식사 패턴의 변화 때문에 체중에도 변화가 생긴다. 식욕이 없어서 잘 먹지 못할 경우에는 체중 감소가 동반된다.

③ 넋 놓은 행동

최근에 사별한 사람은 방심 상태로 행동하거나 결국 자신을 불편하게 하거나 손해가 될 일을 무심코 하게 된다. 차를 몰고 왔는데 차를 어디에 정차시켰는지 잊거나 혹은 차 몰고 왔다는 사실을 잊고 택시를 타고 집으로 돌아오고, 종종 중요한 약속을 깜박 잊거나 물건을 어디에 두었는지 찾지 못하는 등의 행동을 하게 되는데, 이러한 행동은 중요한 상실 이후에 나타나는 행동으로 결국은 저절로 없어진다.

④ 사회적 위축

사별한 사람이 다양한 감정들을 겪고 있는 비탄의 초기 단계에 다른 사람으로부터 물러나 있고 싶어 하는 것은 통상적인 일이다. 이러한 사회적 위축은 신문을 읽지 않고 텔레비전을 보지 않는 등 외부 세계에 대한 흥미 상실로 나타날 수도 있다.

⑤ 고인에 대한 꿈

고인에 대해 꿈을 꾸는 것은 정상적인 꿈이든 고통스러운 꿈이나 가위 눌림이든 모두 일반적으로 나타나는 현상이다. 이러한 꿈은 사별한 사람이 비탄의 전 과정에서 지금 어디에 위치하고 있는지에 대한 진단적인 단서를 제공해 주는 역할을 하기도 한다.

⑥ 고인을 생각나게 하는 것의 회피

어떤 사람은 고인이 죽은 장소, 그의 묘지, 그를 생각나게 하는 물건 등 고통스러운 비탄 감정을 유발하는 장소나 물건을 회피한다. 이러한 회피는 단기적인 해결 방법이므로 비탄 과정의 후반부로 갈수록 감소한다. 사별한 사람이 사별 후 곧바로 고인과 관련된 모든 것을 없애 버릴 때 그것은 복잡한 비탄 반응으로 이어질 수 있다. 이러한 행동은 대부분 건강한 행동이라고 볼 수 없고 종종 고인과의 관계가 애증관계와 같은 양면 가치적 관계임을 나타내는 것이다.

⑦ 큰 소리로 부르고 찾기

보울비(Bowlby, 1980)가 개념화한 애착 행동의 한 형태로 볼 수 있다. 고인의 이름을 부르며 다시 돌아오라고 말하거나 행동으로 찾는다.

⑧ 한숨

사별한 사람에게서 자주 발견되는 행동으로, 숨이 차고 막히는 듯 한 신체적인 지각과 밀접히 관련되어 있다. 실제로 사별한 사람의 호흡을 검사한 결과 산소와 이산화탄소의 수준이 우울증 환자와 비슷한 것으로 나타났다(Jellinek et al., 1985).

⑨ 안절부절못하는 과도한 활동성

고인에 대한 생각이나 슬픔 때문에 가만히 집에 머물러 있을 수가 없어서 차를 타고 온 도시를 헤매고 다니거나 침착하게 집중할 수 없어서 바쁘게 일을 만들어 끊임없이 몸을 움직인다.

⑩ 울음

스트레스를 받을 때 우리의 몸은 화학적인 불균형 상태가 되는데 눈물이 이때 발생한 독성을 제거하여 평형 상태를 회복시키는 치료 효과가 있다(Frey, 1980). 울음은 정상적인 비탄 반응이므로 지나치게 울음을 억제하기보다는 건전하게 감정을 발산하도록 하는 것이 바람직하다.

⑪ 고인을 기억하게 하는 장소를 방문하거나 그의 물건 가지고 다니기

고인을 생각나게 하는 것을 회피하는 행동과 정반대되는 행동으로 고인에 대한 기억을 잊을까 하는 두려움에 고인의 사진을 지니고 다니거나 고인과의 추억이 있었던 장소를 방문한다.

⑫ 고인의 물건을 소중히 간직하기

상실이 현실로 받아들여질 때까지 고인의 방이나 고인이 쓰던 물건을 그대로 간직하고 싶어 한다.

앞에서 살펴보았듯이, 사별한 사람은 상실과 관련된 다양한 행동과 경험을 나타내게 되지만 한 사람이 이러한 모든 반응을 다 경험하는 것은 아니다. 사별한 사람을 돕는 위치에 있는 사람은 이러한 다양한 행동들이 모두 정상적인 비탄 반응의 범주에 들어가는 것임을 이해하고, 자신의 비탄 반응을 혹시 병적인 행동이

아닌가 걱정하는 사람들을 안심시켜서 그들이 건강하게 비탄 과업을 완수할 수 있도록 도울 수 있어야 한다. 그러나 앞에서 설명한 반응들이 비탄 과정에서 오랜 시간 지속된다면 병적인 비탄을 나타내는 것일 수 있다(Demi & Miles, 1987).

2 복잡한 비탄 반응

비정상적인 비탄 반응은 다양한 형태로 나타나고 여기에는 병적인 비탄, 해결되지 못한 비탄, 복잡한 비탄, 만성적 비탄, 연기된 비탄, 과장된 비탄 등 다양한 이름이 붙어 있으나 일반적으로는 복잡한 비탄이라는 용어로 부르고 있다(Stroebe, 2001). 워든(Worden, 1991)은 이 복잡한 비탄 반응을 좀 더 자세히 네 가지 형태로 분류하여 설명하고 있다.

1 복잡한 비탄 반응의 형태

① 만성적 비탄 반응

고인이 죽은 후 몇 년이 지나도록 사별한 사람이 고인을 그리워하고 슬퍼하는 등 비탄의 기간이 지나치게 길고 결코 끝나지 않아서 삶으로 복귀하지 못하는 비탄 반응을 말한다. 만성적 비탄 반응(chronic grief reactions)은 고인이 예고 없이 갑자기 죽었을 경우, 죽음에 의해 고통스러운 관계가 끝났을 경우, 유족이 고인에게 지나치게 의존적이었던 경우 등에서 나타나기 쉽다(Parkes & Weiss, 1983).

② 연기된 비탄 반응

금지된 혹은 억압된 비탄 반응이라고도 부른다. 상실의 순간에 비탄이 금지되거나 억압, 연기되어 표면화되지 않다가 차후의 상실이나 다른 사건이 계기가 되어 과도한 강도의 비탄 반응으로 나타나는 것을 말한다. 또 연기된 비탄 반응(delayed grief reactions)은 그 경험을 겪는 개인과 직접적으로 관련된 차후의 상실이 발생하였을 때뿐만 아니라 다른 사람이 겪는 상실을 볼 때나 상실을 주요 테마로 하는 영화, 드라마 등을 볼 때도 나타날 수 있다. 우리가 슬픈 영화를 볼 때 슬픈 감정을 갖는 것은 정상이지만 연기된 비탄 반응의 특징을 결정하는 것은 이러한 감정의 강도가 지나치게 강한 것으로서 조금 더 조사해 보면 이전의 상실에 대한 해결되지 않은 비탄으로 판명된다.

③ 과장된 비탄 반응

정상적인 비탄 반응을 지나치게 격렬하게 경험해서 어떻게 반응해야 할지 모를 정도로 정서적으로 압도되거나 부적응적인 행동을 보이는 경우다. 과장된 비탄 반응(exaggerated grief reactions)을 하는 사람은 자신의 행동과 증상이 상실과 관련되어 있다는 것을 알고 있고 그 경험의 도가 지나쳐서 자신을 무능력하게 만들기 때문에 적극적으로 치료를 받고자 한다. 상실 후에 발생하는 주요 정신질환인 임상적 우울증, 불안, 심각한 알코올 중독이나 약물남용, 조울증, 외상 후 스트레스 장애 등이 모두 과장된 비탄 반응에 속한다.

④ 변장한 비탄 반응

죽음과 관련된 감정을 차단하면 그것은 다른 영역으로 반사되어서 신체적 · 심리적 장애로 나타난다. 사별한 사람은 과장된 비탄 반응의 경우와는 달리 자신을 괴롭히는 증상이나 행동을 경험하고 있지만 그것이 상실과 관련되어 있다는 사실을 알아차리지 못하며, 주로 비정서적 증상—일반적으로 신체적인 증상이나 부적응적인 행동—으로 변장하며 나타난다. 변장한 비탄 반응(masked grief reactions)을 하는 사람은 스스로가 비탄을 직접 경험하도록 허용하지 않으며 고인이 나타냈던 것과 비슷한 의학적 증상이나 다른 종류의 정신 신체적 질병을 앓기도 한다. 이러한 신체적 증상 이외에도 설명될 수 없는 우울증이나 비행 행동과 같은 정신병적인 증상으로 변장할 수 있다.

2 복잡한 비탄과 관련 장애

이와 같은 복잡한 비탄을 겪고 있는 사람은 종종 다음과 같은 장애나 증상을 나타낼 수 있다.

① 우울증

일반적으로 비탄 현상을 측정하고자 할 경우 주로 우울증 척도를 사용하고 우울 징후를 중심으로 검사한다. 이처럼 우울증과 비탄 현상은 슬프고 우울한 감정, 흥미의 상실, 수면장애나 식사장애 등 많은 부분에서 일치되지만, 전형적인 우울증과 상실에 의해 경험되는 우울 간에는 차이가 있다. 자아와 세상에 대한 부정적 시각, 자아존중감의 저하와 절망감, 반복적인 자살 충동, 고인과 재결합하는 환상, 불안감 혹은 안절부절못하고 침착하지 못함, 반복적이고 몰두적인 죄의식, 깊은 침울감 등은 정상적인 비탄과 상실에서 비롯되는 우울증을 구별하게 하는 차이점이다. 만약 사별한 사람이 이러한 우울 증후를 보일 경우에는 병적인 비탄을 겪고 있다고 볼 수 있다.

② 불안장애

불안 증상의 측정은 사별한 사람을 사정할 때 우울 징후를 측정하는 것만큼 널리 사용된다. 긴장감, 신경과민, 조바심 등과 같은 불안 항목과 애착 항목(배우자를 그리워함 등)을 중심으로 분리장애를 측정하기 위한 척도가 개발되어 사용되고 있다(Jacobs et al., 1987). 한 연구에 따르면, 배우자를 사별한 사람의 44%가 사별 후 첫 1년 동안 한 가지 이상의 불안장애와 공황장애를 보고한 것으로 나타났다(Jacobs & Kim, 1990). 따라서 사별한 사람을 사정하고 적절한 치료를 실시할 때 장애의 정도가 심각하여 진단 기준에 도달할 정도로 고통스러워하고 기능장애를 일으킬 경우에는 불안장애의 가능성도 고려하여야 한다.

③ 외상 후 스트레스 장애

외상 후 스트레스 증후군(post-traumatic stress syndrome: PTSD)은 사고, 자살, 살인과 같은 비극적이고 충격적인 상실에 대한 반응으로, 생생하고 반복적인 죽음의 장면 혹은 다른 충격적인 이미지를 반복적으로 경험하고 이러한 이미지들이 사별한 사람의 인지 과정을 방해하는 경우를 말한다. 그 밖에도 불안, 악몽, 고조된 각성 상태, 과도한 불면증, 회피 등이 일어난다. 갑작스럽고 예기치 못하고 폭력적이고 때 이른 죽음의 경우에 이러한 장애를 나타낼 가능성이 높고, 파이누스와 네이더(Pynoos & Nader, 1990) 등이 개발한 비탄 반응 목록(Grief Reaction Inventory)이나 PTSD 반응표(PTSD Reaction Index) 등을 사용해서 측정할 수 있다.

④ 신체적 증상과 장애

죽은 고인의 질병과 같은 신체적 증상, 예를 들어 고인이 심장마비로 죽었으면 가슴에 통증을 경험하기도 하고 암에서 알코올 중독에 이르기까지 다양한 건강 문제를 동반하기도 한다. 이러한 증상이 신경내분비계의 영향인지 혹은 면역기능의 문제인지는 아직 정확히 밝혀지지 않았고, 건강 행동 패턴의 변화, 우울증의 신체적 영향으로 추정되고 있다(Stroebe, Stroebe, & Hansson, 2008). 이처럼 사별한 사람은 다양한 신체적 질병과 문제에 노출되어 있으므로 이러한 증상의 가능성이 사정되어야 하고 사별한 사람 개인의 배경도 함께 고려되어야 한다.

3 복잡한 비탄의 진단 기준

최근에는 사별, 정신적 외상(trauma), 정신병 분야의 전문가들을 중심으로 복잡한 비탄에 대한 정확한 진단을 위해 비탄의 지속 기간뿐만 아니라 복잡한 비탄의 증상과 강도를 결정하는 진단 기준을 마련하고자 하는 움직임이 있었다. 이들은 복잡한 비탄을 상실과 관련된 정신적 외상의 특징을 가진 분리불안장애의 일종으로 보고 복잡한 비탄을 위한 진단 기준을 다음과 같이 제시하고 있다(Jacobs & Prigerson, 2000).

① 기준 A

- 의미 있는 다른 사람의 죽음을 경험하였다.
- 고인에 대한 점유적이고 고통스러운 몰두 반응을 보인다(그리워하고 갈망하고 찾아 헤매는 등).

② 기준 B

죽음에 대한 반응으로 다음과 같은 증상이 뚜렷하고 지속적으로 나타난다.

- 고인을 생각나게 하는 것(생각, 느낌, 활동, 사람, 장소 등)을 빈번히 회피하고자 함
- 목적감 상실 혹은 미래에 대한 무의미감
- 무감각, 분리감 혹은 정서적 반응성의 부재
- 어리벙벙하고 멍하고 충격받은 느낌
- 죽음을 인정하기 어려움(불신)
- 삶이 공허하고 의미 없다는 느낌
- 고인이 없는 만족스러운 삶을 상상하기 어려움
- 자신의 일부가 죽었다는 느낌
- 세계관의 붕괴(안정감, 신뢰, 통제감 등의 상실)
- 고인의 나쁜 행동이나 증상을 추측함
- 과도한 신경과민, 슬픔, 죽음과 관련된 분노

③ 기준 C

장애(앞에서 언급된 증상)의 지속 기간이 적어도 2개월 이상이다.

④ 기준 D

장애가 사회적 기능, 직업적 기능, 그 밖에 다른 중요한 영역의 기능에 임상적으로 중요한 결함을 야기한다.

3. 사별의 영향

사랑하는 사람을 잃은 충격은 유족 개인의 건강은 물론 가족구조에도 영향을 미친다. 사별이 가족구조와 유족 개인에게 어떤 영향을 끼칠 수 있는지 살펴보면

다음과 같다.

1 사별과 가족구조

현대인의 대부분이 가정을 이루어 가족의 일원으로 살기 때문에 개인의 죽음이 전체 가족체계에 미치는 영향을 무시할 수 없다. 가족 구성원 중에서 중요한 사람의 죽음은 가족의 평온 상태를 깰 수 있고 가족 구성원으로 하여금 고통을 느끼게 하여 도움을 필요로 하게 만들 수 있다. 이러한 가족을 돕고자 하는 사람은 전체 가족의 구성 형태, 가족구조에서 고인의 기능적 위치, 생활 적응의 전체적인 수준 등에 대해 아는 것이 중요하다(Bowen, 1978).

특히 비탄과 사별 경험이 가족구조에 미치는 영향을 살펴볼 때 적어도 세 가지 점이 고려되어야 한다.

1 고인이 가족 내에서 담당했던 기능적 위치

고인이 아주 늙었거나 아주 어릴 경우, 그들의 죽음으로 발생하는 역할 공백은 다른 가족에게 큰 영향을 미치지 않는다. 고령의 노인이 요양원에서 죽을 경우 그 가족의 슬픔은 크겠지만, 그는 이미 대부분의 역할을 포기했기 때문에 현재의 역할을 잃는다고 해도 공백이 크지 않다. 6개월 된 영아가 갑자기 죽을 경우 그의 죽음이 미래에 그가 맡게 될 역할의 상실을 의미하지만, 현재에 중요한 역할 공백을 남기지는 않는다. 그러나 고인이 가족 내에서 중요한 기능적 위치를 차지하고 있었다면 그의 죽음은 기능적 평형 상태를 깨어 가족구조에 역할 공백이 발생하게 되고 가족 내 다른 구성원이 그 역할 공백을 메우고자 노력하게 된다. 대부분의 경우 할머니가 요리를 대신하고 삼촌이 대리로 아버지 역할을 하고 사촌이 집안일을 도와주는 등 비공식적인 네트워크가 임시적으로 작동한다. 만약 어린 자식을 둔 아버지가 죽었다면 남은 어머니가 죽은 배우자의 일과 책임을 떠맡게 되거나 자녀가 충분히 자랄 때까지 대리인을 내세우기도 한다. 그러나 이러한 새로운 가족구조는 불안정하여 가족 구성원이 이전에 가졌던 역할들이 새롭게 변화하기도 한다. 가정주부였던 어머니가 재취업하여 생계를 책임지고, 장녀가 어머니를 대신하여 어린 동생들을 돌보는 가장이 되기도 하며, 어린 아들이 학업을 포기하고 아버지의 역할을 대신하여 생활 전선에 뛰어들기도 한다. 이러한 가족구조는 시간이 지남에 따라 변화를 계속하지만 다시는 고인이 살아 있을 때와 같게 될 수는 없다. 특히 배우자를 사별한 경우에 살아남은 사람은 자녀를 돌보고 새로운 수입원을 찾아야 하며, 은행 통장이나 재산의 명의를 바꾸어야 하고, 집을 줄여서 이사를 하거나 자녀의 학교생활과 관련된 일들을 모두 혼자서 감당하여야 하기 때문에 정작 그들 자신의 슬픔을 표현할 시간이 부족하여 비탄 과정이 방해받을 수 있다.

2 가족의 정서적 통합의 정도

잘 통합된 가족은 외부의 도움을 거의 받지 않고도 죽음에 대처할 수 있도록 서로 도울 수 있다. 그러나 통합되지 못한 가족은 그 구성원의 죽음이 발생한 당시에는 최소한의 비탄 반응을 보이지만 이후에 신체적/정서적 증상을 나타내거나 사회적인 비행 행동을 보일 수 있다(Bowen, 1978).

3 가족의 정서적 표현방식

이를 살펴보기 위해서는 가족이 감정이나 정서적 표현에 어떤 가치를 두는지 그리고 어떤 의사소통 패턴을 가지고 있어서 그들의 감정을 표현하거나 표현하지 못하게 하는지를 이해할 필요가 있다. 잘 기능하는 가정의 아버지는 그의 감정을 감추는 대신에 공개적으로 비탄을 표현할 수 있는 반면에 잘 기능하지 못하는 가족에게 슬픔은 발광과 같은 것으로 간주되며, 특히 남자가 슬픔을 표현하는 것이 허용되지 않는다(Davies et al., 1986). 이처럼 감정을 억압하도록 하는 가족구조는 그 구성원들이 적절하게 비탄을 해결하는 것을 방해할 수 있다.

❷ 유족 개인에 대한 사별의 영향

배우자를 사별하고 남겨진 사람에게는 그 배우자가 담당했던 역할의 상실보다도 그 배우자와의 관계의 상실이 더욱 견디기 힘든 일일 수 있다. 배우자와 함께 이야기하고 함께 잠자고 기쁨과 슬픔을 나누고 취미를 함께하고 추억을 공유하고 삶을 나누는 이 모든 일들을 배우자의 죽음으로 잃게 되는 것이다. 이러한 애착관계의 상실은 유족에게 신체적 · 정신적 고통을 줄 수 있다.

사별한 사람의 대부분이 사랑하는 사람의 죽음을 슬퍼하는 비탄 과정에서 신체적 · 정신적 고통을 경험하지만 이것이 반드시 신체 건강이나 정신건강에 장기적으로 부정적인 영향을 끼치지는 않는다. 그러나 장기적으로 나타나고 그 강도가 격심한 복잡한 비탄 반응은 유족 개인의 건강과 안녕에 부정적인 영향을 미칠 수 있다. 사별과 신체적 · 정신적 건강과의 관계를 연구한 결과에 따르면, 배우자의 죽음을 경험한 사람은 사망할 위험성이 급격히 증가하는 것으로 나타났다(Christakis & Iwashyna, 2003; Goodkin et al., 2001).

배우자와 사별한 사람의 사망률 증가를 파케스, 벤자민과 피츠제럴드(Parkes, Benjamin, & Fitzgerald, 1969)는 '질밍 증후군(broken heart syndrome)'으로 설명하고 있다. 그들의 연구에 따르면, 배우자 사별 후 사망한 사람의 대부분은 관상동맥 혈전증, 동맥경화적 심장 질환이나 다른 형태의 심장 질환으로 사망하였으며, 사별의 충격이 혈압과 심장박동에 변화를 일으키고 혈액의 응고와 화학 작용에 영향을 미쳐서 관상동맥의 혈액 응고를 촉진하는 요소로 작용한다.

프레드릭(Fredrick, 1983-1984)은 배우자의 사별에 의한 사망률 증가를 스트레스에서 비롯된 면역체계의 변화로 설명하고 있다. 그는 부신피질호르몬인 코르티코스테로이드(corticosteroid)가 스트레스를 받을 때 증가하여 면역체계의 기능을 손상시켜서 엡스타인바 바이러스(Epstein-Bar virus)와 같은 병원균의 침투를 용이하게 하기 때문에 사별 후 질병에 대한 취약성이 증가한다고 주장하였다. 이 밖에 굿킨과 동료들(Goodkin et al., 2001)은 사별의 생리적 영향을 설명하기 위해 스트레스 요인-지지-대처 예측 모델(stressor-support-coping predictive model)

을 제안하였다. 사별한 사람은 사별과 함께 복합적인 심리사회적 변화를 경험하게 되고, 이 변화는 스트레스 요인으로 작용하여 심리적인 고통을 유발할 수 있다. 이러한 심리적인 고통은 면역 기능에 영향을 미치고, 면역 기능은 건강 지위에 영향을 미칠 수 있다. 그러나 사별을 경험한 모든 사람이 건강문제를 경험하는 것은 아니고 사별 스트레스는 사회적 지지나 대처 전략에 의해 증감될 수 있다.

또 노인을 대상으로 사별 전의 병간호와 사별 후의 건강 간의 관계를 연구한 결과에 따르면, 사별 전에 오랜 병간호로 지친 사람이 더 높은 우울 증상과 더 나쁜 건강 습관을 보고한 것으로 나타났다(Schulz et al., 2001). 사별 전에 긴장된 간호로 지친 사람은 약 복용을 잊거나 운동할 시간을 충분히 갖지 못하고 아플 때 충분히 쉴 수 없고 병원에 갈 시간이 없기 때문에 배우자가 죽은 후에는 오히려 건강 습관이 개선되고 우울 증상이 증가하지 않은 것으로 나타났다. 병간호로 지친 여자노인의 경우에 배우자의 죽음은 부담의 경감으로 나타날 수 있고, 죽음 그 자체가 고통을 증가시키지 않을 수 있다.

배우자와의 사별에 의한 사망률 증가를 사별 스트레스보다는 미망인(홀아비) 생활의 스트레스로 설명하기도 한다. 외로움 효과 가설에 따르면, 비탄, 절망감, 새로운 걱정과 책임, 식사와 작업 패턴의 변화, 재정적 상황 등 미망인(홀아비)이 된 사건과 그에 따른 환경 변화가 사별한 사람의 건강에 해로운 영향을 끼친다(Epstein et al., 1975).

이처럼 사별이 신체적 건강에 미치는 영향의 정도는 아직 명백히 밝혀지지 않아서 사별은 심리적 스트레스를 증가시키지만 반드시 신체적 건강문제를 증가시킨다고 단정할 수는 없다(Norris & Murrell, 1987).

4. 애도와 장례의식

사랑하는 사람을 잃게 되면 우리는 비탄을 경험하게 된다. 그러나 비탄이라는 감정은 단순한 요소가 아니라 복잡한 일련의 행동양식이고 다양한 행동의 하위 체계로 구성되고 표현된다(Luhmann, 1982). 즉, 어떤 사람이 자신에게 일어나는 사건들을 해석하는 방식은 정서적 행동양식의 한 양상이고, 이러한 해석은 문화적으로 형성된 신념과 가치에 의해 결정되며 감정의 표현 또한 문화적으로 형성된 신념과 가치가 작용하는 것이다.

모든 문화는 종으로서의 인간이 그런 것처럼 사회의 생존을 위해, 즉 사회가 통합된 하나의 단위로 재기능하기 위해 죽음과 분리에 의미를 부여하고 사별한 사람을 위한 역할을 규정하고 있다. 이러한 역할은 종교, 정치 체계와 연관되어 있고, 애도 관습에 반영되어 있으며, 사회의 다른 구성원으로 하여금 상실에 의미를 부여하고, 응집력을 회복하고, 책임을 재조정하도록 도와서 사회 구조를 강화하는 기능을 한다(Stroebe et al., 2008).

이처럼 사별은 인간이면 겪을 수 있는 보편적인 경험이지만, 그것을 표현하는 방식은 사회의 관습과 태도를 반영하고 그러한 관습과 태도는 시간이 지남에 따라 변화할 수 있다. 여기서는 사회나 문화에서 인정된 애도 방식이라고 할 수 있는 장례의식에 대해 살펴본다.

1 장례의식의 역할

의식(ritual)은 강렬한 감정을 표현하거나 억제하기 위한 전달 수단을 제공한다. 의식의 반복적이며 처방적인 특성이 불안과 무력감을 완화시키며, 혼란하고 무질서할 때 체계와 질서를 제공해 준다(Myerhoff, 1982; Scheff, 1979). 장례의식의 이러한 특성은 치료 기능을 하여 유족의 비탄 해결을 촉진하고 이전의 관계들을 포기하고 새로운 사회적 역할로의 이동을 촉진하기 위해 사용된다(Jacobs, 1992; Rando, 1993).

이처럼 장례의식은 사별한 유족을 위해서는 사별 전 사회적 지위에서 사별 후 사회적 지위로의 이동을 중재하고, 의미 있고 긍정적인 경험을 제공하는 상징적인 공연인 동시에 고인을 위해서는 삶에서 죽음으로의 이동을 중재하는 역할을 한다. 또 다른 사회 구성원을 위해서는 슬픔을 공개적으로 표현하는 기회와 비탄의 한계를 정하기 위한 체계를 제공하고, 고인의 사회에 대한 관계와 고인의 부재 속에서도 사회의 계속성을 확인하는 기회를 제공하기도 한다(Fulton, 1988).

2 장례의식의 기능

장례의식은 사랑하는 사람을 잃은 유족과 사회를 위해 다음과 같은 기능을 담당한다(Corr et al., 2000).

1 유체의 처리

죽은 사람의 유체를 산 사람의 사회로부터 제거하는 것은 죽음과 관련된 피할 수 없는 과제 중 하나다. 사회로부터 유체를 처리하는 방식은 인간이 남긴 잔존물에 대한 존경과 함께 그 사회가 삶과 죽음에 대해 갖고 있는 종교적/철학적 신념을 반영한다.

2 죽음의 의미를 현실화하기

장례의식은 유족으로 하여금 죽음의 의미를 인정하고 받아들여서 고인으로부터 심리적으로 분리되도록 돕는 기능을 한다(Turner & Edgley, 1976).

경야(經夜) 때 고인의 마지막 모습을 간직하기 위해 고인의 유체를 보고, 만지고, 작별 인사를 하는 등의 행위와 그러는 과정에서 차갑게 굳은 시체의 특성이 살아 있는 육체와는 다른 현실을 유족에게 전달하게 된다. 따라서 고인에게 마치 살아 있는 사람처럼 화장을 시키고 잠든 것처럼 지나치게 꾸미는 것은 유족에게 사랑하는 고인에 대한 마지막 기억에 남는 이미지를 제공한다는 점에서 의미가 있을지는 모르지만, 고인의 죽음을 실감나게 하는 장례식 본래의 기능을 손상한다고도 볼 수 있다. 또 매장의식에 참여하여 관을 내리고 흙으로 덮는 것을 보는 것도 고인의 죽음을 현실화하는 데 도움을 주므로 유체를 묻기 전에 유족으로 하여금 자리를 뜨도록 하는 것은 유족을 죽음의 현실로부터 떼어 놓는 것일 수 있다.

3 재통합

사랑하는 사람의 죽음은 이전에 구축했던 유족의 세계를 분열시킨다. 사랑하는 사람의 죽음에 의해 유족은 자아가 무너지는 느낌(개인적 분열)을 가지며, 통합성을 상실하고, 수면 패턴, 식사 패턴, 습관적인 삶의 방식이 깨지고, 자기가 누구인지에 대한 정체성이 깨질 수 있다. 가족 차원의 분열로는 경제적 영향으로 수입의 상실, 재산 소유의 상실, 재정문제를 다루던 사람의 상실로 나타나고, 고인의 죽음에 의한 가족관계(배우자, 자식 혹은 부모 등)와 사회적 정체성 상실을 경험할 수 있다. 또 사회적 차원의 분열로는 고인이 죽음에 따라 그가 담당했던 일에 공백이 발생하게 되어 공동체의 기능이 약화될 수 있다. 그 밖에 영적 차원의 분열로는 사랑하는 사람의 죽음에서 비롯된 분노, 좌절감, 절망감과 함께 어떻게 신이 고인을 그렇게 고통스럽게 죽게 할 수 있는지 자신이 믿는 종교와 세상이 운행되는 방식에 대해 회의하고 재고하게 될 수 있다.

이처럼 유족은 사랑하는 사람의 죽음과 함께 붕괴된 세계를 새롭게 통합할 필요가 있고, 장례의식과 죽음 이후의 다른 활동들이 이러한 과정을 시작하는 데 중요한 역할을 할 수 있다.

개인적 차원에서 장례의식을 치르는 동안 유족은 친척이나 이웃, 친구로부터 필요한 도움을 받게 되고, 이러한 도움을 통해서 자신이 혼자가 아니라는 위로를 받게 된다. 고인이 죽었다는 사실을 변화시킬 수는 없지만 이러한 사람들의 도움으로 유족은 죽음의 현실에 어떻게 반응해야 할지, 자신의 삶에 대한 통제감을 어떻게 되찾아야 할지 결정할 수 있게 된다. 가족적 차원에서는 물리적/지리적으로 흩어져 있던 가족들이 장례식을 계기로 다시 한자리에 모이게 되어 물리적, 심리적, 정서적으로 서로를 위로하고 지지하면서 하나가 될 수 있다. 장례식과 그 이후의 상례 기간을 통해서 가족을 중심으로 한 지지 체계가 유족으로 하여금 위기를 극복하고 고인이 없는 새로운 세계로 이행하는 길을 찾도록 지속적으로 도울 수 있다. 사회적 차원에서의 재통합을 위해서 장례의식은 사회가 고인의 죽음 때문에 분열되지 않을 것이라는 느낌을 주도록 도울 수 있다. 미국의 케네디 대통령이나 마더 테레사와 같은 국가의 지도자나 영향력 있는 인물의 장례식이 그 좋은 예가 될 수 있다. 또한 장례의식은 영적 · 종교적 믿음을 가진 유족으로 하여금 죽음의 의미에 대한 의문에 답하도록 도울 수 있다. 장례의식은 신자에게 이 세상에서뿐만 아니라 죽은 후에도 신의 계속적인 보호를 받을 것이라는 사실을 재확인시켜 주며, 장례식에서 고인에 관한 이야기를 나누는 과정을 통해서 고인은 그를 아는 공동체의 기억 속에 확고하게 자리 잡게 된다.

이처럼 장례식은 유족으로 하여금 고인의 죽음 이후 경험하게 되는 개인적 · 가족적 · 사회적 · 영적 분열을 극복하도록 도울 수 있다.

4 고인의 삶에서 죽음으로의 이동 중재

앞에서 살펴본 장례의식의 기능 이외에 재생의 관념을 믿는 문화권에서 장례의식은 이승과 분리된 망자의 혼이 일정한 전이기를 거쳐서 사자(死者)의 세계로 통합될 수 있도록 돕는 기능을 한다. 이러한 문화권에서 상례 · 장례 의식은 고인을 묘지에 묻는 것으로 끝나지 않고 전이기가 끝날 때까지 연장된다.

상례 · 장례는 생의 제일 마지막에 치러지는 의례로 산 자인 상주와 죽은 자인 망자는 함께 의례의 구조인 '분리' '전이' '통합' 의 단계를 거친다(한국외국어대학교 외국학종합연구센터, 2006). 죽은 자의 영혼이 이승에서는 분리되었으나 저승에는 완전히 통합되지 못한 전이기에 놓이게 되며, 이 기간 동안 죽은 자의 영혼은 어느 때보다도 불안정한 상태에 빠지게 된다. 이때 상주는 영혼과 함께 자리를 지키며 영혼이 사자의 세계에 온전히 통합될 수 있도록 도와주는 역할을 한다. 이러한 전이기는 종교 혹은 문화에 따라 조금씩 다르며, 우리나라의 경우 유교적 전통에 따라 그 기간을 3년으로 보거나 불교적 전통에 따라 49일로 본다. 인도인은 화장 후 열흘간을 망자에게 가장 중요한 전이기로 여기며 매일 천도제를 올린다. 친척들은 조용히 상가를 방문해 같이 있어 주며, 가까운 일가들은 상중에 집안에서 성관계, 음주, 유흥, 음악 등을 삼간다. 무슬림은 고인의 영혼이 죽은 지 40일 동안 무덤의 주변에 머무른다고 믿기 때문에 통상 장례식 이후 40일간 다양한 추모의례를 행한다. 유족은 화려한 차림을 피하면서 주로 금요일에 가족과 친지가 모여 음식을 장만하고 코란을 독경하는 주기적인 추모의식을 행한다. 1주기가 돌아올 때까지 가족은 근신하는 자세로 경건하고 검소한 생활을 보낸다. 추모 기간 동안 집에서는 음주가무는 물론 축제, 결혼식 같은 세속적인 모든 즐거움이 유보되며, 붉은 색 옷이나 진한 화장, 천박한 행동은 삼간다. 마지막으로 모든 마을 사람들을 초대하여 1주기 추모식을 치름으로써 고인을 위한 일련의 통과의례는 끝이 나고 산 자는 산 자로, 죽은 자는 죽은 자로 돌아가게 된다.

3 우리나라의 장례의식

상의 표현 양식에는 시대마다 민족마다 지역마다 차이가 있으나 그 공통된 의미는 주검을 처리하고 사람의 죽음에 대하여 슬픈 심정을 전달하고자 하는 것이다. 그것도 개인이 임의대로 하는 것이 아니라 각 문화권에서는 상징적이며 제도화된 의례라는 방식을 취하고, 이러한 의미에서 상례는 사회 구성원들이 공통적으로 지니게 되는 행동양식인 동시에 제도로서 각 사회가 지니는 하나의 문화적 관례다. 우리나라의 상례는 영육이 이승에서 저승으로 간다는 유교적 예속(禮俗)의 영향으로 형성된 행동양식이나 그 근원은 조상숭배의 관념과 영혼불멸의 계세(繼世) 사상에서 찾을 수 있을 것이다(박두이, 1990). 임종부터 대상을 치르고 탈상하기까지 까다로운 여러 단계의 의례를 치러야 하며 햇수로는 3년이나 걸릴 만큼 복잡하고 거창했던 전통의례는 근대로 내려오면서 의례간소화 정책에 따라 점차 간소화되어 현재는 가정의례준칙에 의거하여 간단한 의식으로 치러지고 있다.

여기서는 우리나라의 전통상례와 그것이 간소화된 형태인 현대식 상례의 내용과 거기에 담긴 의미를 간단히 살펴보고자 한다.

1 전통상례 절차

우리나라의 전통상례는 기본적으로 조선시대의 주자가례에 의거하고 있어서 그 상장(喪裝)과 절차는 상을 당한 사람의 슬픈 감정과 효의 관념뿐만 아니라 본종(本宗) 위주의 친족관계 등 유교에서 지향하는 사회질서의 내용을 담고 있다(정승모, 1990). 그러나 사자상 차리기와 상여의 형태 등에서는 불교적 특징을 찾을 수 있고, 떠들썩한 상가의 분위기, 출상 전날의 축제 놀이, 부정을 가시게 하거나 잡귀들을 쫓아 내고 탈이 없기를 바라는 여러 의례와 행위 등에서는 민속 신앙 또는 무속적인 특징이 나타난다(허용호, 2001). 우리나라 전통사회에서 죽음을 맞이하고 처리하며 인정하는 상례의 과정과 절차를 간단히 살펴보면 〈표 7-1〉과 같다.

표 7-1 • 전통상례의 절차 •

절차	내용
천거정침(遷居正寢)	안방 아랫목으로 환자를 옮겨서 준비된 이부자리에 눕힌 다음 깨끗한 옷으로 갈아입힌다.
임종(臨終)	자녀들은 환자의 손발을 잡고 숨이 넘어가는 것을 지켜보는데, 이를 임종 또는 종신(終身)이라고 한다.
속굉(屬紘)	임종이 임박한 환자의 인중에 새 솜을 놓아 죽음을 확인한다.
고복(皐復) 혹은 초혼(招魂)	주검을 떠나는 영혼을 불러 망자가 다시 살아나도록 하기 위한 의례
사자상(使者床) 차리기	죽은 이의 저승길이 편할 수 있도록 저승사자를 위해 차리는 상
수시(收屍)	솜으로 입, 귀, 코를 막고 칠성판에 주검을 눕히고 한지나 베 헝겊으로 손발을 묶어서 홑이불을 덮고 그 앞에 병풍을 치고 향상을 차린다.
발상(發喪)	상주가 머리를 풀고 곡을 하여 초상을 이웃에게 알리는 의례
부고(訃告)	관, 수의, 상복을 준비하고 묘터를 잡고 산역을 준비하고 부고를 낸다.
습(襲)	손발의 끈을 풀고 옷을 벗기고 주검을 목욕시켜서 수의를 입히는 것
반함(飯含)	망자가 저승 갈 동안 먹을 식량으로 물에 불린 쌀을 입에 넣는 절차
소렴(小殮)	수의에 이어 다른 의복들(正衣, 倒衣, 散衣 등)을 입히고 소렴포로 주검을 매거나, 의복들을 새로 입히지 않고 소렴포로 싸기도 한다.
대렴(大斂)	입관을 위해 주검을 칠성판에 올려놓고 베로 감아서 매듭을 짓는 것
입관(入官)	주검을 관에 넣고 홑이불을 덮고 관 뚜껑을 덮은 후 나무못을 친다.
성복(成服)	유족은 소복을 벗고 망자와의 가족관계에 따라 상복을 입고, 영좌를 설치한 후 성복제를 올린다. 이때부터 정식으로 문상객을 받는다.
천구(遷柩)	영구(靈柩)를 상여로 옮기는 의식으로 발인 전날에 행한다.
발인제(發靷祭)	영결식이라고도 하며, 주검이 집에서 나갈 때 지내는 마지막 제사
운구(運柩)	영여(靈輿)와 상여가 집을 나서 행렬지어 묘지까지 가는 것
산신제, 개토제	연장으로 땅을 파기 전에 묘를 쓸 곳에다 제사를 올린다.
하관(下官)	광중을 파고 상여가 도착하면 관을 내려 안치하고 관 위에 흙을 덮는 실토(實土)를 한다.
평토제(平土祭)	흙으로 메우기 시작하여 평지와 같은 높이가 되면 평토제를 올린다.
반혼(反魂)	영여에 다시 혼백을 모시고 왔던 길로 해서 집으로 돌아온다.

〈계속〉

성분(成墳)	평토제 뒤에 반혼이 이루어지면 봉분 만드는 일을 본격적으로 한다.
초우제(初虞祭)	우제는 주검을 묘지에 묻어 두었기 때문에 주검을 떠난 영혼이 평안하게 빈소에 안착하도록 하는 제사로, 초우는 반혼하는 즉시 올린다.
재우제(再虞祭)	초우제와 같은 방식으로 장례일 다음날 지내는 제사
삼우제(三虞祭)	초우제와 같은 방식으로 출상 당일부터 3일째 되는 날 지내는 제사
졸곡(卒哭)	삼우제를 마친 뒤 3개월 안에 지내는 곡을 그치는 제사
부제(祔祭)	사당이 있는 집에서는 졸곡제 다음날 신주를 사당에 모시는 제사
소상(小祥)	초상 후 만 1년이 되는 기일에 치르는 제사
대상(大祥)	초상 후 만 2년이 되는 기일에 치르는 제사
담제(禫祭), 탈상(脫喪)	대상을 지낸 후 두 달이 되는 달에 삼년상을 무사히 마쳤다는 뜻의 담제를 지내고 탈상을 한다. 탈상은 상기가 끝나 상복을 벗는 절차다.
길제(吉祭)	봉사(奉祀) 대상을 교체하고 지내는 첫 제사

★ 출처: 임재해(2004). 전통상례, pp. 18-77 재구성.

전통상례에 함축된 죽음이란 숨이 멈추어지고 난 다음 영혼이 육체를 떠나는 것, 즉 영혼과 육체의 분리를 의미한다. 따라서 영혼이 떠난 육체인 주검과 이 주검에서 분리된 영혼을 서로 분리하여 모시고 의례를 진행하는 것이 특징이다(허용호, 2001). 육체에 대한 의례의 경우 속굉을 통하여 죽음을 확인하고 칠성판에 누이는 반면에, 영혼에 대한 의례는 초혼을 통하여 그 이탈을 확인하고 영좌를 따로 설치하여 모신다. 또한 육체는 관에 넣어 상여를 타고 무덤까지 가는 반면에, 영혼은 혼백상자에 모셔졌다가 영여(靈輿)를 타고 무덤까지 간다. 그리고 육체가 하관이라는 절차를 거치면서 땅에 묻히는 반면에, 영혼은 반혼(返魂)이라는 절차를 거치면서 다시 집으로 돌아와 모셔지게 되는 것이다. 허용호(2001)는 앞에서 살펴본 전통상례의 내용을 영혼과 육체의 분리가 곧 죽음이라는 인식 틀을 가지고 다음과 같이 재구성하였다.

① 영혼과 육체가 갈리는 절차

속광 또는 속굉-고복 또는 초혼-사자상 차리기-수시 또는 천시-습-염(소렴-대렴)-입관

② 영혼이 떠난 육체를 모시는 절차

성복–발인–노제–산신제–개토제–하관–매장–평토제

③ 육체를 떠난 영혼을 모시는 절차

반혼–우제(초우–재우–삼우)–졸곡–부제–소상–대상–탈상

이처럼 전통상례의 절차는 다소 까다롭고 번거롭지만 우리 민족 나름대로의 문화적 죽음 인식이 담겨 있고, 영혼의 다음 세계로의 통합과 안녕을 비는 통과의례로서의 기능을 담당하고 있음을 알 수 있다.

2 현대 상례의 절차

현대 상례의 절차는 전통상례에 비해 간소화되어 일반적으로 다음과 같은 순서를 따른다(방상훈, 1994).

임종–수시–발상–부고–염습–입관–성복–발인–운구–하관–성분–위령제–삼우–탈상

표 7–2 • 현대 상례의 절차 •

절차	내용
임종	임종이 가까워지면 환자가 평소에 입던 옷 중에서 흰색이나 엷은 색의 깨끗한 옷으로 갈아입히고 거처하던 방과 운명한 뒤 모실 방도 깨끗하게 치워 둔다.
수시	먼저 눈을 곱게 감도록 쓸어내리고 몸을 반듯하게 한 다음 손과 발을 매만져 가지런히 한다. 머리를 약간 높게 하여 괴고, 깨끗한 솜으로 코와 귀를 막는다. 얼굴에 백포를 씌우고 홑이불을 머리까지 덮은 뒤 병풍이나 장막으로 가린다.
발상	초상을 알리고 상례를 시작하는 절차다. 수시가 끝나면 가족은 곧 검소한 옷으로 갈아입고 근신하며 애도하되, 호곡은 삼간다. 흔히 근조(謹弔)라고 쓰인 등을 달아 놓거나 상중(喪中) 또는 기중(忌中)이라 쓰인 네모난 종이를 대문에 붙여 초상을 알린다.
부고	고인이나 상제와 가까운 친척과 친지에게 죽음을 알리는 부고를 낸다. 인쇄물에 의한 개별 고지는 금지되어 있고, 구두나 사신(私信)으로 알리는 것은 허용된다.

〈계속〉

염습	운명한 지 만 하루가 지나면 시신을 깨끗이 닦고 수의를 입힌다. 우선 목욕물과 수건을 준비하고, 여러 벌의 수의를 한번에 입힐 수 있도록 준비해 둔다. 시신을 깨끗이 닦은 후 겹쳐진 옷을 아래옷부터 웃옷의 차례로 입힌다. 옷고름은 매지 않으며, 옷깃은 산 사람과 반대로 오른쪽으로 여민다. 옷을 다 입히면 손발을 가지런히 놓고 이불로 싼 뒤 가는 베로 죄어 맨다.
입관	염습이 끝나면 곧 입관한다. 이때 시신과 관 벽 사이의 공간을 깨끗한 벽지나 마포 등으로 꼭꼭 채워 시신이 관 안에서 흔들리지 않도록 한다. 시신을 고정시키고 홑이불로 덮고 관 뚜껑을 덮은 다음 은정(隱釘)을 박는다. 그리고 관 위에 먹으로 'ㅇㅇ(직함) ㅇㅇ(본관) ㅇㅇㅇ(성명)의 널', 여자의 경우는 '유인(孺人) ㅇㅇ(본관) ㅇ씨의 널'이라고 쓰고, 장지(壯紙)로 싼 뒤 노끈으로 묶는다. 입관이 끝나면 관 밑에 나무토막을 깔고 안치한 다음 홑이불(관보)로 덮어 둔다. 관은 병풍으로 가린다.
성복	입관이 끝나고 영좌(고인의 영혼을 모시는 곳)를 마련한 뒤 정식으로 상복을 입는다. 요즘은 전통 상복인 굴건제복을 입지 않고, 남자는 검은 양복에 무늬 없는 흰 와이셔츠를 입고 검은 넥타이를 매며, 여자는 흰색 혹은 검은색 치마저고리를 입는다. 복인(服人)은 검은색 헝겊이나 삼베로 만든 완장이나 상장을 착용한다. 성복을 한 후에는 외부인의 문상을 받는다.
발인	영구가 집을 떠나는 절차다. 발인에 앞서 간단한 제물을 차려 놓고 제사를 올린다. 이를 발인제라고 한다.
운구	발인제가 끝난 뒤 영구를 장지나 화장장까지 장의차나 상여로 운반하는 절차다. 장의차를 이용할 때 상제는 영구를 차에 싣는 것을 지켜본다. 승차 때는 영정, 명정, 상제, 조객의 순으로 오른다.
하관	장지에 도착하면 장의차나 상여에서 관을 내려 광중(관을 묻기 위해 파 놓은 구덩이)에 넣는다. 하관 때는 상주와 복인이 참여하되 곡은 하지 않는다. 관을 들어 수평이 되게 하여 좌향(坐向)을 맞춘 다음 반듯하게 내려놓고 명정을 관 위에 덮는다. 그다음에는 횡대를 차례로 가로 걸친다. 이때 상주는 '취토(取土)'를 세 번 외치면서 흙을 관 위에 세 번 뿌린다.
성분	상주의 취토가 끝나면 석회와 흙을 섞어서 관을 완전히 덮는다. 이때 빨리 굳도록 물을 조금씩 끼얹고 발로 밟아 다진다. 평토를 한 다음 흙을 둥글게 쌓아 올려 봉분을 만들고 잔디를 입힌다. 지석(誌石)은 평토가 끝난 뒤 무덤의 오른쪽 아래에 묻는다.
위령제	성분이 끝나면 묘소 앞으로 영좌를 옮기고 간소하게 제수를 차린 뒤 고인의 명복을 비는 제사를 지낸다. 화장을 했을 때는 영좌를 유골함으로 대신하여 제사를 지낸다.
삼우	장례 후 3일째 되는 날에 첫 성묘를 하고 봉분이 잘 되어 있는지를 살피고 간단한 제사를 올린다. 이를 삼우라고 한다. 요즘은 초우와 재우는 생략한다.
탈상	상 기간이 끝나 상복을 벗는 절차로 탈상제를 지낸다.

★ 출처: 방상훈(1994). 사진과 그림으로 보는 가정의례, pp. 160-171 재구성.

현대인의 대부분은 병원에서 죽음을 맞거나 의사에 의해 의학적으로 죽음이 확정, 증명되기 때문에 전통적인 상례에서 죽음을 확인하고 인정하는 절차인 속광과 고복, 죽은 영혼의 저승길이 평탄하기를 기원하는 사자상 차리기 등과 같은 절차는 생략되었고, 사망 후 매(화)장이 끝날 때까지 발인제와 위령제만 행하고 그 밖에 노제, 반혼제, 우제(삼우제 제외) 등은 행하지 않도록 하고 있다. 탈상은 부모, 조부모, 배우자의 경우 별세한 날로부터 100일까지로 정하고 있고, 형제자매나 그 밖의 경우는 장례일까지로 한다. 이때 지내는 제사가 탈상제인데, 가족이 고인의 죽음을 애도하는 상 기간을 마치고 일상으로 돌아가는 의례로 제사 지내는 방법은 기제(忌祭)에 준한다.

현대에 치러지고 있는 상례에 대해 생각해 보아야 할 점은 죽은 자를 저세상으로 보내는 통과의례로의 의미가 거의 퇴색하여 영혼에 대한 의례는 모두 생략되었고, 주검만을 처리하는 절차만 남았다는 점이다. 이것은 아마도 현대인의 죽음에 대한 인식이 이전과 같은 영혼과 육체의 분리가 아닌 죽으면 모든 것이 끝인 종말 혹은 소멸로서의 죽음 인식이 주를 이루고 있고, 근대화의 영향으로 영혼의 존재를 믿지 않고 영혼과 관련된 것은 모두 미신으로 간주하는 사고방식, 의례간소화 정책 등의 영향이 아닌가 생각된다. 또 모든 것을 산 사람 위주로 생각하고 살아 있는 사람의 생활에 지장이 없게 모든 의식을 무조건 간소화하고자 하는 편의주의적 사고방식은 영혼이 떠난 육체만을 처리하는 데서 장례의례를 서둘러 마감하는 세태를 낳고 있다. 물론 현대 생활에 적합하지 않은 까다로운 절차만을 중시하는 장례의례는 지양되어야 하지만 우리의 전통 장례의식에 담겨 있는 문화적인 의미와 뜻을 바르게 이해하는 노력이 필요하고, 현대의 간소화된 절차 속에서도 우리의 문화적인 죽음 인식과 죽음 처리의 의의를 생각하고 현대식으로 반영하려는 노력이 필요하겠다.

4 장례의 방식

인류가 유구한 역사 속에서 찬란한 문명을 발전시켜 왔듯이, 장법(葬法)들 또한 인류가 문화를 형성하기 시작한 시기에 같이 발생하여 이후 오랜 역사 과정에서 함께 변화, 발전해 왔다. 하지만 각 지역이 가지고 있는 기후, 토질 등과 같은 자연환경과 토속적인 신앙·습속 및 정치 등의 영향을 받아 각 문화권마다 고유한 장법을 가지게 되었고 시대의 변천에 따라 새로운 장법이 등장하거나 소멸되기도 하였다(박태호, 2005). 죽은 자의 유체를 처리하는 방식인 장법 중에서 대표적이라고 할 수 있는 매장(토장), 화장, 풍장, 수장, 조장, 미라장 등에 대해 간단히 살펴보면 다음과 같다(박태호, 2005).

1 매장(埋葬)

일명 토장이라고도 하며, 시신 혹은 시신을 넣은 관이 직접 흙에 접촉해 시신이 분해되어 자연으로 환원되도록 하는 장법으로 단 한 차례의 처리로 종결된다. 과거에는 비용이 다소 적게 들어가는 장법이었으나 현대에 이르러 매장지를 구하기 어려워져 비용이 점차 많이 들고 있다. 토지의 효율적인 활용이라는 차원에서 유럽을 비롯한 많은 나라들이 순환 매장제(시한부 매장제)를 시행하여 묘지 증가를 억제하고 있다.

2 화장(火葬)

시신을 고온의 불로 연소시켜 완전하게 소멸시키거나 줄여 인위적으로 자연계에 환원되기 쉽게 하는 장법이다. 화장한 후에는 유골을 매장하거나 납골당에 안치하는 방법 외에 강과 산 등 자연계에 뿌리는 산골(散骨) 방식 등과 같이 또 한 차례 보존 또는 처리를 하는 이차장(二次葬)을 가져야 한다. 인도와 같은 고온 다습한 환경에서 유래되어 일본과 중국, 영국, 덴마크 등 동서양 각 나라에서 폭넓게 이용되고 있다. 전통적인 납골 외에 산골 방법으로 자연장, 수목장이 널리 이용되고 있다.

3 수장(水葬)

시신을 물속에 넣는 장례법으로 고대 일본에서 많이 행해졌으며, 주로 갈대로 만든 배에 시신을 실어서 바다로 흘려 보낸다. 이 수장의 풍습은 방글라데시 등지에 부분적으로 남아 있으나 보통 장기간에 걸친 항해 도중 사람이 죽었을 경우 행해졌는데 선상에서 의식을 치른 후 시신을 강이나 바다에 던져 자연계로 돌려보내는 장법이다.

4 풍장(風葬)

시체를 그대로 혹은 관에 넣거나 짚 등으로 말아 야산, 동굴, 낭떠러지 등에 방치해 들짐승에게 먹히게 하거나 비바람에 의해 자연히 없어지도록 하는 자연의 풍화 작용을 기대하는 장법이다. 나뭇가지에 시체를 걸어 놓는 수상장(樹上葬), 짚으로 말아 버려 두는 초장(草葬), 관을 높은 절벽에 걸어 놓아두거나 자연적인 동굴이나 인조 동굴 등에 두는 현관장(懸棺葬), 애장(崖葬) 등이 이에 해당된다.

5 조장(鳥葬)

티베트족에서 발견되는 장법으로 다른 말로 천장(天葬) 혹은 신장(神葬)이라고도 한다. 죽은 사람을 장지로 옮겨 칼이나 도끼를 이용해 토막을 낸 후 독수리로 하여금 그 시체를 먹게 하는 것이다. 티베트족은 독수리를 조류의 왕으로 여기고 신성하게 숭배하는 관습이 있어서 독수리가 죽은 사람의 인육을 먹고 하늘 높이 날아가면 그 사람의 영혼도 따라서 승천하게 된다는 믿음 때문에 생겨난 장법이다.

6 미라장

미라장은 고대 이집트나 잉카제국에서 행해졌던 장법으로, 시신에서 뇌나 내장 등 부패되기 쉬운 부분을 꺼낸 후 약제를 이용해 방부처리하고 나서 도포로 말아 관 속에 넣어 보존하게 된다. 죽음에 의해 일시적으로 신체를 떠난 영혼이 다시 신체로 돌아와 부활할 것으로 믿고 시체를 보존하려는 장법이다.

이와 같이 죽은 사람의 유체를 처리하는 방식으로는 매장과 화장, 수장, 풍장, 방부처리하여 미라를 만들거나 영묘, 지하 납골묘와 같은 특수한 건축물 안에 안치하는 방법 등이 있다. 이러한 유체를 처리하는 방식은 기후나 자연환경뿐만 아니라 그 민족이나 문화의 내세관과 밀접한 연관성을 보이고 있다. 인류는 선사시대 이전부터 이미 육체의 소멸을 완전한 끝으로 보지 않고 내세에 대한 믿음을 바탕으로 시신을 사후세계로 보내기 위한 나름대로의 의식을 거행해 왔다(한국외국어대학교 외국학종합연구센터, 2006). 세계의 거의 모든 종교들이 육체의 죽음 이후에도 영혼의 생명력이 지속된다는 내세관을 공통적으로 갖고 있으나 내세에서 새로운 생명을 얻는 방식은 각 문화 혹은 종교마다 큰 차이를 보이고 있다. 순환적 시간관을 공유했던 문화권에서는 주로 윤회라는 개념으로, 직선적 시간관을 갖고 있었던 문화권에서는 대개 부활이라는 개념으로 생명의 지속성을 설명하고자 하였다. 이러한 내세관에 기초하여 유체를 처리하는 방식도 불교나 힌두교와 같이 윤회를 믿는 문화권에서는 죽은 사람의 영혼을 해방시키기 위해 주로 화장이 행해지고 있고, 부활을 믿는 기독교, 유대교, 이슬람 문화권에서는 최후의 심판이 도래했을 때 부활한 영혼이 합체할 수 있는 육체가 필요하기 때문에 매장이 보편적으로 행해진다. 재생의 개념을 믿는 유교 문화권에서는 흙으로 무덤을 만드는 토장이 두드러지게 많이 나타난다.

이처럼 죽은 유체의 처리와 관련된 의식은 인간의 본질, 내세관, 세계관 등 다른 신념들과 연결되어 있음을 알 수 있다. 이러한 영혼과 내세의 개념을 부정하고 산 자의 세계에서 쓸모없는 것을 소각하고 없애는 의미로 혹은 산 자도 살기에 부족한 국토를 매장지 때문에 좁힐 수 없다는 산 자의 복지 위주의 사고방식으로 화장 정책만을 강요하는 논리는 죽음을 몰가치하고 개성 없는 것으로 만들 수 있다. 무조건 화려한 장묘시설, 위생적이고 접근성 좋고 간편하고 편리한 장묘시설만 선호할 것이 아니라 죽은 자를 추모하고 죽은 자의 사후 선택을 존중하려는 노력과 좁은 국토를 어떻게 하면 좀 더 넓게 쓸 수 있는지에 대한 모두의 고민이 필요하다.

비탄에 대한 이론적 전망은 죽음의 장면에서 관찰될 수 있는 당혹하게 하는 반응과 사별한 사람들이 사별 후 적응 과정에서 나타내는 반응들을 좀 더 잘 이해하도록 도울 수 있고, 우리로 하여금 사별한 사람을 더 자세히 더 민감하게 관찰할 수 있도록 도울 수 있다.

제8장
비탄 관련 이론

1. 비탄 관련 이론

앞에서 살펴보았듯이, 사별이란 죽음에 의해 사랑하는 사람이나 사물의 상실을 경험하는 개인의 객관적인 상황을 의미하는 말이다. 그리고 애도는 남겨진 사람과 그들 사회 간의 중요한 상호작용의 과정이라고 한다면, 비탄이란 유족이 사별하면서 겪게 되는 고통이라고 할 수 있다. 지나친 비탄 경험은 유족의 장기적인 기능 장애와 사망률 증가로 이어질 수도 있으므로 남겨진 사람을 이해하고 효과적으로 돕기 위해서는 그들이 겪고 있는 비탄 경험을 다양한 각도에서 살펴보아야 한다.

여기서는 비탄과 비탄을 극복하고 새로운 생활에 적응하는 과정들을 설명하는 다양한 이론들을 소개하고자 한다. 비탄에 대한 이러한 이론적 전망은 죽음의 장면에서 관찰될 수 있는 당혹하게 하는 반응과 사별한 사람이 사별 후 적응 과정에서 나타내는 반응들을 좀 더 잘 이해하도록 도울 수 있고, 우리로 하여금 사별한 사람을 더 자세히 더 민감하게 관찰할 수 있도록 도울 수 있다.

1 비탄 과업 이론

비탄 과업 이론(grief-work theory)은 주로 상실에 대한 내적 · 심리적 반응, 즉 우리가 어떻게 상실에 대한 자신의 생각과 감정을 다루고자 하는지를 설명하는 이론이라고 할 수 있다. 여기서 말하는 비탄 과업이란 상실이라는 슬픈 현실을 부정하거나 회피하지 않고 직면하여, 죽음의 순간과 그 이전의 사건들을 검토하고 상실의 현실을 의식 안으로 가져와서 고인과의 분리를 시도하는 인지 과정이라고 정의할 수 있다(Stroebe & Schut, 1999). 길고 어렵고 고통스러운 비탄 과정을 통해 죽은 고인에 대한 정서적 유대로부터 자아를 분리하는 것이 남은 유족의 사별 후 적응에 도움을 준다는 것이 비탄 과업 이론의 핵심 내용이다.

원래 비탄 과업 이론은 프로이트(Freud, 1959)에 의해 제안된 것으로, 다음과 같은 기본 전제에 기초를 두고 있다.

1 기본 전제

① 비탄은 정서적 고통을 단지 표현하는 것이 아니라 상실에 대한 적응 반응이다. 그래서 비탄은 반드시 수행되어야 하는 일종의 과업이다. 이것을 통해 마음의 평화와 사회적 능력을 회복할 수 있다.

② 비탄은 어렵고 시간이 소요되는 과업이다. 남겨진 사람이 상실 이전의 삶의 패턴으로 빨리 회복되어야 한다고 재촉하는 것은 스트레스가 될 수 있고 비탄 과업 수행을 어렵게 할 수 있다.

③ 비탄 과업의 기본 목적은 죽음의 현실을 받아들이고, 고인에게 가졌던 강한 애착(관계적 유대)으로부터 자아를 해방시키는 것이다. 즉, 고인에 대한 정서적 투자를 거두어 다른 관계에 재투자해야 하는 것이다. 이러한 분리 과정은 상실에 대한 지적인 인정으로는 충분치 않고 깊은 정서 수준에서 고인이 정말로 우리를 떠났다는 사실을 받아들이는 것이 필요하다.

④ 비탄 과업은 상실의 현실에 직면하는 것을 통해 수행된다. 남겨진 유족은 고인에 대한 애착을 생각나게 하는 모든 감정, 모든 기억, 모든 일상의 자질구

례한 일들을 처리해야 한다. 종종 같은 것을 반복해서 직면해야 할 때도 있다. 예를 들어, 유족은 고인이 좋아했던 노래를 불안이나 슬픔의 감정이 생기지 않을 때까지 반복해서 들어야만 할지도 모른다.

⑤ 비탄 과정은 유족이 고인에 대한 애착을 버리는 것에 저항할 때 악화될 수 있다. 애착을 유지하고자 하는 욕구는 상실을 받아들여서 정상적인 생활로 복귀하고자 하는 노력을 방해한다.

⑥ 비탄 과업의 실패는 계속되는 기능 장애와 불행을 초래할 수 있다. 시간 자체가 낫게 하지는 않는다. 고인에 대한 애착으로부터 자아를 해방시켜야만 시간의 주류로 다시 들어갈 수 있다. 오랫동안 강하게 고인에게 애착된 상태로 남아 있는 유족은 병적인 비탄(pathological grief)을 겪고 있는 것이다.

2 비탄 과업 이론에 대한 평가

사회-행동 과학 분야가 비탄을 개념화하여 주요한 특징을 기술하고 비탄 개입을 위한 제안을 하는 등 비탄에 관심을 갖고 연구하기 시작한 것은 비탄 과업 이론이 등장한 이후의 일이다. 이처럼 비탄 과업 이론은 비탄을 이해하는 데 중요한 공헌을 한 이론으로 현재까지도 비탄 관련 연구에 지대한 영향을 미치고 있다.

그러나 비탄 과업 이론은 이론을 증명하기 위한 실험적 증거가 부족하고, 비탄과 관련된 이성적 특징을 간과하였다는 점 등으로 비판을 받고 있다(Hagman, 2001; Stroebe, 2001). 또 사별한 모든 사람들이 비탄의 스트레스를 극복하기 위해 똑같은 방식으로 자신을 표현하고 똑같은 경험을 공유하는 것은 아닌데, 비탄 과업 이론은 성격과 대처 방식에서의 개인차와 문화적인 차이를 간과하였다는 비판을 받고 있다(Geneva, 2003; Lund & Caserta, 1997/1998). 그 밖에도 어떤 사람은 비탄 과업을 수행하지 않아도 기능적으로 문제가 없고 우울증에도 빠지지 않으나 어떤 사람은 비탄 과업을 수행했음에도 불구하고 거의 회복되지 못하는 연구 결과에 비추어 볼 때, 비탄 과업이 치유와 적응을 위해 꼭 필요하다는 주장은 증거가 부족하다는 비판을 받고 있다(Stroebe, 2001).

❷ 애착 이론

애착 이론(attachment theory)은 영국의 정신과 의사인 보울비(Bowlby, 1969; 1973; 1980)에 의해 처음 주장된 이론으로, 생존을 위한 생물학적 욕구와 비탄, 애도 현상 간의 관계를 밝혀서 사별과 비탄 연구에 지대한 영향을 미친 이론으로 평가받고 있다(Center for the advancement of health, 2004).

또 보울비의 애착 이론을 기반으로 버먼과 스펄링(Berman & Sperling, 1994)은 성인의 애착을 개념화하여 비탄과 사별을 설명하고 있다. 애착 이론을 대표하는 이 두 이론에 대해 살펴보면 다음과 같다.

[1] 보울비의 애착 이론

보울비의 애착 이론은 다른 사람과 강한 정서적 유대를 만드는 인간의 경향성을 개념화하였고, 이러한 유대가 위협받고 깨졌을 때 발생하는 강한 정서적 반응을 행동학, 통제 이론, 인지 심리학, 신경 생물학, 발생 생물학 등의 자료를 이용하여 설명하고 있다. 그의 이론은 주로 어미로부터 떨어져 낯선 장소에 낯선 이들과 함께 있게 된 어린 것의 반응을 개념화한 것으로, 애착이라는 개념을 통해 원치 않는 분리와 상실이 일어났을 때의 불안, 분노, 우울, 정서적 분리 등 많은 형태의 정서적 고통과 성격 장애 등을 설명하고 있다.

보울비가 개념화한 애착 이론은 다음과 같은 기본 전제에 바탕을 두고 있다(Bowlby, 1980).

① 애착 행동이란 좋아하는 어떤 사람에 대한 근접성이나 접근성을 획득하거나 유지하게 하는 행동의 형태를 말한다. 애착 인물이 접근 가능하고 반응적일 때 애착 행동은 그 인물이 있는 장소를 눈이나 귀로 확인하고 가끔 눈길을 주거나 인사를 하는 정도로 그칠 수 있으나 어떤 특정 환경에서는 애착 인물을 따라가거나 매달리고 부르고 울어서 그들의 보살핌을 유도해 낸다.

② 애착 행동은 젖을 주어 양육하는 행동이나 성적 행동과는 구별되는 행동으

로 인간의 삶에서 그런 행동만큼 중요한 의미를 지닌다.

③ 건강한 발달과정에서의 애착 행동은 처음에는 부모와 자식 간에, 그리고 성인이 되어서는 인간과 인간 간에 정서적 유대감을 형성하게 하고, 이렇게 형성된 행동과 유대의 형태는 아동기에 한정되지 않고 전 생애 동안 나타나고 작동한다.

④ 애착 행동은 발달 초기에는 목적에 따라 수정된(goal-corrected) 행동 체계에 의해 조절된다. 애착 행동의 목적은 다른 사람과 구별되는 애착 인물에 대해 일정한 정도의 근접성이나 소통을 유지하는 것이다.

⑤ 애착 유대감은 지속되는 반면에 다양한 형태의 애착 행동은 필요할 때만 작동한다. 즉, 애착 행동을 조절하는 체계는 어떤 조건에 의해서만 활성화된다. 예를 들어, 생소함, 피로, 놀라게 하는 것, 애착 인물이 부재중이거나 반응이 없을 때 애착행동은 활성화되고, 친근한 환경과 애착 인물을 만날 수 있거나 그가 반응적일 때 애착 행동은 종결된다. 애착 행동이 강하게 일어났을 때는 애착 인물의 어루만짐이나 포옹, 적극적으로 안심시키는 행동이 있어야지만 애착 행동은 종결된다.

⑥ 대부분의 강한 정서는 애착관계의 형성, 유지, 붕괴, 회복 동안 일어난다. 어떤 사람과 사랑에 빠질 때 유대감이 형성되고 계속 사랑할 때 유대감이 유지되며 그것을 잃었을 때 슬퍼진다. 상실의 위협은 불안을 일으키고, 실제적인 상실은 슬픔을 유발한다. 반면에 도전받지 않는 유대감의 유지는 안전감의 원천이 되고, 유대감의 회복은 즐거움의 원천이 된다.

⑦ 애착 행동은 인간으로 하여금 그를 돌봐 주는 사람과 접촉을 유지하도록 하여 추위나 배고픔, 익사, 약탈자로부터 해를 당할 위험을 줄여서 인간의 생존에 공헌하였기 때문에 진화 단계 동안 많은 종(species)의 특성이 되었다.

⑧ 애착 행동을 보완하거나 보완적 기능을 하는 행동으로는 애착된 사람을 보호하고 보살피는 행동(caregiving)이 있다. 부모나 다른 어른이 아동이나 청소년을 돌보거나 성인이 다른 성인, 특히 병들었거나 나이가 많은 노인을 돌볼 때 흔히 발견된다.

⑨ 정신장애적 형태의 애착 행동은 발달의 초기 단계로 고착 혹은 퇴행하여 나타나는 것이 아니라 비정상적인 심리 발달로 나타나는 것이기 때문에 어떤 연령에서도 나타날 수 있다. 가장 일반적인 장애의 형태는 지나치게 애착 행동을 유도해 내는 것이고, 또 다른 장애의 형태는 부분적이거나 혹은 완전한 애착 행동의 비활성화다.
⑩ 애착 행동이 발달하는 경로와 그것이 조직되는 형태를 결정하는 것은 유아기, 아동기, 청소년기 등 아직 미성숙한 시기에 애착 인물과 가졌던 경험이다.
⑪ 개인이 일생 동안 만드는 정서적 유대의 패턴은 그의 성격 안에서 애착 행동이 조직되는 방식에 의해 결정된다.

보울비는 비탄 과업이 왜 극복하기 힘들고 개인차가 있는지를 '애착' 이라는 개념을 가지고 설명하고 있다. 애착 행동의 목적은 의미 있는 인간관계에 의해 제공되는 안전감을 유지하는 데 있다. 이러한 정서적 유대를 위협하는 상황은 유대를 유지하기 위해 고안된 행동, 즉 애착 행동—화내고 울고 매달리는 등—을 작동시킨다. 이때 심리적인 스트레스와 정서적인 고통이 수반된다. 애착 행동이 성공했을 때 유대감이 회복되고 스트레스나 고통의 상태가 경감된다. 그러나 우리를 사랑하는 사람으로부터 떼어 놓는 것이 죽음일 경우에는 애착 행동이 작동하여도 죽은 사람이 돌아올 수가 없고 이러한 애착 인물의 영원한 부재는 지속적인 스트레스를 수반하게 된다. 즉, 남겨진 유족이 고인을 찾고 그리워하고 기억하고 울고 기도하고 화내는 등 관계를 회복하기 위해 하는 모든 애착 행동이 실패로 돌아갈 때 만성적인 스트레스와 고통을 겪게 되고, 때때로 이러한 고통은 주기적으로 격심해지기도 한다. 또 이러한 비탄 경험은 고인과의 정서적 유대의 정도에 따라 다르게 경험되기 때문에 모두가 똑같은 비탄을 경험하는 것이 아니라 비탄 경험에 개인차가 생기는 것이다.

2 버먼과 스펄링의 애착 이론

버먼과 스펄링(Berman & Sperling, 1994)은 성인의 애착을 상태에 근거한 증후군(state-based syndrome)과 특질에 근거한 경향성(trait-based tendency)으로 구별하여 개념화하고 있다.

애착을 상태에 근거한 증후군으로 개념화할 때, 비탄은 애착 유대의 붕괴에 의한 분리 불안의 한 형태라고 할 수 있다. 성인의 비탄은 어린 시절의 분리 경험이 반영된 것으로, 배우자와 사별한 사람의 우울 상태는 유아기의 취약하고 버림받았다는 느낌에서 전례를 찾을 수 있다. 즉, '나는 당신 없이는 살 수 없다.' 는 느낌은 부모와 자식 혹은 배우자 간을 서로 떼어 놓는 분리에 수반되는 취약성과 불안감에 뿌리를 두고 있다고 할 수 있다(Berman & Sperling, 1994; Middleton et al., 1993).

애착을 특질에 근거한 경향성으로 개념화할 때, 어린 시절에 상실, 거절 혹은 불안정한 상태를 경험한 사람은 부적응 관계를 형성하기 쉽고 이러한 관계는 애착 행동을 왜곡하고 이후의 상실 경험에 대한 반응에 역기능적인 영향을 미친다(Hazen & Shaver, 1987). 사별의 고통이 클수록 친밀한 관계에 대한 의존성이 더 크고 어린 시절에 상실과 분리의 경험을 했을 가능성이 높다(Sable, 1992).

3 과제 이론

과제 이론(task theory)은 워든(Worden, 1991)이 주장한 이론으로, 인간이 비탄 경험을 극복하여 의미 있고 기능적인 삶으로 되돌아가기 위해서는 반드시 완성해야 할 심리적인 과제가 있다는 것이 기본 전제다. 즉, 비탄 과정은 죽음이라는 사건에 대한 반작용으로 표출되는 단순한 반응이기보다는 슬픔을 딛고 일어서서 새로운 삶을 찾아가는 과제 해결 과정이라는 것이다.

비탄은 시간이 지나면 저절로 회복되는 것이 아니라 그것을 극복하기 위해서는 노력이 필요하고 이러한 노력을 통해 사별을 한 사람은 그들의 삶을 다시 통제할 수 있게 되는 것이다. 화상이나 상처를 입은 신체가 항상적 균형 상태로 돌아가기 위해서는 치료가 필요한 것처럼, 사랑하는 사람의 상실은 심리적 상처로, 사별한 사람을 심리적인 평정 상태로 회복시키기 위해서는 치유의 과정이 필요하다. 비탄 경험은 바로 심리적인 치유 과정이고 사별한 사람이 기능적으로 회복될 때까지는 일정한 시간이 필요하다(Engel, 1961).

에릭슨과 같은 발달심리학자들은 어떤 발달 단계에서 필요한 과제를 달성하지 못하면 그다음 단계의 과제를 달성하기 힘들고 적응에 결함이 생긴다고 주장한다. 이와 마찬가지로 상실에 대한 적응 반응이라고 할 수 있는 비탄도 그것이 완결되기 전에 완수해야만 하는 심리적인 과제가 있고 이러한 과제가 완수되지 못하면 이후의 적응과 성장을 해칠 수도 있다는 것이 과제 이론의 핵심 내용이라고 할 수 있다(Worden, 1991).

과제 이론과 프로이트의 비탄 과업 이론은 비탄을 반드시 완수되어야 하는 과업이라고 보는 공통점이 있다. 그러나 고인에 대한 기억을 버리고 고인과의 애착 관계를 해체해야 한다고 주장한 프로이트의 이론과 달리, 과제 이론은 비탄을 경험하고 있는 사람이 고인과의 애착 유대를 완전히 해체할 필요는 없고 사랑하는 고인에 대한 기억을 소중히 간직하면서도 고인에 대한 정서적 투자를 거두어서 다른 사람과 활동에 재투자해야 한다고 주장한다.

워든이 사별 이후의 적응과 성장을 위해 완수해야 한다고 주장하는 비탄 과제의 내용은 다음과 같다.

1 제1과제: 상실의 현실을 받아들인다

누군가 죽었을 때 그 죽음이 예고되었더라도 그런 일이 일어나지 않은 것 같은 느낌이 든다. 그러므로 비탄의 제1과제는 그 사람이 죽었다는 현실, 그 사람은 가버려서 다시 돌아올 수 없다는 현실에 충분히 직면하는 것이다. 상실의 사실, 상실의 의미, 상실의 불가역성을 부정하고 사랑하는 사람의 죽음이 사실이라고 믿기를 거부하는 사람은 비탄 과정에서 제1과제에 교착하게 된다. 즉, 집에서 죽은 고인의 유체와 함께 계속 생활하거나 강신술 등을 통해 죽은 사람과 재결합하고자 하는 경우 등을 그 예로 들 수 있겠다. 제1과제를 충분히 완수하기 위해서는 시간이 걸리는데, 장례식과 같은 전통적인 상례 의식은 유족이 상실의 현실을 받아들이도록 도울 수 있다.

[2] 제2과제: 비탄의 고통을 겪어 낸다

모든 사람이 똑같은 강도, 똑같은 방식으로 고통을 경험하고 느끼지는 않지만, 어느 정도의 고통을 경험하지 않고 깊이 사랑하고 애착했던 사람을 잃는 것은 불가능하다. 상실의 고통을 인정하고 처리하지 않으면 그것은 어떤 증후나 비정상적인 행동을 통해 나타나게 될 것이다. 또 비탄의 고통을 회피하거나 억압하면 비탄 과정이 길게 연장될 수 있다(Parkes, 1972). 죽은 고인을 이상화하거나 고인을 생각나게 하는 것을 회피하고 알코올이나 약물을 복용하는 것은 제2과제를 완수하는 것을 방해한다. 비탄 상담은 이 어려운 제2과제를 효과적으로 완수하도록 도울 수 있다.

[3] 제3과제: 고인이 없는 환경에 적응한다

고인이 없는 새로운 환경에 적응한다는 것은 고인과의 관계와 고인이 담당했던 역할에 따라 각 사람들에게 다른 내용을 의미한다. 미망인들이 남편 없이 생활하는 것이 어떤 것인지를 깨닫게 되는 것은 상실 이후 대략 3개월 무렵부터 시작되고, 그것은 홀로 생활하고, 홀로 자녀를 양육하고, 빈 집에 혼자 들어가고, 재정문제를 혼자 관리해야 하는 것이다(Worden, 1991). 많은 유족들은 새로운 기술을 익혀야 하는데, 이전에는 그들의 배우자가 담당했던 역할을 그 자신이 모두 감당해야 하는 것에 화를 내게 된다. 또 유족은 고인이 이전에 담당했던 역할의 상실에 적응해야 할 뿐만 아니라 자아개념과 세계관의 변화에도 적응해야 한다. 유족은 고인이 담당했던 역할을 자신이 제대로 감당할 수 없을 때 자아존중감이 저하되고 자기효능감이 도전받을 수 있고 자신에 대한 부정적인 이미지를 갖게 될 수도 있다. 또 사랑하는 사람의 죽음은 이제까지 자신의 삶이 행복하고 안전하다는 기본적인 삶의 가치와 철학적 믿음을 흔들어 놓아서 자신이 삶에서 방향을 잃은 것 같은 느낌을 갖게 될 수 있다. 대개의 경우 사별한 사람은 자신에게 일어난 상실을 이해하고 자신의 삶에 대한 통제감을 되찾기 위해서 상실과 상실에 따른 삶의 변화에서 어떤 의미를 찾고자 한다.

대부분의 사람들은 변화된 환경을 인정하고 삶의 목적을 재정의하고 익숙하지 않은 역할을 감당하고 이전에는 없었던 기술을 개발하고 재평가된 세계관을 가지고 생활하게 되지만, 제3과제를 제대로 해결하지 못한 사람은 새로운 환경에 대처하기 위해 필요한 기술을 개발하지 않고 무력감에 빠져 있거나 환경적 요구에 대면하지 않고 세상을 등지고 살게 된다(Worden, 1991).

4 제4과제: 고인을 정서적으로 재배치하고 삶 속으로 이동한다

여기서 '정서적 재배치'란 고인을 잊고 그와의 기억을 지워 버리는 것을 의미하는 것이 아니며, 또한 '삶 속으로 이동'하는 것이 반드시 재혼과 같은 또 다른 관계에 투자하는 것을 의미하는 것은 아니다. 새로운 관계는 고인과 함께했던 이전의 관계를 대신할 수 없고 유족의 삶에서 이전과 똑같은 역할을 담당할 수 없다.

제4과제는 유족의 희망과 기억을 죽은 고인으로부터 분리하여 고인과의 관계를 포기하는 것이 아니라 고인을 위해 슬퍼하고 고인에 대한 사랑과 기억을 유지하며 유족의 심리적 · 정서적 삶에서 고인을 위한 적합한 자리를 찾는 동시에 고인에 대한 정서적 투자를 거두어서 다른 사람과 활동에 재투자하는 것이다. 즉, 더 이상 고통 없이 고인을 생각할 수 있을 때 그리고 비탄과 상실에만 몰두하지 않고 정서와 감정을 삶과 생활로 다시 재투자할 수 있을 때 비탄 과제가 완수되었다고 할 수 있다.

4 단계 이론

단계 이론(stage theory)은 사랑하는 사람을 잃은 후 남겨진 유족이 겪게 되는 비탄 경험을 단계의 연속으로 보고, 사별한 사람이 경험하는 감정과 반응, 그들이 시도하는 대처 전략 등을 다양한 단계로 나누어 설명하고 있다.

단계 이론에 따르면, 죽음의 과정과 마찬가지로 비탄 과정 역시 다양한 감정,

행동들이 표출되는 몇 개의 단계를 거치면서 진행된다. 대부분의 공식에서 첫 단계에서는 쇼크, 무감각, 불신 등의 반응을 나타내고, 이러한 감정은 상실 후 수일 혹은 수주 동안 지속된다. 마지막 단계는 신체적 · 정신적 균형의 회복이나 재건, 재통합일 경우가 많다. 비탄 과정의 중간 단계와 거치는 단계의 수는 단계 이론가에 따라 각각 다르게 제시되고 있다.

단계 이론은 비탄을 겪고 있는 사람을 이해하고 돕기 위한 유용한 가이드라인을 제공하고 있지만, 모든 사람들이 실제로 이러한 단계를 거치는지를 증명하는 실험적 증거가 부족하다는 비판을 받고 있다(Kastenbaum, 2007). 또 비탄의 단계를 모든 사람이 예외 없이 거쳐야 하는 고정된 순서로 해석할 위험이 있다. 버겐(Bugen, 1977)에 따르면, 비탄의 단계는 서로 뒤섞이고 겹쳐지는 것이지 반드시 제시된 단계의 순서를 따라 연속적으로 일어나는 것이 아니고 강도와 지속 기간에 개인차가 있으며 사별한 모든 사람이 똑같은 경험을 하는 것은 아니다. 즉, 단계 이론은 단지 사별한 사람이 경험하는 다양한 정서적 단계를 설명한 것이지 사별한 모든 사람이 반드시 모든 단계를 특정한 순서로 거칠 필요는 없다는 사실을 명심해야 한다.

단계 이론가들이 다양하게 제시한 비탄 단계를 간단히 제시하면 다음과 같다.

1 고러의 단계 이론(Gorer, 1965)

① 최초의 쇼크: 자기 통제의 상실, 에너지 감소, 동기 부족, 당황, 방향감각의 상실, 관점의 상실 등이 나타난다.

② 격심한 비탄: 주기적인 통곡과 혼돈을 일으키고 실제로 일어난 일을 이해할 능력이 없다.

③ 흥미의 점진적인 재각성: 사랑하는 사람이 죽은 현실과 그것이 의미하는 모든 것을 수용한다.

2 스티븐슨의 단계 이론(Stephenson, 1985)

① 반응: 죽음의 소식을 접했을 때 최초의 쇼크 기간이 있다. 쇼크에 뒤이어 무

감각과 멍한 감정 부족의 상태, 당황, 분노, 상실을 이해하고자 하는 시도가 나타난다.

② 혼란과 재정립: 죽음의 현실을 인식한다. 상실이 회복될 수 없다는 사실에 절망한다.

③ 재적응과 회복: 상징적인 세계를 재편하고 고인에게 새로운 정체성을 부여한다.

3 글릭, 웨이스 및 파케스의 단계 이론(Glick, Weiss, & Parkes, 1974)

① 최초의 반응: 쇼크와 압도적인 슬픔이 나타난다.

② 불안과 공포에 대처: 신경 쇠약이 염려되며, 어떤 사람은 신경 안정제에 의존한다.

③ 중간 단계: 어떻게 죽음을 막을 수도 있지 않았을까 하고 강박적으로 검토하며, 고인과 함께했던 때의 기억들을 회고한다.

④ 회복: 자신이 극단적인 정신적 외상으로부터 헤어난 것을 자랑스러워하고, 긍정적인 사고방식을 개발하기 시작한다.

4 보울비의 단계 이론(Bowlby, 1980)

① 마비 상태: 수시간에서 수주 동안 마비 상태가 지속되다가 격렬한 고통과 분노의 폭발에 의해 중단된다. 대부분 충격을 받아 어리벙벙하고 죽음 소식을 받아들이지 못한다.

② 고인을 그리워하고 찾음: 상실의 현실을 받아들이게 되고 한탄, 복받치는 슬픔, 흐느낌이 이어지고 안절부절못하고, 불면증에 걸리며, 죽은 고인이 실제로 함께 있는 것처럼 고인의 생각에 몰두한다. 신호나 소리를 고인이 지금 돌아오는 소리로 해석하는 경향이 강하다. 고인을 끊임없이 찾고 혹시 찾을까 간헐적으로 희망을 갖다가 되풀이해서 절망하고 흐느껴 울고 분노하고 고인을 비난하는 행동 등을 하는데, 이는 모두 고인을 되찾아 오고자 하는 표현이다. 수개월 혹은 수년간 이 상태가 지속된다.

③ 혼란과 절망: 과거로 돌아가고자 하는 노력이 실패했을 때의 반응이다. 에너지와 집중력이 저하되고 길을 찾지 못해 방향을 잃은 느낌을 갖기도 한다.

④ 재정립: 상실한 것에 대한 애착을 끊으며, 새로운 사람과의 관계를 다시 형성하기 시작한다.

5 알폰스 디켄의 단계 이론(デーケン, 1986)

① 정신적 타격과 마비 상태: 사랑하는 사람의 죽음의 충격 때문에 일시적으로 현실 감각이 마비된다.

② 부정: 이성이 상대방의 죽음이라는 현실을 수용하기를 거부한다.

③ 공황 상태: 죽음에 직면한 공포 때문에 극도의 공황 상태에 빠지고 집중력을 잃어 일상생활에 지장을 받는다.

④ 분노와 부당감: 사랑하는 사람의 죽음에 책임이 있는 사람, 운명, 신, 자기 자신 등에게 분노를 표출하고 부당하게 고통당한다는 감정을 가진다.

⑤ 적의와 원망: 죽음의 책임이 주위 사람이나 의료진에게 있는 것처럼 적의와 원망을 표출한다.

⑥ 죄의식: 과거에 있었던 일이나 상상에서의 잘못을 후회하고 자신을 질책한다.

⑦ 공상 형성, 환상: 공상 중에서 고인이 마치 살아 있는 것처럼 생각하고 실생활에서도 고인이 살아 있는 것처럼 행동한다. 예를 들어, 어떤 미망인은 죽은 남편의 저녁 식사를 변함없이 준비하고 그의 귀가를 기다리기도 한다.

⑧ 고독감과 우울: 깊은 고독감과 우울을 체험하는 것은 자연적인 반응이고 건전한 비탄 과정의 일부다.

⑨ 정신적 혼란과 무관심: 일상생활의 목표를 잃었다는 공허감 때문에 인생의 모든 일에 무관심하게 된다.

⑩ 체념-수용: 자신이 놓인 상황을 인식하고 사랑하는 사람이 이 세상에 없다는 현실에 용기를 갖고 직면하고자 하는 노력이 시작된다. 수용이란 소극적으로 운명에 몸을 맡기는 것이 아니라 적극적으로 현실을 받아들이는 행위라고 할 수 있다.

⑪ 새로운 희망–유머와 웃음의 재발견

⑫ 회복–새로운 정체성의 탄생

6 카바나흐의 단계 이론(Kavanaugh, 1974)

① 쇼크: 신체적이고 정서적인 쇼크가 일어난다. 현실적 세계와 비현실적인 세계가 충돌한다.

② 혼란: 통상적인 삶의 진행과 완전히 멀어진 것 같은 느낌이 든다.

③ 폭발하기 쉬운 감정: 폭발하기 쉬운 감정을 터뜨려서 주위 사람들을 당황하게 한다.

④ 죄의식

⑤ 상실과 고독감

⑥ 안심

⑦ 회복

5 과정 이론

앞에서 살펴본 과제 이론이 비탄의 결과물에 초점을 두었다면, 과정 이론(process theory)은 비탄 경험의 과정을 강조한 것으로 비탄을 역동적인 대처 과정으로 간주하고 있다. 대표적으로 랜도(Rando, 1993), 스트로브와 슈트(Stroebe & Schut, 1999)의 이론을 들 수 있다.

1 랜도의 비탄 과정

랜도에 따르면, 과정이라는 개념은 비탄을 경험하는 동안 평가되고 검토되고 영향받을 수 있고, 사별한 사람의 지위를 평가하고 비탄을 사정하기 위한 체크리스트를 제공할 수 있기 때문에, 비탄 과정을 끝내야지만 비탄 과제가 달성되었는지 여부를 알 수 있는 과제 이론보다 훨씬 유용한 개념이다(Rando, 1993). 건강한 비탄 경험을 위해서는 6R 과정(Six 'R' Process of Mourning)을 반드시 거쳐야 하고, 이 과정들은 서로 연관되어 있으며 동시에 일어날 수도 있다. 또 비탄 과정의 순서는 고정되어 있지 않고 전진과 후퇴를 거듭하면서 변동하는 움직임을 가지고 진행된다(Rando, 1993).

랜도가 제시하는 비탄 과정의 내용은 다음과 같다.

① 상실을 받아들인다: 죽음을 인정하고 이해한다.

② 분리에 반응한다: 상실의 고통을 경험한다. 상실에 대한 모든 심리적 반응에 대해 느끼고, 확인하고, 받아들이고, 표현한다.

③ 고인이나 고인과의 관계를 기억하고 재경험한다.

④ 고인에 대한 애착과 그와 함께했던 생활을 포기한다.

⑤ 새로운 삶을 시작하지만 이전의 삶을 기억한다: 이제까지 세상에 대해 품었던 가정을 수정하고 고인과의 새로운 관계를 형성하고 새로운 정체성을 형성한다.

⑥ 정서와 에너지를 다른 관계와 활동에 재투자한다.

2 이원적 과정 모델

이원적 과정 모델(dual process model)은 스트로브와 슈트(Stroebe & Schut, 1999)가 제안한 것으로, 원래는 배우자의 죽음에 대한 대처 방식을 이해하기 위해 개발되었으나 다른 종류의 사별에도 적용 가능하다. 이 모델은 비탄을 사별에 대한 역동적인 대처 과정이라고 보고, 사별한 사람이 사용하는 두 가지 대처 과정을 제시하고 있다. 사별한 사람이 사용하는 이 대처 과정은 '사별과 관련된 스트레스 요인' '사별에 대처하기 위해 사용되는 인지 전략' '변동하는 역동적 과정' 등을 구성 요소로 하며, 상실 지향적 과정과 회복 지향적 과정으로 이루어져 있다.

① 상실 지향적 과정

상실 경험 자체에 집중하고 그것을 다루는 과정을 상실 지향적 과정(loss-oriented process)이라고 한다. 이 과정에서는 비탄 과업 이론에서 주로 강조하는 고인과의 관계, 유대, 고인과 함께했던 삶, 죽음이 일어났던 환경 등을 반추하고, 고인을 그리워하고, 찾고, 통곡하고, 혼자 남겨진 것에 절망하는 등의 정서적 반응, 고인과의 유대 상실을 겪어 나가면서 회복을 위한 변화에 대해 회피나 부정으로 저항한다.

② 회복 지향적 과정

여기서 회복은 비탄 과정의 결과물이 아니라 2차적 상실과 스트레스 요인에 대한 대처에 초점을 둔 말로, 사별하기 이전의 생활로의 회복이 아닌 고인이 없는 새로운 세계에 적응하고자 하는 노력과 관련된 것이다. 즉, 사랑하는 사람이 죽었을 때 고인을 위한 비탄 과정이 있을 뿐만 아니라 상실의 부차적 결과인 실질적인 삶의 변화에 적응해야 한다. 이러한 2차적 스트레스 요인은 상실의 짐을 더욱 무겁게 하고 사별한 사람에게 불안과 혼란을 야기시킬 수 있다. 고인이 담당했던 역

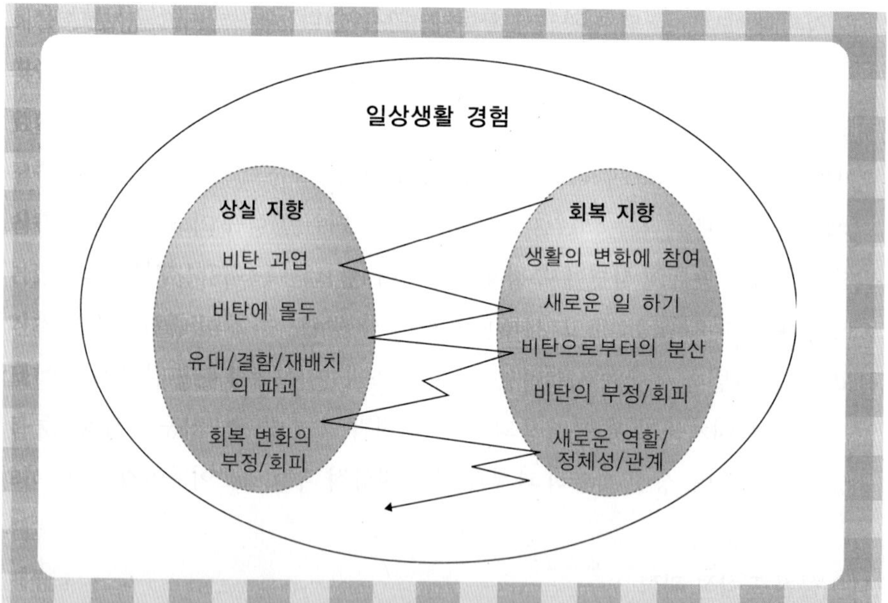

그림 8-1 • 이원적 과정 모델 •

★ 출처: Stroeve, M. S., & Schut, H. (1999). *Death Studies, 23*, p. 213.

할을 습득하고(재정 관리 혹은 요리 등) 고인이 없는 삶을 위한 생활환경을 조정하고 누구의 아내에서 미망인으로의 지위 변화에 따른 새로운 정체성를 개발하는 등 고인이 없는 새로운 삶 속으로 전환하여 평정과 균형을 회복해 가는 과정이 회복 지향적 과정(Restoration-oriented process)이다.

이원적 과정 모델에서 상실 극복과 1차적 상실에 대한 비탄 반응은 이원적 과정의 한 측면이고, 2차적 상실과 새로운 도전은 다른 한 측면이다. 사별에 대처할 때 이러한 이원적 과정(상실 지향적 과정/회복 지향적 과정)이 역동적이고 상호 연관적으로 상호작용하고 왕복, 변동하기 때문에 비탄 반응에 개인차와 문화 차이가 발생하고 시간에 따른 변화가 생기는 것이다.

6 기 타

단계 이론, 과제 이론, 애착 이론 등 사별과 비탄 반응을 설명하는 데 많이 인용되는 핵심 이론 이외에 다양한 각도에서 다양한 변인을 이용해 비탄, 사별 현상을 설명하는 이론들이 있다. 이런 이론들이 비탄과 사별의 어떤 측면에 주목하고 어떤 변인을 사용하여 설명하고 있는지를 살펴보는 것은 비탄, 사별 현상을 좀 더 종합적으로 이해하는 데 도움이 되기 때문에 여기에 간단히 소개하고자 한다.

1 인지적 스트레스 이론

인지적 스트레스 이론(cognitive stress theory; Folkman & Lazarus, 1980; Lazarus & Folkman, 1984)에 따르면, 사람은 자신이 가지고 있는 대처 자원을 능가하는 환경의 요구를 경험하고 이것이 안녕과 건강을 위협할 때 스트레스를 경험하게 된다. 인지적 사정 과정을 통해 상황이 도전적인지 혹은 스트레스를 주는지 결정하게 되고, 스트레스 상황을 해결하기 위해 문제 중심적 대처와 정서 중심적 대처를 하게 된다. 문제 중심적 대처란 고통을 야기하는 문제를 처리하고 변화시키고자 하는 것으로 변화 가능한 상황일 경우에 적합한 대처 방식이다. 그리고 정서 중심적 대처란 스트레스 상황의 결과로 발생한 정서적 문제를 해결하고자 하는 것으로 상황을 변화시킬 수 없을 경우에 더욱 적합한 대처 방식이다. 사별은 다양한 스트레스 요인을 가진 삶의 사건으로 애착 인물의 상실은 1차적 스트레스 요인이 되고, 재정 문제나 고인이 담당했던 역할의 상실에 의해 일상생활에서 발생하는 문제 등이 2차적인 스트레스 요인으로 작용할 수 있다. 사별의 어떤 측면은 변화시킬 수 있으나 다른 측면은 변화시킬 수 없다. 즉, 사랑하는 사람을 다시 되돌려 놓을 수는 없지만 재정 상황 등은 재취업 등을 통해 변화시킬 수는 있다. 사별이라는 스트레스 요인을 극복하고 성공적인 결과를 얻기 위해서는 정서 중심적 대처와 문제 중심적 대처 모두가 필요하다.

2 스트레스 반응 증후군

스트레스 반응 증후군(stress response syndrome)이란 호로비츠(Horowitz, 1986)가 처음 사용한 말로, 정신적 외상(trauma, 강렬하고 무섭고 불유쾌하고 충격적이어서 마음에 상흔을 입음)을 경험한 후 정상적으로 나타나는 반응을 일컫는다. 정신적 외상에 대한 정상적 반응과 병적인 반응의 차이는 반응의 형태보다는 반응의 강도와 빈도에 있다(Kleber & Brom, 1992). 호로비츠는 정신적 외상에 대한 반응의 가장 두드러진 특징으로 점유와 회피를 들었다. 점유란 사건을 해결하기 위해 강박적으로 당시의 감정과 생각들을 재경험하는 것이고, 회피란 부정의 과정으로 기억 상실과 같이 당시의 기억을 마음에 떠올릴 수 없는 것을 말한다. 호로비츠의 스트레스 반응 증후군 공식은 죽음 사건 자체에 대한 반응에 대해서는 설명할 수 있으나, 사별 후의 변화된 삶의 의미 등을 적절히 설명하지 못하고 있다는 비판을 받고 있다.

3 사별의 이원 궤도 모델

루빈(Rubin, 1981)이 주장한 사별의 이원 궤도 모델(two-track model of bereavement)은 자식의 죽음에 따른 부모의 사별 과정과 그 결과를 다루고 있다. 자식과 사별한다는 것은 이원 궤도를 가진 사건으로, 궤도 I은 사별의 결과 궤도로 사별에 대한 생체적 · 심리적 · 사회적 반응에 초점을 두고 있고, 궤도 II는 사별한 사람이 고인에 대한 애착을 변형시키고 고인과 새로운 관계를 형성하는 방법에 대해 기술하고 있다. 사별의 이원 궤도 모델은 상실의 차원, 기능, 관계 등이 다차원적이라는 것을 설명하고 있지만, 대처 과정 자체, 즉 스트레스 요인과 그 결과를 중재하는 인지 구조와 과정에 대해 설명하고 있지 않다는 단점이 있다.

4 증식된 비탄 모델

쿡과 올첸브룬스(Cook & Oltjenbruns, 1998)는 증식된 비탄 모델(model of incremental grief)에서 하나의 상실이 어떻게 또 다른 상실을 유발하고 그 결과 각각의 더해진 상실에 의해 어떻게 비탄이 확대되는지를 설명하고 있다. 그들은 사별한 가족의 비탄 방식에 주목하여 사랑하는 사람을 함께 상실했지만 동시에 슬퍼하지 않고 대처 방식에도 차이가 있는 비탄의 비동시성(dissynchrony of grief)에 대해 기술하고 있다. 이러한 비탄 방식과 대처 방식의 차이 때문에 사랑하는 사람이 죽기도 전에 이미 가족관계에 변화가 생기게 되고 이것 때문에 유족은 스트레스와 부차적인 비탄을 경험하게 된다. 1차적 상실(자식의 죽음)에서 비롯된 비탄은 2차적 상실(배우자와의 관계의 변화)을 유발하고 또 다른 3차적 상실(이혼 등)을 촉진한다. 비탄의 초점 변화와 복합 상실을 경험하게 되는 것이다. 이 모델은 비탄이 발생하는 사회 환경의 맥락에서 비탄을 경험하는 개인의 내적 차원에 대한 분석을 초월한 좀 더 확장된 시각을 제시하고 있다.

5 통합된 개인-가족 모델

통합된 개인-가족 모델(integrated individual-family model; Becvar, 2001; Schwab, 2002)은 가족 내에는 상호작용 패턴이 존재하고 이것이 개인 내에서 일어나는 단계나 과업만큼 사별 현상을 이해하는 데 중요하다는 점에 주목하였다.

가족의 특성은 가족의 비탄 과정에 영향을 미친다(Becvar, 2001; Schwab, 2002). 가족 구성원 간의 개방적이고 융통성 있는 의사소통 패턴은 임박한 상실이나 실제적 상실의 스트레스를 다루어야 할 때 유리하다. 또 가족 구성원이 친밀하게 연결되어 있으면서도 각각 독립적으로 기능할 수 있을 때 상실의 위기는 가장 효율적으로 극복될 수 있다. 즉, 느슨한 가족관계에서는 가족 구성원이 정서적으로 거리가 멀어서 지원이나 문제 해결을 위해 서로에게 의지할 수 없는 반면에, 지나치게 친밀한 가족관계에서는 구성원들 간에 너/나의 개인적 구별이 없어서 지나치게 충성을 요구하게 된다(Schwab, 2002).

가족의 죽음은 오래된 정서적 상처를 드러나게 하고 갈등과 불안을 강화하는 경향이 있다. 가족이 하나가 되어 이러한 비탄의 스트레스에 대처할 때 혹은 그 경험에 의해 부서지고 파괴되었을 때 가족관계는 더욱 강화된다. 가족이 상실의 위협과 현실에 대처하기 위해 가장 필요한 것은 상호 존중과 서로에 대한 사랑, 잘 작동하는 의사소통 패턴이라고 할 수 있다.

6 비탄 과정 모델

로마노프와 트렌지오(Romanoff & Terenzio, 1998)는 비탄 과정에는 내적 · 심리적(intrapsychic) 차원, 심리사회적(psychosocial) 차원, 공동체적 차원이 있다고 주장하였다. 비탄 과정 모델(model of grieving process)에 따르면, 성공적인 비탄 해결을 위해서는 내적 · 심리적 차원에서 상실의 결과 일어나는 자아개념의 전환, 심리사회적 차원에서 사망 전 사회적 지위에서 사망 후의 사회적 지위로의 이동, 공동체적 차원에서 고인과의 내적 · 심리적 연결감의 유지 등이 요구되고 의식(ritual)이 이러한 내적 · 심리적 전환, 심리사회적 지위의 이동, 공동체적이고 상징적인 연결감의 유지를 촉진하는 기능을 한다. 또 죽음의 환경(죽음의 원인, 죽음 과정의 길이, 죽음의 방식 등)과 문화적 · 사회적 규범(사별한 사람의 지위, 고인과의 관계의 적법성 판단)이 비탄 과정에 영향을 미친다. 죽음의 환경과 죽음과 관련된 사회적 규범을 살펴보고 평가하는 것은 치료적 개입의 필요성을 결정하고 적절한 의례를 계획하는 데 도움이 될 수 있다.

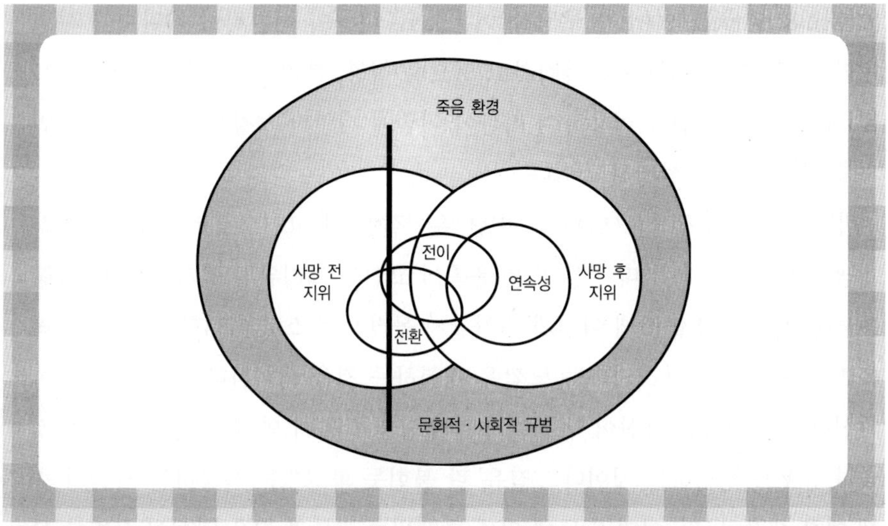

그림 8-2 • 비탄 과정 모델 •

★ 출처: Romanoff, B. D., & Terenzio, M. (1998). *Death Studies, 22*, p. 703.

7 비탄과 반영하는 자아 이론

너켄(Nerken, 1993)이 주장한 이론으로, 그는 자아(self)를 애착 인물에 의해 유지되는 반영적인 정체성(reflective identity)으로 가정하였다. 애착 인물의 상실 후 자아의 반영적인 능력은 붕괴되지만 자아의 핵심 부분은 본래대로 유지된다. 비탄 작업은 정서적인 비탄 요소와 자아의 수정 및 재구축으로 구성되고, 이러한 과정을 통해 유족은 성장을 경험하게 되며, 이것은 유족이 새로운 삶으로 복귀하는 것을 촉진한다. 여기서 성장이란 비탄 과정의 결과물로, 유족이 자신의 삶이 더 좋아졌다고 평가하고 모든 일이 더 잘되어 간다고 믿는 것을 의미한다. 너켄의 비탄과 반영하는 자아 이론(grief and reflective self theory)은 사별과 같이 정신적 외상이 스트레스 요인으로 작용한다는 일반적인 비탄 이론과는 달리 이러한 사건이 개인의 성장을 촉진할 수 있다고 주장하고 있다.

8 비탄의 개인적 성장 이론

비탄의 개인적 성장 이론(grief to personal growth theory)은 호건과 슈미트

(Hogan & Schmidt, 2002)가 주장한 이론으로, 너켄의 이론처럼 비탄이나 사별이 개인의 성장을 촉진한다고 가정하고 있으나 절망, 분리, 점유, 부정 그리고 사회적 지원이라는 변인을 이용하여 비탄이 어떻게 개인적 성장으로 이어질 수 있는지를 좀 더 자세히 설명하고 있다.

비탄의 개인적 성장 모델에서 '비탄'은 '절망'과 고인으로부터의 '분리'라는 개념으로 정의될 수 있다. '절망'은 유족이 고인이 그리워서 생기는 고통, 사랑하는 사람의 죽음의 슬픔에 어떻게 대처할지 몰라서 스스로 어찌할 수 없는 무력감을 느끼며 세상에 버려졌다는 느낌을 경험하는 것을 의미한다. '비탄'은 유족이 자신감을 상실하고 자신이 누구인지 정체성에 혼란이 와서 통제감을 잃을 것에 대한 공포를 경험하는 것이다. '점유'란 불현듯 파고드는 사랑하는 사람의 죽음에 대한 생각, 느낌, 이미지 등에 의해 초래되는 고통과 깊은 내성이 사별한 사람의 마음을 점유하는 것을 의미하고, 사별한 사람은 통제나 회피를 통해 이것을 마음으로부터 밀어내고자 한다. '사회적 지원'이란 사별한 사람이 자신의 생각이나 느낌을 숨김없이 솔직하게 표현할 때 한 사람이라도 무비판적으로 그들의 이야기를 들어 줄 수 있는 사람이 있을 경우 사회적 지원이 존재한다고 말한다. 비탄 과정에서의 감정을 솔직하게 표현하는 능력은 회피(죽은 고인에 대한 느낌, 이미지, 생각 등을 피하는 것)에서 개인적 성장으로의 진행을 촉진한다.

호건과 슈미트의 이론은 사별한 사람이 자기 자신, 고인과의 관계, 고인이 없는 세상 등에 대한 의미를 찾고 재구성하는 방식에서 질적인 변화를 경험할 때 그들의 감정을 다른 사람에게 솔직하게 이야기할 수 있기 때문에 개인적 성장이 가능한 것으로 가정하고 사회적 지원의 중요성을 강조하고 있다. 여기서 개인적 성장이란 사별한 사람이 다른 사람에게 더욱 동정적이고 자신과 다른 사람에게 더욱 관대하고 아량 있는 새로운 자아개념을 개발하고, 절망감을 극복하고 미래에 대한 낙관적인 시각을 갖게 되는 것을 의미한다.

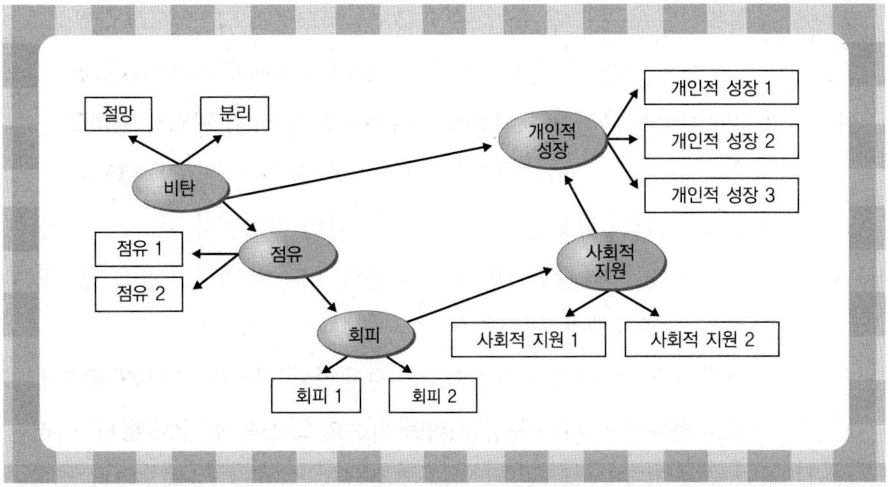

그림 8-3 • 비탄의 개인적 성장 이론 •

★ 출처: Hogan, N. S., & Schmidt, L. A. (2002). *Death Studies, 26*, p. 628.

2. 비탄 경험에 영향을 미치는 요인

어떤 사람은 사랑하는 사람을 상실한 후 격심한 비탄에 빠지는 반면, 어떤 사람은 슬픔보다는 안도감을 느끼는 경우가 있고, 어떤 사람은 심한 우울 상태에 빠지고 식음을 전폐하는 반면, 어떤 사람은 상실의 고통을 잊고 곧 삶으로 복귀한다. 이처럼 모든 사람이 똑같은 비탄을 경험하지 않고 비탄에는 개인차가 존재한다. 여기서는 비탄에 개인차를 주는 비탄 경험 영향 요인이 무엇인지 살펴본다.

1 고인이 어떤 사람인가?

사별한 사람이 상실에 대해 어떤 반응을 보일지를 예측하기 위해서는 고인에 대해서 알 필요가 있다. 늙어서 돌아가신 조부모와 교통사고로 죽임을 당한 형제에 대한 비탄 반응은 다를 수 있고, 먼 친척의 죽음과 자녀의 죽음, 배우자의 죽음과 부모의 죽음에 대한 비탄 반응은 다를 수 있다.

2 애착의 특징

고인이 누구인지뿐만 아니라 고인과의 애착의 특징을 살필 필요가 있다.

- 애착의 강도: 비탄의 강도는 사랑의 강도에 의해 결정된다. 즉, 깊이 사랑한 사람이 죽었을 경우 더 강한 비탄을 경험한다. 이처럼 비탄 반응은 애정관계의 강도에 비례하여 증가한다.
- 애착의 안전성: 만약 유족이 자신의 자아존중감과 안녕감 유지를 위해서 고인을 필요로 한다면 이것은 복잡한 비탄 반응의 전조가 될 수도 있다. 이러한 안전감과 존중 욕구는 배우자에 의해 충족될 수 있으나 그 배우자가 죽으면 이러한 욕구는 남아 있어도 그것을 채워 줄 자원이 없어져 버리기 때문이다.
- 관계의 양면 가치성: 가까운 관계에는 어느 정도 상반되는 감정이 병존한다. 사랑의 감정과 부정적 감정이 병존하여서 대개의 경우 긍정적 감정이 부정적 감정보다 크지만 부정적 감정이 거의 같은 비율로 병존하는 양면 가치적 관계에서는 사별 후 복잡한 비탄 반응을 보일 수 있다. 주로 고인에게 충분히 잘했는지에 대한 죄책감과 자신을 두고 혼자 떠나 버린 것에 대한 분노가 강렬한 강도로 표현된다.
- 고인과의 갈등: 비탄 반응의 중요한 결정 요소로서, 죽음의 순간뿐만 아니라 그 이전의 갈등, 즉 어린 시절의 육체적 · 성적 학대로부터 생긴 갈등을 살펴볼 필요가 있다.

3 죽음의 방식

고인이 어떻게 죽었는지 그 죽음의 방식에 따라 유족의 비탄 방식이 달라질 수 있다. 아직 어린 자녀의 사고사와 노인의 자연사에 대한 비탄 방식이 다를 수 있고, 아버지의 자살은 어린 자녀를 남기고 죽는 젊은 어머니의 예상된 죽음과는 다른 슬픔을 준다. 또 죽음이 가까이에서 일어났는지 혹은 멀리서 일어났는지 그 죽음이 일어난 지리적인 장소와 죽음이 미리 예고되었는지 혹은 예기치 못한 죽음인지에 따라 비탄의 방식이 다를 수 있다. 고인이 갑작스럽게 죽은 경우는 미리 예고된 죽음보다 유족들에게 더 큰 슬픔을 준다(Parkes & Weiss, 1983). 죽음에 대한 준비가 사별 후 건강과 기능에 미치는 영향을 조사한 연구(Barry et al., 2002)에 따르면, 고인의 죽음을 예측하고 준비하지 못한 사람들이 상실을 인정하고 수용하는 데 어려움이 있고 복잡한 비탄과 우울 장애를 더 많이 겪는 것으로 나타났다.

4 성격 변인

상실에 대한 개인의 반응을 이해하기 위해서는 비탄을 경험하고 있는 사람의 성격 구조를 고려해야 한다(Bowlby, 1980). 비탄하는 사람의 나이와 성, 그들이 감정을 어떤 식으로 억제하는지, 불안을 어떻게 다루는지, 스트레스가 많은 환경에 어떻게 대처하는지를 살펴보아야 한다. 특히 의존성이 강한 사람과 관계를 형성하는 데 어려움이 있는 사람, 경계선 인격장애나 자기중심적 성격장애를 가진 사람들이 상실을 다루는 데 어려움을 겪을 수 있다.

5 사회적인 변인

우리는 모두 인종이나 종교와 같은 다양한 사회적 하위 문화에 속해 있다. 이러한 하위 문화는 우리에게 어떻게 행동하면 좋은지에 대한 지침과 의식을 제공한다. 불교 신자는 기독교 신자와는 다른 방식으로 애도를 표현하고 다른 형태의 의식을 거행한다. 사별한 사람이 어떤 식으로 슬퍼할지를 예측하기 위해서 우리는 그들의 사회적 · 인종적 · 종교적 배경에 대해 살펴보아야 한다.

또 다른 사람으로부터 받을 수 있는 정서적 · 사회적 지지의 정도가 비탄 과정에 영향을 미칠 수 있다. 다른 사람으로부터 받는 사회적 지지는 사별에 의한 스트레스의 해로운 영향을 완화할 수 있다(Blazer, 1982; Bowling, 1988). 사별을 다루는 데 어려움을 겪는 사람은 대개의 경우 다른 사람으로부터 받을 수 있는 사회적 지지가 빈약한 것으로 나타났다.

6 이전의 상실 경험과 대처 전략

우리가 어떤 사람의 비탄 방식을 예측하고자 할 때, 그들이 이전에 상실을 경험했는지, 그때 어떻게 비탄을 극복했는지를 이해할 필요가 있다. 상실 이전에 변화를 많이 겪은 사람이 더 힘든 비탄의 시간을 가질 것이라고 가정된다. 또 어떤 사람이 죽음과 사별에 어떻게 대처할지 예측하기 위해서는 그 사람이 이전에 다른 상실들에 어떻게 대처했는지를 살펴볼 필요가 있다. 새롭고 더 효율적인 대처 기술을 개발하려면 더 많은 시간과 에너지가 필요하기 때문에 상실의 직접적인 영향하에서 즉시 사용할 수 있는 것은 이전에 획득한 대처 전략과 기술이기 때문이다.

또 사별한 사람의 사별 이전의 정신건강이 어떠했는지, 특히 우울증을 앓았던 경력이 있는지 살펴볼 필요가 있다. 왜냐하면 정신건강에 문제가 있는 사람은 그러한 경력이 없는 사람과 비교하였을 때 더 힘든 비탄의 시간을 보낼 수 있기 때문이다.

7 동시 발생적 스트레스

죽음에 뒤따라 발생하는 동시 발생적 사건과 위기들이 비탄 반응에 영향을 끼칠 수 있다. 어느 정도의 변화는 피할 수 없지만 심각한 재정 파탄처럼 고인의 죽음으로 모든 것이 붕괴되는 경험을 하는 사람들이 있다. 배우자의 죽음으로 직업의 상실, 사회적 존경과 익숙한 환경의 상실 등 삶의 많은 변화들을 경험하게 되는 유족은 심각한 우울 증상을 나타내기 쉽다. 또 다른 사람보다 오래 산 노인의 경우 깊이 사랑했던 사람의 상실을 잇달아 경험하여 사별 과부하(bereavement overload)에 걸리기 쉽다(Kastenbaum, 1969).

대부분의 사별한 사람들은 고인을 잃은 비탄을 잘 극복하고 새로운 생활에 무난히 적응하게 되지만, 어떤 사람들은 상담이나 치료가 필요할 정도로 복잡한 비탄 반응을 나타내기도 한다.

제9장

사별과 비탄에 대처하는 사람 돕기

사랑하는 사람을 죽음으로 잃고 남은 사람은 짧은 시간 안에 여러 가지 변화에 직면하게 된다. 사랑하는 사람과 길고 고통스러운 투병생활을 함께 겪으면서 육체적 · 정서적 소모와 함께 어쩔 수 없이 떠나보내야 하는 무력감, 이별을 감내해야 하는 정서적 고통을 겪어야 하고, 죽음 이후에 고인을 잘 떠나보내기 위한 장례의식을 거행하기 위해 동분서주하게 된다. 장례의식을 마친 이후에는 고인이 없는 새로운 생활에 적응해야 하는 두려움과 함께 가족구조, 자아나 세계에 대한 개념 등을 새롭게 개편해야 하는 과제에 직면하게 된다.

대부분의 사별한 사람들은 고인을 잃은 비탄을 잘 극복하고 새로운 생활에 무난히 적응하게 되지만, 어떤 사람들은 상담이나 치료가 필요할 정도로 복잡한 비탄 반응을 나타내기도 한다.

여기서는 상실에 대처하는 사람을 어떻게 도울 수 있을지 그 구체적인 방법에 대해서 살펴보도록 하겠다. 우리가 장례식에서나 일상의 생활 장면에서 사랑하는 사람을 잃어서 상심하고 있는 사람을 만났을 때 무슨 말을 해야 할지 어떻게 위로해야 할지 몰라서 당황할 때가 있다. 이때 사별한 사람에게 도움이 되는 반응 및 도움이 되지 않는 반응에 대해 살펴보고, 사별한 사람이 비탄 과정을 성공적으로 마치기 위해 필요한 제안, 사별한 사람을 돕고 싶어 하는 주변인에게 도움이 되는 조언 등이 무엇인지 알아보고자 한다. 다음으로 복잡한 비탄 반응을 나타내는 사람에게 전문적인 도움을 줄 수 있는 비탄 상담과 비탄 치료 방법에 대해 살펴본다.

1. 정상적인 비탄 반응을 보이는 사람 돕기

1 사별한 사람에게 도움이 되는 반응/도움이 되지 않는 반응

우리가 사별한 사람을 만났을 때 무언가 위로의 말을 하고 싶어서 전달하는 모든 말이 전부 그들에게 도움이 되는 것은 아니다. 그러면 어떤 말이 그들에게 도움이 되고 어떤 말이 상처가 되는 것일까? 사별한 사람을 대상으로 가장 도움이 되는 말과 도움이 되지 않는 말을 조사한 한 연구(Range, Walston, & Polles, 1992)에 따르면, 가장 도움이 되는 말은 사별한 사람을 위해 거기에 함께 있겠다는 약속을 표현한 것이었다. 구체적인 질문을 하거나 고통을 구체적으로 생각나게 하는 말은 도움이 되지 않는 것으로 나타났다(〈표 9-1〉 참조).

무반응은 도움이 되지 않는 말을 하는 것만큼 유족을 고통스럽게 할 수 있다. 가족이나 친구, 동료가 바쁘다거나 최근 너무 일이 많다는 이유로 기대했던 위로나 지원을 제공하지 않았을 때 사별한 사람은 버려진 느낌을 받을 수 있다(Dyregrov, 2003; 2004).

또 코어와 동료들(Corr et al., 2000)은 사별한 사람에게 도움이 되지 않는 말로서 다음과 같은 예를 들고 있다.

1 그들이 겪은 상실을 과소평가하는 말

① 자녀를 잃은 부모에게 "당신은 언제든지 다시 아이를 가질 수 있어." 혹은 "당신은 이미 다른 아이가 있잖아."

② 배우자를 잃은 사람에게 "당신은 아직 젊으니까 다시 결혼할 수 있을 거야."

혹은 "당신은 훌륭하고 긴 결혼생활을 했어."

③ 할아버지를 잃은 사람에게 "너의 할아버지는 아주 연세가 많으시잖니?"

2 그들이 겪고 있는 강한 비탄 반응을 느끼지 않도록 혹은 대중 앞에서 표현하지 않도록 권고하는 말

① "강해져라." 혹은 "입술 꽉 깨물어라."

② "괜찮아질 거야." "얼굴에 미소를 지어 봐."

③ "너는 이 집안의 가장이야."

3 즉시 삶으로 복귀하여 그들의 비탄 때문에 다른 사람을 괴롭혀서는 안 된다고 제안하는 말

① "1년이나 지났는데 왜 아직도 이러고 있니?"

② "네게 지금 필요한 것은 바빠지는 것이니 일터로 돌아가 고인을 잊는 거야."

우리가 사별한 사람에게 위로의 말을 건넬 때 그 말을 하는 의도가 상대방을 위로하기 위한 것인지 아니면 무언가 말하지 않으면 안 된다는 자신의 불안감을 해소하기 위한 것인지를 먼저 점검해야 하며, 일반적인 잣대가 아닌 사별한 사람의 입장이 되어서 그들의 심정과 어려움을 공감하려는 노력이 필요하다.

표 9-1 • 사별한 사람에게 가장 도움이 되는 말/가장 도움이 안 되는 말 •

가장 도움이 되는 말	가장 도움이 안 되는 말
"누군가 이야기할 사람이 필요하면 내가 여기 있을게."	"장의사가 일은 잘 처리했니?"
"만약 내가 도울 수 있는 일이 있으면 바로 알려 줘."	"이런 일이 벌어질 거라고 미리 예상했었니?"
"신을 믿어 봐."	"그/그녀는 고통스러워했니?"
"네가 어떻게 느끼고 있는지 나에게 말해 주겠니?"	"하느님을 원망해도 좋아."
"그/그녀는 언제까지나 너의 기억 속에 살아 있을 거야"	"너무 갑작스러운 일이었어."

★ 출처: Range, L. M. Walton, A., Polles, P. M. (1992). *Omega, 25,* pp. 25–32.

2 사별한 사람을 위한 제안

사별한 사람이 사랑하는 사람을 잃은 비탄을 슬기롭게 극복하고 다시 삶의 대열로 진입하기 위해서는 어떤 노력이 필요한가? 과제 이론 등에서는 기본 원리에 대해 언급하고 있지만 일상생활에서 구체적으로 어떤 노력을 해야 하는지를 제시하지는 않는다.

사별을 직접 경험한 브라더스(Brothers, 1992)는 남편을 잃은 후 미망인으로서 겪은 경험을 바탕으로 죽음 후에 직면하게 되는 문제들과 미망인들이 겪게 되는 함정들을 피하는 방법 등을 구체적으로 제시하였다. 그녀의 조언을 참고로 제시하면 다음과 같다.

- 자신의 삶은 자신이 맡아라: 당신이 완전히 무능력해지기 이전에는 자녀 혹은 어느 누구도 당신의 삶에 개입하여 지배하지 못하게 해야 한다. 그들이 당신의 돈이나 활동들을 관리하도록 내버려두지도 말아야 한다. 자신의 삶을 타인에게 맡기고 자기 자녀의 아이가 되기는 쉽다. 그러나 당신은 아이가 아닌 어른이며, 자신이 스스로 결정할 수 있는 자유를 가지고 있어야 한다.
- 성급한 결정은 피하라: 남편이 죽은 후 최소한 1년 동안은 어떤 중요한 결정도 하지 말아야 한다. 상실의 충격에서 벗어나 이성적인 결정을 할 수 있을 정도로 안정될 때까지 중요한 결정을 보류하는 것이 좋다. 집을 파는 일, 주식을 파는 일, 생명 보험금을 투자하는 일 등등 중대한 결정을 꼭 해야 할 경우에는 가족은 물론 전문가로부터 충고를 받을 것을 강력히 추천한다. 그러나 만일 피할 수 있다면 당신의 집은 팔지 말고, 이사하지 말고, 큰돈을 들여 구입하지 말고, 당신의 삶의 방식에 큰 변화를 일으키지 말고 1년은 기다리는 것이 좋다.
- 미래를 설계하라: 나이가 든 고령의 미망인은 자신의 건강에 대해 검사를 하고 얼마간 더 오래 혼자서 살 수 있는지 일시적으로 결정을 내려야 한다. 주거지는 어디로 할 것인가? 실버타운에 들어가는 것이 좋은가, 아니면 자녀들

중 하나와 함께 사는 것이 현명한가? 그 자녀가 당신이 필요로 할 보살핌과 관심을 줄 수 있을 것인가? 가능성들을 생각하고 그것들을 조사할 때는 바로 지금이다. 절박하게 선택을 해야 할 상황에 놓이기 전에 미리 계획을 세워야 한다.

- 평상시의 일과들을 계속 유지하라: 모든 것이 무의미하다고 느낄 수 있으나 평상시 일어나는 시간에 일어나고 평상시 취침 시간에 자고 쇼핑을 하고 집안을 청소하고 다른 집안일들도 평상시 하던 것처럼 해야 한다. 이는 비탄의 초기 치료가 될 수 있다. 처음 며칠 동안 당신의 삶이 붕괴되었다고 느낄 때 평상시에 하던 일과들이 하나의 틀을 제공해 줄 것이다.
- 기념일, 휴일, 주말을 앞서 계획하라: 고인이 없다는 사실이 더욱 뼈저리게 느껴질 것이기 때문에 가족 고유의 특별한 날들은 최악의 날이 될 수 있다. 특히 첫해에 더욱 그렇다. 그날들을 견디기 쉽게 하기 위해서는 가장 의미 있었던 기념일과 휴일의 목록을 작성하여 어떻게 보낼지를 미리 계획하는 것이 좋다. 가장 좋은 해결책은 모임을 만들어 여러 사람과 함께 지내는 것이다. 그러나 여행을 떠나서는 안 된다. 여행은 미망인으로 하여금 다른 부부들이 서로 즐기는 것을 보면서 자신이 무엇을 잃었는지를 더욱 의식하게 만들 뿐이다.
- 집 밖으로 나가라: 적어도 일주일에 몇 회라도 집 밖으로 나갈 수 있는 일을 찾아야 한다. 미망인들은 집에 있으면서 스스로를 외부로부터 고립시키는 경향이 있다. 풍경과 일상생활의 변화는 단지 새로운 것을 보는 것뿐만 아니라 남편과 연관되지 않고도 자신만의 즐거운 추억을 만들기 시작하는 데 도움이 될 것이다. 하고 싶은 것을 생각하고 그것을 하는 것이 좋다.
- 외로움과 싸워라: 기운을 차리는 대로 옛 친구들과 어울리는 것이 좋다. 그리고 새 친구들을 사귀는 데도 노력을 기울여야 한다. 매주 한 사람씩 새롭게 접해서 얘기를 나누도록 노력하면 좋다. 같은 경험을 공유하는 미망인들의 모임에 참석하여 그들의 대처 방식을 배우는 것도 도움이 된다.
- 자신에게 잘 대하라: 당신을 사랑해 주고 소중하게 여긴 그 사람은 더 이상

없으나 그렇다고 스스로를 소중히 여기지 말라는 법은 없다. 자신의 외모에 별로 신경을 쓰고 싶지 않더라도 미용실에 가는 것이 좋다. 누구라도 당신에게 신경을 써 주는 것이 도움이 될 것이다.

- 운동을 하라: 신체적 운동 등 당신이 즐길 수 있는 것을 찾아서 정기적으로 해야 한다. 대부분의 우울한 사람들에게 운동은 긍정적인 해소 방안이다.
- 자위하라: 그들의 남편이 죽은 이후로 대다수 미망인들의 성욕은 완전히 사라진다. 그러나 언젠가는 다시 생겨나는 때가 있다. 그럴 때는 자위하는 것도 좋다. 그것은 성적 욕구를 분출할 수 있고 위로도 된다. 당신이 누군가를 필요로 하고, 성적으로 소외된 사람으로 느끼지 않도록 허용해 주는 제동 장치라고 생각하면 된다.
- 울고 싶으면 울어라: 눈물을 억제해야 한다고 생각하지 말아야 한다. 우는 것은 도움이 된다.
- 약과 술을 조심하라: 약과 술은 슬픔으로부터 도피처를 제공해 주고 뼈아픈 고통을 덜어 준다고 생각하지만 그것은 단지 임시방편일 뿐이다. 진정제와 수면제도 중독성이 있으므로 복용이 필요할 경우에는 꼭 의사의 지시를 따라야 한다. 만약 지나친 음주와 약물남용이 의심되거든 당장 의사에게 연락해서 도움을 청해야 한다.
- 자신의 진전을 수시로 확인해라: 3개월에 한 번씩 시간을 내서 당신의 진전을 돌이켜보고 평가해야 한다. 3개월 전과 비교할 때 기분이 좀 나아졌는가? 식사를 잘 하고 있는가? 하루하루를 견디기가 더 쉬워졌는가? 눈물을 덜 흘리고 있는가? 이전보다 덜 우울한가? 등. 전부 긍정적인 진전만 있을 것이라고 기대해서는 안 된다. 그러나 시간이 지나면서 발전의 기미가 보이기 시작할 것이다. 만약 1년이 지났는데도 별 의미 있는 발전을 못했다고 느껴지거든 의사나 전문 치료사와 상담하는 것이 현명한 판단일 수 있다. 당신의 슬픔이 일 년이 지나면 없어질 것이라고 기대하지는 말아야 한다. 그러나 당신은 변화된 자신의 삶에 점차 적응하게 될 것이다.

❸ 사별한 사람을 도울 주변인들을 위한 조언

스미스(Smith, 1974)는 열 살이었던 딸 레이첼을 갑작스럽게 잃고 난 후 자신이 겪었던 경험에 비추어 사별한 사람을 돕고 싶지만 어떻게 해야 좋을지 모르는 사람들에게 다음과 같은 조언을 하고 있다.

- 죽음 후 즉시는 사별한 사람이 경황이 없고 처리해야 할 일이 많으므로 그들에게 도움이 되는 구체적인 일을 하거나 혹은 실제적인 방식으로 기꺼이 돕겠다고 알려라(전화를 받아 주거나 그들에게 의미 없는 다른 잡일들을 대신해 준다.).
- 가족이 혼자 있고 싶어 할 경우에는 그들의 선택을 존중하라.
- 장례 기간에 실제적인 방식으로 도와라(식사, 세탁, 이동 등을 돕는다.).
- 장례식 이후 힘든 시기에 사별한 사람과의 접촉을 피하지 마라.
- 평소대로 행동하고 죽기 전에 불렀던 자연스러운 방식으로 고인의 이름을 언급하라.
- 고인에 대해 이야기하고 싶은 시기와 방식을 사별한 사람이 결정할 수 있도록 하라.
- 답변할 수 없는 질문에 섣불리 답하려 하지 말고 자신의 종교적/철학적 신념을 약해져 있는 사별한 사람에게 강요하지 마라.
- 나는 당신이 어떤 기분인지 안다고 말하지 마라. 당신이 똑같은 길을 걷지 않는다면 결코 알 수 없다.
- 사별한 사람이 원할 때 즉시 응할 수 있도록 해라. 그러나 그들이 비탄 작업을 통해 자신의 독자적인 방식을 찾도록 허용하라.

2. 복잡한 비탄 반응을 보이는 사람 돕기

1 비탄 상담

복잡한 비탄을 겪고 있는 사람은 상담을 통해서 도움을 얻을 수 있다. 비탄 상담을 하는 목적은 유족이 고인과 끝내지 못한 일을 완수하고 마지막 작별인사를 할 수 있도록 돕는 것이다. 이것을 비탄 과제와 연결하여 살펴보면, 비탄 상담은 유족의 상실에 대한 현실성을 증진시키고 표현된 감정과 숨어 있는 감정을 다루도록 도우며 상실 이후의 재적응을 방해하는 장애를 극복하도록 돕고 유족으로 하여금 고인과 작별을 고하고 삶에 재투자하는 데 편안함을 느끼도록 격려하는 것이다.

1 비탄 상담의 원칙과 절차

워든(Worden, 1991)은 비탄 상담을 효율적으로 진행하는 데 도움이 되는 원칙과 절차를 다음과 같이 제안하였다.

① 원칙 1: 사별한 사람이 상실을 현실화하도록 돕는다

죽음이 어디에서 일어났는지, 어떻게 일어났는지, 장례식은 어땠는지, 누가 죽음 소식을 알려 주었는지, 그 소식을 들었을 때 어디에 있었는지 등등 유족이 상실에 대하여 이야기하도록 돕는다. 유족이 죽음이 일어났음을 충분히 인식할 수 있게 되기까지 마음속에서 반복해서 상실의 사건을 검토하고 재고할 필요가 있다. 이것은 시간이 걸리는 작업이고, 대부분의 미망인들은 그들의 남편이 죽어서 다시는 돌아올 수 없다는 사실을 실제로 이해하고 믿게 되기까지 3개월의 시간이 필요했다고 말하고 있다(Worden, 1991). 상실에 대해 이야기하는 것이 죽음의 현실을 이해하도록 도울 수 있다.

② 원칙 2: 사별한 사람이 감정을 확인하고 표현하도록 돕는다

유족에게 가장 문제가 되는 감정은 분노, 죄의식, 불안, 슬픔, 무력감 등이다. 단순히 격렬한 감정의 표현에만 만족하지 말고, 초점과 균형을 함께 고려한다. 즉, 슬픔은 상실한 것에 대한 인식이 동반되어야 하고, 분노는 적절하고 효과적으로 과녁을 고인에게 맞추어야 하며, 죄의식은 평가되고 해결되어야 하며, 불안은 확인되고 처리되어야 한다. 또 유족이 고인에 대해 갖는 부정적인 감정과 긍정적인 감정 간에 균형을 찾을 수 있도록 돕는다.

③ 원칙 3: 고인이 없이 살 수 있도록 돕는다

유족이 고인 없이 사는 것이 가능하도록 그리고 독립적으로 의사결정을 할 수 있도록 하여 상실에 적응하도록 돕는다. 유족이 직면한 문제가 무엇인지, 그것이 어떻게 해결될 수 있는지 점검하면서 문제 해결 방법을 찾을 수 있도록 돕고, 또 유족이 효과적인 대처 기술과 의사결정 기술을 익히도록 하여 이전에 고인이 담당했던 역할을 대신할 수 있도록 돕는다.

④ 원칙 4: 고인에 대한 정서적 재배치를 촉진한다

정서적 재배치를 도와서, 유족이 자신의 삶 안에서 고인이 있어야 할 새로운 장소를 찾도록 돕는다. 추억에 잠기는 회상은 고인과 연결된 정서적 에너지를 점차적으로 제거하는 하나의 방식이다.

⑤ 원칙 5: 비탄할 시간을 준다

비탄은 고인과의 유대를 절단하는 과정이고 그러한 과정은 점진적으로 진행된다. 비탄 상담사는 주위 사람이나 가족에게 사별한 사람의 슬픔을 이해하지 못하고 빨리 삶으로 복귀하도록 재촉하는 것이 그들의 비탄 경험을 방해할 수 있다는 사실을 설명해 준다.

⑥ 원칙 6: '정상적인' 비탄 반응을 설명한다

이전에 중요한 상실을 겪어 본 적이 없는 사람이 사랑하는 사람을 잃었을 때 미쳐 버릴 것 같이 느끼는 것은 흔히 있는 일이다. 비탄 상담사는 정상적인 비탄 반응을 잘 이해하고 유족에게 그들이 나타내는 반응이 정상적임을 설명해 주고 안심시킨다.

⑦ 원칙 7: 개인차를 허용한다

모든 사람이 똑같은 방식으로 비탄한다고 기대하지 않는다. 가족 내에서도 비탄 과정을 끝내는 시기가 같지 않고 여성과 남성은 비탄 방식에 차이가 있다.

⑧ 원칙 8: 계속 원조를 제공한다

기간이 정해져 있는 비탄 치료와는 달리 비탄 상담은 유족에게 죽음 후 적어도 첫 1년 동안 원조를 제공할 수 있어야 하고 이때 상담사의 역할은 희망과 다양한 시각을 제공하는 것이다. 상담사는 유족에게 그들과 비슷한 경험을 한 사람들의 모임인 지지 집단을 소개하고 참여를 권할 수도 있다.

⑨ 원칙 9: 방어기제와 대처 방식을 점검한다

유족과 신뢰관계를 형성하여 그들이 자신의 행동을 기꺼이 이야기할 수 있도록 한다. 상담사는 그들의 대처 방식에 민감해야 하며 알코올이나 약물남용 여부를 조사하여 만약 문제가 있다면 적극적인 치료를 할 수 있도록 조처한다. 유족과 상담사는 함께 고통을 경감시키고 문제를 해결하는 데 더욱 효과적인 대처 방식을 탐색한다.

⑩ 원칙 10: 병적인 증상을 확인하고 전문의에게 보낸다

비탄 상담을 하는 사람은 상실과 비탄에 의해 유발된 병적인 증상의 존재를 확인하고 비탄 치료나 다른 심리치료를 위해 언제 전문의에게 보내야 하는지를 알아야 한다. 즉, 이들이 나타내는 병적인 증상은 좀 더 전문적인 개입을 필요로 하

기 때문에 비탄 상담사는 자신의 한계를 인정하고 유족에게 필요한 치료가 이루어지도록 조치해야 한다.

2 비탄 상담 기법

비탄 상담을 할 때 유용하게 사용될 수 있는 기법으로는 다음과 같은 것들이 있다. 이러한 기법들은 후회나 절망 등 상실과 관련된 생각과 감정들을 충분히 표현하도록 도울 수 있다.

① 감정을 불러일으키는 언어 사용

상담사는 "당신은 아들을 잃었다." 혹은 "당신의 아들은 죽었다."와 같이 감정을 불러일으키는 강렬한 단어를 사용하도록 한다. 이러한 언어를 사용하여 상실의 현실을 받아들이지 못하는 사람의 고통스러운 감정(비탄 과업을 위해 느낄 필요가 있는)을 자극할 수 있다. "당신의 남편은 ~였다."와 같이 고인을 과거 시제로 이야기하는 것도 도움이 될 수 있다.

② 상징 사용

상담 시간에 고인의 사진을 가져오도록 한다. 이것은 상담사에게 고인이 어떤 사람이었는지 명확히 알도록 할 뿐만 아니라 고인이 여기 지금 있는 것 같은 느낌을 만들어서 고인에 관해서 이야기하는 것이 아니라 고인에게 이야기하도록 하기 위한 구체적인 초점의 역할을 할 수 있다. 그 밖에 고인이 작성한 편지나 오디오 혹은 비디오 테이프, 고인의 옷이나 장신구 등도 도움이 되는 상징물이다.

③ 쓰기

유족으로 하여금 고인에게 편지를 쓰게 하여 자신의 생각과 느낌을 표현하도록 한다. 이것은 유족이 고인에게 말할 필요가 있는 것들을 표현하도록 하여 끝내지 못한 일을 해결하도록 도울 수 있다. 비탄 경험에 대한 일기를 작성하거나 시를 짓는 것도 유족의 감정 표현을 촉진하여 상실 경험에 개인적 의미를 부여하도록 도울 수 있다.

④ 그리기

쓰기처럼 고인과의 경험과 감정을 반영하는 그림을 그리도록 하는 것도 도움이 될 수 있다. 그리기는 특히 사별한 어린 아동에게 사용하면 좋은 기술이지만 성인에게도 효과적이다.

⑤ 역할 연기

사별한 사람이 두려워하거나 거북하게 느끼는 다양한 상황의 역할 연기를 하도록 하는 것은 고인이 없는 환경에 적응하도록 하는 데 도움이 된다. 상담사는 역할 연기에 함께 참여하여 촉진자 역할이나 혹은 가능한 새로운 행동을 모델로 보여 줄 수 있다.

⑥ 인지 재구성

우리의 생각은 우리의 감정, 특히 은밀한 생각이나 끊임없이 마음속에 떠오르는 혼잣말 등에 영향을 미칠 수 있다. 상담사는 유족으로 하여금 이러한 생각들을 점검하고 확인하고 현실 테스트를 통해서 그러한 생각이 불합리하다는 것을 깨닫도록 하여 이러한 생각에 의해 유발되는 불쾌한 감정들을 완화시킬 수 있다.

⑦ 메모리 북 만들기

아동도 참여시켜서 사별한 가족이 함께할 수 있는 활동으로 고인이 된 가족 구성원의 메모리 북을 만든다. 메모리 북은 가족의 대소사에 대한 이야기, 사진, 가족들이 그린 그림이나 시 등으로 꾸밀 수 있다. 메모리 북 만들기는 가족이 고인을 회상하고 고인을 애도하도록 도울 수 있고, 아동이 메모리 북을 다시 보면서 상실을 그들의 성장과 변화된 삶으로 재통합하도록 도울 수 있다.

⑧ 빈 의자 요법

유족으로 하여금 눈을 감거나 빈 의자에 고인이 있는 것을 시각화하는 방식으로 고인을 상상하도록 하고 고인에게 꼭 해야만 하는 말을 하도록 격려한다.

2 비탄 심리치료

비탄 치료의 목적은 비탄 상담의 목적과는 구별된다. 비탄 상담의 목적은 최근 사별한 사람이 비탄 과정을 성공적으로 종결하도록 하기 위해 비탄 과제를 풀도록 도와주는 것인 반면에, 비탄 치료는 비탄 반응이 없거나 연기되었거나 과장되었거나 혹은 길게 연장된 복잡한 비탄 반응을 보이는 사람에게서 비탄 과제의 완성을 방해하는 분리 갈등을 확인하고 해결하는 것을 목적으로 한다(Worden, 1991). 이러한 분리 갈등의 해결을 위해서는 환자가 회피하고 있는 생각과 감정을 경험하도록 할 필요가 있다. 치료자는 치료가 진행되는 동안 환자가 성공적으로 비탄 과업을 완수하도록 하기 위해 필요한 사회적 지원을 제공하고, 이전의 사회 환경에서 환자에게 부여되지 않았던 비탄을 허용하도록 한다. 근원적인 갈등이 크면 클수록 이러한 고통스러운 생각과 감정을 탐색하는 데 대한 저항이 더욱 크다. 특히 비탄 치료는 연장된 비탄 반응, 신체적/행동적 증상으로 변장한 비탄 반응, 과장된 비탄 반응을 나타내는 상황에 가장 적합하다(Worden, 1991).

1 비탄 심리치료의 절차

비탄 심리치료는 진료실에서 일대일로 진행되는 것이 일반적이다. 그럴 경우의 치료 절차를 제시하면 다음과 같다(Worden, 1991).

① 신체적 질병은 제외한다

신체적인 증상이 병적인 비탄의 주된 표현이라면 그 증상을 일으키는 신체적 질병을 배제하고 비탄 치료 과정에 들어와야 한다.

② 계약을 맺고 협조관계를 확립한다

환자는 고인이나 이전의 상실에 연루되어 있는 사람과의 관계를 재탐색하는 데 동의해야 한다. 과거의 관계는 그것이 현재의 사별에 대한 반응에 직접적으로 영향을 미칠 경우에만 탐색한다. 치료자는 일시적으로 고인의 대역이 되어서 희망과 위안을 주려고 노력한다. 치료자는 환자의 죄의식과 파괴성을 알고 있어야 하고 그것이 고인에 대한 걱정과 동정심을 손상시키지 않는다는 것을 알게 해야 한다.

③ 고인에 대한 기억을 되살아나게 한다

죽은 고인에 대하여 그가 어떤 사람이었고, 환자가 그에 대하여 무엇을 기억하고, 무엇을 함께했는지 등을 이야기하게 한다. 만약 환자가 부정적인 영향을 더 경험하는 것에 저항한다면 이후에 부정적인 부분을 더 다룰 수 있도록 긍정적인 기억의 토대를 만들어 균형을 맞추도록 한다. 치료의 초기에는 고인에 관한 긍정적인 특징, 자질, 고인과 함께 즐겼던 즐거운 활동들을 이야기하는 데 많은 시간을 쓰도록 하고 점차로 부정적/긍정적 기억을 섞어서 이야기하다가 마지막에 상처, 분노, 절망들로 채워진 기억들을 이야기하도록 유도한다.

④ 어떤 비탄 과제가 완수되지 못했는지 평가한다

상실의 현실을 받아들이지 못할 경우의 치료는 그 사람이 죽었고 그 현실을 받아들여서 그 사람을 떠나보내야 한다는 사실에 초점을 둔다. 비탄의 고통을 회피하는 경우의 치료는 고인과 관련된 긍정적 감정과 부정적 감정을 모두 느껴도 안전하고 이러한 감정들이 균형을 잡을 수 있도록 하는 데 초점을 둔다. 고인이 없는 환경에 적응하는 데 어려움을 느낄 경우에는 그 문제의 해결이 비탄 치료의 중요한 부분을 차지한다. 환자가 고인을 정서적으로 재배치하고 삶 속으로 복귀하는 데 어려움을 느낄 경우에는 고인에 대한 애착으로부터 환자가 해방되도록 돕고 자유롭게 새로운 관계를 추구하고 삶으로 복귀하도록 돕는다. 그러기 위해서는 환자에게 그만 비탄을 멈추도록 허락하고 환자가 고인에게 작별 인사를 하지 못하는 이유를 탐색하도록 하여 새로운 관계를 시인할 수 있도록 돕는다.

⑤ 기억에 의해 자극된 감정 혹은 감정의 부재를 다룬다

고인에 대한 기억에 의해 자극된 감정 중에 분노와 죄의식에 주목할 필요가 있다. 치료의 초기에 고인에 대해 이야기할 때 환자가 고인을 실제보다 훌륭하게 기술한다면 그 이면에는 표현되지 못한 분노가 있을 수 있다. 이러한 분노는 고인에 대한 양면 가치적 감정을 탐색하고 결국에는 그 자신의 분노 감정과 접촉하도록 하는 것에 의해 점차 해결될 수 있다. 일단 분노의 감정이 확인되면 이러한 분노의 감정이 긍정적인 감정을 상쇄하지 않고 환자가 고인에게 관심이 있기 때문에 생기는 것이라는 사실을 이해하도록 돕는다. 또 환자가 고인에 대해 이야기할 때 이전의 관계와 관련된 죄의식을 깨닫게 될 수 있다. 일단 죄의식이 확인되면 환자가 죄의식을 테스트하도록 돕는다. 만일 객관적인 이유가 있는 죄의식일 경우에는 심리극이나 역할극, 빈 의자 요법 등을 통해 치료자는 환자가 고인의 용서를 구하도록 돕는다.

⑥ 고인과 연결된 물건을 탐색하여 비탄 해결을 방해하는 요소를 제거한다

유족은 고인과의 관계가 유지될 수 있도록 의미를 부여하는 상징적인 물건을 가지고 있는데, 이러한 고인과 연결된 물건이 비탄 해결에 장애가 되는 경우가 종종 있다. 시계나 장신구와 같은 고인의 소유물, 안경처럼 고인의 감각을 확장시켰던 물건, 사진과 같은 고인의 표상, 죽음 소식을 들었을 때 혹은 죽은 유체를 보았을 때 바로 가까이에 있었던 물건들이 이에 해당된다. 고인과 연결된 이러한 물건들은 환자가 이러한 물건에 더 많은 의미를 부여하고 잃었을 때 더 많은 불안을 일으키는 등 단순한 고인의 유품과는 구별된다. 환자에게 고인의 죽음 후 어떤 품목을 간직하고 있는지 묻고 만약 그것이 고인과 연결된 물건일 경우 치료 기간에 가져와서 함께 이야기한다. 이렇게 하는 것이 비탄을 촉진하는 데 도움이 될 수 있고, 비탄 과정에 머물러 있도록 만드는 주된 갈등을 드러나게 하는 데 도움이 된다.

⑦ 상실의 최종성을 인정한다

대부분의 사람들이 상실 후 몇 개월 안에 상실의 최종성을 인정하게 되지만,

어떤 사람은 재결합에 대한 희망을 오랫동안 버리지 못하는 사람도 있다. 이러한 경우에는 환자가 왜 상실의 최종성을 인정할 수 없는지 그 이유를 사정하도록 돕는다.

⑧ 비탄을 끝내는 환상을 다룬다

환자로 하여금 비탄을 끝내는 것이 어떤 것인지에 대해 그들이 갖고 있는 환상을 탐색하도록 한다. 또 그들이 비탄을 끝내면 무엇을 잃게 되는가를 점검하도록 한다.

⑨ 환자가 마지막 작별인사를 하도록 돕는다

어떤 사람은 작별인사를 하는 것이 가 버린 사람을 잊는 것이라고 생각할 수 있지만 그렇지 않다. 작별인사를 하는 것은 고인이 다시 살아나서 여기 나와 함께 있기를 바라는 마음에 작별을 고하는 것이고, 죽은 고인을 원상태로 회복시킬 수 있다는 환상에 작별을 고하는 것이다. 이러한 작별인사는 치료 기간 동안에 점차적으로 이루어지고 마지막 작별인사를 고하게 될 때 치료가 종료된다. 치료자는 환자에게 작별인사를 할 준비가 되었는지를 질문하여 환자로 하여금 이 과정에서 주도권을 갖도록 한다. 끝내지 못한 일들을 모두 완수하였을 때 환자는 고인을 떠나보낼 준비가 되었음을 알게 될 것이다. 환자는 이 마지막 작별인사를 고하고 난 후에 대개의 경우 안도감을 느낀다.

2 비탄 심리치료의 방법

비탄 심리치료는 진료실에서 일대일로 진행되는 것이 일반적이지만 그 밖에도 다양한 치료 방식이 있다. 비탄 치료를 위해 사용된 전략(집단 치료 혹은 행동 치료 등)이나 대상이 되는 집단(사랑하는 사람의 죽음을 경험한 사람, 복잡한 비탄을 보일 위험이 있는 사람, 복잡한 비탄을 겪고 있는 사람 등)에 따라 제공되는 개입의 형태는 다르지만 사별한 사람이 사랑하는 사람의 상실 이후 갖게 되는 정서적 · 실제적 문제를 해결하도록 돕는다는 점에서 공통적이다.

또 비탄 심리치료는 정상적인 비탄을 경험하는 사람에게는 필요 없고 오히려 해가 될 수 있으나 복잡한 비탄을 경험하는 사람이나 그럴 위험성이 있는 사람에게 긍정적인 효과가 있는 것으로 나타나고 있다(Neimeyer, 2000; Jordan & Neimeyer, 2003; Schut et al., 2001). 비탄 심리치료의 방법으로는 다음과 같은 것들이 있다.

① 위기 개입

위기 개입(crisis intervention)은 사별에서 비롯된 스트레스 때문에 유발된 최근 문제나 정서적 위기에 초점을 둔 단기적인 심리치료를 말한다(Caplan, 1964). 사별한 사람의 사회적 네트워크가 비지지적이거나 불시의 예기치 못한 분노와 죄의식을 갖는 경우, 양가 감정적인 부부관계, 삶의 위기가 동시다발로 발생하는 경우 등에 주로 적용된다. 비탄의 초기 단계에 격심한 비탄을 겪고 있는 31명에 대한 예방적 위기 개입에서 치료 집단은 불안 증상, 우울 증상, 신체적 증상 등이 개선된 것으로 나타났다(Raphael, 1977).

② 단기역동적 심리치료

단기역동적 심리치료(brief, dynamic psychotherapy)는 높은 강도의 점유적 · 회피적 · 불안적 · 우울적 증상을 가진 집단에 적용된다. 이를 통해 사회적 기능과 직업 기능의 개선뿐만 아니라 스트레스 증상과 일반적 증상이 완화된 것으로 나타났다(Horowitz et al., 1984).

③ 행동 치료

행동 치료(behavior therapies)는 병적인 비탄을 경험하고 있는 사람에 대한 초기 전략으로 그들이 두려워하고 회피하는 것에 노출시키고 그것에 익숙하게 하여 공포증을 완화시키는 것에 초점을 두고 있다(Kavanagh, 1990). 1년 이상의 만성적인 비탄을 경험하고 있는 6명의 환자에게 적용한 결과, 공포 증상, 공포 고통 등이 완화된 것으로 나타났다(Mawson et al., 1981). 또 병적인 비탄을 겪고 있는 26명의 환자에게 적용한 결과 회피, 회피 고통, 신체적 증상, 불안, 우울 증상, 직업 기능, 사회적 기능 등이 개선된 것으로 나타났다(Sireling, Cohen, & Marks, 1988).

④ 집단 치료

집단 치료(group therapy)는 정신적 고통, 외상 후 스트레스 장애(post traumatic stress disorder), 악화된 신체 건강, 부부간 역할 긴장 등의 증상을 가진 사람들을 대상으로 집단을 구성하여 필요한 정보를 제공하고 기술 습득을 원조하며 정서 중심적 대처 전략, 문제 중심적 대처 전략의 습득을 돕는 방법이다. 자조 집단이 건강한 사람의 정상적인 비탄 반응을 다루는 반면, 집단 치료는 복잡한 비탄 반응을 보이는 사람의 심리사회적 장애를 치료하는 데 목적이 있다. 자식을 사고나 살인, 자살 등으로 잃은 부모를 대상으로 한 집단 치료에 참여한 부모 중 어머니들에게서 정신적 고통과 외상 후 스트레스 장애가 크게 개선된 것으로 나타났다(Murphy et al., 1998).

⑤ 자조 집단

자조 집단(self-help groups)은 전문적인 상담이나 치료가 아니라 비슷한 상실 경험을 가진 사람들이 상호 도움을 구하는 것으로, 구성원이 되기 위해서 공통된 경험을 공유해야 하고 자치 · 자립을 강조하며 의무나 책임 없이 참여 가능하다는 특징을 가지고 있다. 일반적으로 자조 집단은 구성원들 상호 간에 희망과 이해, 사회적 지원을 제공하고, 서로가 정상이라는 것을 확인하고 실질적인 대처 기술을 배우는 환경을 제공한다는 점에서 개인 치료를 보완할 수 있다. 자조 집단에서는 리더의 역할이 중요하여, 전문가들에 의해 적합성이 심사되고 매뉴얼에 따라 자조 집단을 이끌도록 훈련된 리더가 집단을 이끌 경우 단기역동적 심리치료만큼 효과적인 것으로 나타났다(Marmar et al., 1988). 그러나 자조 집단이 어떤 형태의 사별에 효과적인지, 언제 자조 집단에 참여하는 것이 효과적인지에 대한 실험 데이터는 불충분한 실정이다.

part 04

죽음과 관련된 법적 · 도덕적 쟁점

죽어 가는 당사자가 자신의 운명을 결정하는 데 주도적인 역할을 해야 한다는 사실에는 기본적으로 동의하지만, 죽어 가는 사람이 이러한 결정을 스스로 할 수 없는 상황에서는 어떻게 하면 좋은가?

제10장

사망 전과 관련된 법적 · 도덕적 쟁점

현대의 과학과 의료기술은 이전 시대에는 분명히 죽었을 사람들, 예를 들어 자력으로 호흡을 할 수 없는 사람이나 심한 뇌 손상을 입은 사람, 인공호흡기나 인공급식튜브가 없을 경우 이미 죽었을 진행성 말기 질환을 가진 사람을 살 수 있도록 만들었고, 화학요법, 방사선요법, 기관과 조직의 이식, 그 밖의 기술들은 많은 사람들의 삶을 연장시켰다. 그러나 이러한 기술들은 인간 삶의 연장을 가능하게 하였지만 때때로 죽음의 과정에서의 고통의 깊이, 길이, 정도를 증가시켰고, 어떤 사람에게는 이러한 기술에 의해 연장된 삶이 고통스러울 뿐만 아니라 품위를 떨어뜨리는 것으로 느껴지기도 한다. 이처럼 과학과 의료기술의 발달은 이전에는 죽을 수밖에 없었던 상황에 있던 많은 사람들의 수명을 연장시키는 긍정적인 변화를 가져온 동시에 특수한 경제 상황에서 어려운 의학적 결정을 하고 실행하는 것과 관련된 법적 · 도덕적 문제들을 제기하게 만들고 있다.

죽어 가는 당사자가 자신의 운명을 결정하는 데 주도적인 역할을 해야 한다는 사실에는 기본적으로 동의하지만, 죽어 가는 사람이 이러한 결정을 스스로 할 수 없는 상황에서는 어떻게 하면 좋은가? 이러한 문제들은 죽어 가는 당사자에게만 한정되는 것이 아니라 그가 살고 있는 문화적 · 사회적 환경이 이러한 결정에 중요한 영향을 미치게 된다. 각 사회는 공동체의 이익과 복지를 향상시키기 위해 형식적인 법체계를 갖추고 있다. 이러한 체계에는 그 사회가 가지고 있는 가치를 반영하는 법칙과 절차가 존재하고, 이것이 사회적 행동을 지배하고 규제한다. 이러한 법체계뿐만 아니라 공동체 구성원들이 일반적으로 갖고 있는 신념이나 가치체계 역시 죽음과 관련된 의사 결정을 할 경우 영향을 미치는 주요한 요소라고 할 수 있다.

여기서는 죽어 가는 사람이 무의미한 생명 연장에 의해 길고도 고통스러운 죽음의 과정을 경험해야 할 경우 치료를 계속해야 할 것인가 아니면 죽도록 허용해야 할 것인가를 어떻게 결정해야 좋은지, 그리고 그러한 의사 결정에 의해서 선택된 죽음의 방식인 안락사에 대해 사회적인 합의에 도달하지 못하고 논란이 되고 있는 주요 쟁점들을 살펴보고자 한다.

1. 의학적 의사 결정 방식

질병의 말기 단계에서 사망하기까지 죽어 가는 당사자는 물론 가족과 의료 관계자들은 의사 결정을 해야 할 많은 순간들에 직면하게 된다. 적극적인 치료를 하다가 어느 순간에 돌봄을 위주로 하는 완화치료로 전환하여야 하는지, 절박한 상황에서 생명유지 장치를 해야 할지 말아야 할지, 임종에 가까운 상황에서 실시하는 가능한 모든 의료 조치가 실제로 환자의 삶을 개선하는 데 도움이 되는지, 오히려 부담스러운 죽음의 과정을 연장시키는 것은 아닌지 등 아무도 정답을 모르고 상황이 끝나서야 비로소 결과를 알 수 있는 많은 어려운 상황을 만나게 된다. 또한 이러한 각 상황에서 의사 결정을 해야 하는 어려움에 직면하게 된다. 누가 의사 결정의 주체가 되어야 하고, 어떠한 방식의 의사 결정 과정이 바람직한가?

의학적 의사 결정 방식은 학자에 따라 다르게 기술되지만, 대체로 다음과 같은 네 가지 방식으로 나누어진다(이상목, 2010).

❶ 온정적 간섭주의 모델

부권주의로 번역되기도 하며, 마치 아버지가 자식을 위하여 모든 결정을 하듯이 의사가 환자를 위해 판단과 결정 모두를 수행하는 것을 말한다. 여기서 의사는 환자의 이익을 위한 관리인으로서 환자의 선호와 무관하게 의사가 환자에게 최선이라고 생각하는 것을 행한다. 과거 의료는 온정적 간섭주의(paternalism)가 지배하였고, 그 당시 의학적 의사 결정은 주로 전문적 지식과 기술을 가진 의사를 중심으로 내려졌다.

❷ 환자 중심 결정 모델

의사는 판단을 하지 않고 환자에게 결정을 위한 정보만을 제공하고 환자가 의사 결정을 하는 것을 말한다. 즉, 진단과 치료에 대한 중요한 대화는 주로 의사와 환자 사이에서 이루어지고 구체적인 치료에 관한 최종 결정은 주로 개별 환자에 의해 이루어진다. 환자 중심 결정(patient centered decision-making)은 온정적 간섭주의의 대안으로 제안되었다.

환자 중심 결정의 윤리는 고대의 히포크라테스 선서와 원하지 않는 간섭으로부터 사적인 자유와 활동을 보장받을 수 있다는 서구의 자유주의적 개인주의의 전통으로부터 유래하였고, 이는 현대 의료의 중심적인 윤리로서 체계화되었다. 환자 중심의 의사 결정 윤리는 환자의 선택이 존중되어야 한다는 환자의 자율성 존중, 환자의 자기결정권 존중의 윤리이고, 그 윤리적 근거는 의학적 치료가 항상 환자의 이익을 우선해야 한다는 환자 중심 윤리다. 또 의사 결정에서 환자의 자율성 존중이 지켜지기 위해서는 의사가 환자에게 정확하고 상세한 정보를 제공해야 하는 설명 동의(informed consent)를 전제로 한다. 이처럼 자율성, 개인의 자기결정 그리고 자유로운 동의라는 세 가지 가치는 서양의 환자 중심 의학의 발전과 더불어 자율성에 정향된 생명윤리 발전의 토대가 되었고, 의학적 의사 결정의 법적인 합의의 토대를 이루어 왔다.

환자 중심의 의사 결정 모델은 환자의 권리와 선택의 자유, 자율성을 존중해 준다는 장점을 가지고 있다. 그러나 환자 개인의 선택에만 과도하게 의존하게 하여 의료문제와 관련된 사회적 문제들을 단지 개인적 수준에서 해결하도록 부추기고 있다는 비판을 받고 있다. 또 개인의 자율성에 대한 지나친 강조는 관련된 사람들 사이에서 나눔과 참여보다는 분리와 고립을 강화함으로써 가족 공동체의 의사 결정을 무시하고, 환자와 의사의 관계를 훼손시킬 수 있다는 비판을 받고 있다.

❸ 공동 결정 모델

의사와 환자가 치료법을 공동으로 논의해서 결정하고, 의사는 그 결정을 수행하는 것이다. 공동 결정(shared decision-making) 모델은 온정적 간섭주의 모델과 환자 중심 결정 모델에 대한 비판적 대안으로서 제안된 것이다. 이것은 환자와 의사가 공개적으로 치료법에 대한 모든 대안들을 함께 논의한 후에 결정을 하는 의사 결정 모델로 의사와 환자가 논의의 중심이 되고 그 과정에서 환자 가족의 참여는 중요시되지 않는다.

❹ 가족 결정 모델

가족 결정(family decision-making) 모델은 환자와 가족이 환자를 위한 치료 선택을 논의하고 결정하는 것이다. 가족 결정 모델에서 보는 가족에 대한 관점은 환자와 이해가 대립되는 갈등 관점이 아니라 환자를 가장 잘 이해할 수 있고 환자를 위한 최선의 것이 무엇인지를 파악하여 환자의 편에 서서 결정을 내릴 수 있는 상호 호혜적 관계로서의 가족을 상정하고 있다.

개인의 가치보다 공동체의 가치를 중요하게 생각하는 우리나라와 같은 유교 문화권에서 생명의료문제의 해결 방식은 환자의 의사보다 가족 공동체의 의사에 의해 많이 결정되고 있다(이상목, 2010). 따라서 유교 문화권에서 의사는 질병과 관련된 문제를 환자 혼자보다는 환자의 가족들과 논의하는 경향이 있고, 의사가 제시한 치료의 수용 혹은 거부도 개인보다는 가족회의에서 결정되는 경우가 많다. 그러나 의학적 결정의 최종 결정 과정에서 가족은 환자의 자기결정을 조력하는 중요한 역할을 수행할 수 있으나 가족회의 결과와 환자의 의견이 다를 때는 최종적인 의사 결정권은 환자에게 있다.

의학적 의사 결정 방식은 의사 결정에 영향을 주는 환자의 가치관, 의사의 의무와 역할, 환자의 자율성 인정 여부, 의학적 결정 과정에 참여하는 사람의 범위와 참여 정도가 문화에 따라 다르기 때문에 문화와 지역에 따라 다르게 나타날 수 있다(이상목, 2010).

2. 사전 의료 지시

앞에서 살펴보았듯이, 오늘날 의학적 결정 주체에 대한 논의에서 가장 강조되는 개념은 '환자의 자율성 존중' 이다. 이것은 의학적 결정에서 환자의 권리와 선택의 자유가 제일 우선되어야 한다는 것이다.

많은 사람들은 인생의 말기 단계에 스스로 의사 결정을 할 수 없을 정도로 무력해졌을 때 타의에 의해 무의미하게 생명을 유지시키는 기술적 개입을 시작하고 그것을 죽을 때까지 계속하게 되어서 개인적 존엄성을 상실하고 자신의 죽음의 과정 관리에 대한 통제력을 상실하게 될까 봐 두려워한다(Hill, 1996). 이러한 두려움은 환자나 혹은 대리인의 판단에 따라서 예견되는 이익에 비해 치료의 부담이 부적절할 때 의학적 개입을 중지하도록 하는 사전 의료 계획 체계의 개발, 보급, 실행을 가져왔다.

1 사전 의료 지시의 의미

넓은 의미에서 '사전 의료 지시' 란 당사자가 의사 결정에 참여할 능력이 없거나 참여할 수 없을 경우에 대비하여 원하거나 원하지 않는 행동들을 말이나 혹은 서면으로 적어 놓은 지시를 의미한다(Cantor, 1993). 즉, 사전 의료 지시란 '자신의 일을 자기가 결정하는 자율성' 을 사고를 당했거나 불치의 병에 걸려 의식불명이 되어 더 이상 결정할 능력이 없는 상황에까지 확장시키는 문서로서, 이는 환자의 자율성을 확장시키고 연명치료 환자의 돌봄의 질을 향상시킴과 동시에 국가적인 측면에서는 한정된 의료 재원을 절약할 수 있는 방법이기도 하다.

사전 의료 지시는 죽음이 임박하지 않은 건강한 시점에서 죽음이 임박했을 때의 생명연장 치료의 시행 여부에 대한 결정을 미리 개인의 의지와 선호에 따라 결정하는 죽기 전의 치료에 관련된 결정뿐만 아니라 죽음의 순간이 되어서야 효력을 발생할 수 있는 조직과 기관의 기증에 대한 지시, 유체의 안치, 재산의 배분에 대한 지시들을 포함할 수 있다. 사전 의료 지시는 고통이 불가역적이며 질병이 회복할 수 없을 정도로 치명적인 단계에 이르렀을 경우에만 그 효력을 발휘할 수 있다.

2 사전 의료 지시서의 작성 방법

그러면 사전 의료 지시는 어떻게 작성하는 것인가? 사전 의료 지시서는 법적으로 보면 의지 표명이지만 법적으로 공인된 표준화된 형식이 존재하는 것은 아니다. 그러나 일반적이고 모호하게 써서는 특정한 치료 결정을 위해 자신의 의사를 결정하는 사전 의료 지시서로서 인정받지 못할 가능성이 많고, 또 지나치게 특정한 질병 상태에서의 특정한 치료에 대한 선호와 거절을 지시하는 것도 모든 가능한 치료와 의학적 상황을 다 포함할 수 없기 때문에 부적절할 수 있다. 이미 만들어져 있는 기성의 사전 의료 지시서 형식에 충분한 고려 없이 기재하는 것보다는 되도록이면 말기 단계에 자신이 처할 수 있는 상황 등을 숙고해 보고 원하거나 원하지 않는 치료 방법을 구체적으로 서술하는 노력이 필요하다.

특히 사전 의료 지시를 작성할 경우 앞에서 고려한 본인의 의사와는 상관없는 무의미한 과잉 진료를 막기 위한 조치뿐만 아니라 경제적 논리에 따른 노화나 노인, 혹은 말기 단계의 죽어 가는 사람에 대한 편견과 경시풍조 때문에 불공평하게 충분히 치료와 돌봄을 받지 못하는 과소 진료의 가능성도 고려하여야 한다. 죽어 가는 환자에게 인간적인 환경을 제공하는 것과 과잉 치료는 구별되어야 하며, 노인이나 죽어 가는 환자에게 인간답게 죽을 권리가 있다면 분명히 인간답게 살 권리도 있는 것이다. 환자가 경제적 여건이나 주위 시선에 의해서 스스로의 의사라기보다는 타의에 의해서 선택한 스스로의 죽을 권리가 타당한 것인가 생각해 볼 문제다. 따라서 자신이 받고 싶지 않은 치료뿐만 아니라 받고 싶은 치료나 돌봄의 수준도 언급할 필요가 있다.

사전 의료 지시서는 형식 없이 자유롭게 작성해서 제출할 수 있으며, 원하면 언제든 취소하거나 변경할 수 있다. 또 사전 의료 지시서에 서명하기 전에 그 내용에 대해 가족이나 친지, 친구, 담당의사와 상의하는 것이 좋고, 의사는 사전 의료 지시서가 작성된 이후에 환자의 의지의 변화가 있는지 정기적으로 확인하는 것이 좋다.

일반적으로 사전 의료 지시서가 구속력을 갖기 위해서는 다음과 같은 조건이 필요하다(구인회, 2008).

- 사전 의료 지시서를 작성할 당시, 환자는 동의 능력이 있어야 한다. 즉, 자신이 무엇을 지시하고 있고 그것이 어떤 결과를 갖는지 인지하고 있어야 한다.
- 구체적인 치료 상황을 지정해야 하며, 의지의 표명은 구체적이어야 한다.
- 환자가 사전 의료 지시를 취소했음이 감지되지 않아야 한다.

❸ 연명 치료와 관련된 생각을 조사한 연구

참고로 연명 치료에 대한 생각을 조사한 연구 결과들을 소개하면 다음과 같다. 엠마뉴엘과 동료들(Emanuel et al., 1991)은 혼수 상태, 영구적 식물인간 상태, 치매, 말기 질병을 가진 치매 등의 상황을 가정하여 환자들의 연명 치료에 대한 생각을 조사한 결과, 환자들은 영구적 식물인간 상태와 치매 상태에 있을 경우 치료를 거절하는 비율이 더 높았고, 회복할 가능성이 있는 혼수 상태일 경우에는 치료를 거절하는 비율이 낮았다. 레일리와 동료들(Reilly et al., 1994)의 연구에서는 노인 참가자의 대부분이 말기 질병일 경우(58%), 혼수 상태일 경우(62%), 알츠하이머에 걸렸을 경우(43%)에는 치료를 원치 않는 것으로 나타났다. 헤이그, 스콧 및 위켓(Haig, Scott, & Wickett, 1986)은 연명 치료 의사 결정에서 고려하게 되는 중요한 요소로 손상의 특성(신체적 대 인지적), 회복 가능성, 통증의 유무 등을 들고 있다. 일반적으로 노인은 신체적으로 손상되었을 때보다는 인지적으로 손상되었을 때, 조금이라도 회복 가능성이 있을 때보다는 회복 가능성이 없을 때, 통증이 없을 때보다는 진통제가 계속 필요할 정도로 통증이 있을 때 연명 치료를 거절하는 비율이 높았다(Coppola et al, 1999). 노인의 경우 연명 치료를 고려할 때 정신적·인지적 능력이 중요한 기준이 되고 있고, 대부분의 참가자들은 인지적으로 손상되거나 무의식 상태보다는 현재의 인지 기능이 온전할 때 더욱 치료를 받고 싶어 하는 것으로 나타나고 있다(Cohen-Mansfield, Droge, & Billing, 1992).

말기 상태에 가능한 의학적 개입 또는 생명 연장 치료로는 일반 연명 치료로서 특수 장치가 필요 없는 영양과 수분 공급, 체온 유지, 진통제 투여 및 욕창 방지를 위한 자세 바꾸기, 일차 항생제 투여가 있고, 이외 심폐소생술, 기도 삽관 후 기계로 숨 쉬게 하는 인공 기계 호흡, 혈액투석, 수혈, 항암제 등은 특수 연명 치료에 해당한다.

4 사전 의료 지시의 종류

1 생명 유언

생명 유언(living will)이란 자신의 생명에 관한 유언으로, 스스로 의사를 표현할 수 없는 상황을 대비하여 자신의 죽음과 신체기관에 대해 남기는 유언을 말한다. 즉, 생명 유언은 개인이 말기 단계에서 죽기 전에 치료에 관한 바람들을 표현할 수 있는 서류로서 사전 의료 지시의 일종이라고 할 수 있으며, 자신이 중요한 의사 결정에 참여할 수 없는 죽음의 상황에 처하거나 익숙하지 않은 낯선 환경에서 자신의 바람을 이해하지 못하거나 동의하지 않는 사람들 속에서 죽게 될 경우를 걱정하여 만들어지며, 특수한 상황에서 내려진 결정에 대한 책임을 함께 나누고자 하는 노력의 표현이라고 할 수 있다(Corr, Nabe, & Corr, 2000).

생명 유언은 법적인 지위나 요구가 없기 때문에 자신이 원하는 방식으로 작성할 수 있으나 생명 유언의 핵심 부분은 역시 회복될 가능성이 없는 상황에서 죽음의 과정을 단순히 연장하는 치료 지향적인 개입을 거절하고 자연스럽게 죽도록 허용하라는 '중단해야 할 조치' 와 통증을 완화하고 편안하게 해 주는 완화 치료로 개입을 한정하라는 '계속 제공되어야 할 의료 서비스의 지시' 들로 구성된다. 그러나 생명 유언을 통해 직접적인 살인이나 적극적인 안락사를 요구할 수는 없다.

우리나라처럼 생명 유언이 법적인 지위가 없을 경우에 이것을 작성해 놓았다고 해서 모든 경우에 적용이 보장되는 것은 아니다. 생명유지 장치를 제거할 경우 현행법상 해당 의료 행위는 촉탁 승낙에 의한 살인죄와 살인방조죄에 해당되어 의료인들이 이의 시행을 거절할 수 있기 때문에 생명 유언의 효력을 보장받기 위해서는 법령화를 통한 법적 보장이 필요하다.

미국의 경우 1976년 캘리포니아 주 의회가 처음으로 환자가 삶의 마지막 단계에서 자신의 의지대로 자연스럽게 죽음을 맞을 수 있는 권리를 보장하기 위해 「자연사 법(Natural Death Act)」을 제정하여 시행하고 있다. 이 캘리포니아 「자연사 법」의 주요 내용을 간단히 소개하면 다음과 같다.

① 자격 있는 성인이 이 서류(생명 유언장)에 서명하도록 인정한 상황들을 자세히 상술한다.
② 이 서류가 법적인 효력을 갖기 위하여 갖추어야 할 형식을 규정한다.
③ 어떤 종류의 개입이 거부될 수 있고 거부되어서는 안 되는지를 규정한다.
④ 언제든지 서류에 서명한 사람이 구두로 혹은 서면으로 서명한 서류의 부인 혹은 무효화를 요구할 경우 이를 인가한다.
⑤ 전문적인 돌봄 제공자로 하여금 서류의 지시에 협조 혹은 철회하도록 그리고 대안적인 돌봄을 마련하도록 요구한다(그렇게 하는 것에 동의하면 법적으로

보호받는 반면, 그렇게 하지 않으면 의료과오 책임이나 전문 자격증의 상실로 이어질 수 있는 징벌을 받을 수 있다.).

⑥ 법률에 의해 인정된 행위에 의해 초래된 죽음은 보험금을 목적으로 한 자살로 해석되지 않도록 규정한다.

또 미국의 연방 의회는 1991년부터 환자의 「자기결정법(Patient Self-Determination Act)」을 제정하여 시행하고 있고, 이 법은 노인의료보장제도(Medicare)와 65세 미만의 저소득자나 신체장애인을 위한 의료보조제도(Medicaid)의 지원을 받는 건강돌봄기관으로 하여금 환자에게 자신의 치료를 수용하거나 거절할 권리가 있고 사전 의료 지시를 시행할 권리가 있음을 미리 충분히 알려 주도록 규정하고 있다.

우리나라의 경우 아직 「자연사 법」이나 환자의 「자기결정법」과 같은 법률 제정을 위한 사회적 합의가 이루어지지 않았기 때문에 법 제정이 탈법, 편법에 의한 인권침해로 이어지지 않고 자기결정권이 충분히 행사되기 위해서는 의사가 사전에 환자와 그 가족들에게 환자의 현재 상태와 예후에 대해 충분히 설명했는지 여부, 위반에 대한 처벌 규정, 말기 환자의 개념이나 범위 규정 등 다양한 각도에서의 충분한 검토가 필요하고, 또한 의료비 부담 등 재정문제 때문에 본인의 의사와 상관없이 치료를 포기할 수밖에 없는 상황을 방지하기 위한 정책적 노력도 필요하다.

2 계속적 대리 위임

계속적 대리 위임(durable powers of attorney) 또는 항구성 대리 위임은 생명 유언과는 다른 형태의 사전 의료 지시라고 할 수 있다. 건강한 시기에 표명된 바람이 환자의 현재 희망과 언제나 일치하는 것은 아니다. 생명 유언이 미래에 일어날 수 있는 상황의 모든 관련된 요소를 예측할 수 없어서 가족과 전문적 돌봄 제공자 간에 해석과 논쟁의 여지를 남겨 놓기 때문에, 환자 본인의 이익을 위하여 누군가에게 치료와 관련된 결정을 대신할 권한을 위임하는 것이 계속적 대리 위임이라고 할 수 있다. 이처럼 계속적 대리 위임은 환자 자신이 의사를 표현할 수 없는 상황에 처했을 때 자신을 대신해서 생명 처치에 대한 결정을 할 수 있는 다른 사람이나 대리인을 지명할 수 있도록 허용하는 새로운 형태의 사전 의료 지시라고 할 수 있다. 대리인에게 일반적인 권한을 폭넓게 부여하거나 또는 결정의 종류나 권한을 특정할 수도 있다. 대리인에게 부여할 수 있는 특정 권한이란 모든 의료 기록에의 접근 허용, 의료 공급자의 고용 및 해고, 의료적 처치나 진단 절차에 대한 동의나 거부, 계속적 대리 위임장을 효율적으로 집행할 수 있도록 하는 다른 명령 등을 말한다. 계속적 대리 위임을 위한 요건은 생명 유언장 작성을 위한 요건과 대체로 비슷하지만 생명 유언장은 생명 연장 처치에 대해서만 이루어지며 말기 상태에 이르렀을 때에만 적용되는 반면, 계속적 대리 위임은 환자 스스로가 치료 결정을 할 수 없다고 판단될 경우에 모든 건강관리에 관한 결정에 적용 가능하다. 따라서 계속적 대리 위임은 서면으로 작성된 생명 유언장에 비해 변화하는 환경이나 다양한 해석에서 비롯된 문제들을 최소화할 수 있고 의료 개입에 대한 좋고 싫음의 표현을 개인의 특수 사정에 맞추는 기회를 최대화할 수 있다는 장점이 있다.

계속적 대리 위임은 1985년에 미국 캘리포니아 주에서 처음으로 인정되었고, 1991년 일리노이 주에서 법으로 제정되었다. 대리 위임이 입법화되지 않았을 경우에는 공인된 생명 유언장(의사 결정자에게 일반적인 지침을 제공)과 건강문제에 대한 계속적 대리 위임(이러한 지침 안에서 결정권을 인정)을 모두 설정해 놓는 것이 바람직할 수 있다.

3. 죽을 권리-안락사

과학과 의학기술의 발달로 인해 인류는 이전 시대에 비해 평균수명 연장과 장수의 꿈을 달성하였지만 죽음의 과정이 길어지고 때로는 무의미한 연명 치료로 환자 본인은 물론 가족도 많은 고통을 겪게 되었다. 또 이러한 길고 무의미한 죽음의 과정을 단축시키고자 하는 노력은 앞에서 살펴본 생명 유언장이나 계속적 대리 위임과 같은 사전 의료 지시를 통해 죽음을 허용받는 '안락사' 라는 새로운 형태의 죽음 방식을 등장시키고 있다. 그러나 존엄하게 자신의 죽음을 맞이할 권리(죽을 권리)가 인간에게 있는 것인가, 이러한 죽을 권리가 생명권보다 우선하는가, 인간의 죽을 권리는 자기가 결정할 수 있는 문제인가, 인간이 생명의 가치 혹은 무가치에 관해 평가할 권한이 있는가, 언제 생명은 끝나는 것이고 언제 그리고 어떠한 조건하에서 생명을 끝내도 되며 누가 그것을 끝낼 수 있는가 등을 둘러싸고 각계의 의견이 다양하고, 남용을 막고 좀 더 사회적인 부작용이 적은 안락사의 형태를 모색하고 이를 입법화하고자 하는 움직임 또한 사회 일각에서 일어나고 있다. 여기서는 주로 안락사와 관련된 개념들을 살펴보면서 각계에서 첨예하게 대립되는 쟁점들이 무엇인지 알아본다.

1 안락사의 의미

인간이 생명을 종료하는 방식, 즉 죽음의 방식은 여러 가지가 있을 수 있다. 생명 종료로서의 죽음은 크게 생물학적 기능이 자연적으로 중단되어 죽음에 이르는 자연사와 그 생물학적 기능이 인위적으로 정지된 비자연사로 나눌 수 있다. 비자연사는 다시 인간의 의도가 들어간 의도적 죽음, 인간의 의도와 상관없는 우연적인 죽음인 사고사로 나누어질 수 있다. 예를 들어, 자살과 살인은 전자에 속하고 각종 사고에 의한 사망은 후자에 속한다. 이러한 분류에 따르면 안락사는 비자연사이면서 인간의 의도가 들어간 의도적 죽음이라고 할 수 있다. 따라서 안락사는 자연사와 구분되어야 하고, 또 사고사와도 구분되어야 하며, 자살이나 타살과도 엄격히 구분되어야 한다. 그러면 현대에 등장한 안락사라는 죽음의 방식은 구체적으로 무엇을 의미하는가?

안락사(安樂死, euthanasia)란 εvθavaola라는 그리스어에서 유래하였고, 그 어원(eu=좋은, 아름다운; thanatos=죽음)에서 알 수 있듯이 순수한 의미에서의 안락사란 '좋은, 아름다운 죽음'을 의미한다. 그러나 일반적으로 통용되는 안락사의 의미는 어떤 사람이 되도록 편안한 수단을 이용하여 다른 사람을 죽이려는 의도에서 파생된 죽음으로, 의사가 불치병에 걸려 참지 못할 정도로 고통스러워하는 환자의 고통을 종식시키기 위해 자연스럽게 혹은 의도적으로 죽음을 야기하는 행위 혹은 부작위를 의미한다. 즉, 안락사는 질병으로부터의 고통이나 죽음에 임박한 고통을 없애려는 의학적 개입으로, 절망적인 말기 상황에 참을 수 없고 치료할 수 없는 육체적 고통이 있을 경우에만 해당되며, 순수하게 정신적이고 실존적인 고통은 이 범주에 속하지 않는다. 그러나 무엇이 안락사인가에 대해서는 아직 통일된 개념이 형성되지 못하여 다양한 용어로 불리우고 있는 실정이다. 그 예로서, 독일어권에서 안락사는 '죽음에의 도움' 이라는 뜻 외에도 아름다운 죽음, 자비사, 임종의 고통 완화라는 용어들을 다양하게 사용하고 있다. 우리나라에서도 역시 안락사를 안사술 또는 자비사라고 부르기도 하고, 또 인공호흡기 등 생명유지 장치에 의해서 생명을 유지하고 있는 자에 대해서는 특히 존엄사라는 개념을 새로 도입하여 종래 사용해 왔던 안락사 개념과는 다소 다른 의미로 사용하고 있다.

존엄사는 말 그대로 '존엄한, 품위 있는 죽음' 을 말하는 것으로, 그 기본 목적은 죽음을 맞이할 때 인간의 존엄성을 유지하고자 하는 것이며, 인간적 삶을 살 수 있도록 최선의 의학적 치료를 다했음에도 돌이킬 수 없는 죽음에 임박했을 때 의학적으로 무의미한 연명 치료를 중단함으로써 질병에 의한 자연적인 죽음을 받아들이는 것을 말한다. 이때 의학적 치료가 더 이상 생명을 연장할 수 없기 때문에 무의미한 연명 치료를 중단한다고 하더라도 그 치료의 중단으로 생명이 더 단축되는 것을 의미하지는 않는다. 그러나 일반적으로 자의적 · 소극적 안락사를 존엄사라고 부르기도 한다.

안락사 논의는 1976년 지속적인 식물인간 상태에 있던 딸의 인공호흡기를 제거해서 편안하게 죽도록 내버려둘 것을 원하는 그 부모의 요청을 담당의사가 반대하자 법원에 소송을 제기한 미국의 카렌 퀸란(Karen Quinlan) 사건 이후 미국은 물론 세계 각국에서 활발히 논의되어 왔다. 우리나라에서는 1997년 뇌수술을 받은 후 회생 가능성이 있던 환자를 가족의 요청에 따라 퇴원시키고 인공호흡기를 떼어 내 사망에 이르게 한 보라매병원 사건 이후에 안락사에 대한 논의가 사회적으로 쟁점화되었고, 2008년 식물인간이 된 김 모(여, 75세) 씨의 자녀들이 병원을 상대로 낸 무의미한 연명 치료 행위 중지를 요구하는 가처분 신청에 대해 법원이 인공호흡기를 제거해도 좋다는 판결을 내림으로써 안락사에 대한 본격적인 논의가 활발해지고 있다.

2 안락사의 유형

현재 안락사에 대한 논의가 사회적으로 활발해지고 있으나 거의 개념 구분 없이 사용되고 있어서 사회적인 합의 도출과 안락사 관련 논쟁을 이해하는 데 혼선을 빚고 있음도 사실이다. 안락사는 무엇을 기준으로 구분하는가에 따라 다양하게 분류하여 유형화할 수 있으므로 각각의 분류에 따른 내용과 특징들을 간단히 살펴보면 다음과 같다.

1 생명체의 의지에 따른 분류

안락사의 법적 · 윤리적 허용 가능성을 논하는 데 중요한 고려 사항은 '환자가 동의하였는가' 에 있다. 왜냐하면 윤리는 인간의 자율성을 전제하고 그 행위가 타인에게 해악을 끼치지 않는 한, 인간의 자율성은 언제나 존중되어야 하며, 이러한 자율성 유무 확인이 바로 동의이기 때문이다.

① 자발적 안락사

자발적 안락사(voluntary euthanasia)는 환자가 자신의 죽음을 자유 의지로 동의했을 때 시행되는 안락사를 의미한다. 여기서 자유 의지에 의한 동의란 타인으로부터 강요받지 않은 동의를 말한다. 동의할 능력이 있는 환자의 자유 의지에 의한 동의에 따라 치명적인 약물 주사를 투입한 경우나 이전에 자신이 혼수 상태에 빠질 경우 치료 장치를 제거해 달라는 바람을 분명하게 요청한 적이 있어 그것을 제거한 경우 등은 자의적 안락사의 예라고 할 수 있다. 사전 의료 지시 등을 통한 안락사가 이에 해당될 수 있다.

② 비자발적 안락사

비자발적 안락사(nonvoluntary euthanasia)는 생명 주체가 의사를 표시할 수 없거나 그 결정이 불가능한 경우 또는 가능하다 할지라도 외부에서 이를 이해할 수 없을 때, 즉 표현되고 있으나 시행자에게 정확히 전달되지 않은 상황에서 시행되는 안락사의 형태를 말한다. 이럴 경우에는 당사자가 자신의 의지를 표명하지 못하므로 다른 사람이 환자 이익의 입장에서 결정하게 된다.

③ 반자발적 안락사

반자발적 안락사(involuntary euthanasia)는 생명 주체가 적극적으로 반대하는데도 불구하고 혹은 어떤 형태로든 환자의 의지를 묻지 않고 시행하는 안락사로 일명 '강제적 안락사'라고도 한다. 환자의 동의 없이 생명유지 치료 장치를 제거한 경우나 나치 독일에서 '종족 예방학(race-hygiene)'이라는 명분하에 정신장애자, 쓸모없는 노인, 유대인 등을 학살한 예 등이 이에 해당한다.

2 시행자의 행위(방법)에 따른 분류

안락사는 살인이나 자살과 달리 원칙적으로 죽어 가는 사람에 대한 의사의 행위와 관계된다. 환자를 사망에 이르게 하는 시행자(의사)의 행위에는 두 종류가 있다. 하나는 시행자가 무엇을 적극적으로 행하는 것이고, 다른 하나는 시행자가 소극적으로 무엇을 하지 않는 것이다. 이 두 구분이 윤리적으로 중요한 이유는 일반적으로 사람들이 작위(행위, action)와 부작위(무위, inaction)를 윤리적으로 구분하고 있기 때문이다.

① 소극적 안락사

생명체가 어떤 원인으로 죽음의 과정에 들어선 것이 확실할 때 시행자가 그 진행을 일시적이나마 저지하거나 지연시킬 수 있는데도 불구하고 이를 방관하는 것으로 일명 '부작위적 안락사'라고도 한다. 적극적 안락사와 소극적 안락사(passive euthanasia)의 차이점은 어떤 적극적인 행위에 의해서 생명을 끝내는 것과 연명 치료를 제공하지 않음으로써 생명을 끝내는 것의 구분이다. 즉, 소극적 안락사는 죽도록 놓아두는 조처로서, 달리 표현하면 치료 포기와 치료 중단으로, 환자의 자율적 동의 혹은 추정 동의가 있어야 한다.

② 적극적 안락사

행위자가 어떤 생명 주체의 죽음을 단축시킬 것을 처음부터 목적으로 하여 이루어지는 것을 말하며, '작위적 안락사'라고도 한다. 적극적 안락사(active euthanasia)는 안락사를 수행하는 사람이 불치병 환자나 아주 고통이 심한 환자, 의식이 없는 환자의 삶을 단축시킬 것을 의도하여 구체적인 행위를 능동적으로 행하는 안락사의 한 형태다. 예를 들어, 치사량의 약물이나 독극물을 직접적으로 주사하여 환자를 죽음에 이르게 하거나 환자에게 약물을 처방하여 복용할 수 있도록 하는 의사조력 자살(physician assisted suicide) 등이 이에 해당한다. 적극적이고 직접적인 안락사는 네덜란드와 벨기에에서는 일정한 기준을 충족할 경우 합법적인 것으로 인정되지만, 우리나라에서는 환자의 명시적인 청탁이나 촉탁이 있었다면 승낙에 의한 살인죄, 없었다면 일반 살인죄가 성립하게 된다.

3 생존의 윤리성에 따른 분류

생명체의 생존의 의미, 인격체이기 위해 필요한 일정한 특징이 무엇이냐에 따른 분류라고 할 수 있다.

① 자비적 안락사

인내하기 힘든 격렬한 아픔, 그것도 진정될 가능성이 없는 경우 고통을 견디어 나가는 것이 일과의 전부가 된 상태에서 생존이란 무의미하기 때문에 그 생명은 단축되는 것이 오히려 자비로운 행위라는 것이다. 따라서 자비적 안락사(beneficient euthanasia)를 '반고통사(antidysthanasia)'로 표현하기도 한다.

② 존엄적 안락사

인지 능력이 없는 비이성적인 인간 생명은 무의미한 생존이기 때문에 이를 거부한다는 것이다. 의식이 없어 정신적인 활동이 전혀 불가능한 상태는 인간으로서의 존재 의미가 없기 때문에, 존엄적 안락사(euthanasia with dignity)에서는 인격의 존엄을 지키기 위하여 본인의 의지에 따라 생명유지를 인위적으로 조절하지 않는 것으로 본다. '존엄사' 라고도 한다.

③ 선택적 안락사

차별적이고 우생학적인 결정이나 사회적 유용성의 관점에서 생존의 의미를 판단하여 정신병자나 신체장애인 등 그 생존이 공동체의 발전에 부담이 되는 사람은 생존 가치가 없기 때문에 그 생명을 단축시켜도 좋다는 관점으로 선택적 안락사(selective euthanasia)를 '도태적 안락사' 라고도 한다.

4 임상적 안락사 개념에 의한 분류

임상적 안락사는 죽음의 고통 완화 등 통증 및 증상 치료 조치와 관련하여 분류된 개념이다.

① 순수한 안락사

순수한 통증 및 증상 치료 조치와 관련된 것으로, 죽음의 고통을 완화하며 생명 단축이 없이 자연사하도록 도와주는 것을 의미한다. 진료와 연관되어 환자 생명을 조기 종식시키지 않는 약품이 선택된다. 환자의 의지에 반해서 시행되는 것이 아니라면 이러한 형태의 안락사는 바람직하며 윤리적, 도덕적으로도 권장된다.

② 간접적 안락사

죽음의 고통을 완화하지만 생명 단축이 있을 수 있다. 환자의 분명한 의지 혹은 추정 의지를 고려하여 의미 있는 치료 조치의 부수적 결과로서 의도하지 않은 예정보다 빠른 사망을 초래한 경우다. 일명 '결과적 안락사' 라고 표현하는 경우도 있다. 예를 들어, 고통 제거의 목적으로 죽음이 초래됨을 알면서도 통증 제거를 위해 진통제의 양을 증가시켜 간접적으로 생명을 단축시킨 경우다. 시행자의 행위가 죽음의 직접 원인이 되는 경우를 '직접적 안락사(directive euthanasia)', 간접 원인이 되는 경우를 '간접적 안락사(indirective euthanasia)' 로 구분하기도 한다.

③ 소극적 안락사

죽게 놓아둠으로써 죽음의 고통을 완화한다. 죽어 가는 환자의 경우에 치료 포기나 생명 연장 조치의 중단에 관련된 것으로 환자의 분명한 동의 혹은 추정 동의가 있어야 한다. 생명유지 조치를 중단할 경우 사망 원인은 치료 중단 때문이 아니라 환자가 앓고 있는 근본적인 질병의 저지할 수 없는 진행 경과 때문이라고 볼 수 있다.

④ 적극적 안락사

생명의 단축을 겨냥함으로써 죽음의 고통을 완화한다. 고의로 생명을 종결시키는 약물을 투약함으로써 의도적이고 적극적으로 시행된 예정보다 빠른 생명의 종식을 의미한다.

5 기타

플레처(Fletcher, 1973)는 안락사의 유형을 다음의 네 가지로 분류하고 있다.

① 자발적이고 직접적인 안락사

죽음이 환자에 의해 선택되고 환자가 스스로 다량의 독극물을 복용하여 이를 실행한 경우로, 일종의 '자살' 로 인정될 수 있다.

② 자발적이지만 간접적인 안락사

만약 환자가 혼수 상태나 기능부전 상태가 되어 의사 결정을 할 수 없을 경우 상황이 요구할 때 그의 삶을 끝낼 결정권을 다른 사람에게 준 경우다. 예를 들어,

독극물을 스스로 복용할 수 없을 경우 누군가가 환자를 위해 그것을 대신해 주어 죽음에 이르게 한 경우다.

③ 직접적이지만 비자발적인 안락사

환자의 요구 없이 환자를 위해 '자비로운 살인' 이 시행된 것이다.

④ 간접적이고 비자발적인 안락사

치료 중단을 통해 환자를 죽도록 허용하는 것으로, 비극적 상황으로부터 환자를 해방시키기 위해 어떤 것도 적극적으로 행하지 않았고, 부정적으로 행해진 것은 환자의 요구에 의해서보다는 환자를 위해 결정된 것이다.

3 각국의 안락사 관련 입법 현황

입법화를 통해 적극적 안락사를 허용하는 나라로는 네덜란드, 벨기에 등을 들 수 있다. 미국은 주별로 차이가 있으며 오리건 주와 워싱턴 주가 안락사를 허용하고 있다.

1 네덜란드와 벨기에

네덜란드에서는 안락사를 "환자의 분명한 요구에 따라 환자의 삶을 끝내고자 하는 명백한 의도를 가진 독극물의 투여" (van der Maas et al., 1996)라고 정의하고 있다. 1984년에 왕립 네덜란드 의학협회에서 제시한 안락사를 시행하기 위한 지침에 기초하여 안락사 관련 법이 제정되었고, 이미 관례적으로는 시행되고 있었다.

왕립 네덜란드 의학협회의 안락사를 위한 지침에 따르면, 안락사를 요구하는 환자는 정신적으로 판단 능력이 있는 성인이어야 하고, 자발적으로 일관되게 상당 기간이 지난 후에도 반복해서 안락사를 요구해야 하고 그 요구는 문서화되어야 하며, 환자는 질병이 말기가 아닐지라도 회복될 가능성이 없는 참을 수 없는 고통을 겪고 있어야 하고 의사는 이 경우와 관련 없는 다른 의사와 상담해야만 한다고 규정하고 있다(Angell, 1996). 이후에 네덜란드는 2001년 4월 적극적 안락사와 의사 조력에 의한 자살에 관한 법률을 제정하여 치유 가망이 없는 12세 이상 말기 환자의 안락사를 허용하는 법을 제정함으로써 안락사를 합법화한 최초의 국가가 되었다. 네덜란드에서 법으로 인정하는 안락사의 내용은 다음과 같다. 자발적 안락사만을 대상으로, 환자는 반드시 시한부이어야 하며, 극심한 고통을 동반하고 있어야 한다. 또한 의사는 환자의 상태와 전망에 대해 환자에게 정보를 제공하여야 하고, 반드시 의사 2명이 치료 가망성이 없다고 동의해야 한다. 안락사 시행 후 의사는 검시관이나 5개 지역심사위원회(변호사, 의사, 윤리전문가로 구성) 등에 통보해야 한다. 네덜란드 「형법」에 따르면, 위원회에서 의사가 안락사 규정을 지키지 않았다고 판정하면 의사는 최고 12년의 징역형을 선고받을 수 있다.

벨기에는 2002년 4월 안락사 법을 제정하여 2002년 9월부터 시행하고 있고, 참을 수 없는 고통과 치유할 수 없는 고통이 법에서 요구하는 면죄의 조건이다.

2 미국

미국에서는 오리건 주가 1995년 「존엄사 법(Death with Dignity Act)」을 통과시켜 1997년부터 '의사조력에 의한 자살'을 허용하고 있다. 2명 이상의 의사에 의해 6개월 정도의 예상 수명의 말기 질병으로 진단받은 18세 이상의 환자가 2번 구두로(15일 간격으로) 그리고 1번 서면으로 안락사를 요구할 경우 죽음에 이르게 하는 약을 처방해 준다. 그전에 의사들은 그 환자의 판단력이 온전한지 평가하고, 만약 온전하다면 면허가 있는 심리학자와 정신병 의사에게 의뢰하여 우울증 여부를 판단한다. 또한 의사는 호스피스나 완화 치료와 같은 대안에 대해 환자에게 알려 주어야 한다. 의사는 안락사 결정이 자발적인지를 평가하고, 이러한 상황이 존재함을 입증하는 서류가 서명되는 것을 두 사람이 지켜보아야 한다. 또 의사는 모든 처방을 오리건 주 보건 당국에 보고하여야 한다. 적극적이고 직접적인 안락사와는 달리 의사 조력 자살의 경우, 의사 자신은 극약을 처방해 줄 뿐 자신이 직접 살해 행위나 일의 진행을 맡아 수행하지 않고, 약을 처방받은 사람이 반드시 그 약을 복용하는 것도 아니다. 1998년부터 2003년까지 171명이 「존엄사 법」에 따라 법적으로 약을 처방받아 죽음에 이르렀다(Werth & Wineberg, 2005). 워싱턴 주는 1991년 '임종 시 의사의 도움을 받을 수 있는 권리'를 인정한 법안을 주민투표에 붙였으나 부결되었다가 2008년 「존엄사 법」을 통과시켰고, 캘리포니아 주는 1988년과 1992년에 안락사 법제화를 위한 주민투표를 실시하였으나 부결되었다. 그러나 소극적 안락사는 미국의 대부분의 주에서 허용하고 있는 실정이다.

③ 영국과 프랑스, 독일, 일본

영국과 프랑스, 독일 등은 안락사에 대해 보수적인 입장을 취하고 있다. 영국은 19세기 말부터 안락사 논쟁이 있었으나 안락사를 허용하는 법률은 아직 제정되지 않았다. 독일은 유대인, 집시, 동성애자, 장애인, 나치반대자, 공산주의자들이 탄압받았던 나치 시대의 뼈저린 경험 때문에 어떤 이유에서도 사람을 죽일 수 없다는 안락사 금지 조항이 형법에 명시되어 있어 안락사를 허용하지 않고 있다. 기독교적 전통이 강한 프랑스에서는 뇌사 상태라 하더라도 심장박동이 완전히 멎지 않는 한 생존 상태로 간주하고 있어서 안락사 관련 법은 아직 제정되지 않은 형편이다. 일본은 아시아에서 유일하게 소극적 안락사를 인정하고 있으나, 안락사 관련 법은 아직 제정되지 않았다.

④ 안락사 논쟁과 각계의 입장

안락사 논란의 핵심 쟁점은 '생명권'과 죽기를 원하는 자율성, 즉 '자기운명결정권'의 충돌이라고 볼 수 있다. 안락사를 반대하는 사람들은 어떤 이유에서든지 생명은 인위적으로 끊을 수 없다고 주장하는 반면에, 안락사를 찬성하는 사람들은 자신의 삶과 죽음을 스스로 통제할 권리와 존엄성을 각자가 가지고 있으므로 스스로 죽음의 방식을 선택할 권리에 의미를 부여하고 있다. 전자는 육신의 생명에 연결된 존엄성 보호에 초점을 두는 반면, 후자는 인간 존엄성을 자율적 결정능력의 형태에서 실현하고자 한다. 우리나라에서의 안락사 논쟁의 대부분은 적극적 안락사보다는 소극적 안락사를 허용해야 하느냐에 집중되어 있다. 소극적 안락사를 반대하는 입장의 주장은 다음과 같다.

1 안락사를 반대하는 입장

① '살해 금지' 혹은 '생명의 불가침성' 을 논거로 인간 생명에 대한 창조주의 권능과 인간에게 금지된 생명의 처분 권한을 강조하는 것이다. 안락사를 원하는 것은 창조주가 선사하고 관리를 맡긴 생명에 대한 거부를 의미한다.

② 삶이 선이라는 관점에서 우리가 할 수 있는 한, 언제나 삶을 보호하고 유지해야만 한다는 주장이다.

③ 제방 붕괴 혹은 미끄러운 경사길처럼 만일 첫발을 내딛는다면 불가피하고 점진적인 상황의 악화가 오리라는 확신을 근거로 하여 어떤 형태로든 죽을 권리를 인정할 경우 사회적으로 생명 경시 풍조를 조장할 우려가 있다는 것이다. 또 자발적인 안락사가 허용되면 그다음에는 비자발적 · 강제적 안락사의 허용으로 확산될 수 있으므로 어떤 형태의 안락사도 허용되어서는 안 된다는 주장이다.

④ 생명을 보편적으로 보호하고자 하는 사회윤리적 배려에서 안락사는 만성 질환자나 노인성 치매 환자, 경제적인 취약계층에게 사회적으로 남용될 우려가 있고 장기매매 등 상업적인 목적에 악용될 소지가 있기 때문에 허용되어서는 안 된다.

⑤ 치료비 부담 때문에 환자나 가족이 치료 중단을 요구하는 경우처럼 존엄사가 오용되거나 남용될 가능성이 있다.

⑥ 고통스러운 죽음의 과정은 완화 케어나 호스피스를 통해 해결될 수 있다. 호스피스를 통해 고통스러운 증상의 관리와 삶의 마지막 단계에서의 성장 기회를 얻을 수 있다.

⑦ 모든 사람은 나름대로 천부적인 존엄성과 가치, 생명권을 가지고 있기 때문에 생명은 다른 사람에 대한 사회적 유용성의 관점에서 판단될 수 없다. 또 자신이 다른 사람에게 어떤 의미를 갖는지 정확히 알지 못하기 때문에 무의미한 연명 조치란 있을 수 없다.

2 안락사를 찬성하는 입장

① 자유를 선으로 간주하여 자신의 삶에 대한 결정을 할 때 외부적 강제로부터의 자유, 즉 자율성을 중시하는 관점으로, 자기의 죽음의 방식에 대한 결정도 자기결정권에 속하는 것이며, 인간은 누구나 고통 없이 품위 있고 존엄하게 죽음을 맞을 권리가 있다.

② 중요한 것은 살아 있는 것이 아니라 삶의 형태, 즉 삶의 질로서, 영구적인 식물인간 상태와 같이 개인적인 자율성이 결여되었거나 극심한 고통이 동반되는 형태의 삶은 비인간적이고 존엄성이 결여되어서 살 가치가 없다는 주장이다.

③ 현재 환자나 가족의 요청에 따라 의료 현장에서 소극적 안락사가 관행적으로 허용되고 있는 현실을 감안할 때 입법화를 통해 엄격한 기준과 절차를 거치게 되면 오히려 남용을 막을 수 있다.

④ 한정되어 있는 의료 재원을 무의미한 연명 처치로 소비하는 것은 사회적인 낭비다.

⑤ 고통을 제거되어야 할 악으로 보는 관점이며, 불치병으로 고통받는 환자에게 계속 연명 치료를 강요하는 것은 생명을 중시하는 것이 아니라 환자와 가족들의 고통을 연장시키는 것일 뿐이다.

안락사의 옹호자와 반대자가 이처럼 서로 대립하고 있지만, 안락사의 옹호자와 반대자 모두에게 기본적으로 인간 존엄을 유지하는 가운데 죽음을 맞이하는 것이 중심 관심사이고 이러한 목표에 도달하기 위한 방법의 선택에서 서로 다른 길을 취할 뿐이다. 우리는 안락사를 논의하기 전에 우선 안락사의 요구 조건이 되고 있는 임종자의 신체적 · 심리적 · 사회적 · 영적 욕구와 고통을 이해하고 완화시키고자 하는 노력이 충분했는지 반성해 보아야 한다. 안락사나 존엄사를 주장하기에 앞서 우선 죽음의 과정을 고통스럽게 느끼지 않고 평화롭게 죽음을 맞이할 수 있도록 인간적인 교류와 완화적 돌봄이 충분히 선행되어야 하며, 재정적인 부담 때문에 안락사를 선택하지 않도록 말기 단계에 드는 막대한 비용을 함께 나눌 수 있는 사회적 · 정책적 배려가 필요하다.

3 안락사에 대한 각계의 입장

안락사 논쟁과 가장 밀접하게 관련되어 있는 의학, 법, 종교 분야에서는 어떤 입장을 취하고 있는지 간단히 살펴보면 다음과 같다.

① 의학계의 입장

우리나라에서는 그동안 의료 현장에서 의학적으로 회복이 불가능하다고 판단된 경우에 환자나 가족의 자의(自意) 퇴원이나 치료 중단 요구 때문에 숱한 갈등을 빚어 왔다. 이러한 갈등을 해결하기 위해 의학계에서는 의사 윤리 지침안과 연명 치료 중지에 관한 지침을 마련하고 있다.

- 의사 윤리 지침안: 의사협회는 2001년에 의사의 역할과 의무 등을 규정한 '의사 윤리 지침안'을 마련하였다. 이 지침안 제30조 '회복 불능 환자의 진료 중단'과 관련하여 의사는 의학적으로 회생의 가능성이 없는 환자의 경우라도 생명유지 치료를 비롯한 진료의 중단이나 퇴원을 결정하는 데 신중하여야 하지만 의학적으로 회생의 가능성이 없는 환자의 자율적 결정이나 그것에 준하는 가족 등 환자 대리인의 판단에 의하여 생명유지 치료를 비롯한 진료의 중단이나 퇴원을 문서로 요구하는 경우, 그러한 요구를 받아들이는 것을 허용하고 있다. 또 의사의 충분한 설명과 설득 이후에도 환자 또는 가족 등 환자 대리인이 회생의 가능성이 없는 환자에 대하여 의학적으로 무익하거나 무용한 진료를 요구하는 경우, 의사는 그것을 받아들이지 않을 수 있다고 규정하여 치료를 중단하는 소극적 안락사에 대한 의료계 내부의 합의를 도출하고자 하고 있다.
- 연명 치료 중지에 관한 지침: 국내 최초로 연명 치료 중단 판결을 받은 김 모(77) 할머니의 판결 이후 2009년 8월 대한의사협회, 대한병원협회, 대한의학회가 구성한 특별 제정위원회는 '연명 치료 중지에 관한 지침' 제정 방안에

대해 발표하였다. 연명 치료 중단의 핵심 요소를 회복 가능성에 대한 판단 부분과 당사자의 자기결정권 행사 여부(의사 추정)로 보고 연명 치료 적용 대상을 제1수준부터 제4수준까지 분류하였으며, 연명 치료를 중단할 수 있는 단계는 제3수준부터로 정하였다.

우선 연명 치료 중단 대상 환자를 '회복 가능성이 없는 말기 환자 또는 지속적 식물인간 상태 환자'로 규정하였고, 구체적으로 수술 · 방사선요법 · 화학요법 등 적극적인 치료가 효과가 없는 말기 암, 치명적인 합병증을 동반한 말기 후천성면역결핍증, 심장 · 폐 · 뇌 · 간 · 신장 · 근육 등 만성 질환의 말기 상태, 법률에 정의된 뇌사로 진단됐거나 2인 이상 전문의가 이에 준한다고 판정한 뇌사 상태, 적극적인 치료를 해도 수일 또는 수주 이내에 사망할 것으로 예상되는 임종 환자, 3개월 이상 지속되는 식물인간 상태 등으로 나열하였다.

환자가 말기 상태이며 의사 결정 능력이 있는 경우(제1수준), 담당 의사가 환자에게 환자의 상태와 예후, 적용할 연명 치료 등에 대해 충분히 설명하고, 사전 의료 지시 등 명시적 의사 표시를 할 것을 권유하도록 하였다.

환자가 의사 결정 능력이 없으며 특수 연명 치료 없이 생존할 수 있는 환자의 경우(제2수준), 원칙적으로 일반 연명 치료를 중단할 수 없도록 하고, 환자는 일반 병실이나 요양병원(완화의료기관 포함)에서 진료받도록 하였다.

환자가 특수 연명 치료를 받아야 생존할 수 있는 경우(제3수준), 환자의 명시적 의사 표시에 따르거나 건강할 때 작성한 사전 의료 지시를 존중하고, 의사 표시가 없다면, 의료진은 객관적인 의학적 판단과 환자의 추정적 의사 또는 최선의 이익을 고려하여 병원윤리위원회에서 특수 연명 치료의 중지 여부를 판단하도록 하였다.

임종 환자 또는 뇌사 상태 환자의 경우(제4수준), 임종 환자는 의학적 판단과 가족 동의에 따라 연명 치료를 중단할 수 있고, 뇌사 또는 뇌사에 준하는 환자는 의학적 판단에 따라 중지할 수 있도록 하였다. 이와 함께 각 의료기관에 연명 치료 중단 여부를 결정할 수 있는 병원윤리위원회를 두도록 하고,

의료진과 환자 사이에 의견이 일치하지 않을 경우 다른 의료기관 의료인에게 자문을 구하거나 담당의사 또는 의료기관을 교체할 수 있는 이견 조정 절차를 명시하였다.

연명 치료 중단 대상 환자에 지속적 식물인간 상태를 포함해야 하는가 하는 문제와 환자와 가족 간의 합의가 이뤄지지 못할 경우 결정권을 어떻게 수용할 것인가에 대한 부분이 문제점으로 제기되었다. 지침안은 합의에 도달한 완성본이 아니므로 공청회를 통해 지침안의 주요 내용을 공개하고, 구체적 내용을 확정하기 이전에 법조계, 종교계, 의료계, 언론계, 시민단체 등으로부터 의견을 수렴할 예정이다.

② 종교계의 입장

안락사에 대해 기성 종교들은 기본적으로 어떤 입장을 취하는지를 간단히 살펴보면 다음과 같다.

- 유대교: 안락사와 관련된 유대교적 신념은 신이 인간의 육체를 창조하였고 소유한다는 믿음에 기초한다(Bleich, 1979). 따라서 인간은 자신의 육체를 관리할 뿐 자신의 선택에 따라 그것을 처분할 권리가 없다. 또 생명은 그 질과 관계없이 무한히 가치 있는 것으로 생명을 보호하는 의무는 인간의 모든 다른 의무에 선행한다(Davis, 1994). 따라서 보수적인 유대교인은 이러한 가르침을 안락사와 관련된 가장 중요한 가르침으로 받아들이고 이에 기초하여 안락사를 도덕적으로 용납하지 않는다.
- 그리스도교: 그리스도교는 동방정교회, 로마 가톨릭, 개신교 등 세 분파를 가지고 있다. 그리스도교도는 인간의 생명이 하느님으로부터 온 것이기 때문에 생명은 본래 가치 있고 성스럽다고 주장하고, 단지 하느님만이 절대적이고 궁극적인 가치이며 인간의 생명은 그렇지 않다는 것을 강조한다. 그리스도교도는 인간 생명의 성스러움을 창조자의 목적과 이미지를 지니고 드러내는 것에서 찾고 있고, 각 인간은 하느님의 이미지를 가지고 있기 때문에

존엄한 것이라고 주장한다(Cohen, 1996). 따라서 많은 그리스도교도는 자신 혹은 다른 사람을 의도적으로 죽이는 것에 반대한다. 함께 있고, 고통을 완화하기 위해 필요한 돌봄을 제공하고 서로를 배려하는 것 등이 자신과 다른 사람의 죽음에 직면한 기독교인이 추구하는 바람직한 목표다.

여기서 주목할 점은 가톨릭교회의 안락사에 대한 개념 정의다. 생명윤리의 문제에 대해 개별 종파에 따라 다르게 접근하는 개신교교회와는 달리 가톨릭교회는 1981년 교황청 신앙교리성성에서 발표한 '안락사에 관한 선언(Declaration on Euthanasia)'을 통해 단일한 가르침을 내고 있다. 가톨릭에서는 이 선언에 기초하여 다음과 같은 사항을 안락사라는 개념에 포함시키지 않고 있다(이상목, 2010).

첫째, 병환의 마지막 단계를 견뎌 내기 쉽게 만들어 주는 마지막 배려를 포함하는 행위(수분 공급, 보편적 투약 등)다. 둘째, 환자의 조건에 비추어 이미 필요하지 않을 것으로 보이는 특정한 의료 행위(특수한 치료의 포기)를 그만두기로 하는 결정 행위다. 셋째, 환자의 생명을 단축시킬지도 모르는 위험이 있으나 환자의 고통을 경감시켜 주기 위하여 취하는 행위다. 이러한 행위들은 '의당 환자에게 베풀어야 할 치료 행위를 중지함으로써 환자의 생명을 끝나게 한다.'는 의미의 안락사 행위는 아니라는 것이다.

- 이슬람교: 안락사에 대한 이슬람교의 주장은 유대교나 그리스도교의 주장과 다르지 않다. 즉, 알라만이 신이고, 알라가 존재하는 모든 것을 창조하였기 때문에 모든 생명의 소유주이며 인간의 생명이 언제 끝나는지는 알라신만이 결정할 수 있다고 주장한다. 또 고통은 알라가 인간의 잘못을 상기시켜 그에게로 가까이 인도하기 위해 사용하는 것이기 때문에 인간이 고통을 겪는 것을 방해하는 것은 인간에 대한 알라신의 계획을 방해하는 것이 되므로 안락사에는 기본적으로 반대하는 입장이다(Hamel, 1991).
- 힌두교: 힌두교는 하나의 종교라기보다는 다양한 종교적 전통을 모아 놓은 것과 같아서 힌두교의 기본적인 가르침을 명확히 파악하기는 쉽지 않다. 힌두교인은 인간이 죽음과 재탄생을 통해 거듭 환생할 것이라고 믿는다. 이처

럼 인간이 재탄생하는 원인은 그가 행한 행동, 즉 카르마(업) 때문으로 그의 행동 안에 뿌린 씨를 어김없이 거두어들이게 된다는 것이다. 힌두교인은 인간이 겪는 질병, 특히 말기 질병은 카르마의 영향 때문이며 카르마의 빚을 다 지불하기 위해서는 고통을 겪어 내야 한다고 믿는다(Crawford, 1995). 따라서 이러한 자연적 과정을 겪기 전에 삶을 마치는 것은 카르마의 빚을 청산하는 과정을 방해하는 것이 된다. 힌두교에서는 도움받은 자살이나 안락사가 이러한 인과응보의 과정을 방해하는 것이기 때문에 바람직하지 않다고 본다.

- 불교: 불교는 모든 것의 창조자인 신이 있다는 것을 부정하기 때문에 유일신을 주장하는 종교와는 다르다. 힌두교와 마찬가지로 불교의 핵심교리는 인간 행동의 영향인 카르마가 거듭되는 환생을 가져오고, 인간의 삶은 고통으로 가득 차 있어서 재탄생의 사슬을 끊어야 궁극적인 구원(열반)이 있다는 것이다. 부처는 열반에 이르는 여덟 가지 길을 가르쳤는데 그중 하나가 살아 있는 생물을 절대로 죽여서는 안 된다는 계율이다. 또 인간의 삶에서만 열반에 도달할 수 있기 때문에 삶은 기본적으로 선하며 의도적으로 삶을 끝내는 것은 허용되지 않는다(Keown, 1995).

③ 법조계의 입장

우리나라의 경우 법원은 그동안 환자가 치료를 중단하여 사망하게 될 경우 환자의 자기결정권보다 생명권을 우선해 의사가 치료를 중단해서는 안 된다는 입장이었다. 대법원은 보라매병원 사건 판결에서 가족과 의사에게 각각 살인죄와 살인방조죄를 선고했고, 병원들도 이를 근거로 연명 치료를 중단해 달라는 환자와 가족들의 요구를 거절해 왔다. 하지만 환자의 회복 가능성이 있었던 보라매병원 사건과 달리, 회복 불가능한 환자에 대한 연명 치료 중단이 가능한지는 현행 법률상 아직 명확치 않다. 안락사를 허용하는 법률은 없지만, 식물인간 상태에 빠진 어머니로부터 인공호흡기를 제거해 달라며 김 모(77, 여) 씨의 자녀들이 낸 소송에서 2009년 5월 21일, 대법원에서도 원심과 동일하게 존엄사를 인정하는 확정 판결을 내렸다. 김 할머니에 대한 대법원 판결문에서 가장 강조된 두 가지 개념은 '자기결정권' 과 '사전 의료 지시' 이며, 죽음을 앞둔 환자에 대해서는 단순한 생명권보다 행복추구권을 우선시해 의료적 처치를 환자 스스로 자신의 가치관에 따라 선택할 수 있도록 했다.

대법원 판결의 요지는 다음과 같다.

- 의학적으로 회복이 불가능한 사망 단계의 환자에게 연명 치료를 강요하는 것은 오히려 인간의 존엄과 가치를 해치는 신체침해행위로 볼 수 있다.
- 따라서 환자가 자기결정권을 행사하는 경우 연명 치료 중단을 허용할 수 있다.
- 이러한 자기결정권은 환자가 의사 결정 능력이 있을 때 미리 의료인에게 충분한 설명을 듣고 작성해 둔 문서 형태의 사전 의료 지시를 통해 인정받을 수 있다.
- 만약 요건을 모두 갖춘 사전 의료 지시가 없는 경우에는 평소 가족, 친지에게 한 의사 표현이나 종교, 생활태도 등을 고려해 객관적으로 의사를 추정해 결정할 수 있다.

우리나라의 경우 아직 안락사 관련 법이 제정되어 있지 않기 때문에 법적 공백을 비롯하여 판례의 축적도 미약한 형편이었으나 2009년의 김 할머니에 대한 판결은 인간이 존엄하게 자연사할 수 있는 권리를 처음 인정했다는 점에서 향후 안락사를 둘러싼 제도적 장치 마련에 발판이 될 것으로 보인다. 대한변호사협회를 중심으로 환자의 치료 중단에 관한 대리인 제도, 환자의 사전 의료 지시서 작성 및 병원윤리위원회 구성에서의 적법성 확보 방안 등을 활발히 모색하고 있다.

인간의 죽음은 순간적으로 일어나는 전체사가 아닌 시간적으로 어느 정도의 폭을 가지고 진행하는 일련의 과정이기 때문에 어느 시점을 죽음으로 볼 것인가 하는 문제가 제기될 수 있다.

제11장

죽음의 순간과 관련된 법적 · 도덕적 쟁점

인간의 죽음은 순간적으로 일어나는 전체사가 아닌 시간적으로 어느 정도의 폭을 가지고 진행하는 일련의 과정이기 때문에 어느 시점을 죽음으로 볼 것인가 하는 문제가 제기될 수 있다. 이러한 의문점을 제시하게 된 동기는 무엇보다도 20세기 중반 이후 인공호흡기 및 인공심장박동기의 출현과 심폐소생술의 급격한 발전으로 과거에 사망할 수밖에 없었던 인간의 생명을 기계적으로 연장시킬 수 있게 됨에 따라 과거의 심폐기능 정지설에 의한 죽음 개념의 가치가 감소하게 되었기 때문이라고 볼 수 있다. 이에 추가적으로 장기 이식술이 발달함에 따라 보다 효과적이고 성공적인 장기 이식을 위해 뇌사를 인정하는 추세가 가속화되었고, 이에 따라 삶과 죽음을 구분하고 판단하는 기준은 그 공동체 구성원의 생각과 태도, 합의를 중심으로 점점 사회화되어 가고 있다.

이 장에서는 죽음의 순간과 관련된 법적 · 도덕적 쟁점으로서 과연 무엇을 죽음으로 볼 것이냐 하는 문제와 관련하여 삶과 죽음의 차이를 구분하는 죽음의 정의, 죽음이 발생한 시간과 관련된 죽음의 결정 및 판단 기준 등과 관련된 쟁점들을 주로 살펴보고자 한다.

1. 죽음의 정의

하프(Harp, 1974)는 죽음의 정의와 관련된 윤리적 관심을 이끌어 낸 두 가지 중요한 의학기술의 발달로, 뇌는 죽었으나 육체는 살아 있는 상황을 가능하게 한 인공연명기술의 개발과, 심장은 정지하지 않았으나 뇌사 상태인 기증자에게서 장기 이식 절차를 진행할 수 있게 한 기술의 발전을 지적하고 있다. 장기 이식은 언제 죽음이 발생하였는지 그리고 언제 장기 적출이 허용되는지와 관련된 중요한 도덕적 질문을 던지게 하고, 이러한 도덕적 질문들은 또한 죽음의 개념적 특성들과 관련된 추상적인 철학적 질문들을 던지게 만든다. 인간의 죽음이 뇌 기능의 불가역적인 정지와 과연 같은 의미인가? 어떤 사람이 회복될 수 없는 식물인간 상태에 있다는 것을 인정하는 것은 의학적 사실에 대한 질문에 불과하고 그 사람이 살아 있는 것인지 죽은 것인지는 궁극적으로 인간의 가치를 어디에 두는지와 관련된 비의학적 · 비기술적인 질문으로 남아 있는 것이다. 이처럼 과거에는 단순히 심장이나 숨이 멈추는 것을 죽음으로 간주할 수 있었으나 현대의학의 발전에 따라 뇌사 상태, 식물인간 상태, 혼수 상태 등 다양한 형태의 죽음 환경이 가능해지면서 '과연 무엇을 죽음으로 볼 것이냐' 는 문제는 인간의 생명이나 삶이 무엇인가와 관련된 철학적 · 의학적 · 법적 · 도덕적 의미를 갖는, 쉽게 답할 수 없는 문제가 되어 버렸다. 각계에서는 이러한 죽음의 정의에 대해 여러 측면에서 계속 논쟁을 벌이고 있는 상황이고 법적 · 윤리적 측면에서의 문제의 초점은 죽었는지 살았는지 모르는 상태에 있는 사람의 사망 시점을 어느 때로 볼 것인가, 생명을 연장시키기 위한 노력은 언제부터 더 이상 할 필요가 없게 되는가, 사전에 동의가 있었다면 언제부터 그 육체를 다른 목적, 예를 들어 장기 이식이나 실습용으로 사용할 수 있는가 등의 문제에 집중되어 있다.

죽음과 관련된 다양한 정의는 앞에서 이미 살펴보았으므로, 여기서는 죽음에 대한 생물학적 · 의학적 정의에 초점을 맞추어 법적 · 윤리적 쟁점이 될 수 있는 사안을 좀 더 자세히 살펴보고자 한다.

1 죽음의 정의와 관련된 학설

다양한 학문 분야에서 죽음을 정의하는 방식이 다르기 때문에 죽음이 무엇인지 하나의 의미로 정의하는 것은 쉽지 않은 일이다. 죽음을 정의하기에 앞서 우선 죽음을 사건(event)으로 보는지 상태(state)로 보는지 그 관점을 구별할 필요가 있다(Walton, 1979). 죽음을 사건으로 보는 관점은 죽음이 특정한 장소와 특정한 시간에 특정한 방식으로 일어나는 어떤 것으로 보고 있다. 여기서 우리에게 중요한 것은 사건으로서의 죽음이 언제 일어났는가 하는 점이고, 이때의 죽음은 사실에 입각하여 구분하는 것이 가능하다. 그러나 죽음을 사건의 다음에 뒤따르는 어떤 상태를 지칭하는 것으로 볼 경우, 즉 삶이 멈춘 이후 무슨 일이 일어날 것인가와 관련된 개념으로 볼 경우에는 이러한 질문에 대한 대답은 통상적인 정보로 확인할 수 없고 철학적 · 종교적 정의와 관련된다. 전자와 같은 세속적인 죽음 개념에 따르면, 죽음은 불가역적이고 완전한 의식과 감각의 소멸, 개인적 인격의 실재적인 생존의 정지를 의미하게 된다. 이에 비해 후자와 같은 종교적인 죽음 개념은 어떤 형태로든 개인적 인격의 실재적 생존과, 죽음 이후의 의식과 감각의 계속성을 가정한다.

여기서는 가치의 문제가 아닌 사실 판단이 가능한 세속적인 죽음 개념에 기초하여 삶과 반대되는 개념, 즉 생존의 정지, 존재의 정지, 불가역적인 생명 현상의 상실에 따라 생명체가 완전한 변화를 일으키는 것으로서의 죽음을 어떻게 정의하는지에 대해 주로 살펴본다.

1 심폐기능설

심폐기능설(cardiopulmonary theory)은 숨을 쉬지 않는다고 하는 폐 기능 정지와 심장이 뛰지 않는다고 하는 심장 기능 정지, 즉 심장이나 폐의 비가역적인 기능 정지를 죽음으로 본다. 즉, 통상적인 의학적 기준에 기초하여 의사의 소견으로 자발적인 호흡과 심장 기능이 정지되었다고 판단되고, 직접적/간접적으로 이러한 기능을 멈추게 한 질병이나 상황 때문에 혹은 이러한 기능이 정지된 이후로 시간이 경과하여 소생술이 소용없게 되었다면 그 사람은 의학적 · 법적으로 죽었다고 간주될 수 있고, 이 사건에서 죽음은 이러한 기능이 정지된 때 발생한 것으로 간주한다. 일반적으로는 심폐 기능이 정지된 시각으로부터 30분간을 관찰하거나 소생술을 시행하여도 회복되지 않을 때 그 30분을 소급하여 사망 시각으로 정하고 그로부터 24시간을 기다려서 죽음을 법적으로 판정한다. 그러나 인공호흡기의 등장으로 자연적인 호흡 정지를 인공적으로 연장시킬 수 있고, 인공심장박동기나 심장 이식을 통해 기능이 쇠퇴하거나 정지된 심장을 대치할 수 있게 되어, 호흡이나 심장박동의 정지를 사망의 최종 지표로 인정하기 힘들게 되었다.

2 뇌사설

일반적으로 뇌사는 '뇌의 모든 기능의 비가역적 정지' 혹은 '혼수를 넘어선 상태(coma dé passé)'를 의미한다. 엄격한 의미에서 뇌사란 뇌세포의 사멸을 의미하는 것이 아니고 신체의 혈액순환이나 다른 장기의 기능은 유지되고 있지만 자발적 뇌 기능의 완전하고 비가역적인 정지를 의미하는 것으로 뇌 기능의 영구적 정지를 개체사로 보려는 견해가 뇌사설(brain death theory)이라고 할 수 있다. 또 뇌 기능 상실이라고 하는 뇌사의 개념도 모든 뇌세포가 동시에 그 기능을 잃고 죽는 것이 아니라 단지 생명 유지에 필수 불가결한 뇌 기능이 비가역적으로 소실되어 죽음으로 치닫는 과정에 불귀의 전환점을 이루는 임상 상태를 표현할 따름이다. 이와 같은 뇌사 상태는 인공호흡과 식도 위관에 의한 산소와 영양 공급이 이루어지더라도 며칠을 지나는 동안에 신장, 간장, 췌장 등의 여러 장기가 기능하지 못하게 되면서 심장 정지가 일어나게 되는데 뇌사 상태에서 심장사에 이르기까지 길어도 14일을 넘기지 못한다는 것이 의학적 통계 결과다.

뇌사설에 따르면 통상적인 의학적 기준에 의거하여 의사의 소견으로 자발적인 뇌 기능이 정지되었다고 판단될 때 그 사람은 의학적, 법적으로 죽은 것으로 간주되고, 뇌기능이 정지된 가운데 자발적인 순환이나 호흡 기능을 유지 혹은 회복시키기 위한 시도가 실패했을 경우 그러한 상황에 처음 부합되었을 때 죽음이 발생한 것으로 본다. 순환과 호흡 기능을 유지하는 인공적인 수단이 제거되기 전에 그리고 장기 이식의 목적으로 기관이 제거되기 전에 죽음이 선고된다.

뇌사를 사망이라고 인정하는 견해는 세계적으로는 물론이고 국내에서도 주류를 이루고 있는 의학적 사고방식이다. 1986년에 오스트레일리아 시드니에서 열린 제22회 세계의학협회 총회에서 채택된 '시드니 선언'을 통하여 처음으로 뇌사를 사망으로 인정한 이후, 오늘날은 거의 대부분의 국가에서 의학적으로 뇌사를 사망으로 인정하고 있다. 국내에서도 이미 1983년에 대한의학협회에 구성된 죽음의 정의 특별위원회가 발표한 죽음의 정의 및 뇌사 판정 기준을 통하여, 죽음을 심장 및 호흡 기능과 뇌반사의 불가역적 정지 또는 소실을 의미한다고 규정하였다. 의학적으로 생명은 유기적 통일체를 의미하기 때문에 뇌사 상태에서는 뇌가 가진 고유한 기능 및 뇌에 의한 신체의 각 부분에 대한 통합 기능이 불가역적으로 상실되었으므로 비록 개개의 신체장기 일부분이 약간의 기능을 유지하고 있다고 하여도 더 이상 살아 있다고 보기 어렵기 때문에 뇌사를 의학적 사망이라고 본다. 우리나라의 경우 1999년 「장기 등 이식에 관한 법률」이 제정되면서 뇌사를 사망의 한 형태로 법률적으로 인정하게 되었다. 뇌사는 새로운 죽음의 개념이 아니라 현재까지 없었던 영역에 대한 죽음의 정의를 재구성한 것이라고 할 수 있다(손세명, 2000).

3 세포사설

세포사설(cellula death theory)은 생체가 기능하는 데 필요한 모든 화학적 · 물리적 또는 전기 생리적 활동의 소실로 특징되는 인체 각 세포의 불가역적인 상태로의 변화, 즉 생체를 구성하는 모든 세포의 기능이 완전히 상실된 때를 개체의 죽음으로 간주하는 것으로, 이는 인간의 몸이 완전히 썩은 후에나 가능하다.

2 뇌사와 유사한 개념들

뇌사에 대한 이해를 증진하기 위하여 뇌사 및 뇌사와 유사한 개념을 간단히 정리해 보면 다음과 같다(Kastenbaum, 2007).

- 무동 무언증(akinetic mutism): 감각 운동적 경로는 손상되지 않고 보존되었지만 언어나 행동을 시작할 수 없다. 양측 뇌의 전두엽의 기능부전이나 다른 뇌 손상의 영향일 수 있다.
- 뇌 손상(brain damage): 한정적으로 유용한 일반적인 용어다.
- 뇌사(brain death): 자발적인 움직임, 자극에 대한 반응, 뇌간의 반사, 자발적인 호흡 등의 완전한 부재를 동반한 모든 뇌 활동의 장기적이고 불가역적인 정지를 의미한다. 심한 혼수 상태에 빠져 있고 필연적으로 2주 이내에 심장 기능이 정지하여 심장사에 이르게 된다. 교통사고 또는 기타 사고에 의한 외상이나 심한 뇌출혈 또는 뇌경색, 그 밖의 여러 원인에 의한 뇌의 산소 공급 중단(저산소증)에 의해 이와 같은 돌이킬 수 없는 뇌 손상이 올 수 있다.
- 긴장증(catatonia): 이동 불능, 근육 경직, 무언증, 얼굴 찡그림, 인사불성 등의 증상이 나타나고, 때때로 갑작스러운 폭력, 공황 상태 혹은 환각 상태에 빠진다. 신경 정신병적 질환으로 간주된다.
- 혼수(coma): 깨어날 수 없는 깊은 무의식 상태에 빠진 것으로 대뇌 반구나 뇌간 등의 기능부전이나 손상과 관련되어 있다. 뇌 질환 또는 수면제, 마취제, 독극물에 의한 급성 약물 중독, 간성 혼수, 저혈당, 심혈관 장애 등의 여러 원인에 의해 자극에 반응을 보이지 않는 의식이 없는 상태로, 원인 치료에 따라 완전히 정상으로 돌아오는 경우가 있는가 하면 사망에 이르는 등 그 정도가 다양하여 뇌사와는 개념이 전혀 다르다.
- 감금 증후군(locked-in syndrome): 의식이 있고 생각할 수 있지만 눈을 제외한 신체의 모든 부분을 움직일 수 없는 신경학적인 상태를 말한다.
- 최소한의 의식 상태(minimally conscious state): 가끔 한정적인 의식의 행동적 증거에 의해 혼수나 식물인간 상태와 구별될 수 있는 중증 장애 상태를 말한다.
- 영구적인 식물인간 상태(permanent vegetative state): 겉으로 보기에는 뇌사와 비슷하나 스스로 눈을 뜨고 소리나 목적이 없는 움직임은 가능하지만 인식을 포함한 모든 인지 기능이 없다. 식물인간 상태는 뇌간의 생명 중추 기

능이 유지되어 인공호흡기를 달지 않고서도 스스로 호흡을 하며 생명이 지속되는 상태다. 운동, 감각, 기억 등 동물적 기능을 상실했으나 호흡, 순환대사 등 식물적 기능이 유지되는 상태를 말한다. 대뇌의 일부가 손상되어 무의식 상태에 빠진 것으로 필연적으로 사망에 이르는 뇌사 상태와는 달리 회복 가능성을 배제하지 않는다.

- 지속적인 식물인간 상태(persistent vegetative state): 식물인간 상태가 조절되거나 회복될 수도 있는 뇌 손상으로 말미암았을 경우에 해당한다.
- 일시적인 식물인간 상태(transient vegetative state): 식물인간 상태가 약물이나 극도의 추위, 혹은 회복 가능성이 있는 손상으로 말미암았을 경우에 해당한다.

3 법률적 죽음의 정의

많은 나라에서 뇌사 상태의 환자의 장기를 이식한 의사가 구속되는 사례들이 생기면서 좀 더 성문화되고 법적으로 통일된 방식으로 죽음을 정의하고자 하는 노력들이 있게 되었다.

미국에서는 1970년 「캔자스 법규(Kansas Statute)」를 제정하여 법률을 통하여 장기 이식과 죽어 가는 환자의 의학적 치료를 위한 문제를 해결하기 위하여 죽음을 이원적으로 정의하였다(Capron & Kass, 1972). 이 법규에 따르면, 죽음은 자발적 호흡과 심장 기능의 부재, 혹은 자발적인 뇌 기능의 부재로 정의되고 있다. 「캔자스 법규」는 이후 미국의 대통령 특별위원회 보고서의 죽음 정의에 그대로 반영되었다(President' s Commission, 1981). 대통령 특별위원회 보고서의 정의에 따르면, 순환과 호흡 기능의 불가역적인 정지, 혹은 뇌간을 포함한 전체 뇌의 모든 기능의 불가역적인 정지를 가진 개인을 죽은 것으로 간주하고 있고, 죽음의 판정은 수용된 의학적 기준과 일치하여야 한다고 규정하고 있다. 이 정의는 1994년에 「죽음 판정 통일법(Uniform Determination of Death Act)」에서 재삼 확인되었다.

우리나라에서는 1983년에 대한의학협회에 구성된 죽음의 정의 특별위원회가 발표한 죽음의 정의 및 뇌사 판정 기준을 통하여, 죽음을 심장 및 호흡 기능과 뇌 반사의 불가역적 정지 또는 소실을 의미한다고 규정하고 있다. 여러 기관에서 뇌사 판정 기준을 독자적으로 내놓기도 했으나, 대한의학협회의 뇌사 판정 기준이 가장 많이 받아들여지고 있고 1993년에 개정한 뇌사 판정 기준이 거의 그대로 장기 이식에 관한 법에서 받아들여졌다. 우리나라의 경우 학술적으로는 사람의 생명의 마감과 관련하여 많은 논란이 있지만, 1999년 「장기 등 이식에 관한 법률」이 제정됨에 따라 사망을 호흡과 심장박동의 정지라고 정의하던 것을 이원화하여 뇌사 상태까지를 법률적 사망에 포함시켰다. 그러나 법률적으로 뇌사가 죽음으로 완전히 인정된 것은 아니다. 장기 기증자에 한해서 뇌사가 죽음으로 인정된 것으로, 뇌사자라도 장기 기증을 하지 않으면서 인공호흡기를 떼면 불법이 된다. 이처럼 뇌사는 장기 기증이라는 실용적 목적 때문에 소극적으로 불가피하게 남에 의해 선고된 죽음이라고 할 수 있다. 장기 기증의 경우를 제외하고 우리나라의 법체계는 「형법」에서 살인죄의 적용 여부, 「민법」상 권리 능력 상실 시기의 기점, 부검과 매장, 화장 등의 허용 시점과 관련하여 일관되게 심장사를 사망으로 보고 있다.

2. 죽음의 결정 및 판정 기준

생체 의학의 발전으로 심장은 뛰지만 환자는 죽은, 혹은 장기 기증자로 분류된다고 볼 수 있는, 윤리적 기준이나 가치 우선순위로 죽었다고 쉽게 판단하기 힘든 애매한 중간 상태에 있는 사람이 많아짐에 따라 죽음을 결정하는 판정 기준이 점점 중요하게 되었다. 이처럼 임상에서 전통적으로 사용되었던 죽음 기준이 생사를 쉽게 구별할 수 없는 죽음 궤도에 적용되어 부적합해짐에 따라 점차 더 구체적이면서 객관적인 죽음 판정 기준이 필요해지고 있다. 또 죽음 판정을 위해 사용되는 방법도 점점 전문적인 기술이 필요하도록 복잡하게 발전하였으며, 의료 현장에서의 혼선을 방지하고 통일된 적용을 위하여 의학적 · 법적 지침을 필요로 하게 되었다.

여기서는 우선 전통적인 방식과 현대적인 방식의 죽음 판정 기준과 확인 방법에 어떤 것이 있는지 살펴본다.

1 전통적인 죽음의 기준 및 확인 방법

힐먼(Hillman, 1972)은 의사에 의해 통상적으로 사용되는 기준으로서 전통적이고 임상적인 죽음의 기준을 다음과 같이 제시하였다.

- 죽음에 이르게 했다고 생각되는 관련된 상황의 의학적 병력
- 맥박과 심장박동의 부재
- 호흡의 부재
- 움직임 혹은 반사의 부재
- 동공의 팽창
- 생기 없는 흐리멍텅한 각막
- 피부의 창백 혹은 청색증
- 앞서 제시한 사항의 증후의 비가역성

이처럼 전통적인 죽음의 기준 혹은 지표는 일반적으로 심장박동과 맥박, 호흡의 정지, 빛에 대한 눈동자의 무반응, 소리, 촉진, 고통에 대한 다른 감각기관의 무반응, 사지, 특히 입과 입술의 창백 등을 들 수 있고, 죽은 후 시간이 더 경과하면 피부의 적색 · 자주색 변색, 근육의 경직, 체온의 점진적 저하 등이 나타난다. 말초 순환의 쇠퇴는 다량의 땀을 나게 하여 신체 표면에 냉각이 일어나고 마지막까지 의식이 있는 사람은 빛 쪽을 향해서 머리를 돌리는 것이 특징이며, 사후 경직은 죽은 후 2시간 안에 시작되어 대략 30분 동안 지속된다(Aiken, 1994).

전통 사회에서는 죽음을 확인하고 판단하기 위해서 육안으로 확인하거나 코 근처에 거울을 놓았을 때의 김 서림을 확인하거나 빛에 대한 눈동자의 수축, 깃털로 코끝을 간지럽히거나 핀으로 피부를 찔렀을 때의 반응을 확인하는 등 불완전한

방법을 사용하였기 때문에 죽지 않은 상태로 매장당하는 경우도 종종 발생하였고, 이러한 때 이른 매장은 위생상의 이유로 전쟁 시나 전염병이 돌 때 더욱 자주 발생하였다. 또 익사나 번개의 희생자는 생명 기능이 일시 정지했을 뿐인데 종종 죽은 사람으로 간주되었고, 뇌졸중이나 간질발작, 당뇨에 의한 혼수 상태에 빠진 사람도 죽은 사람으로 선고되는 예가 많았다(Kastenbaum, 2007). 이전 시대에는 의사가 죽음을 판정하는 데 특별한 기술이 필요치 않았고 죽음의 판정은 대수롭지 않은 일로 여겨졌다(Aiken, 1994).

이에 비해 우리나라의 전통상례에서는 죽음을 확인하고 인정하는 일에 매우 신중을 기했다. 우리의 전통상례에서는 삼중의 죽음 확인, 곧 숨결의 멈춤(숨짐의 죽음), 영혼의 분리(탈혼의 죽음) 그리고 육체세포의 죽음(세포사) 확인을 거쳐서 비로소 주검이 땅에 묻히게 된다(허용호, 2001). 전통상례에서 죽음을 확인하는 방법은 다음과 같았다.

- 전통상례에서의 죽음 인정은 맨 처음 속광(屬纊) 혹은 속굉(屬紘)이라는 절차를 통해 이루어진다. 코와 입 사이, 곧 인중 위에 새 솜을 놓아서 그 움직임을 보고 숨이 끊어졌는지를 확인하는 것으로, 이러한 속광이라는 절차는 우리가 숨을 쉬는 것을 기준으로 죽음을 확인하고 있음을 말해 준다. 생물학적인 신체의 기능, 즉 호흡이라는 신체적 기능의 정지를 죽음으로 인식하고 있는 것이다.
- 고복(皐復) 혹은 초혼(招魂)을 통하여 탈혼의 죽음을 확인한다. 고복은 죽은 자의 흐트러진 혼을 불러 돌아오게 한다는 뜻으로, 죽은 육체를 떠나는 영혼을 불러다가 죽은 이가 다시 살아나도록 하기 위한 의례다. 속굉을 통하여 현실적 · 생물학적으로 숨짐의 죽음을 확인했지만, 이에 그치지 않고 죽음을 영혼과 육체의 분리 또는 영혼의 떠남으로 인식하여 전통상례에서는 고복의 절차가 끝나면 영혼이 떠난 육체인 주검과 이 주검에서 분리된 영혼을 서로 분리하여 모시고 의례를 진행한다. 이렇게 우리의 전통상례에는 숨의 끊어짐뿐만 아니라 육체에서 영혼의 분리라는 죽음 인식이 함축되어 있는 것이다.

- 죽은 지 사흘째 되는 날에 대렴(大斂)을 행해야 한다는 의례 규정을 통해서 육체 세포의 죽음(살결 죽음)을 확인하고자 하였다. 영혼과 육체의 분리가 곧 죽음이라는 인식에 따른다면 습과 염을 통해서 주검에 대한 손질이 끝나고 입관하는 절차가 끝난 후 영혼을 모시는 영좌가 설치되면 곧 바로 매장되어야 한다. 하지만 주검을 땅에 묻기까지는 적어도 이틀은 더 기다려야 한다. 숨짐의 죽음을 통해, 그리고 이어지는 영육 분리의 확인을 통해 죽었다고 생각하는 사람이 혹시 다시 살아날 수도 있기 때문에 사흘 동안을 기다리는 것이고, 바로 이 기다림에 육체 세포의 죽음, 곧 세포사까지 확인하겠다는 의식이 함축되어 있다. 이처럼 전통상례에서는 삼중의 확인, 곧 숨결의 멈춤, 영혼의 분리 그리고 육체 세포의 죽음 확인을 거쳐서 비로소 주검이 땅에 묻히게 된다.
- 전통상례에서 완전한 죽음의 확정, 곧 완전한 육체와 영혼의 분리는 탈상에서 이루어진다. 인간의 혼은 죽게 되면 몸에서 분리되어 일정 기간 동안 주검이나 생활 공간 주위에 머물러 있다가 저승으로 간다는 인식과 땅 속에서 육신이 완전히 삭아야지만 영혼이 육체와 완전히 이별하게 된다는 믿음에 기초하여 영혼의 상징인 신주와 혼백상자를 모셔 둔 채 죽은 지 3년이 되는 해, 대상을 마치고 탈상할 때까지 음식공양을 한다. 육체에서 숨이 잦아들고 세포사가 일어나며 마침내 육체가 삭아질 무렵이면 영혼과 육체 사이의 인력이 소멸되어 영혼과 육체의 완전한 분리, 곧 우리의 문화적 죽음이 인정되는 것이다.

이와 같이, 우리나라의 전통상례에는 숨결의 멈춤, 영혼과 육체의 분리, 육체 세포의 죽음, 육체의 완전한 삭음 등 죽음을 정의하고 진단, 판정하는 여러 기준이 함축적으로 담겨 있음을 알 수 있다.

❷ 현대적인 죽음 판단 기준 및 확인 방법

현대적인 혹은 새로운 죽음 판단 기준은 뇌사의 기준으로서 가장 자주 언급되는 것들로 뇌 활동이나 뇌 기능을 진단하는 수단을 강조한다는 점에서 전통적인 기준과 구별된다. 현대적인 기준은 보통의 경우에는 자발적인 호흡의 부재를 요구하지만, 호흡기능이 인공적으로 유지되는 환자가 '뇌사'로 간주되는 것을 허용한다. 현대적 기준은 전통적 기준을 부정하는 것이 아니라 새로운 환경에 부합하기 위해 전통적 기준에 특정한 기준을 부가한 것이라고 볼 수 있다.

1 하버드 기준

뇌사를 검사하기 위해 하버드 의과대학 특별위원회의 보고서에 기초한 하버드 기준(Harvard Criteria)이 가장 널리 사용되고 있고, 다음과 같은 내용을 담고 있다(Beecher, 1968).

① 빛, 소리, 접촉, 윤리적으로 허용되는 한 가장 아픈 자극 등 외부 자극에 대한 무반응
② 자발적인 근육운동의 부재, 자발적인 호흡의 부재(적어도 1시간 동안). 인공호흡기를 사용하는 환자는 호흡기를 끈 후 적어도 3분 동안 스스로 호흡할 수 없어야 한다.
③ 빛에 대한 눈동자 수축의 부재, 눈 깜짝임의 부재, 귓속에 얼음물을 부었을 때 눈의 움직임 부재, 가볍게 두드렸을 때 근육수축의 부재, 하품이나 말을 할 수 없는 등 뇌 반사와 척추 반사를 포함한 모든 반사의 부재
④ 적어도 10분 이상 평탄한 뇌파
⑤ 위의 모든 항목을 24시간 후에 반복 검사해도 같은 결과를 나타낼 것
⑥ 환자가 저체온증(32.2℃ 이하)이 아니고 중추신경계에 영향을 미치는 진정제의 영향하에 있지 않을 것

죽음 판정의 24시간 연기는 하버드 기준이 장기 이식을 고려하지 않을 경우 언제 호흡기를 꺼야 하는지를 염두에 두고 만들어졌다는 사실에 의해 설명될 수 있다. 이처럼 하버드 기준은 소생을 위한 기계가 사용되는 경우와 전통적인 죽음의 징후가 분명치 않은 경우를 다루기 위하여 만들어졌지만, 이것이 모든 환경에서 전통적인 기준을 대체하는 것을 의미하지는 않는다.

2 알렉산드르-르빌리아드 기준

알렉산드르-르빌리아드 기준(Alexandre-Revilliard criteria)은 대뇌 혈액순환의 부재(뇌혈류 정지)를 부가적 기준으로 새롭게 도입하였다는 것이 특징이다. 프랑스 외과의사회(French Surgical Society)에서는 이 기준을 충족시키는 환자에 대해서 '혼수를 넘어선 상태(beyond coma)' 라는 용어를 사용한다. 장기 이식의 문제를 해결하기 위해 만들어졌기 때문에 이 기준은 하버드 기준의 24시간 후 반복 검사하는 항목을 생략하고 있다.

알렉산드르가 제시한 기준은 다음과 같다(Harp, 1974).

① 완전한 동공산대(눈의 동공의 극도의 확장)
② 반사의 완전 부재
③ 호흡기 없이 5분 동안 자발적 호흡의 완전 부재
④ 급격한 혈압의 하강
⑤ 평탄 뇌파도

여기에 르빌리아드에 의해 다음의 두 가지 기준이 추가되었다.

⑥ 혈관조영법(angiography)에 의해 확인된 뇌로의 혈액 흐름 중지
⑦ 아트로핀(atropine)에 대한 반응으로 빈맥(tachycardia)의 부재

3 네 가지 최후의 기준

워커(Walker, 1974)는 치료가 효과적으로 생명을 연장할 수 있을 경우에는 최선의 소생 방법을 사용하여야 하고, 만약 치료가 실패했을 경우라도 환자의 권리를 보호하기 위해 뇌파 기록 장치를 사용한 임상검사에 더하여 네 가지 최후의 기준(four final criteria)을 추가하여 좀 더 정확하고 좀 더 결정적인 죽음의 순간을 확인해야 한다고 주장하였다. 워커가 주장하는 기준을 살펴보면 다음과 같다.

① 신경학적 조사에서 움직임, 반응성, 호흡, 두개골 신경 반사 등의 완전한 부재
② 30분 동안 평탄 뇌파
③ 두개골 내 순환의 정지에 대한 통상적 혹은 혈관조영적 조사에서 10% 이하의 대뇌 산소 소비
④ 마지막 확인으로, 시신경상(thalamus)의 생체 전기 활동의 부재

워커는 사회가 뇌사를 지금의 심장사와 같은 방식으로 바라볼 수 있을 때까지 만약 뇌만 죽었을 경우에 의사들은 법적 · 종교적 · 사회적 동료들의 충고를 고려하여 다른 의사들과 마지막 결정을 함께 공유하는 것이 바람직하다고 결론짓고 있다.

4 죽음 판정을 위해 사용되는 방법

통상적인 죽음 판정에 사용되는 청진기나 심전도기 등과 함께 좀 더 정확한 뇌사 판정을 위해 주로 사용되는 대표적인 방법으로 뇌파 검사(electroencephalograph), 혈관조영법(angiography) 등을 들 수 있다.

뇌파계(EEG)는 살아 있는 뇌에 의해 생성되는 생체 전기의 가능성을 기록하는 기계로 일정 기간 동안(적어도 10분 이상) 평탄 뇌파를 기록할 경우 뇌사로 인정될 수 있다. 미국 뇌파계 학회의 1970년 보고에 의하면 평탄 뇌파로 보고된 2,642명의 환자 중에서 단지 세 명만이 살아났고 그 세 명 모두 약물 과다 복용의 경우였다(Harp, 1974). 따라서 뇌파 검사에서는 대뇌 혹은 자율신경계에 영향을 미치는 진정제를 복용한 환자는 제외될 필요가 있다. 또 뇌파 검사는 단독으로 사용되기

보다는 대뇌 손상의 형태, 범위, 과정에 대한 임상적 데이터와 신경외과 의사의 판단과 함께 사용되는 것이 바람직하다. 혈관조영법은 혈액 순환에 대한 검사로 뇌 속의 혈류 부재, 대뇌의 순환 부재를 증명하기 위해 사용된다. 뇌 내부의 경동맥과 척추동맥의 양측 연속 혈관조영도에서 15분 이상 음성으로 나타나면 뇌 기능이 정지한 것으로 본다. 또 만약 임상 기준이 충족되고 평탄 뇌파가 계속된다면 방사성 동위원소 혈류 검사에서 1시간 동안 대뇌 순환의 부재를 나타내면 뇌사로 진단할 수 있다. 혈관조영법도 단독으로 사용되기보다는 주로 뇌파계와 다른 기준에 대한 보조 수단으로 사용된다.

3. 우리나라 법률에서 인정하는 죽음 판정 기준

우리나라에서 법률적으로 인정하는 죽음 판정 기준은 뇌사를 판정하는 기준으로서 「장기 등 이식에 관한 법률」의 별표 뇌사 판정 기준(제16조 제2항 관련)에 따르고 있다(6세 이상인 자에 대한 뇌사 판정 기준).

1 뇌사 판정 적용을 위한 선행 조건

「장기 등 이식에 관한 법률」의 뇌사 판정 기준에서 뇌사 판정 적용을 위해 미리 충족되어야 할 선행 조건을 다음과 같이 제시하고 있다.

- 원인 질환이 확실하고 치료될 가능성이 없는 기질적인 뇌 병변이 있어야 할 것
- 깊은 혼수 상태로서 자발 호흡이 없고 인공호흡기로 호흡이 유지되고 있어야 할 것
- 약물중독(마취제 · 수면제 · 진정제 · 근육이완제 또는 독극물 등에 의한 중독)이나 대사성 또는 내분비성 장애(간성혼수, 요독성 혼수 또는 저혈당성 뇌증) 등의 가능성이 없어야 할 것

- 저체온 상태가 아니어야 할 것
- 쇼크 상태가 아니어야 할 것

2 뇌사 판정 기준과 판정 절차

「장기 등 이식에 관한 법률」에서는 다음과 같은 상태를 뇌사 판정 기준으로 제시하고 있다.

- 외부 자극에 전혀 반응이 없는 깊은 혼수 상태일 것
- 자발 호흡이 되살아날 수 없는 상태로 소실되었을 것
- 두 눈의 동공이 확대 · 고정되어 있을 것
- 뇌간반사(腦幹反射)가 완전히 소실되어 있을 것: 다음에 해당하는 반사가 모두 소실된 것을 말한다.
  - –광 반사(light reflex)
  - –각막반사(corneal reflex)
  - –안구두부반사(oculo-cephalic reflex)
  - –전정안구반사(vestibular-ocular reflex)
  - –모양체척수반사(cilio-spinal reflex)
  - –구역반사(gag reflex)
  - –기침반사(cough reflex)
- 자발운동, 제뇌 경직, 제피질 강직 및 경련 등이 나타나지 아니할 것
- 무호흡검사 결과 자발 호흡이 유발되지 아니하여 자발 호흡이 되살아날 수 없다고 판정될 것
- 재확인: 이러한 모든 판정 결과를 6시간이 경과한 후에 재확인하여도 그 결과가 동일할 것
- 뇌파 검사: 재확인 후 뇌파 검사를 실시하여 평탄 뇌파가 30분 이상 지속될 것
- 기타 필요하다고 인정되는 대통령령이 정하는 검사에 적합할 것

뇌사 추정자의 장기 등을 기증하기 위하여 뇌사 판정을 받으려는 사람은 보건복지부령으로 정하는 바에 따라 뇌사 추정자의 검사 기록 및 진료 담당 의사의 소견서를 첨부하여 뇌사 판정 기관의 장에게 뇌사 판정 신청을 하여야 한다. 뇌사 판정 기관의 장은 뇌사 판정 신청을 받으면 지체 없이 현장에 출동하여 뇌사 판정 신청이 된 뇌사 추정자의 상태를 파악한 후 보건복지부령으로 정하는 바에 따라 전문 의사 2명 이상과 진료 담당의사가 함께 작성한 뇌사 조사서를 첨부하여 뇌사 판정위원회에 뇌사 판정을 요청하여야 한다. 뇌사 판정의 요청을 받은 뇌사 판정위원회는 전문 의사인 위원 2명 이상과 의료인이 아닌 위원 1명 이상을 포함한 과반수의 출석과 출석위원 전원의 찬성으로 뇌사 판정을 하게 된다.

한 개인이 세상에 태어나서 자라고 사회 구성원으로 생활하다가 죽게 되면 살아 있을 때의 모든 권리와 의무, 물질과 재산을 상실하게 되고 산 자의 지위에서 죽은 자의 지위로 전환되면서 사랑하는 사람의 기억 속에만 남아 있을 뿐 산 자의 세계에서 사라지게 된다.

제12장

사망 후와 관련된 법적 · 도덕적 쟁점

개인이 사망한 후에는 어떻게 되는가?

개인이 사망한 이후에는 죽음의 방식과 시각이 의사에 의해 판정 · 확인되어 한 개인이 사망했음을 증명하는 사망진단서가 발급된다. 개인의 사망이 결정되면 조직이나 장기 기증에 동의한 경우에는 이의 적출이 가능해지고, 개인은 살아 있는 자에서 죽은 유체로 간주되어 문화적인 방식으로 장례의식이 거행된 후 산 자의 세상으로부터 사라지게 된다. 또 죽은 사람은 살아 있을 때의 사회적인 권리와 의무가 말소되고 그가 살아 있을 때 소유하였던 재산은 유언이나 그 밖의 방식에 따라 다른 사람에게 상속된다.

이처럼 한 개인이 세상에 태어나서 자라고 사회 구성원으로 생활하다가 죽게 되면 살아 있을 때의 모든 권리와 의무, 물질과 재산을 상실하게 되고 산 자의 지위에서 죽은 자의 지위로 전환되면서 사랑하는 사람의 기억 속에만 남아 있을 뿐 산 자의 세계에서 사라지게 된다.

이 장에서는 사망 후의 법적 · 도덕적 쟁점이 될 수 있는 문제로 죽음의 증명, 조직 및 장기 이식, 유언과 상속 등에 대해 살펴보고자 한다.

1. 죽음의 증명

사람이 죽으면 의사가 의학적 기준에 따라 그 사람이 죽었다는 사실을 판정하고 증명한다. 죽음에 대한 판정은 의사가 내리는 것이지만, 「민법」상으로 상속은 언제 시작되는지, 「형법」상으로 어디까지 살인죄의 대상이 되는지 등등 죽음은 법률 영역에서도 문제가 된다. 의사가 한 개인의 죽음을 증명하면 개인의 법률적 · 사회적 의무와 권리가 말소되고, 시체는 매장 또는 화장될 수 있으며, 상속, 보험 등의 처리도 가능해진다. 또 사망진단서는 사망 원인 통계의 자료가 되어 국민보건, 건강관리를 위한 보건정책의 기초가 된다. 특히 사망 시각은 상속 및 유언의 효력, 장기 이식 문제와 관련되어 법적인 분쟁의 초점이 되고 있다.

1 증명서의 종류

개인은 사망진단서 혹은 사망증명서나 사체검안서 등을 통해 죽었다는 사실이 증명된다.

사망진단서란 의사 자신이 진료 중이던 사람이 진료한 사실이 있은 지 48시간 이내에 사망하였을 때, 즉 살아 있던 사람이 죽어서 호흡이 멎고 심장박동이 멈췄을 때 의사의 진단에 의하여 발급되는 것이다. 이에 비해 사체검안서는 이미 죽은 사람을 의사가 진단하고 확인하여 발급하는 것으로, 최종 진료 후 48시간 이후 사망이나 48시간 이내라도 예측되지 않은 사망, 병원 도착 전 사망 시에는 의사가 사체를 검안하여 사체검안서를 발급한다. 그러나 사망의 판단이 어려운 경우에는 '기타 및 불상' 으로 처리하여 경찰서에 신고하고 경찰 공의에게 사체검안서를 발급하게 한다. 이처럼 의사는 사망하기 이전부터 보고 있었던 환자라도 병사가 아니라 외인사, 즉 자살, 타살, 사고사이거나 사인불명 등 이상 상황하의 사망자는 변사체로 간주하여 24시간 이내에 경찰에 신고해야 한다. 또 사망자가 변사체일 경우에는 의사의 입회하에 검시관 혹은 신고의사가 사체를 검안하고 필요하면 유족의 승낙하에 부검을 하게 된다. 「형사소송법」 또는 「검역법」에 의하여 해부 또는 검시를 하여야 하는 경우에는 그 해부 또는 검시 전에 장기 등의 이식을 위한 적출을 할 수 없다. 다만, 진료를 담당한 의사가 적출할 장기 등과 사망원인 간에 상관관계가 없고 해부 또는 검시를 기다려서는 적출할 시기를 상실할 우려가 있다고 판단하는 경우에는 관할 지방검찰청 또는 지방검찰청 지청의 검사, 관할 검역소장의 승인과 유족의 동의를 받아 장기 등을 적출할 수 있다.

확실한 병사를 뒷받침하는 객관적인 데이터가 존재하고 의심점이 남아 있지 않을 경우 의사는 유족에게 사망진단서를 발급하게 되고 변사체의 경우에는 유족에게 사체검안서가 발행된다.

이 밖에 가정에서 노인이 노환으로 운명했을 때 이웃의 보증인 2명이 인감증명서로 인우(隣佑) 보증을 하면, 주거 관할 읍 · 면 · 동사무소에서 사망증명서를 발급한다. 인우보증제도는 의사가 절대적으로 모자랄 때 의사의 진료나 검안을 받을 수 없는 지역의 주민을 위하여 만든 제도인데 아직도 이용되고 있는 실정이다.

2 증명서의 기재 및 발급 절차

상해진단서나 일반 진단서와는 달리 사망진단서와 사체검안서는 「의료법 시행규칙」에서 정한 서식에 따라야 하며, 사망진단서와 사체검안서의 서식은 따로 존재하는 것이 아니라 하나의 서식에 기재하도록 되어 있다(「의료법 시행규칙」 제13조, 별지 7호 서식).

사망진단서나 사체검안서는 죽은 장소가 병원이면 그 병원의 담당의사가 발급하고, 만일 자택이면 의사의 왕진을 통해, 사고사일 경우에는 사고 후 안치된 병원에 발급을 요청한다. 사망진단서와 사체검안서는 원칙적으로 사망 후 24시간 경과 후 발급받을 수 있으며, 사망 또는 사산 후 24시간이 경과하지 않으면 매장할 수 없다. 단, 7개월 미만의 사태(死胎)나 「감염병의 예방 및 관리에 관한 법률」 제2조의 규정에 의한 법정 전염병으로 사망한 시체는 24시간 이전이라도 매장 또는 화장이 가능하다. 통상 사망진단서 발급 전에는 입관할 수 없는 것이 원칙이다. 사망진단서의 효력 발생을 24시간 이후로 한 것은 사망이라고 잘못 진단된 사람이 산 채로 매장되거나 화장되는 것을 막기 위한 조치라고 할 수 있다.

2. 조직과 장기의 기증

의료기술 중 장기 이식 분야의 발달은 생명이 꺼져 가는 환자의 장기를 장기가 필요한 타인에게 이식함으로써 새 생명을 찾게 해 주고 회복을 가능하게 하였다. 그러나 어려운 수술기법을 개발하고 면역요법을 발전시켜 수술 성공률을 높인 의료기술의 개가는 사회에서 악용하는 일이 생기면서 논란을 불러일으키고 있다. 악용의 대표적인 예가 장기매매이고, 뇌사자의 죽음 선고가 장기 이식이라는 실용적인 목적 때문에 의도적으로 앞당겨지는 인권침해의 가능성이다. 우리나라의 경우 이러한 악용의 가능성을 배제하기 위해 장기 기증 이식 관련 법령이 제정되었고, 국립의료원 산하에 국립장기이식관리센터(KONOS)를 설립하여 국가가 독점적으로 관리하고 있다.

1 장기 기증 관련법

장기 기증 관련법으로는 「장기 등 이식에 관한 법률」「인체조직 안전 및 관리 등에 관한 법률」「혈액관리법」 및 「후천성면역결핍증 예방법」 등이 있다.

「장기 등 이식에 관한 법률」(1999. 2. 8. 제정)은 장기 등의 기증 · 이식에 관한 대표적인 법률로서 뇌사자의 정의, 뇌사 판단 기준, 장기 등의 적출 요건 등을 정하고 있다. 여기서 '장기 등' 이란 사람의 내장이나 그 밖에 손상되거나 정지된 기능을 회복하기 위하여 이식이 필요한 조직으로서 신장 · 간장 · 췌장 · 심장 · 폐 · 골수 · 안구, 그 밖에 사람의 내장 또는 조직 중 기능 회복을 위하여 적출 · 이식할 수 있는 것으로서 대통령령으로 정하는 것을 의미한다. 장기 기증이란 다른 사람 장기의 기능 회복을 위하여 대가 없이 자신의 장기를 제공하는 것을 말하며, 장기

매매는 법적으로 금지되어 있다.

「인체조직 안전 및 관리 등에 관한 법률」(2004. 1. 20. 제정)은 장기와는 다른 인체조직의 기증·관리 및 이식 등에 필요한 사항을 정하고 인체조직의 적정한 수급과 안정성을 도모하여 국민보건 향상에 이바지함을 목적으로 하는 법률이다. 여기서 '인체조직'이란 뼈·연골·근막(筋膜)·피부·양막(羊膜)·인대·건(腱)·심장판막 및 혈관을 말한다. 이 법은 이식에 적합하지 아니한 B형 또는 C형 간염·매독·후천성면역결핍증후군 등 전염성 질환에 감염되거나 감염이 의심되는 조직, 치매 등 퇴행성 신경 질환을 가진 기증자의 조직, 사망 원인이 분명하지 아니한 기증자의 조직, 유해성 물질에 노출된 기증자의 조직, 암세포의 전이 우려가 있는 조직, 그 밖에 이식 대상자의 생명·신체에 위해를 가할 우려가 있어 이식에 적합하지 아니하다고 보건복지부령이 정하는 조직 등은 이식의 대상에서 제외하도록 규정하고 있다(동법 9조).

「혈액관리법」(1970. 8. 7. 제정) 및 「후천성면역결핍증 예방법」(1987. 11. 28. 제정)에 따라 의사 또는 의료기관은 장기(인공장기를 포함)·조직의 이식 등 인체면역결핍바이러스의 감염 위험이 있는 매개체를 사용하기 전에 인체면역결핍바이러스의 감염 여부를 검사하여야 한다. 이러한 검사를 받지 않거나 검사 결과 인체면역결핍바이러스에 감염된 것으로 나타난 혈액·장기·조직은 사용하여서는 안 된다.

❷ 장기 기증의 종류

장기 기증에는 크게 생체 기증, 뇌사 기증, 사후 기증 등이 있다.

[1] 생체 기증

살아 있는 기증자로부터 적출할 수 있는 장기로는 신장은 정상적인 것 2개 중 1개, 간장·골수·췌장(膵臟)·췌도(膵島)·소장은 의학적으로 인정되는 범위 안에서 그 일부를 기증할 수 있고, 혈액과 조혈모세포(골수)도 생존 시 기증이 가능하다.

이처럼 생체 기증은 기증자가 살아 있을 때 할 수 있는 기증으로 16세 미만인 자의 장기적출은 법으로 금지되어 있고, 16세 이상인 미성년자의 장기 등은 배우자 · 직계존비속 · 형제자매 또는 4촌 이내의 친족에게 이식하는 경우를 제외하고는 이를 적출할 수 없다. 생체 기증자의 장기 등을 적출할 때에는 본인이 동의한 경우에 한하여 이를 적출할 수 있고, 16세 이상 20세 미만의 미성년자의 경우에는 부모의 동의까지 얻어야 한다.

우리나라에서는 서양에 비해 뇌사자의 장기 기증이 적은 반면에 가족 간의 생체 기증은 활발하게 이루어지고 있다. 가족끼리의 이식 혹은 교환 이식은 개인주의적인 서양과 달리 우리나라의 가족 중심적인 유교 문화의 영향으로 아내가 남편에게, 자식이 아버지에게 장기 이식을 하는 비율이 상당히 높다(이상목, 2010).

2 뇌사 기증

뇌사 판정을 받은 자가 기증하는 것으로, 한 사람의 뇌사자가 심장 1개, 간장 1개, 신장 2개, 각막 2개, 췌장 1개, 폐장 2개 등 최대 아홉 가지 장기를 기증할 수 있다. 뇌사 기증자의 장기를 적출할 경우에는 본인이 뇌사 또는 사망 전에 장기 등의 적출에 동의한 경우에 이를 적출할 수 있다. 다만 본인의 동의가 있다 하더라도 그 가족 또는 유족이 장기 등의 적출을 명시적으로 거부하는 경우에는 이를 적출할 수 없다. 또 본인이 뇌사 또는 사망 전에 장기 등의 적출에 동의 또는 반대하였다는 사실이 확인되지 아니한 경우로서 그 가족 또는 유족이 동의한 경우에 이를 적출할 수 있다. 이처럼 본인이나 유족이 기증 의사를 밝힌 경우 뇌사 판정위원회의 엄정한 판정을 거쳐 장기 기증이 이루어진다.

3 사후 기증

죽은 후에 하는 기증으로 각막 2개와 조직(뼈, 피부, 연골, 심장판막)이 기증 가능하다. 각막 기증의 경우 5세에서 80세까지의 건강했던 사람으로 간염, AIDS, B형 · C형 간염, 활동성 폐혈증, 백혈병, 임파종, 각종 전염성 질환만 없으면, 근시,

원시, 난시, 색맹에 관계없이 기증할 수 있고, 사망한 후 6시간 이내에 각막을 적출해야 한다. 또한 사망이 임박한 기증자의 경우 의학적 조치 후 심장이 멎게 되는 심장사의 경우 신장, 간장 등의 장기를 기증할 수 있다. 사후 기증은 사망 후 15시간(안치 시 24시간) 이내에 조직 채취가 이루어져야 하며, 조직이 채취된 후에는 원상 복구하여 유해를 가족에게 돌려주며, 장례 절차 등은 유족의 의사에 따른다. 이 밖에 의학 발전을 위하여 의과대학 해부학 교실에 시신을 기증하는 시신 기증은 2~3년의 기간이 소요되며, 실습이 끝나면 화장 시에 유가족의 의사에 따라 분골을 돌려주거나 납골한다.

3 기증 절차

1 장기 기증

장기 기증자로 등록하고자 하는 사람은 장기 기증자 등록 신청서와 장기 기증 동의를 확인할 수 있는 서류를 구비하여 전국의 장기 이식 등록 기관 중에서 한 곳을 선택하여 본인이 직접 장기 기증자 등록 신청을 하여야 한다. 그러나 장기 기증자가 살아 있는 자가 아니라 뇌사자 또는 사망한 자인 경우에는 그 가족이나 유족 중에서 1인이 대신하여 등록 신청을 할 수 있다. 장기 기증은 본인의 희망으로 가능하지만 실제 기증 시에는 가족의 동의가 필요하므로 반드시 가족에게 장기 기증 의사를 밝혀 놓는 것이 좋다. 장기 기증 희망 등록의 취소는 언제든지 가능하고, 미성년자의 경우는 신청 시에도 보호자의 동의가 필요하다.

2 조혈모세포 기증

조혈모세포는 피를 만드는 줄기세포라는 뜻으로 골수나 말초혈, 제대혈 속에 포함되어 있으며, 큰 뼈 속에 있는 연한 조직으로 백혈구, 적혈구, 혈소판 등 혈액 세포를 만들어 내는 조혈(造血) 조직이다. 이 조혈모세포에 이상이 생기면 백혈병과 재생 불량성 빈혈 등 난치성 혈액 질환에 걸리게 되는데 건강한 조혈모세포를 이식받으면 완치될 수도 있다. 조혈모세포는 타인의 경우, HLA(조직적합성 항원인

백혈구 항원)이 일치할 확률이 수천 내지 수만 분의 일이므로 HLA형이 일치하면 기증 약속을 지켜 주는 것이 중요하다. 조혈모세포 기증 신청은 신체 건강한 만 18세에서 만 40세까지 가능하며 실제 기증은 만 55세까지 가능하다. 기증 절차는 다음과 같다.

① 기증 희망자는 기증 신청서를 작성하고 3ml의 혈액을 채혈한다. 기증 희망을 등록하고 유전자 검사 후 정보를 등록한다.
② 환자가 발생하면 환자와 기증 희망자의 유전자형 일치 여부를 확인한다.
③ 기증 의사를 재확인하고 유전자형 재검사를 위한 채혈을 한다.
④ 기증자의 건강 검진을 실시한다.
⑤ 입원 혹은 외래 후 조혈모세포를 채취한다.

3 인체조직 기증

뇌사 시나 사후, 생전 시에 인체조직을 기증하는 것으로 뼈, 연골, 근막, 건, 인대, 피부, 양막, 심장판막, 혈관 등의 기증이 가능하다. 전염성 바이러스 질환(간염, 매독, AIDS)과 전신감염성 질환, 암 환자 및 암 과거력이 있는 기증자와 같이 질병의 전파 혹은 감염의 위험이 있는 인체조직은 기증이 불가능하다. 근골격계는 15~60세, 피부는 14~70세, 혈관이나 심장판막은 3개월~55세가 기증 대상이 될 수 있다.

4 장기 이식 절차

1 살아 있는 자로부터의 장기 이식 절차

[그림 12-1]에서 알 수 있듯이, 생체 기증자로부터의 장기 이식 절차는 장기 기증자가 장기이식등록기관에 기증 등록을 하면 장기이식등록기관은 이식 대상자를 선정하여 국립장기이식관리기관에 승인 요청을 하고 이식 대상자 선정 승인을 받으면 장기 기증자에게 그 결과를 통보한다. 장기이식의료기관에서 장기 기

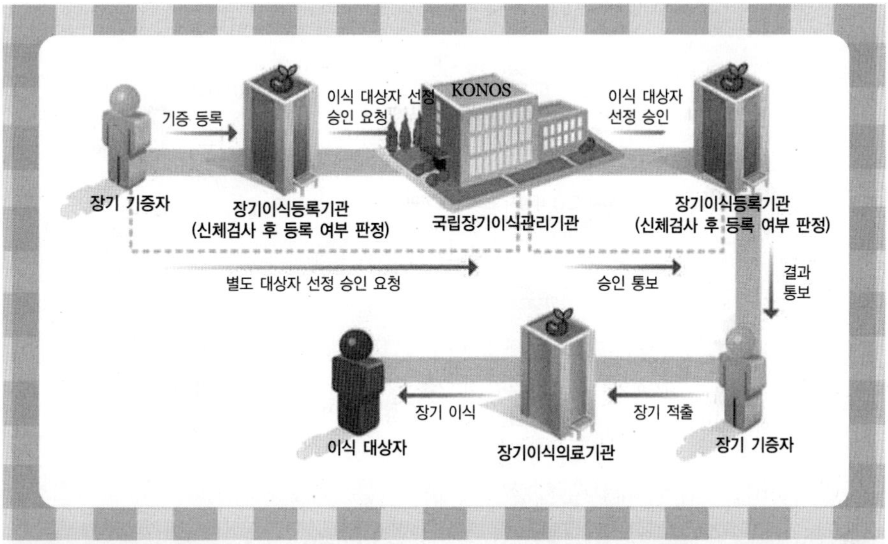

그림 12-1 • 살아 있는 자로부터의 장기 이식 흐름도 •

★ 출처: 국립장기이식관리센터(www.konos.go.kr).

증자의 장기를 적출하여 이식 대상자에게 이식한다. 이 밖에도 장기 기증자가 국립장기이식관리기관에 별도 대상자 선정 승인을 요청하여 승인 통보를 받은 후 장기이식의료기관에서 장기를 적출하여 별도 대상자에게 이식하기도 한다.

2 뇌사자로부터의 장기 이식

[그림 12-2]에서 알 수 있듯이, 뇌사자로부터의 장기 이식은 장기 기증자가 뇌사 상태가 되면 가족의 기증 동의를 얻어 뇌사 판정 대상자 관리 전문기관으로 이송하여 뇌사 판정을 받는다. 뇌사 판정 대상자 관리 전문기관에서 국립장기이식관리기관에 이식 대상자 선정을 요청하고, 국립장기이식관리기관에서는 이식 대상자 선정 프로그램에 따라 장기별 이식 대상자를 선정하여 이식의료기관에 알린다. 장기 적출은 장기이식의료기관의 적출팀이 뇌사자 관리기관으로 이동하여 적출하고 장기 이송 후 이식 대상자 이식을 시행한다.

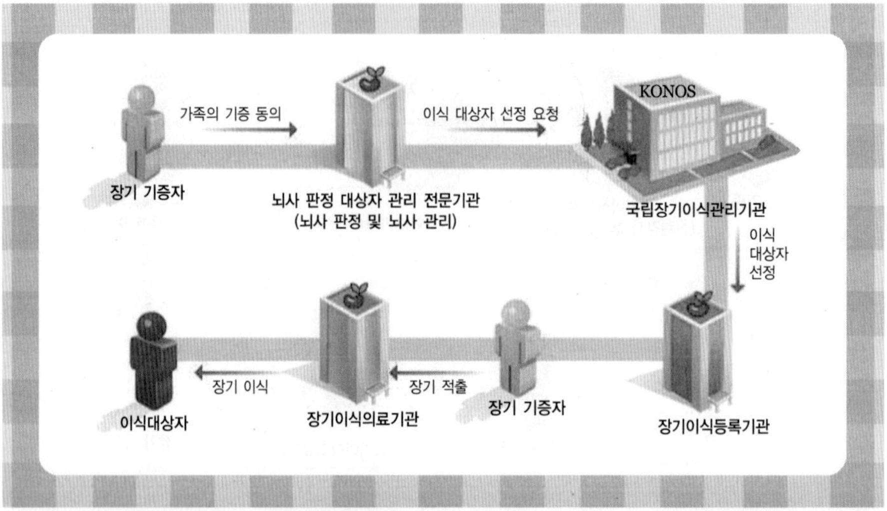

그림 12-2 • 뇌사자로부터의 장기 이식 흐름도 •

★ 출처: 국립장기이식관리센터(www.konos.go.kr).

3 사망한 자로부터의 장기 이식

[그림 12-3]에서 알 수 있듯이, 이미 사망한 자로부터의 장기 이식은 절차가 비교적 간단하여 장기 기증자가 사망하면 그 가족의 기증 동의를 얻어 장기이식의료기관에서 장기 적출 및 이식을 하고 그 결과를 국립장기이식관리기관에 통고한다.

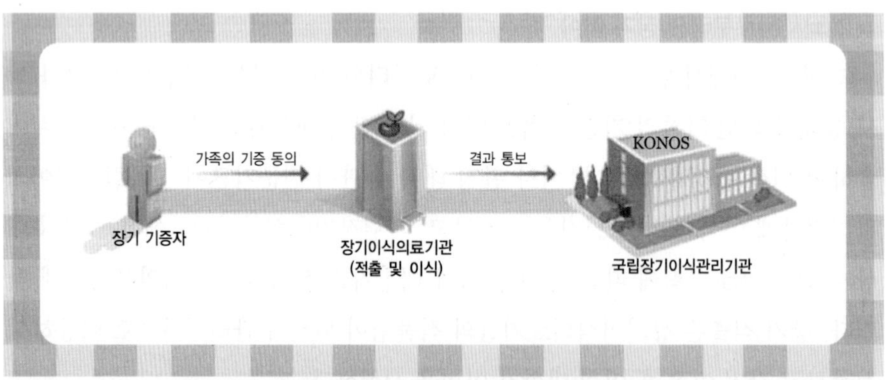

그림 12-3 • 사망한 자로부터의 장기 이식 흐름도 •

★ 출처: 국립장기이식관리센터(www.konos.go.kr).

5 장기 기증 및 이식 현황과 개선점

우리나라에서 2000년 1,246명이던 장기 기증 희망자는 2009년 18만 5,046명으로 급증하였다. 골수 기증 희망자를 합치면 20만 명을 초과하였고, 2008년 장기 기증 희망자가 7만 4,841명이었던 것과 비교하면 김수환 추기경의 선종을 계기로 2009년에 기증 희망자는 획기적으로 증가하였음을 알 수 있다. 그러나 2009년 현재 1만 7,055명이 아직 이식을 받지 못하고 대기 상태에 있다.

장기 이식 현황을 살펴보면, 살아 있는 자의 장기 이식 승인은 2000년 1,128건이던 것이 2009년 현재 골수를 포함하여 1,839건에 이르고 있고, 뇌사자의 장기 이식은 2000년 52건에서 2008년 현재 256건에 이르렀으며 이식받은 장기의 수는 1,140개에 달한다. 사망자의 각막 이식은 2000년의 74건이었던 것이 2009년 현재 207건에 이르고 있다.

장기 이식 건수로 보았을 때 뇌사자의 장기 이식보다는 살아 있는 자의 생체 기증에 의한 장기 이식이 활발히 이루어지고 있음을 알 수 있다. 자신의 신체 보전과 효의 행실을 일치시키는 유교적인 문화의 영향으로 우리나라 사람들은 신체 훼손에 대한 거부감이 강하고, 아직 심장이 뛰고 있고 온기가 남아 있는 등 생명의 증후를 보이는 뇌사자를 죽은 자로 인정하는 것에 대한 거부감 때문에 뇌사자의 장기 기증보다는 가족 사이의 생체 기증이 많이 이루어지고 있는 실정이다(이상목, 2010).

그러나 사후 기증이나 생체 기증에 비하여 뇌사 기증의 경우에는 장기 이식에 이용될 수 있는 장기의 범위가 넓기 때문에 한 사람이 기증할 경우에 여러 사람이 혜택을 볼 수 있다는 장점이 있다.

장기 이식 수급의 문제를 해결하기 위해서는 가족 간에 빈번히 일어나는 생체 이식뿐만 아니라 뇌사자에 대한 장기 기증 홍보와 잠재 뇌사자 발굴 등을 통한 뇌사자 장기 기증의 활성화, 심장사의 기증 활성화를 도모할 필요가 있다. 이를 위해서 다음과 같은 점들을 생각해 볼 필요가 있다.

첫째, 가족의 결정을 우선시하는 법적 규정의 개선이 필요하다. 현행 「장기 이식법」에는 생전에 뇌사자가 기증에 동의하였더라도 가족의 반대가 있을 장기 이식을 할 수 없다고 규정하고 있다. 자율성과 개인의 자기결정 그리고 자유로운 동의의 세 가지 가치들이 의학적 의사 결정의 법적 합의의 토대를 이루어 왔기 때문에 장기를 기증함으로써 보다 많은 사람에게 생명을 선물하고자 하는 기증자의 의사가 마땅히 우선적으로 존중받아야 한다.

둘째, 장기 기증에 대한 문화적 재고가 필요하다. 장기 기증은 신체의 훼손이 아니라 생명이 꺼져 가는 환자와 그 가족에게 새 생명의 기쁨을 선물하는 인간이 할 수 있는 가장 숭고하고 아름다운 사랑과 나눔의 실천이라는 점을 인식하고 계몽할 필요가 있다. 특히 기증자가 오랜 숙고 후에 자신의 죽음의 방식과 사후의 처리에 대해 내린 결정과 선택을 존중하는 것이 신체를 온전하게 보전하는 것보다 현대적 의미에서의 효의 개념임을 인식할 필요가 있다.

셋째, 잠재적 뇌사 기증자의 발굴을 위한 노력이 필요하다. 뇌사 상태에 처한 사람이 장기 기증자가 될 수 있도록 미국이 실행하고 있는 장기 기증 의무 신고제와 같은 것을 적용할 필요가 있다. 장기 기증 의무 신고제란 뇌사자가 치료받고 있는 병원의 의사가 뇌사자 관리기관에 뇌사자가 발생했음을 의무적으로 신고하는 것이다. 이러한 제도를 통해서 생전에 장기 기증 희망 등록을 한 사람뿐만 아니라 잠재적인 기증자를 더욱 많이 더욱 빠르게 확인할 수 있고, 가족은 뇌사라는 사실을 솔직하게 통고받고 기증 여부를 선택할 수 있는 기회를 제공받을 수 있게 된다.

넷째, 심장사 기증 활성화를 위한 홍보와 기반 조성이 필요하다. 심장사 기증은 기증자가 병원에서 사망한 경우에 한해 신장이나 간 등 일부 장기를 기증할 수 있으며 회복이 불가능하고 사망이 예상되는 환자로부터 가족의 동의하에 기증받게 된다. 사랑의 장기기증본부의 분석 결과에 따르면, 현재 대부분의 국가에서는 뇌사자로부터의 장기 기증이 주로 이루어지고 있으나 최근 미국이나 일본 등에서는 심장사에 의한 환자의 장기 기증 사례가 증가하고 있으며, 우리나라에도 2007년부터 심장사 기증이 도입되어 시행되고 있다. 일반적으로 뇌사 사망자보다는 심장사 사망자의 수가 월등히 많고 뇌사에 대한 문화적 거부감이 존재하는 현실에 비추어 볼 때 심장사 기증의 활성화는 장기 기증자 부족으로 아직 이식의 기회를 얻지 못하고 있는 장기 이식 대기자들에게 큰 희망이 될 수 있다.

3. 유산과 상속

1 유산의 의미와 형태

유산이란 다른 사람에게 이전되어 유증자의 불멸의 상징으로서 소중히 간직되는 유형과 무형의 자산이다(Ebersole & Hess, 1990). 노인이나 죽어 가는 사람은 자신들이 무엇을 남기고 싶은지, 또 그것을 누가 받기를 원하는지 확인할 필요가 있고 이러한 과정은 그들로 하여금 의미를 가지고 세상을 떠나도록 마음의 준비를 시킬 수 있고, 존속의 초월적 감정과 유가족과의 유형/무형의 유대감을 제공하는 역할을 할 수 있다.

유산은 유형의 물질적 재산에만 한정되는 것이 아니고 다른 사람의 마음에 살아 있을 기억에서부터 유증된 재산에 이르기까지 다양한 형태를 가질 수 있다.

구두로 남긴 이야기, 자서전, 공유된 기억, 전수된 기술, 예술 및 음악 작품, 출판물, 장기 기증, 기부금, 의미 있는 물건, 문자로 쓰여진 이야기, 유형 혹은 무형의 자산, 용기 혹은 성실과 같은 개인적 성격, 재능, 전통과 불멸의 신화, 박애주의적 동기, 자식과 손자 등 자손, 대처 방식, 독특한 사고 등은 모두 불멸의 상징으로 다른 사람에게 전달될 수 있는 유산의 예라고 할 수 있다(Ebersole & Hess, 1990).

충고자, 안내자, 조언자 관계를 통해서 다른 사람의 기술, 재능, 능력을 개발하도록 도와서 그들의 전문적인 발전을 촉진하거나 예술가의 재능, 과학 프로젝트, 지적 탐험을 위해 상당한 돈을 기부하는 것은 다른 사람을 통해 표현된 유산의 예라고 할 수 있다.

자신의 신체나 신체의 일부를 기증하는 것은 죽음을 초월하는 하나의 방식으로, 신체의 일부분이 다른 삶을 얻게 되거나 혹은 질병을 막고 건강을 회복시키는 기술에 도달하도록 중요한 정보를 제공할 수 있다. 또 개인적으로 의미 있는 물건을 친구와 가족에게 전달하는 것은 기억과 의미들을 공유할 수 있는 계기가 될 수 있다.

2 유언장

죽을 때 재산을 분배하는 관습은 고대 로마 시대에까지 거슬러 올라가며, 죽은 자가 재산을 분배하는 방식은 유언장이라고 알려진 법적 문서를 통하여 기록되고 있다(Aiken, 1994). 특히 중세 유럽에서는 이 세상에서 모은 재산의 분배가 구속의 한 형태로 간주되었고, 교회의 지도하에 죽기 전에 유언을 준비하는 것이 가난한 자에게조차 의무적인 성사가 되었다. 그래서 유언을 하지 않은 사람은 파문당할 수 있었고, 유언장을 남기지 않은 사람은 교회 성전의 땅에 묻히지 못했다(Ariès, 1981). 중세인은 삶과 물질에 대한 애착과 지옥, 영벌에 대한 공포의 대립적 갈등을 이 세상에서 모은 재산을 가난한 사람이나 병원, 교회나 종교적 목적으로 기부하는 것으로 해결하고자 하였다. 그러나 이러한 관대한 기부를 함으로써 남은 유족은 아무것도 물려받을 수 없었고, 교회는 그 대가로 기부자에게 천국으로 가는 허가증과 그의 영혼을 위한 미사와 불멸을 위한 기도를 약속하였다.

이처럼 13세기에서 18세기까지 유언장은 그것을 작성하는 사람의 심오한 사상과 종교적인 믿음, 사랑하던 사물과 존재들에 대한 애착, 신에 대한 애착, 영혼의 구원을 위해 취한 결정, 육신의 휴식을 개인적 방법으로 표출하는 수단이었다. 당시의 유언장은 유산 상속을 위한 사법적인 증서 이상의 것으로 그것을 작성하는 사람의 심오한 사상과 신념을 확인하는 수단이었으며, 작성자에게는 영혼 구원의 보증을 얻기 위한 수단이었다(Ariès, 1975). 따라서 이 시기에 유언장을 쓰는 목적은 유언 집행자와 가족, 교회재산위원회 교구의 사제, 수도원의 수도사들이 자신의 사후에 유언을 제대로 집행할지 믿지 못했기 때문에 이들에게 공적인 책임을 부과하여 고인의 의지를 존중할 것을 강요하고자 하는 것이었다. 18세기 중반이 되어서 유언장에서 경건한 조항들, 묘지의 선택, 미사와 종교적 봉사의 설정, 보시에 관련된 사항 등이 사라졌고, 유언장은 단지 재산 분배의 합법적인 증서로서 오늘날의 크기로 축소되었다. 인간의 영혼에 대한 교회의 영향력이 감소되고 감정과 사랑을 기반으로 한 가족의 개념이 나타나면서 가족 간에 신뢰감이 돈독해져서 유언자의 가장 중요한 의지들만 유언장에 명시되고, 기타 의도들은 친지와 가족, 배우자와 자녀들에게 구두로 전달되는 형태를 띠게 되었다(Ariès, 1975).

이처럼 유언장은 좁은 의미에서 고인의 유형의 재산을 생전의 의지에 따라 분배하는 지시서이지만, 넓은 의미에서는 자신과의 내밀한 대화이며 언젠가 다가올 죽음을 위한 준비이고 앞으로의 삶을 위한 새로운 출발이다. 즉, 유언장을 쓰면서 자신이 이 세상을 곧 떠난다고 가정하고 자신의 살아온 생을 되돌아보면서 이미 이루어 놓은 성취는 무엇이고 앞으로 해야 할 일은 무엇이 남아 있는지 결산해 보고 그동안 신세진 사람과 풀지 못한 관계의 매듭들을 점검하면서 유종의 미를 거두기 위해 무엇을 해야 할 것인지를 계획할 수 있는 것이다. 재산의 분배는 혹시 있을지도 모르는 재산을 둘러싼 가족 간의 불화와 분쟁을 미리 방지하고자 하는 배려로 유언장 내용의 일부를 차지할 뿐이므로 남겨 줄 유산이 없다고 생각하는 사람도 유언장 쓰기는 세상과 가족에게 남길 말을 미리 써 두는 통과의례이며 죽음에 대한 성숙한 준비로 생각할 필요가 있다.

1 유언의 방식

유언장을 작성하는 모범 답안이 존재하는 것은 아니다. 그러나 혹시 재산 분배를 염두에 두어 유언이 사후에 법적인 효력을 발휘하기를 원한다면 「민법」이 규정하는 방식에 따라 작성할 필요가 있다. 「민법」에서 규정하는 유언의 방식은 자필증서, 녹음, 공정증서, 비밀증서 및 구수증서 등 다섯 가지다. 미성년자, 금치산자와 한정치산자, 유언에 의하여 이익을 받을 자 및 그 배우자와 직계혈족, 공정증서에 의한 유언의 경우에 공증인 법에 의한 결격자는 유언의 증인이 되지 못한다.

① 자필증서에 의한 유언

유언자가 그 전문과 연월일, 주소, 성명을 자서하고 날인하여야 한다. 전항의 증서에 문자의 삽입, 삭제 또는 변경을 할 때는 유언자가 이를 자서하고 날인하여야 한다.

② 녹음에 의한 유언

유언자가 유언의 취지, 그 성명과 연월일을 구술하고 이에 참여한 증인이 유언의 정확함과 그 성명을 구술하여야 한다.

③ 공정증서에 의한 유언

유언자가 증인 2인이 참여한 공증인의 면전에서 유언의 취지를 구수하고 공증인이 이를 필기 낭독하여 유언자와 증인이 그 정확함을 승인한 후 각자 서명 또는 기명날인하여야 한다.

④ 비밀증서에 의한 유언

유언자가 필자의 성명을 기입한 증서를 엄봉날인하고 이를 2인 이상의 증인의 면전에 제출하여 자기의 유언서임을 표시한 후 그 봉서 표면에 제출 연월일을 기재하고 유언자와 증인이 각자 서명 또는 기명날인하여야 한다. 전항의 방식에 의한 유언봉서는 그 표면에 기재된 날로부터 5일 내에 공증인 또는 법원서기에게 제출하여 그 봉인상에 확정일자 인을 받아야 한다. 비밀증서에 의한 유언이 그 방식에 흠결이 있는 경우에는 그 증서가 자필증서의 방식에 적합한 때에 자필증서에 의한 유언으로 본다.

⑤ 구수증서에 의한 유언

질병 기타 급박한 사유에 의해 다른 방식에 의한 유언을 할 수 없는 경우에 유언자가 2인 이상의 증인의 참여로 그 1인에게 유언의 취지를 구수하고 그 구수를 받은 자가 이를 필기 낭독하여 유언자의 증인이 그 정확함을 승인한 후 각자 서명 또는 기명날인하여야 한다. 전항의 방식에 의한 유언은 그 증인 또는 이해관계인이 급박한 사유가 종료한 날로부터 7일 내에 법원에 그 검인을 신청하여야 한다.

2 유언의 집행

유언은 유언자가 사망한 때로부터 그 효력이 생긴다. 유언에 정지 조건이 있는 경우에는 그 조건을 유언자의 사망 후에 성취한 때에는 그 조건을 성취한 때로부터 유언의 효력이 발생한다.

유언의 증서나 녹음을 보관한 자 또는 이를 발견한 자는 유언자의 사망 후 지체 없이 법원에 제출하여 그 검인을 청구하여야 한다. 이 규정은 공정증서나 구수증서에 의한 유언에는 적용되지 않는다. 법원이 봉인된 유언증서를 개봉할 때에는 유언자의 상속인, 그 대리인, 기타 이해 관계인의 참여가 있어야 한다. 유언자는 유언으로 유언 집행자를 지정할 수 있고 그 지정을 제삼자에게 위탁할 수 있다. 지정된 유언 집행자가 없을 때에는 상속인이 유언 집행자가 된다. 유증을 받을 자는 유언자의 사망 후에 언제든지 유증을 승인 또는 포기할 수 있다.

3 상속

기본적으로 「민법」에서 규정하는 유언장이 있을 경우 고인의 유언에 따라 재산이 분배되지만, 유언장이 없을 경우에는 「민법」의 규정에 따라 상속이 이루어진다. 「민법」에 따른 상속 순위와 상속분 규정은 다음과 같다.

1 상속 순위 및 기타 상속 관련 규정

재산상속은 사망으로 인하여서만 개시되며, 유언이나 공동상속인 간 협의분할에 의하여 상속되는 경우에는 유언 또는 협의분할 내용에 따라 상속재산이 분할되지만, 법정 상속 순위에 따르는 경우는 다음과 같다(「민법」 1000조).

① 제1순위-피상속인의 직계비속과 배우자

성별 등에 관계없이 모두 동일한 비율로 상속하는 것이 원칙이다. 피상속인의 배우자가 있는 경우에는 배우자에게 직계비속 각각의 상속분의 50%를 더 상속한다.

② 제2순위-피상속인의 직계존속과 배우자

직계존속 간은 동일한 비율로 상속한다. 피상속인의 배우자가 있는 경우에는 배우자에게 직계존속 각각의 상속분의 50%를 더 상속한다.

③ 제3순위-피상속인의 형제자매

동일한 상속 순위에 해당하는 상속권자에게는 모두 동일한 비율로 상속한다. 다만, 피상속인의 배우자는 피상속인의 형제자매 또는 4촌 이내 방계혈족에 대하여 단독 상속인의 자격을 가지므로 직계존비속이 없고 배우자만 있는 경우라면 상속재산은 모두 배우자에게 상속된다.

④ 제4순위-피상속인의 4촌 이내의 방계혈족

피상속인의 직계비속 · 직계존속 · 배우자 · 형제자매가 없는 경우에만 상속인이 된다.

⑤ 기타 상속 관련 규정

- 동순위의 상속인이 여러 명일 때에는 최근친을 선순위로 하고 동친 등의 상속인이 여러 명일 때에는 공동상속인이 된다.
- 태아는 상속 순위에 관하여는 이미 출생한 것으로 본다.
- 대습상속이 가능하여 상속인이 될 직계비속 또는 형제자매가 상속 개시 전에 사망하거나 결격자가 된 경우에 그 직계비속이 있는 때에는 그 직계비속이 사망하거나 결격된 자의 순위에 가름하여 상속인이 된다. 대습상속은 직계비속이나 형제자매로서 상속인이 될 자가 피상속인이 사망하기

전에 사망한 경우에 인정되고, 직계존속과 4촌 이내의 방계혈족의 대습상속은 인정되지 않는다.

- 피상속인의 배우자는 제1000조 제1항 제1호와 제2호의 규정(제1순위와 제2순위)에 의한 상속인이 있는 경우에는 그 상속인과 동순위로 공동 상속인이 되고 그 상속인이 없는 때에는 단독 상속인이 된다.
- 상속인은 상속 채무가 상속 재산을 초과하는 경우 상속 개시 있음을 안 날로부터 3개월 내에 상속을 단순승인이나 한정승인 또는 포기를 할 수 있다.
- 「민법」 제1057조의 기간 내(1년 내)에 상속권을 주장하는 자가 없을 때에는 가정법원은 피상속인과 생계를 같이하고 있던 자, 피상속인의 요양 간호를 한 자, 기타 피상속인과 특별한 연고가 있던 자의 청구에 의하여 상속재산의 전부 또는 일부를 분여할 수 있다(제1057조의 2).

2 상속분

상속인이 상속 재산에 대하여 주장할 수 있는 자기의 몫인 상속분은, 피상속인이 유언으로 상속 재산을 분배(이를 '유증' 이라고 함)하는 지정 상속의 경우와 민법이 정하는 법정 상속이 있다.

① 법정 상속분

법정 상속분인 경우 동순위 상속인은 남녀, 혼인 여부를 불문하고 동등하며 피상속인의 배우자의 경우에만 50%를 가산한다(「민법」 제1009조). 예를 들어, 갑이 유족으로 처 을과 아들 병, 딸 정을 남겨 두고 사망한 경우 갑의 재산은 우선 을, 병, 정이 1, 1, 1씩, 그다음에 을에게 50%를 가산하여 결국 1.5, 1, 1씩이 된다.

② 지정 상속분

피상속인이 유언으로 상속재산을 분배하는 지정 상속의 경우에도 「민법」에서는 피상속인의 재산 처분에 제한을 두어 각 상속인이 최소한 받을 수 있는 상속분을 보호하는 유류분 제도를 두고 있다(「민법」 1112조).

유류분 제도에 의해 피상속인의 직계비속과 배우자는 그 법정 상속분의 $\frac{1}{2}$을, 피상속인의 직계존속과 형제자매는 그 법정 상속분의 $\frac{1}{3}$을 상속받을 수 있다.

3 상속재산 분배의 조정 방법

법정 상속의 경우, 법정 상속분에 의해 상속되는 것이 원칙이지만, 피상속인의 생전의 재산 형성에 대한 특별한 공헌이나 상속 개시 전까지 상속인에 대한 재산의 증여가 있는 경우에도 법정 상속분대로 분배하게 되면 공평하지 않을 수 있다. 이러한 경우 공평을 기하기 위한 상속재산 분배의 조정 방법으로 상속재산의 분배액을 조정하는 기여분 및 특별 수익분 제도가 인정되고 있다.

① 기여분

공동 상속인 중에 상당한 기간 동거 · 간호, 그 밖의 방법으로 피상속인을 특별히 부양하거나 피상속인의 재산 유지 또는 증가에 특별히 기여한 자가 있을 때에는 상속 개시 당시의 피상속인의 재산가액에서 공동 상속인의 협의로 정한 그 자의 기여분을 공제한 것을 상속 재산으로 보고 법정 상속분에 기여분을 가산한 액을 그 자의 상속분으로 한다. 기여분에 대한 협의가 되지 않거나 협의할 수 없을 때에 가정법원은 기여자의 청구에 의하여 기여의 시기 · 방법 및 정도와 상속재산의 액, 기타의 사정을 참작하여 기여분을 정한다(「민법」 1008조의 2).

기여분 제도는 부모를 모시거나 부모의 사업을 도운 자녀에게 그 기여한 몫을 되돌려 주는 제도로서 우리나라에서 효를 진흥시키기 위하여 실질적 혜택을 주고자 만들어진 것이다.

② 특별 수익분

공동 상속인 중에 혼인 때의 준비금, 사업자금 또는 영업자금의 원조 등으로, 생전에 피상속인으로부터 증여를 받은 사람이나 유증을 받은 사람(특별 수익자)이 있는 경우, 그 재산은 상속에 의해 얻은 것으로 간주하고 상속 재산 분배를 한다. 생전 증여가 있는 경우는, 상속재산액에 생전 증여액을 더한 것을 상속 재산으로 간주해 법정 상속분을 산정한다. 유증을 받은 사람이 있는 경우는, 상속 재산에 유증분이 포함되어 있기 때문에, 법정 상속분에 의해 상속분을 산출하고 유증을 받은 사람에 대해서는 산출한 지분액으로부터 유증의 액수를 공제한다.

part 05

죽음 그 이후

인간의 죽음이나 사후세계는 현재의 과학적 가설에 바탕을 둔 생물학적 개념만 가지고는 설명이 불가능하고, 우리가 현실이라고 믿는 물리적 현실세계와 사후세계 전체를 아울러 설명해 주는 완전히 다른 종류의 철학적 준비가 필요하다.

제13장

불멸과 내세관

우리는 모든 인간이 언젠가 반드시 죽는다는 사실과 아직은 죽음을 인간의 힘으로 막을 수 없다는 것을 알고 있다. 그러나 우리는 자신이 언제 죽을지 알지 못하고 또 죽음 후의 상태가 어떨지 알 수가 없다. 죽으면 우리의 존재가 끝장나서 사라져 버리는지, 아니면 우리 중 어떤 경험의 주체가 남아서 사후의 다른 세계에서 살게 되거나 혹은 다시 이 세상에 태어나게 되는지 우리는 확실히 알 수 없다.

인간의 죽음이나 사후세계는 현재의 과학적 가설에 바탕을 둔 생물학적 개념만 가지고는 설명이 불가능하고, 우리가 현실이라고 믿는 물리적 현실세계와 사후세계 전체를 아울러 설명해 주는 완전히 다른 종류의 철학적 준비가 필요하다.

오랜 옛날부터 우리의 종교적 · 문화적 신념체계는 임상적 죽음이 인간 존재의 끝이 아니라고 가정해 왔다. 이러한 견해는 초기 신화나 전설, 성경, 그 밖의 다른 문헌들 혹은 내세에서의 삶을 준비하기 위해 개인의 소유물을 함께 묻는 장묘문화 등을 통해 증명되고 있고, 죽음의 문턱까지 갔다가 돌아온 임사체험자들은 사후세계의 존재에 대해 확신을 가지고 주장하고 있다.

이 장에서는 죽음 그 이후의 세계인 내세에 관하여 다양한 각도에서 살펴보고자 한다. 우선 죽음을 초월하여 지속적으로 존재할 수 있는 다양한 불멸의 개념을 앞에서 살펴본 죽음의 정의와 대비하여 살펴보고, 죽은 다음에 인간 존재는 어떻게 되는가를 설명하는 죽은 후의 상태를 설명하는 이론들에 대해 살펴본다. 마지막으로 인간이 죽은 후에 어떻게 되는가와 관련된 내세에 대한 개념들을 신화를 중심으로 살펴본다.

1. 다양한 불멸의 개념

우리가 영원히 살 수 없다는 사실과 타협하고 죽음을 조금이라도 더 참을 만한 것으로 만들기 위한 전략 중 하나는 육체의 죽음 후에도 살아남는 무엇인가를 상정하는 것이다. 제한적인 육체적 삶이 끝난 후에도 우리의 존재 중에 어떤 부분이 죽음을 초월하여 지속적으로 존재할 수 있다는 개념, 즉 불멸의 개념은 필연적인 자신의 죽음을 받아들여야만 하는 인간에게 죽음이 존재의 끝이 아니라는 위안을 줄 수 있다.

제1장에서 다양한 종류의 죽음의 정의를 이미 다루었으므로 여기서는 이러한 다양한 개념의 죽음 정의에 대비되어 언급될 수 있는 다양한 불멸의 개념을 살펴보고자 한다(Kalish, 1985a).

1 생물학적 불멸

칼리시(Kalish, 1985a)의 정의에 따르면, 생물학적 죽음은 각 신체기관의 죽음을 의미한다. 따라서 죽은 후에도 우리의 신체 일부분이 살아남을 때 우리는 생물학적으로 계속 살 수 있다. 이것은 왜 자녀를 갖는 것이 많은 사람들에게 중요한가 하는 이유다. 자녀는 부모로부터 신체를 물려받는다. 이때 부모는 자녀, 손자녀를 통해서 영구히 존속하게 된다. 후손이 자녀를 계속 갖고 인류가 존속하는 한, 우리의 일부분은 계속 존속하고 우리는 생물학적 불멸(biological immortality)을 얻게 되는 것이다. 부모의 생물학적 일부분이 그 자식 안에 존재한다는 이러한 신비는 많은 사람들이 다른 사람의 자녀를 입양하는 것을 꺼리는 이유이며, 혈통을 중시하는 동아시아 문화에서의 상징적 불멸의 전형적인 방식이라고 할 수 있다. 만약 당신의 자녀가 당신의 생물학적 확장이라면 당신은 당신 부모의 생물학적인 확장으로, 이처럼 우리는 끊임없이 계속되는 생물학적 애착의 고리를 상상할 수 있다.

생물학적 죽음과 대비하여 임상적 죽음은 유기체 전체의 죽음을 말한다. 따라서 임상적 불멸은 육체가 완전히 죽지 않았다는 것, 존재를 멈추지 않은 것으로 유령과 같이 비록 다른 형태를 가지고 있지만 존재를 계속하는 것이다. 임상적 불멸은 이전의 자기라는 것을 확인할 수 있는 '자아' 혹은 '영혼'이 그 육체에 깃들어 있어야 성립된다.

❷ 심리적 불멸

심리적 죽음이 자아 인식이나 혹은 의식이 멈추는 것을 의미하는 것이라면 심리적 불멸이란 죽음 후에도 의식이 계속 존속하는 것으로 개인이 임상적 죽음을 겪고 나서도 자아 인식과 이생에서의 경험이 남아서 존속하는 것을 의미한다. 이것은 그리스도교의 내세 개념의 기초를 이루고 있다.

심리적 불멸(psychological immortality)이 무엇을 의미하는지를 칼리시(1985a)는 다음과 같이 구체적으로 설명하였다.

- 가족이나 친구들과 함께 있고, 먹고, 자고, 놀고, 도전하고, 실패하고, 성공하는 등 이생에서 있었던 많은 것들이 내세에서도 그대로 반복된다는 것을 의미한다.
- 지상에 존재하지만 다른 사람이 알아보거나 지각할 수 없는 상태로 존재하는 것이다. 유령의 경우처럼 살아 있는 사람을 보고 제한된 방식으로 그들의 삶에 영향을 줄 수 있으나 특수한 환경을 제외하고는 산 사람과 상호작용을 할 수 없다.
- 다른 육체로 환생할 수도 있지만 심리적으로 불멸하기 위해서 새롭게 환생

한 존재는 이전에 다른 육체 안에서 살았었던 것을 기억하고 있어야 한다. 이것은 새로운 존재가 이전의 존재에 대한 기억을 가지고 있지 않다는 동양의 영혼 윤회의 개념과는 다르다.

❸ 영적 불멸

어떤 사람들은 지상에서의 삶을 죽음 이후의 존재보다 좋지 않은 하등의 삶으로 생각한다. 지상에서의 삶은 투쟁, 고통, 불화, 스트레스, 부패 등을 의미하는 것에 비해 죽음 이후의 삶은 평화, 사랑, 충만, 조화감으로 채워져 있다. 영적 불멸(spiritual immortality)은 죽음 후의 삶에 대한 신학적 개념이나 혹은 세속적인 삶으로부터 더 높은 수준의 존재로의 해방이라는 개념과 관련되어 있으며, 영적인 애착을 통해 죽음을 초월하고자 하는 개념이 기본을 이룬다.

영적 불멸의 한 가지 예로 불교의 열반(Nirvāṇa)을 들 수 있다. 열반에 이르러야 사람은 계속되는 윤회와 삶을 경험하는 고통으로부터 벗어날 수 있다. 열반에 이를 때 자아 인식은 멈추게 된다. 영적 불멸의 서구적 개념은 신 혹은 자연, 우주, 인류와 하나가 되는 것으로 표현된다. 모든 시간은 현재이고 모든 물체는 단일체 혹은 하나의 전체이며 개체의 심리적 삶은 끝이 난다. 영적인 삶을 영위하는 것은 사람을 영적 불멸로 이끌고, 이것은 한정된 생물학적 생애 주기를 넘어서 확장된 본질과 조화되는 것을 의미한다(Lifton, 1977).

❹ 사회적 불멸

다른 사람이 우리를 살아 있는 것으로 인식할 때 우리는 사회적으로 살아 있는 것이고, 다른 사람이 우리를 죽은 것으로 인식할 때 우리는 사회적으로 죽은 것이다. 사회적 불멸(social immortality)은 심리적 불멸만큼 중요하고 친숙한 개념이다. 우리는 임상적으로 죽은 후에도 상징적인 방식으로 다른 사람을 위해 계속 존재할 수 있다. 이것은 우리가 임상적 혹은 심리적으로 존재한다기보다는 우리의 표상, 상징이 계속 존재할 것이라는 의미이고 사람들이 우리와 관계했던 방식으로 이러한 상징들에 관계할 것이라는 의미다.

리프톤(Lifton, 1977)은 사회적 불멸의 종류를 다음과 같이 설명하였다.

- 기억 속에서 다른 사람이 당신을 기억할 것이다. 예를 들어, 당신이 어떤 종류의 사람이었는지, 당신이 그들과 함께한 일들은 무엇이고 그들에게 당신이 어떤 의미였는지 등에 대해서 기억할 것이다.
- 우리 모두는 일종의 구술적 전통을 가지고 있다. 당신 어머니가 자신의 조부모에 대해 당신에게 한 이야기들은 구술적 전통의 일부다. 이것은 실제적 기억들을 가진 사람의 일생을 넘어서 사회적 불멸의 지속 기간을 확장시킨다.
- 우리의 대부분은 가족, 친구, 학교, 교회, 사교 클럽, 직장 등 많은 집단에 속해 있다. 우리가 각 집단들에 미친 영향은 우리가 그 집단의 일원이었던 시기를 넘어서 확장되거나 심지어는 우리의 일생을 넘어서 확장될 수도 있다.
- 많은 전통에서 가문의 성(姓)을 유지하고 존중하는 것은 중요한 일이다. 가문의 성은 부모와의 밀접한 관련성과 계속성을 제공한다.
- 일부 문화에서 조상은 그들이 죽은 후에도 오랫동안 의식과 의례 등을 통해 인식되고 기억된다.
- 계속해서 살아남을 어떤 것을 창조하거나 성취하는 것을 통해 사회적 불멸을 이룰 수 있다. 자식은 생물학적 불멸과 더불어 사회적 불멸의 수단이 될 수 있고, 나무를 심는 것, 책을 쓰는 것, 발명품을 특허 내는 것 등은 내가 죽은 후에도 나를 성장하게 하는 어떤 것이 될 수 있다.
- 역사책이나 기록에 기재되는 것을 통해서 죽은 후에도 사회적 불멸을 성취하게 된다. 그래서 종종 정치가나 유명인은 역사가 자신의 행동을 기록하는 방식에 깊은 관심을 갖게 된다.

5 법적 · 경제적 불멸

법적 · 경제적 불멸(legal and economic immortality)은 상징적 불멸의 일종이지만 사회적 불멸과는 다른 것으로, 우리가 죽은 후에도 재산의 통제를 통해서 자아의 확장을 성취할 수 있게 되는 것이다. 유산, 신탁, 유언 등을 통해서 부자는 대학이나 박물관에 기부를 하고, 사업을 유지하고, 법인을 세우는 것에 의해 경제적 불멸을 획득할 수 있고, 이 모든 것들은 그들이 죽은 후에도 수년 혹은 수세기 동안 그들의 이름을 남길 수 있게 한다. 유언, 신탁, 유산을 남기는 것과 같은 법적 행동을 통해서 법적인 불멸을 성취할 수 있고, 죽은 후에도 그의 자녀나 유언 상속인이 휴가나 오락을 위해서가 아니라 대학을 가기 위해서나 아플 때 의료 혜택을 받기 위해 돈을 사용할 수 있도록 결정할 수 있다. 또 자신을 기억할 수 있도록 다른 사람에게 물질적 소유물을 줄 수 있다.

6 상징적 불멸

상징적 불멸(symbolic immortality)이란 시간과 공간을 초월하여 삶의 다양한 요소들과 내적으로 상징적인 관계를 계속 유지하는 것을 말한다(Lifton, 1977). 랭크(Rank, 1958)에 따르면, 인간은 자신의 영적 자아를 유지하기 위하여 자연적 조건을 변화시키고 문화를 창조하였다. 상징적 불멸감은 동시대의 생물학적 인간과 역사, 과거와 미래 모두와의 연결감, 유대감을 상징화한 것으로 이러한 견해는 랭크가 지적한 것처럼 자기 자신의 영원한 생존을 보장하고자 하는 인간의 영원한 욕구를 표현한 것이라고 할 수 있다.

2. 죽음 후의 상태에 대한 이론

죽은 다음 인간은 어떻게 될까? 죽음과 함께 인간의 존재는 없어지는 것일까,

아니면 어떤 다른 형태로 계속 존재하는 것일까? 만약 다른 형태로 계속 존재한다면 어떤 형태로 존재하게 되는가? 많은 종교적 전통에서 개인의 한 부분 혹은 그 이상의 부분이 죽음 후에도 살아남는다는 개념을 발견할 수 있다. 영어권에서 이 부분은 대개 영혼(soul)이라는 개념으로 언급된다. 그러나 일반적으로 아시아의 종교에서는 육체적 죽음 후에도 살아남아서 환생하는 창조되지도 변하지도 않는 어떤 것(Ātman/Brahman)이 존재한다는 생각이 폭넓게 받아들여지고 있다. 여기서는 죽은 다음에 인간 존재가 어떻게 되는가를 설명하는 이론들을 간단히 살펴보고자 한다.

1 영육 이원론에 근거한 영혼불멸설

많은 전통문화에서는 사람의 정신적 본질인 영혼과 영혼을 위한 매체로 간주되는 물질적 육체를 구분하는 이분법적 사고, 즉 물질 · 신체와 대비되는 영혼 · 정신이라는 개념을 가지고 있다. 이러한 이분법적 사고는 정신과 육체의 대립을 강조하는 그노시스교(Gnosticism)의 영향이라고 볼 수 있다(Lewis, 2001). 그노시스교는 이 세상, 특히 인간의 육체가 인간의 영혼을 물질적인 세상에 옭아매는 악한 신이 만들어 낸 산물로, 인간 영혼의 진정한 본향은 순수한 정신이므로 우리가 영혼의 감옥을 피하는 방법은 육체의 즐거움을 거부하는 것이라고 가르친다.

영육 이원론에 기초하여 인간을 생각할 때, 인간은 정신과 물질 혹은 영혼과 육체로 구성되어 있다. 인간의 육체는 땅 혹은 물질에 속하며 영혼에 비하여 저질적인 것으로 영혼과 그의 정신적 활동을 방해하고 영혼을 감금하여 부자유스럽게 만드는 영혼의 감옥이므로 악한 것이다. 이에 비하여 영혼은 본질적인 것으로 본래 영원한 신적 영역에 속하며 고상하고 거룩한 것이다. 영육 이원론에 기초한 영혼불멸설에 따르면, 인간이 죽으면 육체는 썩어 없어지지만 인간의 본래적 자아를 구성하는 영혼은 죽음을 통하여 육체의 감옥에서 해방되어 영원한 신적 세계로 돌아가 거기서 영원한 자유와 열락을 누리게 된다. 따라서 죽음은 삶의 끝이나 파괴가 아니라 영혼과 육체의 결합의 폐기, 육체로부터 영혼의 분리와 해방이며 영혼의 구원을 뜻한다. 죽음은 인간의 육체에만 일어나고 죽음과 함께 영혼은 육체의 감옥을 벗어나 영원한 세계로 돌아가서 육체 없이 존재하게 된다는 것이다.

영육 이원론에 바탕을 둔 영혼불멸설은 본래 고대 그리스의 오르페우스 신비종교에서 유래하며, 기원전 6세기 이후 그리스와 소아시아 지역에 널리 퍼져 있었다(김균진, 2002). 피타고라스와 엠페도클레스 등 그리스 철학자들이 이것을 받아들였고, 영혼불멸설을 가장 체계 있게 기술한 철학자로는 플라톤을 들 수 있다.

2 영혼 윤회설

환생 혹은 윤회설(theory of reincarnation)은 인간이 죽은 후 그의 영혼이 죽은 사람의 시체를 빠져 나와 다양한 생명체로 거듭 태어나서 새로운 형태의 삶을 가지게 된다는 이론을 말한다.

환생의 개념은 아시아, 아프리카, 호주의 원시사회에 널리 보급되었지만, 가장 잘 알려진 것은 힌두교와 불교의 전통과 관습이다. 힌두교와 불교의 윤회설에 따르면, 죽음은 끝이 아니라 생명의 한 형식에서 다른 형식으로 다시 태어나는 것을 뜻하며, 삶과 죽음과 재탄생의 순환적 반복 과정은 모든 인간이 묶여 있는 운명의 수레바퀴다. 힌두교에서는 아트만(Ātman)이라고 불리는 영원하고 변치 않는 자아의 핵심과 브라만(Brahman)이라는 존재의 단일한 토대를 가정한다. 끊임없이 변화하고 불안정하며 어둠과 죽음, 고통이 있는 현상학적 차원의 세계를 윤회라고 부르며 이것은 변치 않고 안정적인 아트만/브라만의 영적 영역과는 반대 입장에 선다. 죽은 후 다시 육체를 가진 삶으로 돌아간다는 영혼 재생설을 서구 세계에서는 바람직하고 좋게 생각하는 것에 비해, 힌두교와 불교에서는 윤회의 과정을 불행한 것으로 여기고 이 세상에서의 삶은 고통을 의미한다.

죽은 후 육체로 다시 태어나는 이 운명의 수레바퀴는 카르마(Karma)의 법칙에 기초하여 운행된다. 카르마는 산스크리트어로서 '행위' 혹은 '업(業)' 을 뜻하며, 카르마의 법칙이란 인간이 행한 선과 악은 그에 상응하는 보응을 받는다는 믿음을 말한다. 즉, 이 세상의 주어진 상황 속에서 인간이 행한 모든 행위는 죽음 다음에 올 새로운 형태의 생명을 결정하는 기초가 되어서, 선을 행하는 자는 복된 생명으로 다시 태어나고 악을 행하는 자는 고통스러운 생명으로 다시 태어난다. 자기의 업에 대한 마지막 보상을 치르기까지 계속해서 다른 생명으로 다시 태어나야 하는 것이다. 해탈(Mokṣa)은 끊임없는 죽음과 재탄생의 수레바퀴로부터의 해방을 의미하는 전통 산스크리트어다. 해탈은 인간이 얻고자 하는 최고의 목적으로 해탈에 도달하면 물방울이 바다로 떨어졌을 때 그의 개별성을 잃고 바다와 하나가 되는 것과 같이 개인적 아트만은 우주적 브라만에게로 녹아들어간다.

이처럼 힌두교에서는 이생을 죽음 후의 삶을 위한 준비로 생각하고, 카르마의 법칙에 따라 이전 존재에서의 선행과 악행의 결과가 이생의 환경을 결정한다고 주장한다. 카르마 법칙을 작동시키는 것은 행동 자체보다는 행동과 연관된 욕망(열정, 애착, 바람, 열망 등)이기 때문에 인간은 우주적 자아와의 완전한 통합을 바라는 욕망을 제외한 모든 욕망을 억제해야만 재탄생을 피할 수 있다.

재탄생의 교리를 힌두교로부터 도입한 불교는 무아(無我)의 교리를 보급하였다. 이에 따르면 인간은 불멸하는 영혼을 가지고 있지 않다. 우리가 자아라고 알고 있는 것은 실체가 없는 껍데기에 불과한 것으로, 물질(色), 감정(受), 생각(思), 충동(行), 의식(識)이라는 다섯 가지 존재 요소(五蘊)의 일시적 가합(假合)일 뿐 그 자체로는 실체가 아니라는 뜻이다. 따라서 불교가 추구하는 목적은 재탄생의 순환을 끝내서 자아의 환영을 해체하고 고통을 끝내는 것이다.

환생의 교리는 불교나 힌두교 이외에도 고대 이집트의 파라오 왕실 숭배와 그리스의 오르페우스 신비 종교 같은 고대 근동의 종교에서도 찾아볼 수 있으며, 신지학(theosophy)과 같은 사상학파나 융(Jung), 헉슬리(Huxley)와 같은 사상가의 철학적 교의이기도 하다. 서구 국가들에서 환생에 대한 믿음은 카타리파(Cathar),[1] 알비주아파(Albigenses)[2]와 같은 이단 종파나 템플 기사단(Knights Templars),[3] 장

1. 중세 유럽의 마니교의 이단파.
2. 12~13세기 프랑스 알비(Albi) 지방에 일어났던 일종의 반로마 교회파 교단.
3. 성지 예루살렘의 보호를 위한 조직.

미 십자회(Rosicrucian),[4] 프리메이슨[5]과 같은 집단, 그리고 연금술사, 권모술수가와 같은 사람들에 의해 주기적으로 재유행하였지만, 그리스도교의 정설, 정통파적 관행과 모순되기 때문에 중세 초기에 거의 사라졌다(Lewis, 2001).

3 가톨릭교회의 연옥설

죽은 다음 인간의 영혼은 연옥에 있을 것이라는 주장이다. 연옥이란 라틴어로 'purgatorium' 이라 불리며 '깨끗하게 하다' '정화하다' 를 뜻하는 라틴어의 'purgare' 에서 유래한다. 연옥은 본래 정화의 장소를 가리키며 가톨릭교회는 이것을 '정화시키는 불' 이라는 의미로 사용하였다. 연옥은 죽음의 순간 인간의 육체를 벗어난 영혼이 이 세상에서 지은 모든 죄에서 씻음을 얻고 영원한 구원을 얻기 위하여 그 죄에 해당하는 보속을 치르는 장소 내지 과정을 가리킨다.

연옥설은 1336년 교황 베네딕트 12세의 교서를 통하여 가톨릭교회의 공적 교리가 되었다(김균진, 2002). 이 교서에서 교황은 마지막 부활이 있을 때까지 죽은 자들이 잠자는 상태에 있다는 교회의 전통 이론을 거부하고, 죽은 자는 죽음과 동시에 하느님의 심판을 받는다고 주장하였다. 이때 마지막 죽음의 순간까지 하느님을 거부하는 자는 지옥으로 떨어지는 반면, 믿음 가운데서 죽은 자는 죄의 용서를 받는다. 그러나 죽은 자의 영혼은 하느님의 얼굴을 볼 수 있을 만큼 죄로부터 완전히 깨끗할 수 없으므로 그들의 죄를 완전히 벗기까지 연옥의 불 속에서 참회하여 죄에 대한 벌을 받고 정화되어야 한다. 이때 살아 있는 신자는 연옥에 있는 사람을 위한 중재의 기도와 교회에 바치는 제물을 통하여 정화의 과정이 빨리 끝나도록 도울 수 있다.

연옥설은 영혼불멸설에 근거하여 영혼의 영원한 존재를 전제하고 있고, 죽음과 최후의 심판에 의한 마지막 부활 사이의 중간 기간을 설명하기 위하여 인간의 영

4. 1484년 Christian Rosenkreuz가 독일에 창설했다고 하는 연금 마법술을 행하는 비밀결사의 회원.

5. 템플 기사단의 후계자로 자칭한 집단.

혼이 완전히 정화되어 하느님을 보기까지 죄에 상응하는 벌을 연옥에서 당한다고 말하고 있다.

4 부활론

부활이란 '다시 일어남' 이란 뜻을 가진 라틴어의 'resurgere' 에서 유래하였고, 죽은 사람의 육체가 소생하거나 되살아나는 것을 의미하는 종교 개념이다. 부활은 동일한 영혼의 재생과 동일한 육체의 재생을 의미하며, 죽은 시체의 썩어 없어진 모든 부분들이 재구성되어 활기를 되찾으며 시체로부터 분리되었던 영혼이 시체와 결합하는 것을 의미한다. 영육 이원론적 인간관에 바탕을 둔 영혼불멸설과는 다르게 부활론은 인간을 영혼인 동시에 몸인 영육 통일체, 심리적-영적-신체적 단일체로 본다. '몸을 지닌 혼' '혼을 지닌 몸' 으로 영혼과 육체는 전일적 인간 생명 현상의 두 존재 양태이며, 몸은 영혼을 가두는 감옥이 아니라 인간 생명의 외면성을, 영혼은 생명의 내면성을 나타낸다.

고대 이집트인은 죽은 후의 부활을 믿었기 때문에 육체가 훼손되는 것을 막기 위해 미라와 같은 장법을 개발하였다. 고대 이집트인은 모든 생물이 물질적 구조인 육체를 가지고 있고, 그 육체에 영혼 혹은 인성에 해당하는 '바(ba)' 와 생명력에 해당하는 '카(ka)' 등 비물질적인 요소가 부가되었다고 믿었고, 죽음은 이들 요소의 분리를 의미했다. 죽음 후의 두 번째 삶으로 들어가기 위해서 육체는 생기를 준 정신적 요소와 재결합하여야 하는데, 육신이 원형 그대로 보존되어야만 재결합이 가능하게 된다. 만약 육체가 훼손되면 죽음 때문에 흩어진 정신과 육체가 다시 재결합할 수 없고 결과적으로 부활할 수 없게 되는 것이다(Dunard & Lichtenberg, 1993).

다신교 신앙에서는 죽음과 부활을 풍요나 매년 다시 소생하는 자연의 재생력과 연관하여 생각하였고, 특정 신들, 특히 식물이나 풍요, 수확과 연관된 신들과 관련지어 생각했다. 바알과 오시리스가 그 대표적인 예라고 할 수 있다. 가나안 종교의 비와 풍요의 신인 바알(Baal)[6]은 그의 적 모트(Mot, 죽음)에 의해 살해된다.

그의 누이이자 아내인 아나트(Anat)가 복수에 나서 결국 모트는 패배하고, 바알의 부활로 대지에는 다시 풍요가 찾아온다. 고대 이집트의 신 오시리스(Osiris)는 그의 형제이며 폭풍과 혼돈의 신인 세트(Set)에 의해 살해되어 손발이 잘리는 등 육체가 해체되어 낱알이 들판에 뿌려지듯 흩뿌려진다. 그의 아내인 이시스(Isis)가 열네 조각으로 토막 난 오시리스의 유해를 다시 모아 마법 의식으로 살려 낸다. 오시리스는 나중에 망자의 신이 되었으나 본래는 자연을 관장하는 신으로 식물의 순환 주기, 자연계의 재생력을 상징한다.

다신교 신앙과는 달리 유일신 종교에서 죽음으로부터의 부활은 종종 인간과 관련된다. 인간의 부활이라는 개념은 조로아스터교에서 처음으로 발견되었고, 후에 주요 유일신 신앙(유대교, 그리스도교, 이슬람교) 안에서 발전되었다(Lewis, 2001). 조로아스터교에서 공식화된 부활의 개념은 불멸을 이해하기 위한 가장 초기적인 노력이고 세상의 종말에 대한 낙관적 시각으로, 빛의 세력이 어두움을 이기고 죄지은 자가 정화되어 모든 인류가 창조의 부활을 기뻐한다는 것이 주요 내용이다. 선과 악의 마지막 전쟁, 사악한 자에 대한 심판, 죽은 자의 부활과 같은 종말에 대한 이러한 시각은 계시 사상가들에 의해 유대교에 도입되었다.

유대교에서 부활 신앙이 최초로 언급된 것은 기원전 2세기경의 묵시적 문헌(Jewish apocalyptic literature)에서이고 여기서 부활은 육체가 소생하여 의로운 자는 영원한 행복을, 죄지은 자는 영원한 수치를 받게 될 것이라고 언급하고 있고, 랍비 유대교에서는 부활을 정신과 육체의 재결합으로 생각한다(Lewis, 2001).

그리스도교에서의 부활 개념은 유대교의 전통으로부터 유래된 것으로 구원을 위한 가장 중요한 믿음 중 하나로 간주된다. 그리스도교의 부활은 십자가에 못 박힌 후의 예수의 부활과 최후의 심판에서의 의로운 자의 부활 모두를 의미한다. 초기 교회는 부활의 순간에 불멸의 영혼과 육체가 재결합한다는 믿음을 발전시켰

6. 바알은 '주(主)' 또는 '소유주'를 의미하며, 가나안의 여러 부족들은 자신들의 주요 신을 바알이라고 불렀다. 이스라엘인이 가나안 땅에 들어갔을 때 모든 이교의 신을 이 이름으로 언급했다. 가나안 신화에서 가장 유명한 바알은 폭풍 신 하다드와 관계 있는 비와 풍요의 신이다.

지만 현대 20세기 신학은 부활을 죽음과 함께 분해, 해체된 모든 존재의 재창조의 순간으로 말하기도 한다(김균진, 2002).

이슬람교의 초기 전통에서 부활은 죽은 자를 되살리는 것조차 할 수 있는 창조주의 전능성과 관련되어 있고, 후에 영혼의 불멸성이라는 개념과 영혼과 육체의 재결합이라는 개념을 발전시켰다. 부활의 날 육체와 다시 만난 영혼은 그들의 공적에 따라 파라다이스(낙원) 혹은 지옥(불)에서 영원한 삶을 부여받는다.

3. 내세에 대한 개념

인간은 삶과 죽음이 어떻게 관련되어 있는지를 이해하기 위해 다양한 종교적/철학적 이미지들을 사용해 왔다. 또한 인간은 존재의 유한성을 극복하기 위해 죽은 후에 어떻게 되는가와 관련된 내세에 대한 개념을 발전시켰고, 우리가 내세에 대해 어떤 개념을 가지고 있는가는 삶과 죽음에 대한 우리의 태도에 커다란 영향을 미친다.

이러한 사후세계에 대한 관념은 그것이 탄생된 문화와 시대의 영향을 받아 다양한 모습으로 나타나기 때문에 여기서는 다양하게 존재하는 내세에 대한 개념의 형성 배경과 그 내용을 이해하기 위해 필요한 기초적인 개념과 지식을 살펴보고자 한다.

다양한 내세에 대한 개념을 효과적으로 이해하기 위해서는 내세관을 구성하는 몇 가지 핵심 요소들에 유념하여야 한다(Kastenbaum, 2007).

첫째, 내세에 대한 해석에는 사람마다 의견이 현저하게 다르다. 각 종교에서 주장하는 천국이나 지옥을 문자 그대로 어떤 물리적인 장소가 있다고 생각하는 사람이 있는가 하면, 그것을 마음의 상태나 조건, 진화의 단계 등으로 생각하는 사람이 있다. 이처럼 죽음 이후의 내세는 일의적이고 구체적인 어떤 사실이나 상태, 문자 그대로의 현실을 지칭하는 것이 아님에 유의할 필요가 있다.

둘째, 대부분의 내세에 대한 믿음은 이원론적 철학과 관련되어 있다. 내세에 대한 개념은 영혼과 육체, 선과 악, 천국과 지옥, 삶과 죽음을 이원론적으로 구분하여 서로 대립과 분리된 것으로 보는 경향이 있다.

셋째, 보존의 주제(conservation theme)가 사후 생존에 대한 믿음에 강력한 영향을 미쳐 왔다. 이생에서의 지위와 특권은 내세에서도 그대로 유지되고, 내세에서의 삶을 이생에서의 삶의 연장으로 여기는 경향이 있다. 이러한 주제는 이집트 왕조와 같은 초기의 중요 종교 체계에서 뚜렷이 나타나는 주제로, 고대 이집트인은 저승에서도 삶이 계속된다는 확신을 가지고 종교 의식을 치르고 시체를 방부 처리하여 미라를 만들고, 무덤을 치장하는 일에 정성을 기울였다. 그들은 또한 사회적 지위와 가족관계, 물질적인 소유물을 유지하면서 지상에서의 생활이 사후에도 계속되기를 열망하였다.

넷째, 보상의 주제(compensation theme)는 오늘날에도 왕성하게 작용하고 있다. 정의나 자유, 기회 그리고 삶의 기본적인 본질 등이 현실에서 충족 혹은 실현되지 못하는 것을 보상하기 위해서 내세에 대한 개념이 필요하다는 것이다. 만약 불의나 억압, 결핍 등이 인간 사회에서 제거된다면 그것을 내세에서 실현하고자 하는 욕구는 줄어들 수 있을 것이다.

다섯째, 죽은 자의 심판이라는 주제는 보편적이지는 않지만 자주 나타나는 주제다. 죽음은 우리에게 구원 혹은 파멸을 초래하는 순간이나 과정을 가져온다. 이런 심판이라는 방식으로 우리는 가장 강한 권능자의 관점에서 우리의 삶이 어떻게 등급 매겨지는지를 알게 된다.

그리스 문화 · 사상 · 정신 · 예술 등을 지칭하는 헬레니즘과 유대교적 · 그리스도교적 사상 · 문화 · 생활 및 전통 전반을 가리키는 헤브라이즘은 유럽 문화와 서양 사상의 2대 조류를 구성하고 있다.

따라서 여기서는 그리스의 철학, 신화, 신비 종교 등을 중심으로 죽음 후의 세계가 어떻게 그려지고 있는지 살펴보고자 한다. 이와 더불어 사후세계를 언급할 때 그리스 신화와 함께 많이 인용되는 이집트의 사자의 서에서 그려지는 사후세계의 내용을 간략히 살펴본다.

1 내세에 대한 그리스적 개념

서구 문화와 종교, 사상 형성에 기반이 되고 있는 그리스의 철학, 종교, 신화의 영향을 내세나 사후세계에 대한 개념에 초점을 맞추어 살펴보면 다음과 같다.

1 그리스의 철학자

그리스의 철학자들은 죽음과 내세 문제에 대해 사고할 수 있는 다양한 수단과 관점을 제공하였고, 그들의 사고의 출발점은 신화가 아니라 관찰 혹은 논리에 바탕을 둔 것이었다. 여기서는 고대인의 내세와 관련된 개념을 이해하기 위하여 대표적인 그리스 철학자들의 주장을 살펴보고자 한다.

① 데모클리토스

원자론자인 데모클리토스는 우주가 더 이상 쪼갤 수 없는 원자들의 다양한 종류와 결합에 의해 구성된다고 주장하였다. 그는 인간이 죽을 때 원자들이 단순히 분산되어 결국에는 다른 집단의 원자들과 결합하여 다른 동물이나 물체를 형성하기 때문에 어떤 종류의 개인적 계속성도 없다고 주장하였다.

② 피타고라스

피타고라스는 기원전 6세기 무렵에 철학과 종교의 통합을 추구한 인물로, 그의 주장은 오르페우스 신비 종교와 많은 특징을 공유하고 있다. 피타고라스는 극단적인 이원론적 사유를 전개하여 정신과 물질, 조화와 불일치, 선과 악을 엄격히 구분하였고, 영혼은 육체보다 존재론적으로 우위에 있으므로 최고의 선인 명상하는 삶을 추구하기 위해서는 육체의 힘과 광기를 물리쳐야 한다고 주장하였다. 피타고라스는 육체의 감옥에 갇혀 있던 인간의 영혼이 죽음과 함께 육체를 벗어나 하데스를 거쳐 깨끗이 정화되어야 하고, 정화되지 못한 영혼은 지구로 돌아와 다른 육체 속으로 들어간다는 영혼 윤회설을 주장하였다. 영혼 윤회설에 따르면, 영원한 하늘나라에 들어가기까지 영혼은 여러 번 세상으로 돌아가서 여러 종류의 육체에 들어가 있으면서 정화를 위한 훈련과 제사를 지내야 한다. 이러한 영혼의 윤회에 관한 교리는 원래 이집트에서 유래한 것이고, 인간의 행위에 대한 상벌 교리와 연관되어 있다. 피타고라스학파 사람들이 동물을 절대로 죽이지 않는 것은 그들이 환생의 교리를 신봉하고 있기 때문이다. 피타고라스는 그리스 문화에서 이원론과 영혼 재생설(환생설)을 합리적인 철학적/종교적 선택지로 만드는 데 중요한 역할을 한 인물로 평가받고 있다(Lewis, 2001).

③ 소크라테스

소크라테스에 따르면, 인간의 진정한 본성은 영혼이고, 인생의 가장 중요한 목적은 이 영혼을 양육하는 것이다. 소크라테스는 그의 새로운 가르침이 아테네 젊은이들을 망친다고 기소되어 죽음이 선고된 법정에서의 변명에서, 죽은 후의 가능성에 대해 다음과 같은 말을 남겼다. "죽은 후가 아무것도 없는 무(無)라면 선한 사람을 해칠 수 없기 때문에 나쁠 것이 없다. 만약 그 반대라면 이미 죽은 위대한 인물이나 영웅의 영혼을 만나서 대화할 수 있으니 얼마나 멋진 일인가? 죽음이 인간에게 일어날 수 있는 가장 큰 축복일지 아닐지 누구도 알 수 없다."

④ 플라톤

플라톤에 따르면, 인간의 영혼은 신적인 것으로, 인간은 태어나기 이전에 영원한 신의 세계 속에 존재한다. 인간의 출생과 함께 영혼은 인간의 신체와 결합한다. 이 결합은 본래의 존재 양식으로부터 영혼의 소외를 뜻한다. 이제 영혼은 인간의 육체라는 감옥 속에 있게 된다. 영혼은 만 년 동안 땅 위에 있는 여러 가지 생물들 속에서 윤회하다가 자기 완성에 도달하여, 신의 존재를 영원히 관조하게 된다. 아니면 신의 존재로부터 점점 멀어져서 영원히 분리되기도 한다. 이것은 영혼이 우주의 신적 질서에 얼마나 복종하는가에 따라 결정된다. 이처럼 플라톤은 영혼의 불멸과 윤회를 주장했고, 육체보다 영혼이 우위에 있으며 육체를 영혼의 감옥으로 보았다.

플라톤은 『3개의 대화*(the Gorgias, the Phaidon, the Republic)*』에서 죽음 후의 개

인적 의식의 생존 가능성을 논의하였고, 여기서 악을 행한 자를 내세에서 징벌한다는 신화와 영혼 재생설을 반복하여 주장하였다. 플라톤이 내세에 대해 기술한 대화들의 내용을 간단히 요약하면 다음과 같다(Lewis, 2001).

- 고르기아스(Gorgias): 죽음 후의 영혼의 심판을 기술하고 있다. 죽을 때 영혼은 감옥으로 생각되는 육체로부터 자유로워진다. 영혼은 2개의 길의 교차점에 있는 풀밭에서 심판을 받는다. 한 길은 축복의 섬(Isles of the Blessed)으로 다른 길은 타르타로스(Tartarus), 즉 지옥으로 통한다. 영혼의 재판관은 3명이 있는데 유럽으로부터 온 영혼은 아이아코스(Aeacus)[7]가 맡고 라다만투스(Rhadamanthus)[8]는 아시아로부터 온 영혼을, 미노스(Minos)[9]는 어디서 왔는지 결정할 수 없는 영혼을 심판한다. 영혼은 살았을 때의 행동에 의해 구분되어 나타나는데, 불의한 행동을 한 영혼은 주로 다치거나 불완전한 모습으로 나타난다. 적절한 판단을 내리기 위해 재판관은 단지 영혼 위의 표시를 검사하면 된다. 사악한 사람은 타르타로스로 난 길에 놓여서 원 상태로 되돌리거나 혹은 영원한 벌을 받는다. 선한 사람은 철학적 삶을 산 것으로 묘사되고 축복의 섬으로 보내진다. 호메로스 시대의 신화에서 타르타로스는 하데스의 아래에 있는 지역으로 주로 다루기 힘든 신들인 타이탄들을 벌주는 장소이지만, 여기서는 일반적인 징벌의 장소로 변형되었다.
- 파이돈(Phaidon): 여기 묘사하는 내세 신화에서는 아케로시안 호수(Acherusian Lake)에서 죽은 자의 심판이 이루어진다. 치유할 수 없이 사악한 사람은 타르타로스에서 영원한 벌을 받는다. 만약 이승에서 그들이 학대한 사람들이 그들을 용서한다면 다른 삶을 살 수 있도록 지구로 되돌려 보내진다. 철학적 영혼은 궁극적 은혜인 또 다른 육체적 탄생으로부터의 자유를 허락받고 아

7. 제우스의 아들로 사후에 하데스에서 사자들의 재판관이 되었다.
8. 제우스와 에우로페의 아들로 사후에 명부의 재판관이 되었다.
9. 제우스와 에우로페의 아들로 크레타의 왕이 되었고, 사후에 형제인 라다만투스와 함께 하데스의 재판관이 되었다.

름다운 환경에서 영원히 명상할 수 있다.

- 국가(Republic): 내세는 임사체험을 경험한 엘이라는 사람에 의해 기술된다. 엘은 죽은 지 12일째 되던 날 매장하려고 들판에서 장작 위에 눕혔을 때 되살아나서 저세상에서 보고 온 여러 가지 일들에 대해 이야기한다. 그의 이야기 속에서 죽은 사람의 영혼은 땅으로 난 2개의 구멍과 하늘로 난 2개의 구멍이 있는 장소로 이동한다. 재판관은 중간에 앉아서 선한 영혼은 위로 난 구멍 중 하나로 보내고 악한 영혼은 아래로 난 구멍 중 하나로 내려보낸다. 영혼은 천 년의 열 배나 되는 기간 동안 보상을 받거나 벌을 받는다. 그것이 끝나면 영혼들은 처음에 오르내린 구멍과는 다른 구멍으로 지상으로 오르거나 내려와서 풀밭에서 만나 자신들이 이제껏 한 경험들을 교환한다. 가장 나쁜 영혼은 나오지 못하고 타르타로스에 영원히 던져진다. 나머지 영혼들은 7일 후에 사이렌(Siren)[10]과 페이트(Fate)들[11] 그리고 각종 방식의 힘들이 내세의 삶을 움직이는 장소로 이동한다. 각 영혼들은 자신이 태어나게 될 삶의 종류를 자유로이 선택할 수 있다. 운명을 선택하면 이승으로 가는 여로에 오른다. 우선 '망각의 들' 을 지나고 그다음 '망각의 강' 을 건너며 일정량의 물을 마셔야 한다. 그 물을 마시는 순간 그때까지의 일은 전부 잊어버리고 새롭게 태어나는 것이다.

2 고대인의 내세관과 그리스 신화

현재의 인간 사회는 선과 악, 현세와 내세, 삶과 죽음을 구분하는 이분법적 사고방식이 지배적이다. 그러나 고대의 신화시대에는 삶과 죽음을 연결적으로 바라보고 현세와 내세, 신적 영역과 세속적 영역의 구분이 확실하지 않다. 따라서 신화시대에는 선악의 구별이 없기 때문에 천국과 지옥이 따로 없고 죽어서 가는 곳은 그저 저승 혹은 지하세계라고 할 뿐이다. 신화에서 종교가 갈라져 나오면서

10. 아름다운 노랫소리로 근처를 지나는 뱃사람을 유혹하여 파선시켰다는 바다의 요정.
11. 운명을 맡은 세 여신인 클로토, 라케시스, 아트로포스를 말한다.

천국과 지옥이 생기기 시작한 것이다(이경덕, 2006).

따라서 고대인이 생각하는 지하세계는 어둡고, 더럽고, 불쾌하며, 죽은 자는 흙 이외에 먹을 것이 없고, 목적 없이 서성이며, 이러한 내세의 영역에서 의로운 자와 의롭지 못한 자의 처우에는 구별이 없었다. 구별되는 것은 적절한 매장과 장례의식을 받은 자와 그렇지 못한 자의 상태다. 매장과 장례의식이 적절히 거행되었을 때 영혼은 평안히 안식할 수 있고, 그렇지 못할 경우에 죽은 자는 흥분한 유령이 되어 산 사람을 따라다니며 괴롭힌다(Lewis, 2001).

그리스 신화에서 인간이 죽어서 가게 되는 지하세계는 하데스이고, 그곳은 하데스 왕과 그의 부인인 페르세포네가 통치한다. 죽은 자의 영혼은 육체를 떠나 하데스로 가서 활기 없고 창백하고 약하며 우울한 존재가 된다. 하데스는 천국이나 지옥이 아니라 지상에서의 행동에 관계없이 거의 모든 사람이 가는 저승과 같은 장소를 의미한다. 이처럼 고대에는 죽음에 심판이나 처벌이라는 개념이 없었고 죽은 자가 의미 있는 존재로 생각되지 않았기 때문에 저승 신인 하데스는 두려움의 대상이 아니었다. 그리스 신화에서 저승을 의미하는 하데스는 땅 아래의 커다란 동굴이나 오케아노스 강 너머 서쪽에 있는 커다란 동굴과 같은 곳으로 습기와 어둠으로 덮인 곳이다. 또 하데스는 레테(Lethe),[12] 스틱스(Styx),[13] 플레게톤(Phlegethon),[14] 아케론(Acheron),[15] 코키투스(Cocytus)[16]라는 5개의 강에 의해 산 자의 땅으로부터 분리, 구분된다. 하데스의 입구는 3개의 머리를 가지고 있고, 각각의 목에는 뱀이 억센 털처럼 나 있는 무서운 개인 케르베로스가 지키고 있다. 또 코키토스 강에는 늙었지만 정력이 왕성한 뱃사공 카론이 있어 자기가 선택한 영혼만을 받아들이고 나머지는 쫓아 버린다. 카론의 배를 타고 강을 건널 수 있는

12. 그 물을 마시면 일체의 과거를 잊게 되는 망각의 강.
13. 지상과 저승의 경계를 이루는 강으로 그리스의 신들은 맹세를 할 때 스틱스 강에 대고 맹세를 했다.
14. 명계의 불의 강.
15. 죽은 사람을 저승으로 인도하는 강. 비통의 강을 뜻하는 아케론에서 죽은 자들은 자신이 죽었다는 비통함을 느끼며 강을 건넌다.
16. 시름의 강이라 불리우는 흑하(黑河).

영혼은 적당하게 장례의식이 거행되고 잘 매장된 영혼으로, 그렇지 못한 영혼은 하데스로 가는 배를 탈 수 없어서 100년 동안 강가에서 방황하다가 그 기간이 지나야만 건널 수 있게 된다. 일반인이 가는 하데스와는 별도로 영웅이나 선인과 같이 축복받은 사람들의 영혼이 거주하는 곳으로 엘리시온 혹은 축복의 섬이 있다. 이곳에서는 신의 은총을 입은 영웅들이 죽음을 맛보는 일 없이 행복하게 산다.

3 그리스의 신비 종교

그리스 신화는 신비 종교에 의해 각색되고 종교에 개인적 차원을 제공하기 위한 비밀의식과 결합되었다. 그중에서 내세관과 관련하여 가장 많이 언급되는 신비 종교는 오르페우스교와 엘리우시스교라고 할 수 있다.

① 오르페우스교

오르페우스는 아폴론과 뮤즈인 칼리오페(Calliope)[17]의 아들로, 수금을 연주하면서 하는 그의 노래는 동물과 나무, 바위조차도 매혹시켰다. 오르페우스는 에우리디케와 결혼하였으나 아름다운 아내는 뱀에 발을 물려서 죽고 만다. 오르페우스는 자신의 슬픔을 노래로 호소하였으나 아무 소용이 없게 되자 죽은 자의 나라인 하데스로 가서 아내를 찾아오기로 결심한다. 그는 하데스 왕으로부터 만약 그가 이승에 안전하게 도착할 때까지 아내인 에우리디케를 돌아보지 않는다면 하데스로부터 아내를 데려가도 좋다는 허락을 받아 낸다. 그러나 지상세계로 나가는 출구에 거의 도착했을 때 오르페우스는 순간 약속을 잊고 에우리디케가 잘 따라오나 확인하기 위해서 뒤를 돌아보았고 에우리디케는 지하세계로 다시 끌려가고 말았다. 오르페우스는 그리스 신화에서 저승인 하데스를 방문하고 무사히 돌아온 몇 명 되지 않는 인물 중 하나였기 때문에 죽음 후의 새로운 삶의 가능성에 대한 상징이 되었다.

오르페우스 신비 종교는 오르페우스의 이야기가 디오니소스 신화의 메시지와

17. 웅변과 서사시의 여신, 아홉 명의 뮤즈 중의 하나.

일치하기 때문에 오르페우스를 그들의 창시자라고 주장한다. 디오니소스는 포도주와 풍요의 신으로 기원전 5~6세기에 폭력적이고 무아지경의 부어라 마셔라 법석대는 의례로 알려진 디오니소스 제전의 중심이다. 오르페우스교는 디오니소스와 재그리오스(Zagreus)[18]를 동일시한다. 한 이야기에서 제우스는 재그리오스가 세상을 다스리기를 원했으나 거인 신인 타이탄들의 방해에 부딪히게 된다. 타이탄들은 재그리오스를 죽여서 먹어 버렸고, 제우스는 이에 대한 보복으로 번갯불을 보내 타이탄들을 재로 만들었다. 그러나 이것이 재그리오스의 최후는 아니었다. 여신 아테나가 타이탄으로부터 가까스로 재그리오스의 심장을 구해 내서 제우스에게 주었다. 제우스가 그의 심장을 삼켰고, 재그리오스는 후에 제우스와 관계를 가지고 있었던 땅의 여신 세멜레의 아들로 재탄생하였다. 한 번 죽었다가 재탄생한 신인 재그리오스(디오니소스)와의 연합을 통하여 인간은 죽음 후의 재탄생을 희망할 수 있게 되는 것이다.

오르페우스교는 영혼-육체의 이원론과 육체를 무덤이라고 할 정도로 영혼의 우위를 주장하였으며, 신봉자들로 하여금 육체에 대한 종속성으로부터 자유로워지도록 하기 위해 고기 먹는 것을 금하는 등 다양한 금욕적 관습을 따르도록 하였다. 주류적인 고대 그리스인의 삶과는 다르게 오르페우스교도는 이생에서의 삶을 괴롭고 고통스러운 것으로 보고 내세의 삶을 선호하였다. 오르페우스교도는 영혼 재생설을 믿었고, 환생의 과정에서 영혼은 심판을 받고 내세의 삶은 보상이나 벌을 반영하게 된다고 믿었다. 만약 영혼이 순수한 삶을 살고 모든 금욕적 제례에 충실히 따를 정도로 진화되었다면 환생의 순환에서 벗어나 본래의 신적 상태로 되돌아갈 수 있다고 주장하였다.

오르페우스교에 따르면, 사람이 신적이고 불멸의 삶을 얻기 위해서는 두 가지 길이 있다. 하나는 디오니소스와 신비적 합일을 통한 길인데, 이것은 소수의 사람에게만 가능하다. 다른 한 길은 영혼의 윤회, 곧 영혼이 완전히 정화될 때까지 이 몸에서 저 몸으로 계속하여 윤회하는 길이다. 영혼이 완전히 깨끗하게 되었을 때,

18. 페르세포네와 제우스의 아들.

영혼은 탄생과 윤회의 수레바퀴를 벗어나 자유롭게 되며, 삶의 충만함과 영원한 축복을 누리게 된다는 것이다.

② 엘레우시스교

엘레우시스교는 식물의 신인 데메테르에 초점을 두고 있다. 데메테르의 딸 코레가 어느 날 명부의 왕 하데스에게 납치되었다. 코레가 어디에 있는지 모르는 데메테르는 딸을 찾아서 많은 나라를 헤매고 다녔으나 찾지 못하여 낙담하게 되었다. 데메테르는 마침내 아테네로부터 멀지 않은 아티카 해안의 엘레우시스에 도착하여 그곳을 아무것도 꽃피우고 열매 맺지 못하도록 하였다. 아무것도 열매 맺지 못한 결과, 기근이 너무 심하게 되어 신들은 제우스를 설득하여 코레를 지하세계로부터 구출해 내도록 설득하였다. 헤르메스가 이 임무를 위해 파견되었고, 하데스는 결국 설복당하였으나 결혼의 상징, 복귀의 약속인 석류의 열매를 코레에게 먹도록 하였다. 이 계략은 제우스로 하여금 타협하게 하였고, 이것으로 코레는 매년 1/3(혹은 1/2)은 지하세계에서 보내야 했고, 이때 데메테르는 다시 슬퍼져서 대지는 아무것도 자라지 않게 되었다. 데메테르와의 관계 때문에 풍요의 신이었던 코레는 하데스의 아내인 페르세포네와 동일시되었다. 엘레우시스교의 중요한 축제는 풍요와 수확의 계절인 가을에 개최되어 며칠간 계속된다. 이 가을 축제는 점점 대중화되어서 기원전 5세기 말까지 그리스 전역에서 개최되었고, 아테네의 종교로 통합되었다.

2 고대 이집트인의 사후세계

사후세계에 대한 믿음은 피라미드 시대부터 이집트인의 머릿속에 깊이 각인되어 있었다. 그들은 사후에 태양신 라(Ra)를 따라 나룻배를 타든지, 영혼의 심판을 받은 뒤 지하 왕국에서 오시리스를 만나기를 기대했다.

이집트인이 죽으면 부활을 기원하면서 육체를 미라로 만들어 매장하였고 죽는 순간 '바(영혼)' 는 죽은 자의 육체를 떠나 명계의 여행이 시작된다. 명계의 문지

기인 검은 개 혹은 자칼의 모습을 한 아누비스가 죽은 자를 심판하기 위해 그를 망자의 왕인 오시리스의 재판정으로 데려간다. 아누비스는 오시리스가 세트에게 살해되었을 때 장례의식을 맡아 오시리스를 천으로 감싸 최초로 미라를 만든 이래로 장례의식의 창시자로 간주되었고, 미라 천의 신으로 언급되고 있다. 심판이 진행되는 동안 죽은 사람은 신과 인간에 대하여 죄를 지은 것이 없고 저울의 무게를 보태지 않았다고 선언해야 한다. 다음은 영혼의 무게 달기 의식을 치러야 한다. 망자는 아누비스를 따라 심판관 앞에 서고, 유일하게 체내에 남겨 놓은 생각과 기억이 자리하는 장소인 망자의 심장이 저울에 올려진다. 심장은 진리의 여신 마트로 상징되는 깃털과 정확하게 균형을 이루어야 한다. 만일 심장이 너무 무거우면—죽은 사람의 악행이 선행보다 많으면—악어의 머리와 사자의 갈기를 가진 여신 암무트가 죽은 자를 씹어 먹어 버린다. 기록의 신 토트는 오시리스와 다른 신들이 지켜보는 가운데 그 재판의 결과를 기록한다. 영혼의 무게 달기 의식에 통과한 사람은 이제 관문을 통과하여 자유롭게 지하세계를 여행할 수 있게 된다. 일단 명계로 들어가면 죽은 자는 여러 가지 시험을 거치게 된다. 그래서 죽은 자의 명계 여행길을 안내해 주기 위해 『시지의 서』라는 파피루스 두루마리를 관 속 미라 곁에 넣어 두게 된다. 이 책에는 죽은 사람이 여행 중에 만날 장애를 극복하는 방법과 축복의 왕국으로 들어가는 길을 찾는 법을 알려 주는 마법의 주문이 들어 있다.

종교는 죽음의 길을 떠나기에 앞서 인간을 기다리고 있는 저세상에서의 삶을 이야기해 준다.

제14장

각 종교에 나타난 내세관

종교는 생명의 기원과 삶의 의미, 신의 존재, 죽음과 사후의 세계, 선과 악 등 우리가 살면서 만나게 되는 근본적인 물음에 대해 다양한 기호와 상징을 사용하여 그 해답을 제시한다(Balta et al., 1989). 특히 종교는 죽음의 길을 떠나기에 앞서 인간을 기다리고 있는 저세상에서의 삶을 이야기해 준다. 어떤 종교는 죽음의 여행을 일컫어 다시 돌아오는 길(재생)이라 하고, 또 어떤 종교는 새로운 삶을 위해 떠나는 마지막 길이라고 말한다. 성서에 기반을 둔 종교들은 죽음이란 최후의 부활을 기다리고 준비하는 과정이라고 말한다. 이처럼 각 종교에서는 삶과 죽음에 대한 근본적인 물음에 대답하고 있지만 그 종교가 탄생된 시대와 문화의 영향에 따라 서로 다른 내용의 답을 내놓고 있다.

문명의 요람으로 불리는 고대 중동은 조로아스터교를 비롯하여 유대교, 이슬람교, 그리스도교가 탄생한 곳으로, 이 종교들은 인류 문화에 지대한 영향을 미쳤다. 이처럼 놀라운 일이 왜 이 지역에서 일어난 것일까? 여러 가지 이유가 있겠지만 지리적 조건을 빼놓을 수 없다(Storm, 1999). 이 지역에서는 농경이 처음 시작되었고, 이와 더불어 정착 문명생활로 들어섰으며, 따라서 풍성한 문화적 결실을 맺게 되었다. 또 농경생활을 하면서 메마른 토지가 다시 부활해야 생활할 수 있었기 때문에 통제할 수 없는 자연의 위력 앞에 선 인간의 무력함을 느끼게 되면서 죽음에 대한 관심이 높아지게 되었다. 이집트인과 메소포타미아인들은 강이 범람하면서 비옥해진 토지에서 농업에 의지해 생활했고, 각각의 고유한 신과 죽었다가 부활한 신들을 신전에 모시고 숭배하였다. 이집트와 메소포타미아의 다신교 신들은 유대교와 조로아스터교가 설파한 유일신 사상의 침입을 받아 결국 힘을 잃게 되었다. 유대교를 제외하고 조로아스터교와 그리스도교, 이슬람교는 이원론적 철학과 최후의 심판 개념 등 비슷한 구조의 내세관을 가지고 있지만 주장하는 구체적 내용들에는 다소 차이가 있다.

불교와 힌두교는 중동에서 탄생한 종교들과는 다르게 인도를 중심으로 탄생한 종교다. 인도는 히말라야 산맥과 갠지스 강 유역의 넓은 농경지대, 고원과 사막, 밀림 등이 공존하는 다양한 지형을 가지고 있고, 찌는 듯한 더위 뒤에는 폭우가 내리는 등 기후 변화도 극단적이다. 이처럼 다양한 지형과 예측 불가능한 기후는 다양한 신화를 낳았고, 신화에 등장하는 많은 신들은 티베트와 스리랑카 등 여러 지역으로 소개되었다. 인도 신앙의 두드러진 특징은 혼돈스럽고 예측 불가능한 현세를 초월하여 열반 또는 깨달음에 이르는 진리를 찾으려는 바람이고, 명상을 통해 이러한 목표에 도달하고자 하였다. 인도 신앙에서는 창조주로서의 신의 존재를 부정하고 있다.

이 장에서는 이와 같은 세계 주요 종교에서 죽음 후의 세계에 대해 어떻게 그리고 있는지를 구체적으로 살펴보고자 한다. 고대 중동을 중심으로 탄생한 유대교, 그리스도교, 이슬람교, 조로아스터교와 인도를 중심으로 탄생한 힌두교와 불교를 대표적으로 살펴보고, 이들 종교와는 좀 다른 구조를 가지고 있는 우리나라 사람의 사후세계를 살펴본다.

1. 유대교

유대교의 핵심은 야훼와 그가 선택한 민족 간의 계약관계다. 그리스도교나 이슬람교의 전통에서는 사후의 낙원에 대한 약속이 신자들의 종교생활에서 핵심을 이루고 있기 때문에 내세의 믿음을 삭제하는 것은 그들 신앙의 본질적인 요소들을 삭제하는 것이나 마찬가지다. 그러나 유대교는 이생에서의 약속과 동의를 중시하는 계약관계 위에 세워졌기 때문에 죽은 후의 내세는 다른 종교보다 덜 중요하다. 보상과 징벌은 내세가 아니라 현재의 삶과 야훼의 성스러운 '계약' 안에서 주어진다. 이처럼 유대교에서 내세는 중심 개념이 아니기 때문에 다른 종교들보다 더 다양한 내세의 개념을 받아들일 수 있었던 것이다.

고대 히브리인은 내세보다는 현재의 삶의 중요성을 강조하였다. 그리스의 하데스와 비슷하게, 고대 히브리의 내세는 지상의 삶의 창백한 그림자로 인식되었고, 죽은 후에 의로운 자와 불의한 자의 처우에 차이가 없는 것으로 생각되었다. 즉, 도덕적 구분이 그 사람의 내세 운명에 영향을 미치지 않고, 도덕적으로 선한 자나 악한 자나 모두 같은 장소에서 끝난다. 고대 히브리인은 사람이 죽는다는 것을 '열조에게로 돌아갔다.' 고 표현하였는데, 죽은 자들은 완전 무화(無化)되는 것이 아니고 다만 생명을 상실한 상태로 전위되는 것을 뜻했다(한국종교학회 편, 2001). 이와 같은 죽음에 대한 히브리인들의 이해는 죽은 자들이 가게 되는 스올(She' ol, 음부) 사상 속에 나타나 있다. 스올은 지하의 세계, 무덤 같은 곳, 황량한 광야 같은 곳, 쇠퇴와 조락, 쓸쓸한 것, 무력한 것, 버려진 것 등으로 상징되고 있다. 이처럼 죽은 자들은 스올로 내려가고, 스올에 있는 죽은 자들은 잠자는 것과 같은 상태에 있다.

유대교의 이러한 내세에 대한 개념은 마카베오[1] 시대에 알렉산더 대왕의 후손인 안티오코스 4세의 통합정책에 따라 유대인에게 헬레니즘 문화를 강요하고 유대적 관습을 금지하는 등 종교적 박해를 가하게 됨에 따라 변화하게 된다(Lewis, 2001). 『구약성서』의 「다니엘서」에서 다니엘이 들어간 사자굴이나 풀무불은 마카베오 반란 당시 유대인이 겪은 고통을 상징하는 것으로서 이런 어려움을 견디면 하느님의 왕국이 곧 도래하리라는 믿음을 나타낸 것이고, 마케베오 반란에서 죽

1. 시리아 왕의 학정으로부터 유대를 구한 기원전 2세기의 유대 애국자 일족.

은 억울한 군인들도 그때가 오면 죽음에서 부활한다는 부활 사상이 처음으로 등장하였다. 땅속에서 잠자고 있는 사람들이 깨어나서 부활한다는 종말론적 개념이 나타나기 시작한 것이다. 유대교에서는 인간을 영혼과 육체가 하나로 결합되어 있는 통일체로 간주하기 때문에 부활은 영혼만의 부활이 아니라 영혼과 육체 통일체의 부활, 즉 육체의 부활도 포함한다. 그러나 유대교의 부활은 죽은 자를 이생으로 되돌려 보내는 내세, 즉 현재적 삶의 연장을 의미한다는 점에서 독특하다(Lewis, 2001). 즉, 야훼가 독실한 유대인에게 이생의 삶을 연장하도록 보상하여 본래의 계약관계를 지키게 한다는 것이다. 부활에 대한 이러한 믿음은 초기 유대인들의 매장에 대한 태도에 막대한 영향을 미쳤다. 육체의 잔존물은 야훼가 후에 육체를 재구성하는 일종의 씨앗으로 간주되어 루즈(luz)로 불리는 척추의 작은 뼈가 완전히 분해되지 않고 육체가 부활할 때 핵심을 형성한다는 개념으로 발전하였다. 또 마카베오 시대의 유대적 부활 개념은 심판의 개념과 천국 혹은 지옥과 같이 심판받은 사람들을 위한 분리된 영역을 탄생시켰다. 랍비의 사고에서 천국의 모델은 에덴동산이었고, 지옥을 일컫는 게헨나는 유대 어린이들을 바알 신과 몰록(Moloch)[2] 신을 위한 번제의 제물로 희생시켰던 불의 골짜기의 이름에서 취한 것이다.

한편 로마 식민지 시대의 유대교에는 내세에 대한 다른 개념들을 가진 다양한 유대 종파가 급격히 증가하였다. 사두가이파는 토라[3]의 권위를 강조하였고, 내세의 개념, 특히 부활의 개념을 단호히 거부하였고, 신의 보상과 징벌이 현재 삶에서 주어진다는 고대 히브리 개념을 고수하였다. 에세네파는 세상의 종말을 기다리는 엄격한 유대교 수도단으로 채식과 독신 생활과 안식일을 철저하게 지키면서 세상의 종말이 오면 '빛의 자식' 들이 '어둠의 자식' 들을 이기게 되리라고 기

2. 몰렉이라고도 하며, 암몬인의 신이다. 암몬인은 지금의 요르단 남부에 자리잡았던 민족으로 『구약성서』에서 아브라함의 조카로 등장하는 롯의 자손이다. 많은 히브리인이 몰록을 위해 아들을 불에 넣어 산 제물로 바쳤다고 성경에 기록되어 있다.
3. 구약성경의 첫 다섯 편으로, 곧 창세기 · 출애굽기 · 레위기 · 민수기 · 신명기를 말한다. 흔히 모세 오경이나 모세 율법이라고도 하며, 유대교에서 가장 중요한 문서다. 히브리어로 '가르침' 혹은 '법' 을 뜻한다.

대하였으며, 내세의 천국 혹은 지옥에서 보상이나 벌을 받는 불멸의 영혼 개념을 고수하였다. 바리사이파는 정치적으로는 보수적이지만 신학적으로 개방적이어서 토라 이외의 구전도 받아들이고 천사나 부활 같은 것을 믿었다.

2. 그리스도교

그리스도교의 내세, 불멸 그리고 영혼에 대한 관점은 지중해 유역의 다양한 문화들의 영향을 반영한다. 예를 들어, 부활의 개념은 종말론적 유대교로부터 그리스도교에 도입되었다. 부활의 개념은 죽음과 악을 쳐부수는 세상의 종말이 온다는 종말론적 역사관과 함께 발전하였다.

초기 그리스도교는 종말론적 시기에 유대교파로서 나타났다. 그리스도교도는 그들이 살아 있는 동안에, 곧 세상의 종말인 심판의 날에 예수가 재림하여 죽은 자들이 부활하게 될 것이라고 믿었다. 이때 그들의 내세에 대한 믿음은 육의 부활이었나. 죽은 시체들의 모든 부분들이 재구성되어서 활기를 되찾으며 시체로부터 분리되어 있던 영혼이 시체와 결합하는 것이다. 죽은 자는 천국으로도 지옥으로도 가지 않는다. 몸과 영혼이 세상의 종말이 올 때까지 잠을 잔다. 그저 그리스도가 재림하여 깨울 때까지 잠을 자며 기다릴 뿐이다. 그리스도가 다시 이 땅에 오시는 날 죽은 자들은 모두 부활하여 무덤에서 걸어 나온다. 영혼만 부활하는 것이 아니라 몸을 가지고 부활한다. 세상의 종말은 예수 그리스도가 전 인류를 사망의 권세에서 해방시켜 주는 즐거운 날이고, 이때 인간은 마침내 아담의 죄로 세상에 도입된 죽음의 권세에서 해방되는 날이다. 천사와 24장로, 4마리의 신비한 동물, 그리고 이들을 거느리고 보좌에 앉아 천천히 내려오는 그리스도, 천사들이 부는 나팔소리에 무덤에서 일어나는 죽은 자들, 종말은 이렇게 즐거운 날이다.

그러나 초대 교회 시대 이후 천 년이 지나도록 세상의 종말은 오지 않았기 때문에 그리스도교는 세상의 종말(예수의 재림과 심판의 날과 함께)을 먼 미래로 연기해야 했고, 이에 영육 이원론과 함께 '개인적 심판 혹은 사심판(私審判)' 이라는 개념이 등장하게 되었다. 비록 부활의 개념이 유대교에 그 기원을 두고 있으나 영혼불멸에 대한 믿음은 그리스 문화로부터 도입된 것이다. 그리스도교가 바울의 선교활동 등으로 팔레스타인을 벗어나 전파되었을 때 그리스-로마의 헬레니즘 문화와 접촉하게 되면서 그 세계에 보편화되어 있던 영혼불멸설을 만나게 된다. 그리스도교는 헬레니즘 문화의 영향으로 죽음을 육체에서 영혼이 떠나는 현상, 영혼이 육체에서 분리되는 것으로 생각하게 되었으며, 죽음으로 인간의 육체는 썩어 없어지지만 영혼은 남아서 새로운 몸으로 부활한다고 여겼다. 즉, 세상의 종말의 날에 열리는 모든 이를 위한 대심판(혹은 공심판(公審判))이 아니라 방금 죽은 저 사람 하나만을 위한 개인적 심판이 열리고, 죽음에 의해 육체의 옷을 벗은 영혼은 하늘을 떠돌고 이 영혼을 둘러싸고 천사와 악마가 서로 싸우게 된다. 개인의 영혼이 구원을 받느냐, 저주를 받느냐는 이 천사와 악마의 싸움에 달려 있다. 이것이 전형적인 개인적 심판이다. 이때 개인의 영혼은 과거처럼 부활을 기다리며 잠을 자지 않고 심판의 결과에 따라 곧바로 천국이나 지옥으로 가게 된다. 개인적 심판이 등장한 이후 구원은 개인적 도덕의 문제가 되어서 구원을 받느냐 못 받느냐 여부는 개인이 일생 동안 베풀거나 저지른 선행과 악행의 대차대조표에 의해 결정된다. 이런 개인적 심판의 개념은 개인에게 죽음에 대한 불안감을 불러일으켰고, 개인적 심판에서 유리한 판결을 받기 위해 죽기 전부터 수도원에 재산을 헌납한다거나, 극빈자를 위한 자선행위를 하는 등 죽음을 준비하는 활동을 하게 되었으며, 이러한 기부나 자선행위를 통해 현세의 부귀와 영화를 영원으로까지 연장하려는 바람이 서구의 '유언장' 문화를 낳게 되었다.

또 중세인은 임종의 순간을 중요시하였는데, 이는 임종을 맞는 자들이 혼미한 상태에서 헛소리를 하는 도중에 신을 저주하거나 구원의 믿음을 저버리는 언동을 하는 경우가 종종 있었기 때문이다. 독실한 신자로서 그가 일생 동안 쌓아 온 공적은 이 한순간에 무너져 버리고 혼미한 상태에서 저지른 죄 때문에 그의 영혼이 영원히 지옥에 떨어질 수도 있었기 때문에 죽는 자가 이 마지막 고비를 무사히 넘기도록 도와주는 왕생법이 발달하였다.

12세기에 이르러서 모든 죽은 자는 심판을 받고 심판의 결과에 따라 천당행과 지옥행이 결정된다는 '최후의 심판' 이라는 주제가 다시 부각되어 나타나기 시작한다. '최후의 심판' 이라는 개념은 인과응보의 법칙에 따라 인간에게 상과 벌을 내려서 선을 장려하고 악을 멀리하게 하는 교육적 기능이 있으며, 원래는 죽은 자들의 부활과 함께 후기 유대교 묵시 사상에서 유래하였다. 이러한 묵시 사상은 기원전 2, 3세기에 이스라엘이 그리스 왕들의 식민지가 되어 정치적, 종교적 억압과 모욕을 당하던 시대에 등장한 것으로, 이때는 하느님의 율법에 충성하는 자들은 박해와 순교를 당한 반면, 하느님을 믿지 않는 자들은 외세에 영합하여 세속적 부와 특권을 누리는 시대였다. 이러한 상황을 보면서 이스라엘 백성들은 하느님이 어디에 계신지 질문하지 않을 수 없게 되었고, 이러한 질문에 대한 대답으로 묵시 사상은 의로운 자가 고난을 당하고 불의한 자가 행복을 누리는 인간의 삶이 죽음으로 끝나지 않을 것이고, 역사의 마지막 날에 그들은 모두 부활하여 하느님의 의로운 심판대에 다시 서게 되어 그의 의로우심이 증명될 것이라고 대답하고 있다. 이러한 최후의 심판의 결과로 의로운 자가 보상을 받고 사악한 자가 벌을 받는 천국과 지옥의 두 갈래로 갈라진 내세가 존재하게 된 것이다.

중세 초기의 '심판' 은 단지 신앙공동체의 안과 밖을 가르는 행위로 세례를 받은 그리스도인은 누구나 심판에서 제외된다고 생각되었다. 심판은 이교도나 무신론자 혹은 적그리스도(敵-, Antichrist)의 일이었기 때문에 두려워할 이유가 없었다. 그러나 중세 후기에 '개인적 심판' 이라는 개념이 등장하면서 심판은 이제 신앙공동체 안의 각 개인의 문제가 되었다. 세상의 종말의 날에 열리는 모든 이를 위한 대심판이 아니라, 개개 영혼의 심판은 개인의 죽음의 순간에 일어나며 이생에서 어떻게 살았느냐에 따라 영벌 혹은 보상(지옥 혹은 천국)을 받을 것이다. 개인적 심판이 등장했어도 공식적으로 '최후의 심판' 의 교리가 남아 있는 한, 개인적 심판을 받은 영혼도 세상의 마지막 날 다시 한 번 심판을 받아야 한다. 먼저 영혼은 땅으로 내려가 몸과 결합한 다음, 예수 앞에 단체로 줄을 지어 심판을 받게 된다(진중권, 1992).

이처럼 그리스도교는 사람이 죽으면 먼저 혼자서 임시로 이생에서의 삶에 대해 재판을 받는 '개인적 심판' 과 세상의 마지막 날에 하늘에서 거대한 예루살렘 성이 내려오고 천사들이 하늘을 날며 나팔을 불고 이 나팔 소리에 죽은 자들이 무덤에서 걸어 나오는 '최후의 심판'이라고 하는 2개의 심판 개념을 가지고 있다고 볼 수 있다.

그러면 천국에 들어가기에는 죄가 많은 듯하고 지옥으로 보내자니 좀 아까운 영혼은 어디로 가야 하는가? 반(半) 선인들은 연옥의 유황불에 죄를 모두 태워 없앤 후에야 비로소 천국에 들어갈 수 있다는 연옥설과 면죄부(혹은 대사부)의 효용성을 로마 가톨릭은 트렌트 공회(Council of Trent, 1545-1564)에서 인정하였고, 이것은 개신교와 로마 가톨릭 교회의 분리를 가져오게 하였다.

3. 이슬람교

무함마드(Muhammad)의 시대부터 이슬람교는 심판, 부활, 천국, 지옥의 개념을 가지고 있었다.

이슬람교가 가지고 있는 기본적인 내세관은 다음과 같다. 세상의 마지막 날이 되면 하느님이 모든 사람을 그들의 공과에 따라 심판하신다. 『코란』에서는 사람이 죽으면 부활의 날까지 일단 잠자는 상태에 들어간다. 부활의 날이 되어 하느님의 천사가 나팔을 불면, 무덤이 열리고 잠자던 상태에서 깨어난다. 부활하게 된 사람은 하느님 앞에 나가 심판을 받는다. 이때 모든 사람은 자신의 행위를 기록한 책에 따라 상벌을 받는다. 이런 종말관은 조로아스터교나 유대교, 그리스도교와 비슷하지만, 그들이 받는 상이 조금 다르다. 천국은 황금으로 된 거리보다는 물이 흐르고 꽃이 피는 동산으로 묘사되고, 의로운 사람은 취기나 숙취가 따르지 않는 술을 마시게 된다(오강남, 2003).

이슬람교의 내세관을 이슬람교도들이 생각하는 죽음관, 우주관, 부활에 대한 개념 등과 관련하여 좀 더 자세히 살펴보면 다음과 같다.

이슬람교에서 신의 형상으로 창조된 인간은 진흙으로 만든 외부 껍질인 육체와 신과 소통할 수 있고 육체의 중심에 위치한 영적인 숨(spiritual breath)으로 구성되어 있다. 죽음이란 이러한 영혼과 육체의 일체감의 소멸, 영혼이 육체로부터 분리되는 현상으로, 생명이 한 상태에서 고차원의 다른 상태로 이전되는 계기이고, 알라의 보호 속에서 그와 함께 교통할 수 있는 기회가 주어지기 때문에 새로운 시작이고 고통으로부터의 해방이며 기쁨이다. 죽음은 영원한 삶에 이르는 교량이며, 내세에서는 영혼과 육체가 새롭게 부활하여 영적으로 훨씬 고양된 삶의 형태가 형성된다. 즉, 죽음으로 영혼이 분리된 육체가 부활의 날 다시 소생하는 것이 아니라 부활한 육체는 개성을 유지하는 이름이나 형태를 제외하고는 현재의 것과 공통된 점이 없는 새로운 것으로 다시 나게 된다(한국종교학회 편, 2001).

이처럼 이슬람교는 죽음 후의 영혼의 불멸을 믿으며 현세보다는 훨씬 가치 있는 사후 영생의 내세가 있다고 가정한다. 현세는 내세에 비해 짧고 하위의 개념이지만 현세 생활의 결과로 내세에서의 삶의 형태가 결정되기 때문에 최선의 삶이 요구되는 세계다. 이슬람교에서는 특이하게도 현세와 내세 사이에 죽음 이후 부활의 날까지 지속되는 중간계(Barzakh)를 설정하고 있다. 죽은 후 인간의 영혼은 부활의 날까지 빛나는 우주적 중심에 더 가깝게 위치한 영역인 일종의 내부 세계, 즉 중간계에 남아 있게 된다. 중간계에서 육체에서 해방된 죽은 자의 영혼은 꿈꾸는 것과 비슷한 반의식의 단계, 수면의 단계에 있게 되며 낙원에서의 축복이나 지옥의 징벌을 미리 경험하게 된다. 인간의 육체는 흙으로부터 와서 흙으로 돌아가지만, 신에게는 내세의 성장에 필수적인 기록이 보존되어 있다. 보존된 기록은 수호천사에 의해 관리된 선행과 악행의 기록으로, 부활의 날 공개되어 자신의 기록을 스스로가 읽으며 계산하게 된다. 부활 이후의 사후세계인 내세는 선과 악이 대가를 받는 단계로 선과 악의 저울에 따라 천국과 지옥으로 분리된다. 천국은 대우주적 빛의 중심에 위치하고 8개의 층으로 구성되어 있으며 구원된 자를 위해 모든 종류의 기쁨이 준비된 낙원으로 묘사된다. 자쿰(Zaqqum) 나무[4]가 천국과 지옥이 모두 보이는 지점에 서 있다. 대 우주의 먼 바깥 부분에는 7개 층으로 배열

4. 천국과 지옥 사이에 서 있는 나무로 천국과 지옥이 모두 보이는 유일한 장소.

된 지옥이 있고 저주받은 자는 각 층을 통해 계층적으로 분배된다. 층이 깊어질수록 벌은 무거워진다. 불은 지옥의 모든 층에 공통되지만 각 층 안에서 가해지는 벌의 정도에 따라 질적으로 차이가 있다(Lewis, 2001).

이처럼 이슬람교의 천국은 창조주인 신과의 만남을 통해 그에게 회귀하는 과정이며 강물이 흐르는 낙원으로 묘사되고, 지옥은 가장 나쁜 응징으로 생각되는 신으로부터 멀어지는 것이며 이승에서의 죄악에 대한 길고 가혹한 징벌과 시련의 과정으로 지옥의 불길이 타오르는 소리와 굉음으로 묘사된다. 그러나 이슬람교의 지옥은 영원한 벌과 응징이 아닌 가톨릭의 연옥처럼 영혼의 정화를 위한 과정으로 철저한 영적 정화를 통해 고차원적인 삶의 진보에 동참할 수 있는 가능성을 배제하지 않고 있다(한국종교학회 편, 2001).

그러나 이슬람교의 두 대표적인 종파인 시아파와 수니파는 영혼과 육체의 운명에 대한 상반된 견해를 가지고 있다(Lewis, 2001).

수니파란 '전승주의파' 라는 뜻이다. 전 세계 이슬람교인의 85%가 이 파에 속한다. 수니(Sunni)파는 인간을 육체와 영혼의 물질적 합성물로 생각한다. 죽음의 순간에 육체와 정신 모두가 죽고 무덤에서 일정 기간을 보내는데, 거기서 그들은 2명의 천사와 1명의 신에 의해 개인적 심판을 받게 된다. 종말의 날의 두 번째 죽음이 개인적 심판의 뒤에 일어나지만 신의 이름으로 명예롭게 죽은 사람에게는 면제된다. 영혼은 사라졌다가 심판의 날에 다시 나타나서 그들 본래의 육체와 다시 결합한다고 생각된다.

시아(Shi' ite)파란 '분리파' 라는 뜻이다. 전 세계 이슬람교인의 10~15%를 차지한다. 시아파는 인간의 본질을 루(ruh)라고 부르는 불멸의 정신적 생명으로 보고, 이 정신(spirit)이 육체를 도구로 사용한다고 생각한다. 죽음의 순간에 정신은 육체로부터 자유로워져서 그의 참 본성을 깨달을 수 있게 된다. 신을 믿는 영혼은 부활의 날까지 살아서 신을 만나는 즐거움을 누리게 된다. 부활의 날에 의로운 자의 육체는 그들의 영혼과 다시 결합할 수 있고 낙원에 들어갈 수 있지만 안 믿는 영혼은 종말의 날까지 고통을 겪게 되고 일단 그들의 육체와 재결합하여 영원한 벌을 받게 될 것이다.

4. 조로아스터교

조로아스터교는 기원전 1000년경 예언자 조로아스터가 고대 페르시아 제국에서 창설한 종교이고 현재는 신도 수가 25만 명 정도에 불과한 아주 작은 종교이지만, 세계 종교사에 끼친 영향력 때문에 세계 종교를 이야기하면서 결코 빼놓을 수 없다. 이 종교에서 가르치는 많은 것이 유대교로 들어갔고, 유대교를 통하여 그리스도교로, 그리고 그 후 이슬람교로 들어갔다. 조로아스터교는 불을 신성시하므로 배화교(拜火敎)라고도 한다.

조로아스터교는 선/악의 이원론으로 가장 많이 알려져 있다. 이 세상에는 한 분의 참신이 있는데 그가 바로 아후라 마즈다(Ahura Mazda)로서 세상을 창조한 창조주다. 이는 유대교, 그리스도교, 이슬람교에서 발견되는 유일신관의 근원이라고 볼 수 있다. 이 아후라 마즈다에서 두 영이 나왔는데 하나는 선한 영 스펜타 마이뉴이고 다른 하나는 악령 앙그라 마이뉴(사탄)다. 조로아스터교에 따르면, 세상은 선한 세력과 악한 세력이 싸우는 대투쟁의 현장이고, 인간은 이 두 세력 중에서 어느 한 쪽에 가담해야 한다. 이런 이분법적 양자택일에서 어느 쪽을 택하느냐에 따라 인간의 운명이 결정된다(오강남, 2003).

조로아스터교에 따르면, 죽은 후 3일 동안 영혼이 이전 육체의 머리에 남아서 한평생 행한 일을 돌이켜 보고, 제4일이 되면 심판대로 간다. 이생에서의 선행과 악행은 모두 일종의 회계대장에 실리고 악행은 빚으로, 선행은 공적으로 기록된다. 천사 미드라가 우리의 지난 행위를 저울에 올려놓고 심판을 한다. 영혼은 계곡을 가로질러 놓인 다리[Chinvat]를 지나는데, 다리 밑은 지옥이고 다리 저편은 낙원이다. 선한 영혼은 넓고 편안한 다리를 건너서 낙원으로 가고, 악행이 선행보다 무거워서 빚이 공적보다 무거울 경우 그 차가 아주 적을지라도 죄 지은 악한 영혼은 칼날보다 더 예리한 다리를 건너다가 결국 지옥으로 떨어진다. 지옥은 고통의 무서운 영역으로, 저주받은 영혼은 거기서 단지 가장 더러운 음식만을 먹을 수 있다. 만약 빚과 공적이 같다면 영혼은 뒤섞인 지역[Hammistagan]에 배치되는 데, 그곳은 과도기적인 지역으로 영혼이 행복하지도 슬프지도 않다. 마지막 종말이 올 때까지 거기에 머무르게 된다. 낙원과 지옥에 간 영혼은 거기서 영원히 사는 것이 아니다. 아후라 마즈다가 예정해 놓은 세상의 종말에 이르면 그는 불의 호된 시련(녹인 쇠의 강)을 통해 이 세상을 완전히 쓸어서 창조 때의 새 하늘과 새 땅으로 회복해 놓는다. 이때 악한 영혼은 불에 타서 없어지고 축복받은 영혼은 아후라 마즈다가 죽지 않고 영원히 젊도록 만든 육체로 부활한다(이후의 수정에서 선한 영혼과 악한 영혼은 그들의 불순물을 태워 버리고 모든 사람이 부활 후 낙원을 함께 누린다.). 사탄과 악귀들이 불에 완전히 소멸된 새 세상에는 더 이상 악이 없고, 늙는 일도 죽는 일도 없어서 모든 사람이 영생복락을 누리며 살게 된다. 조로아스터교의 천사장, 사탄, 육체의 부활, 심판, 낙원, 지옥, 세상 종말 등의 개념은 이후에 유대교, 그리스도교, 이슬람교에 도입되었다.

5. 힌두교

힌두교는 인도에서 발생한 종교라 할 수 있는데 그중에서 『베다』의 권위를 인정하는 전통적 종교만을 일컬어 힌두교라고 하고, 『베다』의 권위를 거부하는 인도 종교—자이나교, 불교, 시크교 등—는 힌두교가 아닌 것으로 간주된다. 힌두교는 창시자가 없는, 현존하는 세계 종교 중에서 가장 오래되고 복잡한 종교로, 힌두교 전통은 여러 층으로 이루어졌고 각각은 어느 면에서 완전히 다른 가르침이라고 할 수밖에 없을 정도로 크게 다르다.

윤회나 업과 같은 정통 힌두교의 기본 신념은 인더스 문명(하라파 문명이라고도 부름)에 그 기원을 두고 있다. 그 후 기원전 15세기경 아리안족이 인도 서북쪽을 침공해 와서 인더스 문명을 굴복시키고 아리안 문명을 이루기 시작했다. 인도로 침공해 온 아리안족은 신에게 드리는 예배의식을 위해 여러 노래를 지어 부르고 나중에 이를 모아 『베다』라는 노래모음집을 만들었다. 『베다』의 종교적 관점은 건강, 장수, 부귀다남, 풍작, 전쟁 승리 등 현실적 번영을 희구하는 데 초점을 두고 있고, 이런 소원을 성취하는 수단으로 신들에게 기도 드리는 것을 가장 중요하게 생각하였다. 인도에 정착한 후 아리안족은 더욱 내관적이 되어서 삶의 궁극적 의미에 대해 질문하기 시작하였고, 죽음과 재탄생의 수레바퀴로부터 해탈하는 데 집중되어 있는 이데올로기를 발전시켰다. 요가와 같은 다양한 훈련은 이러한 내관적 경향으로부터 발전하여 베다적 세계관을 대신하는 『우파니샤드』의 새로운 현실에 대한 비전을 창조하였다. 또 정통 힌두교는 인도 대륙을 휩쓴 수많은 신앙운동에서 절정에 이르렀고 현대의 대중적 힌두교의 형세를 이루게 되었다.

이처럼 힌두교의 전통을 이루는 세 층—베다적 의례, 우파니샤드적 해탈, 헌신적 구원—은 일치하지 않는 내세에 대한 믿음과 관습을 가지고 있으므로 각각의 특징을 간단히 살펴보고자 한다(Lewis, 2001).

1 베다적 힌두교

'베다' 라는 말은 '앎' 이라는 뜻으로, 기원전 15세기 전후에 아리안족의 종교제의를 위해 지어진 노래모음을 일컫는다. 베다의 인도인은 영혼이 이생에서 다음 생으로 이동하여 육체를 가진 존재가 된다고 믿는 것이 아니라 영혼은 육체가 죽을 때 내세의 영역인 '아버지의 세계(world of the father)' 로 이동한다고 믿었다. 내세에 있는 새로운 집에 도착하기 위하여 죽은 자는 화장으로 이전의 몸을 소비한 후에 새로운 몸을 얻어야 한다. 내세의 육체를 만드는 문제는 성직자들의 마음을 사로잡아서 이러한 목적을 위한 다양한 화장 후 의식을 개발하도록 촉진하였다. 이러한 특별한 의식[Sapindikarana]은 장자에 의해 거행되며, '아버지의 세계' 에서 죽은 자를 위한 새로운 육체를 만들고 유지하는 기능을 한다. 이처럼 내세로의 성공적인 전이와 그곳에서의 생활은 주로 자손들에 의해 거행되는 적절한 의례적 수행에 달려 있고, 이러한 의례는 조상 숭배에 그 뿌리를 두고 있다. 육체를 떠난 영혼은 바이타라니 강을 건너 망자의 나라인 '아버지의 세계' 로 가게 되고 죽은 자의 재판관이고 죽음의 왕인 야마(Yama)의 앞으로 가게 된다. 야마에게는 전생에 관한 모든 기록이 적혀 있는 장부가 있어서 그것을 보고 죽은 자를 극락이나 지옥 혹은 산 자의 세계로 돌아가 다시 태어나게 한다. 죽은 자를 매장하기보다는 화장하기 때문에 베다적 힌두교는 죽은 자의 세계를 땅 아래보다는 화장하는 동안 연기가 올라가는 하늘에 존재하는 것으로 묘사한다. 죽으면 '아버지의 세계', 즉 죽은 조상들의 세계로 돌아가는 것이기 때문에 죽음은 경악스러운 것이 아니고, 선과 악은 구별되지만 양자의 차이가 특별히 강조되지는 않는다.

2 우파니샤드적 힌두교

의례적으로 박식한 성직자에 대한 의존성이 강했던 베다적 힌두교는 기원전 800년경 베다주의의 기본적 견해와 가치를 부정하는 개인적 형태의 영적 표현에 의해 도전을 받는다. 우주의 비밀이 무엇이며 죽은 다음에 인간에게 무슨 일이 일어나는가의 문제가 관심의 대상으로 등장한다. 이러한 새로운 견해는 『우파니샤드』로 불리는 종교 경전에 표현되어 있다. 『우파니샤드』는 '가까이 경건하게 앉다'를 의미하며 학생이 스승 가까이에 경건히 앉아서 우주와 인생의 깊은 뜻을 찾아 서로 대화한 기록이라는 뜻이다.

『베다』에서는 구원의 수단으로 기도와 제사가 중요시된 데에 반해 『우파니샤드』에서는 형이상학적 지식 혹은 깨달음이 무엇보다도 중요한 것으로 강조된다. 무엇을 깨달으라는 것인가? 우주의 궁극 실재인 '브라만(梵)'을 깨달으라는 것이다. 브라만(Brahman)은 이것도 저것도 아닌 어느 범주로도 제약하거나 제한할 수 없는 절대적인 것, 존재의 단일한 토대를 의미한다. 이 절대적인 브라만은 바로 나 자신의 본질이며 참된 자아(아트만, Ātman) 자체다. 나 자신은 바로 그 브라만이 구체화된 상태로서 나는 곧 브라만이다. 이를 산스크리트어로 '탓트밤아시(tat tvam asi)'라고 표현하고, 한문으로는 '범아일여(梵我一如)'라고 한다. 이렇게 내가 곧 브라만이요, 브라만이 나라는 사실을 모르는 것이 바로 무명(無明)이요, 이를 몸소 체득해서 깨닫는 것이 바로 해탈(Mokṣa)이라고 본다. 아트만은 끊임없이 변화, 생성, 소멸하는 불안정한 세상인 현상계, 즉 윤회의 세계에 존재한다. 탄생,

죽음, 재탄생의 순환적 반복을 특징으로 하는 윤회의 근원은 무지 혹은 마야이며, 윤회를 지배하는 인과법칙은 카르마다. 무지와 현상적인 것에 대한 집착과 욕망 때문에 진아(眞我)는 현상적 가아(暇我)[5]가 나라고 집착하게 되고 그러한 무지로부터 생과 사의 고통이 연속된다.

힌두교에서 이야기하는 육체와 영혼의 관계를 이해하기 위해서는 이 현상적 가아의 구조와 이들의 경험 상태를 이해할 필요가 있다.

우리가 소위 육체, 몸이라고 생각하는 현상적 가아(暇我)는 조대신(粗大身), 미세신(微細身), 원인신(原因身)이라는 중층적 구조를 가진다(한국종교학회 편, 2001).

- 조대신: 오관으로 지각되는 부모에게서 받은 몸, 소위 육체다. 태어나서 늙고 죽을 때 버려지는 몸으로 각성의식의 토대가 된다. 죽을 때 개아(個我)[6]는 이 몸을 버리고 다른 조대신을 찾아간다.
- 미세신: 흔히 우리가 영혼이라고 부르는 것이며 오관으로 인식되지 않는 미세한 물질적 요소로 이루어진 몸이며 몽면의식의 토대가 된다. 그 자체로는 의식이 없으나 미세하므로 아트만의 빛을 반사하여 개체 의식을 갖게 한다. 윤회의 매체가 되는 몸으로서, 사후에 어떤 육신으로 태어나는가는 이 미세신에 기록된 과거의 카르마와 경험의 잔재물에 의해 결정된다.
- 원인신: 미세신과 조대신이 그로부터 나타나는 근원이며 현상계를 생성시키는 원초적 무지, 마야다. 미세신의 활동이 중지된 꿈 없는 깊은 잠의 기초가 되는 것이며, 이때 조대신과 미세신이 귀입되는 처소다.

또 개아(個我)는 미세신이 육신과 갖는 관계의 양태에 따라서 깨어 있는 상태,

5. 힌두교의 우파니샤드는 인간의 자아를 두 가지 차원으로 구분하였다. 하나는 현상적 · 경험적 · 상대적 자아이고 다른 하나는 궁극적 · 초험적 · 절대적 자아다. 전자는 나의 참다운 본성이 아니어서 태어나서 늙고 병들며 즐거워하고 괴로워하는 등 끊임없이 변화하는 자아이며, 현상적 자아라고 한다. 이에 비해 후자는 불생불사, 무한, 영원한 본래의 나로 진아(眞我) 혹은 아트만(Ātman)이라고 한다.

6. 보편아인 브라만과 구별되는 개체아를 일컫는다.

꿈꾸는 수면 상태, 꿈 없는 깊은 수면 상태, 죽음의 상태의 네 가지 경험 상태를 갖게 된다(한국종교학회 편, 2001).

- 깨어 있는 상태[覺醒位]: 신체에 속하는 눈, 코, 귀, 혀, 피부 따위에 미세신의 기능력이 확충되어 그들을 통해 외부 세계와의 접촉이 이루어지는 상태다.
- 꿈꾸는 수면 상태[夢眠位]: 수면 상태는 감관의 기능력이 마나스(manas, 意)로 후퇴함으로써 신체가 외계를 경험할 수 없는 상태다. 그러나 꿈꾸는 수면 상태에서는 아트만의 순수의식의 빛을 반조하고 있는 마나스가 활동하므로, 잠복 상태의 감각으로부터 각성 시의 인상을 모아 스스로 여러 가지 모습을 조합해 내고 그에 집착하여 즐거워도 하고 괴로워도 한다.
- 꿈 없는 수면 상태[熟眠位]: 마나스조차 심장 속의 한곳으로 잠복함으로써 의식은 아무런 욕망도 꿈도 개체의식도 없는 몰아경에 들어간다. 이때 안/밖, 주관/객관의 대립도 소멸되고 모든 갈구나 고통이 사라져 깊은 만족감을 경험한다. 그러나 꿈 없는 수면 상태는 일시적인 것이고 그 근저에 있는 것은 무지이므로 지(知)를 특성으로 하는 삼매의 체험과는 구분된다.
- 죽음의 상태[死位]: 죽음이란 노년이나 질병, 사고 등으로 육신이 더 이상 미세신의 활동을 담보할 수 없을 때 미세신이 육신으로부터 벗어나는 현상이다. 마나스가 모든 감각력을 신체로부터 거두어 쁘라나(prana, 生氣)와 한 덩어리가 되어 심장에 모인다. 이 미세신은 아트만에 의해 비추어지면, 감관, 마나스(意) 식(識)이 모두 쁘라나에 감싸여서 눈이나 머리의 끝, 혹은 신체의 다른 구멍을 통해 신체로부터 벗어난다. 이때 과거의 경험과 카르마도 그를 따라간다.

이처럼 죽음의 상태에서 신체를 벗어난 영혼(미세신)이 환생하는 과정은 옛 신체를 버린 후 곧바로 새 몸으로 태어난다는 견해와 전생의 선악의 행위에 따라 다른 세계에서 응보를 받은 후 다시 이 세상에 재생한다는 설이 있다. 이것이 바로 오화이도설(五火二道說)이다. 그 내용은 다음과 같다(한국종교학회, 2001).

- 하늘도 욕망하지 않고 악행도 저지르지 않은 개아(個我)는 오화(五火)의 길을 거쳐 곧바로 재생한다고 한다. 시체를 화장하면 윤회하는 영혼은 신에게 올라가 하늘, 대기, 땅, 남자, 여자라는 제화(祭火)에게 차례로 봉헌되고 소마(Soma)→비→음식→정액→태아로 바뀌어 마침내 어린아이로 태어난다.
- 하늘의 쾌락을 성취할 목적으로 제사를 수행한 개아(個我)는 연기의 길을 따라 선조의 세계에 이른다. 과보를 다 누린 후에 허공과 대기를 지나 오화(五火)의 길을 따르는 자들과 같이 재생한다.
- 지상에 태어나기를 바라지도, 또 하늘나라에서 선조들과 행복한 삶을 누리기를 바라지도 않는 개아(個我)들은 신의 길을 따라 범계(梵界)에 이른다.

한편 윤회의 속박으로부터 벗어나 현상계 너머에 있는 불사의 브라만을 실현하는 것을 해탈이라고 하며, 해탈을 이루는 방법과 수련이 바로 요가와 요가 수행자의 직관적 통찰[三昧]이다. 불사(不死)란 단지 수명의 시간적 연장이 아니라 시간적이고 현상적인 나(ego)의 자발적 죽음을 통해 초시간적, 절대적인 나(self)로 다시 태어나는 것이며 세속적 제약과 조건을 넘어서 새로운 존재의 지평에서 사는 것을 의미한다.

❸ 헌신적 힌두교

힌두교의 전통을 이루는 세 번째 층은 신에 대한 헌신적 접근을 도입하였다. 이들은 금욕적인 생활, 명상 등의 요가 수행, 사성 제도를 비롯한 법과 의무를 충실히 수행하는 것 등 해탈에 이르는 여러 방식이 있으나 이 모든 방법 중에서 헌신과 경배를 통한 신애의 방법이 최선의 방법이라고 강조한다. 이 경건주의는 베다주의의 의례적 전략과 우파니샤드의 지적 강조 모두의 비인격성을 거부한다. 신은 개인적으로 접근되었고 헌신적인 예배에 반응하는 사랑스러운 신으로 그려졌다. 인간의 일에 관심이 없는 최고 신이나 혹은 추상적인 존재의 기반이 아니라 비슈누(Vishnu)/크리슈나(Krishna), 시바(Shiva), 두르가(Durga)/칼리(Kali) 등과 같은 고대 힌두교의 상급 신(great god)들이 경배의 대상이 되었다. 비슈누의 주요 역할은 선이 악에게 승리하도록 하는 것으로, 우주의 질서가 위협받을 때마다 비슈누는 악마와 싸우고 신의 질서를 회복하기 위하여 여러 다른 모습으로 나타난다. 시바는 친절하고 보호를 해 주는 신이지만 동시에 무서운 대파괴자이기도 하다. 시바는 죽음을 가져오는 한편, 질병과 죽음을 극복할 수 있게 해 준다. 두르가는 힌두교의 대모신이며 악마와 싸우는 수호자이지만 피에 굶주린 칼리로 발현하기도 한다.

헌신적 힌두교에서의 내세는 브라만의 바다로 융합되는 정적 · 추상적 행복이 아니다. 해탈된 영혼이 서구 종교의 천국에 필적하는 곳에서 경건한 활동의 행복한 순환에 참여하거나 죄지은 자들이 벌을 받는 지옥세계의 개념을 발전시켰다. 힌두적 전통의 초기 발달 단계에서 카르마라는 비개인적인 힘은 그 사람이 다시 태어나는 환경을 통하여 혹은 육체로 화한 동안 경험하는 불행한 사건을 통하여 악한 행동에 대해 징벌을 가한다. 지옥의 징벌 개념은 카르마적 징벌의 개념을 대신한다기보다는 보충하기 위하여 출현하였다. 악마에 의해 고통받는 힌두교의 지옥에서의 고통은 서구 지옥의 고통과 유사하다. 그러나 서구의 지옥과는 다르게 힌두교의 지옥세계는 마지막 거주지가 아니다. 그것은 죄지은 영혼이 한정된 기간 고통을 경험하는 가톨릭교회의 연옥과 더 유사하다. 그 기간이 끝나면 가장 사악한 사람조차도 지옥으로부터 나와서 윤회의 순환에 다시 참여하게 된다.

환생은 힌두교 전통에서 현실의 본질과 관련된 의심치 않는 가정으로 받아들여지기 때문에 죽음은 다른 세계의 종교에서만큼 중요하지 않다. 죽음은 마지막 종착점이 아니기 때문에, 죽은 자의 마지막 안식 장소를 표시하기 위한 무덤이나 석관, 피라미드와 같은 훌륭한 기념물이 힌두교 문화에는 별로 없다. 모든 죽은 존재는 그들이 카르마적 과정에 참여하고 있는 한 다시 태어날 것이고, 그들의 신체적 잔존물은 단지 그들이 살다가 간 것을 생각나게 하는 덧없고 의미 없는 것이다. 그러나 모든 존재는 미래에 수많은 재생을 경험할지라도 마지막 구원의 가능성을 모두 가지고 있다.

6. 불교

불교는 동남아시아와 동북아시아에 있는 나라 대부분에서 가장 중요한 종교로 기원전 600년경 인도에서 고타마 붓다에 의해 창시되었다. 불교는 환생과 업이라는 힌두교의 기본 교리를 받아들였고, 죽음과 재탄생의 순환에서 벗어나는 것, 즉, 니르바나(Nirvāṇa, 열반)를 종교생활의 목적으로 삼고 있다. 니르바나는 '불어서 끈' 상태라는 뜻으로, 우리 안에 타고 있는 정욕의 불길을 불어서 끈 상태, 그리하여 시원하고 평화로우며 안온한 상태를 의미하며 힌두교의 해탈과 같은 개념이라고 볼 수 있다. 이처럼 불교의 교리는 우파니샤드적 힌두교의 교리와 유사하지만, 힌두교와는 구별되게 '무아'의 교리를 주장한다. 간단히 말해서 무아(無我)는 우리가 생각하는 자아가 실체 없는 껍데기에 불과하다는 것이다. 우리가 자아라고 생각하는 것은 물질(色), 감정(受), 생각(想), 충동(行), 의식(識)이라는 다섯 가지 존재 요소(五蘊)의 일시적인 가합이고 습관, 기억, 감각, 욕망 등의 복합체로서 사람들은 이것이 안정적이고 지속적인 자아라고 착각하고 있다. 따라서 이러한 잘못된 자아에 대한 개념을 버려서 기억과 욕망, 충동 등을 없애 버리면 환생하거나 고통을 경험할 아무것도 남지 않게 된다는 것이다.

이와 같은 불교의 기본 교리와 더불어 불교의 내세관을 살펴보기 위해서는 먼저 불교의 우주관을 이해할 필요가 있다.

1 불교의 우주관과 육도세계

불교의 우주관은 크게 3단계의 변천 과정을 거쳐서 성립되었다. 그 변천 과정을 간단히 살펴보면 다음과 같다.

- 제1단계는 '구사론(俱舍論)'의 시대로, 이 시대에는 고전적 우주관이 정립되었다. 이른바 '소승불교도'들의 단계로 이때의 불교사상은 인생의 고(苦)를

출발점으로 전개되었다. 가장 중요한 교의는 사성제(四聖諸: 苦集滅道)의 법문이었으며, 일반적인 삶은 윤회로 파악되어 무명(無明)을 없애고 고통스러운 윤회의 굴레를 벗어나기 위한 노력이 사람들의 최대 관심사가 되었다. 소승불교도는 개인의 구원에만 관심이 있어 개인적 수행을 통해 아라한(阿羅漢)[7]이 되고자 하였다.

• 제2단계는 극락 사상이 생겨난 때로, 1~2세기 무렵 대승불교가 꽃피던 시기다. 이때 사람들은 고뇌에 찬 인생에서도 쾌락을 찾아내어 집착하게 되었고, 극락의 묘사에도 세속적인 즐거움이 반영되어 갖가지 장식이 전개되었다. 대승불교의 신봉자들은 많은 사람이 구원받도록 하기 위해 자신을 희생하는 보살이 되는 것을 종교적 이상으로 삼았다. 보살은 열반에 들 자격이 충분하지만 중생의 아픔을 나의 아픔으로 여기는 자비의 마음 때문에 나보다 남을 먼저 피안으로 보내기 위해 힘쓰는 존재다. 특히 정토종에서는 보살인 아미타불을 정성스러운 마음으로 부르면 누구든지 서방 정토의 극락세계에 다시 태어나도록 한다는 극락왕생사상을 주장하고 있다.

• 제3단계에는 죄지은 사람이 벌을 받는 지옥의 개념을 발전시켰다. 불교 전통의 초기 단계에는 비개인적인 카르마(업)의 힘이 미래에 환생하게 될 환경이나 경험하게 될 불행한 사건 등을 통해 악행에 대한 벌을 가하였다. 힌두교에서처럼 불교에서의 지옥 개념도 카르마적 징벌이라는 초기의 개념을 대신하기보다는 보완하는 역할을 한다. 서구의 지옥과는 다르게 불교의 지옥세계도 최종적인 거처가 아니라 죄지은 영혼이 한정된 기간 동안 고통을 경험하는 연옥과 같은 지역이다. 고(苦)는 이미 인류 공통의 운명으로 추상화되었고 수행의 실천은 게을러진다. 지옥의 묘사는 신화적으로 되어 문학적 낭만주의마저 깃들게 된다.

7. 열반에 들어가 다시는 윤회에 태어나지 않는 단계.

한편 불교의 우주관을 중생이 생존하는 상태나 사는 세계를 나타내는 욕계와 색계, 무색계로 구분하여 '삼계(三界)' 라고 하기도 한다(Gyatso & Hopkins, 1989).

- 욕계(欲界)에는 지옥, 아귀, 축생, 인간, 아수라, 욕계의 천(天) 등이 있고 그 속에 사는 중생들은 식욕과 음욕, 수면욕 등을 갖고 있다. 욕계는 산란하게 움직이는 일상의 마음 상태이고, 색계와 무색계는 삼매에 들어가서 고요히 머무는 상태다. 욕계 안의 세계는 기본적으로 행복한 세계와 괴로운 세계의 두 종류로 구분된다. 행복한 세계는 천신과 아수라와 인간의 세계이고 괴로운 세계는 축생의 세계, 배고픈 아귀의 세계, 지옥 등이다. 욕계를 육도(六道) 세계라고도 한다.
- 색계(色界)는 정교한 물질로 이루어진 세계로 사선(四禪)을 수행한 사람들이 태어나는 곳을 가리키거나 그런 존재들이 사는 상태를 가리킨다. 색계 안에도 초선천, 2선천, 3선천, 4선천 등 네 단계가 있다.
- 무색계(無色界)는 물질을 초월한 세계로 사무색정(四無色定)을 수행한 사람들이 태어나는 세계나 그런 존재들이 사는 상태를 가리킨다. 무색계 안에서도 거친 단계의 선정(禪定)부터 미세한 단계의 선정까지 성문(聲聞), 연각(緣覺), 보살(菩薩), 불(佛)의 네 단계가 있다.

이와 같은 삼계를 깨달음의 세계(悟界)와 헤매임의 세계(迷界)로 나누고 이것을 다시 지옥, 악귀, 축생, 아수라, 사람, 천(天), 성문, 연각, 보살, 불의 십계(十界)로 체계화하기도 한다(이기선, 1992). 이 가운데서 지옥, 악귀, 축생, 아수라, 사람, 천의 여섯 세계는 미혹한 범부가 스스로 지은 행위인 업에 따라 생사를 거듭하며 끝없이 윤회하는 '헤매임의 세계[六道]' 라고 하고 성문, 연각, 보살, 불(佛)의 세계는 수행 공덕으로 깨달음을 얻어 윤회의 굴레에서 벗어난 성자(聖者)의 세계인 '깨달음의 세계[悟界 또는 四聖]' 라고 일컫는다. 헤매임의 세계인 육도(六道) 가운데서 지옥, 악귀, 축생을 일컬어 삼악도(三惡道)라 하는데, 이는 악업을 지은 대가로 태어나는 매우 고통스러운 세계다. 인간 세계나 천의 세계는 선업을 쌓아서 태어나는 세계로 복락을 누리지만 깨달음을 얻지 못하여 아직 윤회의 굴레에서 벗어나지 못하는 세계다.

앞에서 살펴보았듯이, 불교에서는 사람이 죽으면 깨달음을 얻은 사람의 경우 윤회의 굴레에서 벗어나지만 보통 사람은 알기 쉬운 마음들과 미세한 마음들의 단계에 따라서 욕계, 색계, 무색계 등의 세 가지 영역과 지옥, 아귀, 축생, 인간, 아수라, 신 등의 육도의 세계에 태어나면서 윤회한다. 이때 우리가 쌓은 업력에 의해 다음 생이 결정되어서 이생에서 선업을 쌓은 사람은 보상으로 다음 생에서 인간 세계나 천의 세계로 환생하고 악업을 쌓은 사람은 벌로 지옥, 악귀, 축생으로 다시 태어나 고통을 당하게 된다.

2 죽음에서 환생에 이르기까지의 과정-바르도

불교의 관점에 따르면, 삶은 일련의 의식 상태로 이루어져 있고, 이 의식 상태들은 하나에서 다음으로 연속해서 이어진다. 첫 번째 의식 상태는 탄생의 순간에 갖는 의식(生有)이고 이로부터 임종 직전까지의 의식(本有)과 마지막으로 죽음의 순간에 갖는 의식(死有)으로 이어지고 이 마지막 의식 상태(死有)는 다시 첫 번째 의식 상태(生有)로 이어지는데, 그전의 중간의 상태(中有), 즉 죽음 후 환생하기 이전까지의 중간 기간을 중유(中有) 혹은 중음(中蔭), 바르도라고 한다. 우리가 흔히 말하는 사후세계에 해당한다고 볼 수 있다. 그리고 육체를 벗고 사후세계로 떠난 존재를 바르도체, 중음신(中陰身), 의식체, 영혼 등 다양한 이름으로 부른다.

사후에 갖게 되는 몸인 바르도체는 죽은 지 약 사흘 반 뒤에 즉각적으로 일어난다고 한다. 바로 이 중간 상태에서 낡은 존재는 버려지고 새로운 존재로 탈바꿈이 일어난다.

티베트 불교에서는 사람이 죽으면 의식이 49일간 '바르도(bardo)'라는 꿈꾸는 것과 비슷한 상태에 머문다고 본다. 인간은 태아의 상태로 있는 열 달 동안 어머니의 자궁 속에서 아메바부터 영장류인 인간에 이르기까지의 모든 형태를 거치는 것처럼, 인간이 죽음을 맞이해 사후세계로 들어가면 영적으로 존재의 49정거

장에 해당하는 진화와 퇴화의 과정을 거치게 된다.

욕계나 색계에서 죽은 뒤 다음 생에 무색계에 태어날 중생은 바르도, 즉 죽음과 다음 생의 중간에 있는 중음을 거치지 않는다. 이 경우를 제외하고는 이생과 다음 생 사이의 중간에 있는 중음을 거쳐 다음 생에 환생하게 된다. 바르도 체험은 죽은 자에게 영원한 보상이나 징벌을 가져다주는 것이 아니라 다만 새로운 육체의 삶으로 끌고 내려갈 뿐이다. 이 바르도에 대한 설명을 통해 인간이 죽은 후 환생하기 전까지 어떤 경험을 겪게 되고 어떤 메커니즘을 통해 환생에 이르게 되는지를 살펴볼 수 있다.

『티베트 사자의 서(*Padma Sambhava*)』에 따르면, 바르도의 상태는 세 단계로 구분되고 이것을 치카이 바르도, 초에니 바르도, 시드파 바르도라고 부른다. 치카이 바르도는 '죽음의 순간의 바르도' 이고, 초에니 바르도는 '존재의 근원을 체험하게 되는 바르도' 이며, 마지막 시드파 바르도는 다시 육체의 삶으로 돌아가는 '환생의 길을 찾는 바르도' 다.

1 치카이 바르도

죽음을 경험하는 순간의 의식 상태로서, 죽음을 맞이한 순간부터 3일 반 내지 4일 동안의 기간에 나타난다. 숨이 끊어지는 순간 의식체는 자신이 육체로부터 분리되었다는 사실을 알지 못한 채 기절 상태 혹은 수면 상태에 빠져서 대상을 인식하는 의식이 사라진다. 이것은 초월의식이 등장하기 때문에 일어나는 자연적인 결과로, 경험하는 의식은 사라지고 순수 의식이 베일을 벗고 나타나는 것이다. 의식체가 신체의 출구를 빠져나가면 마음의 상태가 갑자기 밝아지며 최초의 투명한 빛이 나타나지만, 자신의 카르마와 무지 때문에 흐릿하게밖에는 인식하지 못한다. 투명한 무색의 빛은 모든 모습을 초월한 공(空)의 세계를 상징한다. 공은 제한된 경험 세계로부터의 해방을 통해 일어나는 완전한(궁극의) 체험, 대자유의 상태, 환희의 체험이다. 만약 사자가 첫 번째 바르도의 투명한 빛을 인식하면 다르마카야(법신) 속에서 대자유를 얻을 수 있다.

2 초에니 바르도

존재의 근원을 체험하는 의식 상태로, 사후 3일 반부터 14일까지 경험하게 되는 바르도다. 대상을 인식하는 의식이 회복되지만 죽기 전에 육체 속에서 의식을 회복하는 것과는 다르다. 이 상태는 새로운 육체를 얻고 또다시 지상의 삶을 시작할 때까지 이어진다. 친척들과 친구들이 애통해하는 소리를 듣고, 자신에게 죽음이 일어났다는 사실을 깨닫게 되고, 이 세상에서 육체를 가지고 있을 때 행한 행위들이 카르마의 환영으로 출몰한다. 생각한 것과 행동한 것들이 객관적 영상이 되어 등장하게 되는데, 첫째 날부터 일곱째 날까지는 평화의 신들이 나타나고 여덟째 날부터 열넷째 날까지는 분노의 신들이 나타난다. 평화의 신은 사자(死者)의 가슴에 담긴 인간의 고귀한 감정이 인격화되어 나타나는 형상으로 사자가 갖고 있는 고상하고 성스러운 바람과 충동들로부터 생긴 형상이다. 이 평화의 신의 빛의 인도에 따르면 대자유를 얻게 되지만 일반 사람의 경우 선한 카르마를 그만큼 쌓지 못해서 실패하게 된다. 평화의 신이 나타났다가 사라진 뒤에는 분노의 신들이 나타나게 되는데, 이 분노의 신은 생각하고 분별하고 상상하고 기억하는 기능을 상징한다. 사자의 저급하고 동물 같은 성격들로부터 인간의 뇌를 핥고 피를 들이키며 시체의 머리를 찢어발기는 등의 공포스러운 환영들이 나타나고 두려움과 공포와 전율을 일으키는 빛을 발한다. 이때 두려워하지 않고 분노의 신의 빛에 안기면 대자유를 얻게 된다. 사후세계의 평화의 신, 공포의 신, 천당이나 지옥의 영상들은 모두 사자의 의식체를 구성하는 카르마의 사념들, 즉 생전의 습관에서 생겨난 생각들을 의식이라는 레코드판에 기록한 것들로 카르마의 힘이 스스로 바닥날 때까지 계속된다.

3 시드파 바르도

열다섯째 날에 사자는 세 번째 바르도에 들어선다. 전 단계의 바르도들에서 아직 대자유를 얻지 못했다면, 사자는 이 단계에서 환생을 추구하게 된다. 그의 과거의 삶은 이제 기억에서 흐려진다. 이제 그는 미래의 새로운 삶을 가지려는 욕망을 갖게 된다. 그래서 카르마의 힘에 의해 죽은 자는 여섯 세계(육도세계)의 색깔

중에서 자신이 태어날 세계의 색깔을 띠게 된다. 사자의 카르마가 그를 지옥으로 인도할 운명이라면 그는 심판을 받은 다음에 아득한 고통을 겪고, 아니면 천상계나 다른 세계로 갈 것이다. 자신의 카르마에 따라 지옥계에서 형벌을 겪거나 천상계에서 즐거움을 누리는 일이 다 마무리되면 그는 다시 태어나는 것이다. 이 마지막 단계에 이르면 사자는 자신이 실질적인 육체를 갖고 있지 않다는 사실을 깨닫고, 다시 한 번 지상에서의 삶을 누리기 위해 살과 뼈를 가진 육체를 갖기를 간절히 소망한다. 대부분의 사자들은 성교하는 남자와 여자의 환영을 보는 순간 곧바로 자궁 속으로 들어온다. 그리하여 다시 한 번 탄생 순간의 의식 상태를 갖고 지상의 경험세계에서 깨어나게 된다. 이것이 바로 세상에서 말하는 환생이다. 불교에서는 어떤 것도 영원하지 않고 끊임없이 변화한다고 가정한다. 이 끊임없이 변화하는 것들의 연속체를 우리는 의식체 혹은 영혼이라고 부른다. 그 연속체는 죽음에 의해서도 방해받지 않는다. 죽음에 의해서도 의식은 단절되지 않고 계속해서 변화를 경험한다. 임종의 순간에 갖는 의식 상태는 하나의 출발점이며, 그다음부터 지금까지 설명한 의식 상태들이 이어진다. 생전에 축적한 카르마들이 마침내 형태를 갖고 환영으로 사자 앞에 나타난다. 그 마지막 단계에서 의식체는 적당한 자궁 속으로 뛰어들어 다시 탄생 순간의 의식 상태를 갖고 태어난다. 새로 태어난 의식체는 전의 의식체와 다르지 않다. 새 육체를 갖는 변화를 겪었을 뿐이다.

3 불교의 지옥관

지옥 사상과 신앙은 불교에 들어와 활짝 꽃피었지만 지옥 사상의 기원은 인도 고대의 힌두교에서 비롯된 것으로, 지옥을 주재하는 염마왕 혹은 염라대왕은 『베다』의 초기 문헌에 나오는 야마왕을 불교가 받아들인 것이다. 인도에서는 야마가 죽은 자를 지옥으로 데려갈지 천국으로 데려갈지를 결정하는 신이지만, 불교에 들어가서는 오로지 지옥을 지배하고 전생의 업에 따라 사람에게 형벌을 가하는 신이 되어 버렸다.

불교 경전마다 지옥의 수나 종류, 위치, 크기 등에 대한 내용이 조금씩 다를 뿐만 아니라 지옥에 떨어지는 원인이나 받는 고통의 내용이 다르기 때문에 불교에서 이야기되는 지옥의 모습은 매우 다양하고 복잡하다. 지옥을 뜻하는 인도어 '나라카' 는 본디 '행복이 없는 곳' 을 의미하고 수미산을 중심으로 남쪽에 있는 남섬부주 대륙의 한량없이 깊은 땅 밑에 있다고 생각된다. 불교의 지옥을 대표하는 팔대 지옥에는 등활(等活) 지옥, 흑승(黑繩) 지옥, 중합(衆合) 지옥, 호규(號叫) 지옥, 대규(大叫) 지옥, 염열(炎熱) 지옥, 대열(大熱) 지옥, 무간(無間) 지옥을 들 수 있고 맨 위쪽의 등활 지옥부터 시작하여 맨 밑의 무간 지옥에 이르기까지 마치 시루떡처럼 겹겹이 포개져 차례로 아래를 향해 있다고 한다. 지옥에 대한 이야기는 중생들로 하여금 지옥의 고통이 얼마나 무서운지를 일깨워 착한 일을 장려하고 나쁜 짓 하는 것을 막고자 하는 데 참뜻이 있다(이기선, 1992). 불교의 지옥관이 다른 지옥 사상과 크게 다른 점은 지장[8] 신앙에서 엿볼 수 있듯이 지옥에서 고통을 받고 있는 이들을 구제하고자 하는 자비심이 바탕을 이루고 있다는 데 있다. 지옥의 구세주인 지장보살을 주존으로 모시고 죽은 이의 넋을 천도하여 극락왕생하도록 기원하는 종교적 기능을 하는 곳이 바로 명부전이다. 명부전이 지닌 종교적 기능은 죽은 이의 넋을 천도하기 위한 의식(일반적으로 '49재' 로 널리 알려짐)을 행하는 것이다. 죽은 자는 중음(中陰) 기간인 49일 동안에 7왕에게 생전에 행한 업에 대해 조사를 받고, 이어서 100일, 1주년, 3주년 될 때에 또 3왕에게 심판을 받아 그 결과에 따라 육도 가운데 한 곳에 다시 태어난다고 한다(이기선, 1992). 또 중국에서는 돌아가신 조상의 영혼을 위로하고 정토에 왕생토록 기리는 의식으로 우란분재를 지내고 있고, 우리나라에서도 오늘날까지 절에서는 음력 7월 15일을 우란분절 혹은 백중이라 하여 크게 재를 올릴 뿐만 아니라 일반인도 민족 명절로서 기리고 있다.

8. 힌두교의 지모신인 프리티비(pritivi)를 불교에서 받아들인 데서 비롯되었고, 지옥의 구세주로 육도에서 윤회하는 중생을 모두 제도하기까지는 성불을 뒤로 미루겠다는 서원을 세우고 언제 어디서나 자비를 행하는 보살.

앞에서도 언급했듯이, 힌두교와 불교에서의 지옥은 영원히 벌을 받는 마지막 정착지가 아니라 죄를 지은 영혼이 일정 기간 고통을 당하는 곳으로 그 기간이 끝나면 지옥으로부터 나와서 다시 윤회의 수레바퀴에 참가하게 된다.

7. 한국인의 사후세계

한국인의 사후세계를 이해하기 위해서는 한국인이 가지고 있는 죽음, 내세, 영혼에 대한 개념을 먼저 이해할 필요가 있다. 한국은 대체적이 아니라 누가적인 사상 전통과 종교 전통을 가지고 있는 것이 특징이다(한국종교학회 편, 2001). 즉, 한국인은 무교적 사상 위에 불교 사상, 도교 사상, 다시 그 위에 유교 사상을, 다시 그 위에 기독교 사상을 받아들였기 때문에 죽음과 관련된 한국인의 의식세계는 이 모든 사상을 부분적으로 모두 내포하고 있어서 전체상을 쉽게 파악하기 힘들다(김열규 외, 2001). 또 앞에서 살펴보았듯이, 서구 철학은 어느 정도 내세관 혹은 죽음관으로 그 논의가 정리되어 있어서 파악하기가 상대적으로 용이하다. 즉, 서구 철학은 영혼/육체, 삶/죽음, 천국/지옥, 초월계/현상계 등에 대해 이원론적 사고방식이 지배적이고 서로는 구별되고 단절된 것으로 파악된다. 이에 비해 한국인의 죽음관은 역사적, 시대적으로 단편적인 논의들이 있어 왔으나 체계적이고 계통적으로 종합, 정리되지 못한 실정이다. 또한 죽음이라는 현상 자체에 대한 논의가 드물 뿐만 아니라 죽음의 이론이나 형이상학에 대한 논의가 절대적으로 부족한 상황이어서 한국인의 내세관을 구체적으로 논의하기가 쉽지 않다. 한국인에게는 이처럼 각각의 신앙에 기초한 죽음관에 덧붙여 다양한 문화 또는 신앙이 여러 겹으로 얽혀서 빚어 낸 복합적인 죽음관이 존재하기 때문이다. 이러한 상황을 고려하여 여기서는 단편적이나마 한국인의 사후세계관을 이해하기 위해 몇 가지 필요한 부분을 살펴보는 것으로 논의를 그치고자 한다.

첫째, 한국인의 사후세계를 이해하기 위해서는 서구의 이원론적 사고방식에서 벗어날 필요가 있다. 한국인은 현상계와 초월계, 이승과 저승, 삶과 죽음을 분리시키지 않고 하나로 보려는 '한' 사상을 지속적으로 추구하여 왔다. '한' 은 '크다, 전부, 하늘' 등을 가리키며 유/무, 현상계/초월계, 삶/죽음을 이원론적으로 구분하지 않고 하나로 보며, 대립과 분열보다는 통일과 조화를 강조한다. 따라서 한국인은 삶과 죽음을 대립적으로 보지 않고 이승과 저승, 현세와 내세를 완전히 분리·단절된 것으로 보지 않는다. 죽음을 자연의 이치로 받아들이고 삶과 죽음을 순환관계로 바라보는 생사일여(生死一如)적인 태도가 지배적이라고 할 수 있다.

둘째, 한국인은 죽음을 끝이 아니라 다른 차원으로의 이동으로 여긴다. 현상계와 초월계가 형상만을 달리할 뿐 단절되지 않고 한 차원의 세계로 인식되기 때문에 죽은 자는 살아서의 인격과 능력, 기억, 가족을 그대로 가지고, 후손들을 위해 음조하고, 화도 내고, 교섭도 하고 달래기도 하는 모습을 띤다. 즉, 죽은 자는 육신만 소멸할 뿐 그 영혼은 살아 있을 때와 똑같은 기억과 소망을 가진 존재이고, 생과 사의 공간을 넘나들 수 있으며, 종종 산 자들의 필요나 믿음에 따라 역사의 시간으로 들어올 수도 있다.

셋째, 죽은 자가 가는 곳은 '저승' 이며, 저승은 이승과 함께 지상계에 속한다. 저승은 이승과 대칭되어 수평상에 존재하는 이질적 공간으로 사령이 사는 공간이다. 즉, 저승은 지하계에 속한 지옥도 아니고 천상계에 속한 극락도 아닌, 그래서 하강하거나 승천하지 않는 이승과 같은 수평 공간 저편에 있다. 죽은 자는 천국으로 간다며 기뻐하거나 지옥으로 가게 될까 봐 근심하지 않고, 길을 잃어서 떠돌지 않고 옳은 길을 찾기만 하면 되는 것이다. 이에 비해 극락과 지옥은 물리적 장소의 개념으로 존립하는 것이 아니라 선과 악에 따라 구별되는 영적인 의미의 공간으로 죽은 자가 생전에 지은 행동과 업보에 따라 결정되는 곳으로 여긴다.

넷째, 죽음 사건은 산 자와의 관계에서 종말이 아니라 다음 세계로의 전송과 배웅의 의미를 가지고 있다. 저승길은 죽은 자가 혼자 가는 것이 아니라 헤매지 말라고 먹을 것과 차비를 준비해 주는 등 산 사람의 정성과 만신의 주술, 저승사자의 길 안내를 통하여 가게 된다. 즉, 삼일장, 오일장, 백일장 그리고 진오귀굿 등 긴 시간과 장중한 절차를 통하여 혹은 경이나 주어, 무가를 가창함으로써 망자가 이승을 헤매지 말고 높은 영계에 진입하도록 길을 찾아 주며 천도해 주는 습속을 가지고 있고, 장례 절차가 끝나고서도 제사 등을 통하여 죽은 자와 산 자의 관계를 이어 간다.

다섯째, 죽은 자의 영혼은 죽음의 순간에 즉시 이동하는 것이 아니라 죽은 후에 일정 기간 동안 이승에 머물러 있다고 생각된다. 죽은 자의 영혼은 원래 사후에 초상, 소상, 대상을 지내는 동안 이승에 머물러 있다가 3년 탈상과 함께 저승으로 들어가는데, 원한이 많은 원령은 3년이 지나도록 저승에 들어가지 못하고 이승에 남아 원한이 풀릴 때까지 인간을 괴롭히기도 한다. 후손은 굿을 통해 사령을 불러들여 그들이 이승에서 풀어 내지 못한 한을 풀어 주고 부정을 씻어 천도하게 해 주고, 살아 있는 사람에게 원한을 품거나 재앙을 가져오지 못하도록 음식과 정성을 베풀어 사령들이 구천을 헤매지 않고 저승길을 잘 찾아갈 것을 기원한다.

사후세계를 경험하고 돌아왔다는 체험자들의 주장에는 어느 정도 공통점들이 존재한다. 우리는 이들의 증언을 통하여 사후세계가 어떨 것이라고 대충 상상할 수 있게 된다.

제15장

임사체험

인간은 과연 죽은 후에도 생명이 있는 것인가? 인간의 육체가 죽은 후에도 인간의 일부가 계속 살아남는다는 '과학적 증거' 는 아직 제출되어 있지 않다. 그러나 이러한 사후 삶의 유무 문제는 과연 과학과 논리로만 최종적인 해답이 나올 수 있는 문제인가? 엄밀한 과학주의는 세계를 너무나도 작게 축소해 버리고, 사람의 마음속 세계는 아직 과학으로 설명할 수 있는 부분이 극히 적은 미개척의 불가사의 영역이라고 할 수 있다.

임사체험은 종교나 형이상학적인 관념을 가지고 사후세계를 논하는 것이 아니라 경험자의 체험을 바탕으로 한 조사 연구에 기초를 두고 있기 때문에 앞에서 살펴본 내세의 개념들과는 좀 다르다고 할 수 있다.

사후세계를 경험하고 돌아왔다는 체험자들의 주장에는 어느 정도 공통점들이 존재한다. 우리는 이들의 증언을 통하여 사후세계가 어떨 것이라고 대충 상상할 수 있게 된다. 그러나 그것이 정말로 사후세계를 체험한 것인지에 대해서는 대립되는 의견들이 다양하게 존재한다.

1. 임사체험이란 무엇인가

임사체험(near death experience)이라는 말은 미국 정신과 의사인 무디(Moody)가 처음 사용한 용어로 사고나 질병으로 인해 죽음에 이르렀던 사람이 구사일생으로 의식을 회복한 후 이야기하는 죽음에 대한 이미지 체험이다.

그러면 죽음의 문턱에서 인간은 구체적으로 무엇을 경험하게 되는가? 임사체험의 주된 구성 요소로서 무엇을 거론하는지는 연구자에 따라 견해 차이가 있지만 대강 다음과 같은 패턴을 보여 주는 경우가 많다(立花隆, 1994a; Moody, 1975).

- 마음의 평안과 행복감: 보통 임사체험에서 체험자는 뭐라 표현할 수 없는 마음의 평안, 안락한 기분, 만족감, 행복감, 여유, 해방감을 느낀다. 이것을 유포리아(euphoria)라고 부르기도 한다.
- 소음과 터널 체험: 머릿속에서 윙윙거리는 기분 나쁜 소음이 들리거나 큰 소리의 울림, 째깍거리는 소리, 고함치는 소리, 부딪히는 소리, 바람이 부는 소리 같은 불유쾌한 소리가 나면서 어두운 곳으로 빠르게 빨려 들어가는 느낌을 받는다. 이 어두운 곳을 묘사하는 용어로는 동굴, 구유, 하수구, 터널, 굴뚝, 진공, 골짜기, 실린더 등 다양하지만, 일반적으로 터널 체험이라고 일컫는다.
- 체외 이탈: 어두운 터널을 빠르게 통과한 후 자신이 제삼자나 관찰자처럼 외부에서 자신의 육체를 바라보고 있음을 발견하게 된다. 소위 영혼이 육체를 이탈한 것이다. 육체의 밖에서 자신에게 일어나고 있는 모든 일을 필사적으로 이해하고자 노력하다가 결국 자신이 죽었다는 사실을 깨닫게 된다. 자신의 존재가 주위 사람에게 보이지도 들리지도 않고 마음먹은 곳으로 이동이 가능하다는 것을 알게 된다.
- 다른 사람을 만남: 죽어 가고 있는 어느 순간에 자신의 부근에 다른 영적인 존재가 함께하고 있어서 그가 죽음으로 전이되는 불안을 완화시키고 있거나

혹은 아직 죽을 때가 안 되었으므로 육체로 다시 돌아가야 한다고 이야기하는 것을 듣게 된다. 다른 영적인 존재는 죽은 친척이나 수호천사, 혹은 형태가 없이 목소리뿐일 경우도 있다.

- 빛 체험: 태양보다 몇 배나 밝은 흰 빛을 만난다. 빛은 처음에 나타날 때는 어두웠지만 점점 빠르게 밝아진다. 이 빛은 사랑과 따스함이 넘치는 인물로 나타날 경우도 있고, 그 사랑과 따스함이 죽어 가는 사람에게 발산되어 그것에 완전히 둘러싸여서 편안하고 수용되는 느낌을 받게 된다. 이 빛의 존재는 종교적 배경이나 개인이 가지고 있는 신념, 교육 등의 영향을 받아서 다양한 모습으로 나타난다. 그리스도교를 믿는 사람은 이 존재를 예수나 천사라고 하고 그 밖의 대부분의 사람에게도 사자나 수호자로 인식된다.
- 인생 회고: 빛의 존재는 죽어 가는 사람에게 그의 삶을 파노라마처럼 회고하도록 한다. 회고의 속도는 엄청나게 빠르고, 기억들은 빠르게 그리고 나이 순서대로 시각적인 이미지로 나타난다. 그리고 이 이미지들과 연관된 감정이나 정서들이 같이 재경험된다.
- 경계 혹은 한계: 삶과 죽음의 경계라고 할 수 있는 곳에 접근하고 있음을 느끼게 된다. 이것은 강, 잿빛 안개, 문, 들판을 가로지른 울타리 혹은 단순한 선 등으로 경험되기도 한다.
- 육체로의 복귀: 모든 임사체험자들은 체험의 어느 시점에서 되돌아와야 했다. 죽었다고 생각한 초기 시점에는 다시 육체로 되돌아가고자 열망하지만 일단 체험의 어떤 깊이(빛의 존재와 만나는 단계)에 도달하면 돌아가고 싶지 않고 육체로 되돌아가는 것에 저항까지 하게 된다. 돌아가서 어린아이들을 양육하기 위해서, 완성해야 할 과제를 남겨 놓고 있어서, 공부를 끝마치기 위해서, 혹은 다른 사람의 사랑과 기도가 그들의 바람과는 상관없이 죽음으로부터 그들을 다시 돌아오게 하였다는 등 육체로 복귀하는 방법과 이유는 다양하게 나타난다.

임사체험은 체험자들의 경험에서 공통적으로 발견되는 요소가 있고, 다소 차이가 있는 요소도 있지만 임사체험이라는 현상 자체는 어떤 특정 지역이나 특정 민족에게서만 독특하게 일어나는 현상이 아니라 모든 민족에게 보편적으로 일어나는 현상이다. 그러나 임사체험에서 보았다는 구체적 내용은 체험자가 원 체험을 기억하고, 언어화하고 해석하는 방법에서 문화적 배경의 영향을 받기 때문에 다르게 나타날 수 있다(Moody, 1975).

임사체험이 무엇인가에 대한 해석 방법도 다양하다. 사후세계를 믿는 사람들은 임사체험을 개체의 의식 혹은 영혼이 죽은 이후에도 지속되는 증거라고 말한다. 그에 비해 임사체험은 이 세상에 머물렀던 최후 단계의 체험이지 이 세상을 완전히 떠난 저세상의 체험은 아니기 때문에 사후에도 의식이 지속된다는 증거가 될 수 없다는 주장도 있다. 또 유물론적 세계관을 가진 사람은 임사체험을 단순히 병든 뇌가 일으키는 일종의 환각에 지나지 않다고 주장한다.

이처럼 임사체험은 공통적으로 경험하는 핵심 체험과 그 핵심 체험을 체험자가 자기 문화 속에서 수식하고 이야기화함으로써 성립되고 발현되는 문화적 체험의 이중구조를 가지고 있다고 할 수 있다.

2. 임사체험 연구

극히 최근까지 서구 과학이나 의학은 어떤 형태든 인간이 죽음 뒤에 생존하는 것에 대해 매우 부정적인 태도를 취해 왔다. 따라서 죽음의 과정에서 경험했다고 주장하는 임사체험은 너무나 기괴한 체험으로, 종교적 희망이나 미신에 근거를 둔 허구적인 것으로 과학적 연구의 영역에서는 거의 배척되어 왔다.

그러나 두 사람의 선구자, 퀴블러-로스와 무디의 연구를 계기로 임사체험을 진지한 학문적 연구 대상으로 삼으려는 움직임이 싹트기 시작했다. 정신과 의사 무디는 당시 사망선고를 받고 살아난 사람들의 체험을 수집해 『잠깐 보고 온 사후의 세계(*Life after life*)』라는 책을 펴내 관심을 끌었고, 죽음학의 대가인 퀴블러-로스는 임사체험을 한 사람들의 이야기를 모아 『사후생』이라는 책을 펴냈다.

임사체험 연구를 대표적인 연구자들을 중심으로 간략히 살펴보면 다음과 같다(立花隆, 1994a; 1974b).

1 무디의 연구

무디(Moody, 1975)는 임사체험 150개의 사례 중 50개를 선택해서 상세한 면담조사를 하였고, 이를 바탕으로 임사체험에서 공통되는 요소 체험을 추출하였다. 무디의 연구가 가진 기본적인 방법론은 임사체험 사례를 광범위하게 수집하고 그 내용을 분석함으로써 임사체험의 구조적인 특징을 추출해 가는 것이다.

무디는 임사체험의 주된 구성 요소로서 다음 열한 가지 요소를 추출하였다.

- 체험 내용의 표현 불가능성
- 사망의 선고를 듣는다
- 마음의 평안과 정적
- 이상한 소음
- 어두운 터널
- 체외이탈
- 다른 사람과 만나다
- 빛을 본다
- 인생 회고
- 삶과 죽음의 경계선에 이르다
- 생환

그러나 그 150개나 되는 사례가 어떤 식으로 선택되었는지, 어떤 사람들로 구성되었는지, 어떤 요소의 체험률이 몇 퍼센트인가 하는 데이터를 통계적, 수량적으로 제시하지 않고 있어서 과학자, 의학자들의 비판을 불러일으켰고, 개중에는 무디의 연구가 에피소드 모음집에 지나지 않는다고 혹평하는 사람들도 있었다.

2 링의 연구

임사체험에 대한 데이터를 수집하고 그것을 통계적으로 처리하여 양적인 분석을 통해 논의를 전개하는 과학적 연구를 처음으로 시행한 것은 코네티컷 대학교의 링(Ring)이라고 할 수 있다. 1977년에 연구를 시작한 링은 죽음에 처하고도 살아난 적이 있는 사람들 102명을 1년 3개월에 거쳐 인터뷰하였고, 그 가운데 49명, 즉, 48%의 사람이 임사체험을 했다는 것을 알아냈다. 임사체험자의 체험 내용에도 상당한 차이가 있어서 다양한 요소 체험을 깊게 한 사람도 있고 하나 또는 2개의 요소 체험을 얕게 한 사람도 있다는 것을 알게 되었다. 그래서 링은 열 가지 요소 체험으로 나눠, 그 체험의 깊이에 따라 합계 29점 만점의 점수를 주고, 6점 이하는 체험하지 않은 것과 마찬가지라고 판단하여 엄격한 데이터 처리를 하고 있다. 이처럼 링(1980)은 임사체험의 주된 요소 체험과 중요성의 비중에 따라 각각의 항목에 점수를 부여하여 '주요 체험 비중 지수' 를 만들었다. 요소 분류와 점수는 다음과 같다.

- 나는 죽었다고 하는 주관적인 실감 1점
- 평안 혹은 기분이 좋다는 느낌 2~4점
- 신체와 분리된 느낌 2~4점
- 어두운 곳으로 들어가는 느낌 2~4점
- 누군가와 만난다/누군가의 목소리를 듣는다 3점
- 자기 인생을 되돌아본다 3점
- 빛을 본다, 혹은 빛에 싸인다 3점
- 아름다운 색을 본다 1점
- 빛 속으로 들어간다 4점
- 눈에 보이는 '영혼' 과 만난다 3점

링은 점수의 합계가 6점 이상인 사람을 '주요 경험의 체험자', 5점 이하인 사람을 '비체험자', 그리고 10점 이상인 사람을 '깊은 체험자'로 분류하였다. 링의 요소 체험 분류와 무디의 분류를 비교해 보면 거의 중복되지만, 조금 어긋나는 부분도 있다. 이 둘을 합쳐 보면 일반적으로 임사체험이라 불리는 체험의 구체적인 내용을 알 수 있다. 링의 이러한 연구 결과는 1980년에 『임종 시에 보는 죽음의 세계(*Life at Death*)』라는 책으로 발표되었다. 과학적으로 수집되고 과학적으로 분석된 데이터에 의해 무디의 가설이 증명되었다고 하여 이 책은 사회적으로 큰 주목을 받았다.

❸ 갤럽의 여론조사

갤럽 여론조사의 주 목적은 미국인이 사후세계를 어떻게 생각하고 있는가를 파악하는 것이지, 임사체험 자체가 조사 대상이었던 것은 아니다. 갤럽은 이 조사에서 일반 성인을 대상으로 무작위로 추출하여 선발한 1,500명을 표본으로 했고, 이와 동시에 의사와 과학자만을 대상으로 동일한 조사를 했다. 사후세계를 믿고 있다는 사람이 일반인은 67%, 의사는 32%, 과학자는 16%였다. 또 죽음에 처한 적이 있다고 대답한 사람이 약 14%였고, 그때 비현실적인 체험을 했다는 사람이 그 가운데 35%였다. 그 비현실적 체험 가운데 어느 정도가 진정한 임사체험이라 할 수 있는지가 문제이지만, 그 가운데 임사체험의 요소 체험이 어느 정도 포함되어 있는지를 나타내면 다음과 같다(숫자는 비현실적 체험자 총수에 대한 비율이다.).

- 체외 이탈 26%
- 명확한 시각 체험이 있었다 23%
- 꿈 내지 사람의 목소리를 들었다 17%
- 고통이 사라지고 더없는 평안을 느꼈다 32%
- 밝은 빛을 보았다 14%
- 인생 파노라마 32%
- 이 세상이 아닌 다른 세계로 발을 들여놓았다 32%

• 저승에서 다른 존재(죽은 사람 등)와 만났다	23%
• 터널 체험	9%
• 미래 예지	6%

구체적인 내용을 보면 틀림없는 임사체험이 상당히 포함되어 있다는 것을 알 수 있다. 실제로 이 조사에 의해 미국에서는 임사체험의 존재 자체를 부정하는 사람은 많이 줄었다.

4 임사체험의 사후 효과에 관한 연구

이처럼 1970년대 말부터 1980년대 초에 걸쳐 다양한 조사가 활발하게 이루어져 임사체험이란 어떤 현상이고 언제 어떤 빈도로 일어나는 것인지 밝혀지게 되었다. 그런 작업이 대체로 1982년에 종결되고, 1983년부터는 임사체험에 의해 그 사람의 인간성이 어떻게 변화했는가 하는 것을 주제로 하는 임사체험의 사후 효과에 관한 연구가 증가했다. 1989년 호주 뉴 사우스 웨일즈 대학교의 서덜랜드(Sutherland, 1989)는 임사체험자 40명을 대상으로, 체험 전과 후의 초현실적 능력과 사고방식의 변화를 조사하였고, 링과 로징(Ring & Rosing, 1990)은 오메가 프로젝트에서 인생관, 세계관, 가치관의 변화, 초현실적 능력의 발현, 정신물리학적 변화, 생리학적 변화 등을 중심으로 임사체험자의 사후 효과에 대한 연구를 진행하였다.

링에 따르면, 임사체험자는 물질 중심주의적 삶에서 정신적 가치를 추구하는 방향으로 가치관이 전환되고, 다양한 초현실적 능력을 획득하게 되었으며, 깨달음의 경지에 이르게 되었을 뿐만 아니라 모든 사물에 대해 깊은 애정을 가지게 되었다.

현재는 심리학자, 정신신경과 의사, 뇌 생리학자, 종교학자, 문화인류학자, 철학자 등 다방면의 학자들이 이 연구에 관심을 가지게 되었고, 국제 임사체험 연구소(International Association for Near-Death Studies)와 같은 국제적인 연구단체가 조직되었으며, 『임사체험 연구저널(*Journal for Near-Death Studies*)』까지 발간하기에 이르렀다. 이러한 움직임은 유럽으로 파급되어 영국, 프랑스, 북유럽 등지에서도 활발한 연구가 이루어져 1990년에는 워싱턴의 조지타운 대학교에서 13개국, 300명의 연구자들과 체험자들이 모여 임사체험을 연구하는 제1회 국제회의까지 열리게 되었다.

3. 임사체험을 설명하는 모델

임사체험이란 무엇인가? 임사체험이란 사후세계를 엿보는 것인가? 뇌 속에서 일어나는 일종의 환각 현상에 불과한 것인가? 아니면 모든 것이 체험자의 심리상태를 반영한 자신의 투영물인가? 임사체험을 설명하는 모델은 크게 세 가지로 요약될 수 있다(立花隆, 1994a).

❶ 현실 체험설

현실 체험설을 주장하는 사람들은 임사체험을 이승이 아닌 세계를 체험한 초현실적인 경험으로 간주하고, 죽음이 모든 것이 끝나는 종착점이 아니라는 것과 저편에 다른 세계가 펼쳐져 있다는 것을 이야기해 주는 것이라고 주장한다. 즉, 임사체험은 사후에도 인간의 생이 존속하는 것을 증명하는 사후 생존의 증명이라는 것이다.

현실 체험설을 주장하는 사람들의 논리 구조는 다음과 같다. 인간은 육체와 정신(영혼)으로 구성되어 있다. 정신이 인간의 본질적인 부분이고 육체는 정신이 잠시 빌린 가건물에 불과하다. 인식, 판단 등 고도의 지적 의식작용은 모두 정신이 맡고 있고, '나' 라는 인식 주체는 정신 쪽에 속한다. 사람이 죽을 때 정신은 육체에서 분리되어 계속 살아남는다. 체외 이탈 때 육체에서 분리되는 것은 정신이고, 체험자는 모두 자아가 이탈하는 측에 있고 침대 위에 남겨진 육체는 오직 물질에 불과하다.

임사체험자는 자신의 체험이 중간까지는 삶에서 죽음으로 이행하는 과정이지만 그 이후는 사후세계로 한 발 들여놓은 체험으로 사후세계의 일부를 체험하고 돌아왔다고 생각한다. 특히 사후세계는 신성한 빛에 둘러싸여 말로 다할 수 없을 정도로 아름답고 영원한 진리와 평안한 마음으로 가득 찬 멋진 세계였다고 생각한다.

이렇게 현실 체험설에 서 있는 사람들은 임사체험을 통해 죽음의 과정이나 사후세계, 존재의 소멸에 대한 공포를 가지지 않게 되었다고 말한다. 죽음을 통과해도 자신이 그대로 존속하고 있고, 죽어서도 자기는 자아의식을 가진 존재로 지속한다고 믿기 때문이다. 퀴블러-로스와 링이 현실 체험설을 주장하는 대표적인 인물이다.

2 뇌 내 현상설

뇌 내 현상설을 주장하는 사람들은 임사체험을 사후세계의 체험으로 생각하지 않고 죽음의 과정을 체험한 것으로 간주한다. 죽음 이쪽 편, 삶의 최종 단계에서 일어나는 의식 체험으로 생각하는 것이다. 따라서 죽음의 과정 뒤에 오는 것, 삶의 최종 단계 뒤에 오는 것은 무(無)라고 생각하고, 사후세계는 존재하지 않고 의식의 존속도 있을 수 없다고 주장한다. 의식을 보유하고 있는 것은 뇌밖에 없어서 뇌의 죽음과 함께 모든 것이 끝나기 때문이다. 그러면 인간의 마음과 의식은 모두 뇌로 환원될 수 있는가? 과학자들은 일반적으로 심신 일원론을 취하며 마음은 뇌의 산물이고 물질이 만들어 낸 현상에 불과하다고 주장한다. 따라서 대부분의 과학자들은 임사체험에 대해 유물론적 해석을 하여 체험자의 뇌가 만들어 낸 이미지라고 주장한다. 육체의 모든 체계가 죽음에 접근해 가는 가운데 빈사 상태의 환자는 호흡부전, 심부전 등을 일으키며 뇌세포에 산소가 충분히 공급되지 않게 되고, 뇌혈류가 저하되고 산소 결핍 상태가 된 뇌는 정상적인 의식을 가질 수 없게 되어 환각 증상을 일으키는 것이 임사체험이라는 것이다.

임사체험을 생의 마지막 단계에서 일어나는 뇌 내 이상 현상으로 보는 뇌 내 현상설로는 다음의 세 가지 대표적인 모델이 있다(立花隆, 1994a; 1994b).

1 다니엘 카의 엔돌핀 설

하버드 의과대학의 카(Carr, 1982)에 따르면, 임사체험의 양상들 대부분(행복감뿐만 아니라, 체외 이탈, 다양한 환각의 출현, 과거의 기억이 파노라마처럼 전개되는 현상까지 포함해서)은 대뇌변연계의 이상 현상으로 설명할 수 있다. 대뇌변연계[1]에는 인간의 기본적인 본능 중추가 전부 다 있고, 해마(海馬)라는 기억의 중추도 있으며, 대뇌변연계의 신경세포에는 엔돌핀의 수용체가 널리 분포하고 있다. 여기서 엔돌핀은 동물적 본능의 중추를 활성화시키는 기능을 담당하고, 쾌감도 일으킨다. 뇌세포를 활성화시키는 역할을 담당하는 엔돌핀은 보통 신진대사에 의해 점점 사라진다. 그러나 임사체험을 일으키는 육체적 위기 상태에 빠지면 엔돌핀의 분비량은 점점 늘어나지만 거꾸로 신진대사는 점점 진행되지 않아서 뇌 속의 엔돌핀이 과도하게 축적된다. 그것이 축적되면 엔돌핀 수용체를 많이 가지고 있는 변연계의 신경세포가 과잉 활성화되어 결국에는 발작 증상을 일으키고 만다. 발작 증상이란 일군의 신경세포가 일제히 무원칙적으로, 그리고 연속적으로 전기신호를 발하여 뒤죽박죽 혼란을 일으키는 현상을 말하고, 이렇게 해서 일어나는 현상이 임사체험이라는 것이다. 임사체험을 신경전달물질의 과잉 방출과 대뇌변연계의 기능 이상으로 설명하려는 카의 이론은 뇌 내 현상설에 입각한 다른 연구자들에게 대단히 큰 영향을 주었다.

2 모스의 신경학적 모델

미국 워싱턴 주 시애틀의 소아과 의사 모스와 동료들(Morse et al., 1989)은 뇌의

1. 동물의 생명 유지에 필요한 식욕, 성욕 같은 모든 본능이 여기에 자리하고 있고, 또한 기쁨, 노여움, 공포 같은 정서도 여기에 자리하고 있다. 모든 감각기관으로부터 오는 정보가 여기로 들어와서 대뇌 각부의 고차적인 중추로 중계된다. 기억의 보관과 검색 중추도 여기에 있다고 생각된다.

측두엽[2]과 임사체험을 일으키는 메커니즘의 관계를 설명하고 있다. 모스 박사에 따르면, 모든 인간은 태어나면서 유전자 속에 각인된 형태로 임사체험의 프로그램을 뇌 속에 가지고 있다. 그는 임사체험은 주로 뇌의 측두엽에 있는 실비우스구(sylvius溝)라는 도랑처럼 패인 부분과 관련이 있고, 파노라마식 인생 회고, 데자뷰(déjàvu),[3] 데자베큐(déjàvécu),[4] 하느님 체험 등 임사체험의 요소 체험들 대부분은 측두엽을 자극하면 일어날 수 있는 현상이라고 하였다.

그러면 임사체험이 일어날 때 그 자극에 스위치를 넣는 것은 무엇인가? 죽음의 스트레스에 의해 간뇌(間腦, diencephalon)의 해마라는 부분에 있는 신경세포가 세로토닌(serotonin)이라는 신경전달물질을 분비하고, 해마의 신경세포의 축색돌기(軸索突起, axon)가 측두엽까지 이어져 있기 때문에 그것이 측두엽에 자극을 주어서 임사체험 프로그램의 스위치가 들어가게 된다는 것이다. 그때 죽음에 처하는 것이기 때문에 뇌혈류는 약해지고, 혈중 산소 농도가 감소하며, 이산화탄소 농도가 증가하게 된다. 그것이 측두엽의 신경세포를 불안정한 상태로 놓아두기 때문에 임사체험의 스위치가 작동하기 쉬운 상태가 된다. 산소 부족과 이산화탄소의 과잉은 도가 지나치면 그것만으로도 임사체험의 스위치를 작동시킬 수 있다. 스트레스 이외에도 종교적 수행이나 의식을 통해 신비적 체험을 하여 종교적 엑스터시에 도달하는 임사체험과 유사한 내용을 가진 체험이 있는데, 그것도 기본적으로는 모스의 신경학적 모델을 통해 설명할 수 있다.

3 사바델라 아길라르 모델

모스의 모델에서처럼, 사바델라-아길라르와 고메스-제리아(Saavedra-Aguilar & Gomes-Jeria, 1989)도 임사체험은 기본적으로 일종의 측두엽 간질이라고 생각한다. 그러나 모스 박사처럼 그것이 해마와 측두엽의 실비우스구라는 특정 부위

2. 여러 가지 정보가 통합되는 곳으로, 감각, 지각, 기억, 정서 등의 중추와 연결되어 그것을 통합시켜 주는 곳이다. 그렇기 때문에 조그마한 충격으로도 여러 가지 현상이 일어날 수 있다.
3. 처음 보는데도 예전에 본 적이 있는 것처럼 생각되는 현상.
4. 처음 체험하는데도 예전에 체험한 적인 있는 것처럼 생각되는 현상.

에 국한된 것이 아니라 측두엽의 더욱 광범위한 부분과 대뇌변연계의 더욱 많은 부분이 관계하고 있다고 생각한다. 측두엽 간질은 측두엽 간질이라고 말하면서도 사실은 그 바로 안쪽에 있는 대뇌변연계의 여러 부위를 발생원으로 하고 있는 것이 많다.

모스 박사의 모델에서는 임사체험이 세로토닌이라는 신경전달물질이 해마에서 과잉 방출되기 때문에 일어나고, 과잉 방출의 원인은 육박해 오는 죽음이 발생시킨 스트레스라고 하였다. 그러나 사바델라 아길라르 박사는 그런 특정 부위의 특정 신경전달물질만이 이상 방전의 원인이 되는 게 아니라 더욱 많은 신경전달물질, 신경 펩티드(peptide)[5]가 관여하고 있을 거라고 말한다. 사바델라 아길라르설에 의해 임사체험이 일어나기까지의 과정을 간단히 살펴보면 다음과 같다.

우선 병, 상처, 심정지 등에 의한 스트레스의 발생이 있다. 그것은 동시에 뇌혈류를 저하시켜 뇌를 저산소 상태로 빠뜨려서 뇌혈관의 축소가 일어난다. 그것이 청각계의 신경세포에 이상 방전을 일으킨다. 임사체험의 시작 단계에서 기묘한 소리를 들었다는 사람이 적지 않은데, 이는 청각계 신경세포의 이상 방전에 의한 것이다.

다음으로 스트레스와 저산소 상태가 모두 자극이 되어 각종 신경전달물질, 신경 펩티드가 방출된다. 그것이 직접적인 원인이 되어 감각적 변화와 심리적 변화가 일어난다. 예를 들면, 엔돌핀의 방출은 그 마약 효과에 의해 통증의 소멸, 안락하고 행복한 느낌, 이승적인 것에 대한 무관심을 초래한다.

뇌 내 화학 물질의 균형 변화와 혈류 저하, 저산소 상태가 측두엽 · 변연계 간질을 이끌어 낸다. 그것에 의해 변연계에 있는 기억 검색 장치가 기능부전 상태가 되면 기억이 하나하나 되살아오는 파노라마식 인생 회고가 일어난다. 또한 측두엽 간질에 의해 체외 이탈도 일어나고 다양한 환각을 보는 현상도 일어난다. 간질의 방전 현상이 뇌 내에서 파문이 일어나듯 번져 간다. 그리고 그것이 시각을 관

5. 신경세포에서 분비되는 일종의 호르몬.

장하는 후두엽 시각야에 도달했을 때 눈부신 빛을 보는 현상이 일어난다.

모스 박사의 모델과 비교하면, 이 모델은 전체적으로 상당히 정교하여 거의 대부분의 요소 체험들을 설명하고 있다.

❸ 심리학적 해석–무의식의 소망 실현설

무의식의 소망 실현은 꿈속에서는 곧잘 일어나는 일로서, 임사체험은 이승에서 꾸는 마지막 꿈으로서 죽을 때는 이렇게 죽고 싶다, 죽는다면 이런 세상에 가고 싶다는 등 그 사람이 예전부터 생각하던 것을 상상 속에서 자기 실현하는 것이라는 설이다.

그러나 이 설이 현실과 반드시 합치되지는 않는다는 점에서 지지자가 그다지 많지 않다. 즉, 임사체험에서 사람들은 소망의 실현은커녕 생각해 본 적도 없는 것에 부닥치고 상상력의 한계를 훨씬 뛰어넘는 체험을 한다는 것이다. 꿈은 개개인에 따라 천차만별인데 비해 임사체험은 구조적으로 기묘하게 일치한다는 사실도 이 설로는 설명되지 않는다.

part 06

죽음준비 교육

죽음준비교육은 죽음과 관련된 주제에 대한 지식, 태도, 기술이 교육·학습되는 과정으로 죽음의 과정과 죽음 현상을 중점적으로 다루는 형식적·제도적 프로그램을 제공하고자 하는 시도이고, 그 개념 안에 의도성, 형식성, 제도성, 지식 전달, 태도와 행동의 변화 등의 요소가 포함된다.

제16장
죽음준비교육

죽음학(thanatology)이란 종교, 철학, 문학, 예술 등 주로 인문계의 다학제적인 방식으로 죽음과 관련 있는 다양한 주제를 종합적으로 다루는 학문 분야를 의미한다(アルフォンス, デーケン, 1986b). 여기서 접두어인 'thanato-'는 고대 그리스의 죽음을 의인화한 신인 'thanatos(타나토스)'에서 유래한다.

이에 비해 죽음준비교육이란 죽음학을 배경으로 생물학, 의학, 분자 생물학, 유진 공학 등 생물계 학과와 사회학, 심리학, 인문사회과학계 학과 등도 포함하여 죽음과 관련된 교육을 하는 학문 영역을 의미한다(アルフォンス, デーケン, 1986b).

데켄(Deeken)은 죽음학과 죽음준비교육을 구분하여 정의하고 있지만, 실제로 죽음학과 죽음준비교육은 죽음을 주제로 하는 학문이라는 공통점 때문에 연구나 활동 분야가 엄격하게 구분되어 있지 않고 오히려 죽음준비교육 분야가 연구 활동이나 실천적인 면에서 더 활발하게 활동을 하고 있는 실정이다.

이 장에서는 죽음학에서 축적된 다양한 지식이나 연구 결과와 이것을 효과적으로 전달하기 위한 교육학적 지식이 융합되어 성립된 죽음준비교육이 구체적으로 어떠한 개념인지, 죽음준비교육이 어떠한 과정을 거쳐서 현재의 모습을 갖추게 되었는지 등, 죽음준비교육에 대한 전반적인 이해를 도모하고자 한다. 또 이러한 이론적 지식을 바탕으로 죽음준비교육을 현장에서 실제로 개발하고자 하는 사람들을 위해 죽음준비교육 프로그램을 설계하고 실행, 평가하기 위해 필요한 사항을 살펴보고자 한다.

1. 죽음준비교육의 개념

아이들을 가르치는 일반적인 교육이 처음에는 가까운 가족이나 특별한 문제에 대해 전문 지식을 가진 지역사회의 어른들에 의해 실시되었던 것과 마찬가지로 죽음준비교육도 처음에는 집에서 부모가 혹은 목사와 같은 지역사회의 전문가가 죽음, 죽음의 과정, 사별 등 죽음과 관련된 교육을 하는 것에서 시작되었다(Kalish, 1985a). 이때의 죽음준비교육은 주로 무형식 교육으로 가족이나 교회와 같은 사회 집단 안에서의 상호작용을 통해서 시작되거나 개인이 자신의 경험을 통해, 혹은 그가 살아가면서 만나게 되는 사람으로부터 배우게 되는 죽음에 대한 교훈들, 여행, 미디어, 죽음과 관련된 서적 등을 통해 얻게 되는 죽음에 대한 통찰 등을 모두 포함한다. 또 죽음준비교육의 기회는 할머니의 죽음이나 사랑하던 애견의 죽음과 같이 삶의 예기치 못한 사건(teachable moment)과 함께 시작되기도 한다. 이러할 경우 죽음준비교육은 용어가 의미하는 그대로 학습자가 죽음에 관한 어떤 형태의 이해를 얻게 되는 교육적 과정이라고 단순히 정의할 수 있다(Kalish, 1985a).

그러나 죽음을 자연스럽게 접할 수 있는 기회가 점점 희박해져 가는 현대 사회에서 가정교육과 무형식적인 지역사회의 자원은 더 이상 죽음에 관해 사람들을 교육하는 데 충분하지 못하게 되었다. 따라서 1960년대에 들어서면서 학문 분야로서의 죽음준비교육이 등장하고 죽음과 죽음 현상에 대한 형식적 · 제도적 프로그램을 제공하려는 시도들이 증가하면서 죽음준비교육이라는 학문 분야를 일컬을 때는 주로 형식적이고 조직화된 교육 프로그램을 지칭하게 되었다(Warren, 1989). 죽음준비교육은 죽음과 관련된 주제에 대한 지식, 태도, 기술이 교육 · 학습되는 과정으로 죽음의 과정과 죽음 현상을 중점적으로 다루는 형식적 · 제도적 프로그램을 제공하고자 하는 시도이고, 그 개념 안에 의도성, 형식성, 제도성, 지식 전달, 태도와 행동의 변화 등의 요소가 포함되는 것으로 의미가 축소되었다(Warren, 1989).

또 죽음준비교육은 죽음을 주제로 여러 학문 분야가 공동으로 연구하는 다학제적 성격을 띠고 있는 죽음학과 교육이 접목되어 성립된 것이기 때문에 다차원적인 성격을 띠고 있고 이것은 죽음준비교육의 개념을 정의할 때도 그대로 반영된다.

죽음준비교육이 교육 프로그램화되면서 사람들이 무엇을 알고자 하고, 어떻게 느끼고, 어떻게 행동하고, 무엇을 가치 있게 여기는지와 관련하여 죽음준비교육의 개념을 인지적 · 정의적 · 행동적 · 가치적 차원의 용어로 구분하여 기술하기도 한다(Corr et al., 2000).

첫째, 죽음준비교육의 인지적 차원으로, 죽음준비교육은 죽음과 관련된 경험에 대한 정보를 제공하고 이러한 경험을 이해하도록 돕는 인지적 혹은 지적인 시도다. 죽음학자들은 죽음과 비탄, 사별의 다양한 양상을 설명하고 해석하는 모델들을 제시하고 있으며, 죽음, 임종, 사별과 관련된 다양한 지식과 연구 결과는 죽음준비교육을 구성하는 주요 부분으로 간주된다.

둘째, 죽음준비교육의 정의적 차원으로, 죽음준비교육은 죽음, 죽음의 과정, 사별과 관련된 감정 및 정서를 다루려는 교육적 시도다. 상실과 사별 경험에 포함되어 있는 다양한 감정들, 비탄 반응을 공유하고 논의하는 것은 죽음준비교육의 중요한 부분이다.

셋째, 죽음준비교육의 행동적 차원으로, 죽음준비교육은 죽음과 관련된 행동에 관한 고찰이다. 죽음준비교육은 죽음과 관련된 상황에서 사람들이 왜 그렇게 행동하고 그러한 행동 중에 어떤 것이 도움이 되는지, 그러한 상황에서 사람들이 어떻게 행동해야 하는지를 탐색하려는 시도다.

넷째, 죽음준비교육의 가치적 차원으로, 죽음준비교육은 인간의 삶을 지배하는 기본적인 가치를 확인하고 분명히 하려는 교육적 시도다. 우리가 알고 있는 것처럼 삶은 죽음과 밀접히 관련되어 있다. 삶과 죽음, 행복과 슬픔, 애착과 상실 등은 인간 경험에서 서로 분리해서 생각할 수 없는 동전의 양면과 같은 것이다. 죽음은 인간이 삶을 이해할 수 있도록 하는 필수적인 전망들을 제공할 수 있다. 말기 환자의 생명 연장, 소극적/적극적 안락사의 문제, 죽음의 판정, 뇌사, 자살 문제 등은 단순한 지식만의 문제가 아니라 가치관과도 관련되는 주제로, 죽음준비교육은 이러한 주제를 다루면서 각자가 자신의 가치관을 되돌아보고 재평가하여 삶과 죽음에 관련되어 보다 확고한 가치관을 갖도록 돕는다.

코어와 동료들이 죽음준비교육 프로그램에서 다루게 되는 내용을 중심으로 개념 정의를 했다면, 레비톤(Leviton, 1977)은 교육이 실시되는 시기 혹은 대상을 중심으로 죽음준비교육의 성격을 다음의 세 가지 차원으로 설명하고 있다.

첫째, 죽음준비교육은 죽음에 대한 초기 예방 혹은 예방적 건강 교육이다. 죽음준비교육은 개인과 사회로 하여금 죽음이라는 필연적인 사건과 결과에 대해 준비시킬 수 있다. 모든 사람은 언젠가는 죽을 것이고, 수많은 사람들이 다른 사람의 죽음을 겪고 비탄을 다루어야 할 것이다. 죽음준비교육은 미리 죽음과 비탄을 생각하고 학습하게 해서 이를 효과적으로 다룰 수 있도록 도와서 죽음에 의해 병적 상태에 빠지지 않도록 예방하는 역할을 할 수 있다.

둘째, 죽음준비교육은 개입적 측면을 가지고 있다. 즉, 죽음준비교육은 사람으로 하여금 죽음에 직면하도록 하여, 자살을 생각하는 사람에게 어떻게 대응해야 하고, 어떻게 위기 개입자로서 활동할 수 있을지를 배우도록 한다. 죽음준비교육은 죽음 문제로 고통받는 사람에게 직접 개입하여 활동할 수 있는 능력을 배양하도록 도울 수 있다.

셋째, 죽음준비교육은 사후 개입적 · 치유적 효과를 가진다. 죽음준비교육은 사람들로 하여금 위기를 이해하고 이러한 경험으로부터 배우도록 도울 수 있다. 사랑하는 사람을 먼저 보내고 나서 그 사람의 죽음의 의미와 그것이 자신의 삶에 미치는 영향 등을 생각하게 하는 등, 죽음이 발생한 이후의 반응들에 개입하여 부정적인 영향을 치유하는 역할을 할 수 있다.

2. 죽음준비교육의 역사

죽음준비교육이라는 분야가 사회에 널리 알려지기 시작한 것은 1960년대부터라고 할 수 있지만, 넓은 의미에서의 죽음에 대한 가르침이나 안내는 고대부터 있어 왔다(Kastenbaum, 2007).

고대 티베트에서는 『사자의 서』와 같은 문서를 통해 죽은 후에 영혼이 어떻게 되는지, 영혼들의 안전한 여행을 위해 어떠한 준비가 필요한지를 상세히 설명하고 있다. 또 중세 유럽에서는 목사나 죽음이 임박한 사람들을 돕는 위치에 있는 사람들이 사용할 수 있도록 만들어진 『죽음의 기술(*Ars moriendi*)』 혹은 『왕생의 기술』이라는 안내서가 이용되었다. 이 조그만 책자는 임종 미사를 집전해야 하는 성직자들을 위한 참고자료였고 원래는 라틴어로 되어 있었다. 그러나 중세 말기에 페스트 사망자가 급증해 임종 미사를 집전할 성직자의 수가 턱없이 부족해지자 성직자 없이 죽어 가는 수많은 사람을 위해 유럽 각지의 지방어로 번역되었다. 여기에는 종종 삽화가 함께 실려 있는데, 이는 물론 자국어조차 읽을 줄 몰랐던 문맹자들을 위한 것이다. 여기서도 역시 삶에서 죽음으로의 여행은 구원할 것인지를 결정하기 위해 영혼의 가치를 시험하는 것으로 묘사된다. 한 영혼이 구원을 받느냐 못 받느냐는 죽는 순간에 결정되기 때문에 죽어 가는 사람에게 사탄의 공격을 받는 죽음의 순간은 가장 위험한 순간이므로 죽어 가는 사람의 침상에서 목사나 사제는 이들이 사탄의 공격과 유혹을 극복하여 잘 죽을 수 있도록 도와주는 역할을 하였다.

이처럼 고대나 중세의 죽음준비교육은 사람이 마지막 숨을 거두는 순간 혹은 숨을 거둔 후 심판의 시련을 어떻게 준비하고 대처해야 하는지를 주로 다루었다(Kastenbaum, 2007). 이에 비해 오늘날의 죽음준비교육은 사람이 삶의 한가운데에서 죽음에 대처하고자 하는 노력에 초점을 두고 있다.

현대적 의미에서의 죽음준비교육이 성립되고 발전한 과정을 죽음준비교육이 태동하고 가장 활발히 실시되고 있는 미국을 중심으로 살펴보면 다음과 같다. 분석 방식은 죽음준비교육의 발전과정을 역사적으로 분석한 파인(Pine, 1977)의 연구에 기초하여 죽음준비교육의 역사를 탐색기, 발전기, 대중화로 나누어 죽음준비교육 발전에 영향을 끼쳤다고 평가되는 학자, 저서, 사건 등을 중심으로 살펴본다.

1 탐색기(1928–1957)

앞에서 살펴보았듯이, 넓은 의미의 죽음준비교육은 고대부터 실시되어 왔지만 좁은 의미의 학문 분야로서의 죽음준비교육이 본격적으로 등장한 것은 1960년대부터라고 할 수 있다(Kastenbaum, 2007; Pine, 1977). 그러나 죽음준비교육이 학문 분야로 성립되는 데에는 1920~1930년대부터 시작된 죽음과 관련된 저서와 학자들의 영향을 무시할 수 없다.

죽음준비교육이 아직 학문적으로 자리 잡지 못했고, 죽음에 대한 관심도 적었던 이 시기에 영향을 끼쳤던 학자들로는 엘리엇, 안토니, 린드만 등을 꼽을 수 있다. 엘리엇(Eliot, 1930a)의 비탄과 사별에 대한 연구는 비탄의 사회 심리학의 발전을 가져왔고 비탄과 사별이 사회학 연구의 중요한 분야가 될 수 있음을 증명하였다. 또 안토니(Anthony, 1940)의 연구는 아동이 성인과는 다른 방식으로 죽음을 인식한다고 밝힌 최초의 연구로 아동의 죽음 개념 연구의 기초를 제공하였다. 그리고 정신과 의사 린드만(Lindemann, 1944)의 연구는 오늘날의 비탄, 사별, 애도 이론의 기초를 제공하였고, 비탄 반응은 병적인 것이 아니라 정상적이고 확인할 수 있는 증상임을 깨닫게 하였다.

1950년대 초에는 레더(Raether, 1953)가 미국 장의사를 대상으로 죽음준비교육 향상을 위한 사업을 시작하였고, 장의사와 장례 관습에 관한 연구를 지원하였다. 이 사업의 지원을 받은 하벤슈타인과 라머스(Habenstein & Lamers, 1955, 1960)는 현대 장의사들의 역할과 장례 관습의 특성, 장례와 매장 관습에 대한 비교 문화 연구들을 책으로 출간하였고, 이것은 죽음준비교육자들의 교재로도 이용되었다.

1950년대 중반에는 심리학 분야에서 죽음준비교육에 대한 관심이 증가되어 몇몇 실험 연구가 진행되었다. 이러한 추세를 반영하여 파이펠(Feifel)은 1956년 미국심리학회 회의에서 죽음을 주제로 한 분과를 조직하였다. 이 분과는 죽음에 대한 다학제적 접근을 강조한 파이펠의 주장이 반영되어 다양한 배경을 가진 학자들이 참여하였고, 여기에서 발표된 논문들은 이후의 죽음준비교육 발달에 큰 영향을 끼치게 되었다.

자살에 대한 관심도 꾸준히 증가하였다. 특히 파베로우와 슈나이드만(Farberow & Shneidman, 1957)의 연구는 자살 행동의 복잡성을 다룬 연구로 그들의 영향을 받아 죽음에 대한 연구와 자살에 대한 연구가 함께 발전하게 되었다. 특히 슈나이드만은 죽음학과 자살학(suicidology) 발달에 지대한 공헌을 한 학자로 평가받고 있다.

2 발전기(1958–1967)

1950년대 후반부터 약 10년간은 죽음준비교육이 다양한 학술 분야의 연구에 힘입어 질적인 발전과 더불어 형식적인 강좌와 학술 토론 회의, 다양한 죽음 관련 학술지의 등장으로 양적 발전을 거듭하게 된다.

이 시기에 죽음준비교육의 발전에 영향을 끼쳤다고 평가되는 학자로는 파이펠, 손더스, 파케스, 와이즈만, 리프톤, 플톤 등을 꼽을 수 있다.

파이펠(1959)은 1956년 심리학회에서 발표된 논문들을 수정하여 1959년에 책으로 발간하였다. 이 책에 실린 논문들은 실험 연구의 결과에 바탕을 둔 이론들을 제시하여 죽음준비교육 분야에 행동 과학적 관점을 도입하였고, 새롭게 등장하는 분야로서의 죽음준비교육과 죽음, 죽음의 과정에 관심이 있는 학자 집단을 널리 알리는 계기가 되었다.

1959년에는 호스피스 운동의 선구자로 불리는 영국의 손더스(Saunders, 1959)가 죽어 가는 환자, 안락사, 말기 환자의 돌봄과 간호법 등에 관한 논문을 발표하여 죽음과 관련된 직업에 종사하는 사람들의 교육에 큰 영향을 끼쳤다.

또 같은 해에 의사인 파케스(Parkes, 1959)는 병적인 비탄 반응과 사별과 관련된 문제를 깊이 탐구하여 사별과 비탄을 다루는 인간적인 방법을 제시하였다.

1962년에 정신과 의사인 와이즈만과 해킷(Weisman & Hackett, 1962)은 죽어 가는 환자의 돌봄과 죽음 편애 문제를 연구하였고, 1963년에 정신과 의사인 리프톤(Lifton, 1963)은 히로시마의 원자 폭탄 대참사에 대한 반응을 연구하였다. 그들의 연구는 죽음과 불멸에 대한 현대적 개념 형성에 공헌하는 이론적 틀을 제공하였다는 평가를 받고 있다.

대부분의 학문 분야의 발전에서 흔히 발견되는 것처럼, 다양한 연구 자료, 비교적 잘 정의된 연구 문제와 가설, 이론의 축적은 형식적인 교육의 출현을 자극한다. 죽음준비교육의 경우도 마찬가지로, 그동안의 연구 성과에 힘입어 플톤(Fulton) 교수가 1963년에 미국 미네소타 대학교에서 죽음을 주제로 한 최초의 정규 강좌를 개설하였다. 플톤은 죽음과 관련된 주제를 광범위하게 다룬 다학제적인 강좌를 운영하였다. 그의 강좌는 학문적 관점에서뿐만 아니라 말기 환자의 돌봄, 사별 문제, 일상적인 상황에서 죽음을 다루는 문제, 장례 관습 등 실용적인 문제도 함께 다루었다. 죽음 관련 주제를 다각도에서 폭넓게 다룬 그의 강좌 구성 형태는 이후의 죽음준비교육 강좌 구성에 기본적인 틀을 제공하였다. 플톤의 강좌에 이어 강좌가 제공된 정확한 시기는 잘 알려져 있지 않지만, 파이펠, 칼리시, 카스텐바움, 레비톤, 슈나이드만, 와이즈만 등도 대학을 중심으로 죽음을 주제로 한 강좌를 개설하였다.

죽음준비교육의 발전과정에서 주목해야만 할 측면으로 죽음과 관련된 주제에 대해 문자를 통한 의사소통이 등장하게 되었다. 처음에는 관심 있는 학자들 간에 서로의 관심과 의견을 나누는 편지 왕래의 형태를 띠었으나, 이후에는 죽음에 관심 있는 학자들이 더 광범위한 사람들에게 자신의 의견을 발표하고 연구 결과를 보고하고 사고를 자극하고 의사소통을 촉진하는 뉴스 레터를 발간하게 되었다. 그래서 탄생한 것이 1966년 죽음준비교육 분야의 최초의 뉴스 레터라고 할 수 있는 『오메가(*Omega*)』로 이것은 이후의 죽음준비교육 발달에 커다란 영향을 끼치게 된다.

1967년에는 죽음에 대한 개념이 고유의 전문용어, 문헌, 고객층을 가진 학문으로 등장하였으나, 그것이 전문 학문 영역으로서 어느 정도 받아들여졌는지는 명확히 알 수 없다.

또 1967년에는 플톤이 주재하는 학술 토론 회의를 시작으로 많은 죽음과 관련된 학술 토론 회의, 회의, 연차 대회가 개최되었고, 쿠처(Kutscher)를 중심으로 '죽음학회' 가 설립되었다. 죽음학회는 연 2회 학술 토론 회의를 개최하고, 죽음과 죽음의 과정, 사별, 비탄 등과 관련된 교육적 노력에 대한 조사 연구 등을 실시하고 있다.

3 대중화(1968-)

죽음준비교육 강좌가 대학을 통해 전국에 보급되고 죽음의 문제에 대한 인식 확대에 힘입어 1968년 메사추세츠 일반병원의 정신과가 중심이 되어 오메가 프로젝트(Omega Project)를 시작하였다. 이 프로젝트의 책임자인 워든(Worden)과 와이즈만(Weisman)은 죽음 분야의 지식 축적에 공헌하였고, 죽어 가는 환자와 그들의 가족들에게 실시한 상담은 중요한 교육적 기능을 가진 뛰어난 본보기로 평가받고 있다.

또 1968년 글래서와 스트라우스(Glaser & Strauss, 1968)는 죽음의 과정의 시간적 측면을 분석한 죽음의 궤도 모델을 제시하여 죽어 가는 환자와 그들의 가족을 다루는 심리적 측면의 중요성을 강조하였다.

1969년에 레비톤(Leviton, 1969)은 죽음과 자살에 대한 체계적인 교육의 필요성을 주장하며 학교교육의 일환으로 죽음준비교육이 실시되어야 한다고 주장하였다.

같은 해 가을에 카스텐바움이 중심이 되어 웨인 주립대학교에 죽음과 죽음을 초래하는 행동의 심리학적 연구를 위한 센터(Center for Psychological Studies of Dying, Death, and Lethal Behavior)가 건립되었다. 이 센터의 취지는 다학제적 관점에서 죽음과 죽음의 과정에 대한 정보를 양산하고 통합하고 교환하는 것으로, 이러한 취지에 따라 센터는 죽음과 관련된 다양한 연구를 수행하였고 많은 양질의 교육 프로그램을 제공하였다.

또 1969년에는 퀴블러-로스(Kübler-Ross, 1969)가 죽어 가는 환자의 문제와 그들이 임박한 죽음을 다루는 방식인 죽음의 단계 모델에 대한 논문을 발표하였고,

이것은 대중의 관심을 크게 끌어 죽음인식운동의 전국적인 확산을 가져왔다. 카리스마적인 성격과 함께 저서, 강연과 텔레비전 출현을 통해 그녀는 죽어 가는 환자들의 반응을 정신의학적으로 분석하였고, 그녀의 솔직하고 효과적인 설명은 대중이 죽음의 문제를 인식하는 데 크게 공헌하였다. 지난 10년간 파이펠의 저서가 학자들의 죽음에 대한 인식의 통로를 열었다면, 퀴블러-로스의 저서는 돌봄을 제공하는 전문가와 일반인의 죽음에 대한 흥미와 관심의 통로를 열었다는 평가를 받고 있다.

1972년에 출간한 카스텐바움과 아이젠버그(Kastenbaum & Aisenberg, 1972)의 저서는 많은 죽음 관련 개념, 이론, 실험 연구들을 잘 조직하여 한 권의 책으로 엮은 것으로 죽음, 죽음의 과정에 대한 태도, 노화, 자살, 살인, 그리고 많은 다른 죽음 관련 주제들을 다루고 있다. 이 책은 죽음 관련 분야의 전문가들에게 유용한 학술 서적으로 죽음 연구에 필요한 필독서로 꼽히고 있다.

죽어 가는 환자에 대한 관심과 인식 확대에 힘입어 1970년대 초에 메사추세츠주의 브루클린에 이퀴녹스 연구소(Equinox Institute)가 설립되었다. 랑트(Krant)에 의해 설립된 이 연구소는 죽음과 죽음의 과정, 사별, 비탄, 애도의 개인적, 사회적 의미에 대한 교육과 이해를 도모하여 죽어 가는 사람들을 위한 인간적 환경을 조성하고자 하는 취지로 설립되었다. 특히 랑트와 함께 이 연구소의 교육 책임자인 버트만(Bertman)은 성인교육과 공중위생, 초·중등학교 체계에서 실시될 수 있는 죽음준비교육 강좌를 만들고자 힘썼다.

이러한 움직임에 힘입어 학술 잡지뿐만 아니라 대중매체에 죽음준비교육 강좌에 대한 기사가 점점 많이 등장하게 되었고, 1973년에 고등교육기관에서 제공되고 있는 죽음준비교육 강좌만도 600개가 넘게 되었다(Berg & Daugherty, 1973).

1974년에는 죽음 관련 분야의 지도자를 위한 국제회의(International Convocation of Leaders in Dying and Death)가 개최되었고, 이 회의의 결과로 노트(Knott)를 위원장으로 한 죽음, 죽음의 과정, 사별에 대한 국제 전문위원회(International Work Group on Death, Dying, and Bereavement)가 조직되었다.

특히 1970년대 초·중반에는 플톤과 죽음교육 연구센터가 개발한 죽음준비교육 카세트테이프 시리즈를 필두로 필름, 영화, 슬라이드 등의 전문화된 매체 장비들을 이용한 교재들이 개발되기 시작하였다. 이러한 교재들이 개발됨에 따라 죽음준비교육은 원서와 부교재를 사용하는 고등교육 수준에서 대중적인 미디어 교재를 이용한 초·중등학교 수준까지 확장될 수 있었다. 즉, 초·중등학교 교사들이 사용할 수 있도록 매체를 이용하여 녹화된 죽음준비교육 강좌가 개발되었고, 교사들은 특별한 훈련 없이 이미 만들어진 교재를 이용하여 손쉽게 수업을 할 수 있게 되었다.

1976년에는 죽음준비교육과 죽음상담을 촉진하고 그 질을 향상시키는 환경을 조성하고자 하는 목적으로 죽음교육과 상담을 위한 협회(Association for Death Education and Counseling: ADEC)가 만들어졌고 이를 통해 연차 회의, 교육 포럼 등이 개최되어 보건기관, 종교단체, 지역사회의 다른 단체들이 죽음 관련 세미나, 워크숍, 집단 토론 등에 참여할 수 있게 되었다.

1977년에는 학술 잡지인 『죽음교육*(Death Education)*』이 발간되기 시작하여 현재까지 죽음준비교육과 죽음상담, 완화 치료 등과 관련된 연구 결과를 발표하고 있다.

『오메가』나 『죽음교육』 외에도 『죽음 연구』, 자살 협회가 발행하는 『자살과 생명을 위협하는 행동*(Suicide and Life Threathening Behavior)*』, 임사체험 연구 협회가 발행하는 『소생*(Anabiosis)*』, 완화 케어 협회가 발행하는 『완화 케어*(The Journal of Palliative Care)*』, 플로리다 장의사 서비스가 발행하는 『타나토스*(Thanatos)*』 등의 다양한 죽음 관련 학술지가 발간되고 있다. 또 미국 내에 적어도 938개의 대학에서 죽음준비교육 코스를 제공하고 있으며(Pine, 1977), 공립 초·중등학교의 약 11%가 죽음에 대한 강좌나 단원을, 17%가 비탄 개입이나 지원 프로그램을 제공하고 있고, 25%가 자살 예방 프로그램을 실시하고 있다(Wass et al., 1990). 이처럼 대부분의 죽음준비교육은 학교의 수업이나 전문적 훈련 프로그램으로 실시되고 있으나, 병원, 클리닉, 호스피스 조직과 같은 지역사회의 기관도 죽음준비교육 프로그램의 스폰서가 되거나 혹은 직접 교육을 실시하고 있다(Durlak, 1994).

죽음준비교육의 대중화 시기의 주요 관심사는 이제 더 이상 새로운 개념을 탐색하는 것이 아니라 어떻게 하면 질 좋은 서비스를 제공하고, 어떻게 하면 임박한 자신의 죽음에 대처해야 하는 사람들을 효과적으로 도울 수 있는가에 있다.

이러한 관심을 반영하여 죽음교육과 상담을 위한 협회(ADEC)는 1983년부터 죽음준비교육자와 비탄 상담사를 위한 자격증 프로그램들을 운영하고 있고, 1992년에는 죽음, 죽음의 과정, 사별에 대한 국제 전문위원회에서 죽음준비교육에 대한 가정과 원칙들에 대한 성명을 발표하여 효과적이면서 질 높은 죽음준비교육을 제공하기 위한 노력을 계속하고 있다.

3. 죽음준비교육 프로그램 개발

형식적인 죽음준비교육이 제공되면서부터 죽음준비교육 프로그램을 개발하고 개선하고자 하는 노력이 계속되고 있다. 특히 대학생, 일반 대중, 초·중등학생, 건강 관련 전문가, 비탄 상담사 등 죽음준비교육의 대상층이 다양화하고, 대학의 한 학기 강좌, 공립학교 학생을 위한 학습 단원, 전문가를 위한 단기 워크숍 등 프로그램의 범위가 다양해지면서 좀 더 효율적인 죽음준비교육 프로그램을 제공하기 위한 프로그램의 기획, 목표 설정, 실행, 평가 방법을 모색하고자 하는 노력이 계속되고 있다(Wass, 2004).

여기서는 효율적인 죽음준비교육 프로그램을 개발하기 위하여 교육 프로그램으로서의 죽음준비교육을 기획하고 실행하고 평가할 때 고려해야 할 사항들을 살펴본다.

1 죽음준비교육 프로그램의 목적과 진술 방법

죽음준비교육도 다른 모든 교육 활동처럼 목표 지향적인 활동이다. 죽음준비교육이 의도성을 가진 효율적인 교육 프로그램이 되기 위해서는 프로그램 개발의 초점을 명확히 하고 프로그램 운영자, 교육 강사, 학습자에게 죽음준비교육 프로그램의 의도를 명확하게 전달할 수 있는 프로그램 목적을 설정하고 이러한 프로그램의 목적에 부합되는 학습 목표를 설정하는 것이 중요하다.

프로그램의 목적이란 프로그램의 의도에 대한 진술로서 프로그램이 직접적으로 의도하는 것이 무엇인지, 프로그램이 지향하는 것이 무엇인지를 체계적으로 명시하는 것이며, 프로그램을 실시한 결과 예상되는 성과를 기술한 것이다. 이렇게 프로그램이 의도하는 것을 구체적으로 명시해 줌으로써 잠재적 참여자에게 선행적인 기대감을 갖게 할 뿐만 아니라 프로그램 실행 과정에서 운영자에게는 정체성을 갖게 하는 근거를 제공하며 프로그램의 홍보에 기여할 수 있다.

1 죽음준비교육 프로그램의 목적

죽음준비교육 프로그램의 목적은 넓고 추상적으로 기술되기도 하고 프로그램의 내용을 구체적으로 규정하는 등 학자들마다 다양하게 제시되고 있다. 다양하게 제시되고 있는 죽음준비교육의 목적을 범주화해 보면 다음과 같다.

① 죽음 불안 감소를 통한 건전한 발달 도모

레비톤이나 워런은 죽음 불안 감소를 죽음준비교육 프로그램의 목적으로 내세우고 있다(Leviton, 1977; Warren, 1989). 죽음과 죽음의 과정, 사별은 인간이면 살아가면서 언젠가는 겪게 되는 일반적인 경험이지만 대부분의 사람들은 자신의 죽음과 사랑하는 사람의 죽음을 두려워한다. 죽음준비교육 프로그램은 사람들이 가지는 죽음 불안과 공포를 해결하고 자살 성향을 개선하여 건전한 신체적 · 정신적 발달을 도모하고 가장 건강한 죽음, 즉 죽음 수용에 이르도록 하는 것을 목적으로 한다. 다시 말해 극단적인 죽음에 대한 공포를 완화시키고, 무용한 심리적 부담을 제거하는 것이다.

② 자신과 삶에 대한 이해 증진

대부분의 죽음학자들(강선보, 1996; アルフォンス, デーケン, 1986b; Corr et al., 2000; Knott, 1979; Leviton, 1977)은 자신과 삶에 대한 이해 증진을 통한 인간의 행

복 증진을 죽음준비교육의 목적으로 꼽고 있다. 즉, 죽음준비교육은 삶과 죽음, 사후의 생명에 대한 탐색을 통해 자신의 가치관을 반성, 재평가하고, 유한한 존재로서 자신의 장점과 한계를 평가하도록 도울 수 있다. 또한 이제까지의 생사관을 비판적으로 반성하여 개인적 종말론, 죽음관을 개발하는 기회를 제공하고 궁극적으로는 자신의 둘도 없는 삶을 완전히 살 수 있도록 도울 수 있다.

③ 죽음, 임종, 비탄과 관련된 요구에 효율적으로 기능하는 전문성 배양을 통한 돌봄의 질 개선

여러 연구자들(Corr et al., 2000; Durlak, 1994; Knott, 1979; Kübler-Ross, 1969)은 죽음준비교육의 목적을 죽음, 죽음의 과정, 사별 등과 관련 있는 분야에서 일하게 될 전문가들에게 죽음과 관련된 지식을 탐색하고 인간관계와 의사소통, 환자를 다루는 종합적인 기술과 지식, 죽어 가는 환자와 그 가족을 인간적으로 다루는 방법 등을 학습할 기회를 제공하여 죽어 가는 환자의 요구에 민감하게 반응하고, 돌봄의 질을 개선하여 죽어 가는 환자가 자신에게 어울리는 죽음(appropriate death)을 죽을 수 있도록 돕는 것이라고 제시하고 있다.

④ 죽음 금기 타파, 죽음의 공론화를 통한 죽음과 관련된 정서적 문제의 해결

죽음준비교육은 죽음이라고 하는 중요한 문제에 대해 자유롭게 생각하고, 이야기할 수 있는 기회를 제공하는 것을 통하여 죽음에 대한 금기를 제거하고 죽음을 공론화하여 사람으로 하여금 죽음의 현실을 직시하고 이에 대처하도록 하고, 죽음을 맞이할 때까지 가능하면 두려워하지 않고 살 수 있도록 돕는 것을 목적으로 한다(アルフォンス, デーケン, 1986b; Leviton, 1977).

⑤ 죽음, 비탄, 죽음의 과정의 인간화

죽음준비교육은 죽음과 죽음의 과정을 둘러싼 윤리적 문제(무의미한 생명 연장 조치, 안락사 등)나 의학, 법률과 관련된 문제(뇌사, 장기 이식, 시신 기증, 유언과 상속 등) 등을 이해할 수 있는 기회를 제공하여 말기 환자가 살아 있는 인간으로서 다

른 사람과 편안하게 소통하고 상호작용할 수 있도록 돕는다. 또한 남아 있는 사람들이 상실과 사별에 대한 대처 방식을 학습하도록 하여 죽음을 둘러싼 환경을 인간화하는 것을 목적으로 한다(アルフォンス, デーケン, 1986b; Kübler-Ross, 1969).

⑥ 인간이 만들어 낸 죽음의 가능성 방지 및 축소

레비톤(Leviton, 1977)은 불필요한 대규모 죽음의 원인이 되고 있는 핵참사, 전쟁, 기아나 환경 파괴 등으로 우리 자신이나 후손이 제 수명을 다하지 못하고 일찍 죽게 될 가능성을 방지, 축소하는 것을 죽음준비교육의 목적으로 제시하고 있다.

⑦ 상업적인 죽음 관련 시장에 대한 소비자교육

죽음준비교육은 죽음의 순간에 반드시 직면하게 되는 실제적인 문제를 우리가 현명하게 다룰 수 있도록 도와주고, 불필요한 겉치레나 비용의 낭비를 피할 수 있도록 도와준다(Leviton, 1977; Morgan, 2001).

죽음준비교육은 이처럼 다양한 목적을 가지고 있고, 죽음준비교육에 대한 학문적 추구는 개인과 사회가 죽음, 죽음의 과정, 사별의 현실을 이해하고 평가하는 것을 통해 삶에 충실을 기할 수 있다는 믿음에 기초하고 있다. 죽음, 죽음의 과정, 사별에 대한 국제 전문위원회가 주장하는 것처럼, 죽음, 죽음의 과정, 사별에 대한 이해의 부족은 인간에게 불필요한 고통, 존엄성의 상실, 삶의 질 저하를 초래할 수 있으므로 이에 대한 교육적 대처로서 죽음준비교육의 필요성이 대두되고 있다. 또 죽음준비교육은 교육 참가자로 하여금 죽음을 개인적으로 혹은 직업적 수준에서 좀 더 효율적으로 다룰 수 있도록 원조하는 역할을 할 수 있다.

2 프로그램 목적의 진술 방법

프로그램을 소개하는 팸플릿을 만들거나 프로그램을 간략히 소개하고자 할 때 프로그램 목적을 설정하여 진술하게 된다.

프로그램 목적은 프로그램의 지향점이나 의도를 광범위하게 지칭하는 것으로, 진술 방식은 상황, 대상, 내용, 의도 등 4개의 구성 요소를 사용하여 기술할 수 있다(김진화, 2001). 여기서 '상황'은 학습자가 처해 있는 상황이나 학습자의 현재의 상태를 명시하며, '대상'은 프로그램의 참여자를 제시하고, '내용'은 참여자가 경험하게 될 프로그램의 포괄적인 내용을 명시하며, '의도'는 프로그램에 참여한 학습자가 프로그램 종료 후 변화될 궁극적인 기대효과를 명시하는 것이다.

죽음 관련 일에 종사하는 사람들의 전문성 배양을 위한 프로그램의 목적을 위의 진술 방식에 의거해 진술하면 다음과 같을 수 있다.

프로그램 목적 진술의 예

이 프로그램은 말기 환자의 돌봄에 어려움을 느끼는(① 상황) 의사나 간호사 등 건강 관련 전문가(② 대상)에게 말기 환자의 신체적·심리적·영적 요구를 충족시키는 데 필요한 지식과 기술을 향상시키는 프로그램을 제공하여(③ 내용) 필요한 전문성을 배양하도록 하는 데(④ 의도, 기대효과) 목적이 있다.

2 죽음준비교육 프로그램의 학습 목표

학습 목표는 프로그램에 참여한 학습자가 구체적으로 어떠한 행동 변화를 가시적으로 일으켰는가에 초점이 맞추어진다. 프로그램 속에서 학습자가 알아야 할 것이 구체적으로 무엇인가, 프로그램 속에서 학습자가 느끼고 체험한 내용이 무엇인가, 학습자가 의도된 학습 결과에 도달하기 위해서는 프로그램에 참여하는 동안 마땅히 수행해야 할 과제가 무엇인가를 구체적으로 명시하는 것이 바로 학습 목표다. 이는 프로그램에 참여한 결과로서 학습자들이 얻게 되는 변화된 지식,

흥미, 태도 등의 학습자 특성과 학습자가 도달해야 할 최종적인 교육 성과를 표현한 것이다.

1 학습 목표 설정과 진술 방법

학습 목표를 설정하는 방법은 다양하지만 학습 결과에 기초한 방법이 가장 전통적이고 전형적인 방법이다(김진화, 2001).

학습 목표는 학습자의 행동 변화, 학습의 변화를 나타내는 것이기 때문에 우선 학습 대상자가 어떤 사람인지를 분석할 필요가 있다. 성인교육의 일환으로 일반인을 대상으로 하는지, 경찰이나 의사, 간호사, 소방관 등 죽음을 다루는 직종에 있는 사람을 대상으로 하는지, 아니면 사별한 사람이나 호스피스를 대상으로 하는지를 조사하고, 이들의 요구를 수렴할 수 있는 학습 목표를 설정한다.

또 학습 목표는 학습자가 가야 하는 방향을 말해 주는 진술이기 때문에 학습자의 출발점을 아는 것도 중요하다. 학습자의 죽음에 대한 이전의 경험, 죽음 불안의 정도, 종교적 신념, 죽음과 죽음의 과정을 해석하는 방식, 강좌에 대한 기대 등을 고려할 필요가 있다. 그러나 학습 목표를 설정할 때 반드시 학습자만 고려하는 것은 아니다. 내용 전문가나 교수자가 현재의 학습자를 고려하지 않고 내용 분석(content analysis)을 통해 학습자들이 미래에 필요로 하리라고 예상되는 특성 지식, 태도, 기능을 결정하는 경우도 있다.

그러면 학습 목표는 어떻게 진술하면 좋은가? 학습 목표는 학습자의 입장에서 학습이 끝났을 때 기대되는 행동이 무엇인지, 학습 결과로서 학습자가 보여 줄 수 있는 실제 행동이 무엇인지를 나타내는 것으로, 추상적으로 진술하기보다는 관찰 가능한 행동동사를 사용해서 진술한다(Bloom, 1956).

불룸(Bloom, 1956)은 학습 목표를 인간의 앎에 관한 인지적 영역, 느낌이나 감정에 관한 정의적 영역, 동작이나 육체적 움직임을 나타내는 심체적 영역(psychomotor domain)으로 분류하였다.

죽음준비교육 프로그램에서는 주로 죽음과 관련된 지식, 정보의 제공이나 죽음과 관련된 가치, 태도의 변화를 의도하는 경우가 많기 때문에 인지적 영역과 정의적 영역의 학습 목표에 대해 알아 두는 것이 도움이 될 수 있다.

① 인지적 영역의 학습 목표와 진술 방법

인간 행동의 인지적 영역은 지식, 이해력, 적용력, 분석력, 종합력, 평가력이라는 위계적인 행동들로 구성된다. 모든 위계구조가 그런 것처럼 연속되는 각 단계는 그 하위 단계들을 통합하고 있고, 인지 단계가 높아질수록 더 복잡한 인지 기술을 필요로 한다.

- 지식: 이미 학습한 내용을 인지하거나 기억에 의하여 재생하는 능력을 말한다. 알다, 정의하다, 기술하다, 말하다, 찾아내다, 진술하다, 구별하다, 확인하다, 기억하다, 인지하다 등과 같은 행동동사로 진술할 수 있다.
- 이해력: 이미 배운 내용의 의미를 파악, 추론, 해석하는 능력을 의미한다. 전환하다, 구별하다, 추정하다, 설명하다, 해석하다, 추론하다, 예측하다, 자기말로 나타내다, 재진술하다, 예시하다 등과 같은 행동동사로 진술할 수 있다.
- 적용력: 이미 배운 학습 내용을 새롭고 구체적인 장면에 활용하는 능력을 의미한다. 적용하다, 응용하다, 일반화하다, 예증하다, 관계 짓다, 나타내다, 사용하다, 선택하다, 조직하다, 분류하다, 재구조화하다 등과 같은 행동동사로 진술할 수 있다.
- 분석력: 조직, 구조 및 구성 요소의 상호관계를 이해하기 위하여 주어진 자료의 내용을 세분하여 구성 및 내용을 분석하는 능력을 말한다. 세분하다, 변별하다, 구분하다, 식별하다, 찾아내다, 탐색하다, 환원하다, 분석하다, 대비하다, 비교하다 등과 같은 동사로 진술할 수 있다.
- 종합력: 새로운 형태나 원리, 관계, 구조 등을 만들어 내기 위하여 주어진 자료의 내용 및 요소를 정리하고 조직하는 능력을 말한다. 종합하다, 요약하다, 말하다, 계획하다, 설명하다, 구성하다, 제안하다, 구체화하다, 도출하다, 개발하다, 형성하다 등의 동사로 진술할 수 있다.
- 평가력: 어떤 특정한 목적과 의도에 근거하여 주어진 자료 또는 방법이 가지

인지적 영역의 학습 목표의 예

- 지식: 우리나라의 사망률과 사망 원인을 안다.
- 이해: 스트레스와 쇠약 간의 관계를 설명한다.
- 적용: 경청, 공감, 지지, 돌봄의 기술을 새로운 상황에 적용한다.
- 분석: 우리나라 노인 자살률 증가의 원인을 분석한다.
- 종합: 사별한 사람을 다루는 방법을 개발한다.
- 평가: 다른 사회의 장례식들을 비교 대조하여 가장 건전한 비탄 해결에 이를 수 있는 있는 장례식이 무엇인지 판단한다.

고 있는 가치를 판단하는 능력을 말한다. 비판하다, 평가하다, 결론짓다, 주장하다, 해석하다, 입증하다, 판단하다, 결정하다, 고려하다, 대비하다 등의 동사로 진술할 수 있다.

② 정의적 영역의 학습 목표와 진술 방법

인간 행동의 정의적 영역은 수용, 반응, 가치화, 조직화, 인격화라는 위계적인 행동들로 구성된다.

- 수용: 특별한 자극이나 현상에 대해서 민감성을 가지거나 즐겁게 주의를 기울이는 경향성(주의집중, 관심)을 의미한다. 묻다, 관심 갖다, 주의하다, 주다, 선택하다, 대답하다, 경청하다, 받아들이다, 주목하다 등과 같은 동사를 사용하여 진술할 수 있다.
- 반응: 어떤 자극 또는 활동에 능동적으로 참여하고 자발적으로 반응하며 그러한 참여와 반응에서 만족감을 얻게 되는 행동을 의미한다. 대답하다, 조력

하다, 돕다, 실행하다, 공유하다, 읽다, 말하다, 쓰다, 수락하다 등의 동사를 사용하여 진술할 수 있다.

- 가치화: 특정 대상, 활동 또는 행동에 대해서 부여하는 주관적인 가치 매김을 의미한다. 완성하다, 기술하다, 형성하다, 참가하다, 제안하다, 거부하다, 구체화하다, 돕다 등의 동사를 사용하여 진술할 수 있다.
- 조직화: 서로 다른 가치를 비교하고 연관시켜 통합하는 능력을 의미한다. 주장하다, 결합하다, 정리하다, 비교하다, 찾아내다, 조직하다, 관련짓다, 비교하다, 논의하다, 구성하다, 조화시키다 등의 동사를 사용하여 진술할 수 있다.
- 인격화: 가치관이 한 개인의 행동 및 생활의 기준이 되며 지속성과 일관성이 있을 정도로 확고하게 그의 성격의 일부로 내면화되는 것을 말한다. 활동하다, 영향을 주다, 나타내다, 실천하다, 실행하다, 해결하다, 개선하다, 변화시키다, 봉사하다 등의 동사로 진술할 수 있다.

죽음준비교육의 정의적 영역의 학습 목표 진술의 예를 단계별로 살펴보면 다음과 같을 수 있다.

정의적 영역의 학습 목표 진술의 예

- 수용: 학습자는 적어도 죽음의 최종성을 받아들인다.
- 반응: 학습자는 소집단 활동에서 다른 사람과 개인적으로 의미 있는 반응을 기꺼이 공유한다.
- 가치화: 학습자는 죽음에 직면한 결과로 삶에 더 감사하는 마음을 갖게 된다.
- 조직화: 학습자는 인생의 덧없음을 깨닫게 된 결과, 진정한 자신의 삶의 목적들을 찾아낸다.
- 인격화: 학습자는 자신의 죽음에 직면한 결과로 삶의 철학을 변화시킨다.

정의적 영역의 첫 번째 단계인 '수용'은 자극이나 상황을 깨닫고 그것을 기꺼이 받아들이는 것이다. 이는 학습자가 프로그램에 등록하고 매번 학습 활동에 참여하며 소집단 활동에서 기꺼이 자신의 느낌과 감정을 나누는 것으로, '수용'과 '반응'이 이루어지고 있는지 판단할 수 있다. 정의적 영역의 가치화, 조직화, 인격화 단계는 감정, 가치, 태도를 분명히 하는 것으로, 경험적인 소집단 활동을 통해 가장 잘 달성될 수 있다. '가치화' 단계의 목표는, 예를 들어 자신이 6개월밖에 살 수 없다는 말을 들었을 때 바꾸고 싶은 생활방식이나 꼭 달성하고 싶은 일들을 적어 보는 소집단 활동을 통해서 접근될 수 있다. '조직화' 단계의 목표는 자신의 장례식을 계획하거나 자신의 지나온 삶과 이룬 성취를 요약하는 사망기사나 비문 등을 쓰도록 하는 활동을 통해 추구될 수 있다. 마지막으로 '인격화' 단계의 목표는 프로그램 전체가 추구하고자 하는 것으로 프로그램이 실시된 맨 마지막에 하는 평가나 몇 주가 지나서 실시되는 사후 재평가에서 '삶을 인식하고 감사하는 마음이 커졌다' '죽음 문제를 좀 더 편안하게 다룰 수 있게 되었다' 등등의 표현을 통해서 그 달성 여부를 판단할 수 있다.

그러면 프로그램 개발자나 교수자가 학습 목표를 정확히 설정하고 제대로 진술하는 것이 왜 중요한 것일까? 그 이유로는 다음과 같은 것을 생각해 볼 수 있다(유영만, 1996).

- 학습 목표는 교수-학습의 전체 방향을 일관되게 유지하게 함으로써 학습의 효율성과 효과성을 향상시킬 수 있다.
- 학습 목표는 학습 내용, 교수 전략 및 교수 매체 등과의 유기적 관계를 유지하게 하여 전체적인 학습 활동을 촉진시킬 수 있다.
- 학습 목표는 학습의 결과를 평가하는 근거를 제공한다.
- 학습 목표는 학습 활동 및 학습 결과에 대한 의사소통을 촉진시킨다.
- 학습 목표는 강좌 조직의 매개변수를 제시한다. 예를 들어, 고차원적인 인지적 목표나 정의적 목표를 추구할수록 학급의 인원은 적어진다.

3 학습 내용 선정과 계열화

학습 목표가 설정되었으면 프로그램에 들어갈 내용을 어떻게 선정하고, 선정된 내용을 어떻게 조직 또는 편성하느냐 하는 것이 중요하다. 이러한 프로그램의 선정과 조직에는 몇 가지 따라야 할 원리가 있다(김진화, 2001; 이이정, 2003; 정지웅, 김지자, 1995).

1 학습 내용 선정의 원리

① 합목적성, 목표와의 일관성

프로그램 내용에는 학습 목표에 반영된 개인적 요구나 사회적 요구, 철학적 이념이 구현될 수 있는 것을 선정하여야 한다. 즉, 프로그램의 내용은 프로그램 목적 달성에 필요한 내용, 학습 목표가 달성될 수 있는 내용, 학습자가 반드시 알아야 할 내용을 중심으로 선정한다. 죽음준비교육 프로그램의 예를 들면, 노인을 대상으로 죽음과 관련된 문제에 대한 실제적인 정보 제공, 즉 죽음준비를 돕는 것을 목적으로 한 프로그램(Wass, 1980)에서는 환자의 권리, 죽을 권리, 정서적 지지 집단, 법적 문제(유언), 장례식 등을 학습 내용으로 선정하였다. 캐나다와 영국의 간호사와 의사를 양성하는 기관이 실시하고 있는 죽음준비교육의 동향을 조사한 연구(Downe-Wamboldt & Tamlyn, 1997)에 따르면, 죽음 관련 전문가를 양성하는 기관에서 주로 다루어지는 학습 내용은 가족의 요구, 사별, 상실과 비탄, 의사소통, 통증과 증상 조절, 건강 전문가의 역할, 영적 문제, 암 환자의 죽음의 과정, 윤리적 문제, 호스피스 운동, 문화적 다양성, 죽음 불안, AIDS 환자의 죽음의 과정, 법적 문제, 신체 이미지, 성차 등의 주제다. 또 죽음준비교육 강좌에서 필수적으로 다루어야 할 주제가 무엇인지를 조사한 연구(Tandy & Sexton, 1985)에서는 12개의 주제, 즉 죽음의 문화적 측면, 죽음의 과정, 안락사, 장례식, 비탄 과정, 호스피스, 법적 문제, 성차, 죽음준비, 자살, 말기 질병 그리고 유언을 죽음준비교육에서 다루어야 할 가장 중요한 주제로 꼽았다.

② 학습자의 요구, 능력 수준과 흥미에의 적합성

학습 내용을 편성할 경우 우선 학습자의 요구가 무엇인지를 확인할 필요가 있다. 수업 첫날에 수업에 대한 기대와 요구를 들어 보는 시간을 갖거나 질문지를 이용하여 학습자가 희망하는 학습 내용을 질문하여 학습 요구를 파악하고 학습 내용 선정에 반영하도록 한다. 학습 내용은 학습자의 현재 요구뿐만 아니라 시대 변화에 따른 사회적 요구와 학습자의 발달 단계에 따른 요구를 융합하여 편성한다. 특히 죽음 개념의 이해는 학습자의 인지 발달과 관련이 있으므로 아동을 위한 죽음준비교육 프로그램을 구성할 경우에는 학습자의 인지 발달 단계를 고려하여 내용을 선정하여야 한다. 이렇게 학습자의 요구와 흥미를 고려한 내용을 선정할 때 자발적인 학습 참여가 용이해진다. 또 죽음과 관련된 개인적이고 정서적인 부정적 감정을 노출하게 되는 소집단 활동을 구성할 경우에는 학습자의 특성을 미리 파악해 두어야 한다. 학습자의 연령, 건강 상태, 선수학습 경험, 성격 및 정서적 특성, 죽음 불안 정도, 죽음준비 정도 등을 조사하여 학습 내용을 구성하는 데 참고하도록 한다. 죽음준비교육에서 이러한 학습자 특성을 고려하지 않고 내용 분석을 통해 바람직하다고 선정된 학습 내용을 갑자기 제시할 경우 소집단 활동의 참여가 부진하고 노약자의 경우에는 죽음 불안이 급증하여 신체적으로 부정적인 영향을 미칠 수 있어서 신중을 기해야 한다.

③ 실용성과 다양성

프로그램의 내용은 한 영역에만 치우지지 않고 다양한 내용을 다루도록 하고 시대나 실생활과 동떨어진 내용보다는 학습자의 생활과제를 해결하는 데 실제적으로 도움을 주는 내용을 선정하도록 한다.

④ 학습지도 가능성

선정된 내용이 아무리 좋고 필요한 것이라 하더라도 그것을 실행하는 입장에서 인력이나 시설 및 재정 자원, 학습자의 능력 수준과 교수자의 능력 등을 고려하여 실행 가능한 내용을 선택한다.

⑤ 유희 · 오락성

프로그램에 유희 · 오락성을 포함시켜서 즐겁게 배우는 계기를 삼도록 한다. 특히 죽음준비교육 프로그램은 죽음이라는 무거운 주제를 다루기 때문에 강좌가 시종일관 심각하게 흐를 가능성이 있으므로 분위기를 환기시키거나, 소집단 활동을 위한 집단의 응집력과 구성원 간의 신뢰를 형성하기 위해서 합창이나 함께 할 수 있는 활동, 게임 등 오락적 요소를 가미하는 것이 도움이 될 수 있다.

2 학습 내용의 계열화

학습 목표가 설정되고 학습 목표를 달성하기 위한 학습 내용이 선정되면 학습 내용과 이를 달성하기 위한 활동이 어떤 관계를 바탕으로 어떻게 제시해야 되는지가 중요한 문제로 부각된다. 학습자가 학습 목표를 가장 효과적으로 달성할 수 있도록 학습 내용을 일정한 논리적 관계나 실질적 필요에 따라서 배열하는 것을 계열화라고 한다. 학습 내용을 계열화할 때는 학습자의 지식과 경험, 내용 자체의 성질, 요구되는 성취 수준, 교수-학습의 방식을 고려하여야 한다(Houle, 1996). 죽음준비교육 프로그램 전체의 계열화나 각 강좌 내에서의 학습 내용의 계열화는 다음과 같은 방식으로 이루어질 수 있다(김진화, 2001; 유영만, 1996; 이이정, 2003).

① 단계적 계열화

실제로 일을 수행하는 순서대로 학습 내용을 제시하는 방법이다. 또한 본문에 제시되는 학습 내용을 이해하기 위해 학습자가 사전에 반드시 알아야 하는 내용을 먼저 제시하고 학습할 내용을 나중에 제시하는 전략도 여기에 포함된다.

② 시간적 계열화

특정한 시간적 순서로 개념이나 역사적 사실을 제시할 때 활용하는 방법이다. 과거-현재-미래라는 통시적 접근 방법을 통해 학습 내용을 제시한다.

③ 주제 영역별 계열화

주제별로 학습 내용을 제시하는 방법이다. 주제 간에 중복이 없고 각 주제가 연관성 없이 개별적으로 제시됨으로써 선행 주제와 분리되는 특징이 있다. 죽음준비교육의 경우는 각 강좌가 주제 영역별로 계열화되는 경우가 많다.

④ 나선형 계열화

한 과제를 몇 번에 걸쳐 중복적으로 제시함과 동시에 내용을 점차 심화, 확대시켜 나가는 방법이다. 먼저 몇 개의 주제를 간략하게 소개하고 다시 각각의 주제로 되돌아가서 세부적으로 다루면서 내용을 심화시켜 나가는 방식이다.

⑤ 전체-부분 계열화/부분-전체 계열화

전체-부분 계열화는 학습 내용의 전체적인 개요를 먼저 제시하고 그와 관련된 각론을 순차적으로 설명하는 전략이다. 즉, 현상이나 사태에 대한 전체적인 그림을 먼저 제시하고 각각의 부분이나 구성 요소들이 전체와 어떻게 관련되는지를 설명한다. 부분-전체 계열화는 개별적 부분이나 사실을 먼저 제시하고 최종적으로 전체에 대한 종합적인 이해를 도모하는 전략이다.

⑥ 친숙한 내용에서 생소한 내용으로의 계열화

잘 알려진 사실이나 정보를 먼저 제시하고 잘 알려지지 않은 사실이나 정보를 나중에 제시하는 전략이다.

⑦ 일반적 내용에서 특수한 내용으로의 계열화

학습자가 보편적으로 알아야 하는 기초적인 내용을 먼저 제시하고 각각의 학습 내용에서 분화된 구체적인 내용을 나중에 제시하는 계열화 전략이다.

⑧ 단순한 내용에서 복잡한 내용으로의 계열화

단순하거나 이해하기 쉬운 내용을 먼저 제시하고 복잡하거나 이해하기 어려운 내용을 나중에 제시하는 계열화 전략이다.

⑨ 집단 발달 수준을 고려한 계열화

죽음준비교육 프로그램에서 죽음에 대한 부정적인 태도를 변화시키기 위하여 소집단 활동을 계획할 경우에 집단 활동을 원활히 진행하고 학습자의 자기 노출이 가능하기 위해서는 집단 발달의 수준을 고려해야 한다. 집단 형성의 초기에는 학습자-학습자, 교수자-학습자 간의 신뢰가 충분히 형성되어 있지 않기 때문에 학습자들이 깊은 수준의 감정이나 개인적인 경험을 탐색하고 표현하는 데 안전하지 않다고 느끼기 쉽다. 따라서 개인적 감정을 다루고 개인적인 노출이 필요한 활동은 집단의 응집력과 신뢰가 형성되어 친숙하고 지지적인 집단 분위기가 형성된 이후로 배열하는 것이 적합하다(Corr, 1978).

⑩ 죽음 불안의 정도를 고려한 계열화

죽음준비교육은 학습자의 죽음에 대한 거부나 회피의 정도가 심할 경우에 학습에 대한 저항 또한 심하다. 따라서 아직 죽음에 직면할 준비가 되어 있지 않은 학습자에게는 죽음과 관련된 주제 중에서 객관적이고 감정을 불러일으키지 않는 주제로부터 시작하여 점진적으로 개인적이고 감정적인 주제를 다룰 수 있도록 배열하는 것이 적절하다(Leviton, 1977).

4 학습 방법 및 교수 전략

죽음준비교육 프로그램은 모델링, 지지, 정보 제공, 학습자를 참여하게 하고 그들의 욕구와 동기에 효율적으로 반응하게 하는 설득 기술 등 태도 변화 이론의 여러 원칙을 통합한 복잡한 개입이다(Durlak, 1994). 따라서 교수자는 학습자의 특성을 제대로 파악하여야 하고, 학습 목표를 달성하기에 적합한 교수-학습 방법을 사용할 수 있어야 효율적인 학습이 이루어질 수 있다.

1 학습자의 특성을 고려한 교수 전략

죽음과 같은 민감한 주제를 다루는 죽음준비교육 강좌에서 학습을 촉진하기 위해서는 학습자의 학습 특성을 고려한 교수 전략을 사용할 필요가 있다(김진화, 2001; 이이정, 2003).

① 생리적 특성

죽음준비교육은 아동부터 노인에 이르기까지 모든 사람을 대상으로 하지만, 우리나라에서는 아직까지는 성인이나 노인을 주 대상층으로 강좌가 이루어지고 있다.

성인이나 노인의 경우에는 청소년에 비해 감각 수용 능력이 감소되고 중추신경계통의 반응 속도가 점차 쇠퇴한다. 이들은 중추신경계통의 기능이 감소하고 신경전달 속도가 저하되어 자극에 대한 주의집중 능력과 정보를 장기기억으로 처리하고 정보를 검색하는 능력이 저하되어 과제를 수행하기 위해 더 많은 시간을 요구한다. 특히 노년층은 시각과 청각 등의 감각기관이 쇠퇴하여 정보를 받아들이는 데 어려움이 있고, 학력 수준이 낮거나 질병에 의해 글을 쓰는 데 어려움을 느끼는 사람들이 있을 수 있다. 이들에게 학습 활동을 불안감 없이 수행할 수 있도록 충분한 시간을 부여하고, 교수자는 학습 상황을 주의 깊게 관찰하여 학습자에게 학습의 속도가 빠르지 않은지, 시간이 부족하지 않은지 질문하면서 수업을 융통성 있게 진행하도록 한다. 또 학습 보조자를 활용하여 어려움이 있는 학습자에게 개인적인 도움을 줄 수 있도록 한다.

② 자아개념 및 자아존중감

긍정적인 자아개념과 높은 수준의 자아존중감을 가지고 있는 사람은 학습에 더 민감하며, 학습 환경에 의해 영향을 덜 받는다. 이에 비해 부정적인 자아개념과 낮은 수준의 자아존중감을 가진 사람은 자발적으로 쉽게 학습 활동에 참여하지 않으며 학습 환경에 의해 쉽게 영향을 받는다(김진화, 2001). 성인은 자아개념이 이미 구조화되었기 때문에 실패를 계속한다면 자아존중감이 낮아지게 되고 학습

자체를 하려 하지 않는다. 특히 노인은 실패에 대한 두려움이 강하기 때문에 위험을 회피하고 대답이 맞는지 불확실한 답은 하지 않으려는 경향이 있다(Botwinick, 1978).

죽음준비교육은 학습자 개개인의 감정과 느낌을 탐색하는 활동이 많기 때문에 모든 학습자가 참여하는 학습이 되기 위해서는 학습자 개개인을 존중해 주는 수용적인 학습 분위기를 만드는 노력이 필요하다. 교수자가 학습자 한 사람 한 사람을 따뜻하게 인정해 주며, 그들의 이야기에 공감해 주고, 장점은 칭찬하고 약점은 비난하지 않고 수용해 주는 지지적인 분위기를 만들어 학습자가 편안하게 자기의 생각과 느낌을 표현하도록 조장하는 노력이 필요하다.

③ 과거의 경험

학습자의 과거의 경험은 학습을 하는 데에서 아주 중요한 요소로, 새로운 학습을 촉진시키는 요인으로 기능하기도 하고 반대로 오히려 학습을 방해하는 요인이 되기도 한다. 성인과 노인의 학습과정은 새로운 정보가 이전의 지식에 연결되고 실생활 경험에 바탕을 둘 때 가장 효율적이다(Spigner-Littles & Anderson, 1999). 그러므로 학습자의 이전 생활 경험이 학습 활동의 자원으로 활용될 수 있도록 수업 시간에 개방형 질문을 이용하여 각자의 생각과 경험을 자유롭게 이야기할 수 있도록 유도한다.

④ 동기

노인학습자는 오랫동안 지녀 온 신념, 지식, 가치, 세계관에 정서적으로 얽매여 있으므로 학습을 동기화하기 위해서는 지식을 전달하기보다는 지식이 구성되도록 유도하여야 하며, 또한 학습과제 및 기대되는 학습 결과에 적합한 전략을 스스로 세우도록 유도하여야 한다(Spigner-Littles & Anderson, 1999). 강의뿐만 아니라 다양한 소집단 활동을 활용하는 죽음준비교육의 경우에는 특히 학습자가 이 정보를 왜 학습하고 무슨 의도로 이러한 활동을 하는지를 이해할 수 있도록 오리엔테이션 시간과 각 수업의 초반부에 프로그램에서 의도하고 있는 것이 무엇인지,

프로그램과 수업의 목표가 무엇인지, 왜 이러한 학습 내용과 활동을 하고자 하는지를 충분히 설명하여 이해시켜야 한다.

⑤ 감정, 긴장, 염려

성인은 너무 많은 자극이 주어졌을 때 혹은 스트레스나 불안의 경험이 있을 때는 잘 학습하지 않는다(김진화, 2001). 특히 노인의 경우 기억으로부터 자료를 검색하는 데 어려움이 있고, 축적된 경험의 양이 많아서 이것을 적절히 인출하여 표현하는 데 어려움이 있다. 따라서 노인을 대상으로 한 죽음준비교육 프로그램에서는 나이가 들면서 갖게 되는 실패에 대한 공포와 정보 검색과 인출의 어려움을 검색의 단서를 제공하거나 과제의 복잡성을 감소시켜서 극복할 수 있도록 노력해야 한다. 학습자에게 친숙한 예나 참고로 할 수 있는 모델, 체크리스트, 진단표 등을 제공하고, 장례식 계획이나 유언장 쓰기, 작별 편지 쓰기 등의 활동에는 동년배의 일반 노인이 쓴 것을 모델로 제시하는 등 쉽고 편안하게 학습할 수 있도록 유도하려는 노력이 필요하다 .

2 학습 목표 달성에 적합한 교수-학습 방법

효율적인 학습이 이루어지기 위해서는 날성하고자 하는 목표가 어떤 것인지에 따라 적절한 교수-학습의 방법을 선택할 필요가 있다. 카파렐라(Caffarella, 2002)는 학습 목표의 각 범주에 알맞는 교수-학습 방법을 다음과 같이 제시하고 있다.

① 지식 습득에 적합한 교수-학습 방법: 강의, 패널, 대집단 토론, 심포지엄
② 인지 기술 강화에 적합한 교수-학습 방법: 사례연구, 게임, 관찰, 토론, 반성적 실천, 컴퓨터 활용 시뮬레이션
③ 문제 해결과 발견 능력 강화에 적합한 교수-학습 방법: 문제기반 학습, 소크라테스식 대화법, 시뮬레이션
④ 태도, 신념, 가치 혹은 느낌을 변화시키기에 적합한 교수-학습 방법: 역할놀이, 시뮬레이션, 소집단 토론, 이야기 구술하기, 은유분석, 연습, 청취 집단

⑤ 심체적 기술 개발에 적합한 교수-학습 방법: 공개 수업, 시뮬레이션, 기술 훈련 연습, 행동 모델화, 게임

그러면 죽음준비교육 프로그램을 효과적으로 실행하기 위해서는 어떠한 교수-학습 방법을 사용하면 좋은가? 죽음준비교육 프로그램은 기본적으로 교훈적(didactic) 프로그램과 경험적(experiential) 프로그램으로 구분된다(Durlak & Reisenberg, 1991). 교훈적 프로그램은 죽음학에 관련된 지식과 정보를 강조하며 참가자의 인지적 인식과 죽음에 관련된 문제의 이해를 향상시키는 것에 초점을 둔다. 독회, 강의, 대집단 토론, 미디어를 이용한 발표 등의 방법이 이러한 목적을 달성하기 위해 사용된다. 이에 비해 경험적 프로그램은 교훈적 프로그램과 비슷한 교수 기술을 사용하지만 학습자가 죽음에 관한 개인적 감정과 관심을 탐색하고 토론하도록 하는 데 많은 시간을 할애한다.

결국 경험적 프로그램의 궁극적 목적은 학습자가 죽음이라는 주제에 의해 발생된 부정적 감정을 받아들이고 이러한 감정에 편안해지도록 돕는 것이다(Durlak, 1994). 경험적 프로그램에서는 납골당이나 묘지 견학, 죽음에 대한 환타지를 이야기하는 개인적 연습(personal exercise), 역할극, 미디어를 활용한 발표, 시뮬레이션, 말기 환자의 인터뷰, 감정적인 색채를 띤 영화 또는 비디오 관람, 죽음에 대한 경험이나 감정을 다루는 소집단 토론 등의 다양한 활동을 이용하여 학습자의 개인적 감정과 경험이 탐색되고 공유되도록 한다. 또 이와 같은 경험적 활동은 수업 시간에 독립적으로 사용되기보다는 특정 주제에 대한 강의나 관련 도서 읽기 등 교훈적 교수-학습 방법과 함께 사용되는 경우가 많고, 이러한 경험적 활동에 의해 유발된 죽음 관련 감정을 함께 이야기하는 시간이 할당된다. 결국 교훈적 프로그램과 경험적 프로그램의 구분은 연습이나 소집단 토론 등 개인적 감정과 관심을 탐색하는 경험적 요소를 포함하고 있느냐 그렇지 않느냐에서 찾을 수 있다(Durlak, 1994; Durlak & Reisenberg, 1991). 죽음준비교육 프로그램을 통해 죽음 불안 등 부정적 정서 문제를 해결하기 위해서는 강의나 심포지엄보다는 개인적 연습이나 역할극과 같은 경험적 요소를 포함한 교수-학습 방법을 사용하는 것이

더욱 효과적이다.

3 효율적인 죽음준비교육 프로그램 진행을 위한 교수자의 자질

교수-학습은 심리적 · 사회적 · 상황적 변인들이 역동적으로 상호작용하는 복잡한 과정이다. 특히 죽음준비교육에서는 교수자의 인격적 특성, 교수 경험, 학습자에 대한 기대, 집단 역동성, 교수-학습이 이루어지는 물리적 환경 등이 이러한 과정에 영향을 미치는 주요한 요인이라고 할 수 있다(Wass, 2004).

그러면 효율적인 프로그램 진행을 위해 죽음준비교육을 실시하는 교수자는 어떠한 자질이 필요한가? 많은 학자들은 효율적인 죽음준비교육자가 되기 위해 필요한 경험과 자질을 다음과 같이 제시하고 있다(Corr, 1978; Durlak, 1994; International Work Group on Death, Dying and Bereavement, 1992; Leviton, 1977).

- 죽음준비교육자는 죽음에 대한 자신의 감정과 타협해야 하고, 죽음에 대한 감정이 자신의 전체 성격에 어떤 영향을 미치는지를 알고 있어야 한다.
- 죽음준비교육자는 자신이 가르칠 교육 내용을 잘 알고 있어야 한다.
- 죽음준비교육자는 죽음과 관련된 용어를 편안하고 자연스럽게 사용할 수 있이야 한다.
- 죽음준비교육자는 죽음과 관련된 태도, 관습, 법, 제도에 영향을 미치는 사회적 변화를 잘 알고 있어야 한다.
- 죽음준비교육자는 집단 토론과 집단 역동성의 기본적인 특징에 숙달되어 있어야 한다. 즉, 죽음준비교육자는 주의 깊은 경청자여야 하고, 적절한 질문을 하는 데 숙달되어 있어야 하며, 학습자의 감정이 표출될 때 지지적이고 공감적이어야 하고, 감정 표현의 모델을 보여 줄 수 있어야 하며, 비참여적이고 조용한 학습자를 수업에 참여시켜 더 적극적으로 집단에 공헌하도록 하여야 하고, 집단 구성원들 간에 애착과 유대감이 형성되도록 하는 방법을 알고 있어야 하며, 집단에서 일어나는 의견 차이나 갈등을 다룰 수 있어야 한다.

- 죽음준비교육자는 상담 기술과 위기 개입 기술에 숙달되어 있어야 한다.
- 죽음준비교육자는 문헌, 시청각 교재, 전문가 집단 등 관련 자원을 이용할 수 있어야 한다.
- 죽음준비교육자는 미리 정한 학습 목표에 비추어 학습자의 진보를 평가할 수 있어야 한다.

죽음 관련 분야에서 활동하는 죽음교육자와 비탄 상담사의 전문적 자질을 확보하고 이 분야에서 제공되는 서비스의 질을 향상시키기 위하여 미국의 죽음교육과 상담을 위한 협회(ADEC)에서는 1983년부터 죽음교육자나 비탄 상담사, 사별한 사람을 돕는 자원봉사자들을 위한 자격증 발급 프로그램을 운영하고 있다(Zinner, 1992). 전문적 죽음교육자(CDE)와 전문적 비탄 상담사(CGC)를 위한 자격으로는 죽음과 상실 분야의 교육훈련뿐만 아니라 교육학이나 임상적 실습에 대한 대학의 학위 취득을 요구한다. 또 대학의 학위를 가지고 있지 않은 사람들과 이 분야의 자원봉사자들의 업무와 교육훈련을 인정하기 위해서 사별 지원과 교육을 위한 협회(Associate in Bereavement Support and Education)가 설립되었다. 죽음과 사별 분야의 전문가이든 자원봉사자이든 모두에게는 특정한 교육과 경험에 대한 증명, 추천서, 윤리강령에 대한 동의서, 업무활동과 관련된 철학과 접근법에 대한 개인적 진술, 선다형 시험과 에세이 시험을 통과할 것이 요구된다. 자격의 재검정은 5년마다 실시되고, 죽음 분야와 관련된 10학점의 계속교육 학점이수증거 제출, 갱신된 교육과정 이력서, 최근 활동에 대한 개인적 진술 등이 요구된다.

5 프로그램 평가

프로그램 평가는 프로그램 기획과 실행이 효과적이었는지, 의도한 결과가 잘 성취되었는지를 확인하는 절차다.

프로그램 평가는 평가하고자 하는 범위와 대상을 중심으로 다음의 네 가지로 구분될 수 있다(Kirkpatrick, 1998).

- 학습자들의 반응을 통해 프로그램에 대해 느낀 호의의 정도를 평가하는 것으로, 학습자 만족도 평가라고 한다.
- 프로그램을 통해 학습자가 어떤 지식, 태도, 기능을 습득했는가를 평가하는 것으로, 목표 달성도에 대한 평가 혹은 효과성 평가라고 한다.
- 프로그램 이수 후 실생활에서 어떤 긍정적 변화가 있었는지를 평가하는 것으로, 실생활 적용도 평가 혹은 실제 행동 평가라고 한다.
- 투자한 시간과 노력, 비용 등에 대비한 교육 성과를 평가하는 것으로, 프로그램 효율성 평가라고 한다.

죽음준비교육 프로그램의 경우에는 주로 프로그램의 목표 달성을 평가하는 효과성 평가가 주를 이루고 있고, 대부분의 경우 정의적 영역의 죽음 불안 감소 여부를 프로그램 효과성을 판단하는 기준으로 삼고 있다. 그러나 학습자의 죽음 불안이 얼마나 감소되었는가에 대해서는 일치된 연구 결과를 보고하고 있지 않다. 덜랙(Durlak, 1978), 마일즈(Miles, 1980), 이어워스 등(Yeaworth et al., 1974)은 긍정적인 결과를 보고하면서 죽음준비교육이 학습자의 죽음 공포와 불안을 경감시키는 데 효과적이었다고 보고하였다. 그러나 다른 연구자들(Glass & Knott, 1984; Hoelter & Epley, 1979)은 죽음준비교육이 학습자의 죽음 불안을 감소시키는 데 아무런 영향도 미치지 못했다고 보고하였으며, 콤스(Combs, 1981)와 비트마이어(Wittmaier, 1979)는 죽음준비교육을 실시한 결과 학습자의 죽음 불안이 오히려 증가하였다고 보고하였다.

그러면 죽음준비교육에 대한 효과성 연구에서는 왜 일치된 결과를 보이고 있지 못하는가? 죽음준비교육의 효과를 평가할 때 어떤 점에 유의해야 할까?

첫째, 죽음 불안 감소가 죽음준비교육 프로그램의 효과성 판단의 기준이 될 경우 실행된 프로그램의 형태(교훈적/경험적)에 따라 다른 결과를 나타낼 수 있다. 죽음준비교육 프로그램은 학습자의 죽음 관련 인식이나 행동 변화에는 성공적이지만 죽음에 대한 감정이나 태도의 변화는 실행된 프로그램의 형태가 중요한 차이를 만들 수 있다. 개인이 자신의 감정을 이야기하고 다른 사람이 그들의 죽음과 관련된 불안을 어떻게 다루는지를 학습할 기회를 제공하는 경험적 프로그램은 학습자의 죽음에 대한 불안이나 공포 등 부정적 감정을 감소시키는 데 성공적이었지만 경험적 활동을 포함하지 않은 강의나 학습 토론 회의를 위주로 하는 교훈적 프로그램은 감정 변화에 영향을 미치지 못했거나 오히려 죽음 불안을 증가시키는 결과를 낳기도 하였다(Durlak, 1994; Durlak & Reisenberg, 1991). 이처럼 죽음과 관련된 공포에 초점을 둔 강력하고 개인적인 경험을 제공한 경험적 프로그램은 학습자의 인격 구조에 깊이 뿌리박혀 있는 죽음 부정과 회피 반응을 깨고 죽음 불안을 의미 있게 변화시킬 수 있었다(Vargo & Batsel, 1984).

둘째, 죽음준비교육 프로그램을 평가할 때 연구자는 프로그램 목표와 직접적으로 관련된 결과를 측정하여야 한다. 프로그램이 죽음과 관련된 인지 변화를 의도하고서 죽음과 관련된 감정을 평가하는 측정법을 사용하면 프로그램의 효과를 제대로 평가할 수 없다. 또 죽음 불안 감소만이 죽음준비교육 프로그램의 유일한 목적은 아니다. 자아와 인생의 의미에 대한 더 깊은 이해, 죽음과 관련된 문제를 가진 개인에게 서비스를 제공하는 데에서 전문성과 유능감 개발, 죽음에 대처하는 능력의 인식 등 죽음준비교육 프로그램에는 죽음 불안 감소뿐만 아니라 다양한 다른 목적이 존재할 수 있다. 죽음 불안 감소는 죽음준비교육을 제공하는 데에 유일한 동기나 기준이 아니기 때문에 죽음준비교육의 성공을 평가하고 판단하기 위하여 죽음 불안 감소 이외의 다른 프로그램 목적을 평가하기 위한 방법을 개발하여야 한다.

셋째, 죽음에 대한 태도는 다차원적이고 복잡하다(Durlak, 1994). 개인의 죽음에 대한 태도는 같은 주제에 대해 여러 개의 모순된 태도를 가질 수 있고, 의식, 무의식, 전의식 수준에서 다를 수 있다. 죽음준비교육 프로그램 효과성 연구들에서 죽음 불안 측정 결과가 일치하지 않는 이유는 연구에 사용된 측정 도구의 차이에서 기인할 수 있다(Leviton, 1977). 종이나 펜과 면담은 다른 층의 반응을 요구하고 있는 것이다. 표준화 척도를 이용한 간단한 자기 보고식 측정은 죽음에 대한 개인의 반응 깊이, 복잡성을 측정하기에 충분하지 않다. 특히 정의적 영역의 학습 목표는 학습자의 태도나 가치 변화와 관련되어 있어서 인지적 영역과 비교할 때 주관성이 강하기 때문에 목표 달성 여부를 측정하는 것이 용이하지 않다. 정의적 영역의 목표 달성 여부는 표준화된 척도보다는 관찰이나 학습자의 자기 보고에 의해 결정하는 것이 더 적합할 수 있다(Stillion, 1979). 예를 들어, 학습자를 면담하거나 학습자가 참여한 역할극을 관찰하여 의사소통 기술이나 죽음과 관련된 상황을 편안하게 다루는 정도를 평가할 수 있고, 장기 기증을 약속하고 유언장과 장례식을 준비하는 등 구체적인 행동 변화의 관찰을 통해 학습자의 진보 정도를 평가할 수도 있다. 그러나 이러한 평가 방법을 사용할 경우 교수자는 변화시키고자 의도한 특정 태도와 가치에 대한 교수자의 생각을 분명하게 나타내야 하고 교수자 나름대로의 학습 목표에 대한 평가 방식을 제시하여야 한다. 따라서 정의적 영역의 학습 목표 달성을 평가하기 위해서는 인지적 영역에 비해 교수자-학습자 간의 밀접한 상호작용이 필요하고 학습자의 수가 적을수록 유리하다(Stillion, 1979). 이처럼 프로그램의 효과성을 평가하고자 할 경우에는 죽음에 대한 태도의 다차원성을 고려하여 다양한 측정 방법을 복합적으로 사용할 필요가 있다.

넷째, 집단 차원의 변화에만 초점을 둔 분석은 죽음준비교육의 영향에 대해 잘못 평가할 수 있고 학습자 개개인의 차별적 영향을 결정하는 데 실패할 수 있다. 죽음준비교육 프로그램은 대개의 경우 공포, 불안, 위협, 불편함 등 개인적 죽음에 대한 다양한 부정적 감정들의 변화를 위협 목록이나 콜레트-레스터의 죽음공포 척도와 같은 표준화된 척도를 사용하여 그 집단의 죽음 불안의 변화만을 보고 프로그램의 효과성을 판단한다(Durlak, 1994). 그러나 학습자 개개인의 죽음준비교육 프로그램 참가 동기나 죽음 불안의 정도는 같지 않다. 처음부터 낮은 죽음불안 정도를 가진 학습자가 죽음준비교육 프로그램에 참여한 후 긍정적인 변화가 아주 획기적으로 일어나기는 쉽지 않다(Durlak & Reisenberg, 1991). 만약 학습자들이 다양한 죽음 불안 수준을 가지고 프로그램에 참여한다면 죽음준비교육 프로그램이 모든 학습자에게 획기적으로 큰 영향을 미치리라고 기대하기보다는 집단 전체가 완만하게 변화하거나 어떤 학습자는 거의 변화하지 않으리라 기대하는 것이 더 합리적이다(Durlak & Reisenberg, 1991). 따라서 좀 더 많은 정보를 제공하는 평가 전략은 집단 차원의 분석과 더불어 어떤 학습자가 어떤 교육 기법의 결과로 어떤 차원에서 어떤 방식으로 변화되었는지 개인 차원의 분석을 함께 시행하는 것이다.

다섯째, 죽음에 대한 태도를 정확하게 측정하여 수량화하는 것은 대단히 어렵다. 죽음 불안과 죽음 공포는 다차원적인 구인이다. 따라서 관련된 구인을 제대로 측정할 수 있는 도구를 사용하여야 신뢰성 있고 타당성이 있는 연구 결과를 얻을 수 있다. 또 태도는 천천히 변화할 뿐만 아니라 성격에도 개인차가 있어서 태도 구인을 측정하여 수량화하는 것이 쉽지 않다(Mueller, 1975). 만약 사용된 측정도구가 죽음 불안과 죽음 수용에서의 변화에 민감하지 않다면 측정하고자 한 구인의 타당한 측정이 아닐 수 있다.

여섯째, 프로그램의 길이와 질의 차이가 죽음준비교육 효과성 평가에 영향을 미칠 수 있다. 죽음준비교육이 죽음 불안을 감소시키고 죽음 수용 점수를 긍정적으로 증가시키기에 충분한 길이와 질을 제공하고 있지 못할 경우 오히려 죽음 불안과 공포를 증가시키는 결과를 낳을 수 있다(Combs, 1981). 죽음 부정이 학습자의 인격구조에 깊이 뿌리박혀 있고, 태도 변화는 천천히 일어나기 때문에 상대적으로 짧은 죽음준비교육 개입은 학습자가 불안과 공포를 충분히 탐색하고 해결하도록 하기에 불충분할 수 있다. 따라서 죽음 불안 감소 여부를 제대로 측정하기 위해서는 태도 변화를 일으키기에 필요한 요소들을 다양하게 살펴보고 선행적으로 충분한 길이와 교육의 질을 확보한 강좌를 제공할 필요가 있다.

삶을 마무리하는 단계에 보다 근접해 있는 노인의 경우, 죽음 회피, 죽음 부정의 문화 속에서 죽음에 대해 좀 더 개방적으로 의견을 나누는 것을 통해 어떻게 자신의 죽음을 받아들이고 맞이해야 할지, 어떻게 죽는 것이 평화롭고 고통 없이 죽는 것인지, 죽음에 대한 가치와 규범을 탐색할 기회가 충분히 주어져 있지 못하기 때문에 노인학습자를 위한 죽음준비교육 프로그램을 통해 이러한 기회를 활성화시킬 필요가 있다.

제17장

노인학습자를 위한 죽음준비교육 프로그램 개발[1]

이 장에서는 앞에서 살펴본 죽음준비교육에 대한 일반적인 지식을 바탕으로 실제로 현장의 필요에 맞는 프로그램을 어떤 원리와 절차로 개발하는지를 살펴보고자 한다.

학습 대상은 발달 단계상 죽음과 가장 가까운 노인층으로, 노인 스스로가 심리적 · 실제적으로 자신의 죽음을 준비할 수 있도록 돕는 죽음준비교육 프로그램을 자연주의적 모형에 따라 개발하는 과정, 그 과정을 거쳐서 개발된 노인학습자를 위한 죽음준비교육 프로그램의 내용, 그리고 프로그램을 원활하게 진행하기 위해 필요한 유의점들을 살펴본다.

노인학습자를 위한 죽음준비교육 프로그램은 프로그램 개발 관계자들의 숙의와 토론, 노인 교육 현장에서의 프로그램 실행의 경험 등을 바탕으로 노인의 욕구와 반응에 따라서 각각의 상황에 적합하게 프로그램을 수정 · 보완하는 과정을 거쳐 최종 프로그램을 도출하였다. 그리고 프로그램을 적용한 결과 노인학습자들이 학습 활동을 통하여 죽음과 죽음준비에 대하여 형성한 의미들을 질적, 서술적으로 분석하고 프로그램 진행을 통하여 얻게 된 성과를 분석하였다.

1. 이 장은 저자가 한국 성인교육학회지 *Andragogy Today, 9*(1)에 기재한 논문을 재구성한 것이다.

1. 노인학습자를 위한 죽음준비교육 프로그램의 필요성

죽음은 인간을 비롯한 모든 생명체에게 보편적인 현상임에도 불구하고 현대인에게는 불쾌하고 두려운 것으로 인식되고 있다. 죽음을 금기시하는 문화 속에서 사람들이 가지고 있는 죽음에 대한 이미지는 대개 영화와 같은 미디어를 통해 각인된 것이 대부분으로, 영화에서는 죽음이 노화 과정과는 아무 관계없이 폭력에 의해 갑작스럽게 생명이 끝나는 형태로 묘사되고 있다. 그러나 실제로는 치명적인 질병에 걸려서 오랜 병고 끝에 죽음을 맞이하거나 노화 과정의 결과로 기능적 쇠퇴 현상을 겪은 끝에 죽음에 이르게 된다(Olshansky & Carnes, 2001). 임종과 죽음은 역설적으로 표현한다면 노화와 특별한 관계를 맺고 있는 삶의 사실들인 것이다.

마셜(Marshall, 1975)과 에릭슨(Erikson, 1963)이 죽음에 대한 적응과 준비를 노년기의 주요 적응 과제로 제시한 것처럼, 특히 인생의 마지막 단계에 놓여 있는 노인의 경우에는 자신의 삶을 마무리하고 인간적인 죽음을 맞이할 준비를 하는 것이 노년기의 바람직한 적응과 삶의 질 향상을 위한 필수 과제라고 할 수 있다. 그러나 빠르게 변화하는 현대 사회는 성장과 변화에 집착하여 개인적인 발전과 성취는 높게 평가해 온 반면, 노화와 죽음에 대한 가치는 소홀히 평가해 온 것이 사실이다. 특히 삶을 마무리하는 단계에 보다 근접해 있는 현대의 노인은 죽음 회피, 죽음 부정의 문화 속에서 죽음에 대해 좀 더 개방적으로 의견을 나눔으로써 어떻게 자신의 죽음을 받아들이고 맞이해야 할지, 어떻게 죽는 것이 평화롭고 고통 없이 죽는 것인지, 그리고 죽음에 대한 가치와 규범을 탐색할 기회를 충분히 갖지 못하고 있으므로 노인학습자를 위한 죽음준비교육 프로그램을 통해 이러한 기회를 활성화시킬 필요가 있다.

또 노년기의 교육은 지식이나 정보의 주입식 교육을 설계하는 것보다는 노인이라는 발달 단계에 맞게 노인이 자신의 살아온 경험을 학습의 자원으로 활용할 수 있도록 과정을 중시하는 학습 활동의 설계가 필요하다. 그러므로 교육이 실행되기 이전에 모든 학습 활동을 계획하고 결정하는 선형 구조보다는 개인차가 큰 노인학습자의 요구와 변화, 죽음이라는 민감한 주제의 성격과 죽음 불안의 정도에 따라 실행 도중에도 프로그램이 유연하게 변화할 수 있고, 현장에서 유용하게 실행할 수 있도록 프로그램 시행의 과정과 문제점들을 파악할 수 있는 대안적이고 서술적인 프로그램 개발 모형이 절실히 요구된다. 그러나 노인교육 프로그램에 대한 선행 연구(노영구, 2000; 어성연, 1995; 유민지, 2000; 차명호, 1998)의 결과에서 알 수 있듯이, 기존의 노인교육 프로그램은 대부분이 선형 모형에 기초하여 개발되었기 때문에 프로그램이 실행되는 맥락과 학습 상황에 대한 고려가 충분하지 못하다. 결과의 평가도 양적인 질문지를 이용한 수량적 평가가 대부분이어서 어떠한 상황에서 어떠한 교수 전략과 학습 요소가 학습 효과와 연결되는지에 대한 규명이 이루어지지 못하고 있다. 이러한 문제점을 보완하기 위하여 프로그램의 진행 사항을 질적으로 평가하여 개인차가 큰 노인을 대상으로 프로그램을 실행할 때에 고려할 문제점과 대안, 필요한 가이드라인을 제공함으로써 현장에서의 활용 가능성을 높일 수 있는 노인학습자에게 적합한 죽음준비교육 프로그램의 개발이 필요하다.

2. 프로그램 개발 과정의 개요

노인학습자를 위한 죽음준비교육 프로그램의 개발 과정을 프로그램 개발과 프로그램 효과성 평가라는 두 부분으로 나누어서 간단히 살펴보면 다음과 같다.

1 프로그램 개발

노인학습자를 위한 죽음준비교육 프로그램은 프로그램 개발 모형 중에서 개발 과정에 개입되는 다양한 요소들의 유동적 상호작용을 중시하는 상호작용 모형, 특히 워커(Walker, 1971)의 자연주의적 모형에 기초하여 개발되었다. 상호작용 이론은 프로그램 개발 과정을 단계적 · 직선적 과정이 아니라 여러 요소들 간의 상호작용의 산물로 규정하고 구체적인 상황에서 프로그램 개발자가 어떠한 판단을 하는가를 중시한다.

노인학습자를 위한 죽음준비교육 프로그램은 노인 교육 현장에서 직접 프로그램을 진행하면서 노인교육기관, 노인학습자, 프로그램 개발자 등 다양한 맥락의 협상과 조정 과정을 통하여 프로그램이 변형, 개선되는 과정을 프로그램 개발 과정으로 보고 이것을 워커의 자연주의적 모형(naturalistic model)의 숙의 단계로 간주한다.

노인학습자를 위한 죽음준비교육 프로그램은 저자가 죽음학과 죽음준비교육 관련 문헌 연구를 통하여 주제 영역과 내용 요소를 추출하였고, 전문가 세미나(성인교육학회 소속 교육 노년학 모임)를 통하여 프로그램의 내용 배열과 교수 방법, 평가 방법 등의 수정, 보완 과정을 거쳐 개발되었다.

이와 같이 개발된 프로그램은 다시 교육 상담, 심리학, 종교학, 사회복지학, 교육 노년학 등을 전공한 전문가 5명에 의해 프로그램의 내용 타당도를 검증받았고, 프로그램 실시에 필요한 조언을 얻었다. 이렇게 잠정적으로 결정된 프로그램을 서울 노원구에 있는 B 노인복지관에서 예비 프로그램으로 실시하였고, 프로그램 진행에서 얻은 경험을 바탕으로 프로그램 진행 방식을 집단 활동에서 강의와 집단 활동을 병행하는 형식으로 수정하였고, 노인들에게 적용하기에 부적합한 일부 교육 내용과 프로그램 배열 순서 등을 수정하였다.

이와 같은 수정, 보완 과정을 거쳐 만들어진 이 프로그램은 '노인학습자를 위한 죽음준비교육 프로그램'이라는 명칭으로 서울에 있는 S 노인복지관에서 실시되었다. 실시 기간은 2003년 9월 23일에서 10월 24일까지였고, 매주 2회 화요일과 목요일에 1시간 30분에서 2시간씩 총 8회가 실시되었다. 이 프로그램을 진행하는 과정을 통하여 죽음준비교육 실행에 영향을 미치는 요인들을 밝혀 내어 노인학습자를 위한 죽음준비교육 프로그램을 제안할 수 있었다.

2 프로그램 효과성 분석

노인학습자를 위한 죽음준비교육 프로그램은 프로그램 진행 과정을 연구자가 직접 참여 관찰하여 참가 노인들이 죽음과 죽음준비에 대하여 어떠한 의미를 형성하고 있는지를 질적으로 분석하였고, 또한 질문지법을 이용하여 프로그램에 대한 학습자의 반응을 조사하였다.

자료 수집을 위한 참여 관찰에서는 연구자의 편견을 줄이고 연구의 타당성을 높이기 위하여 보조 진행자와 사회복지사가 프로그램 진행에 참여하여 수업 활동의 기록과 수업 진행을 위한 보조 역할뿐만 아니라 프로그램 내용 수준이나 집단 활동의 기법 도입 여부 등 프로그램 개발 및 실시 상황에서의 문제 해결 과정에 진행자와 함께 참여하였다. 자료의 기록은 이 프로그램의 1~8회기 수업 활동의 전 과정을 음성 녹음기를 이용하여 녹음 기록하였고, 매 회기마다 연구자와 보조 진행자, 사회복지사가 수업 기록표를 각각 작성하여 수업이 끝난 직후에 서로 프로그램 진행의 적합성과 문제점에 대한 협의회를 가졌다. 이렇게 수집된 수업 기록표, 수업 활동 전 과정의 녹음 기록 등을 모두 텍스트로 옮겨 적은 후 근거 이론에 기초하여 분석하였다. 즉, 옮겨 적은 텍스트를 모두 해체하여 내용을 반복적으로 읽고 난 후에 규칙적인 것들을 찾아서 범주화하였다. 이렇게 해서 만들어진 범주들을 연구자가 연구하고자 하는 범주별로 다시 분류하여 인과관계의 패턴을 찾았다. 분류된 범주들을 은유적으로 생각하는 작업을 거쳐 더 추론적이고 분석적인 수준으로 개념화하였다. 이러한 연구자에 의한 질적인 분석과는 별도로 질문지를 이용하여 노인학습자들의 프로그램에 대한 반응을 살펴보았다. 질문지의 구성은 학습자들의 일반적인 특성과 프로그램 운영, 가장 유익했던 것과 가장 유익하지 못했던 것 등을 사지선다형으로 구성하였고, 더 좋은 교육을 위해 개선할 점, 교육을 받고 일어난 변화나 새로이 결심한 것 등을 개방형 질문으로 구성하였다.

3. 프로그램 개발 과정

1 프로그램 개발 모형

노인학습자를 위한 죽음준비교육 프로그램은 워커(Walker)의 상호작용 이론에 바탕을 두고 프로그램을 개발하였다. 상호작용 이론은 평생교육의 구성주의 패러다임 혹은 실제적-해석적 패러다임에 지적 토대를 두고 있는 것으로 프로그램 개발자와 학습자 사이의 상호작용 행위와 프로그램 개발이 이루어지는 맥락을 중요시한다(Cervero & Wilson, 1994).

이 이론에 의한 프로그램 개발은 프로그램 개발자가 표준화된 절차와 단계에 따라 수행해 나가는 것이 아니라, 프로그램 개발의 상황과 관련된 여러 요소들을 고려하여 순환적인 원리를 따르는 것으로 교육과정 이론 중에서 자연주의 이론과 그 맥을 같이 한다. 자연주의 이론은 프로그램 개발이 미리 정해진 결정과 절차에 따르는 전통적인 합리성 이론과는 다르게 프로그램 개발에 참여한 모든 사람의 신중한 숙의와 실제적 합리성의 역동적 상호작용을 강조하는 순환적 합의 접근을 따른다(김진화, 2001).

상호작용 이론은 전통적 합리성 이론과는 다르게 선형적으로 구분되는 표준화된 프로그램 개발 절차가 존재하는 것이 아니고 실제 프로그램을 실행하는 상황에서 다양한 변인들을 고려하면서 의사 결정을 해 나가는 과정이라고 생각할 수 있다.

따라서 상호작용 이론에 바탕을 두고 개발된 노인학습자를 위한 죽음준비교육

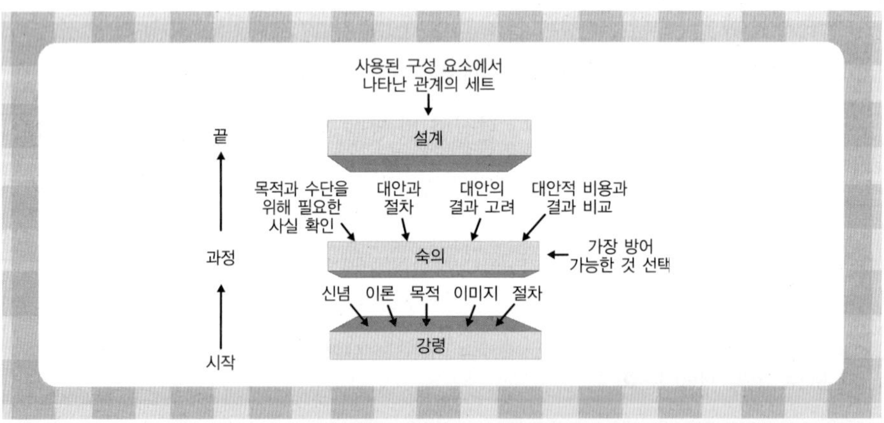

그림 17-1 • 상호작용 이론-워커의 자연주의 모형 •

★ 출처 : Walker, D. F. (1971). A naturalistic model for curriculum development.

프로그램은 2차에 걸친 프로그램을 실시하는 구체적인 상황에서 학습자의 반응이나 주변상황의 변화를 반영하여 프로그램 개발과 진행에 참여한 전문가들의 토론과 협의를 거쳐 학습자와 학습 환경에 적합하게 수정・보완되어 개발되었으며, 어느 상황에든 적용될 수 있는 표준화된 절차나 내용을 의미하는 것은 아니다.

2 죽음준비교육 프로그램의 주제 영역 개발

저자는 프로그램의 내용 구성을 위한 학습 요소를 추출하고, 교수 내용의 기본 구조를 분석하기 위한 준비 단계로, 죽음학에 대한 폭넓은 지식을 쌓기 위해 노력하였다. 죽음학 관련 문헌 및 관련 잡지, 학위 논문 등을 통해서 죽음학에서 다루고 있는 중심 내용들에 대한 문헌 연구를 하였고, 연세대학교 사회복지대학원의 '죽음과 유가족' 강의를 한 학기 동안 수강하면서 죽음 관련 이슈에 대해 폭넓은 검토를 하였다. 또 사회 교육 분야에서 시행되고 있는 죽음준비교육을 직접 경험해 보기 위해 '삶과 죽음을 생각하는 회' 에서 실시하고 있는 죽음 관련 강좌와 호스피스 자원봉사자 양성교육과정을 수료하였다.

저자는 이러한 지식들을 기반으로 하여 죽음학의 연구물들을 개괄한 후 죽음준비교육을 위해 다룰 수 있는 프로그램의 내용을 죽음, 죽음의 과정, 사별 등 세 가지 영역으로 나누어서 추출하였고, 죽음에 대한 다양한 전망과 국면을 다루어서 죽음에 대한 통합적인 이해를 가능하게 하기 위하여 이 세 가지 영역의 내용이 균형 있게 다루어질 수 있도록 유념하였다. 죽음 영역에서는 노인이 죽음을 먼 미래의 일로 생각하기보다는 곧 해결해야 할 자신의 문제로 생각하는 경향이 있기 때문에(Quadagno, 2002), 사회 전반의 문제나 제삼자의 죽음을 주로 다루는 사회학적・윤리적 영역의 이슈보다는 자기 자신의 죽음을 주로 다루는 철학적・심리학적・문화적 영역의 요소들이 프로그램에서 다루어질 수 있도록 하였다. 즉, 죽음 금기의 문화 속에서 노인들이 자신이 가지고 있는 죽음에 대한 생각과 태도를 노출하고 죽음에 대한 이야기를 자연스럽게 나눌 수 있도록 죽음의 의미, 죽음관 등을 주요 요소로 추출하였다.

죽음의 과정 영역에서는 노인이 죽음을 받아들이는 마음의 준비와 함께 인간다운 죽음을 준비할 수 있는 대처 방식에 대한 정보를 제공하기 위하여 심리적 영역과 임종 간호 부분을 모두 포함하는 내용으로 구성하였다. 심리적 영역에서는 자기 자신의 죽음을 받아들이는 심리적 과정과 어떠한 죽음을 맞이하고 싶은지 죽음의 환경에 대한 생각을, 임종 간호 영역에서는 인간다운 죽음을 가능하게 하는 호스피스에 대한 정보를 주요 학습 요소로 추출하였다. 이 부분에서는 특히 죽음의 환경과 관련하여 환자의 알 권리, 인간답게 죽을 권리 등이 논의되어서 노인이 자신의 죽음의 상황, 환경을 생각하고 준비할 수 있도록 하였다.

사별 영역에서는 자기 자신의 죽음뿐만 아니라 다른 사람의 죽음이 나의 삶에 미치는 영향을 비탄 반응을 통하여 살펴보고 사별에 대처하기 위한 방법을 생각하게 하여 죽음에 대한 통합적인 이해가 이루어질 수 있도록 학습 요소를 추출하였다.

3 죽음 불안의 통합적 모델에 기초한 학습 내용 추출

이와 같은 죽음준비교육의 세 가지 영역을 중심으로 대략적으로 개발된 내용을 기반으로 하여, [그림 17-2]의 토머와 엘리어슨(Tomer & Eliason, 1996)이 제안한 죽음 불안의 통합적 모델의 기본 가정에 기초하여 프로그램 구성에 필요한 구체적 내용 요소를 추출하였다. 토머와 엘리어슨의 죽음 불안의 통합적 모델에 따르면, 죽음 불안에는 과거에 관련된 후회, 미래에 관련된 후회, 죽음의 의미라는 세 가지의 직접적인 결정인자가 있다. 과거와 관련된 후회는 인생의 목적을 달성하지 못한 것에 대한 인식이고, 미래와 관련된 후회는 미래의 기본적 목표를 채울 수 없다는 무능력의 인식을 의미한다. 세 번째 인자인 죽음의 의미는 '긍정적 혹은 부정적, 의미 있게 혹은 무의미하게' 처럼 개인적인 죽음의 개념화를 의미한다. 이 모델에 따르면, 개인은 과거와 미래에 관련된 후회를 많이 느낄 때 혹은 죽음을 무의미하게 인식할 때 높은 죽음 불안을 경험하게 된다.

이 프로그램에서는 이러한 죽음 불안의 통합적 모델에 기초하여 프로그램 내용

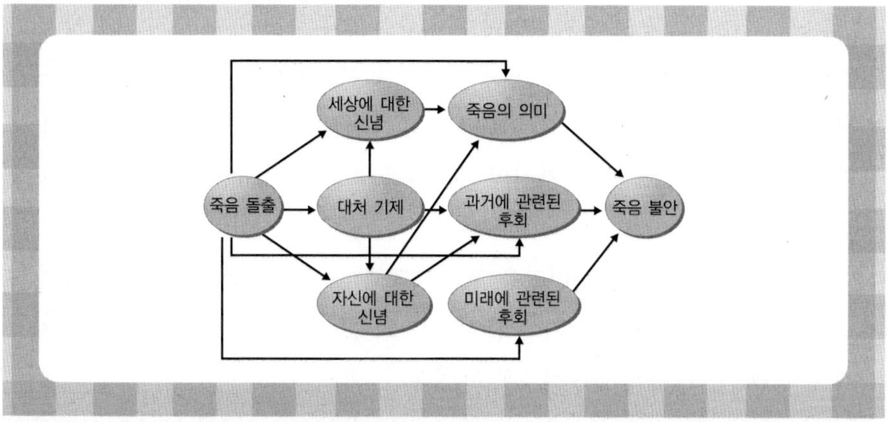

그림 17-2 • 죽음 불안의 통합적 모델 •

★ 출처 : Tomer, A., & Eliason, G. (1996). Toward comprehensive model of death anxiety.

의 큰 축을 죽음과 자기 자신의 탐색에 두고, 죽음의 의미를 탐색하고 자기 자신의 삶을 탐색하는 과정을 통하여 죽음 불안이 감소되도록 내용 요소를 추출하였다. 즉, 죽음의 의미(혹은 무의미)와 관련되어 있는 후회의 감정이나 생각을 직접적으로 활성화하고 자기 자신과 세상에 대한 신념을 수정하거나 인생 회고, 인생 계획, 자기 초월의 과정 등을 포함하는 다양한 대처 기제를 활성화하는 것에 의해 죽음 불안에 영향을 미치도록 유념하였다. 죽음의 의미와 관련된 후회의 감정이나 생각을 활성화하기 위하여 '죽음의 의미 탐색하기' '평화로운 죽음을 맞이하기 위하여' '사별과 상실' 에 대한 내용을 다루도록 구성하였다. 여기서 의미를 찾는다는 것은 삶의 체계나 불행한 사건에 대한 지각을 바꾸는 과정이고, 그래서 질서와 목적감이 회복되도록 하는 것을 의미한다(Thompson & Janigian, 1988). 그러므로 죽음을 무섭고 두려운 것으로만 생각하지 않고 죽음이 가진 긍정적인 의미를 탐색하고 죽음에 효과적으로 대처하는 능력을 배양할 수 있도록 내용 구성을 하였다. 인생 회고의 과정에서 발전된 유산의 의미가 죽음 뒤에도 자신은 이 세계에 영원히 소속된다는 확고한 믿음을 갖도록 도와주기 때문에(Birren & Deutchman, 1991), 자기 자신에 대한 신념을 수정하도록 하기 위해서 '나의 인생 정리하기' '내가 세상에 남긴 것은?' 부분을 설정하였고, 이를 통해 자신이 지나온 인생을 되돌아보고 삶의 목적이나 가치관을 점검하게 하여 자기 자신에 대한 만족감과 자긍심을 얻을 수 있도록 구성하였다. 또 세상에 대한 신념을 점검하기 위해서 '나의 장례식 계획하기' 부분을 구성하여 현재의 자신의 삶의 방식과 내세와의 관련성을 강조하면서 자신의 세계관을 정리해 볼 수 있는 시간을 갖도록 하였다.

노인학습자를 위한 죽음준비교육 프로그램에서는 학습 방법으로 세상에 대한 신념과 자신에 대한 신념, 과거와 관련된 후회 등에 영향을 미치는 대처 기제로 인생을 회고하는 방법을 사용하도록 하였다.

노년기에 접어들면 당연히 죽음과 자신의 붕괴라는 불가피한 현상을 자각하기 시작하고 지나온 일생을 회고하며 자신의 삶을 재조직하고 재통합하려는 행동 경향이 나타나게 된다(Birren et al., 1993). 그러므로 노인이 수용적 분위기에서 자신의 살아온 삶을 정리하고 이야기하는 가운데 자기 자신에 대한 정체감(자아 통합감)을 형성하고 자신의 삶에서 긍정적인 의미를 찾아내어 자아존중감이 향상될 수 있도록 이 프로그램에서는 집단 활동과 적절한 발문법을 이용하여 노인들이 자신의 살아온 삶의 이야기를 표출하도록 하였다.

이처럼 집단 활동을 교육 방법으로 선택한 이유는 각자가 생각하는 죽음에 대한 개념과 의미가 다르기 때문에 죽음에 관련된 일률적인 내용을 주입하기보다는 노인 각자가 가지고 있는 죽음에 대한 전망을 서로 이야기하고 탐색하는 가운데 각자가 생각하는 죽음의 의미를 구성하도록 하기 위해서는 학습자의 정서적 관여를 통한 자기 이해, 가치 명료화 활동이 활성화될 수 있는 집단 활동이 적합하다고 생각했기 때문이다.

래스와 동료들(Raths et al., 1978)은 학습자들이 각자 자신들에게 적절한 가치를 가질 수 있도록 돕는 방안으로 가치 명료화(value clarification) 훈련을 제안하였다. 이러한 가치 명료화 훈련은 학습자에게 미리 정해진 일련의 가치를 받아들이도록 설득하는 것과는 다르다. 가치 명료화는 학습자들이 가치 있다고 생각하는 것이 무엇인지를 자기 자신에게 명료화하도록 도움으로써 자신의 가치를 정립하도록 하는 것을 목적으로 하며, 대표적인 전략은 대화 전략, 쓰기 전략, 토론 전략 등이 있다(Raths et al., 1978). 이러한 가치 명료화 작업을 통해 일상생활 속에서 죽음에 직면하거나 죽음에 대하여 깊이 생각해 보는 자세가 부족한 학습자들에게 학습 활동을 통하여 자신의 삶과 죽음에 대한 가치나 태도를 정립할 수 있도록 돕고 이것이 자신의 죽음 준비로 이어질 수 있도록 하였다.

4 세미나를 통한 내용 배열, 교수 전략 결정

이와 같은 절차를 거쳐서 추출된 프로그램의 내용 요소와 기본적인 틀을 성인교육학회 소속 교육 노년학 모임의 세미나를 통하여 점검하였고, 프로그램의 내용 배열, 교수 전략 등의 구체적인 사항을 결정하였다.

세미나에서 토의를 거쳐 결정된 프로그램의 배열은 삶의 의미 탐색 → 죽음의 의미 탐색 → 죽음의 실제적 준비의 순서로 하고, 특히 죽음의 의미 탐색은 일반적인 죽음의 전망 → 다른 사람의 죽음 → 나의 죽음의 순서로 결정하였다. 이러한 배열은 학습 과제를 다루기 위한 시간적 · 논리적 순서에 맞춘 배열이고, 죽음의 의미를 탐색하기 위한 배열의 순서는 죽음 불안의 정도를 고려한 것이다. 이처럼 세미나를 통하여 총 8회기의 프로그램 내용과 회기 배열이 잠정적으로 결정되었고, 이를 다시 관련 전문가의 내용 타당도 검증을 거쳐 예비 프로그램을 실시하였다.

5 프로그램 실행을 통한 수정 · 보완

세미나의 검토 결과를 반영하여 예비 프로그램은 서울시 노원구에 있는 B 노인복지관에서 실시하였다. 총 7명의 학습자가 수업에 참여하였고, 대부분의 학습자가 죽음 준비나 학습에 대해서 수동적인 태도를 가지고 있었다. 학습자들의 특성을 고려하여 교육 방법을 집단 활동 위주에서 강의와 집단 활동을 병행하는 방식으로 수정하였고, 프로그램의 일부 내용과 수업을 진행하는 방식을 학습자들이 심리적 부담과 긴장감 없이 수업에 참여할 수 있도록 수정하였다.

표 17-1 • 잠정적인 프로그램 내용과 회기 배열 •

회기	프로그램 내용
1회기	자기소개 및 강좌 소개
2회기	나의 인생 정리하기
3회기	죽음의 의미 탐색하기
4회기	사별과 상실을 어떻게 극복할까?
5회기	평화로운 죽음을 맞이하기 위하여
6회기	내가 세상에 남긴 것은?
7회기	나의 장례식 계획하기
8회기	프로그램 평가

이 프로그램은 서울시 송파구에 있는 S 노인복지관에서 총 10명을 대상으로 실시하였다. 예비 프로그램을 실시할 때, 학습자의 연령이 고령층이어서 죽음의 과정에만 관심이 집중되어 죽음에 대한 다양한 의견 교환이 불가능하였던 경험이 있어서 참가 연령의 제한을 65세에서 60세로 하향 조정하였다. 또 프로그램 회기의 배열을 전면적으로 재조정하였다. 예비 프로그램은 세미나에서 결정된 대로 '삶의 의미 탐색 → 죽음의 의미 탐색 → 죽음의 실제적 준비' 의 순서로 회기를 배열했으나, 이러한 배열은 소집단 활동에서 필요한 자기 노출이나 학습에 대한 저항을 충분히 고려하지 못하여 원활한 수업 진행을 방해하였다. 이번 참가자들이 죽음이라는 주제를 다룰 마음의 준비가 되어 있지 않아서 죽음에 대한 이야기를 집단 초기의 단계에 하는 것보다는 인간의 일생에서 죽음은 노화하면 겪게 되는 자연스러운 단계라는 것을 인식할 수 있도록 '노화와 노년기' 라는 강의를 2회기에 첨가하여 완충 작용을 할 수 있도록 하였다. 특히 '노화와 노년기' 부분에서는 긍정적인 자아개념을 가질 수 있도록 노화와 노년기의 긍정적인 면을 부각시키게 내용 구성을 하였다. 진행자가 참가자들의 긍정적인 면을 인정해 주고 높이 평가하자 수업에 흥미와 자신감을 갖게 되는 것 같았다. 그다음에는 일반적인 죽음의 의미 탐색(3회기)에서 시작하여 사별 경험(4회기)과 평화로운 죽음을 맞이하는 방법(5회기)을 생각하면서 다른 사람의 죽음과 자신의 죽음을 생각할 수 있도록 배열하였으며, 이러한 생각을 바탕으로 자신의 실제적인 죽음준비에 해당하

는 유서 쓰기(6회기)와 장례식 계획(7회기)을 할 수 있도록 배열하였다. 사별에 대한 내용을 4회기에 새롭게 첨가하였는데, 참가자들이 사별한 사람 8명에 사별을 안 한 사람 2명으로 구성되어 있어서 상호 배움이 가능하였고, 자신의 죽음의 과정(5회기)을 생각하기 이전에 다른 사람의 죽음을 생각하도록 하여 죽음 불안 상승이나 감정적인 무리 없이 단계적으로 수업이 진행되도록 구성하였다. 참가자들의 과거 사생활과 인생의 의미를 찾도록 하는 인생 회고의 시간은 충분히 친숙해진 집단 발달의 후반기(8회기)에 배치하여 학습에 대한 저항을 최소화하도록 하였다.

6 프로그램의 평가

이러한 과정을 거쳐 개발된 죽음준비교육 프로그램의 효과성을 프로그램의 목표 달성 여부나 학습자의 행동 변화로 판단하기보다는 학습자와 학습 장면의 적합성으로 판단하고자 했다. 그 이유는 프로그램 개발 모형 자체가 학습목표에 비추어 그 달성 여부를 판단하는 선형 모형이 아니라 프로그램 개발자와 학습자 사이의 상호작용 행위와 프로그램 개발이 이루어지는 맥락을 중요시하고 있고, 프

표 17-2 • 이 프로그램의 회기 및 활동 내용 •

	프로그램 제목	가능한 활동 및 대안
1회기	자기소개 및 강좌의 이해	진행자, 보조 진행자의 자기소개, 프로그램에 대한 요구 조사, 프로그램 소개, 학습자들의 자기소개, 마음을 여는 시간, 별칭 짓기 게임
2회기	노화와 노년기	마음을 여는 시간, 관련 강의, 논의, 노화와 질병 예방을 위한 자가 진단표 작성
3회기	죽음의 의미 탐색하기	관련 강의, 논의, 죽음을 주제로 한 만다라 그림 그리기
4회기	사별과 상실을 어떻게 극복할까?	관련 강의, 논의, 사별이나 상실의 경험 나누기
5회기	평화로운 죽음을 맞이하기 위하여	관련 강의, 논의, 완화의학에 관한 비디오 시청, 생명 유언장 작성

〈계속〉

6회기	내가 세상에 남긴 것은?	관련 강의, 논의, 인생의 목적과 가치 탐색 활동, 유언장 작성
7회기	나의 장례식 계획하기	관련 강의, 논의, 신상 명세서 작성, 사망 후의 절차와 장례에 대한 체크리스트
8회기	나의 인생 정리하기 및 프로그램 평가	논의, 사진을 이용한 인생 회고

로그램 개발을 통해 어떠한 상황에서 어떠한 교수 전략과 학습 요소가 학습 효과와 연결되는지, 개인차가 큰 노인을 대상으로 프로그램을 실행할 때에 고려할 문제점과 대안, 필요한 가이드라인이 무엇인지를 제시하는 것을 목적으로 하기 때문이다.

따라서 노인학습자를 위한 죽음준비교육 프로그램은 프로그램 진행 과정을 연구자가 직접 참여 관찰하여 노인학습자들이 학습 활동을 통해서 죽음과 죽음준비에 대하여 어떠한 의미를 형성하고 있는지를 질적으로 분석하였고, 질문지법을 이용하여 프로그램에 대한 학습자의 반응을 조사하였다.

프로그램을 실행하는 과정에서 학습자들이 죽음과 죽음준비에 어떠한 의미를 부여하고 있는지를 질적으로 분석한 결과는 다음과 같다.

참가자들은 자아의 상실, 정체감의 상실 등 죽음 자체에 대한 불안보다는 죽음의 과정에서 신체적으로 경험하게 되는 고통, 소외, 수치심, 신체적 · 정신적 기능 상실에 대한 걱정 등 죽음의 과정에 대한 불안이 훨씬 강하였고, 죽음을 고통으로 인식하고 있었다. 그러나 참가 노인들의 죽음에 대한 관념적인 생각은 대체로 평화롭고 긍정적이었다. 특히 고생스럽고 억압받는 삶을 살아온 노인들에게 죽음은 이러한 삶으로부터의 해방을 의미하기도 하였다.

대부분의 참가 노인들은 노년기에 이르러 자신들의 내면생활을 가꾸는 자기 계발에서 삶의 의미를 찾고 있었는데, 죽음은 이러한 활동을 불가능하게 하고 삶의 의미를 빼앗아 가는 사건이었고, 죽음을 독립감과 행동 가능성이 상실되고 듣기, 보기, 먹기, 대소변 보기, 청결 등과 같은 신체 기능이 상실되어 기존의 자기 이미지가 해체되고 그에 따라 자식들에게 짐이 되는 의존적인 상태에 이르게 하여 자기 이미지를 유지할 수 없게 만드는 사건으로 인식하고 있었다.

죽음준비의 의미로 참가 노인들은 자기다운 삶을 사는 것, 무조건 양보하고 원만하게 자기 조절하여 주위 사람들을 편안하게 하는 것이 가는 준비(죽음준비)를 하는 것으로 생각하고 있었다. 또 참가 노인들은 유서를 쓰거나 장례식을 계획하기보다는 자신의 죽은 육체를 처리하는 방식을 결정하는 것을 실제적인 죽음준비로 생각하고 있었다.

학습 활동을 통하여 노인들은 다른 참가자들의 삶의 이야기를 듣고 비교하며 상호작용을 하는 가운데 자신이 어떠한 사람이고, 어떠한 삶을 살아왔는지에 대한 자기 이해, 자신의 삶에 대한 의미 부여를 해 나갔고, 죽음과 관련된 가치 · 감정 · 태도를 탐색하고 발산하는 시간을 가졌다. 이러한 감정들의 발산은 강의 시간보다는 집단 활동과 논의 시간을 통하여 자연스럽게 표출되었고, 다른 학습자들의 공감과 위로를 통하여 감정들이 정리되고 정화되는 것을 수업 시간 중의 학습자들의 발언이나 비언어적 표현을 통하여 추론할 수 있었다.

또 프로그램이 노인학습자의 기대와 요구를 적절히 반영하였는지 질문지를 통해 학습자들에게 물은 결과, 대체로 긍정적인 반응을 보였다.

프로그램 운영과 관련하여 4점 척도(매우 그렇다-4점, 그렇다-3점, 그렇지 않다-2점, 전혀 그렇지 않다-1점)로 물은 결과, 가치 있는 수업이었나(3.4), 기대하였던 내용이었나(3.0), 진행 방법이 적합하였나(3.1), 진행자가 흥미를 유지시켜 주었나(3.3) 등 모든 항목에 대하여 긍정적인 반응을 보였다.

프로그램에서 가장 유익했던 것과 가장 유익하지 못했던 것이 무엇인지에 대한 질문에 대하여, 학습자들이 가장 유익했던 것으로는 '평화로운 죽음을 맞이하기 위하여' 를 꼽았으며, '나의 장례식' 을 제외하고는 대부분 유익하다는 반응을 보였다. 가장 유익하지 못한 것으로는 2명이 '나의 장례식' 을, '내가 세상에 남긴 것은?' 과 '노화와 노년기' 를 각각 1명씩이 꼽았으며 5명은 유익하지 못한 것이 아무것도 없었다고 반응하였다.

앞으로 더 좋은 교육을 위해 개선할 점이 무엇인지에 대한 개방식 질문에는 대부분 응답이 없었고, 응답한 사람들은 '강의와 대화 모두 적절히 혼용해서 좋았다' '인원은 10명이 적당했다' 등 주로 좋았던 점들을 지적하였다.

이번 교육을 받고 일어난 변화나 새로이 결심한 것이 있으면 구체적으로 지적하라는 질문에 대해서는 "죽었을 때 후손들에게 과하고 무거운 장례를 하지 말라는 유언을 더욱 확실히 해야겠다고 느꼈다(효도 차원에서 돈 많이 들이는 장례는 하지 마라.)." "죽음에 대한 공포가 적어졌다. 직접 화장해서 가족묘 외의 공간에 뿌려 주었으면 좋겠다 하는 생각이 교육을 통해 굳어졌다." "잘 배웠다." "죽음에 대한 두려움이 사라졌다." "만족했다." "매장을 안 해도 관계없을 것 같다는 생각이 들었다." "별 변화는 없지만 죽음을 편하게 받아들일 것 같다." 등의 대답을 하였다.

죽음과 같이 민감하고 부정적인 정서를 담고 있는 주제를 학습 활동으로 구성할 경우에는 참가자가 이러한 주제를 수용하고 거부감 없이 활동에 참여하느냐가 프로그램의 적합성 판단의 1단계가 될 수 있다(Stillion, 1979). 이 연구의 경우에는 참가자들이 개인적인 사정이나 수업 일시 변경으로 결석을 하는 경우도 있었지만 참가자 10명 중에서 마지막까지 9명이 출석을 하여 학습 활동을 수용하였고, 매 수업 시간에 구성되어 있는 집단 활동도 시간을 충분히 부여하고 기다려 주자 거의 대부분의 참가자들이 수업 활동에 반응을 하며 자신들의 생각과 감정을 나누었다.

이와 같은 사실들을 종합해 볼 때 노인학습자를 위한 죽음준비교육 프로그램은 노인학습자들의 기대와 욕구에 적합한 것임을 알 수 있었다.

4. 노인학습자를 위한 죽음준비교육 프로그램

앞에서 서술한 프로그램 개발 과정을 거쳐서 밝혀진 노인학습자를 위한 죽음준비교육 실행에 영향을 미치는 요인과 노인학습자에게 적합한 죽음준비교육 프로그램이 되기 위해서는 어떠한 점에 유의하여야 하는지에 대해 살펴보고자 한다.

❶ 노인학습자를 위한 죽음준비교육 실행에 영향을 미치는 요인

노인학습자를 위한 죽음준비교육 프로그램 개발 과정에서의 문헌 고찰과 노인교육 현장에서 프로그램을 2회 직접 실행해 본 경험에 비추어 노인학습자를 위한 죽음준비교육 실행에 영향을 미치는 요인들로는 다음과 같은 것들을 생각할 수 있다.

[1] 건강 및 신체적 특성

대부분의 노인학습자가 시력이 쇠퇴하여 작은 글씨나 많은 양의 글을 읽는 것을 기피하는 경향이 있었고, 그 밖에도 청력의 쇠퇴, 질병에 의한 손의 근육 마비 등으로 글씨를 쓰는 작업을 하는 데 많은 시간을 요하였다.

[2] 성격 및 정서적 특성

성격 및 정서적 특성으로는 내향적인 성격의 학습자는 집단 활동을 하는 것을 부담스러워하는 경향이 있었고, 지적・경제적 활용 자원이 부족한 학습자의 경우에는 학습에 대한 불안과 저항을 나타내 집단 활동을 진행하는 데 어려움이 있었다.

[3] 죽음준비 정도

죽음준비 정도는 프로그램의 내용 수준을 결정할 때 영향을 미치는 요인으로 작용하였다. 유서 쓰기나 장례식 관련 준비, 시신 처리 방법 등을 미리 준비해 놓은 학습자들도 있어서 수업이 시작되기 전에 점검하고 적합한 대안을 준비하는 것이 필요하다.

[4] 죽음 불안 정도

학습 내용이 지나치게 개인의 죽음 불안을 높일 경우에는 학습자의 신체적・정신적 건강에 영향을 미쳐서 프로그램 진행을 더 이상 불가능하게 할 가능성이 있다. 따라서 프로그램을 진행하는 과정에서 학습자들의 반응을 살피면서 학습자들에게 신체적, 정서적으로 무리가 가지 않도록 프로그램의 내용 수준을 조절할 필요가 있다.

5 학습관, 선수학습 경험

학습관, 선수학습 경험 등은 학습 상황에서 진행자와 학습자 간의 의사소통과 상호작용의 패턴에 영향을 미쳤다. 학습자들이 학생은 교수자가 이끄는 대로 수동적으로 따라가야 한다는 페다고지적 학습관을 가지고 있을 경우에는 진행자에게 지나치게 의존하는 일방적인 상호작용 패턴이 만들어지는 경향이 있어서 집단 활동을 진행하기 위해서는 양방향 상호작용 패턴이 만들어질 수 있도록 진행자-학습자, 학습자-학습자 사이에 친밀한 관계와 평등 관계를 형성하기 위한 교육 전략이 필요하였다. 또 선수학습에서 학습에 대한 부정적인 경험을 하였을 경우에는 이것이 다음 학습 활동을 원활히 진행하는 데 걸림돌로 작용하였다. 예를 들어, 학창시절에 공부를 잘 못했다거나 학교나 학습에 대해 부정적인 기억을 가지고 있는 노인들은 생각을 하거나 생각한 것을 글로 표현하는 작업을 힘들어하고 거부하는 경향이 있어서, 이러한 어려움을 경감시키면서 쉽고 부담 없이 학습할 수 있는 방법을 고안할 필요가 있다.

2 노인학습자에게 적합한 죽음준비교육 프로그램을 위한 제안

연구 결과에 기초하여 노인학습자에게 적합한 죽음준비교육 프로그램을 다음과 같이 제안할 수 있다.

1 프로그램의 목적과 학습 목표

죽음준비교육은 개인의 심리적 성장·발달을 기반으로 하는 일반 교육과 죽음, 죽음의 과정, 사별과 관련된 일을 하는 사람들의 직업 관련 능력 향상을 위한 전문성 배양 교육으로 크게 나눌 수 있는데 이 연구의 프로그램은 개인의 심리적 성장 · 발달을 기반으로 하는 일반 교육을 목적으로 개발되었다.

노인학습자를 위한 죽음준비교육은 학습자들에게 죽음과 관련된 정보를 제공하고, 자신의 죽음에 대한 감정을 탐색할 기회를 제공하며, 죽음과 관련된 실제적인 준비를 하도록 원조하여 인간적인 죽음을 준비할 수 있도록 돕는 것을 목적으로 한다. 또 프로그램을 통해 학습자들은 억압되고 회피되어 온 죽음에 대한 논의를 서로 자연스럽게 나누는 가운데 죽음에 대한 생각과 불안, 부정적 태도를 정리하고, 자신과 비슷한 시대를 살아온 사람들과 함께 경험을 나누는 과정을 통해 자신이 살아온 삶을 생각하고 정리할 기회를 갖게 되어 궁극적으로는 노인들의 자아존중감과 자기 이해가 높아지는 것을 기대할 수 있다. 그 밖에 가족들의 입장에서는 노인 스스로 자신의 죽음에 관련된 사항을 미리 생각하고 결정해 둠으로써 도덕적 책임이나 혼란 등에서 벗어날 수 있고, 사회적으로는 경제적이고 합리적인 죽음 관련 문화의 형성에 이바지할 수 있다.

이러한 일반적 목적에 기초하여 노인학습자를 위한 죽음준비교육 프로그램을 통하여 추구할 수 있는 구체적인 목표를 제시하면 다음과 같다.

① 죽음, 죽음의 과정, 사별 등 죽음 관련 정보를 습득한다

- 죽음에 대한 다양한 전망을 이해한다.
- 죽음의 과정을 이해한다.
- 사별로 인한 비탄 반응을 이해한다.
- 죽음준비교육의 의의와 필요성을 이해한다.

② 죽음에 대한 경험과 의미 탐색을 통해 삶과 죽음에 대한 가치관을 확립한다

- 자신이 경험한 타인의 죽음을 이야기할 수 있거나 다른 사람의 표현에 공감을 표시한다.
- 죽음에 대한 자신의 생각과 감정을 표현한다.
- 죽음에 대한 경험을 삶의 문제와 연결하여 표현한다.
- 죽음에 대한 논의를 통해 삶의 방식과 삶의 목적에 대한 자기 이해가 증가된다.

• 죽음이 자신의 삶에 갖는 의미를 표현한다.

③ 죽음을 다루는 능력, 죽음에 대처하는 능력을 배양한다

• 죽음과 관련된 현상을 겪고 있는 다른 사람의 욕구를 이해하고 이에 민감해진다.
• 죽음과 관련된 현상을 겪고 있는 다른 사람의 욕구에 효과적으로 반응한다.
• 죽음에 대한 대처 기제로서 생명 유언장, 호스피스, 유언장, 장례식 등의 필요성을 이해한다.
• 이러한 대처 기제에 대한 자신의 의견을 표현한다.

④ 죽음에 대한 부정적인 태도, 불안, 공포 등의 감정이 변화된다

• 죽음이 삶의 자연스러운 과정임을 이해한다.
• 죽음에 대한 공포, 불안의 원인을 이해한다.
• 죽음을 회피, 부정하는 태도가 변화된다.

2 프로그램 내용 선정의 기준

이 연구의 프로그램은 선행 연구와 전문가 세미나, 2회에 걸친 프로그램의 진행 경험을 바탕으로 하여 다음과 같은 기준으로 내용을 선정할 것을 제안한다.

① 죽음 불안을 경감시키도록 하는 내용을 선정한다

프로그램 개발은 유목적적 · 의도적 활동이므로 프로그램의 목적을 반영하는 내용이 선정될 필요가 있다. 이 연구의 프로그램의 전체 구조는 토머와 엘리어슨(Tomer & Eliason, 1996)이 제안한 죽음 불안의 통합적 모델에 기초하여 죽음 불안이 감소될 수 있도록 편성하였다. 이 죽음 불안의 통합적 모델은 세상에 대한 신념과 자신에 대한 신념을 변화시켜 과거에 관련된 후회, 미래에 관련된 후회를 경감시키고, 죽음의 의미를 긍정적으로 변화시키는 것에 의해 죽음 불안에 영향을 미칠 수 있다고 가정하고 있다. 따라서 이 연구의 프로그램은 죽음의 의미를 변

화시키기 위해서 3회기 '죽음의 의미 탐색하기', 4회기 '사별과 상실에 대하여', 5회기 '평화로운 죽음을 맞이하기 위하여' 를 구성하여 죽음의 긍정적인 의미를 탐색할 수 있도록 하였고, 세상에 대한 신념과 자신에 대한 신념을 점검하고 삶의 의미를 찾기 위해서는 2회기 '노화와 노년기', 6회기 '내가 세상에 남긴 것은?', 7회기 '나의 장례식 계획하기', 8회기 '내 인생의 4계절' 을 구성하여 자신의 위치와 삶의 목적을 알아내고, 죽음이 끝이 아니라 자기 초월 과정을 통해 자기가 확장되는 것으로 내세에 대한 희망을 가질 수 있도록 구성하였다.

② 실재적인 문제와 긴밀히 연계되도록 해야 한다

존스톤과 리버라(Johnstone & Rivera, 1965)에 의하면 성인들은 학문적인 것보다는 실재적인 것에, 이론적인 것보다는 응용적인 것에, 정보나 지식보다는 기술에 더욱 관심을 두는 경향이 있다. 또 노인들의 경우에 의미 있는 자료가 사용되거나 학습이 개인적으로 의미 있을 때 연령과 관련된 결함이 줄고, 학습에 참여하고자 하는 동기 부여가 된다(Arenberg, 1968). 예비 프로그램을 실행해 본 결과를 보아도 자신들의 문제를 해결할 수 있고 즉시 활용할 수 있는 대처 방법에 대한 관심이 높았다. 따라서 노인들이 죽음을 받아들이는 마음의 준비와 함께 유서, 장례식 계획 등 죽음이 닥쳤을 때 유용한 실재적 준비를 함께할 수 있도록 내용을 구성하였고, 각 회기의 강의도 문제 상황에 어떻게 대응해야 하는지 함께 생각해 보는 시간과 즉시 활용해서 쓸 수 있는 표본이나 정보를 제공하도록 구성하였다.

③ 학습자의 학습 배경을 반영해야 한다

노인은 개인차가 커서, 교수자, 교수 방법, 교육 내용 등이 노인학습자의 다양성을 고려하여야 한다. 이것은 교수의 질을 개선하기 위해서뿐만 아니라 학습자들의 자발적인 참여를 유도하기 위해서도 필요하다(Kasworm, 1983). 이 프로그램에서는 오리엔테이션 시간에 노인학습자들의 학력, 과거의 학습 경험, 문해력, 집단 활동에 참여한 경험, 비슷한 교육을 받은 경험, 죽음준비의 정도, 자아와 학습에 대한 태도, 생활 경험, 성격의 개방성 등을 파악하여 그들에게 적합한 학습 내용을 선정하였다. 노인학습자에게 자기 이미지는 교육 참여와 성취에 실질적 영향을 끼칠 수 있으며, 특히 건강의 쇠퇴, 경제력의 쇠퇴, 무력감, 학습 상황에서의 자기 신뢰성의 결여 등이 노인학습자의 자기 이미지에 대한 위협 요인으로 작용할 수 있다(Knox, 1977). 따라서 이 연구에서는 노인의 자기 이미지를 위협하지 않도록 교육 내용과 교육 방법을 수정하였다. 주로 내성적인 성격에 의존적인 학습관을 가지고 있고 과거 학습에서 성공한 경험이 거의 없어 낮은 자아개념을 가진 학습자에게는 이제까지 경험해 왔던 학습 방식인 강의를 위주로 하고 즉시 이용할 수 있는 대처 기술 위주로 내용을 구성하는 것이 적합하였다. 반면에 활달하고 개방적인 성격에 긍정적인 자아개념과 자기효능감을 가지고 있는 학습자에게는 강의와 집단 활동을 병행하고 집단 활동을 통하여 태도 변화를 위한 가치 탐색 활동을 하도록 구성하는 것이 적합하였다.

④ 학습자의 동시대 출생 집단(birth cohort) 특성을 고려해야 한다

노인 교육을 지도하는 사람들은 참여자들의 출생 집단(birth cohort) 특성을 고려할 필요가 있다. 왜냐하면 학습자들이 구성하는 의미는 학습자의 경험에 의존할 것이기 때문이다(Kasworm, 1983). 현재의 노인 집단은 10년, 20년 후 미래의 노인 집단이나 현재의 젊은이 집단과 비교했을 때, 교육 수준이 높지 않고 학교교육 이외의 다양한 교육 경험을 가지고 있지 못하다. 그러므로 각 회기의 교육 내용을 선정할 때는 지나치게 관념적이거나 추상적인 내용보다는 구체적이고 복잡하지 않은 내용을 선정하였고, 학문적인 개념 정의보다는 일상적인 용어를 주로 사용하는 것이 적합하였다.

3 내용 편성 및 계열화

이 연구의 프로그램은 선행 연구와 전문가 세미나, 2회에 걸친 프로그램 진행의 경험을 통하여 다음과 같은 프로그램 내용 편성과 계열화를 제안한다.

① 집단 발달의 수준을 고려하는 것이 필요하다

이 연구의 프로그램은 강의와 집단 활동으로 구성되어 있는데, 집단 활동을 원활히 진행하고 학습자의 의식 깊은 곳의 가치를 탐색하기 위해서는 학습자의 자기 노출이 가능하도록 감정의 수준을 고려해야 한다. 집단 형성의 초기에는 학습자-학습자, 진행자-학습자 간의 라포가 형성되어 있지 않기 때문에, 서먹서먹한 분위기에서 학습자들이 깊은 수준의 감정이나 개인적인 경험을 탐색하고 표현하는 데 무리가 따르기 쉽다. 주로 개인의 사생활을 노출하여 자아를 탐색하는 내용('내 인생의 사계절')은 친숙하고 지지적인 분위기가 형성된 집단 발달의 후반기에 배열하는 것이 적합하다.

② 죽음 불안 정도를 고려하여 배열하는 것이 필요하다

죽음준비교육은 학습자들이 죽음에 대한 거부, 회피의 정도가 심할 경우에는 학습에 대한 저항이 심하다. 대체로 일반적인 내용이나 타인의 죽음은 객관적으로 다룰 수 있으나 자신의 죽음은 회피하는 경향이 강하다. 그러므로 내용 배열은 죽음에 대한 개념과 일반적인 전망, 다른 사람의 죽음에 대한 경험인 사별 부분을 앞부분으로 배열하고, 자기 자신의 죽음과 관련된 부분은 뒷부분의 회기에 배열하여 죽음 불안의 강도가 점진적으로 높아지도록 배열하는 것이 적합하다.

4 프로그램 내용

이와 같은 프로그램 내용 선정의 기준과 편성 및 계열화의 절차를 거쳐 앞에서 언급한 〈표 17-2〉 같은 프로그램 내용을 제안한다.

노인학습자를 위한 죽음준비교육 프로그램은 강의와 집단 활동, 학습자들의 이야기를 유도할 수 있는 질문들로 구성된 논의 등 세 부분의 활동으로 이루어진다. 1회기에 세 부분의 활동을 모두 다 진행하기보다는 학습자들의 죽음 불안도나 학습 활동에 대한 저항 등 프로그램이 시행되는 맥락과 학습자의 특성을 고려하여 진행자가 적합하다고 판단되는 활동들을 취사선택하여 프로그램을 진행하는 유연성이 필요하다.

5 교수 전략

이 프로그램에서는 노인학습자의 특성을 고려하여 다음과 같은 교수 전략을 제안한다.

① 노인학습자의 이전의 생활 경험을 수업 활동에 포함시켜서 그들의 생각과 경험을 다른 사람과 공유하도록 촉진한다

노인학습자의 학습 과정은 새로운 정보가 이전의 지식에 연결되고 실생활 경험에 바탕을 둘 때 가장 효율적이다(Spigner-Littles & Anderson, 1999). 그러므로 이 연구에서는 노인학습자의 이전의 생활 경험이 학습 활동의 자원으로 활용될 수 있도록 수업 시간에 개방형 질문 등을 사용하였고, 이를 통해 자유로운 논의가 충분히 이루어지도록 유도하였다. 또 노인학습자의 생활 경험을 효율적으로 끌어내기 위해서, 진행자가 학습과 관련된 자신의 경험을 먼저 노출하여 모델로 제공하고, 이와 비슷한 학습자의 경험을 자유롭게 이야기할 수 있도록 유도해야 한다.

② 오리엔테이션 시간이나 수업의 초반부에 프로그램의 의도나 목표를 노인학습자가 이해하기 쉽게 충분히 설명하는 것이 필요하다

노인학습자는 오랜 기간 동안 지녀 온 신념, 지식, 가치, 세계관에 정서적으로 얽매여 있으므로 노인학습자를 다룰 때는 지식을 전달하기보다는 지식이 구성되도록 유도할 필요가 있다. 또 학습 과정을 조절하여 학습자로 하여금 학습 과제 및 기대되는 학습 결과에 적합한 전략을 스스로 세우도록 유도해야 한다. 그러기 위해서는 학습자가 새로운 정보를 왜 학습하고 이것을 어떻게 사용하는지를 이해할 수 있도록 프로그램에서 의도하고 있는 것이 무엇인지, 프로그램과 수업의 목표가 무엇인지를 충분하게 설명하여 이해시켜야 한다.

③ 노인학습자에게 그들의 수업 계획과 학습의 속도를 결정하는 데 참여할 기회를 제공하는 것이 필요하다

노인학습자들은 젊은이들에 비하여 과제를 수행하기 위해 더 많은 시간을 요구

한다(Knox, 1977). 왜냐하면 나이가 들어감에 따라 주요 신경계의 기능이 느려지고, 이러한 신경 전달 속도의 저하는 자극에 대한 주의집중, 정보를 장기기억으로 처리하고 정보를 검색하는 능력에 영향을 미치기 때문이다(Birren, 1964). 실제 프로그램을 교육 현장에서 진행해 본 결과에 비추어 볼 때도 노인학습자들의 경우는 시각과 청각 등의 감각기관이 쇠퇴하여 정보를 받아들이는 데 어려움이 있었고, 학력 수준이 낮거나 질병에 의해 글을 쓰는 데 어려움을 느끼는 사람들이 있었다. 이들이 학습 활동을 불안감 없이 수행할 수 있도록 충분한 시간을 부여하는 것과 함께 교수자가 학습 상황을 주의 깊게 관찰하고 학습자에게 학습의 속도가 빠르지 않은지 시간이 부족하지 않은지 질문하면서 수업을 융통성 있게 진행하여 이들의 자아개념이 손상되지 않도록 배려해야 한다.

④ 수용적인 학습 분위기를 만드는 것이 필요하다

노인은 실패에 대한 두려움이 강하기 때문에 위험을 회피하고 불확실한 답은 하지 않으려는 경향이 있다(Botwinick, 1978). 그러나 노인은 비위협적인 환경에서는 자기 자신을 자유롭게 표현하는 경향이 있다(Kasworm, 1983). 따라서 진행자가 각각의 참가자들을 인정해 주고, 그들의 이야기에 공감해 주고, 그들의 장점을 칭찬하고 약점을 수용해 주는 지지적인 분위기를 만들어 참가자가 편안하게 자기의 생각과 느낌을 표현하도록 조장하여야 한다.

⑤ 실례나 활동에 대한 모델을 제시하고 이를 참고로 자신의 이야기를 할 수 있도록 유도하는 것이 필요하다

노인은 기억으로부터 자료를 검색하는 데 어려움이 있어 정보 검색의 단서를 제공하는 것이 학습에 도움이 되고, 질문을 통한 유도나 선다형 문항 등이 에세이 검사보다 더 많은 검색 단서를 제공하는 경향이 있다(Okun, 1982). 노인 교육 현장에서의 경험에 비추어 볼 때도, 노인은 축적된 경험의 양이 많아서 이것을 적절히 인출하여 표현하는 데 어려움을 겪고 있었고, 또 실패하지 않고 잘 해야겠다는 부담감 때문에 학습 활동 자체를 거부하는 경향이 있었다. 이 연구에서는 나이가

들게 되면서 갖게 되는 실패에 대한 공포나 정보 검색·인출의 어려움을 검색의 단서를 제공하고 과제의 복잡성을 감소시켜서 극복할 수 있도록 하기 위해 노인에게 친숙한 예나 참고로 할 수 있는 모델, 체크리스트, 진단표 등을 제공하였고, 장례식 계획이나 유언장 쓰기, 작별 편지 쓰기 등은 동년배의 보통 노인의 예를 제시하여 즉시 활용할 수 있도록 하였다.

6 학습 환경

노인의 학습을 촉진하고 소집단 활동이 원활히 이루어지기 위해서 다음과 같은 점에 유의하여 심리적·사회적 환경을 조성할 것을 제안한다.

① 집단 구성원 간의 의사소통 과정이 촉진되는 환경을 만들기 위해서 다음과 같은 점에 유의한다.

집단 구성원들이 어떠한 언어적·비언어적 행동을 통해 의사소통을 하는지를 파악하기 위해서 집단 구성원들과 자주 눈을 마주치며 집단을 살펴보도록 한다. 그리고 집단 구성원이 그들의 감정을 자유롭게 표현하고 공유하기 위해서는 지지적이고 수용적인 심리적 환경을 만드는 것이 중요하다. 따라서 집단이 형성된 후 전반부의 2회기까지는 집단 구성원 상호 간, 교수자와 집단 구성원 간에 친밀한 관계가 형성될 수 있도록 노래나 게임 등 함께할 수 있는 활동을 넣는 것이 좋다.

② 상호작용이 원활히 이루어지는 환경을 만들기 위해서 개방적 의사소통 패턴을 촉진하도록 유념한다

노인 집단은, 특히 리더 중심의 의사소통 패턴을 선호하는 경향이 있는데, 되도록 프로그램 진행자에게 의견을 물어보고 조언을 구하기보다는 집단 구성원들이 서로 직접적으로 의사소통하고 그들의 지혜와 경험을 나누도록 격려한다. 발언기회를 정해 놓기보다는 수업 시간 중에 언제라도 자신의 의견을 말할 수 있도록 보장하고, 또 상호작용 패턴에 대한 인식을 공유할 수 있도록 각 회기를 마치고 서로의 의견과 감정을 교환하는 친교의 시간을 설정하여 그날의 집단 과정이 어

떠했는지를 재검토하고 집단 구성원들과 서로의 느낀 점들을 교환하는 시간을 갖는 것이 좋다.

③ 응집력 있는 집단이 조성되도록 다음과 같은 점에 유의한다

집단 구성원들 간의 상호작용을 촉진하기 위해 집단의 인원수를 적게 하고 친밀한 환경을 만드는 것이 좋다. 노인들의 경우 성격적으로 다른 사람 앞에서 자신의 의견을 이야기하는 것이 익숙하지 않은 사람들이 있어서 이러한 심리적인 부담감이 집단 활동에 참여하는 것을 저해하는 경우도 있다. 이러한 사람들을 위해 집단의 크기는 되도록 작게 하고 친밀한 환경을 만들어서 집단 구성원들 간에 자유롭게 상호작용을 할 수 있도록 한다.

긍정적이고 비경쟁적이며 덜 위협적인 집단 내 관계를 조장하기 위해서는 집단 구성원들이 서로 다른 견해를 표현할 때나 서로에게 피드백을 제공할 때, 비판적이거나 적의적인 방식이 아니라 사려 깊고 도움을 주는 방식으로 하도록 격려한다.

진행자는 학습자를 개별적으로 다루도록 유의한다. 즉, 학습자가 집단 내에서 존중받고 환영받고 있다고 느낄 수 있게 한 사람 한 사람을 개별적으로 다루고, 학습자의 논평이나 발언에 주의를 기울여 그들이 학습에 공헌하고 있다는 느낌을 가질 수 있도록 한다. 또 신체적 · 인지적 측면의 장애로 학습 속도가 느린 노인을 인내심을 가지고 기다리고, 개개인에게 필요한 원조를 제공하여 노인학습자가 학습에 편안히 참여할 수 있도록 유도한다.

참고문헌

강선보(1996). 교육에 있어서 죽음에 관한 문제. 교육진흥, 8(4), 153-167.

각당복지재단(1997). 죽음학 강연회 강연집. 삶과 죽음을 생각하는 회.

고승덕, 김은주, 김영규(1999). 노인의 죽음준비교육이 죽음의 불안도에 미치는 요인분석 연구. 보건교육, 건강증진학회지, 16(2), 81-91.

구인회(2008). 죽음과 관련된 생명윤리적 문제들. 집문당.

기영화(2000). 평생교육 프로그램 개발. 학지사.

김균진(2002). 죽음의 신학. 대한기독교서회.

김명자(2003). 중년기 발달. 교문사.

김상우(2005). 죽음의 사회학. 부산대학교출판부.

김수복(1983). 죽음의 신학. 가톨릭출판사.

김수영(2000). 노인교육프로그램 개발을 위한 현황분석 및 방향제시에 관한 연구. 성균관대 교육대학원 미간행 석사학위논문.

김애순(2002). 성인발달과 생애설계. 시그마프레스.

김열규, 김석수, 박선경, 허용호(1989). 죽음의 사색. 서당.

김열규, 김석수, 박선경, 허용호(2001). 한국인의 죽음과 삶. 철학과 현실사.

김영숙, 김욱, 엄기욱, 오만록, 정태신(2002). 사회복지 프로그램 개발과 평가. 교육과학사.

김종서(1982). 노년기의 학습. 대한노인회.

김종서, 김승한, 황종건, 정지웅, 김신일(1993). 평생교육원론. 교육과학사.

김진화(2001). 평생교육 프로그램개발론. 교육과학사.

김현순(2008). 스트레스, 절망, 우울과 자살생각간의 구조적 관계-노인과 청소년의 차이 비교 연구. 단국대학교 대학원 미간행 박사학위논문.

노영구(2000). 노인 여가교육프로그램개발에 관한 연구. 고려대학교 대학원 미간행 박사학위 논문.

노유자, 한성숙, 안성희, 김춘길(1994). 호스피스와 죽음. 현문사.

문화일보. 2010년 2월 11일 제 5556호.

박도식(1980). 천주교와 개신교. 가톨릭출판사

박두이(1990). 상례복의 구조와 구성 원리. 국립민속박물관 편저. 영원한 만남-한국 상장례. 미진사.

박상칠, 조용범(1999). 자살, 예방할 수 있다. 학지사.

박태호(2005). 세계묘지문화기행. 서해문집.

방상훈(1994). 사진과 그림으로 보는 가정의례. 조선일보사.

배영기(1992). 죽음학의 이해. 교문사.

손세명(2000). 뇌사. 복지동향 18호.

어성연(1995). 노인의 가정생활교육에 대한 학습요구도 분석과 교육프로그램 개발. 중앙대학교 대학원 미간행 석사학위논문.

오강남(2003). 세계 종교 둘러보기. 현암사.

유민지(2000). 노년기 가족관계 향상을 위한 교육프로그램 개발 및 평가에 관한 연구. 부산 신라대학교 대학원 미간행 석사학위논문.

유영만(1996). 교수체제설계. 한국인력개발.

이경덕(2006). 우리 곁에서 만나는 동서양 신화. 사계절출판사.

이기선(1992). 지옥도. 대원사.

이상목(2010). 동서양의 생명윤리. 아카넷.

이은봉(1995). 여러 종교에서 보는 죽음관. 가톨릭출판사.

이이정(2003). 노인 학습자를 위한 죽음준비교육 프로그램 개발 연구. 연세대학교 대학원 미간행 박사학위논문.

이이정(2006). 노인학습자를 위한 죽음준비교육 프로그램 개발 연구. *Andragogy Tody, 9*(1), 33-65.

이정우(2003). 영혼론 입문. 살림출판사.

이호연(1994). 하이데거의 죽음에 관한 연구-인간의 존재 전체를 자각화하는 문제를 중심으로. 철학 연구, 17, 92-115.

임재해(2004). 전통상례. 대원사.

정동호, 이인석, 김광윤(1986). 죽음의 철학-현대철학의 논의를 중심으로-. 청람논단.

정승모(1990). 상, 장제도의 역사와 사회적 기능(국립민속박물관 편저). 영원한 만남-한국 상장례. 미진사.

정옥분(2004). 발달 심리학-전생애 인간발달. 학지사.

정지웅, 김지자(1995). 사회교육개론. 서울대학교출판부.

조명옥(1997). 노인이 인식한 죽음의 의미와 준비에 관한 문화 기술적 탐색 사례연구. 한국노년학, 17, 1-33.

진중권(1992). 춤추는 죽음 1. 세종서적.

진중권(2005). 춤추는 죽음 2. 세종서적.

차명호(1998). 노인교육프로그램 모형개발에 관한 연구. 명지대학교 사회교육대학원 미간행 석사학위논문.

최원호(2004). 이승과 저승을 잇는 다리 한국 신화 1. 여름언덕.

통계청(2009a). 2008년 사망통계 잠정결과.

통계청(2009b). 2008년 생명표 작성결과.

통계청(2010a). 2009년 사망원인통계결과.

통계청(2010b). 2009년 사망통계 잠정결과.

한겨레신문사(2001). 한겨레21, 제343호.

한국외국어대학교 외국학종합연구센터(2006). 세계의 장례문화. 한국외국어대학교 출판부.

한국종교학회 편(2001). 죽음이란 무엇인가. 도서출판창.

황기석(1984). 죽음의 판정(한국 카톨릭 의사협회 편.) 의학 윤리. 수문사.

국립장기이식관리센터(www.konos.go.kr)

사랑의 장기기증본부(www.donner.or.kr)

アルフオンス, デーケン(Alfons Deeken)(1986a). 死を看取る. メヂカルフレンド社.

アルフオンス, デーケン(Alfons Deeken)(1986b). 死を教える. メヂカルフレンド社.

アルフオンス, デーケン(Alfons Deeken)(1986c). 死を考える. メヂカルフレンド社.

立花隆(1994a). 臨死體驗 上. 윤대석 역(2003a) 임사체험 상. 청어람미디어.

立花隆(1994b). 臨死體驗 下. 윤대석 역(2003b) 임사체험 하. 청어람미디어.

林章敏, 池永昌之 편(2002). 死をみとゐ1週間. 허대석, 조현 역(2003). 임종을 맞이하는 마지막 1주일. 군자 출판사.

柳田邦男(1995). 犧牲(サクリフアイウ). 文藝春秋.

Aday, R. H. (1984–1985). Belief in afterlife and death anxiety: Correlates and comparison. *Omega, 15,* 67–75.

Aiken, L. R. (1994). *Dying, Death, and Bereavement* (3rd ed.). Allyn and Bacon.

Akner, L. F., & Whitney, C. (1993). *How to survive the loss of a parent: A guide for adults.* New York: Morrow.

Alexander, I. E., Colley, R. S., & Adlerstein, A. M. (1957). Is death a matter of indifference. *Journal of psychology, 43,* 277–283.

Angell, M. (1996). Euthanasia in the Netherlands–goodnews or bad? *New England Journal of Medicine, 335,* 1676–1678.

Anthony, S. (1940). *The child's discovery of death.* New York: Harcourt Brace & Company.

Anthony, S. (1972). *The discovery of death in childhood and after.* New York: Basic Books.

Antonowski, A. (1979). *Health, stress and coping.* San Francisco: Jossey–Bass.

Arenberg, D. (1968). Concept problem solving in young and old adults. Journal of Gerontology, 23, 279–283.

Ariès, P. (1974). *Western attitudes toward death: From the middles ages to the present.* Baltimore: Johns Hopkins University Press.

Ariès, P. (1975). *Essais sur l'histoire de la mort en occident du moyen age a nos jours.* 이종민 역(1998). 죽음의 역사. 동문선.

Ariès, P. (1981). *The hour of our death.* New York: Knopf.

Ariès, P. (1983a). *Images de l'homme devant la mort.* 유선자 역(1997a). 죽음앞에 선 인간 상. 동문선.

Ariès, P. (1983b). *Images de l'homme devant la mort.* 유선자 역(1997b). 죽음앞에 선 인간 하. 동문선.

Atwater, E. (1996). *Adolescence* (4th ed.). New York: Prentice–Hall.

Back, K. W. (1971). Metaphors as a test of personal philosophy of aging. *Sociological Forces, 5,* 1–8.

Baker, J. E., Sedney, M. A., & Gross, E. (1992). Psychological tasks for bereaved children. *American Journal of Orthopsychiatry, 62,* 105–116.

Baker, J. E., & Sedney, M. A. (1996). How bereaved children cope with loss: An overview. In C. A. Corr & D. M. Corr (Eds.), *Handbook of childhood death and bereavement.* New York: Springer.

Balk, D. E. (1990). The self-concepts of bereaved adolescents: Sibling death and its aftermath. *Journal of Adolescent Research, 5,* 112-132.

Balmer, L. E. (1992). *Adolescent sibling bereavement: Mediating effects of family environment and personality.* Unpublished doctoral dissertation, York University, Toronto.

Balta, P. et al. (1989). *Le livre des religions.* 윤정임 역(1999). 세계의 종교 이야기. 미래M&B.

Baltes, P. B. (1987). Theoretical, propositions of life span developmental psychology: On the dynamics between growth and decline. *Developmental Psychology, 23,* 611-626.

Barry, L., Kasl, S., & Prigerson, H. (2002). Psychiatric disorders among bereaved persons: The role of perceived circumstances of death and preparedness for death. *American Journal of Geriatric Psychiatry, 10,* 447-457.

Becker, H., & Bruner, D. K. (1931). Attitudes towards death and the dead. *Mental Hygiene, 15,* 828-837.

Becker, E. (1962). *The birth and death of meaning.* New York: Free Press.

Becker, E. (1973). *The denial of death.* New York: Free Press.

Becker, E. (1975). *Escape from evil.* New York: Free Press.

Becvar, D. S. (2001). *In the Presence of Grief: Helping Family Members Resolve Death.* New York: Guilford Press.

Beecher, H. K. (1968). A definition of irreversible coma. Report of the Ad Hoc Committee of the Harvard Medical School to Examine the Definition of Brain Death. *Journal of the American Medical Association, 205,* 337-340.

Bengston, V. L., Cuellar, J. B., & Ragan, P. K. (1977). Stratum contrasts and similarities in attitudes toward death. *Journal of Gerontology, 32*(1), 76-88.

Benson, E. P., & Cook, A. G. (2001). *Ritual sacrifice in ancient Peru: New discoveries and interpretations.* Austin: University of Texas Press.

Berg, D. W., & Daugherty, G. G. (1973). *Death education: A survey and study of colleges and universities.* DeKalb, Ⅲ.: Eudcational Perspectives Associates.

Berman, W. H., & Sperling, M. B. (1994). The structure and function of adult attachment. In M. B. Sperling & W. H. Berman, Attachment in adults: *Clinical and developmental perspectives.* New York: The Guilford Press.

Birren, J. E. (1964). *The Psychology of Aging.* Prentice-Hall, Inc., Englewood Cliffs, New Jersey.

Birren, J. E., & Deutchman, D. E. (1991). *Guiding Autobiography Groups for Older Adults.* The Johns Hopkins University Press.

Birren, J. E., Kenyon, G. M., Schroots, J. F., & Svensson, T. (1993). *Aging and Biography.* Spinger Publishing Company.

Blazer, D. G. (1982). Social support and mortality in an elderly community population. *American Journal of Epidemology, 115,* 684-694.

Bleich, J. D. (1979). The obligation to heal in the Judaic tradition: A comparative analysis. In F. Rosner & J. D. Bleich (Eds.), *Jewish bioethics.* Sanhedrin Press.

Bloom, B. S. (1956). *Taxonomy of educational objectives: The classification of educational goals*. New York: McKay.

Blos, P. (1979). *The adolescent passage: Developmental issue*. New York: International Universities Press.

Bluebond-Langner, M. (1978). *The private worlds of dying children*. Princeton, NJ: Princeton University Press.

Borg, S., & Lasker, J. (1989). *When pregnancy fails: Families coping with miscarriage, stillbirth, and infant death* (rev. ed.). New York: Bantam. Boss, 1988.

Botwinick, J. (1978). *Aging and behavior: A Comprehensive Integration of Research Findings* (2nd ed.). New York: Springer.

Bowen, M. (1978). *Family therapy in clinical practice*. New York: Jason Aronson.

Bowlby, J. (1960). Grief and mourning in infancy and early childhood. *Psychoanalytic Study of Child, 15,* 9-52.

Bowlby, J. (1969). *Attachment*. New York: Basic Books.

Bowlby, J. (1973). *Separation*. New York: Basic Books.

Bowlby, J. (1980). *Loss*. New York: Basic Books.

Bowling, A. (1988). Who dies after widow(er)hood. A discriminant analysis. *Omega, 19,* 135-153.

Boyar, J. I. (1964). The construction and partial validation of a scale for the measurement of the fear of death. *Dissertation abstracts, 25,* 20-21.

Brothers, J. (1992). *Widowed*. 김옥라 역(1992). 홀로 남은 이를 위하여. 우진출판사.

Broughton, J. M. (1984). Not beyond formal operations but beyond Piaget. In M. L. Commons, F. A. Richards & C. Armon (Eds.), *Beyond formal operations*, 395-411. New York: Praeger.

Buckman, R. (1992). *How to Break Bad News: A Guide for Health Care Professinals*. Toronto: University of Toronto Press.

Bueno, B., Abengozar, M., & Vega, J. L. (1999). Intervention on attitudes toward death along the life span. *Educational Gerontology, 25,* 435-447.

Bugen, L. A. (1977). Human grief: A model for prediction and intervention. American *Journal of Orthopsychiatry, 47,* 196-206.

Bugen, L. (1979). State anxiety effects on counselor perceptions of dying states. *Journal of Counseling Psychology, 26,* 89-91.

Bulfinch, T. (1855). *The age of fable*. 최혁순 역(1980). 그리스 · 로마신화. 범우사.

Butler, R. N. (1961). The life review: An interpretation of reminiscence in the aged. In B. L. Neugarten(Ed.), *Middle age and aging*, 486-496. Chicago: University of Chicago Press.

Caffarella, R. (2002). *Planning programs for adult learners*. 김영주 역(2002). 평생 교육프로그램개발. 지구문화사.

Callanan, M., & Kelley, P. (1992). *Final gifts*. Bantam books.

Calvin, S., & Smith, I. M. (1986). Counseling adolescents in death-related situations. In C. A. Corr & N. McNeil, *Adolescence and death*. New York: Springer.

Cantor, N. L. (1993). *Advance directives and the pursuit of death with dignity.* Bloomington, IN: Indiana University Press.

Caplan, G. (1964). *Principles of preventive psychiatry.* New York: Basic Books.

Caprio, F. S. (1950). A study of some psychological reactions during pre-pubescence to the idea of death. *Psychiatric Quarterly, 24,* 495–505.

Capron, A. M., & Kass, L. R. (1972). A statutory definition of the standards for determining human death. *University of Pennsylvania Law Review, 121,* 87–118.

Carr, D. (1982). Pathophysiology of Stress-Induced Limbic Lobe Dysfunction: A Hypothesis for NDEs. *Anabiosis, 2*(1).

Carrasco, D. L. (1999). *City of sacrifice: The Aztec empire and the role of violence in civilization.* Boston: Beacon.

Center for the advancement of health (2004). Report on bereavement and grief research. *Death Studies, 28,* 491–575.

Cervero, R. M., & Wilson, A. L. (1994). *Planning responsibly for adults education.* San Francisco: Jossey-Bass.

Chance, S. (1992). *Stronger than death.* New York: Norton.

Christ, G., Bonanno, G., Malkinson, R., & Rubin, S. (2003). Bereavement experiences after the death of a child. In Institute of Medicine. M. Field & R. Behrman (Eds.), *When children die: improving palliative and end-of-life care for children and their families.* Washington, DC: National Academy Press.

Christakis, N., & Iwashyna, T. (2003). The health impact of health care on families: A matched cohort study of hospice use by decedents and mortality outcomes in surviving, widowed spouses. *Social Science & Medicine, 57,* 465–475.

Cicirelli, V. G. (1998). Personal meanings of death in relation to fear of death. *Death Studies, 22,* 713–733.

Cicirelli, V. G. (2001). Personal meaning of death in older adults and young adults in relation to their fears of death. *Death Studies, 25,* 663–683.

Clayton, P. J. (1979). The sequelae and nonsequelae of conjugal bereavement. *American Journal of Psychiatry, 136,* 1530–1534.

Cohn, C. B. (1996). Christian perspectives on assisted suicide and euthanasia: The Anglican tradition. *Journal of Law, Medicine & Ethics, 24,* 369–379.

Cohen-Mansfield, J., Droge, J., & Billing, N. (1992). Factors influencing hospital patients' preferences in the utilization of life-sustaining treatments. *The Gerotologist, 32,* 89–95.

Collett, L., & Lester, D. (1969). The fear of death and the fear of dying. *Journal of Psychology, 72,* 179–181.

Combs, D. (1981). The effects of selected death education curriculum models on death anxiety and death acceptance. *Death Education, 5,* 75–81.

Connor, S. R. (1992). Denial in terminal illness: To intervene or not to intervene. *The Hospice Journal, 8,* 1–15.

Conte, H. A., Weiner, M. B., & Plutchik, R. (1982). Measuring death anxiety: Conceptual, psychometric, and psychoanalytic aspects. *Journal of Personality and Social Psychology, 43,* 775–785.

Cook, A. S., & Oltjenbruns, K. A. (1998). *Dying and grieving: Life span and family perspectives.* Fort Worth, TX: Harcourt Brace.

Coolidge, F. L., & Fish, C. E. (1983; 1984). Dreams of the dying. *Omega, 14,* 1–8.

Coppola, K. M., Bookwala, J., Ditto, P. H., Lockhart, L. K., Danks, J. H., & Smucker, W. D. (1999). Elderly adults' preferences for life–sustaining treatment: The role of impairment, prognosis, and pain. *Death studies, 23,* 617–634.

Corey, L. G. (1961). An analogue of resistance to death awareness. *Journal of Gerontology, 16,* 59–60.

Corr, C. A. (1977). What is philosophical in the death and dying course. *Death Education, 1,* 93–111.

Corr, C. A. (1978). A model syllabus for death and dying course. *Death Education, 1,* 433–457.

Corr, C. A. (1992). A task–based approach to coping with dying. *Omega, 24,* 81–94.

Corr, C. A. (1995). Death education for adults. In I. B. Corless, B. B. Germino & M. A. Pittman (Eds.), A challenge for living : *Dying, death, and bereavement.* Boston: Jones & Bartlett.

Corr, C. A., Morgan, J. D., & Wass, H. (1994). *Statements about Death, Dying, and Bereavement.* The International Work Group on Death, Dying, and Bereavement.

Corr, C. A., Nabe, C. M., & Corr, D. M. (2000). *Death and Dying, Life and Living.* Wadsworth.

Crawford, S. C. (1995). *Pilemmas of life and death: Hindu ethics in a North American Context.* Albany: State University of New York Press.

Crohan, S. E., & Antonucci, T. C. (1989). Friendship as a source of social support in old age. In R. G. Adams & R. Blieszner (Eds.), *In Older Adult Friendship.* Newbery Park: Sage publication.

Cumming, E., & Henry, W. E. (1961). *Growing old.* New York: Basic Books.

Davies, B., & Howell, D. (1998). Special services for children. In D. Doyle, G. W. C. Hanks & N. MacDonald (Eds.), *Oxford textbook of palliative medicine* (2nd ed.). New York: Oxford University Press.

Davies, B., Spinetta, J., Martinson, I., & Kulenkamp, E. (1986). Manifestations of levels of functioning in grieving families. *Journal of Family Issues, 7,* 297–313.

Davies, N. (1981). *Human sacrifice in history and today.* New York: Morrow.

Davis, D. L. (1991). *Empty cradle, broken heart: Surviving the death of your baby.* Golden, CO: Fulcrum.

Davis, D. S. (1994). Method in Jewish bioethics. In P. F. Camenisch (Ed.), *Religions Methods and resources in biothics.* Pordrecht: Kluwer.

Davis, S. F., Martin, D. A., Wilee, C. T., & Voorhees, J. W. (1978). Relationship of fear of death and level of self–esteem in college students. *Psychological Reports, 42,* 419–422.

Demi, A. S., & Miles, M. S. (1987). Parameters of normal grief: A Delphi study. *Death Studies, 11,* 397–412.

DeSpelder, L. A., & Strickland, A. L. (1992). *The last dance* (3rd ed.). Mountain View, CA: Mayfield.

Diamant, A. (1994, October). Special report: Media violence. *Parents Magazine, 45,* 40–41.

Dickstein, L. S. (1972). Death concern: Measurement and correlates. *Psychological Reports, 30,* 563–571.

Diggory, J. C., & Rothman, D. Z. (1961). Values destroyed by death. *Journal of Abnormal and Social Psychology, 63,* 205–210.

Dittman–Kohli, F., & Baltes, P. B. (1990). Toward a neofunctionalist conception of adult intellectual development: Wisdom as a prototypical case of intellectual growth. In C. Alexander & E. Langer (Eds.), *Beyond formal operations: Alternative endpoints to human development.* New York: Oxford University Press.

Dixon, R. A., & Baltes, P. B. (1986). Toward life–span research on the functions and pragmatics of intelligence. In R. J. Sternberg & R. K. Wagner (Eds.), *Practical intelligence: Nature and origins of competence in the everyday world.* New York: Cambridge University Press.

Doane, B. K., & Quigley, B. Q. (1981). Psychiatric aspects of therapeutic abortion. *Canadian Medical Association Journal, 125,* 427–432.

Doka, K. J. (1988). The awareness of mortality in midlife: Implications for later life. *Gerontology Review, 2,* 1–10.

Doka, K. J. (1989). Disenfranchised grief. In K. J. Doka (Eds.), *Disenfranchised grief: Recognizing hidden sorrow.* Lexington, MA: Lexington Books.

Doka, K. J. (1993). *Living with life threatening illness: A guide of patients, families, and caregivers. Lixington,* MA: Lexington Books.

Doka, K. J. (1996). The cruel paradox: Children who are living with life–threatening illnesses. In C. A. Corr & D. M. Corr (Eds.), *Handbook of childhood death and bereavement.* New York: Springer.

Donnelly, K. F. (1988). *Recovering from the loss of a sibling.* New York: Dodd, Mead.

Downe–Wamboldt, B., & Tamlyn, D. (1997). An international survey of death education trends in faculties of nursing and medicine. *Death Studies, 21,* 177–188.

Dunand, F., & Lichtenberg, R. (1993). *Mummy.* 이종인 역(1996). 미라. 시공사.

Durlak, J. A. (1978). Comparison between experiential and didactic methods of death education. *Omega, 9,* 57–66.

Durlak, J. A. (1994). Changing death attitudes through death education. In R. A. Neimeyer (Ed.), *Death anxiety handbook: Research, instrumentation, and application,* 243–260.

Durlak, J. A., & Kass, R. A. (1981–1982). Clarifying the measurement of death attitudes: A factor analytic evaluation of fifteen self–report death scales. *Omega, 12,* 129–141.

Durlak, J. A., & Reisenberg, L. A. (1991). The impact of death education. *Death studies, 15,* 39–58.

Dyregrov, K. (2003/2004). Micro–sociological analysis of social support following traumatic bereavement: Unhelpful and avoidant responses from the community. *Omega, 48,* 23–44.

Easson, W. M. (1974). Management of the dying child. *Journal of Clinical hild Psychology, 3*(2), 25–27.

Ebersole, P., & Hess, P. (1990). *Toward healthy aging: Human needs & nursing response* (3rd ed.). St. Louis, Missouri: C. V. Mosby Co.

Einstein, A., & Freud, S. (1932). *Why war.* Chicago: Chicago Institute for Psychoanalysis.

Elias, N. (1982). *über die einsamkeit der sterbenden.* 김수정 역(1998). 죽어 가는 자의 고독. 문학동네.

Elias, N. (1991). On human beings and their emotions: A process-sociological essay. In M. Featherstone, M. Hepworth & B. S. Turner (Eds.), The body: Social process and cultural theory. London: Sage.

Eliot, T. D. (1930a). The adjustive behavior of bereaved families: A new field for research. *Social Forces, 8,* 543–549.

Eliot, T. D. (1930b). Bereavement as a problem for family research and technique. *The Family, 11,* 114–115.

Emanuel, L. L., Barry, M. J., Stoeckle, J. D., Ettelson, L. M., & Emanuel, E. J. (1991). Advance directives for medical care: A case for greater use. *New England Journal of Medicine, 324,* 889–895.

Emanuel, E. J., Fairclough, D. L., Wolfe, P., & Emanuel, L. L. (2004). Talking with terminally ill patients and their caregivers about death, dying, and bereavement. *Archives of Internal Medicine, 164,* 1999–2004.

Engel, G. L. (1961). Is grief a disease. A challenge for medical research. *Psychosomatic Medicine, 23,* 18–22.

Epstein, G. L., Weitz, L., Roback, H., & Mckee, E. (1975). Research on bereavement: A selective and critical review. *Comprehensive Psychiatry, 16,* 537–546.

Erikson, E. H. (1963). *Childhood and society* (2nd ed.). New York : Norton.

Erikson, E. H. (1976). Reflections of on Dr. Borg' s life cycle. *Daedalus, 105,* 1–28.

Erikson, E. H. (1997). *The life cycle completed.* W.W. Norton & Company.

Farberow, N., & Shneidman, E. S. (Eds.). (1957). *Clues to suicide.* New York: McGraw-Hill.

Feifel, H. (Eds). (1959). *The meaning of death.* New York: McGraw-Hill.

Feifel, H. (1977). *New meanings of death.* New York: Mcgraw-Hill.

Feifel, H., & Branscomb, A. B. (1973). Who' s afraid of death. *Journal of Abnormal Psychology, 81,* 82–88.

Feifel, H., & Nagy, V. T. (1981). Another look at fear of death. *Journal of Consulting and Clinical Psychology, 49,* 278–286.

Fenwick, P., & Fenwick, E. (2008). *The Art of Dying.* 정명진 역(2008). 죽음의 기술. 부글북스.

Fleming, S. J., & Adolph, R. (1986). Helping bereaved adolescents: Needs and responses. In C. A. Corr & J. N. McNeil (Eds.), *Adolescence and death.* New York: Springer.

Fletcher, J. (1973). Medicine and the nature of man. *Science, Medicine and Man, 1,* 93–102.

Florian, V., & Har-Even, D. (1983–1984). Fear of personal death: The effects of sex and religious belief. *Omega, 14,* 83–91.

Florian, V., Mikulincer, M., & Green, E. (1993–1994). Fear of personal death and the MMPI profile of middle-age men: The moderating impact of personal losses. *Omega, 28*(2), 151–164.

Folkman, S., & Lazarus, R. S. (1980). An analysis of coping in a middle-aged community sample. *Journal of Health and Social Behavior, 21,* 219–239.

Fox, S. S. (1988, August). Helping child deal with death teaches valuable skills. *Psychiatric Times,* 10–11.

Frankl, V. E. (1963). *Man' s search for meaning: An introduction to logotherapy.* New York: Washington Square

Press.

Fredrick, J. F. (1983–1984). The biochemistry of bereavement: Possible bias for chemotherapy. *Omega, 13,* 295–303.

Freud, S. (1949). Aggression in relation to emotional development: Normal and pathological. *Psychoanalytic Study of the Child, 34,* 37–42.

Freud, S. (1953). *Thoughts for the times on war and death.* London: Hogarth.

Freud, S. (1959). Mourning and melancholia. *Collected papers: Vol. 4.* New York: Basic Books.

Freud, S. (1961). *New introductory lessons on psychoanalysis.* New York: Norton. (Original work published 1933).

Frey, W. H. (1980). Not–so–idle–tears. *Psychology Today, 13,* 91–92.

Fulton, R. (1988). The funeral in contemporary society. In H. Wass, F. M. Berardo & R. A. Neimeyer (Eds.), *Dying: Facing the facts.* New York: Hemisphere.

Furman, E. (1974). *A child's parent dies: Studies in childhood bereavement.* New Haven: Yale University Press.

Geneva, J. L. (2003). *Report on Bereavement and Grief Research.* Washington, DC: Center for the Advancement of Health.

Gesser, G., Wong, P. T. P., & Reker, G. T. (1987–1988). Death attitudes across the lifespan: The development and validation of the death attitude profile(DAP), *Omega, 18*(2), 113–128.

Gilliland, J. C., & Templer, D. I. (1985–1986). Relationship of death anxiety scale factors to subjective states. *Omega, 16,* 155–167.

Glaser, B. G., & Strauss, A. L. (1965). *Awareness of dying.* Chicago: Aldine.

Glaser, B. G., & Strauss, A. L. (1968). *Time for dying.* Chicago: Aldine.

Glass, J., & Knott, E. (1984). Effectiveness of a lesson series on death and dying in changing adolescents' death anxiety and attitudes toward older adults. *Death Education, 8,* 299–313.

Glick, I. O., Weiss, R. S., & Parkes, C. M. (1974). *The first year of bereavement.* New York: Wiley.

Goodkin, K., Baldewicz, T., Blaney, N., Asthana, D., Kumar, M., Shapshak, P., Leeds, B., Burkhalter, J., Rigg, D., Tyll, M., Cohen, J., & Zheng, W. (2001). Physiological effects of bereavement and bereavement support group interventions. In M. Stroebe et al. (Eds.), *Handbook of bereavement: consequences, coping, and care.* Washington, DC: American Psychological Association.

Gorer, G. (1965). *Death, grief and mourning.* New York: Doubleday Anchor Books.

Gould, R. (1978). *Transformations: Growth and change in adult life.* New York: Simon and Shuster.

Gray, R. E. (1987). Adolescent response to the death of a parent. *Journal of Youth and Adolescence, 16,* 511–525.

Grollman, E. A. (1967). *Explaining death to children.* Boston: Beacon Press.

Grollman, E. A. (1976). *Talking about death: A dialogue between parent and child.* Beacon press.

Gyatso, T., & Hopkins, J. (1989). *Dalai Lama at Harvard.* 주민황 역(2006). 달라이 라마 하버드대 강의. 작가정신.

Habenstein, R. W., & Lamers, W. M. (1955). *The history of American funeral directing*. Milwaukee: Bulfin.

Habenstein, R. W., & Lamers, W. M. (1960). *Funeral customs the world over*. Milwaukee: Bulfin.

Hagman, G. (2001). Beyond decathexis: Towards a new psychoanalytic understanding and treatment of mourning. In R. A. Neimeyer (Ed.), *Meaning reconstruction and the experience of loss*. Washington, DC: American Psychological Association.

Haig, T. H. B., Scott, D. A., & Wickett, L. I. (1986). The rational zero point for an illness index with ratio properties. *Medical Care, 24,* 113-124.

Halley, M., & Harvey, W. (1968). Medical vs. legal definitions of death. *Journal of The American Medical Association, 204,* 103-105.

Hamel, R. (Ed.). (1991). *Choosing death: Active euthanasia, religion, and the public debate*. Trinity Press International.

Hamilton, J. (1978). Grandparents as grievers. In O. J. Z. Sahler, *The child and death*. St. Louis: C. V. Mosby.

Handal, P. J. (1969). The relationship between subjective life expectancy, death anxiety, and general anxiety. *Journal of Clinical Psychology, 25,* 39-42.

Harmon-Jones, E., Simon, L., Greenberg, J., Pyszczynski, T., Solomon, S., & Mcgregor, H. (1997). Terror management theory and self-esteem: Evidence that increased self-esteem reduces mortality salience effect. *Journal of Personality and Social Psychology, 73,* 24-31.

Harp, J. R. (1974). Criteria for the Determination of death. *Anesthesiology, 40,* 391-397.

Havighurst, R. J. (1953). *Human development and education*. New York: Longmans, Green.

Hazan, C., & Shaver, P. R. (1987). Romantic love conceptualized as an attachment process. *Journal of Personality and Social Psychology, 52,* 511-524.

Helsing, K. J., & Szklo, M. (1981). Mortality after bereavement. *American Journal of Epidemiology, 114,* 41-52.

Hetzel, S., Winn, V., & Tolstoshev, H. (1991). Loss & change: New directions in death education for adolescents. *Journal of Adolescence, 14,* 323-334.

Higgins, E. T. (1987). Self-discrepancy: A theory relating self and affect. *Psychological Review, 94,* 319-340.

Hill, T. P. (1996). Care of the dying: From an ethics perspective. In D. C. Thomasma & T. Kushner (Eds.), *Birth to death: Science and bioethics*. New York: Cambridge University Press.

Hillman, H. (1972). Dying and Death(Editorial). *Resuscitation, 1,* 85-90.

Holcomb, L. E., Neimeyer, R. A., & Moore, M. K. (1993). Personal meanings of death: A content analysis of free response narratives. *Death Studies, 17,* 299-318.

Hoelter, J., & Epley, R. (1979). Death education and death-related attitudes. *Death Education, 3,* 67-75.

Hoelter, J. W. (1979). Multidimensional treatment of fear of death. *Journal of Consulting and Clinical Psychology, 47,* 996-999.

Hoelter, J. W., & Hoelter, J. A. (1980-1981). On the interrelationships among exposure to death and dying, fear of death, and anxiety. *Omega, 11,* 241–254.

Hogan, N. S., & Greenfield, D. B. (1991). Adolescent sibling bereavement symptomatology in a large community sample. *Journal of Adolescent Research, 6,* 97–112.

Hogan, N. S., & Schmidt, L. A. (2002). Testing the grief to personal growth model using structural equation modeling. *Death Studies, 26,* 615–634.

Horowitz, M. (1986). *Stress response syndromes.* Northvale, NJ: Aronson.

Horowitz, M., Marmar, C., Weiss, D., DeWitt, K., & Rosenbaum, R. (1984). Brief psychotherapy of bereavement reactions: The relationship of process to outcome. *Archives of General Psychiatry, 41,* 438–448.

Horowitz, M., Wilner, N., Marmar, C., & Krupnick, J. (1980). Pathological grief and the activation of latent self images. *American Journal of Psychiatry, 137,* 1157–1162.

Houle, C. O. (1996). *The design of education* (2nd ed.). San Francisco: Jossey–Bass.

Huyck, M. H., & Hoyer, W. J. (1982). *Adult development and aging.* Belmont, CA: Wadsworth.

International Work Group on Death, Dying, and Bereavement (1992). A Statement of Assumptions and Principles Concerning Education about Death, Dying, and Bereavement. *Death Studies, 16,* 59–65.

Jackson, E. N. (1984). The pastoral counselor and the child encountering death. In H. Wass & C. A. Corr (Eds.), *Helping children cope with death: Guidelines and resources* (2nd ed.). Washington, DC: Hemisphere.

Jacobs, J. L. (1992). Religious ritual and mental health. In J. F. Schumaker (Ed.), *Religion and mental health.* New York: Oxford University Press.

Jacobs, S., & Kim, K. (1990). Psychiatric complications of bereavement. *Psychiatric Annals, 20,* 314–317.

Jacobs, S., Kosten, T., Kasl, S., Ostfeld, A., Berkman, L., & Charpentier, P. (1987). Attachment theory and multiple dimensions of grief. *Omega, 18,* 41–52.

Jacobs, S., & Prigerson, H. (2000). Psychotherapy of traumatic grief: A review of evidence for psychotherapeutic treatments. *Death Studies, 24,* 479–495.

Jacques, E. (1965). Death and the midlife crisis. *International Journal of Psychoanalysis, 46,* 502–514.

Jeffers, F. C., Nichols, C. R., & Eisdorfer, C. (1961). Attitudes of older persons toward death: A preliminary study. *Journal of Gerontology, 16,* 53–56.

Jellife, S. E. (1933). The death instinct in somatic and psychopathology. *Psychoanalytic Review, 20,* 121–132.

Jellinek, M. S. et al. (1985). The impact of grief on ventilatory control. *American Journal of Psychiatry, 142,* 121–123.

Johnson, C. L., & Barer, B. M. (1997). *Life beyond 85 years: The aura of survivorship.* New York: Springer.

Johnston, J. W. C., & Rivera, R. J. (1965). Volunteers for Learning. Chicago: Aldine.

Jordan, J., & Neimeyer, R. (2003). Does grief counseling work. *Death Studies, 27,* 765–786.

Kalish, R. A. (1977). Dying and preparing for death: A view of families. In H. Feifel (Ed.), *New meanings of death.* New York: McGraw–Hill.

Kalish, R. A. (1985a). *Death, Grief, and Caring Relationships* (2nd ed.). Brooks/Cole Publishing Company: Monterey, California.

Kalish, R. A. (1985b). Death and dying in a social context. In R. H. Binstock & E. Shanas (Eds.), *Handbook of aging and the social science* (2nd ed.). New York: Van Nostrand.

Kalish, R. A., & Reynolds, D. K. (1981). Death and ethnicity: *A psychocultural study* (2nd ed.). Farmingdale, NY: Baywood.

Kastenbaum, R. J. (1969a). Psychological death. In L. Pearson (Ed.), *Death and dying: Current issues in the treatment of the dying person.* Cleveland, OH: Case Western Reserve University.

Kastenbaum, R. J. (1969b). Death and bereavement in later life. In A. H. Kutscher (Ed.), *Death and bereavement.* Springfield, IL: Charles C Thomas.

Kastenbaum, R. J. (1972). On the future of death: Some images and options. *Omega, 3,* 306–818.

Kastenbaum, R. J. (1977). Death and development through the lifespan. In H. Feifel, *New meanings of death.* New York: McGraw-Hill.

Kastenbaum, R. J. (1993). *Encyclopedia of adult development.* Oryx Press.

Kastenbaum, R. J. (2000a). Counseling the elderly dying patient. In V. Molinari (Ed.), *Professional psychology in long term care.*

Kastenbaum, R. J. (2000b). *The Psychology of death* (3rd ed.). New York: Springer.

Kastenbaum, R. J. (2007). *Death, Society, and Humam Experience* (9th ed.). Allyn and Bacon.

Kastenbaum, R. J., & Aisenberg, R. B. (1972). *The psychology of death.* New York: Springer.

Kastenbaum, R. J., & Normand, C. (1990). Deathbed scenes as expected by the young and experienced by the old. *Death Studies, 14,* 201–218.

Kastenbaum, R. J., & Thuell, S. (1995). Cookies baking, coffee brewing: Toward a contextual theory of dying. *Omega, 31,* 175–187.

Kasworn, C. E. (1983). *Educational Outreach to Select Adult Populations.* San Francisco: Jossey-Bass.

Kaufman, S. R. (1986). *The ageless self: Sources of meaning in later life. Madison,* WI: University of Wisconsin Press.

Kavanaugh, R. E. (1974). *Facing death.* Baltimore: Penguin.

Kavanagh, D. J. (1990). Towards a cognitive-behavioral intervention for adult grief reactions. *British Journal of Psychiatry, 157,* 373–383.

Kay, W. J., Cohen, S. P., Nieburg, H. A., Fudin, C. E., Grey, R. E., Kutscher, A. H., & Osman, M. M. (1988). *Euthanasia of the companion animal: The impact on pet owners, veterinarians, and society.* Philadelphia: Charles Press.

Keith, P. M. (1979). Life changes and perceptions of life and death among older men and women. *Journal of Gerontology, 6,* 870–878.

Kelly, G. A. (1955). *The psychology of personal construct.* New York: Norton.

Keown, D. (1995). *Buddhism and bioethics.* St. Martin' s Press.

Kirkpatrik, D. L. (1998). *Evaluating Training Programs: The Four Levels* (2nd ed.). San Francisco: Berrett–Koehler.

Klaus, M. H., & Kennell, J. H. (1976). *Maternal–infant bonding.* St. Louis: C. V. Mosby.

Kleber, R., & Brom, D. (1992). *Coping with trauma: Theory, prevention and treatment.* Amsterdam: Swets & Zeitlinger.

Klein, G. S. (1964). Semantic power measured through the interference of words with color–naming. *American Journal of Psychology, 78,* 576–588.

Klug, L., & Sinha, A. (1987–1988). Death acceptance: A two–component formulation and scale. *Omega, 18,* 229–235.

Knott, J. E. (1979). Death education for all. In H. Wass (1979), *Dying: Facing the facts* (2nd ed.). Washington, DC: Hemisphere.

Knox, A. B. (1977). *Adult Development and Learning: A Handbook on Individual Growth and Competence in the Adult Years for Education and The Helping Professions.* San Francisco: Jossey–Bass.

Krant, M. J. (1971). The dying patient–Medicine' s responsibility. *Journal of Thanatology, 1,* 1–24.

Krieger, S. R., & Epting, F. R. (1974). Personal construct, threat and attitudes toward death. *Omega, 5,* 299–310.

Kübler–Ross, E. (1969). *On death and dying.* New York: Macmillan.

Kübler–Ross, E. (1974). *Questions and answers on death and dying.* New York: Macmillan.

Kübler–Ross, E. (1975). *Death: The final stage of growth.* Englewood Cliffs, NJ: Prentice–Hall.

Kübler–Ross, E. (1983). *On children and death.* New York: Macmillan.

Laakkonen, M. L., Pitkala, K. H., & Strandberg, T. E. (2004). Terminally ill elderly patient' s experiences, attitudes, and needs: A qualitative study. *Omega, 49,* 117–130.

Labouvie–Vief, G. (1982). Dynamic development and mature autonomy: A theoretical prologue. *Human Development, 25,* 161–191.

Lang, F. R., & Carstensen, L. L. (1994). Close emotional relationship in late life: Further support for proactive aging in the social domain. *Psychology and Aging, 9,* 315–324.

Larson, D. G. (1993). *The helper' s journey: Working with people facing grief, loss, and life–threatening illness.* Champaign, IL: Research Press.

Lazarus, R. S., & Folkman, S. (1984). *Stress, appraisal, and coping.* New York: Springer.

Lepp, I. (1968). *Death and its mysteries.* The macmillan company.

Lester, D. (1991). The lester attitude toward death scale. *Omega, 23*(1), 67–75.

Lester, D., & Templer, D. (1992–1993). Death anxiety scales: A dialogue. *Omega, 26*(4), 239–253.

Levinson, D. J. (1978). *The seasons of a man's life.* New York: Knopf.

Leviton, D. (1969). The need for education on death and suicide. *Journal of School Health, April.*

Leviton, D. (1977a). Death education. In H. Feifel (Ed.), *New meaning of death* (2nd ed.). McGraw-Hill.

Leviton, D. (1977b). The scope of death education. *Death Education, 1,* 41-56.

Lewis, J. R. (2001). *The death and afterlife book.* Visible Ink Press.

Lieberman, M. A., & Coplan, A. S. (1970). Distance from death as a variable in the study of aging. *Developmental Psychology, 2,* 71-84.

Lifton, R. J. (1963). Psychological effects of the atomic bomb in Hiroshima: The theme of death. *Daedalus, 92,* 462-497.

Lifton, R. J. (1977). The sense of immortality: On death and the continuity of life. In H. Feifel (Ed.), *New meaning of death.* New York: McGraw-Hill.

Lifton, R. J. (1979). *The broken connection.* New York: Simon & Schuster.

Lindemann, E. (1944). Symptomatology and management of acute grief. *American Journal of Psychiatry, 101,* 141-148.

Lonetto, R., Mercer, G. W., Fleming, S., Bunting, B., & Clare, M. (1980). Death anxiety among university students in Northern Ireland and Canada. *Journal of Psychology, 104,* 75-82.

Lonetto, R., & Templer, D. I. (1986). *Death anxiety.* Washington: Hemisphere Publishing Corp.

Luhmann, N. (1982). *The differentiation of society.* S. Holmes (Trans.). New York: Columbia University Press.

Lund, D. A., & Caserta, M. S. (1997/1998). Future directions in adult bereavement research. *Omega, 36,* 287-304.

Maddi, S. (1970). The search for meaning. In W. J. Arnold & M. M. Page (Eds.), *Nebraska Symposium of Motivation.* Lincoln: University of Nebraska Press.

Maglio, C. J., & Robinson, S. E. (1994). The effects of death education on death anxiety: A meta-analysis. *Omega, 29*(4), 319-335.

Maizler, J. S., Solomon, J. R., & Almquist, E. (1983). Psychogenic mortality syndrome: Choosing to die by the institutionalized elderly. *Death Education, 6,* 353-364.

Markus, H., & Nurius, P. (1986). Possible selves. *American Psychologist, 41,* 954-969.

Markus, H., & Wurf, E. (1987). The dynamic self-concept: A social psychological perspective. *Annual Review of Psychology, 38,* 299-337.

Marmar, C., Horowitz, M., Weiss, D., Wilner, N., & Kaltreider, N. (1988). A controlled trial of brief psychotherapy and mutual help group treatment of conjugal bereavement. *American Journal of Psychiatry, 145,* 203-209.

Marshall, J. R. (1975). The geriatric patient' s fears about death. *Post Graduate Medicine, 57*(4), 144-149.

Marshall, V. W. (1975). Socialization for impending death in a retirement village. *American Journal of Sociology, 80,* 1124-1144.

Marshall, V. W. (1980). *Last chapters: A sociology of aging and dying.* Monterey, Calif: Brooks/Cole.

Martin, D. S., & Wrightsman, L. (1965). The relationship between religious behavior and concern about death. *Journal of Social Psychology, 65,* 317-323.

Maslow, A. H. (1968). *Toward a psychology of being* (2nd ed.). New York: Van Nostrand Reinhold.

Mawson, D., Marks, I., Ramm, L., & Stern, R. (1981). Guided mourning for morbid grief: A controlled study. *British Journal of Psychiatry, 138,* 185–193.

McCaffery, M., & Meinhart, N. (1983). *Pain: A nursing approach to assessment and analysis.* Norwalk, Conn.: Appleton–Century–Crofts.

McGuire, W. J. (1985). Attitudes and attitude change. In G. Lindzey & E. Aronson (Eds.), *The handbook of social psychology: Vol. II*. Hillsdale, NJ: L. Erlbaum Assoc.

McIntire, M., & Angle, C. (1980). *Suicide Attempts in Children and Youth.* Hagerstown, MD: Harper & Row.

McMordie, W. R. (1981). Religiosity and fear of death: Strength of belief system. *Psychological Reports, 49,* 921–922.

McNeil, J. N. (1986). Talking about death: Adolescents, parents, and peers. In C. A. Corr & J. N. McNeil (Eds.), *Adolescence and death.* New York: Springer.

Meacham, J. A. (1989). Autonomy, despair, and generativity in Erikson' s theory. In P. S. Fry (Ed.), *Psychological perspectives of helplessness and control in the elderly.* Amsterdam, The Netherlands (New York): Elsevier Science Publishers B. V.

Meissner, W. W. (1958). Affective responses to psychoanalytic death symbols. *Journal of Abnormal and Social Psychology, 56,* 295–299.

Middleton, W., Raphael, B., Martinek, N., & Misso, V. (1993). Pathology grief reactions. In M. S. Stroebe, W. Stroebe, & R. O. Hansson (Eds.), *Handbook of bereavement.* Cambridge, England: Cambridge University Press.

Miles, M. (1980). The effects of a course on death and grief on nurses' attitudes toward dying patients and death. *Death Education, 4,* 245–260.

Miles, M. S., & Demi, A. S. (1984). Toward the development of a theory of bereavement guilt: Sources of guilt in bereaved parents. *Omega, 14,* 299–314.

Miles, M. S., & Demi, A. S. (1986). Guilt in bereaved parents. In T. A. Rando (Ed.), *Parental loss of a child.* Champaign, IL: Research Press.

Miller, P. J., & Mike, P. B. (1995). The medicare hospice benefit: Ten years of federal policy for the terminally ill. *Death Studies, 19,* 531–542.

Moody, H. R. (1990). Education and the life cycle: A philosophy of aging. In R. H. Sherron & D. B. Lumsden (Eds.), *Introduction to educational gerontology* (3rd ed.). Hemisphere publishing corporation.

Moody, R. A. (1975). *Life after life.* Bantam Book.

Morgan, E. (2001). *Dealing creatively with death–A manual of death education and simple burial.* Upper access, Inc.

Morse, M. L. et al. (1989). Comments on a neurobiological model of near–death experiences. *Journal of Near–*

Death Studies, 7(4).

Mueller, M. (1975). Reducing the fear of death in early adolescence through religious education. *Dissertation Abstracts International,* 36A. 1408A.

Mullins, L. C., & Lopez, M. A. (1982). Death anxiety among nursing home residents: A comparison of the young-old and the old-old. *Death Education, 6,* 75-86.

Murphy, S., Johnson, C., Cain, K., Gupta, A., Dimond, M., & Lohan, J. (1998). Broad spectrum group treatment for parents bereaved by the violent deaths of their 12 to 28 year old children: A randomized controlled trial. *Death Studies, 22,* 209-235.

Myerhoff, B. (1982). Rites of passage: Process and paradox. In V. Turner (Ed.), *Celebration: Studies in festivity and ritual.* Washington, DC: Smithsonian Institute Press.

Nagy, M. A. (1948). The child's theories concerning death. *Journal of Genetic Psychology, 73,* 3-27.

Nagy, M. A. (1959). The child's view of death. In H. Feifel (Ed.), *The meaning of death. New York:* McGraw-Hill.

Nehrke, M. F., Hulicka, I. M., Turner, R. R., Morganti, J. B., Whitbourne, S. K., & Cohen, S. H. (1981, November). *Factor analysis of death anxiety.* Paper presented at the 34th Annual Gerontological Society of American meeting, Toronto, Ontario.

Neimeyer, R. A. (2000). Searching for the meaning of meaning: Grief therapy and the process of reconstruction. *Death Studies, 24,* 531-558.

Neimeyer, R. A., Bagley K. J., & Moore, M. K. (1986). Cognitive structure and death anxiety. *Death Studies, 10,* 273-288.

Neimeyer, R. A., & Chapman, K. M. (1980). Self-ideal discrepancy and fear of death: The test of an existential hypothesis. *Omega, 11,* 233-240.

Neimeyer, R. A., & Van Brunt, D. (1995). Death anxiety. In H. Wass & R. A. Neimeyer (Eds.), *Dying: Facing the facts* (3rd ed.). Washington, DC: Taylor & Francis.

Nelson, L. D., & Nelson, C. C. (1975). A factor analytic inquiry into the multidimensionality of death anxiety. *Omega, 6*(2), 171-177.

Nerken, I. R. (1993). Grief and the reflective self: Toward a clearer model of loss resolution and growth. *Death Studies, 17,* 1-26.

Neugarten, B. (1977). Personality and aging. In J. E. Birren & K. W. Schaie (Eds.), *Handbook of the psychology of aging.* New York: Van Nostrand Reinhold.

Neugarten, B. L. (1968). *Middle age and aging.* The University of Chicago Press.

Neugarten, B. L. (1974). Age groups in American society and the rise of the young-old. *Annals of the American Academy of Political and Social science, 415,* 187-198.

Nichols, M. P. (1995). *The lost art of listening.* New York: Guilford.

Noppe, L. D., & Noppe, J. C. (1991). Dialectical themes in adolescent conceptions of death. *Journal of Adolescence Research, 6,* 28–42.

Noppe, L. D., & Noppe, J. C. (1996). Ambiguity in adolescent understandings of death. In C. A. Corr & D. E. Balk (Eds.), *Handbook of adolescent death and bereavement.* New York: Springer.

Noppe, L. D., & Noppe, J. C. (1997). Evolving meanings of death during early, middle and later adolescence. *Death Studies, 21,* 253–275.

Norris, F. N., & Murrell, S. A. (1987). Older adult family stress and adaptation before and after bereavement. *Journal of Gerontology, 42,* 606–612.

Okun, M. A. (1982). *Programs for older adults.* Jossey–Boss Inc.

Olshansky, S. J., & Carnes, B, A. (2001). *The Quest for immortality.* 전영택 역(2002). 인간은 얼마나 오래 살 수 있는가. 궁리출판사.

Osterweis, M., Solomon, F., & Green, M. (1984). *Bereavement: Reactions, consequences, and care.* Washington, DC: National Academy Press.

Ott, C. H. (2003). The impact of complicated grief on mental and physical health at various points in the bereavement process. *Death studies, 27,* 249–272.

Padma Sambhava. *The Tibetan Book of the Dead.* 류시화 역(1995). 티벳 사자의 서. 정신세계사.

Papadatou, D. (1988). Adolescents dying from cancer. *Acta Oncol, 27*(6b), 837–839.

Parkes, C. M. (1959). *Morbid grief reactions: A review of the literature.* Unpublished dissertation for DPM, Unversity of London.

Parkes, C. M. (1972). *Bereavement: Studies of grief in adult life.* New York: International Universities Press.

Parkes, C. M., Benjamin, B., & Fitzgerald, R. G. (1969). Broken heart: A statistical study of increased mortality among widowers. *British Medical Journal, 1,* 740–743.

Parkes, C. M., & Weiss, R. S. (1983). *Recovery from bereavement.* New York: Basic.

Pattison, E. M. (1977). *The Experience of Dying.* Englewood Cliffs, NJ: Prentice–Hall.

Pearson, L. (1969). *Death and dying: Current issues in the treatment of the dying person.* Cleveland, OH: Case Western Reserve University.

Piaget, J. (1954). *The construction of reality in the child.* New York: Basic Books.

Piaget, J., & Inhelder, B. (1958). *The growth of logical thinking from childhood to adolescence.* New York: Basic Books.

Pine, V. R. (1977). A socio–historical portrait of death education. *Death Education, 1,* 57–84.

Pollack, J. M. (1979). Correlates of death anxiety: A review of empirical studies. *Omega, 10,* 97–121.

President' s Commission for the study of Ethical Problems in Medicine and Biomedical and Behavioral Research (1981). *Defining death: A report on the medical, legal, and ethical issues in the determination of death.* U. S. Government Printing Office.

Pynoos, R., & Nader, K. (1990). Children' s exposure to violence and traumatic death. *Psychiatric Annals, 20,* 334–344.

Quadagno, J. S. (2002). *Aging and the Life Course* (2nd ed.). The McGraw–Hill Companies.

Raether, H. C. (1953). *The establishment of a special publications committee for education.* Proceedings of the 72nd Annual Convention of the National Funeral Directors Association of the United States, Inc.

Rando, T. A. (1986). Death of the adult child. In T. A. Rando (Eds.), *Parental loss of a child.* Champaign, IL: Research Press.

Rando, T. A. (1993). *Treatment of complicated mourning.* Champaign, IL: Research Press.

Range, L. M., Walston, A., & Polles, P. M. (1992). Helpful and unhelpful comments after suicide, homicide, accident, or natural death. *Omega, 25,* 25–32.

Rank, Otto. (1958). *Beyond psychology.* New York: Dover reprint.

Raphael, B. (1977). Preventive intervention with the recently bereaved. *Archives of General Psychiatry, 34,* 1450–1454.

Raphael, B. (1983). *The anatomy of bereavement.* New York: Basic Books.

Raths, L. E., Harmin, M., & Simon, S. B. (1978). *Values and Teaching: Working with values in the classroom.* Columbus, Toronto: Charles E. Merrill Publishing Co.

Ray, J. J., & Najman, J. (1974). Death anxiety and death acceptance: A preliminary approach. *Omega, 5*(4), 311–315.

Reilly, R. B., Teasdale, T. A., & McCluuough, L, B. (1994). Projecting patients' preferences for living wills: An invalid strategy for management of dementia with life–threatening illness. *Journal of the American Geriatrics Society of America, 42,* 997–1003.

Rheingold, J. C. (1967). *The mother, anxiety, and death: The catastrophic death complex.* Boston: Little, Brown.

Rhudick, P. J., & Dibner, A. S. (1961). Age, personality and health correlates of death concern in normal aged individuals. *Journal of Gerontology, 16,* 44–49.

Rigdon, M. A., & Epting, F. R. (1985). Reduction in death threat as a basis of optimal functioning. *Death Studies, 9,* 427–448.

Ring, K. (1980). *Life at death.* Coward, McCann & Geoghegan.

Ring, K., & Rosing, C. J. (1990). The Omega Project: An Emprical Study of the NDE–Prone Personality. *Journal of Near–Death Studies, 8*(4).

Robinson, P., & Wood, K. (1982). Actualization and fear of death: Retesting an existential hypothesis. *Essence, 5,* 235–243.

Rodin, J., & Langer, E. J. (1977). Long–term effects of a control–relevant intervention with the institutionalized aged. *Journal of Personality and Social Psychology, 35,* 879–902.

Rogers, C. R. (1959). A theory of therapy, personality, and interpersonal relationships, as developed in the client–centered framework. In S. Koch (Ed.), *Psychology: A study of a science* (Vol. 3). New York: Mcgraw–Hill.

Rogers, C. R. (1980). *A way of being*. Boston: Houghton-Mifflin.

Romaniuk, M. (1981). Reminiscence and the second half of life. *Experimental Aging Research, 7,* 315-336.

Romanoff, B. D., & Terenzio, M. (1998). Rituals and the grieving process. *Death Studies, 22,* 697-711.

Rosenblatt, A., Greenberg, J., Solomon, S., Pyszczynski, T., & Lyon, D. (1989). Evidence for terror management theory: The effects of mortality salience on reactions to those who violate or uphold cultural value. *Journal of Personality and Social Psychology, 57,* 681-690.

Rosenthal, N. R. (1986). Death education: Developing a course of study for adolescents. In C. A. Corr & J. N. McNeil (Eds.), *Adolescence and death*. New York: Springer.

Rubin, S. (1981). A two-track model of bereavement: Theory and application in research. *American Journal of Orthopsychiatry, 51,* 101-109.

Rynearson, E. K. (1978). Humans and pets and attachment. *British Journal of Psychiatry, 133,* 550-555.

Saabedra-Aguilar, J. C., & Gomes-Jeria, J. S. (1989). A Neurobiological Model for Near-Death Experiences. *Journal of Near-Death Studies, 7*(4).

Sable, P. (1992). Attachment, loss of spouse, and disordered mourning. *Families in Society: The Journal of Contemporary Human Services, 73,* 266-273.

Saunders, C. M. (1959). The problem of euthanasia...When a patient is dying(A series of articles). *Nursing Times,* October 9, November 13, 960-961, 994-995, 1031, 1067-1068, 1091-1092, 1129-1130.

Saunders, C. M. (1967). *The management of terminal illness*. London: Hospital Medicine Publication.

Sanders, C. M. (1979). A comparison of adult bereavement in the death of a spouse, child and parent. *Omega, 10,* 303-322.

Saunders, C. M., & Sykes, N. (Eds.). (1993). *The management of terminal malignant disease* (3rd ed.). London: Edward Arnold.

Scheff, T. J. (1979). *Catharsis in healing, ritual and drama*. Berkeley, CA: University of California Press.

Schulz, R. (1978). *The psychology of death, dying, and bereavement*. Reading, MA: Addison-Wesley.

Schulz, R., Beach, S., Lind, B., Martire, L., Zdanink, B. Hirsch, C., Jackson, S., & Burton, L. (2001). Involvement in caregiving and adjustment to death of a spouse: Findings from the caregiver health effects study. *JAMA, 285,* 3123-3129.

Schut, H., Stroebe, M., van den Bout, J., & Terheggen, M. (2001). The efficacy of bereavement intervention: Determining who benefits. In M. Stroeve et al. (Eds.), *Handbooks of bereavement: Consequences, coping, and care*. Washington, DC: American Psychological Association.

Schwab, R. (2002). Grief: Family. In R. Kastenbaum (Ed.), *Macmillan encyclopedia of death and dying: Vol. 1.* New York: Macmillan.

Seligman, M. E. P. (1975). *Helplessness: On depression, development, and death*. San Francisco: W. H. Freeman.

Silverman, P. R., Nickman, S., & Worden, J. W. (1992). Detachment revisited: The child' s reconstruction of a dead parent. *American Journal of Orthopsychiatry, 62,* 494–503.

Simpson, M. A. (1976). Brought in dead. *Omega, 7,* 243–248.

Sireling, L., Cohen, D., & Marks, I. (1988). Guided mourning for morbid grief: A replication. *Behavior Therapy, 19,* 121–132.

Smith, A. A. (1974). *Rachel.* Wilton, CT: Morehouse–Barlow.

Snyder, C. R. (1988). From defenses to self–protection: An evolutionary perspective. *Journal of Social and Clinical Psychology, 6,* 155–158.

Speece, M. W., & Brent, S. B. (1996). The development of children' s understanding of death. In C. A. Corr & D. M. Corr (Eds.), *Handbook of childhood death and bereavement.* New York: Springer.

Sperling, M. (1969). Migraine headaches, altered states of consciousness and accident proneness: A clinical contribution to the death instinct theory. *Psychoanalytic Forum, 3,* 69–100.

Spigner–Littles, D., & Anderson, C. E. (1999). Constructivism: A paradigm for older learners. *Educational Gerontology, 25,* 203–209.

Spinetta, J. J. (1974). The dying child' s awareness of death: A review. *Psychological Bulletin, 81,* 256–260.

Stephenson, J. S. (1985). *Death, grief, and mourning.* New York: The Free Press.

Stevens, M. M., & Dunsmore, J. C. (1996). Helping adolescents who are coping with a life–threatening illness, along with their siblings, parents, and peers. In C. A. Corr & D. E. Balk (Eds.), *Handbook of adolescent death and bereavement.* New York: Springer.

Stevens, M. M. (1998). Psychological adaptation of the dying child. In D. Doyle, G. W. D. Hanks & N. MacDonald (Eds.), Oxford textbook of palliative medicine. New York: Oxford University Press.

Stillion, J. M. (1979). Rediscovering the taxonomies: A structural framework for death education courses. *Death Education, 3,* 157–164.

Stillion, J. M., McDowell, E. E., & May, J. (1989). *Suicide across the life span: Premature exits.* Washington, DC: Hemisphere.

Storey, P. (1994). *Primer of palliative care.* Gainesville, FL: Academy of Hospice Physicians.

Storm, R. (1999). *Eastern mythology.* 김숙 역(2006). 동양신화 백과사전. 루비박스.

Stricherz, M., & Cunnington, L. (1981–1982). Death concerns of students, employed persons, and retired persons. *Omega, 12,* 373–380.

Stroebe, M. S. (2001). Introduction: Concerns and issues in contemporary research on bereavement. In M. S. Stroebe, W. Stroeve, R. O. Hansson, and H. Schut (Eds.), *Handbook of bereavement research.* Cambridge University Press.

Stroebe, M. S., & Schut, H. (1999). The dual process model of coping with bereavement: Rationale and description. *Death Studies, 23,* 197–224.

Stroebe, M., Stroebe, W., & Hansson, R. (2008). *Handbook of bereavement.* Cambridge University Press.

Sugar, M. (1968). Normal adolescent mourning. *American Journal of Psychotherapy, 22,* 258−269.

Sutherland, C. (1989). Psychic Phenomena Following Near−Death Experiences: An Australian Study. *Journal of Near−Death Studies, 8*(2).

Tandy, R., & Sexton, J. (1985). A death education course survey. *Health Education, 16,* 35−36.

Taylor, S. E. (1983). Adjustment to threatening events: A theory of cognitive adaptation. *American Psychologist, 38,* 1161−1173.

Taylor, S. E., & Brown, J. D. (1988). Illusions and well−being: A social psychological perspective on mental health. *Psychological Bulletin, 103,* 193−210.

Taylor, S. E., Collins, R. L., Skokan, L. A., & Aspinwall, L. G. (1989). Maintaining positive illusions in the face of negative information: Getting the facts without letting them to get you. *Journal of Social and Clinical Psychology, 8,* 114−129.

Templer, D. I. (1970). The construction and validation of a death anxiety scale. *Journal of General Psychology, 82,* 165−177.

Templer, D. I. (1972). Death anxiety in religiously very involved persons. *Psychological Reports, 31,* 361−362.

Templer, D. I., Lavoie, M., Chalgujlan, H., & Thmas−Dobson, S. (1990). The measurement of death depression. *Journal of Clinical Psychology, 46*(6), 834−839.

Thompson, S. C., & Janigian, A. S. (1988). Life schemes: A framework for understanding the search for meaning. *Journal of Social and Clinical Psychology, 7,* 260−280.

Thorson, J. A., & Powell, F. G. (2000). Death anxiety in younger and older adults. In A. Tomer (Eds.), *Death attitudes and the older adult: Theories, concepts, and applications.* Philadelphia: Taylor & Francis.

Tobin, S. S. (1991). *Personhood in advanced old age: Implications for practice.* New York: Springer.

Tomer, A. (1992). Death anxiety in adult life−Theoretical perspectives. *Death Studies, 16,* 475−506.

Tomer, A., & Eliason, G. (1996). Toward comprehensive model of death anxiety. *Death Studies, 20,* 343−366.

Turner, R. E., & Edgley, C. (1976). Death as theatre: A dramaturgical analysis of the American funeral. *Sociology and Social Research, 60,* 377−392.

Twelker, P. A. (2004). The relationship between death anxiety, sex, and age. http://www.tiu.edu/psychology/deathanxiety.htm.

Twycross, R. G. (1975). *The dying patient.* London: CMF Publication.

Twycross, R. G. (1979). The Brompton cocktail. In J. J. Bonica & V. Ventafridda (Eds.), *International symposium on pain of advanced cancer: Advances in pain research and therapy, Vol. 2.* New York: Raven Press.

Twycross, R. G. (1982). Principles and practice of pain relief in terminal cancer. *Cancer Forum, 6,* 23−33.

Twycross, R. G., & Lack, S. A. (1989). *Oral morphine in advanced cancer* (2nd ed.). Beaconsfield, England: Beaconsfield.

Van der Maas, P. J., Van der Wal, G., Haverkate, I., de Graaff, C. L. M., Kester, J. G. C., Onwnteaka−Philipsen, B.

D., Van der Heide, A., Bosma, J. M., & Willems, D. L. (1996). Euthanasia Physician–assisted suicide, and other medical practices involving the end of life in the Netherlands, 1990–1995. *New England Journal of Medicine, 335,* 1699–1705.

Vargo, M. E., & Batsel, W. M. (1981). Relationship between death anxiety and components of the self–actualization process. *Psychological Reports, 48,* 89–90.

Vargo, M. E., & Batsel, W. M. (1984). The reduction of death anxiety: A comparison of didactic, experiential and non–conscious treatment. *British Journal of Medical Psychology, 57,* 333–337.

Waechter, E. H. (1984). Dying children: Patterns of coping. In H. Wass & C. A. Corr (Eds.), *Childhood and death.* Washington, DC: Hemisphere.

Walker, D. F. (1971). A naturalistic model for curriculum development. *School Review, 80*(1), 51–65.

Walker, A. E. (1974). The death of a brain. *Johns Hopkins Medical Journal, 124,* 190–201.

Walton, D. N. (1979). *On defining death.* McGill–Queen's University Press.

Warren, W. G. (1989). *Death Education and Research: Critical Perspectives.* The Hawarth Press.

Wass, H. (1980). Aging and death education for elderly persons. *Educational Gerontology, 5,* 91–96.

Wass, H. (2004). A perspective on the current state of death education. *Death studies, 28,* 289–308.

Wass, H., & Cason, L. (1984). Fears and anxieties about death. In H. Wass & C. A. Corr (Eds.), *Childhood and death.* Washington, DC: Hemisphere.

Wass, H., Miller, M. D., & Thornton, G. (1990). Death education and grief/suicide intervention in the public schools. *Death Education, 14,* 253–268.

Weenolsen, P. (1988). *Transcendence of Loss over the Life Span.* New York: Hemisphere Publishing Corporation.

Weisman, A. D. (1972). *On dying and denying: A psychiatric study of terminality.* New York: Behavioral Publications.

Weisman, A. D. (1993). Avery D. Weisman: An Omega interview. *Omega, 27,* 97–104.

Weisman, A. D., & Hackett, T. (1961). Predilection to death: Death and dying as a psychiatric problem. *Psychosomatic Medicine, 23,* 232–255.

Weisman, A. D., & Hackett, T. P. (1962). The dying patient. Special Treatment Situations. *Des Plaines, Ill.: Forest Hospital Publications, 1,* 16–21.

Weisman, A. D., & Worden, J. W. (1975). Psychosocial analysis of cancer deaths. *Omega, 6,* 61–65.

Wenestam, C, G., & Wass, H. (1987). Swedish and U.S. children's thinking and death: A qualitative study and cross–cultural comparison. *Death Studies, 11,* 99–121.

Werth, J., Jr., & Wineberg, H. (2005). A critical analysis of criticisms of the oregon death with dignity act. *Death Studies, 29,* 1–27.

Westman, A. S., & Canter, F. M. (1985). Fear of death and the concept of extended self. *Psychological Reports, 56,* 419–425.

White, W., & Handal, P. J. (1990–1991). *The relationship between death anxiety.*

Wilcoxon, S. A. (1986). Grandparents and grandchildren: An often neglected relationship between significant others. *Journal of counseling and Development, 65,* 289–290.

Wittkowski, J. (1981). *Attitudes toward death and dying in older persons and their dependence on life satisfaction and death-related experience.* Paper presented at the 12th International Congress of Gerontology, Hamburg, Germany.

Wittmaier, B. (1979). Some unexpected attitudinal consequences of a short course on death. *Omega, 10,* 271–275.

Wolfenstein, M. (1966). How is mourning possible. *Psychoanalytic Study of the Child, 21,* 93–123.

Woodson, R. (1976). The concept of hospice care in terminal disease. In J. M. Vaeth, *Breast cancer.* Basel: Karger.

Worden, J. W. (1976). *Personal Death Awareness.* Englewood Cliffs, NJ: Prentice-Hall.

Worden, J. W. (1991). *Grief counseling and grief therapy: A handbook for the mental health practitioner* (2nd ed.). New York: Springer publishing company.

Yeaworth, R. C., Kapp, F. T., & Winget, C. (1974). Attitudes of nursing students toward the dying patient. *Nursing Research, 23,* 20–24.

Zerwekh, J. V. (1994). The truth-tellers: How hospice nurses help patients confront death. *American Journal of Nursing, 94,* 31–34.

Zinner, E. S. (1992). Setting standards: Certification efforts and considerations in the field of death and dying. *Death Studies, 16,* 67–77.

Zittoun, R. (1990). Patient information and participation. In J. C. Holland & R. Zittoun (Eds.), *Psychosocial aspects of oncology.* Berlin: Springer1Verlag.

찾아보기

저자 소개

이이정(李利貞)

연세대학교 교육학과 학사
일본 조치(上智)대학교 교육학과 석사
연세대학교 교육학과 박사
전 명지여자중학교 교사
중앙대학교 교육대학원 강사
현 연세대학교 교육연구소 연구원

저서 및 논문

『일본의 고령자교육정책 연구』(민속원, 1998)
『노인 자서전 쓰기』(공저, 학지사, 2004)
『세계의 노인교육』(공저, 학지사, 2006)
「일본 고령자교육정책의 연구-후생성을 중심으로」(일본생애학습포럼, 1997)
「노인학습자를 위한 죽음준비교육 프로그램 개발 연구」(*Andragogy Today*, 2006)

죽음학 총론

2011년 8월 24일 1판 1쇄 인쇄
2011년 8월 31일 1판 1쇄 발행

지은이 • 이이정
펴낸이 • 김진환
펴낸곳 • (주) 학지사
121-837 서울특별시 마포구 서교동 352-29 마인드월드빌딩 5층
대표전화 • 02)330-5114 팩스 • 02)324-2345
등록번호 • 제313-2006-000265호

홈페이지 • http://www.hakjisa.co.kr
커뮤니티 • http://cafe.naver.com/hakjisa

ISBN 978-89-6330-723-7 93370

정가 20,000원

저자와의 협약으로 인지는 생략합니다.
파본은 구입처에서 교환해 드립니다.